法律文化史研究

（第一卷）

何勤华 主编

商务印书馆
2010年·北京

图书在版编目(CIP)数据

法律文化史研究. 第 1 卷/何勤华主编. —北京：商务印书馆,2004

ISBN 978-7-100-04098-3

Ⅰ.法... Ⅱ.何... Ⅲ.法制史—世界—文集 Ⅳ.D909.1-53

中国版本图书馆 CIP 数据核字(2004)第 005396 号

所有权利保留。
未经许可，不得以任何方式使用。

上海市重点学科项目

FĂLǛ WÉNHUÀSHǏ YÁNJIŪ
法律文化史研究
第 一 卷
何勤华　主编

商 务 印 书 馆 出 版
(北京王府井大街 36 号　邮政编码 100710)
商 务 印 书 馆 发 行
北京民族印务有限责任公司印刷
ISBN 978-7-100-04098-3

2004 年 9 月第 1 版　　开本 880×1230 1/32
2010 年 12 月北京第 2 次印刷　　印张 18 7/8

定价：39.00 元

序　言

自从德国法学大师柯勒(J. Kohler,1849—1919)于20世纪初开创了法的文化研究以来,法律文化研究在世界各国都一直深受学术界重视,并日渐扩大其影响。[①]

20世纪80年代以后,中国法学界也掀起了法律文化研究的热潮,推出了不少优秀的作品,出现了陈鹏生、俞荣根、武树臣、梁治平、贺卫方、高鸿钧、张中秋、刘作翔、何勤华等一批将法律文化作为自己学术研究重要领域的学者。

法律文化史研究,是继受了法律史研究和法律文化研究之成果,并结合两者的方法而出现的一种新的研究思路和研究方法,它将历史上的法律文化即历史上出现的并对后世的法律发展产生重大影响的法律思想、法律制度、法律事件、法典、法学家等作为自己的研究对象,以法律是一种文化现象、法律的产生和发展是社会进化至一定阶段的经济、政治、宗教、道德、文学艺术等多种因素综合作用的结果之立场和方法来展开自己的研究,并阐述作为文化的法律的各种内在的和外在的联系,它是对法律史和法律文化研究的一种深化。

早在20世纪90年代初,我国学术界出版的几部著作如梁治平的《寻求自然秩序中的和谐——中国传统法律文化研究》(上海人民出版社1990年版)、张中秋的《中西法律文化比较》(南京大学出版社1991年版)、武树臣的《中国传统法律文化》(北京大学出版社1994年版)等

[①] 关于柯勒的生平及其学说,请参阅丘汉平《现代法律哲学之三大派别》,载《法学季刊》第2卷第8期,1927年;何勤华主编《二十世纪百位法律家》,法律出版社2001年版,第297—301页。

中，就已经花了大量的篇幅研究中外历史上的法律文化。而在拙作《法律文化史论》(《法学》1996年第10期)一文中,则明确提出了"法律文化史"的概念,阐述了其内涵,①并力倡以此种视角和方法来克服法律制度史、法律思想史等单独研究的缺陷,对法律史进行全方位的深入的研究。②

本着涓涓小溪能汇成大海、粒粒细沙将垒起高山的学术探索精神,我们着手编辑《法律文化史研究》(多卷本)学术丛书,试图为中国学术界的法律文化史研究开辟一个发表成果的园地,提供一个学术积累的载体。本书每年出一卷,主要刊登我国学术界尤其是中青年学者在法律文化史研究领域中的原创性成果。我们希望《法律文化史研究》成为我国法律史学界学人的又一位良师益友,并为中国法律学术的发展做出贡献。

本卷的编辑出版,得到了上海市重点学科项目经费的资助。商务印书馆领导对本套丛书给予了高度重视和支持,责任编辑王兰萍副编审则为本书的编辑出版付出了诸多心血。对此,均表示我们一片诚挚的谢意。

何勤华

于上海·华东政法学院
2004年元旦

---

① "法律文化史,就是关于法律文化发展的历史过程及其规律的描述的学问(科学),具体包括对历史上各种法律事件的出现与演变,各种法律制度与原则的兴衰,关于法律的名词、概念、术语,法学人物、学派、学说、理论等的形成和发展,以及在法律文化发展中它与经济、政治、道德以及其它社会文化现象的关系等的阐述"。参见何勤华:《法律文化史论》,载《法学》1996年第10期。

② "法律文化史的研究,将法制史、法律思想史、法学史等糅合在一起,既有制度,又有人物,又有思想,又有理论和学说,因而为人们提供了新的视角、新的方法,以帮助人们从宏观上、整体上把握法律发展的整体风貌,从而开辟了一个新的研究领域"。参见同注①。

* 本书涉及著者十多位,为了尊重著者的行文习惯,各篇文章在部分译名上未以统一,如盎格鲁撒克逊,也译为盎格鲁·撒克逊,或盎格鲁—撒克逊;日耳曼,也译为日尔曼等。特此说明。

目　录

序　言 ……………………………………………… 何勤华

中国法制史

试论唐律的吏治规范 …………………………… 王　爽（3）
南宋民事法制与社会变迁——以《名公书判清明集》
为基础兼与西方比较 …………………………… 高　珣（31）

外国法制史

日耳曼王国的婚姻家庭制度考论 ……………… 李秀清（61）
英国王权与教权之关系的历史考察 …………… 程　维（115）
印度宪政史考略——以1950年《印度共和国宪法》
为中心 …………………………………………… 廖初民（166）

比较法文化

论公民的守法理由 ……………………………… 李清春（221）
西欧中世纪法律职业阶层的兴起——兼及其对法治
文明传承的作用 ………………………………… 任　超（264）
域外古代土地产权制度比较研究——从服务于我国

集体土地所有与利用制度变迁之角度 …………… 王铁雄（307）

法律学说史

自然法传统与欧陆现代民法思想的形成——理性
时代的自然法与民法 …………………………… 朱晓喆（367）
"宪法"词义的历史透视 …………………………… 刘守刚（401）
中国近代法史学的诞生及其成长 ………………… 何勤华（424）

世界法典前沿

《欧洲民法典》讼案 ……………………………… 张　斐（459）

探索与争鸣

法律经济学的理论意义和科学价值——方法论
视角的反思 ……………………………………… 张玉堂（503）

名著精读

从自由主义到集体主义：宪法平衡的转变——《法与宪法》札记
……………………………………… 陈　颖　胡建会（561）

附录

法律文化史研究论文索引…………………………………（576）

中国法制史

试论唐律的吏治规范

王　爽

一

中国古代社会,国家管理主要体现在对官吏行为的控制上。因为不论是国家的行政职权,还是司法职权都是由从中央到地方的各级官吏执行,而且古代社会司法行政合一,这更体现了整个官吏阶层在国家政治生活中举足轻重的地位。正因为如此,我国历代的统治者都十分重视吏治。重视吏治就要讲求吏治的手段和方法,在传统法律形式律令格式中有不乏吏治的各种具体规范。其中统治者注重使用刑名法术治理官吏阶层,留下了丰富的史料,积累了许多历史经验教训,有待于我们去挖掘、整理和研究。

从现代法治意义上说,国家管理的一大部分事务就是行政管理,行政管理的法律分支是行政法。所谓行政法,是由一系列行政法律规范所组成的国家管理的行为规范。所谓行政法律规范,是有关国家行政管理的行为规则,具体包括:行政组织法、行政行为法和行政监督法。其中行政组织法包括:行政编制法和公务员法。行政行为法包括:立法行为、执法行为、行政裁决裁判、行政程序。执法行为包括:行政许可、行政处罚、行政收费、行政强制。行政监督法包括:行政复议、行政诉讼、国家赔偿。① 这些内容形成了一整套现代行政法律规范的体系。

自国家产生,就有了规范官吏行为的法律。中国秦朝开始建立了中央集权的国家体制,行政法律作为维护皇权、提高封建行政机构效率,以及控制、监督各级行政权运行的主要规范,受到了空前的重视而发展起来。唐朝的行政法律规范,是在继承秦以来历代行政法规,特别是隋朝行政法规基础上建立的,唐朝形成了中国古代的行政法律规范体系。从行政法律渊源来看,在西晋以前,呈现为分散式的特征,即以分散的法规来表现行政法律规范,特别是由于律、令不分,所以此时具有行政法规与刑事法规混同的特色。自西晋始,界分了律、令概念,"律以正罪名,令以存事制",行政法规与刑事法规相分离,令就成为行政法规之主要渊源。《晋令》、《北魏令》、《北周令》、《北齐令》、《开皇令》、《大业令》的出现,反映了西晋以来,令的法典化倾向。此时就使中国古代行政法律渊源由分散发展为集中,但是仍以分散的行政法规作为其必要的补充形式。到了西魏,《大统式》的出现,式作为行政法规的另一种渊源,从令中分离出来。式是行政细则、公文程式的统称。唐朝形成了以令为行政法典,以式为行政细则规范,以格为随时补充的行政法律渊源系统。②

古代社会是诸法合体的。中华法系以律为主,律是成文法规范的集中表现。在律的规范当中,吏治的条款从未减少,唐律就是典型。唐朝,在吏治规范方面除过上述的行政法律规范外,还在唐律12篇中设有官吏犯罪的专门章目,把统治阶层吏治的思想以刑名法制的方式加以充分地规定出来。我们通过研究唐律,就会发现其中的有关吏治规

---

① 高明暄等合著:《在中南海和大会堂讲法制》(二),第114—131页,商务印书馆2002年11月第1版。

② 陈鹏生主编:《中国法制通史》第四卷·隋唐,第270—271页,法律出版社1999年1月第1版。

定,具体详尽,可谓条分缕析,处罚严格、操作性强是当今立法无法比拟的。这些不能不为后人叹为观止!

研究吏治方法归根到底是为研究国家治理的方法。中国,封建皇帝之所以能够统治长达二千余年,究其原由:统治者严格规范官吏的行为,建立起了集中统一的的行政管理机构、廉洁严密的官吏组织,从而提高行政效率、稳定统治秩序,才是不可忽视的。即统治者一方面,运用专门的行政法律规范规制国家管理活动;另一方面在律中间设专章规范官吏在履行职务过程中的犯罪并予以严厉的惩处,即使用刑罚或刑罚附加行政责任的方法,惩罚违反国家管理规定的官吏。通过这种方法,最终起到了严明法纪,谨防徇私枉法的震慑效果,使官吏忠心耿耿为皇帝、国家效忠。这种封建社会建立起来的有序的严厉的行政管理模式,较好地维护着皇权统治,成为中华法系优秀的文化遗产为亚洲近邻各国所仿效,其遗风至今犹存。

唐律是中国传统法律的典型范式,以后的宋、元、明、清都以此为"祖宗成宪",少有变化。随社会变迁,为了适应时世,后世法律渊源也有变化,如明朝出现了律例合编,以例为法律形式的补充,但是,以唐律为主体的中国传统法律的形式并未发生根本的改变。所以,唐律始终具有中国传统法律文化的代表性,今天我们研究它,可以起到窥一斑而见全豹的效果。本文从唐律,主要是名例律和职制律条文入手,分析其中关于官吏违法犯罪的原则和具体规定,以期探索唐律吏治规范对当今立法的启迪作用。

二

名例律是唐律之首篇,共 6 卷 57 条。它规定了罪名,刑罚的种类、等级,刑罚适用的原则,法律概念、专用术语的解释。名例律在唐律中起着类似近代刑法总则的作用,集中体现了统治阶层制定唐律的指导思想和基本原则,主要有十恶、八议、五刑、请、减、赎、官当,老幼废疾减免、同居相为隐,规定了更犯的处理、"六赃"的处理、自首的原则、共犯的处理、化外人相犯的处理以及比附的原则。通过疏议还对一些概念,如,监临、主守、主司、要势、日、年、加、减等情形的含义都予以明确的界定。唐律其他十一律,相当于近代刑法分则部分,规定了具体的犯罪和刑罚。卫警律,2卷33条,主要规定侵犯皇宫警卫和国家关津要塞保卫的犯罪;职制律,3卷58条,规定了官吏违反职务方面和有关行政公务的犯罪;户婚律,3卷46条,规定妨碍和破坏户籍、土地、赋税管理和婚姻家庭的犯罪;厩库律,1卷28条,规定违犯牲畜和仓库管理的犯罪;擅兴律,1卷24条,规定军事和非法营造、兴建工程的犯罪;贼盗律,4卷54条,规定严重危害国家统治秩序和财产制度的犯罪;斗讼律,4卷59条,规定伤害他人和违反诉讼要求的行为;诈伪律,1卷27条,规定各种欺诈和伪造行为;杂律,2卷62条,规定上述各律中无法包容的犯罪;捕亡律,1卷18条,规定追捕犯罪嫌疑人;断狱律,2卷34条,规定司法审判行为。

传统的观点认为,唐律是刑法典,通常把十恶、八议制度当作贯穿唐律这一封建法律的指导思想,体现中国传统法律的专制与等级特色。但是我们换一个视角,从唐律30卷500条中间,抽取官吏犯罪这一特殊的犯罪主体加以研究,从名例律关于监临和主守的概念界定,官吏犯罪时,刑罚附加除名、免官、免所居官的行政责任种类,到其他各律关于官吏犯罪的具体规定,尤其对专设的职制律进行深入研究,就会发现唐律在规定国家公职人员履行职务行为时犯罪的情形、层次清晰明了,量刑严格、首从有别。从中立体地勾画出唐朝关于官吏犯罪和刑罚的原则与制度,操作性很强,立法技术高超。从这个意义上说,唐律从一个侧面又反映着中国古代国家管理中十分重视对官吏的治理,积累了不少的吏治方面的思想文化遗产。今天,我们研究唐律的吏治思想、原则和制度对于完善我国现代行政管理都是有借鉴意义的。

名 例 律

(一)规定了表示官吏的专门术语,即监临和主守。

第 54 条:诸称"监临"者,统摄案验为监临。称"主守"者,躬亲保典为"主守"。虽职非统典,临时监主亦是。①

即凡是律文称为"监临",统辖监督部下及审理判断或参与处置的官员是为监临。(指州、县、镇、戍及折冲府等官署内,判官以上的官员,他们在各自的管辖范围内,属于监临。除这些官署之外,其他官只要是实行统辖的主管官员及进行审判的官员都是。即使只管辖有关人的本人而不管辖其家属的,如果奸淫其家属或向其家中取财的,都依监临官员犯罪的办法处罚。)称为"主守"的,是亲自进行守护管理的人。即使自己的职责不是统辖主管,临时被派行使统辖主管职权的也是监临主司。

可见监临和主司囊括官员范围较为广泛。一些犯罪的构成要求特殊主体,即须由监临或主司所为,如职制律所规定的犯罪皆是。

(二)官吏犯罪的特殊责任形式。对官吏附加于刑罚适用的行政责任有:除名、免官、免所居官三种。

1.除名

第 18 条:诸犯十恶、故杀人、反逆缘坐,狱成者,虽会赦,犹除名。即监临主守,于所监守内犯奸、盗、略人,若受财而枉法者,亦除名;狱成

---

① 此部分律条参见刘俊文点校:中华传世法典《唐律疏议》,第 49—70 页,法律出版社 1999 年 9 月第 1 版。

会赦者,免所居官。其杂犯死罪,即在禁身死,若免死别配及背死逃亡者,并除名;会降者,听从当、赎法。

即凡是犯十恶大罪,故意杀人,因亲属犯谋反、大逆罪而连坐处刑,(本应缘坐,但因年老、病残而免于缘坐的人也同)狱成的,即使遇大赦,仍要除名。("狱成",是赃物以及其他犯罪的罪证确凿,包括尚书省复断完毕,还未呈报皇帝的案子)如果监临主守在管辖区内犯奸淫、盗窃、略人,或者是受贿枉法的,也除名;("奸"是指奸淫良人。"盗"及"受财枉法"是说赃值满一匹绢的)刑案判决上报后遇赦的,撤去现任官职。(遇降级处刑的,依免官法处理)其他的死刑犯人,如果在关押期间死亡的,免去死刑另作发配和抗拒死刑逃亡的,都除名;(以上都是指本人犯罪应处死刑并已狱成的情况)遇降减刑罚的,可听由依官当和赎法处置。

十恶罪中除名是独立的行政责任,即使大赦也除名。

2. 免官

第19条:诸犯奸、盗、略人及受财而不枉法;若犯流、徒,狱成逃走;祖父母、父母犯死罪,被囚禁,而作乐及婚娶者,免官。

即凡是官吏犯奸、盗、略人及受财而不枉法者;(都是指判徒刑以上刑罚的)或者犯该判流刑、徒刑的罪,已判决上报之后而逃跑;祖父母、父母犯了死罪正被监禁而奏乐、娶妻结婚的,都免官(是说二项官职都免。爵位及免官未涉及的历任官职,听由保留)。

比较第18条,官吏奸淫、盗窃、受财枉法者,除名;受财而不枉法者,免官。犯罪不伏法,尊亲犯罪而行乐事,这种官吏不赁家庭人伦,安得为官,也以免官处罚。

3. 免所居官

第20条:诸府号、官称犯父祖名,而冒荣居之;祖父母、父母老疾无侍,委亲之官;在父母丧,生子及娶妾,兄弟别籍、异财,冒哀求仕;若奸监临内杂户、官户、部曲妻及婢者,免所居官。

即凡官署、官职名称同父母或祖父母的名字犯同字,而冒受荣耀担任该项官职;祖父母、父母病老无人侍奉,抛弃尊亲担任官职;在父母的丧期里生孩子及娶亲,兄弟间别立户籍,分异家产,在丧期内外出求取官职;或者与管辖之下杂户、官户、部曲的妻子和官私奴婢通奸或予以强奸的,撤免所任官职(是指撤免作为一项官职的职事官、散官及卫官之官职。如果属职事官,同时兼有勋官阶的,只免去职事官职。如果属于犯父母、祖父母名字而冒受荣耀升官的,应追回已发的任官凭证)。

对不尽家庭道德义务,只图当官荣耀之徒要受免所居官的处罚,体现注重伦理的择官原则。

上述除名、免官、免所居官是对官吏犯罪的行政制裁方式,除名最重,免所居官最轻,免官居中。疏议:"除名、免官、免所居官,罪有差降,故量轻重,节级比徒。"即以轻重不同的三种行政制裁适用于不同罪名、情节的违法犯罪官吏。这三种行政制裁不可折抵徒刑的执行,不可单独适用,一般是与相应的刑罚,作为其附加责任形式和辅助的制裁手段来适用。这种行政处罚方式,在制裁期限届满时叙法的形式是不同的,第21条撤免官爵者的处罚和重新任用一款有明确规定。

第21条:诸除名者,官爵悉除,课役从本色,六载之后听叙,依出身法。若本犯不至免官,而特除名者,叙法同免官例。免官者,三载之后,降先品二等叙。免所居官及官当者,期年之后,降先等一品叙。若本犯不至免所居官及官当,而特免官者,叙法同免所居官。其免官者,若有二官,各听以所降品叙。即免官、免所居官及官当,断讫更犯,余有历任官者,各依当、免法,仍累降之;所降虽多,各不得过四等。若官尽未叙,更犯流以下罪者,听以赎论。不在课役之限。虽有历任之官,不得预期参之例。

即凡是除名的,官职和爵位全部免除,赋税徭役依照原来的身份品级征收,六年之后,依照除名官吏任用的办法,并参照出身资格重新任用。如果所犯之罪不到处免官之罚而特地除名的,重新任用的办法同处免官之罚的复用办法。(妇人因为丈夫和儿子而得封号,因犯罪除名的,年满之后,丈夫、儿子现在有官爵的,听由丈夫、儿子的品级重新授予称号)处免官的,三年之后,从原来的品级上降二等任用。受免所居官职处分的及用官职抵当徒刑的,一年之后,从原来的品级降一等任用。如果所犯之罪不到受免所居官职,以官当徒刑之处分而特地免官的,依免所居官重新任用的办法任用。如果被免官的有二项官职,听由从撤免后留下的各项官职上重新任用。(如勋官降一等的,从上柱国降任柱国,降二等的,降任上护军。如果勋官已经降到低于最低武骑尉的,听由从武骑尉重新任用)如果受免官、免所居官处罚及以官职抵当徒刑的,判决执行之后重新犯罪,又要撤免官职及官当者,有剩下的历任官职的,再依官当和免官法处理,(同时有二项官职的,先用高的品级抵当)仍旧在剩下的官职基础上再降;降级累计虽多,但各项官职都不得超过四等。("各",是说二项官职各自降免不得超过四等,不是二项合并计算不得超过四等的限制)如果官职经过当免已经用完,还没有重新任用,又犯流刑以下的罪的,合乎赎的规定的,由听用赎法,(重新任用的年数从后一次犯罪起算)不征赋税徭役。受免职处分和实行了官当的官吏,即使保留了历任的官职,也不得参与上朝和晋见皇帝的例会。①

可见,除名需在六年后才依出身法叙官;免官需在三年后降先品二等叙官;免所居官需在一年后降先品一等叙官。而且受处分的官吏永

---

① 此部分释义参见钱大群译注:《唐律译注》,第21—31页,江苏古籍出版社1988年4月第1版。

远不得上朝谒见皇帝。这种规定是对官吏犯罪行为的精神惩罚。

职 制 律

职制律是唐律的第三篇,共59条,专门规定官吏的职务犯罪。疏议曰:职制律者,起自于晋,名为违制律。隋开皇改为职制律。言职司法制,备在此篇。① 即规定职务犯罪的法律始于晋代,当时称违职律,到了隋朝的开元年间改为职制律,唐朝沿用,具体内容的规定也进一步完善。

职制律从以下八个方面规定了官吏的职务犯罪。

(一)行政组织方面:编制控制和举荐人才

1. 置官过限及不应置而置

第91条:"诸官有员数,而署置过限及不应置而置,一人杖一百,三人加一等,十人徒二年;后人知而听者,减前人署置一等;规求者为从坐,被征须者勿论。即军务要速,量事权置者,不用此例。"

即凡官员编制名额有规定而派任超过限额和不该设置而设置的,(官员是指不属于奏请皇帝任命的官吏)超编一人处杖打一百,三人加一等,满十人处二年徒刑;后任官员知情而听任的,比超额设官的前任减一等处罚;谋求通过超编得官的人以超编罪的从犯论处,被征召补官的人无罪。如果军情紧急,根据情势临时任命的代理官职,不适用此律。

该条是对编制定数过限的处罚。区分当时官和后任官;谋求得官者和被征召补官者;平时和战时。视情况不同,裁量有别。还有减量与

---

① 此部分律条参见刘俊文点校:中华传世法典《唐律疏议》,第198—250页,法律出版社1999年9月第1版。

从犯的规定。

2.贡举非其人

第92条:"诸贡举非其人及应贡举而不贡举者,一人徒一年,二人加一等,罪止徒三年。若考校、课试而不以实及选官乖于举状,以故不称职者,减一等。失者,各减三等。承言不觉,又减一等;知而听行,与同罪。"

即凡在贡举中推举德行不好的人或人有才德可用而不给推举的,有一个人就处一年徒刑,二人加一等,最高处三年徒刑(非其人,是说被举荐人的德行同举荐文书所说不相符的情况)。如果考核在职官员、省试分科考试不实及选用官员同荐举评语不符,而使官员任职不当的,比贡举不实罪减一等处罚。因过失而犯以上各罪的,各自减故意罪三等处罚。在这个过程中对别人贡举不实行为未察觉,只是上报送达了不实的结论而不是本人有不实行为的,又比过失犯再减一等处罚;如果知情而听由犯罪的,同最初的作案人同样处罚。

该条是对官吏举荐考试不实、舞弊的处罚。量刑幅度规定上限——最高刑三年;区分贡举和考核在职官二种场合;有故意与过失之分;有贡举不实者、过失贡举不实者、报送不实结论者和知情听任者三种情形分别处罚。

(二)官员履职逾期

1.在官应值不值

第94条:"诸在官应直不直,应宿不宿,各笞二十;通书夜者,笞三十。若到点不到者,一点笞十。"

即凡在职官吏应值班不值,应值夜班不值,各自处笞打二十;不值持续一昼夜,笞打三十。如果点名不到的,一次点名不到笞打十下(一天内点几次的,限计二次处罚)。

该条是对履行职务违规的处罚。区分白班、夜班,值夜班早退、点名不到和值班不到三种情形,处罚只限于笞刑。

2. 官人无故不上

第95条:"诸官人无故不上及当番不到,若因暇而违者,一日笞二十,三日加一等;过杖一百,十日加一等,罪止徒一年。边要之官,加一等。"

即凡官员无故不到官署公干及轮班不到,(即使是无品级的,只要被分配上下轮班的,也同有品级之官一样)或者因请假而故意违期不上及轮班不到的,一天处笞打二十,三天加一等;超过杖一百,十天加一等,最高处一年半徒刑。边境要塞的官员加一等处罚。

该条包括故意不到和明以告假,实为不到二种情形。区分官员和要塞官员,后者须加重处罚。最高处刑徒一年。

3. 之官限满不赴

第96条:"诸之官限满不赴者,一日笞十,十日加一等,罪止徒一年。即代到不还,减二等。"

即凡官员上任期限满不出发赴任的,过一天笞打十下,十天加一等,最高处一年徒刑。如果接替的官员已到原任官逾期不交接返回,依期满不到任罪减二等处罚。

该条是对上任限满不启程的处罚。区分期满不到任和逾期不交接而阻挠继任的情况。最高刑期徒一年半。

4. 公事应行稽留

第132条:"诸公事应行而稽留,及事有期会而违者,一日笞三十,三日加一等;过杖一百,十日加一等,罪止徒一年半。即公事有限,主司符下乖期者,罪亦如之。若误不依题署及题署误以致稽程者,各减二等。"

即凡公事应处理而滞留,及事情必须按时汇集而违期者,迟缓一日笞三十,三日加一等,超过杖一百的,十日加一等,最高处一年半徒刑。

如果公事有期限,主管官员下符违期的,也照此规定处罚。如果出现错误不照封面所写发送及封面提写出错致使公事耽搁,各自比照上述规定减二等处罚。

该条规定了公事滞留的五种情况:无期应理而违、有期而违、主管下符而违、误发送和提写错误。最高刑期徒一年半。

(三)漏泄大事

第109条:"诸漏泄大事应密者,绞。非大事应密者,徒一年半;泄密于蕃国使者,加一等。仍以初传者为首,传至者为从。即转传大事者,杖八十;非大事勿论。"

即凡是泄露应该保密的大事的,处绞刑。(大事指秘密计划对谋判者进行讨伐及抓捕等)泄密应该保守的"非大事"机密的,处一年半徒刑;如果泄露给外国使节的,加一等处罚。以上都以最初泄密者为主犯,以泄密给谋判者和外国使节者为从犯。如果相互传播大事机密者,杖八十,不属大事机密的,不处罚。

该条区分机密为大事与非大事;主体为最初泄密者、受密者和转传者;泄密对象为谋判者和外国使节;主犯和从犯。最高刑为绞,是死刑中很重的刑罚。

(四)迟延制书送达

制书指书写皇帝命令之书。

1. 迟缓制书期限

第111条:"诸稽缓制书者,一日笞五十,一日加一等,十日徒一年。其官文书稽程者,一日笞十,三日加一等。"

即凡迟延制书送达的,迟延一天笞五十(誊写制书、敕令、符、移之类迟延的,都照此处理)。每多一天加一等,十天处一年徒刑。如果官文书处理迟延过限的,迟延一天笞十下,每满三天加一等,最高处杖打八十。

该条区分制书和官文书二种国家文书形式。最高刑徒一年。

2. 受制书实施而违

第112条:"诸被制书,有所施行而违者,徒二年。失错者,杖一百。"

即凡是奉皇命,要求实施某种行为而违反的,处二年徒刑。因过失而执行有差错的,处杖打一百(失错指同命令的意图不符)。

该条区分故意而违与过失而违。最高刑期徒二年。

3. 受制命忘误

第113条:"诸受制忘误及写制书误者,事若未失,笞五十;已失,杖七十。转受者,减一等。"

即接受制命后因遗忘而迟误执行及书写制书有错,事情如果尚未因此产生同制命相违背的后果,处笞五十;产生违背后果的,杖七十。不是亲自承接制命而是从别处转接后而出现遗忘和写错的,比亲自承接而错的减一等处罚。

该条注重危害结果已失与未失,而杖刑数不同。区分亲自承接和他人转受,后者处罚减等。

4. 明知制书有误不奏请擅改

第114条:"诸制书有误,不即奏闻,辄改定者,杖八十;官文书误,不请官司而改定者,笞四十。知误,不奏请而行者,亦如之。辄饰文者,各加二等。"

即凡发现制书有错,不立即奏请就擅自改动的,处杖八十;如官文书有错,不请示有关官员而改动的,笞四十。知道制书和官文书有错,不复奏、不请示就执行,也照上述规定处罚。擅自对制书或官文书作文字修饰的,分别加二等处罚。

该条区别制书和官文书;行为区分有错擅自改动、按错执行、无错而擅改修饰文字,后者加重处罚。与第113、114条均处杖刑。

5.受制出使辄干他事

第119条:"诸受制出使,不返制命,辄干他事者,徒一年半;以故有所废阙者,徒三年。余使妄干他事者,杖九十;以故有所废阙者,徒一年。越司侵职者,杖七十。

即凡奉制命出使,不按制命返回,总是干预他事的,处一年半徒刑,因此而有害事情的,处三年徒刑。其他派使官吏妄自干预他事的,杖九十;因此而有害事情的,处一年徒刑。越权管辖侵犯别的官署的职权的,杖八十。

该条是对出使官违规的处罚。区分奉制命出使和其他派使;行为分辄干、妄干他事和越权;注重危害行为的结果,有害事情的处罚较重,为徒三年,一般为徒一年半。

(五)上书奏事有误

上书是指呈送给皇帝的文书。

1.上书奏误

第116条:"请上书若奏事而误,杖六十;口误,减二等。上尚书省而误,笞四十。余文书误,笞三十。即误有害者,各加三等。若误可行非上书、奏事者勿论。"

即凡是上奏的书信有错误的,处杖六十;口误的,减二等处罚(口误主要意思没有错的,不处罚)。呈给尚书省的文书有错的,笞四十。其他文书有错的,笞三十。如果因为错误而造成损害的,各加三等处罚。如果虽然有害,但事情可行,同时又不是上奏书信的,不论罪。

该条区分上奏的文书、尚书省的文书和其他文书;文书错误和口误之别;在量刑上考虑事可行与有危害结果,后者加重处罚;仅用杖刑。

2.事应奏不奏

第117条:"诸事应奏而不奏,不应奏而奏者,杖八十。应言上而不言上,不应言上而言上及不由所管而越言上,应行下而不行下及不应行下而行下者,各杖六十。"

即凡是事情应该奏请而不奏请、不应该奏请而奏请的,杖八十。应该呈报上级而不呈报,(虽然已经奏请或呈报,不等到批准的命令下达就执行,也和不奏不报同样处罚)不应该向上呈报而呈报,以及不属于自己所管而越权呈报,应该对下发文而不发及不应对下发文而发的,各处杖六十。

该条是对上奏言不当的处罚。区分奏事不当、言上不当与越权言上、行下不当(包括对下发文而不发,不应对下发文而发)三种情形,在适用杖刑数目上有别。

(六)忠孝的道德伦常

1.实无政绩擅自立碑

第134条:"诸在官长吏,实无政绩,辄立碑者,徒一年。若遣人妄称己善,申请于上者,杖一百;有赃重者,坐赃论。受遣者,各减一等。"

即凡官署的长官,实际无政绩而擅自立碑的,处一年徒刑。如果派人胡说自己有功,申请立碑的,杖一百;如果这中间有雇用计赃严重的,依坐赃论处。受派遣的人,各自比派遣人减一等处罚(即使有政绩,自己派人请求立碑的,也依上述规定处罚)。

该条区分有无政绩而立碑、遣人请立碑二种情况;有派遣人与受遣人之别,后者减等处罚,最高刑徒一年。针对官吏常见的虚荣,处罚这种好大喜功、说官提拔之徒,有利于涵养谦虚的品格,保持官吏务实作风。

2.隐匿父母或丈夫的死讯

第120条:"诸闻父母若夫之丧,匿不举哀者,流二千里;丧制未终,释服从吉,若忘哀作乐,徒三年;杂戏,徒一年;即遇乐而听及参预吉席者,各杖一百。闻期亲尊长丧,匿不举哀者,徒一年;丧制未终,释服从吉,杖一百。大功以下尊长,各递减二等。卑幼,各减一等。"

即凡是听说父母或丈夫死去,隐瞒消息不哀哭的,流放两千里;丧服期未满,脱去丧服穿华丽的衣服,或者忘记哀痛而奏乐,(自己奏和派人奏一样)处三年徒刑;做各种游戏,处一年徒刑;如果遇别人作乐,自己去听及参加礼庆宴席的,各杖一百。听说期亲尊长死去,隐瞒消息不哭的,处一年徒刑;丧服期未满,脱去丧服穿华丽衣服的,杖一百。对大功亲及比大功亲还远的尊长,各递减二等处罚。对卑幼亲属比对尊长亲属减一等处罚。

该条维护以男系为主的家庭伦理纲常,按亲属远近区分父母或丈夫、期亲尊长、大功亲以下和卑幼亲属处罚比照减等的原则处罚;最高刑流二千里,处罚较重。

3. 府号、官称之名称犯父祖之名讳

第 121 条:"诸府号、官称犯父祖名,而冒荣居之;祖父母、父母老疾无侍,委亲之官;即妄增年状以求入侍,及冒哀求仕者:徒一年。若祖父母、父母及夫犯死罪,被囚禁,而作乐者,徒一年半。"

即凡是官署名称、官职名称犯父母、祖父母的名讳,而贪图荣耀犯讳去担任那里的官职;祖父母、父母年老有病无人伺候,自己抛弃尊长去任官;如果随意增添父母年龄和病状以求退职侍奉,或者服父母丧未满 27 个月就外出做官的,都处一年徒刑。如果祖父母、父母及丈夫犯死罪被囚禁,而子女妻妾奏乐的,处一年半徒刑。

该条维护尊长等级的孝道家庭观,对不敬、不孝分五种情况处罚:尊亲名犯忌、老无所养、妄说年龄、丧期不满赴任的、被囚而乐的均罚之。最高刑徒一年半。

(七)驿使稽程

1. 驿使违犯期限

第 123 条:"诸驿使稽程者,一日杖八十,二日加一等,罪止徒二年。若军务要素,加三等;有所废阕者,违一日,加役流;以故陷败户口、军人、城戍者,绞。"

即凡驿使迟缓行程期限的,迟缓一天杖八十,每二天加一等,最高处二年徒刑。如果属军务紧急的情况,加三等处罚;如果影响军事行动的,违期一天,处加役流;因此使守卫的城堡、据点陷落,百姓、军事人员遭受掳掠的,处绞刑。

该条因行为的危害后果而量刑有别,对于耽搁军务就有三种处刑:紧急、影响行动、城池陷落及人员遭掠,后者处绞刑。

2. 驿使无故托人捎带公书

第124条:"诸驿使无故,以书寄人行之,及受寄者,徒一年。若致稽程,以行者为首,驿使为从;即为军事警急而稽留者,以驿使为首,行者为从。其非专使之书,而便寄者,勿论。"

即凡驿使无特别事故,将文书让别人代送的,驿使和受托代送的人,都处一年徒刑。如果因此而耽误期限的,以受托人为首犯论处,托人的驿使为从犯;如果军事紧急文件因此而送发滞留的,以驿使为主犯论处,受托人为从犯。如果不属于派专使送达的文书,而趁便托人代送的,委托人和受托人都不追究责任。

该条区分一般文书和军事紧急文书;受托人与托人;专使送达与驿使送达;主犯和从犯。最高刑期为徒一年。

3. 文书应遣驿不遣(派使不当)

第125条:"诸文书应遣驿而不遣驿,及不应遣驿而遣驿者,杖一百。若依式应须遣诣阙而不遣者,罪亦如之。"

即凡文书应该派驿使发送而不派,不应派而派的,杖一百。如依规定应该派驿使到朝廷而不派遣的,也照此规定处罚。

该条区分应遣驿而不遣驿与不应遣驿而驿,只适用杖刑。

4. 驿使误投公书

第126条:"诸役使受书,不依题署,误诣他所者,随所稽留以行书稽程论减二等。若由题署者误,坐其题署者。"

即凡驿使送交文书,不依照封面所写,错送到别处的,根据所迟误的天数,以"行书稽程"之罪减二等论处。如果是写错了封面,那么就处罚写错封面的人。

该条区分投递失误的责任人和写错封面的责任人,前者比照行书稽程减等罚之。

5. 超乘驿马

第127条:"诸增乘驿马者,一匹徒一年,一匹加一等。主司知情与同罪,不知情者勿论。"

即凡超过规定多用了驿马,多用一匹处一年徒刑,一匹加重一等处罚。(应乘驿驴而用驿马的,比增乘罪减一等处罚)驿站主管知情的,与增乘者一样处罚,不知情就不处罚。

该条区分知情与不知情;增乘者和主管官吏。

6. 乘驿马带私物

第129条:"诸乘驿马赍私物,一斤杖六十,十斤加一等,罪止徒一年。驿驴减二等。"

即凡乘驿马带私物,(不属于随身的衣服、武器)带一斤杖六十,满十斤加一等,最高处一年徒刑。乘驿驴带私物比乘驿马的减二等处罚。

该条同第127条,区分驿马与驿驴,后者减等处罚。

7. 奉派解送官物请托他人

第133条:"诸奉使有所部送,而雇人寄人者,杖一百;阕事者,徒一年。受寄雇者,减一等。即纲、典自相放代者,笞五十;取财者,坐赃论;阕事者,依寄雇阕事法。仍以纲为首,典为从。"

即凡奉差遣押送物资人畜,而雇人或托人的,处杖一百;由此耽误公事的,处一年徒刑;受雇、受托之人,减一等处罚。如果押送的纲典各官相互替代由一人押送的,笞五十;接受财物的,双方以赃罪论处;耽误公事的,依上述雇人、托人误事的规定处理。属这类犯罪的都是以纲为主犯,典为从犯。

该条区分部送者、受雇(托)者、相互替代者,受财者。财物有纲典之分,犯罪有首从之别。第127、129、133条一般最高刑徒一年。

(八)徇私受财

1.有所请求

第135条:"诸有所请求者,笞五十;主司许者,与同罪。已施行各杖一百。所枉罪重者,主司以出入人罪论;他人及亲属为请求者,减主司罪三等;自请求者,加本罪一等。即监临势要,为人嘱请者,杖一百;所枉重者,罪与主司同,至死者减一等。"

即凡是请求官员徇私的,笞五十;(指向主管官员请求为枉曲国法的事情,即使是替别人请求也同自己请求一样)主管官员答应的,与请求人同罪(不答应,都不追究)。被请求人已为曲法之行为的,双方都杖一百。所枉法罪重者,主管官员以出入人罪论处;其他人及亲属代替请求的,比受请曲法的官员减三等处罚;本人自己请求的,在本罪的基础上加一等处罚。如果主管官员处于监临及势要地位的(势要即使官职低也是),替人嘱托请求的,杖一百;曲法之罪刑罚重于杖一百的,同受请托官员同罚,要处死刑的减一等。

该条区分请求人和被请求人;请求人又分为他人、亲属和本人,前者减等处罚,后者加等处罚,自己说情而枉法者主观恶性更大;被请求人可分为主司、监临及势要,可定为出入人罪。

2.受人财物代为请求

第136条:"诸受人财而为请求者,坐赃论加二等;监临势要,准枉法论。与财者,坐赃论减三等。若官人以所受之财,分求余官,元受者并赃论余各依己分法。"

即凡是接受他人财物代为请求的,按坐赃罪加二等论处;监临官和处势要地位的人受财代为请求,依照受财枉法罪论处。供给财物的人,依坐赃罪减三等论处。如果官吏把接受的财物分给其他官吏实行请求,最初受赃的官吏计总赃论处,其他各官计算自己所分得的赃额论处。

该条是对有事以财行求,受贿行贿的处罚。把受财请求人分为一般官员和监临势要;最初受赃人和分得受财人;并赃和分赃论处。区分受财人和与财人,即受贿人和行贿人,均以坐赃罪减等处罚。

3. 以财请求得以枉法

第137条:"诸有事以财行求,得枉法者,坐赃论;不枉法者,减二等。即同事共与者,首则并赃论,从者各依己分法。"

即凡有事用财物向有关官吏作请求,已作曲法处断的,以坐赃罪论处;未曲法处断的,减赃罪二等处罚。如果是同一案中多人出钱财共同给与的,最先收受的是首犯,计收受总数依坐赃罪论处,分得钱财的是从犯,各以自己所得一份依坐赃罪论处。

该条区分受财枉法与未枉法;共同行贿的分为首犯与从犯,以并赃和分赃论处,均定坐赃罪。

4. 监主受财枉法

第138条:"诸监临主司受财而枉法者,一尺杖一百,一匹加一等,十五匹绞;不枉法者,一尺杖九十,二匹加一等,三十匹加役流。无禄者,各减一等;枉法者二十匹绞,不枉法者四十匹加役流。"

即凡监临主司官员受财后作曲法处断的,受财值绢一尺处杖一百,每多一匹加一等,满十五匹处绞刑;受财后没有曲法处断的,值满一尺杖九十,二匹加一等,三十匹处加役流。无俸禄的官员比有俸禄的减一等处罚;曲法处断的,值满二十匹处绞,未曲法处断的,值四十匹处加役流。

该条是对受财枉法的处罚。区分监临主司、有俸禄官和无俸禄官,重罚前者,受财十五匹绞,后者二十匹绞;处罚视危害后果而定,区分受财枉法和受财不枉法。

5.事后受财(贿)

第139条:"诸有事先不许财,事过之后而受财者,事若枉,准枉法论;事不枉者,以受所监临财物论。"

即凡有事作请求的人,事前未说给钱财。事后官吏接受了财物,事情如果曲法处断的,依受财枉法罪论处;未曲法处断的以接受被监临人财物罪论处。

该条区分枉法与不枉法,定罪分准枉法和受所监临财物。

6.监临官接受被监临人的财物

第140条:"诸监临之官,受所监临财物者,一尺笞四十,一匹加一等;八匹徒一年,八匹加一等;五十匹流二千里。与者减五等,罪止杖一百。乞取者,加一等;强乞取者,准枉法论。"

即凡负监临管辖责任的官员接受被监临人的财物的,值一尺笞四十,满一匹加一等;八匹处一年徒刑,每增八匹加一等;五十匹流二千里。给财物的受监临人,比监临官减五等处罚,最高处杖一百。监临官讨取的,加重一等处罚;强讨财物的,依受财枉法罪论处。

该条区分监临官和被监临人;受者和与者;财物的取得方式有讨取和强取,前者加等处罚,后者以准枉法定罪。

7.在派遣出使之地接受赠送

第141条:"诸官人因使,于使所受送遗及乞取者,与监临同;经过外取者,减一等。即强乞取者,各与监临罪同。"

即凡官员受派遣,在派赴执行公务之地接受馈赠及讨取财物的,和监临官员同样处罚;在经过的路上接受的,比在派赴之地接受减一等处罚。如果强迫讨取的,和监临官强迫讨取同样处罚。

该条把接受财物的地方分为:派赴之地、经过之地;取财的方法分为送遗、讨取和强迫。处罚同第 140 条。

8. 借贷自己监临的财物

第 142 条:"诸贷所监临财物者,坐赃论;若百日不还,以受所监临财物论。强者,各加二等。若买卖有剩利者,计利,以乞取监临财物论。强者,笞五十;有剩利者,计利,准枉法论。即断契有数,违负不还,过五十日者,以受所监临财物论。即借衣服、器玩之属,经三十日不还者,坐赃论,罪止徒一年。"

即凡是借被监临人之财物的,依坐赃论处(已经任命未到任的监临官也同样);如果满一百天不还,以接受被监临财物罪论处。强迫借的,各加重二等处罚。如果官员在自己的管辖区内买卖东西取得赢利的,计算所得赢利,依乞取被监临人财物罪处。强迫买卖的,笞五十;有赢利的,计算所得赢利,依受财枉法罪论处。如果官员在买卖中结算有欠债,到期不还,过 50 天的,依接受被监临财物罪论处。如果借人的衣服、玩物之类的东西,满 30 天不还的,依坐赃罪论处,最高处一年徒刑。

该条不分已任命到任之监临和未到任之监临;区分对所监临财物借贷、强借;在监临区内做买卖获利、强迫买卖、负债;在所监临辖区内买卖,负债 50 天不还,借物 30 天不还;涉及罪名四个:坐赃、接受被监临财物、乞取被监临人财物、受财枉法等罪。

9. 监临官私自役使被监临的部下

第 143 条:"诸监临之官,私役使所监临,及借奴婢、牛马驼骡驴、车船、碾、邸店之类,各计庸、赁,以受所监临财物论。即役使非供己者,计庸坐赃论,罪止杖一百。其应供己驱使而收庸值者,罪亦如之。若有吉凶,借使所监临者,不得过二十人,人不得过五日。其于亲属,虽过限及受馈、乞贷,皆勿论。营公廨借使者,计庸、赁,坐赃论减二等。即因市易剩利及悬欠者,亦如之。"

即凡监临官私自役使受监临人,借用监临范围内的奴婢、牛马、骆驼、骡、驴、车船、磨房、旅店之类,各自计算工价及租金,依接受被监临人财物罪论处。如果监临官役使不是供自己役使的公职人员(不是供自己役使的人是指流外官及在官府担任各种公务的人),计工价依坐赃罪论处,最高处杖一百。如果应该供监临官自己差遣的人而收取他们的工价的,也依此规定处理。(在这个过程中,供监临官自己差遣的人要求给工钱的,不处罚)如果监临官有喜庆、丧事,借用使唤被监临人,不得超过 20 人,每人使用不得超过 5 天。如果是监临官自己的亲属,即使使用超过限制或者接受馈赠、要求借贷的,都不予论处。借用受监临人的上述东西营建官用房屋的,计算工价、租金,依坐赃罪减二等处罚。如果因此做买卖赢利及拖欠价款不还的,也依坐赃罪减二等处罚。

该条役使包括人和物;按用途区分为监临官自己用与非己用;役使自己的亲属和非亲属,前者是除外情形;役使的场合是喜庆、丧事和非也,前者属除外情形。涉及罪名有二个:接受被监临人财物罪和坐赃罪。

10. 监临受供馈

第 144 条:"诸监临之官,受猪羊供馈,坐赃论。强者,以强取监临财物法。"

即凡监临官接受管辖内赠送的猪羊等食物,依坐赃罪论处。强迫赠送的,依强取被监临人财物罪论处。

该条所定罪名只有二个:坐赃和强取被监临财物罪。

11. 领人征收监临区内的财物赠送给人

第 145 条:"诸率敛所监临财物馈遗人者,虽不入己,以受所监临财物论。"

即凡率领人征收被监临人财物赠送给别人,即使自己不拿取财物,依接受被监临人财物论处。

该条虽然监临未得财物,但罪名仍定为接受被监临人财物。

12. 监临之官家人乞借(家人索财)

第 146 条:"诸监临之官家人,于所部有受乞、借贷、役使、买卖有剩利之属,各减官人罪二等;官人知情与同罪,不知情者各减家人罪五等。其在官非监临及家人有犯者,各减监临及监临家人一等。"

即凡监临官员家里的人,在监临官管辖区内有接受财物、讨要财物、向人借贷、役使民夫、做买卖赚钱等的行为,各自比监临官本人犯这种罪减二等处罚;监临官知情的和犯罪的家里人同样处罚,不知情的各自比有罪的家里人减五等处罚。如果监临官不在其辖区内以及他们的家里人有此违犯的,各自比监临官及监临官家里人减一等处罚。

该条意图限制家人挟势力索财的恶习。区分监临官辖区内和辖区外;监临知情与不知情,后者减等处罚。

13. 去职之官接受旧部属的馈与

第147条:"诸去官而受旧官属、士庶馈与,若乞取、借贷之属,各减在官时三等。"

即凡离任的官员接受从前所辖僚属、士人和百姓的赠与,或者有向他们讨要及借贷财物等一类行为,各自比在任时减三等处罚(指官员的家属还未离开任所的情况下)。

该条是对去官乞财的处罚。意图限制官吏利用在职时的恩遇而讨取财物的恶习。处罚原则比照任官时减等。

14. 凭官职威势讨要财物

第148条:"诸因官挟势及豪强之人乞索者,坐赃论减一等;将送者,为从坐。"

即凡凭靠官威权势以及仗势横行的人向人索取财物的,依坐赃罪减一等处罚;带领人去索取或征收送交财物的人,以从犯论处。[①]

该条是对挟势乞财的处罚,定坐赃罪。犯罪人为行索者和与财者,后者为从犯。

综上所述,职制律规定官吏履行职务的犯罪,涉及到官员应有的家庭伦常道德义务,用3个条文加以规定;人事行政方面,在官职的编制

---

① 此部分释义参见钱大群译注:《唐律译注》,第96—135页,江苏古籍出版社1988年4月第1版。

和举荐官吏上,用2个条文加以规定;官员的行政行为方面内容最多,共52条,比如履职守时、保守国家机密、制书送达和实施、上书奏事、出使官和驿使、公事稽留等,其中涉及财产方面的有曲法徇私、贪污、挪用公物、借势索财,共用13个条文加以规定,占职制律的1/4,可见,唐律重点治理官吏敛财的犯罪行为,并予以重罚。

从职制律规范的总体看,要求官吏忠于职守的主旨贯彻其中,除此之外官吏应尽伦理道德义务。奉公廉洁方面的要求是主体性规范,用52个条文设计、规范官吏这方面的犯罪,并以条标的形式予以高度概括。主要有无故不上、应值不值、限满不赴、泄露大事、迟缓制书、受制书实施而违、受制命往误、制书有误擅改、上书奏事有误、事应奏不奏、出使辄干他事、驿使稽程、无故托人捎带公书、文书应遣役不遣、驿使误投公书、超乘驿马、乘驿马带私物、公事稽留、解送官物请托他人、有所请求、受人财物代为请求、以财请求得以枉法、监主受财枉法、事后受财、监临官接受被监临人财物、派遣出使地接受赠送、借贷监临的财物、监临官私自役使被监临的部下、监临受馈赠、领人征收财物赠送给人、监临官家人乞借、去职官接受旧部属士庶馈与、挟势乞索。犯罪主体涉及一般公务人员、监临官、主司、监临官之家人、驿使等。监临官之家人为犯罪主体只是规定在受财犯罪中。观古今行贿受贿的具体方式,唯封建的职制律规定了监临官之家属的索财行为,要求官员不仅己身正廉而且要谨防家人贪财。这种规定不仅在当时,而且在当今也是有现实意义的。

从现代刑法犯罪构成理论的角度看职制律的犯罪规定。有关犯罪构成的四个要素:犯罪主体、客体、主观方面、客观方面均有所兼顾,而且使用中国文化特定的术语。比如犯罪主体有,监临、主守、主司、势要。犯罪的主观方面有,知情与不知情、乞取和强取。在犯罪客体上,把泄露大事侵害统治关系定为重罪,处绞刑;受制命忘误,处杖刑。在犯罪客观方面,危害行为有,受财、索财、役使、与财、请求、主犯、首犯、从犯;危害结果有,枉法、不枉法、赢利、不赢利;犯罪时间有,在职、去职、事前受财、事后受财;犯罪地点有,监临管辖内、监临管辖外、派赴之地、经过之地等。职制律具体条文规定罪名和量刑均考虑到上述要素,分别情况、量定有殊。所以,笼统地说中国古代法律缺乏现代犯罪构成的科学理论是不恰当的,是在缺乏对唐律的深入研究的情况下的枉断。中国古代作为法律思想的哲学世界观也讲究主客观相统一,唐律的规定也反映对两者的兼顾,丝毫没有唯心的、主观臆断之法的印记。可以说,唐律反映了中国固有的犯罪构成理论,具有其中国文化内在的合理性、完整性、本民族语言的准确性,符合中国社会生活的规律,至今仍有必要作为宝藏挖掘。

职制律中常见比照条处罚的规定,适用于定罪量刑相差无几的犯罪。这种规范既是一种中国法律推理的方式,也是为了条款简约,避免律文过于繁琐给适用带来的不便。上述职制律(八)徇私枉法部分,共14个条文,但是规定罪名只有9个。如出入人罪、受财枉法、坐赃、受所监临财物、接受被监临人财物、乞取被监临人财物、强取被监临人财物、枉法、准枉法,其他多规定比照坐赃论处。实际上坐赃罪初规定于杂律第389条,指非官吏非法接受财物的一种犯罪,论处办法是赃值绢一尺,笞二十,一匹加一等,十匹徒一年,十匹加一等,最高处三年徒刑。职制律中的受财犯罪常规定比照坐赃论处。综观唐律比照处罚的规定不仅存在于职制律,其他律中也有。所以,比照处理是唐律的一大特色。

从职制律条文的具体规定看,可谓是条分缕析,规范涉及方方面面,密而不漏。每个条文围绕条标,从行为的动态情形,分出不同的参与者和存在的场合,行为人的主客观情况,知情与否,然后才规定罪名和刑罚。这种规范将犯罪行为不是划定在一个固定的行为状态下,而是将其置于社会关系中,主要是人际关系中,列出通常情况下参与人的行为情形,再按照参与的程度量定刑罚。涉猎的人员非常符合中国社会关系的特点,规定得十分清晰,毫不含糊,可操作性强。例如第135条有所请求。请求乃徇私枉法的行为,必有请求人和被请求的官吏。请求人可能是自己、他人及其亲属;受请求的官吏可能是主司、监临势要。法条是按照这些主体与枉法行为的远近程度定罪和量定各种行为人及所受的不同处罚。主司答应并枉法严重的,定出入人罪;自己请求的,加本罪一等;他人及亲属请求的,减主司罪三等;监临势要答应并枉法严重的,与主司同罪,如果定死罪的可减一等处罚。条文规定得十分细致,把说情枉法人际关系中所涉及到的方面全部纳入到法律规范的视野里,按此条处罚各个行为人,使为说情枉法的各种环节上的人无一漏网,体现唐律立法切近社会现实、法网严密。从一定意义上说明了封建法律立法上也是讲究公正,公平的。

唐律在立法技术上还值得研究的是目录上的条标。它用精练的语言反映着唐律的内容,条标是唐律的一大特点。"条标言简意赅、清楚明了,按其检索极便于查找。人们从条标中可以知晓相应条文的主要规定,及时阅读所需内容。"[①]不仅有利于当时的审判官,而且也便于今天的研习。同时,条标提纲挈领便于记忆,使唐律知识的普及变为可能。唐律将条标置于目录的编排方式,从一个侧面反映了唐朝的立法水平已经很高。条标被后世宋元明清各朝的法律直接继承,而且被一些东南亚国家立法所仿效。以日本为最著,现行的日本检察厅法、刑事诉讼法等仍保留条标的立法形式。[②] 可叹的是我国现行法律只有章节,却没有细致到条标。条标的用法我们没有继承下来。

---

① 王立民著:《唐律新论》,第222页,上海社会科学院出版社2001年6月第2版。
② 裘索著:《日本国检察制度》,第269页以下,322页以下,商务印书馆2003年12月版。

在人类文明,法律发达的历史长河里,历代统治阶级都在追求立法的简明和完善。从罗马法到法国民法典,这些成文法史上的里程碑都以严密完善的条例和简单明了的表述,为一般公民所接受,法律的普遍适用性就赖于此,文明的传承就立于此。法国启蒙思想家孟德斯鸠说:制定法律时应当注意的事情。法律的体裁要精洁简约、质朴平易;在法律已经把各种概念很明确地加以规定以后,就不应再回头使用含糊笼统的措辞。法律不要精微玄奥,它是为具有一般理解力的人们制定的。它不是一种逻辑学艺术,而是像一个家庭父亲的简单平易的推理。①与之相比较,早于千年的唐朝,其法律的制定从规模到内容无不体现一个明确简约。这反映了唐朝统治阶级的立法思想与近世的西方法治国家思想家的主张多么异曲同工呀!法律文化作为人类文明的一种,在中西方的传统上是有区别的,但是二者也具有文明的归一性、同一性。追求立法的公正性和普适性效应,从而要求文字表述简约明了,便于操作,这就是中西法律文化的同一性。所以,唐律作为中华法系的典型代表和儒家法律文化的成型法典,在立法技术上的成就应以重视。不可一味地学习、引进、借鉴、继受西方法律,而对本土法律文化的精华视而不见。为此有学者无不自豪地说:"唐律不是一部疏而不漏的法典,相反,却是一部密而不漏的法典。唐律制定者的功绩在于,用较高的立法技术,使唐律的律条简明化,同时又不使它的法网变疏,乃至有些罪犯成为漏网之鱼。"②

---

① [法]孟德斯鸠:《论法的精神》下,第296—297页,商务印书馆1982年6月第3次印刷。
② 王立民著:《唐律新论》,第242页,上海社会科学院出版社2001年6月第2版。

南宋民事法制与社会变迁
——以《名公书判清明集》为基础兼与西方比较

高 珣

导 言

传统中国法制史的研究以条文为主。研究的成果集中于反映作为中法史"大传统"的刑律的渊源流变上。对于法产生的动因、法实施的效果、哪些因素影响其功能的发挥以及法如何与变动的社会相适应等问题,传统中国法制史的研究显然难以提供满意的答案。不少学者也意识到这一点,因而指出"研究中国法律史,如果不把视角更多地转向社会中下层的社会生活,转向影响法律变化的最基本的社会结构,就很难跳出政治制度史的框子。"[①]所以笔者认为法史研究也应更多地关注法律制度产生的社会,运用法社会学[②]的视角研究法律史。

与社会生活联系最为紧密的是民事法制,不可否认中国封建社会

---

① 张仁善:"中国法律社会史的理论视野",《南京大学法律评论》2001年春,第95页。
② 20世纪初,西方法学界产生了"法社会学"。现代西方法理学界对"法律社会学"与"社会学法学"的区分比较模糊,未取得一致意见。但无论是"法律社会学派"还是"社会学法学派"其实有一个共通点,就是不拘泥于法条的研究,十分关注行动中的法。将法社会学的研究方法引入法史,则不仅仅研究法律原理和法律制度如何演变,而是把它们当作法律资料,研究这些法律原理和法律制度在过去发生了什么效果以及是如何发生的,这必将为法制与社会的发展提供更充分、更有益的历史借鉴。

没有形成独立的民法部门，但同样不可否认的是中国封建社会存在民事法制。① 日本学者星野英一认为："民法是与宪法相并列的法律，宪法规定的是国家的基本理念和构造，而民法规定的是社会的基本理念和构造。"②民法是市民社会的法，凡是人们生活的地方，都离不开民事法制。1987年中华书局出版了南宋的《名公书判清明集》③（以下简称为《清明集》），该集收录的多是民事判例，较为详细地反映当时的司法官是如何根据事实、参照法律、运用自由裁量权解决诉讼纠纷的，是现存中国最早的一部司法实判著作，也是研究中国封建社会民事法制与社会的宝贵史料！④

南宋是中国历史上非常重要的时期。"（南宋的文化模式）虽然起源于北宋，可是北宋在生长中，变化中，到南宋才又加以改变而定型。""中国近八百年来的文化，是以南宋为领导的模式。"⑤南宋所处的1127—1279年，正是世界历史的重要变革时期。西方许多学者从不同角度论证与资本主义经济紧密相连的法律文化传统的起源就是在1050—

---

① 本文所提"民事法制"，包含了民事法律制度与民事司法两方面，这一方面因为南宋没有现代部门法意义上的民法，另一方面笔者既要关注南宋民事法律制度的内容，又要考察南宋民事司法的实际状况，也就是既关注"纸面上的法"，又考察"行动中的法"。
② ［日］星野英一："日本民法的100年"，《环球法律评论》2001年秋季号，第263页。
③ "名公"指这些书判均出自煊赫当时的名士之手，"书判"是一种文体，在当时主要是诉讼判决书和政府公文，"清明"带有清正廉明的价值取向。《清明集》分为七门十四卷。分别是官吏门（卷一至卷二）、赋役门（卷三）、文事门（卷三）、户婚门（卷四至卷九）、人伦门（卷十）、人品门（卷十一）、惩恶门（卷十二至卷十四）。判词的精神价值追求是不违法意，不拂情理，司法功能追求是抑制诉讼，追求无讼，社会功能追求是教化民众，稳定安宁。书判基本发生于南宋宁宗后期和理宗时期，书判作者多是江南一带官吏，记载的多是南宋江南东西路、福建路、荆湖南北路和两浙路的案件，基本上代表了当时中国经济最发达的地区。
④ 一部古籍的价值，首先体现在它的内容上，其次要看它版本的可靠性。在内容上，《清明集》是实判。与唐朝侧重文采辞藻为科举考试而作的虚判不同，南宋的书判是政务实践的产物，与同时期的书判相比其数量更丰，所反映社会现实的广度和深度更具有学术价值；在版本上，过去流传的是日本静嘉堂所藏的宋刻本。只有户婚门，约6.5万字。20世纪80年代中叶，在上海图书馆看到了十四卷明刻本《清明集》，约22万字。
⑤ 刘子健："代序——略论南宋的重要性"，引自黄宽重：《南宋史研究集》，第1—2页，新文丰出版社1985年版。

1250年之间。① 这不仅是时间上的巧合,这是与当时的社会历史条件密切相关的,而较少有学者从这一角度阐述。

今天的中国正经历着社会的变迁,面临重大的变革,如何把握好这一契机,推进中国顺利实现社会向"法治国家"转型,②曾经同样处于变革时期的南宋无疑可以给我们提供宝贵的历史借鉴。

从《清明集》看南宋民事法制的内容

以《清明集》为基础研究南宋民事法制的内容(以下引用《清明集》只指出第几卷和篇名),将重点放在卷四至卷九的《户婚门》。③

南宋民事法制的内容

从民事法律关系主体、内容及民事司法三方面考察南宋民事法制中的内容。

一、南宋民事法律关系的主体

从《清明集》的书判中可以发现南宋民事法律关系的主体及其权利范围比前代有所扩大。反映出如梅因所说的"所有进步社会的运动,是一个'从身分到契约'的运动"④的趋势。

---

① 如泰格和利维的《法律与资本主义的兴起》,以及伯尔曼的《法律与革命》。这两本著作从不同角度论述11—13世纪西欧法律传统的形成。
② 社会变迁与社会转型是两个不同的概念。社会变迁是一种量变,是一个过程,而社会的转型则是质变,是量变的结果。在社会变迁时期,各种新因素陆续出现,当这些新因素达到一定程度综合发生作用时,社会必将发生转型。研究社会变迁目的归结于探讨如何促使有利于促进社会转型的因素最快最好地发挥效力。
③ 卷四至卷九为户婚门,在《清明集》各门中数量最多,地位最重,收录的是民事争议方面的判例。
④ [英]梅因:《古代法》,第97页,商务印书馆1959年版。

(一)南宋民事法律关系的主体范围

卷四《使州送宜黄县张椿与赵永互争田产》记载:张椿乃佃田之人,辄敢固执,欲归于官,以贪耕作之利,观其状词,以赵永为别派,非是赵宏之子。彼执安庆公文,非无所据,而张椿敢于虚言,且谓委送本州,各被买嘱。夫在城官府,阖郡僚属,岂无特立独行,而张椿肆无忌惮,以至于此。逃田之法,自许归业,况非逃亡,岂容没官。今官司已系给还,佃人乃敢缴驳,殊为可怪。欲乞照金听元拟施行,再敢有词,重行照断。可见佃户张椿贪耕作之利,以赵永不是赵宏之子为由以独立民事主体资格参与诉讼,虽最终败诉,但其民事法律关系主体的地位得到承认。《户婚门》中《陈五诉邓楫白夺南原田不还钱》、《子不能孝养父母而依栖壻家则财产当归之壻》、《主佃争墓地》等书判,也都记载了佃农参与诉讼的情形。这是民事法律关系主体扩大体现之一。

其二,仆人有有限制的民事主体资格。卷四《罗柄女使来安诉主母夺去所拨田产》记载有作为奴婢的来安因为主人生有一子,其是主人所给予土地的权利人得到肯定的判例。而卷四《缪渐三户诉祖产业》却有:"游邦系是缪康仲干人,与词首缪友皋自有同关主仆之分,不应在庭不逊,抗对其主,若不惩治,押下地头,必致强横生事,无由绝词。游邦先勘杖六十,仍并监追正身供对。"判词中不提游邦参与诉讼的缘由,只因其仆人身份,先被勘杖六十,以免其强横生事。所以并不是所有仆人都能够作为民事权利的主体,他们作为民事法律关系主体资格的取得是有限制的。相比"奴婢、部曲,身系于主"[①]的唐朝,南宋不仅不再单纯将奴仆当作法律关系的客体,甚至给予其一定的主体资格。

---

① 《唐律疏议》卷十七。

(二)南宋民事法律关系主体的权利范围

纵观《户婚门》有一个显著的特点,即绝大多数争议的双方当事人有一定的亲属关系。中国古代历来是反对亲属间争讼,从春秋战国起便赋予亲属容隐以伦理上的正当性,到唐律"同居有罪相为隐"形成了一个完备的系统,对于具有较大社会危害性的刑事犯罪领域尚且允许互相隐匿,民事争议更是不提倡以诉讼方式解决。而《户婚门》中大量争讼发生于亲属之间值得关注。

其中的亲属关系可分为两类:其一,同辈之间的争讼。如卷六《兄弟争业》记载潘祖华与潘祖应兄弟争业一事,判词中说:"小人为气所使,惟利是趋,所争之田不满一亩,互争之讼不止数年,遂使兄弟之义大有所伤而不顾,官司更不早与剖决,则阋墙之祸,何时而已。"兄弟俩为了不足一亩之地,争讼数年。其二,不同辈之间的争讼,其中既有长辈告晚辈的,也有晚辈告长辈的。前者如卷六《诉侄盗卖田》:"华纲、华纬及其子惟德、惟忠,绍定二年至嘉熙三年,前后十契,将田六亩有奇,正典断卖与陈舜臣为业,并已经官投印。华纲、华纬死,陈舜臣亦死,而华大臣者,乃以为故祖华咏遗下未分之田,诉其侄惟忠、惟德瞒昧盗卖与陈舜臣之子可久。"即长辈华大臣诉侄儿的案例。后者如卷四《吕文定诉吕宾占据田产》:"吕文定、吕文先兄弟两人,父母服阕,已行均分。文先身故,并无后嗣,其兄文定讼堂叔吕宾占据田产。"在这些案例中很多是长辈晚辈互告的,如卷六《叔侄争》、《舅甥争》等。

民事主体的权利范围的突破表明了"礼"在南宋受到了挑战及"礼治"秩序的动摇。

二、南宋民事法律关系的内容

透过《伪批诬赖》这则书判分析南宋民事法律关系的内容。书判写道:

吴五三,即吴富也,其父吴亚休以田五亩三角一十步,典与陈税院之父,涉岁深远。吴五三同兄弟就佃,迟年还租无欠。近三、四年间,兄弟皆丧,吴五三独存,遂萌意占种,不偿租课,却称故父已赎回讫,有批约可证。陈税院屡状陈诉,吴五三词屈理短,凭鲍十九等求和,自认批约假伪,甘从改佃,有状入案,即移与缪百六种。秋事告成,吴五三复强割禾稻,反论陈税院不合就南出律院勒从和退佃,又不合经尉司论诉强割,追人搔拢,欲以此为陈税院强占田之罪。殊不知既有交争,何害和对,既相词讼,宁免追呼,此皆枝蔓之辞。若夫产业之是非,初不在是。看详案牍,见得吴五三舍理而靠势,陈税院恃理而惮势,当职讵肯屈理以徇势,必惟其是而已。

今以吴五三之砧基、批约与陈税院之契书、租簿参考其故,真伪易见,曲直显然。大抵砧基当首尾全备,批约当笔迹明白,历年虽久,纸与墨常同一色,苟有毫发妆点,欺伪之状晓然暴露。今吴五三赍出砧基止一幅,无头无尾,不知为何人之物,泛可引乎?此吴五三虚妄一也。陈税院执出吴亚休契,并缴上手赤契,出卖乃嘉泰二年八月,于当年投印管业,割税,入户三十余年矣。吴五三辄称其父亚休已于嘉泰元年赎回,所执陈税院父陈解元退赎两批,皆是嘉泰元年八月十二日内书押。陈解元身故多年,笔迹是否,固不可辨,但以批约验之契书,岂有二年方交易,元年预先退赎,其将谁欺?容心作伪,殊不计岁月之讹舛,此吴五三虚妄二也。吴朝兴、吴都正、吴富、吴归即是亲兄弟,吴富即是吴五三,复同共立契,将上项田根于嘉定八年并卖与陈税院之父,印契分明,吴朝兴等复立租劄佃种,亦二十余年矣。契内之兄弟商议,卖故父亚休所典之田,领钱尤分晓。父典于其先,子卖于其后,尚复何辞?今吴五三辄称父已赎回,非诈赖而何。此吴五三虚妄三也。

吴五三自知典卖田根已久,假撰批约有罪,不免强词以诳人,始捏其田典与曹寺丞宅。及陈税院执出曹宅回简云,不曾干预此田,其计已穷,遂凭曹八主簿一纸榜文,白占田亩。但知借势以为援,不知背理而难行。岂有正当之契书，反不若假伪之文约，稍有识者，悉知其非，不然，则阖邑之产业，皆可强夺，书相率而为伪矣。此等恶徒，不可不正其罪，吴五三勘杖八十，毁抹伪批及原用砧基附案，仍监还田租。仰陈税院照契管业，徒便易佃。余人并放。

由这则书判我们首先可以分析出，南宋普遍确立的土地的私有制。恩格斯说："完全的、自由的土地所有权，不仅意味着毫无阻碍和毫无限制地占有土地的可能性，而且也意味着把它出让的可能性。"[1]反过来说，能够进行土地的出让，前提是取得土地的所有权。上述土地纠纷的存在首先证实了南宋土地私有既成事实。

其次，南宋时土地交易很繁荣。第一，土地交易种类丰富。在这则书判中我们看到三种土地交易方式即：土地典当、土地租佃及土地买卖。"吴五三，即吴富也，其父吴亚休以田五亩三角一十步，典与陈税院之父，涉岁深远。吴五三同兄弟就佃，迟年还租无欠""吴朝兴、吴都正、吴富、吴归即是亲兄弟，吴富即是吴五三，复同共立契，将上项田根于嘉定八年并卖与陈税院之父，印契分明，吴朝兴等复立租劄佃种，亦二十余年矣"另外从卷六《以卖为抵当而取赎》："但果是抵当，则得钱人必未肯当时离业，用钱人亦未敢当时过税，其有钱、业两相交付，而当时过税离业者，其为正行交易明，决非抵当也。"可知南宋还存在业主不离业、钱主不过税的抵当。第二，土地交易关系复杂。一方面当事人在一块土地上具有多重身份，如本案中吴五三是土地出典的业主，因出典土地使得土地的占有属于陈税院一家，吴家目前仅存有土地的所有。而后吴家又对陈税院占有的土地加以租佃，成为佃户，按年交租，但没有收赎已典卖的土地。也就是说吴五三拥有业主与佃户的双重身份，即在一块土地上典当关系与租佃关系并存；另一方面在出典期间还存在期

---

[1] 《马克思恩格斯选集》第四卷，第163页。

间易主的情形。由于典当的期间一般较长,出典期间内不可避免地会出现某些变更的需要。从《清明集》中可知出典期间易主是被允许的,而且业主或钱主均有此权利。卷四《漕司送许德裕等争田事》记载了出典期间业主变更的情形;[1]卷九《典主如不愿断骨合还业主收赎》则记载了钱主变更的情形。[2] 这是个值得注意的现象,一般学者所认为的明清时期才出现的田底、田面权相分离的现象在南宋即已出现。

再次,土地交易制度完备。土地买卖、典当、租佃等均有明确规定。土地买卖又称为绝卖,卷四《高七一状诉陈庆占田》中有:"凡立契交易,必书号数亩步于契内,以凭投印",即土地买卖须订立书面契约。契约包含有交易的时间、地点,双方当事人姓名,成交田地的四至、着落、亩步、号数、价钱等内容。另外还需要有当事人、牙人、保人、知见人的签名印押及订契年月日。典当契约称为合同契。其内容除买卖契约的内容外,应写明回赎期限。有效的合同契一式四本,"一付钱主,一付业主,一纳商税院,一留本县。"[3]土地租佃在南宋十分普遍,佃农大量存在,租佃制度较完备。

三、南宋的民事司法

中国古代没有形成独立的民法体系,对其民事规则的研究更离不

---

[1]《名公书判清明集》卷四《户婚门·漕司送许德裕等争事》记载:许国在嘉定六年曾将土地典与张志通、杨之才,七年后,将土地卖与朱昌,而后朱昌在张志通、杨之才名下将土地赎回。因此可知,原本许国与张志通、杨之才是业主与钱主的关系,但后来许国将土地的所有权卖与朱昌,朱昌又将在张志通、杨之才名下的土地赎回,取得土地的完全权利。故许国将土地卖与朱昌时,张志通、杨之才典的权利并未受损,只是业主从许国换成了朱昌而已。证实了南宋存在业主变更的情况。

[2]《名公书判清明集》卷九《户婚门·典主如不愿断骨合还业主收赎》记载:范优于乾道三年至淳熙四年,将小郭园屋,以三次计价钱一百九十二贯出典给丁逸。而丁逸家人丁叔显等于嘉泰末、开禧初年,以两次计钱一百八十二贯足,缴上手转典与丁伯威管业,已整整二十年。但丁伯威欲居心不良,不让业主转让、收赎,故造成"范䣛贫穷,欲断屋骨,则不为之断骨,欲取赎,则不与之还赎,欲召人交易,又不之卖与他人。"可见,钱主也可透过转典转让其占有。

[3]《宋会要辑稿·食货六十二》。

开从司法过程的角度进行,纵观《清明集》在司法层面上有这样几点突出的印象:

第一,司法官吏与当事人地位不平等。士大夫在司法活动中处于核心地位,与当事人的地位不平等。主要体现在称呼上,当事人自称"小民"、"小的",还经常被贬低或斥责。如:"不念旧恩,嚣然吠主,得陇望蜀,敢觊并吞",又如"背本忘义,曾禽兽之不若","城狐社鼠,昼伏夜动"等等。① 而进行断案的士大夫却被唤作"老爷"。

第二,重视证据。在《清明集》的书判中,我们看到司法官使用的证据主要有五种。一为书证:包括各种契约、图册、账簿、书信等。二为物证。三为证人证言。四为检验结论。主要是鉴定文书真伪的报告。五为勘验笔录,主要是司法官或所派人员到两造所争田地勘验丈量结果的报告。在举证责任上采用谁主张谁举证的原则。如卷九《买主伪契包并》,原告黄宗球控告黄宗智吞并本户田产,翁甫受理此案后,首先令黄宗球出示证据,"黄宗球出一契,抽东丘谷田三分中一分,典与黄宗智。索到干照,有母亲阿宋及牙人知押"。被告黄宗智则向法官提出,东丘谷田的另外两分,黄宗球之弟黄宗显、黄宗辉已卖给自己。翁甫令他出示证据,黄宗智"及索出嘉熙元年契一纸,但有黄宗辉、黄宗显押字,即无牙人,不曾有母亲阿宋知押"。翁甫认为"兄弟押字不同,又不取母亲知押及牙人证见,弊病百出,不容遮掩。此皆是黄宗智用心不仁,欺阿宋一房孤寡,因得黄宗球一分之业,遂假立弊契,欲包占三分。"保人和牙人在南宋较为普遍,他们是承担法律上连带责任的契约附署人。②

第三,讼师参与司法活动。《清明集》的许多书判都有讼师参与诉

---

① 贺卫方:"中国古代司法判决的风格与精神——以宋代判决为基本依据兼与英国比较",《中国社会科学》1990年第6期,第203—219页。
② 牙人主要是买卖、典当契约的附署人。保人是借贷契约中承担连带清偿义务的人,"保人代偿"逐渐成为主要的债务担保方式。保人和牙人的地位与今天类似,当所担保契约不能履行时,由其代为履行,当契约的订立有违法行为时,保人和牙人在明知的情况下,也要承担相应的责任。

讼的记载，讼师身份复杂，多与胥吏有千丝万缕的联系。卷十三《撰造公事》记载了讼师的活动："始则招诱诸县投词入户，停泊在家，撰造公事。中则行赇公吏，请嘱官员，或打话倡楼，或过度茶肆，一罅可入，百计经营，白昼攫金，略无忌惮。及其后也，有重财，有厚力，出入州郡，颐指胥徒，少不如意，即唆使无赖，上经台部，威成势立，莫敢谁何。乘时邀求，吞并产业，无辜破家，不可胜数。"①因此宋人认为"大凡市井小民，乡村百姓，本无好讼之心。皆是奸猾之徒教唆所至。幸而胜，则利归己，不幸而负，则害归他人。"②可见当时讼师广泛参与诉讼活动，但地位并不光彩。

南宋民事司法传统有所改变。主要体现在其一，好讼之风形成。大量民事争讼案件出现及民事司法逐步成熟，民间已不再一味害怕诉讼，力求无讼。卷十二《讼师官鬼》有："垄断小人，嚚讼成风"，卷十二《专事把持欺公冒法》有："西安词讼所以多者，皆是把持人操持讼柄，使讼者欲去不得去，欲休不得休。"卷十三《资给人诬告》："婺州东阳，习俗顽嚚，好斗兴讼，固其常也"等等，均可看出民间善讼之风初露端倪。其二，司法传统由伦理型向理智型转变。首先，就诉讼理念而言，士大夫不再视民事诉讼为"民间细故"，而是精心审理，倍加关注，甚至认为"为政者皆知以民事为急。"③其次，诉讼机制中适应社会发展的技术性知识增多，如法律概念逐渐明确和科学，已有业主、典主、典、抵当等；又如规范民事活动的规则日趋完备，田宅交易形成先问亲邻、输钱印契、过割赋税、原主离业四步程序规定。最后，司法活动中，尤其是在审理发生在亲属间的民事案件时，判决经常会冲破人伦道德的界限，苍白的说教被法律的理性判决所代替，以适应社会生活的需要。司法传统中的

---

① 参见《名公书判清明集》卷十三《惩恶门·撰造公事》。
② 《名公书判清明集》卷十二《惩恶门·责决配杖》。
③ 《宋会要辑稿·刑法》之四一。

伦理性在削弱,理智性逐渐增强。

对南宋民事法制内容的评析

在民事法律关系的主体及其权利范围上,佃户与奴婢取得了民事主体资格,那些原本具有民事主体资格的人其权利范围扩大,大量亲属间的争议纳入到法律调整的范围。这些情形是社会运动的规律使然。社会的变迁使人们之间以血缘维系的纽带松弛,逐渐代之以契约关系。

在民事法律关系的内容上,土地私有制普遍确立,土地交易繁荣,但即便如此,"亲邻之法"的存在,使南宋的土地私有制未达到马克思所指出的"抛弃了共同体的一切外观并消除了国家对财产发展的任何影响的纯粹的私有制"[①]的水平。亲邻[②]享有买卖的优先权、对出典土地的收赎权,此外还有一定的产权认定权。当时购买的土地的用途主要有二:给自己建造舒适的家园,或让自己成为大地主。可见土地交易繁荣的背后并不单纯是商品经济因素使然,传统观念很大程度上仍在起作用。交易的结果不是商品经济的繁荣而是大地产的形成。从经济学的观点来看,大地产制是纯农业文明的一个最突出、最富有特征的制度。这些均证明南宋的土地私有制是不同于资本主义时代纯粹私有制的,它是有限制的私有制。南宋本质上仍然是农业社会。

在民事司法上,南宋司法没能从根本上摆脱"礼法"的羁绊。虽然受商品经济及私有财产利益的冲击,南宋的诉讼观念及司法认知模式在一定程度上冲击着汉唐以来以人伦道德为宗旨的司法传统,如"好讼"与"兴讼"就是个体意识与私有财产观念觉醒的体现,但"息讼"仍是

---

① 《马克思恩格斯选集》第一卷,第68页。
② 在原本对"亲"进行界定的基础上,《清明集》卷九《有亲有邻在三年内者方可执赎》对于"邻"也做了限定:"有别户田隔间者,并其间隔古来沟河及众户往来道路之类者,不为邻"。总体的趋势是对亲邻范围的界定的趋势是逐步缩小,这样由亲邻执赎引发的纠纷必然减少,交易便能更快捷地进行。

社会价值观在司法上的必然反映,社会对"好讼"的评判是负面的。南宋民事法制的新因素在社会中艰难地存在着,体现着变迁社会各种矛盾的冲突与交融。

与同时期西方的比较,分析南宋民事法制发展的原因及影响

南宋民事法制比前朝发展了,是什么导致南宋民事法制的发展? 民事法制发展的现实对南宋社会产生怎样的影响? 法制不是社会变迁的动因,它只是时代精神的反映,南宋民事法制的发展要从南宋所处的社会背景中寻找根源。比较是获取新知识的有效手段,通过比较我们对事物的认识会更加深刻。笔者将从社会经济、社会结构以及社会精神三个层面思考。因为社会经济生活是社会生活最基本的内容;社会结构则对社会生活进行规制,使社会生活能够在一定的框架之内按一定的模式有序地进行;贯穿于这二者内部的是作为指引的社会精神。

南宋民事法制发展的原因

11—13世纪是世界历史的一段大变革时期。中西方在这一变革时期,有许多异同之处。如都有商品经济、城市、商人的兴起,但西方经历商品经济的复兴、城市的兴起以及宗教改革运动,其民事法制对这些因素所作的调适与南宋不相同,导致了中西方在变革时期及变革后所走的道路亦不相同,直接影响了13世纪后中西截然不同的历史命运。

一、社会经济层面分析

首先,在社会经济条件上,中西方商业均勃兴起来。南宋商品经济有了前所未有的发展,"宋代商业的发展是有其相当坚实的基础的,并

不是所谓的'虚假的繁荣'"。① 农业和手工业的发展为商品经济的发展提供了大量的产品和剩余劳动力,是南宋商品经济发展的决定因素。市场与交通运输的发展使南宋商品经济的发展成为可能,商品经济繁荣起来了。南宋商业发展的表现之一为赋税结构改变。史载宋代赋税"两倍于唐室",在地域远不及汉唐之广,而赋税征纳又数倍于前情况下,除了政府加紧搜刮、农业劳动生产率提高的原因外,很重要的原因是赋税结构的改变。南宋税收收入中非农业收入占据越来越大的比重,政府攫取了大量的商业利润。北宋商税占国家税收比重最大的是宋仁宗皇祐初年(1049年),达56.4%,达2200万贯,较少的宋神宗熙宁十年(1077年)也占国家税收的17.37%,南宋没有商税收的总数字,但可以肯定地说,它比北宋又有了较大幅度的增加,因而在南宋财政结构中所占的比重依然很大。商品经济发展的表现之二为海外贸易繁荣。海外贸易从范围、品种、数量、管理各方面比唐代又有了发展。经营形式上官府的"朝贡"和"交聘"形式依然占有重要地位,但民间商人"舶商",作为国家户籍上专门的一类户,在海外贸易中也有发展。贸易范围十分广泛,东起日本和朝鲜半岛,西至阿拉伯和非洲东岸不下五六十个国家和地区,主要有日本、高丽、大食等等。宋政府先后在广州、杭州、明州、泉州、密州等口岸设立市舶司对海外贸易进行管理。商品经济发展的表现之三为货币关系发展。南宋纸币的发行大为发展,甚至造成通货膨胀,给人民带来深重的灾难。应该说商业税收及海外贸易的发展是南宋商品经济发展在广度上的一个标志,货币关系的发展,是南宋商品经济发展在深度上的一个标志。② 西方与南宋一样在农业与手工业发展的基础上,商品经济有了很大的发展。11世纪西方商品经济开始复兴。③在最先进的西方国家庄园制度开始崩溃,土地所有制的

---

① 漆侠:《宋代经济史》(下册),第927页,上海人民出版社1988年版。
② 漆侠:《宋代经济史》(下册),第927—978页、第1009—1010页,上海人民出版社1988年版。
③ 泰格、利维:《法律与资本主义的兴起》,第53—110页,学林出版社1996年版。

改变带来了农业生产率的提高,巨大的土地开垦使愈来愈多的人被迫离开土地,使商业的发展有充足的产品和劳动力。以自由劳动为特征的新市镇出现,商业逐渐发展起来。商业发展的表现之一职业商人定期集会与交易场所集市的出现,它每年只举行一次,最多不超过两次。集市不排除任何种类的货色或任何人。集市在法律上有特权地位,如有人侵犯它,必将受到严厉的惩罚。前往赶集的人受地方诸侯的保护。其次,贸易的增加带来货币政策的改变。从9世纪下半叶加罗林朝解体,王朝统治崩溃时起,封建诸侯攫取了造币权,国王也把造币权赐给若干教会。整个西方,凡是享有最高裁判权的大领地,都发行了不同货币,十分混乱。13世纪国王们才恢复王室的铸币权,但各国政府开始根据一种真正的货币管理原则办事,还是许多世纪以后的事情。

中西方的不同之处在于:其一,在土地所有权上,中国的私人土地所有制始终是有限制的,个人享有的是初级或相对的所有权,国家拥有最高和最后所有权。而西方,领主具有完全的土地所有权,大大方便了日后的交换以及进行更大规模的生产;其二,在商品经济的发展方面,中西方商业兴起,规模扩大,均形成专门的市场与商业组织,但西方商业的发展一开始就具有较强的独立性。而中国则在商业管理上显得优于西方,如国家掌握铸币权,发行世界上最早的纸币等等。可见,中西方在社会经济条件上各有利弊,中国的封建经济基础优于西方,二者没有本质区别。

其次,面对商品经济的发展,中西方的民事法制都对其进行调适。商品经济的发展,使民事法制的发展变得迫切。商品是天生的平等派,对之进行规范的法律与等级差别色彩浓厚的传统法制本质不同,甚至根本对立。当一味压抑商品经济的发展已不可能时,为了避免这种在根本上与传统法制秩序相对立的法律关系发展到危害统治者利益的程度,加强民事立法成了南宋统治者唯一的选择。但南宋本质上仍是一个农业社会,传统经济结构的力量仍十分强大,市场机制受到政权的超经济干预,绞杀着商品经济的发展。民事法制的发展很有限,只是在已经发展得十分完善的封建法律体系内,出现了一些新的民事法律方面的规定。而西方大约在 11 世纪初,商业活动中形成一些常规被汇编成册,成为商人们在交易中通用的惯例。由于缺乏合法的效力,当时的法院无法接受这些惯例,于是商人们从他们中间选出能了解他们的争论并能迅速予以处理的仲裁人。不久,这种特别法庭就成为公众权威所认可的固定的法庭。显然商品经济的发展并没有使中国传统的封建法律体系发生改变,而西方却在法律与司法上都逐步走上独立发展的道路。

社会经济条件是社会变迁的必要条件,所以南宋时中西方均在经历社会的变革,但此时中西方的社会经济基础没有本质差别。只不过面对商品经济的发展,西方民事法制的独立发展道路为商品经济提供相对独立的发展空间,而南宋却是在已经发展得十分成熟的法律体制内,小心翼翼地调整着商品经济的发展。

二、社会结构层面分析

伴随着社会经济生活改变必然有社会结构的改变。"马克思曾经指出:'商业对各种已有的、以不同形式主要生产使用价值的生产组织,都或多或少地起着解体作用。'这是对世界各国历史深入分析后得出的一个普遍结论。换言之,在世界各国和各个地区,只要有商品经济的发展,就会对原有的社会结构产生一定的分化瓦解作用。"[1]社会结构首先是指社会阶级关系即社会阶级结构,其次是指社会各阶级所生活的环境即社会组织结构。与商品经济发展联系最为紧密的是社会阶级结

---

[1] 林文勋、杨华星:"也谈中国封建社会商品经济发展的特点",《思想战线》(云南大学人文社会科学学报),2000 年第 6 期,第 124 页。

构方面商人和社会组织结构方面的城市规模,这两方面因素对民事法制影响巨大。

第一,社会阶级结构条件的比较。随着城市经济和贸易关系的发展,宋代商人人数增加,财产也雄厚起来。[①] 商人的巨大财富除用于买官入仕外,还用于购买土地,遵循"以末致财,用本守之"的传统,[②]官僚地主也经商寻求致富,官僚、地主同时具有商人的身份,可见南宋商人身份复杂,官、商、地主三位一体。[③] 社会各阶层有一定的重叠性。鉴于中国历来重农抑商,力量强大起来的商人们首先要谋求证明在封建体制之内的正当地位,这使南宋民事法制的发展成为可能。于是与商业发展相关的民事法制被制定出来,官办的交易场所"榷场"被确立起来,对交易行为进行规制的法律也制定出来,如:"诸典田宅者,皆为合同契,钱、业主各收其一。又诸理诉田宅,而契要不明,过二十年,钱、业主死者,不得受理。"[④]"交易钱止有一百二十年限。"[⑤]"典卖田地,以有利债负准折价钱者,业还主,钱不追。""诸以己田宅重叠典卖者,杖一百,牙保知情与同罪。"[⑥]但是从商并不是商人的唯一目的,他们多愿意买官入仕,将财富用于购买土地,使自己上升到旧有社会的封建官僚与地主的行列,他们不是独立的阶层,对商品经济的发展和民事法制的推动不彻底。

11—13世纪商品经济发展使西方手艺工匠行业与农业分离,他们

[①] 北宋时开封城中,坊郭户的资产"百万者至多;十万而上,比比皆是"参见《长编》卷八五,转引自叶坦:《富国富民论——立足于宋代的考察》,第35页,北京出版社1991年版。他们能够垄断市场,控制物价,兼并中小商贩,是与政府争利的对手。他们有的不把官员放在眼里。如苏缄聘任广州南海主簿,商人樊氏"辄升阶就席",与之平起平坐。《宋史》卷四四六,《苏缄传》。

[②] 《史记·货殖列传》。

[③] 漆侠:《宋代经济史》(下册),第1121页,上海人民出版社1987年版。

[④] 《名公书判清明集》卷九《户婚门·过二十年业主死者不得受理》。

[⑤] 《名公书判清明集》卷九《户婚门·妄执亲邻》。

[⑥] 《名公书判清明集》卷九《户婚门·重叠》。

和商人们日益形成为特殊的阶层,成为具有单独的、既非领主亦非附庸的合法身份,即城市居民。西方社会各阶层之间逐渐生成原始的契约关系,相互间互负权利与义务。以潜在的个人权利为核心的主体权利是契约关系的基础与前提,权利意识强。独立的商人阶层兴起,他们势力强大,有自己的生活方式与生活法则,他们为争取自己的权利进行着不懈的斗争,在社会中起着举足轻重的作用。[①] 可见,西方社会成员之间的关系以契约为基础,独立的商人阶级形成;而中国在漫长的传统社会中,君主一直处于最高的地位,中国的皇权与官僚之间不存在西方王权与贵族间的契约性等级关系,皇权对民众有直接的支配权,没有什么力量能与之抗衡。中国的商人身份复杂,官僚、地主从事商业经营,或是商人经过财富积累成为官僚、地主,商人一直没有能够成为纯粹的一个社会阶层。

第二,社会组织结构的比较。宋朝时打破了城市中坊与市的界限,打破了城郭的限制,草市、墟市和新城镇涌现,呈现"网络状"分布格局,即以大都市为重心、城镇市场为拱卫、集市墟市为外围的分布状态。商业都市纷纷形成。居民稠密和很活跃的城市不仅在内地,尤其是长江流域发展了起来,而且在边陲和沿海也有。一个流动性更大的社会发展起来了。面对新的生存环境,人们必须接受至少是适应、面对它。人们面对的是商品经济色彩更浓的社会,符合商品经济发展的要求,人们的法律意识出现了朝"平等"发展的趋向。但法制中的基于商品交换的"平等"倾向是一方面,另一方面,规模扩大的城市与原来的社会组织结构并没有根本的区别,统治阶级的特权仍需维护,等级色彩仍很明显,人们的法律意识在特殊的历史时期具有冲突的特质,成为制约民事法

---

① 泰格、利维:《法律与资本主义的兴起》,第 113—171 页,学林出版社 1996 年版。[比]亨利·皮郎:《中世纪欧洲经济社会史》,第 39—56 页,上海人民出版社 2001 年版。

制发展的因素,影响南宋民事法制的进一步发展。

10世纪下半叶的西方,商人的流浪生活所遭受的种种危险,促使他们寻求城堡的保护。随着商业的发展,新来的人不断增多,这些城市与城堡向他们提供的地方日益不敷。他们被迫在城外定居,在旧的城堡外面建造新的城堡,这样在教会城市或封建城堡的附近,兴起了商人的居住地,不久也引起了工匠们在那里的集合。商人聚居的城市也兴起了。[①] 每一个新兴的城市可以称为一个小国家,它们敌视一切邻人。在这些新兴起的城市中生活的居民是一个与城墙以外所有的人完全不同的人。一离开了城门就是另外一个世界,或者说得更确切一些就是另一种法律的领域。像僧侣与贵族一样,市民也属于一个特殊的等级,不受普通法律的约束。与西方在原来城市之外兴起新兴的商业城市不同,南宋城市规模扩大,是以原来的城市为基础发展而来的。

可见中西方在社会结构条件的改变差别甚大,导致在这一点上民事法制对其调适也有明显区别。在西方专门从事商业的独立的商人阶级形成,极大推动了民事法制的发展。在他们的斗争推动下,与商品经济发展息息相关的个人自由、[②]平等、诚信等观念被普遍确认与遵守,发展成为西方近代法律传统的重要组成部分。而中国的商人不是独立的,不具有彻底从商的决心,对与商业发展相关的民事法制的要求不高,更侧重于对其财产的保护及保证正常的交易方面。至于自由、平等等信念难以真正树立,以至于权利的概念及与其相连的法律制度迟迟没有进入中国的传统社会。

---

① 西方原来虽还存在着城市,但失去了工匠和商人。每一个有主教驻扎的"城市",只不过是教会的行政中心,在经济上毫无重要性可言。泰格、利维:《法律与资本主义的兴起》,第113—171页,学林出版社1996年版。[比]亨利·皮郎:《中世纪欧洲经济社会史》,第39—56页,上海人民出版社2001年版。

② 但他们要求自由,仅仅是由于获得自由以后的利益,与资本主义启蒙时期把自由视为天赋的权利不同。

三、社会精神层面分析

民事法制的发展离不开社会精神的指引。中西不同的社会精神指引了不同的民事法制发展道路。南宋商品经济的发展，冲击和排斥着旧有的思维方式，学术思想、意识观念都发生着变化，形成了许多学派。首先理学发展完善。理学以儒学为主要内容，融儒、道、佛三教于一，加以哲理化、思辩化，同时它也把儒家伦理推向极至，进一步禁锢人们的思想意识和社会生活。事功学派兴起。以陈亮为代表的永康学派，和以叶适为代表的永嘉功利主义学派、吕祖谦为代表的金华学派等等，具有鲜明的反传统的特色。他们对"抑末"观进行了彻底批判，后来陈耆卿发展了叶适的观点，提出"士农工商皆本业"，成为以后"工商皆本"观点之滥觞。社会现实生活使人们的商品经济观念明显加强，传统的义利观、本末观、"均贫富"、"抑兼并"等等思想观念，都发生着新的变化。社会上起指导作用的思想观念的逐渐转变，必然会落实到民众心态上，最为突出的便是经济问题越来越受到重视。富室被视为国家基础，为富人辩护的思想应运而生。经商不再是可耻的，而是正常的一种谋生手段，甚至能迅速致富，一些人愿意经商，官僚、地主也纷纷参与其中，以攫取商业利润。"重本抑末"的传统教条到南宋时遭到了普遍的反对。在基于商品经济发展的社会精神的指引下，南宋民事法制的发达也就可以想象了。但是南宋社会精神为之服务的阶层与其目的并未发生根本的改变，他们只不过是顺应新情况建立新理论以达到他们不变的目的而已，即希望新的社会精神能使民众自觉遵循旧的封建伦理，服从统治。在这样思想指引下南宋法制是不会发生根本性的变革，南宋社会也是不可能发生根本性的变革。

11世纪的西方教会是社会生活的中心。作为最为强大的土地所有者，其对商业的态度，不只是消极，而是积极地仇视。商品经济迅速发展的形势使宗教改革运动势在必行,教皇革命兴起。① 教皇革命具有全面变革的特性,它对社会精神的最大影响是人们逐渐把法律看作是信仰的精髓。② 在教皇革命的影响下,西方新建法律政治体系,即由司法自治区分出新兴城市的行政自治制度建立。由于城市集团没有传统的统治者,他们为自己提供了一系列的生活规则。凭着自己的努力,在11世纪时市政组织初具规模,12世纪时他们已经掌握了一切主要的市政机构。各处的市参事会都成为公众权力机关所承认的组织。并且,在同一社会内部种种司法管辖权和各种法律体系相互共存和相互制衡。多元的社会政治、经济力量带来了多元的法律体系。社会力量的多元使树立法律的权威成为必要和可能,具有独立地位的有利于商品经济发展的独立的民事法律制度构建起来了。人们普遍尊重法律的权威,认为法庭是解决争端的最终场所与最好去处。原本封建社会发展的不完全又使西方在转型中很快地适应了社会的变化,形成具有近代意义的社会精神,指导社会变革的进一步进行。相比之下,南宋尽管具有促进商业发展的积极动向,但都是在维护一贯的封建统治目的的前提下进行的,效果自然无法与西方相提并论。南宋的社会精神没有能够突破传统的局限,无法指引民事法制走上独立发展的道路,无法推动商品经济的大规模发展,也就没能指引中国社会格局朝近代化前进。

---

① 教皇党在11世纪50和60年代第一次采取了公开的革命步骤。教皇尼古拉二世在1059年的罗马宗教会议上首次禁止世俗授职,确立了通过枢机主教选举教皇的程序,由此取得了无需经过皇帝而任命教皇的权力。1075年,教皇格列高利在他的《教皇敕令》中提出了挑战。1076—1122年在欧洲各地发生了教皇权威及其支持者和反对者之间的战争,最后双方达成妥协。为了使罗马教会成为一个在教皇领导下的独立的、共同的、政治和法律实体,排除皇帝、国王和领主对教会的控制,西方兴起了教皇革命。

② 教皇革命导致了对500年前曾由教皇格列高利一世首倡的两剑说的新的系统阐述。精神之剑第一次被体现在一种法律体系和一门法律科学中,这就是12和13世纪由格拉提安予以系统化和合理化的教会法。参见[美]哈罗德·J.伯尔曼:《法律与革命——西方法律传统的形成》,第627页,中国大百科全书出版社1993年版。

与西方相比可知,南宋商品经济的发展是南宋民事法制发展的必要条件,南宋的社会结构与社会精神则使南宋民事法制的发展成为可能。南宋商品经济的发展迫使南宋统治者重视民事法制并为民事法制提供了丰富的内容;南宋社会结构的调整使南宋有了适于发展民事法制的社会环境和倡导者;南宋的社会精神则使南宋民事法制的发展有了精神指导与群众基础。但这三方面变革在南宋都是存在缺陷的,因为社会的既有框架不变,社会价值追求仍然是封建等级特权,商人、官僚与地主合而为一,没有坚决推动商品经济发展和民事法制发展的主体,商品经济被局限在原本的经济体系内部,民事法制无法走上独立发展的道路。

南宋民事法制发展的影响

南宋之前的西方社会与中国没有本质区别。8世纪末期以后,西方退回到一种纯粹的农业状态,在本质上是一个农业社会。① 交易与商品流通降到最低限度,没有专门的商人。直到经过11—13世纪的演变后,中西方的历史走向改变了。14世纪起,西方的商品经济蓬勃发展起来,社会变革继续进行,尤其是经历宗教改革、文艺复兴、罗马法的复兴后,资本主义初露端倪,西方由此走上了资本主义发展道路。而古老的中国仍然在旧有的框架内,在封建的道路上越走越远。与西方不断对外扩张相反,中国一步步走向封闭,以至于遭受到近代落后挨打沦为西方列强的半殖民地的悲惨命运。古老中华帝国的强大逐渐消失了,逐步走向没落。

民事法制在这两种不同历史走向中的影响是什么?11—13世纪

---

① [比]亨利·皮郎著:《中世纪欧洲经济社会史》,乐文译,第1—14页,上海人民出版社2001年版。

中西方共同经历的是商品经济的兴起,民事法制能否为商品经济的发展提供适宜的环境成了极为重要的因素。西方的民事法制提供了有利于商品经济发展的秩序环境,使西方社会得以顺利走上近代化的道路;而南宋民事法制的发展并没有形成怎样的气候,古老中华法系以刑为主,专制色彩浓厚的特征依然存在,封建法律体系没有太大的震荡,整个社会生活依然在原有的框架内运作。南宋民事法制尽管有了发展,但其效力很有限,没能为商品经济的发展创造有利的生存空间,相反其被纳入传统法律体系内部,在一定意义上甚至阻碍了商品经济的发展。

当然这并不是说,南宋社会变迁时中西方不同道路选择导致了西方资本主义萌芽,走向近代化道路,中国因此没能走上资本主义道路。实际上"认为任何国家都必然会产生出资本主义是荒唐的。"[1]导致南宋时中西方不同的道路选择其实是有深刻历史渊源的。西方的历史传统使其具备社会转型走上近代化道路的可能性。历史是延续的,无法被割裂开的,历史变化不是由单独一个历史断面就能进行分析阐述的,社会的变迁是在传统与反传统的基础上进行的。11—13世纪中西方不同的道路选择是日后中西方巨大历史差异的重要缘由之一,因为这种道路选择的不同本身是有其历史的必然的。

11—13世纪中西方不同的经历,不同的法制道路选择,导致西方民事法制独立发展起来,顺利推动西方走上近代化道路,符合了历史发展的要求,经济发展、法制先进、民众获得进一步的自由与解放,逐步成为世界上最强大的地方;而传统的中国,民事法制继续在"礼"的框架下进行传统与反传统的斗争,民事法制的发展举步艰难,加重了近代的落后。

---

[1] 顾准:《资本的原始积累和资本主义的发展》,引自《顾准文集》,第326页,贵州人民出版社1994年版。

研究南宋民事法制与社会变迁的结论

以《清明集》为基础考察南宋民事法制的状况，我们发现南宋民事法制发展了，这是南宋社会变迁的结果。南宋所处的历史时期，商品经济的发展是不可逆转的趋势，迫切要求有民事法制对商品经济的发展进行规制。只是社会生活变迁了，因既存秩序而得到好处的人，照例是顽强地保卫既存的秩序，所以南宋的统治者们应对商品经济的发展所作的种种调适均是在原有社会框架内进行的，造成南宋社会结构条件与社会精神条件的欠缺，民事法制没能走上独立发展的道路。

因此南宋民事法制的状况影响了日后中国社会的变迁。因为法律是社会关系的调节器，在商品经济发展的时代里，民事法制直接规划着社会生活的基本秩序。但是南宋民事法制没能独立发展，不能为商品经济的发展提供良好的环境，相反，南宋民事法制的状况对商品经济的发展甚至有一定的阻碍，如不能确立起真正的私有制等，导致商品经济的发展阻力很大，社会变迁的步伐很艰难。而西方由于独立的商人阶级形成，以商业为主的城市出现，多元法律体系与尊重法律的意识确立起来，民法迅速独立发展，西方社会顺利向近代转型。南宋民事法制与西方相比的不完善阻碍了商品经济的发展，阻碍了社会的变迁。

当然南宋没能形成独立的商人阶级和以商业为主的城市，没能发展出独立的民法部门和对法律的信仰，以致在社会结构与社会精神条件出现与西方的巨大差异，与其封建传统过于强大有密不可分的关系。中国封建制度已经经历过发展高峰，各方面都非常"成熟"了，它具有很强的存在惯性，对未形成巨大冲击力的社会新生事物有一定吸纳能力，还能继续存在一段时间。但是对于这一历史惯性，南宋的统治者们采取有意顺从的做法,面对社会的新情况,不愿促成符合社会发展要求的新因素的发展,从而错过了改变这一惯性的可能。所以社会变迁时传统的力量与法律意识的相对独立性应引起足够的重视。

回顾历史是为了能为今天提供有益的借鉴。今天的中国又一次处于社会变迁时期,虽然我们面临的条件与南宋已大不相同,但社会转型需要做的事项具有相似性,如制度的转变,民众心理的适应等,南宋的经历无疑可以为我们提供十分有用的借鉴。从上述结论深入下去,可以得到几点有益的启示。

启示一,法与社会相互作用,法律意识具有相对独立性,社会转型时应积极促成法律意识的转变。

社会变迁与社会转型是有区别的,社会变迁是一种量变,社会转型则是质变。在社会变迁时期,各种新因素陆续出现,当这些新因素达到一定程度综合发生作用时,社会必将发生转型。南宋是一个变迁中的社会,出现了与传统封建社会不同的许多新因素,但在许多因素上仍缺乏,如其社会精神仍然是以维护旧有的伦理纲常为最终目的。新因素随着社会的发展日益发展完善,终于到晚清时综合作用而爆发。与南宋同时期的西方同样是农业社会,同样处于社会变迁的初始阶段,但西方却顺利地推动商品经济的发展,社会逐步变迁并很快向资本主义社会转型。是什么延缓了中国社会的转型呢?法制层面的答案就在于中西方不同的法律意识对社会变迁采取了不同的态度,南宋是在调整商品经济的基础上扼制它,西方则是顺应它,西方的民事法制独立发展起来,而南宋的民事法制却被内化到旧有的法律体系中。

南宋时社会现实的变化还未积累到非常剧烈的程度时,限制新因素发展与积极促成转变都还为社会所允许,此时如何进行选择十分关键。南宋选择了前者,其结果是旧有的制度的维系继续持续了很长一段时间,当然最终无法改变历史发展的要求;而与南宋同时期的西方社会选择后者,顺应社会的转变并且积极促成转变,于是西方社会对商品经济进行有效的规制,抓住了发展的契机,促进社会的发展。中西方在11—13世纪的历史正是这两种选择的典型。

维护和节制生产关系以求有利于统治阶级,是掌握国家权力的统治者所持法律意识形态想要达到的首要目标。所以虽然经济基础决定了上层建筑,但在一定社会条件下,社会经济基础是在被有意识地维护着的,或者说在经济基础的变革还未达到非常剧烈的情况下,法律意识形态反作用于其所从属的社会关系体制十分明显。也就是说在相同的经济基础上,基于不同的法律意识构建起来的或解释的法律制度就会有所不同。可见法律意识具有十分重要的独立地位。社会转型时,经济因素固然起决定性的作用,但当经济基础尚未发展完备社会仍处于变迁阶段时,社会意识等其他因素就起了加速或延缓的作用。

因此社会转型是综合因素共同作用的结果。尤其是在我们传统思维方式较强调经济基础的决定作用的情况下,更需重视法律意识的相对独立作用。在社会发生变迁时,我们应重视法律意识形态的能动作用,意识到社会发展的方向,积极促使法律意识形态朝有利于社会发展的方向转变,否则社会变迁的历史将非常漫长而艰难。

启示二,社会转型时,塑造新的法文化传统是有效的方法。

法律意识的独立发生作用是以受传统法文化的影响为前提的。南宋时由于传统法文化力量的强大导致法律意识不是沿着促使商品经济发展的方向发展。文化是一个最为复杂的概念,从广义上理解它是人类创造的一切物质财富与精神财富的总和。而传统具有特殊的动态性,它积淀在每个人的心灵深处,同时又外现于人的各种行为,从而制约着当代的进程;而当代文化反过来又在改造着传统。因为一旦当代的脚步跨越到新的阶段,当代就成为新的传统的一部分。所以有必要区分传统法文化与法文化传统。前者专指我国近代历史发生变革以前的文化,主要是封建社会中的文化。而法文化传统则指的是和此时此刻的文化发展相对应的一切历史积累,它随着历史前进的步伐还在不断扩大其外延。法文化传统是非常有效的手段。它意味着新的社会秩序方式被社会成员接纳并内化为他们自觉的行动了,而这种新的秩序方式既是一种传统,便能够对社会进行连续性的调整了。法文化传统的这种特殊的动态性决定了它是可以被塑造的。另一方面,传统的力量也并非就那么强大,传统得以维系的关键在于合乎一定的利益,利益改变了,传统也会随之改变。

与南宋同时期的西方社会,统治者在商品经济发展的情况下,对商品交换中自发出现的新规则、新情况给予有意识地利用,使这些在商品交换中产生的规则成为新的法律,并用于保护和调整商品交换关系,使其成为西方法律传统的一部分。因此在社会转型时尤其要注意通过新的法文化传统的塑造,达到社会经济、社会结构与社会精神综合对全体社会成员发生作用。

启示三,今天中国正处于变革时期,应塑造依法治国的法文化传统。

我们都切身感受到今天的中国正又一次处于社会剧烈变革时期,我们的方向是"建设社会主义法治国家"。在上述论述的基础上,我们很容易得到这样的借鉴:塑造依法治国的法文化传统是我们实现法治国家的有效手段。

在向法治国家转型的过程中,我们遇到这样的困境——法律制度与法律理念相脱节。因为引进西方先进的法律制度是今天法制建设最便利的做法,也是不可避免的。但任何原生性的制度背后都有特定的理念作为支撑,该理念是特定民族在特定历史条件下所特有的,外人在引进该制度时,是难以真正了解该制度背后的理念,导致了引进的法律制度与原创的法律制度形同而神异。我们无法避免引进制度与原有理念的脱节的弊病,甚至这种脱节在中国还表现得非常严重。毕竟我们原有的法文化与西方的法文化差别太大了。所以处理好法律理念与法律制度相脱节的弊病是关系到中国法治国家能否实现的问题。我们应从制度层面与精神层面着手,经过渐进式的塑造来实现。在观念层面,完成传统的国家优位理念到社会优位理念的转变;在制度层面,不仅注意采纳人类社会的法律文明,更要使其实现本土化,也就是要注意制度引进后相关配套措施的构建,使人类法律文明真正融入我国的文化中,成为中国法文化传统的一部分。

外国法制史

中国志怪史

日耳曼王国的婚姻家庭制度考论

李 秀 清

引 言

在恺撒(C. Julius Caesar,前100—前44)之前,虽然一些希腊和罗马作者对日耳曼部落的风俗习惯(包括婚姻家庭)也曾有过介绍,但大都是些道听途说得来的传闻。恺撒任执政官时期曾亲自赴高卢地区征战,他是罗马共和国时代第一个亲身深入到日耳曼地区、亲眼目睹过当地风俗人情的重要人物,因此他所著的《高卢战记》就成了我们了解日耳曼部落习惯的最古老的历史文献。据该著作记载,公元前1世纪,日耳曼人仍然过着游牧生活,此外我们还可以从中了解到关于日耳曼人的土地、军事首领、宗教等方面的零星记载,[1]但是非常遗憾的是,它几乎没有任何有关日耳曼人婚姻家庭制度的描述。

塔西佗的《日耳曼尼亚志》大约写成于公元98年,与前述《高卢战记》的零星内容相比,它关于日耳曼部落情况的记载较为详尽,因此有学者说"它可能是最早一部全面记载古代日耳曼人的文献"[2]。其中,关于日耳曼人的婚姻家庭习俗的描述也相应增多。

据塔西佗推测,日耳曼人本来是一种土著民族,从来不曾和外来的

---

[1] 参见[古罗马]恺撒:《高卢战记》,任炳湘译,第79—82页,商务印书馆,1997年版。
[2] [古罗马]塔西佗:《阿古利可拉传 日耳曼尼亚志》,"塔西佗及其作品",马雍、傅正元译,第10页,商务印书馆1985年版。

或亲善的异族混杂过,他们是一种保持着本民族纯净血统的种族,是一种特殊的、纯粹的、除了自己而外和其他人种毫无相似之处的人。

塔西佗记载,日耳曼人的婚姻制度非常严密,日耳曼男子以一个妻子为满足,虽然也有极少数例外的情况,但那些例外并非出于情欲,而是由于出身高贵才招来许多求婚者的结果。他们不提倡早婚,并且男女都要到达同样的年龄和身材发育到同样的程度以后才能结为配偶。有的部落还规定,只有处女才可以结婚,她们只能有一次婚姻。关于订婚,是由男方向女方交纳彩礼,由父母和亲戚出面鉴定彩礼,这些彩礼具体是一轭牛、一匹勒缰的马、一面盾、一支矛或一把剑。当送了这些彩礼以后,就可将妻子娶过来,而她也带一些盔甲之类的物品送给丈夫。当时的日耳曼人认为,这些彩礼和物品是一种最大的约束和神圣的仪节,这也是婚姻具有神力的保障。在成婚之夕,新娘将被告诫,婚后她应该与丈夫同甘共苦,和平时期与他一同享福,战争时期与他共度危难,交换轭牛、缰马及盾、矛或剑等就是表明了这种意思。妻子还应该抱定这样的信念,即她要将自己所得到的结婚信物完好无损地传给她的儿子,再给予她的儿媳并继而由儿媳传给孙子。

在那个时期,日耳曼人的通奸案件极少,不守贞节被认为是不可饶恕的罪行,丈夫享有处罚不贞妻子的特权。如果妻子与人通奸,丈夫就将她的头发剃光,剥去衣服,当着她的亲戚将其赶出家门,并穿行于全村当众笞打其全身。节育和杀婴均被视为丑行。在家庭中,婴儿都由自己的母亲哺乳,从不将其委托给保姆和乳娘。舅甥的关系与父子的关系相等,有些部落甚至把舅甥关系看得比父子关系更为密切和神圣,而在接受人质时宁愿以甥舅关系为对象,认为这样可以获得范围更广的亲属的可靠保证。[①]

[①] [古罗马]塔西佗:《阿古利可拉传 日耳曼尼亚志》,马雍、傅正元译,第64—66页,商务印书馆1985年版。

随着日耳曼民族的不断迁徙,日耳曼人的习惯也逐渐发生变化。日耳曼王国建立之后,成文的法律开始迅速发展,但起初法律的内容仅限于某些方面。关于婚姻家庭领域,在很长时间内,这仍然属于习惯的范畴。在家庭内,处理私人生活的个人关系,由家庭自己管理,它的规则组成了日常生活习惯和共同体一般观念的一部分。因此,家庭法很少为司法判决或立法提供条件。在某些情况下,违反家庭权利和义务者,需要承担法律的惩罚,但是更通常的情况是,家庭的习惯和公共的法律是相矛盾甚至是完全相反的。但渐渐地,日耳曼王国的法律开始涉及婚姻、家庭制度,尤其是因为下列两个方面因素的影响,该领域的传统习惯一定程度地被修改:一方面,传统的家庭在私人复仇中的独立性,威胁着日益形成的国家安宁的观念,因此该领域开始受到逐渐得到发展的公共法律的限制;另一方面,教会运用它的影响缓和了古老的日耳曼制度的严厉性。当然,各日耳曼王国的法律在婚姻、家庭领域的具体规定是既有共性,又各有特色。本文即是以各主要日耳曼王国的立法为考证依据,阐析这些日耳曼民族的婚姻、家庭的具体制度。

一、家庭和亲属的范围

在日耳曼人的家庭中,所属之家属,全部位于家长权力之下。这种家长(mundwald)对于家属的权利,名为家长权(mundium),但因其家属的身份不同,所受的待遇也有异。比如,家长对于其妻子,以丈夫的地位而行使其夫权;对于其子,以父亲的地位而行使亲权;对于被监护人,则以监护人的资格而行使监护权;对于其奴仆,则以主人的资格行使支配权;对于其受雇人和依附者等,则因为保护人而有保护权。因此所谓家长权,并非统一的权利。在日耳曼法中,对于不同身份的家属的权利都各有其特殊的意义。①

普通日耳曼人的家庭较小,大多由丈夫、妻子、未成年的儿子、未结婚的女儿等组成,贵族家庭除上述外,还包括奴仆、受雇人等一些合法的依附者。西哥特人(Visigothic)、勃艮第人(Burgundian)、伦巴德人(Lombards)的家庭都是如此。

法兰克人(Franks)的家庭组成也基本如此。在法兰克人的法律中,未出生的胎儿不被认为是一个人。虽然教会曾试图通过宣扬怀孕时人就已经被上帝创造这一观念来改变这一观点,但是在法兰克人中,只有当因为生了孩子而涉及已有孩子(包括儿子和女儿)的财产继承和已有女儿的法律资格时,堕胎才要受到惩罚。在墨洛温王朝(Merovingian,481—751)统治高卢时期,孩子的成年年龄较早。撒里法兰克人(Salian Franks)中,男孩和女孩的成年年龄都为12岁,利普里安法兰克人(Ripuarian Franks)的成年年龄为15岁。当男孩成年时,他就取得了完全的法律权利,他们可以被传唤到法院,有资格发誓或提出诉讼,而且自己能够进行决斗,或者是选择一名决斗者代表他决斗。但是达到成年并不意味着一个人能够脱离家长权。只有当离开父亲的家而建立自己的家庭时,孩子才可以独立于家长的权威,对于妇女来说,这就意味着结婚。②

但是,在欧洲大陆日耳曼人的实践中,通常还存在收养制度。但是,早期日耳曼人的收养并不能将被收养人置于收养人的家长权之下,很少能在被收养人与收养人之间建立亲属关系。收养的唯一结果是给予被收养的儿子以继承其养父财产的权利。允许私生孩子的合法化,这在早期的日耳曼法律中也并不存在,因为这是严重违反日耳曼家庭

---

① 李宜琛著:《日耳曼法概说》,第107—108页,商务印书馆1943年版。
② *Laws of the Salian and Ripuarian Franks*, translated and with an introduction by Theodore John Rivers, AMS press, New York,1986,pp.19—20.

法律的基本精神的,但伦巴德人除外。在伦巴德,父亲通过象征性的形式,能认可他的私生子,并且给予其在家庭中的地位和保护。

在盎格鲁—撒克逊人(Anglo-Saxons)的法律中,也确立了相似的制度。根据《伊尼法典》第27条规定,如果一个人秘密生下一孩子,并且将他藏匿起来,然后该孩子被害死亡的,他就不能得到赎杀金(wergeld),而由其领主或国王得到它。此条规定清楚地表明,如果父亲承认私生子的,父亲就可以保护他,而且为他的被谋杀而进行复仇或者得到赎杀金。如果父亲不承认私生子的,该孩子就处于领主或国王的监护之下。但是该条的规定并没有明确私生子对于其父亲或父亲的亲属拥有哪些权利,而且基本上也是不可能存在这方面权利的。私生子并没有被认为是家族成员,非法婚姻所生的孩子也没有继承权,这在《阿尔弗烈德法典》中已经加以明确(第8条第2款),同条第3款规定,如果这样的孩子被杀,他的赎杀金归父系亲属和国王。

古代日耳曼人所谓亲属者,原仅以男系亲属为限,因为当时的观念是,女子因结婚而入夫家,与其夫家的亲属发生亲属关系,而与其父家的亲属关系则已断绝。但在日耳曼人进入罗马建立王国之后,这种男系本位的亲属组织出现了崩溃的倾向。10世纪后,它只留下少数的痕迹。因为法律思想的演变,亲属法中的权利义务,比如抚养的权利义务、继承的权利、监护的权利等,都不应为男系亲属所独占,女系亲属也应共同享有或负担,于是出现了有血统关系者即互视为亲属的观念。因此在日耳曼王国时期,亲属的范围较以前扩大。这样,依据不同的划分可以将亲属分为男性亲与女性亲、近亲与远亲等。

关于大陆日耳曼人的亲等计算,曾有学者以模拟人体的图形做过形象的描述:因合法婚姻而结婚的夫妻,居于头部;自身及兄弟姐妹位于颈部;兄弟和姐妹之孩子位于肩部,次代之子位于肘部,再次代则位于手腕;以至中指的第一关节、第二节、第三节、指甲,至此,亲属组织结束。父母及自身、兄弟姐妹位于头部和颈部,此等部分为身体躯干,而不是关节。兄弟姐妹之孩子以下,则以第几等称之,比如兄弟姐妹之孩子位于肩部,是为第一亲等,次一代位于肘部,则为第二亲等,以下类推,共为7亲等。① 这种方法与罗马法的计算亲等方法有很大不同。②

上述的亲等计算图表明,亲等共为7等,整体的亲属共有9代。

盎格鲁—撒克逊人也同样采取这种计算亲等的方法,侄子为第一等,侄子的孩子为第二等,其他依次类推。

虽然父系和母系的亲属名义上平等,但在有些王国,实际上这两者之间还是有明显区别的,前者的权利和义务的范围要比后者的广。例如,在盎格鲁—撒克逊王国,某些权利,比如对于孤儿的监护权,只属于父系亲属。父系亲属的权利和义务与母系亲属的为2:1;某人2/3的赎杀金支付给父系亲属,1/3的赎杀金支付给母系亲属。当由亲属来帮助发誓时,2/3的发誓人来自父系亲属,1/3的发誓人来自母系亲属。③

很明显的证据表明,在盎格鲁—撒克逊人的法律中,妻子并不被认为是丈夫家族的成员,而仍然是父亲家族中的成员。如果她犯罪了,其丈夫或他的家族都不承担任何的责任,她自己的家族单独承担被复仇的结果或支付赔偿金。如果丈夫犯了妻子不知晓的犯罪的,他的妻子及她的家族也不承担任何的责任。其结果是,丈夫的赎杀金支付给丈夫的家族,妻子的赎杀金支付给妻子的家族。此外,妻子也无权继承丈夫或丈夫家族的财产,而丈夫也不能继承妻子或妻子家族的财产。两

---

① Ernest Young, *The Anglo-Saxon family law*, *Essays in Anglo-Saxon law*, Little, Brown, and Company, Boston, 1876, p. 127.

② 根据罗马法,直系亲属中,父子为一亲等,祖父与孙子为二亲等。至于旁系亲属,则合算双方至同源始祖的代数,因此兄弟为二亲等,叔侄为三亲等。

③ Ernest Young, *The Anglo-Saxon family law*, *Essays in Anglo-Saxon law*, Little, Brown, and Company, Boston, 1876, p. 138.

个人结婚组成了家庭,但他们分属于不同的家族。妇女的家族将她的监护权委托给她的丈夫,但是她的家族仍然继续注意他的监护职责,而且假如必要,他们将出面保护她。由丈夫对于其妻子及其财产所实施的监护权基本上是源自婚姻关系的性质,但是这并不能将妻子置于丈夫家族成员中。它并不能在丈夫和妻子之间建立相互的血亲复仇、继承的权利和义务的关系,而且这些权利和义务恰恰是衡量是否为同一个家族成员的主要特征。他们的孩子也自然是属于父亲和母亲双方的家族。这样每一个人都有两个家族。这两个家族对于他(她)都有家族的权利和义务,但其范围和程度有差异。[1]

一般而言,在日耳曼人的亲属团体中,不管什么亲等,不管是父系亲属还是母系亲属,各人在该组织中都根据所建立的规则而有自己的位置。一般情况下,不能任意打破亲属成员联合的纽带,但是,在特殊情形下,通过法律,可以允许某人从亲属团体中退出。抛弃家庭的人自然地就丧失了属于亲属团体的所有权利。

二、结 婚

在日耳曼法中,合法婚姻是形成家庭和亲属团体的一种主要途径。

在西哥特,婚姻由两个法律步骤组成:订立婚约和完婚。婚约由未来的新郎(如果他还没有成年的,则由他的监护人)和未来新娘的父亲(如果父亲死亡的,其母亲拥有安排婚姻的权利,如果父母都死亡的,成年的兄弟可以行使此权利,如果没有成年兄弟的,可以由叔伯来行使)之间签订。这种事务中的所谓成年为满20岁(其他一般意义的成年则

---

[1] Ernest Young, *The Anglo-Saxon family law*, *Essays in Anglo-Saxon law*, Little, Brown, and Company, Boston, 1876, pp. 123—125.

为满 15 岁)。婚约双方都要受婚约的约束,若有违反的,将要受到严重的惩罚。已经订婚的妇女仍继续住在其父亲的家中,并受到他的监护,但她在许多方面已经被作为已结婚的人对待,比如,若她对于其未婚夫有不忠贞行为的,将作为犯通奸罪而受到惩罚。[1]

在西哥特,达到法定年龄(20 岁)的男孩可以有权利选择他想与之结婚的人,但是女孩则不同,必须根据她的父亲或其他监护人的安排才能结婚(除非她为年满 20 岁的寡妇)。如果她没有征得父亲的同意而擅自结婚的,她就失去了在自己父亲家庭中继承遗产的地位。父亲对于女儿婚姻的决定并不受到任何的限制,其母亲的决定也是如此(如果她的父亲已死亡的)。一旦由父母合法地安排了婚姻,即使父母死亡后,它也仍然有效。[2] 但是作为监护人的兄弟或叔伯在与其他亲戚商讨该妇女的婚事时,则必须考虑求婚者应该是与她的出生地位相当的人。假如女孩没有得到父母或监护人的同意而擅自结婚的,她将失去在她自己家庭中的继承权利,但是,如果女孩的父母已死亡,她的兄弟为她的监护人,而有两三个与女孩同等级的求婚者来求婚但都被监护人拒绝,且女孩自己想结婚的,这种情况下,她就有权利可以不经监护人的同意而与有资格的求婚者结婚,因为其兄弟的有意拒绝让她结婚被推测是为了诱使她擅自结婚然后致使她丧失继承权利。[3]

勃艮第人的婚姻基本与此相同,婚姻也是新郎(由他的家庭支持或不由其支持)与女孩的父亲或其他的亲属之间签订的一个契约。该契约的完成必须有两个仪式,一个是订婚,再是一定时期后的婚礼。在订

---

[1] Katherine Fischer Drew, *Law and society in early medieval Europe-studies in legal history*, Variorum reprints, London, 1988, Ⅶ, p. 5.

[2] P. D. King, *Law and society in the Visigothic kingdom*, Cambridge University Press, 1972, p. 228.

[3] Katherine Fischer Drew, *Law and society in early medieval Europe-studies in legal history*, Variorum reprints, London, 1988, Ⅶ, p. 6.

婚后,该女孩仍然住在父亲家中直至举行婚礼。在此期间,她也要受到对已与她订婚的未婚夫忠诚的约束。《勃艮第法典》并没有规定婚礼的性质,但有一些关于订立婚约的任何一方当事人没有履行约定的条款。法律规定,如果新郎在婚礼仪式之前不履行婚约规定的,他将失去他所付出的聘礼,但另一方面,如果新娘的父亲或其他亲属没有将新娘准时交给新郎的,或者将她许配给了另一个男子的,该父亲将被惩以向该新郎或其家庭支付高额赔偿金。娶走该女孩的另一个男子也要受到同样的处罚,除非他能提供足够数量的辅助誓言人来证实他对于该女子已经订婚之事一无所知。[1]

伦巴德人之间的合法婚姻也基本上是当事人间订立的同意使自己支付一定的金额和履行一定义务的一个契约。这种契约的主要特征是支付金钱,并且该妇女的家长权从她的父亲或她的其他家长转到她的丈夫那里。如果没有关于这种家长权的交换,婚姻将不被认可。[2]

在结婚之前的两年订婚,婚约本身就是有约束力的法律契约,而且在订婚之后至举行婚礼的这个时期内,男女双方都被视为与已经结婚的一样。在订立婚约的程序中,一般并不需要得到新娘本人的同意,但是,如果她的家长并不是她的父亲或兄弟,而是其他亲属的,则要得到该妇女的同意。[3] 如果订婚后新郎或新娘的亲属故意拖延举行婚礼超过两年的,将要被课处高额的罚金。[4] 但是,在一定情况下,也允许解

---

[1] Katherine Fischer Drew, *Law and society in early medieval Europe-studies in legal history*, Variorum Reprints, London, 1988, Ⅴ, p.8.

[2] Katherine Fischer Drew, *Law and society in early medieval Europe-studies in legal history*, Variorum Reprints, London, 1988, Ⅳ, p.59.

[3] *Law of king Liutprand* 120. 本文所参考的伦巴德王国的各法典条款,均依据 *The Lombard laws*, translated with an introduction by Katherine Fischer Drew, University of Pennsylvania Press, 1973.

[4] *The Lombard laws*, translated with an introduction by Katherine Fischer Drew, University of Pennsylvania Press, 1993, p.32.

除婚约而不受惩罚。比如,如果该女子被她的未婚夫指控犯通奸罪的,而且她的亲属也不能洗脱她的罪责的,该男子将取回已付出的聘礼并且解除婚约;或者如果该女子患有某种肮脏的疾病,如麻风病等,该男子也就不必履行婚约,而且他也可以重新得到所已经支付的聘礼。[①] 此外,如果该女子在订婚后至结婚前死亡的,聘礼也要归还给该男子。[②] 最后,如果未婚夫妻的双方家庭间发生了血亲复仇,婚约也可能因女方简单地将聘礼归还给男方而解除。[③]

关于婚礼,伦巴德的法律并没有具体的规定,但是法律规定了婚龄,女孩必须年满 12 岁(但是,如果是根据她的父亲或兄弟安排的婚姻,则女孩不管几岁都可以结婚),[④]男孩必须满 13 岁。[⑤] 在结婚时,女孩的父亲将所接受的聘礼的全部或部分给予新娘作为陪嫁(metfio),在婚姻关系中,该部分财产是保留在她的名义下的财产,虽然她的丈夫实际上管理着该财产。此外,父亲似乎还给予新娘一笔称为陪嫁(faderfio)的赠与。

在伦巴德,虽然一般情况下只有在事先得到妇女亲属同意的情况下才能够成立婚姻,但假如没有得到这种同意,而是将妇女掠夺而成婚,该男子必须支付高达 900 索尔第的赔偿金。如果支付了这笔赔偿金,而且妇女本人也同意的,于是该男子就与她的亲属就关于得到她的家长权的问题进行谈判。如果谈判成功,他就可以在支付聘礼的基础上而得到她的家长权。另一方面,如果该妇女在该男子支付聘礼和得到家长权之前死亡的,她的丈夫必须向她的亲属支付她的赎杀金。

还有一种情况,如果婚姻是在得到妇女本人同意但却没有得到她

---

① *Rothair's Edict* 180.
② *Rothair's Edict* 215.
③ *Law of king Liutprand* 119.
④ *Law of king Liutprand* 12.
⑤ *Law of king Liutprand* 129.

的亲属同意的情况下而发生,而且如果该男子在法律上也是有资格的,那该男子必须因他的不恰当行为而支付20索尔第的赔偿金,另加20索尔第。在交付这些之后,他可能得到该妇女的家长权,但是这以他与她的家长已达成协定为前提。否则,她的家长权则继续保留在原持有人手中。[①]

相似的条款也适用于这样的情形,即一个男子在得到已经与人订有婚约的女孩或寡妇的同意而娶她为妻,他同样也要因他的这种行为而支付20索尔第的赔偿金,另加20索尔第,然后才有可能通过与她的家长协商以得到她的家长权,此外,他还必须向已与该女性订婚的男子支付相等于该男子所已经支付的聘礼金额两倍的钱款。但是,即使如此,与该女子订过婚的男子仍没有得到法律的保障,因为他不能对该女子的丈夫提起诉讼。[②] 但强奸已订婚妇女的情况则与此有很大的不同。在这种情况下,犯罪的男子要支付900索尔第的赔偿金,其中一半付给妇女的家长,另一半交纳给国王。但是,也存在这样一种可能,即在得到该妇女家长同意的情况下,犯强奸罪的男子可以得到她的家长权,并将她娶为合法的妻子。另一方面,如果女孩的亲属为她与另外一男子的结婚或被人强奸而负有责任的,那么他们必须向已经与该妇女订婚的男子支付双倍于聘礼的金额。[③] 此外,他们还要向国王支付他的赎杀金以作为赔偿金,将女孩娶走的那个男子也要向国王支付他的赎杀金。

如果某人已经在婚礼中交出了自己的女儿,而新郎却去世了,如果她愿意,她可以再婚。她的第二任丈夫必须从自己的财产中支付聘礼,

[①] Katherine Fischer Drew, *Law and society in early medieval Europe-studies in legal history*, Variorum Reprints, London, 1988, Ⅳ, p. 62.
[②] *Rothair's Edict* 190.
[③] *Rothair's Edict* 192.

向他所希望与之结婚的该妇女的家长购买她的家长权,但是该第二次的聘礼是第一次的一半,而且这被支付给握有妇女家长权的妇女已故丈夫的最亲的继承人。如果此人拒绝同意,该妇女的家长权就可自动地回到她自己的亲属那里,而且第二任丈夫将与他们订立有关的协议。同时,该妇女被允许带走属于她自己的财产,具体包括晨礼、陪嫁及她以自己名义持有的其他财产。如果没有合法的亲属,她的家长权将属于国王。如果她并不希望再结婚,她将处于拥有她的家长权的人的控制之下,而且如果证实此人没有提供给她足够的生活费用或者虐待她,那她回到自己的亲属那里则是合法的,如果她没有亲属的,她将在国王的庭院里得到庇护,这种情况下,她的家长权则属于国王。[1]

与其他初期的民族一样,法兰克人最早的婚姻方式也是购买妻子。在此种婚姻方式中,新娘只是新郎与新娘家庭之间买卖关系的客体而已。这样的结论是很容易得出的,因为在撒里克法典中还能找到这种婚姻的痕迹。因此,婚姻使双方要缔结契约。订婚似乎是在男女双方在他们的亲属都到场的情况下缔结,一旦订过婚,新郎就有责任与其未婚妻结婚,而新娘的家庭就有责任在约定的时间里将新娘交给新郎。任何违反这一程序都是对婚姻契约的违反。通过给予新娘父母一笔聘礼,新郎表示了他将与该妇女结婚的意图,这笔聘礼对契约的当事人双方都有约束力。这笔款项是婚姻关系中最早支付的钱款,相当于一个索尔第(solidi)和一个但尼尔(denarius),法兰克人称之为戒指钱(ring-money,即 reipus)。如果男方撤回婚约的,他将支付 62.5 索尔第的赔偿金,但法律并没有规定女方撤回婚约所应受到的惩罚。[2] 婚礼在新娘的父亲家里举行(如果她是寡妇而且有自己的家的话,在她自己家里

---

[1] *Rothair's Edict* 182.

[2] *The laws of the Salian Franks*, translated and with an introduction by Katherine Fischer Drew, University of Pennsylvania Press, 1991, p. 42.

举行),并由她的亲属参加,而且婚礼的整个过程还需要证人出席。①

在盎格鲁—撒克逊人中,早期的婚姻是妇女的父母或监护人将对她的家长权(mund)②卖给她的丈夫,比如《埃塞尔伯特法典》第 31 条、83 条及《伊尼法典》第 31 条等都有关于此方面的规定。这个时期的订婚是真正的买卖契约,当男方将聘礼支付给女方家长的时候,它对于双方就具有约束力。当该婚约具有约束力时,如同其他真正的契约一样,就给予了买主以法律上的所有人的权利,只是它要根据符合婚姻的道德进行。有学者将盎格鲁—撒克逊人的婚姻效力分为消极效力与积极效力两个方面。消极效力是在丈夫与妻子之间建立了忠贞的保证,积极效力是将妻子转让给其丈夫的实际权力中——给予他控制她的人身和财产的权力。前者是订婚的效力,后者是交付妇女的效力。订婚,而非交付妇女,是丈夫享有对于妻子的权利的基础。因此任何第三者若侵犯了婚约,都是对新郎权利的侵犯,他须向新郎交纳罚款。总之,婚约是婚姻合法性的基础,与婚约相比,交付新娘相对并不重要。

女孩的父母或监护人在这样的转让中得益,因为虽然妇女的监护权被让与了,但如果该妇女受到犯罪侵害,他们仍然拥有对于她的义务和权利。违反这种保护的,将要支付赔偿,赔偿金根据妇女的地位而不同。但是,如果在订婚后家长拒绝交付妇女,或者该妇女自己拒绝被交付的,新郎不能起诉要求强迫交付,而只能就伤害提出诉讼,以取回已经支付的聘礼及其 1/3 的罚款。另一方面,如果新郎破坏婚约的,将被处失去已经支付的聘礼,同时他还必须支付另外的罚款。如果他不支付应付的聘礼的,新郎如同其他的买主一样,将被起诉要求支付聘礼。

---

① *Laws of the Salian and Ripuarian Franks*, translated and with an introduction by Theodore John Rivers, AMS Press, New York, 1986, p. 20.

② mund 一词是意味着保护各种人的一个总术语,这令人想起了罗马法早期的 manus。但是,盎格鲁—撒克逊人的这个名称的含义更为广泛,因为它延伸至控制家庭事务的领域,而且在事实上它还成为了后来的国王安宁这个概念的萌芽。

在盎格鲁——撒克逊的后期，这些原始的观念得到了一定的修改，出现了一些新的做法：一是新郎不再支付给新娘的父母或监护人以聘礼，他仅仅是承诺"他将根据上帝的关于男人对于其妻子的法则而对待她"；二是新郎与新娘及新娘的朋友一起来就如果她符合他的意愿，他将对她做什么补偿，并且在他死后她应该享有什么权利等问题进行协商。这也许是后来的寡妇应得亡夫之财产的萌芽。契约通过将新娘交给新郎的方式而得到履行，而且，有时在教士出席的情况下举行婚礼庆典。于是，当古老的转让家长权的观念还被保留的时候，婚姻已经成为了家长、新娘和新郎之间进行商讨的结果，它具有允诺结婚和婚姻补偿的两种特性，而且，因基督教观念的影响，后来增加了必须有教士出席婚礼等规则。①

但是，传统的在日耳曼王国中普遍实行的这种以男方交纳聘礼、女方家长交付新娘的婚姻是否都如同对待动产那样实质地出卖妇女的人身，这还是有疑问的。事实上，在最早的盎格鲁——撒克逊的法律中，婚姻具有两方面的特征：一方面是，婚姻展示了一个普通买卖的特征；另一方面，它又与一般的买卖不同，并不仅仅是作为交易事务来处理，而同时它还具有道德性。首先，可以肯定的是，在交付妇女的时刻，并不是妇女的人身被转让，而是只转让对她的监护权，这一点类似于一般的买卖。另一方面，对于这种交付的价格，并不能像在一般买卖交易中那

---

① 很显然，后来英国教堂婚礼再现了这个古老的观念。以戒指为形式的聘礼wed，新郎以"他所有的世俗的财物"捐赠给新娘，新娘的父亲带着新娘走进教堂并将她带到新郎身边，牧师主持婚礼，这些现代英国人在教堂里举行的婚姻仪式更多的是符合盎格鲁——撒克逊的法律所规定的婚姻形式而不是后来普通法的婚姻形式。参见 W. S. Holdsworth, *A history of English law* (vol. II), Methuen & Co. London, 1923, p.89. 还有学者提出，现代婚礼上新郎将戒指戴在新娘的手指上，并且说着"With this ring I thee wed"实际上是非常类似古代撒克逊时期的新郎交付给新娘父亲的聘礼，戒指只是一个代表，以此作为对于契约的约束或保证。因此，原始地，只是新郎给予新娘戒指，而不是现代普遍举行的新郎新娘彼此交换戒指的方式，参见 Ernest Young, *The Anglo-Saxon family law*, Essays in Anglo-Saxon law, Little, Brown, and Company, Boston, 1876, p.148.

样任意地讨价还价,一般是根据妇女的地位由法律加以确定。而且,一般的买卖给予买方起诉卖主强迫他交付已答应要出卖东西的权利,但是女孩的家长并不能被起诉强迫交付女孩,如果他毁约了,只能根据违约而起诉他。婚姻的道德性已经在早期就被承认了,而且在日耳曼法律的演变过程中,婚姻的历史就是婚姻渐渐地被从买卖的形式中解放出来、并且以更符合它的道德性的其他形式所代替的历史。①

还需要提及的是,在普通日耳曼人的婚姻中,让与家长权发生在婚礼仪式上,在新郎与新娘的父亲或其他亲属之间进行。② 但是,转移家长权并不是合法婚姻所必须的条件。有些情况下,新娘加入到新郎的家庭,但她自己及其孩子的家长权仍保留在她的父亲或其他亲属那里,而不转移到她的丈夫手中。这样的婚姻可能因许多原因而发生,但是可以肯定的,主要发生在没有儿子继承遗产的家庭中。外孙于是在这种家庭中就得到了与被继承人儿子相同的继承地位,因而在这种情况下,外孙就是其外公的继承人,而不是其父亲的继承人。如果情况发生了变化,孩子的父亲可以赎买妻子及孩子的家长权。不过,不转移家长

---

① Ernest Young, *The Anglo-Saxon family law*, *Essays in Anglo-Saxon law*, Little, Brown, and Company, Boston, 1876, pp.164—165.

② 关于普通日耳曼人的婚礼,曾有学者做过描述,大致情形如下:在双方于婚约约定的举行婚礼的日子里,在新娘的家里举行婚礼,双方亲戚参加,举行结婚宴请。整个仪式非常冗长。连同新娘被交给新郎的同时,还要伴之以某些结婚的象征———支矛,作为将新娘的家长权交给新郎的象征;新娘的头发,原本一直是松散的,此时要扎起来,她的头用面纱蒙上,给她一件斗篷,等等;新郎抓住新娘的手,或者将她置于自己的膝上,好像她是被收养的孩子似的,通常地,他递给她一件礼物。在这些程式之后,最后的仪式是将新娘带到新郎的家里,在那里,至少在北部地区,又要举行招待参加婚礼的所有宾客的宴请。参见 Katherine Fischer Drew, *Law and society in early medieval Europe-studies in legal history*, Variorum Reprints, London, 1988, Ⅳ, p.96. 另有学者对此是这样描述的:于结婚之日,新郎至新娘之家,如果订婚之际没有支付聘礼的,则于此时支付,如果未全部支付,则支付其余部分。支付完毕后,新郎与新娘的父亲或其他监护人握手,并使新娘跪坐其前。手为权力的象征,新娘的父亲既然已经与新郎握手,以表示将新娘从其权力之下解放。跪坐则为服从的象征,新娘跪坐于新郎之前,以表示其服从之意。这些仪式之后,新郎将新娘迎至其家,并于亲属面前,同入洞房。参见李宜琛著:《日耳曼法概说》,第116—117页,商务印书馆,1943年版。

权的婚姻在日耳曼人中似乎属于特例。①

三、聘礼②

在西哥特，由新郎交纳的聘礼(dowry)有两个目的：一是作为他向新娘家庭保证其女儿在婚后有处理属于她自己的一定财产收益的权利；二是作为他履行婚约的保证。西哥特法律中一项很有趣的规定是，确认了与还不是继承人但不久将可能成为继承人的男子订婚的妇女的牢固地位，也就是，由其未来的公婆（从最终由他们的儿子继承的财产份额中）提供聘礼。因此，可能当她的丈夫还没有任何财产的时候，其妻子倒可能就以她自己的名义拥有了一定的财产（聘礼）。③

初期，这种聘礼是由新郎交给新娘的父亲（或其他的家长），后来它则成为新郎给予新娘的赠与。聘礼的数额不能超过新郎的财产或他可能继承到的财产的 1/10。聘礼是妻子的财产，并且如果她婚后没有孩子的话，她可以根据遗嘱对此进行处理。只有当妻子死亡而没有孩子和遗嘱的情况下，此财产才回复给她的丈夫或他的继承人。只有在结婚一年后，丈夫才能给予其妻子以其他的礼物。这个时间限制也同样适用于妻子可能给予她丈夫的礼物。④

在勃艮第，根据婚约由新郎支付给新娘家庭的聘礼（在法典中称

---

① Katherine Fischer Drew, *Law and society in early medieval Europe-studies in legal history*, Variorum Reprints, London, 1988, Ⅷ, p.19.

② 聘礼，又被有的学者称为(新娘的)身价，参见由嵘著：《日耳曼法简介》，第69页，法律出版社1987年版；[美]孟罗·斯密著：《欧陆法律发达史》，姚梅镇译，第54—55页，中国政法大学出版社1999年版。

③ Katherine Fischer Drew, *Law and society in early medieval Europe-studies in legal history*, Variorum reprints, London, 1988, Ⅶ, p.6.

④ Katherine Fischer Drew, *Law and society in early medieval Europe-studies in legal history*, Variorum Reprints, London, 1988, Ⅶ, p.6.

wittimon,偶尔也称 pretium)和在结婚时由新娘父亲赠与新娘的陪嫁并不要求必须是现金。但通常情况下,聘礼是用钱支付给新娘的父亲或其他监护人,而父亲所赠与的嫁妆则是不动产或动产。新郎所支付的聘礼被保留在新娘的父亲家中,以作为对新娘父亲家庭的补偿,因为结婚时新娘将完全地离开父亲的家庭而成为丈夫家庭的组成部分,而且她的孩子是属于丈夫的家庭,因而女儿出嫁不能使新娘父亲的家庭更为强大。于是该妇女的家长权就从其父亲转移到了她丈夫那里。关于聘礼的多少,法律并没有明确的规定,可能是在订立婚约时相互商讨而定。后期法律的一些规定似乎隐含着这种聘礼可能很高。因为法律规定,若没有得到妇女的父亲同意而结婚的,如果该男子是最高地位的人(即其赎杀金为 300 索尔第者),将被要求支付 450 索尔第的聘礼及 36 索尔第的罚款,而即使是地位最为低下的男子(即其赎杀金为 150 索尔第),这种情况下也要支付聘礼 135 索尔第及罚款 12 索尔第。在订立婚约的时候,除了要商讨决定由男子支付多少聘礼外,还要商讨该妇女的父亲应该在女儿举行婚礼的时候给予她的陪嫁(法律上使用的是 donatio nuptialis 或 nuptiale pretium)的数额。这也是婚约中一个重要的因素,对于新郎来说,这也十分重要,因为新娘的父亲毕竟管理着由其妻子拥有的财产,并且该妇女所生的后裔将来可能要继承这笔财产。[①]

在伦巴德,在订立婚约的时候,男子支付或答应支付给女孩家庭的聘礼称为 meta。如果订婚的男子或其家庭不能当时实际支付的,他可以提供担保以保证他后来某个时间支付该聘礼。基于接受聘礼,女孩的亲属(一般是她的父亲)才承诺在规定的结婚日将女孩交给新郎。

[①] Katherine Fischer Drew, *Law and society in early medieval Europe-studies in legal history*, Variorum Reprints, London, 1988, Ⅴ, p.8.

在法兰克早期,法兰克人通过支付给新娘父亲以聘礼来得到妻子,但后来,聘礼不再被支付给新娘的家庭,而是最终演变为给予新娘本人(在法兰克人的法律中,称为 dos),这是丈夫给予他的妻子以作为自己死后妻子的生活津贴的部分。

在盎格鲁—撒克逊王国,由新郎支付给新娘家长的聘礼称为 weotuma。是否支付聘礼为契约是否有效的重要因素,如果不支付聘礼,就不能形成合法婚姻。没有支付聘礼的所有婚姻和对妇女人身的所有冒犯都是对妇女家长权利的侵犯,实施这种行为的人将被惩以罚款,称为 mund-bryce。此罚款的数额或者是相等于聘礼,或者甚至是它的数倍。因为对于妇女的家长权通常就是一种财产权,如果没有得到所有人的同意且没有支付而掠夺这些权利的,就是偷窃,所应交纳的罚款至少应该与被偷东西的价格相当。[1] 后来,当聘礼不再是作为支付给新娘的家长的固定价格,而是作为给予新娘本人的非固定价格的时候,mund-bryce 也被犯罪的当事人所支付的赔偿金所代替,这逐渐成为一项规则。[2]

关于何时交纳聘礼,不同时期的规定不同。在伊尼国王统治的肯特王国和阿尔弗烈德国王统治的苏塞克斯王国,聘礼可以在订立婚约之后支付,订立婚约时男方只是做出支付聘礼的一种承诺。于是聘礼不再是一个买卖的价格,这样另一种改变也就变得可能,即价格不再支付给新娘的家长,而是在结婚后支付给新娘本人。婚约也就不再是一个真正的买卖契约,而只是假想的买卖契约。[3] 于是就出现了只有规

---

[1] *Laws of Ethelbert* 75;76;82. 本文阐述所参考的盎格鲁—撒克逊时期的法典,均依据 *English historical documents*(Vol. Ⅰ, c. 500—1042), edited by Dorothy Whitelock, Eyre & Spottiswoode(publishers) ltd., London, 1955.

[2] Ernest Young, *The Anglo-Saxon family law*, *Essays in Anglo-Saxon law*, Little, Brown, and Company, Boston, 1876, p. 167.

[3] Ernest Young, *The Anglo-Saxon family law*, Essays in Anglo-Saxon law, Little, Brown, and Company, Boston, 1876, p. 170.

定1镑金子聘礼的婚约。在盎格鲁—撒克逊末期,似乎仍然保留着聘礼,只是其价值一般很小,仅起到表明婚姻合法性的作用。在克努特(Cnut)国王时期,法律已经明确禁止根据古老的方式出卖家长权。[①]

但是,在理论上,对于一些日耳曼王国法律规定的丈夫支付的聘礼和父亲在女儿结婚时给予的陪嫁是否为赠与,这是个引起争论的问题。新郎给予聘礼是为了补偿新娘家庭丧失了对她的家长权而引起将来失去对她的孩子和财产的控制,而父亲给予的是为了补偿女儿放弃了参与继承家庭财产的权利。于是,每一笔支付都是得到一定回报的,所以有学者认为这种互相交付具有买卖的性质,而不能被称为赠与。但是,也有人认为,在日耳曼法中,本身就很难区别买卖和赠与。[②]

四、晨礼

西哥特人的法律对于父亲在女儿结婚时给予她的陪嫁规定得非常详细,但对于其他日耳曼王国法律通常规定的妻子在新婚之夜的次日早晨从丈夫那里得到的赠与(晨礼)则没有涉及。

在勃艮第,按照规定举行婚礼后,还有一个必须的程序要进行,那就是在新婚之夜的次日早晨丈夫要向妻子赠与晨礼,这在法律中被称为 morgengaba。可以肯定的是,在订立婚约的时候就要对晨礼进行商谈,但是至少从理论上说,丈夫可以根据自己的喜好赠与妻子以任何东西。通常情况下,新娘得到的来自丈夫的晨礼和来自父亲的陪嫁是该

---

① Ernest Young, *The Anglo-Saxon family law*, Essays in Anglo-Saxon law, Little, Brown, and Company, Boston, 1876, pp. 173—174.

② Katherine Fischer Drew, *Law and society in early medieval Europe-studies in legal history*, Variorum Reprints, London, 1988, Ⅷ, p. 18.

妇女可以自由处分财产的重要部分。①

在伦巴德王国的法律中,晨礼被称为 morginegiva 或 morgincap、quarta。它也属于已婚妇女的独立财产的一部分。②

在法兰克王国,丈夫赠与妻子以晨礼(tertia)被认为是婚姻得以持久的一个证据。晨礼也是妻子可以完全控制的私人财产的一部分。而且在她的丈夫死后,它仍然是她的财产,直至她再婚时,她才放弃其中的一部分。

总之,在日耳曼法中,除西哥特人法律外,其他日耳曼王国的婚姻法律中都有晨礼的规定。其最原始的来历应该是包含着新郎对于新娘处女身份表示满意,③但至少从法律规定上可以知道,新娘的处女身份并不是建立婚姻的必要条件。④ 而且,大多数王国的法律所规定的晨礼,起初并没有与婚姻的合法性相联系,只是丈夫在新婚之夜的次日早晨自由给予妻子的礼物。初期它是由价值不大的动产组成,后来原则上由不动产组成,成为了寡妇维持生计的礼物,而且一般是新郎在订婚的时候以书面的文件做出承诺,以作为丈夫死后妻子可以出示的证据。如果在订婚的时候并没有承诺赠与晨礼的,法律规定将丈夫财产的一部分给予寡妇,使其得以维持生计。聘礼与晨礼的融合,成为了后来的 douaire,或 dower,即寡妇应得亡夫之财产。它在创立的时间和方式及与婚姻的合法性的

---

① *The Burgundian Code* 51.3—5. 本文所引《勃艮第法典》的条文,均参见 *The Burgundian Code*, translated by Katherine Fischer Drew, University of Pennsylvania Press, 1972.

② Katherine Fischer Drew, *Law and society in early medieval Europe-studies in legal history*, Variorum Reprints, London, 1988, Ⅳ, p.61.

③ 通说认为,晨礼为新郎因为结婚而得到新娘处女之身所付出的代价,因为妻子与丈夫立于对等地位,因此当妻子于其献出身体时,丈夫应该予以一定的对价,以示婚姻与侍卑买卖的不同。虽然后来晨礼与聘礼的性质逐渐混同,但至19世纪,多数地方尚保存有此习惯。参见李宜琛著:《日耳曼法概说》,第124页,商务印书馆1943年版。

④ Katherine Fischer Drew, *Law and society in early medieval Europe-studies in legal history*, Variorum Reprints, London, 1988, Ⅷ, p.19.

紧密关系上,都与古老的聘礼相同,而与古老的晨礼相同的是都具有维持寡妇生计的数量和特征。在盎格鲁—撒克逊的各法典中,关于指定给予寡妇的财产的份额似乎并不相同,但原则上它为丈夫财产的一半。后来则通常是在婚约中加以规定。[①] 英国普通法中的寡妇应得亡夫之财产就是原封不动地来自古代日耳曼时期的聘礼和晨礼的历史发展的结果。[②] 当然,在盎格鲁—撒克逊时期,这个发展并没有得到完成。11世纪时,聘礼和晨礼仍以分开的形式存在。

此外,在欧洲大陆的一些日耳曼王国的法律中,在结婚的时候父亲或监护人给予新娘一定的礼物是个习惯,该礼物在伦巴德法律中有一个清楚的名称,即 faderfio。但在盎格鲁—撒克逊的渊源中似乎并没有证据表明存在这样的习惯,倒是有一段落明确规定结婚的时候女儿不被赠与礼物。从诺曼人征服时期开始,父亲在女儿结婚时赠与一定的礼物才开始成为一种习惯,这被称为 maritatio 或 maritagium。[③]

五、禁止婚姻和非法婚姻

在日耳曼法中,禁止婚姻和非法婚姻是大多数王国的法律都加以规定的内容,有的王国法律对此规定得甚为详尽。

在西哥特,自由民妇女如果与她自己的奴隶、解放自由民结婚或通奸的,她与那个男人将一起被处死,或者如果她已在教会里寻求避难的,将由国王作为奴隶将她给予他所选择的人。这种情况下,不能将该

[①] Ernest Young, *The Anglo-Saxon family law*, *Essays in Anglo-Saxon law*, Little, Brown, and Company, Boston, 1876, p.175.

[②] Ernest Young, *The Anglo-Saxon family law*, *Essays in Anglo-Saxon law*, Little, Brown, and Company, Boston, 1876, p.174.

[③] Ernest Young, *The Anglo-Saxon family law*, *Essays in Anglo-Saxon law*, Little, Brown, and Company, Boston, 1876, p.176.

妇女的财产传给这种婚姻中所生的孩子,而且如果她没有三亲等内的继承人的,她的财产将归国库所有。如果自由民男女与别人的奴隶结婚的,他们将被分开,并受到鞭100下的处罚。如果之后他们又重新生活在一起的,他们将再被分开至少两次,每被分开一次都要被鞭100下。然后,假如两个人仍然重新住在一起,自由民一方配偶及其孩子将沦为奴隶一方配偶的主人的奴隶。但是,如果是奴隶的主人通过提出的让该奴隶自由而诱使自由民妇女与他的奴隶结婚的,该主人不能要求将该妇女和孩子成为他的奴隶,而是该妇女和孩子仍然保留自由民的身份,并且那个丈夫也获得人身自由。与奴隶结婚的解放自由民男女,应该在证人出席的情况下,被警告放弃这样的婚姻,否则他或她将失去自由。但是,这样的警告必须在孩子出生前做出,否则,解放自由民的配偶继续保持解放自由民的身份,但其孩子则沦为奴隶,但如果与奴隶的主人之间已经订立了相反内容的婚姻协议的,则除外。①

妇女不能与强奸她的男子结婚,否则双方都要被处死,但是如果他们已在教会里寻求避难的,那必须将他们分开,并且把他们作为奴隶交给妇女的亲属。如果强奸事件没有泄露,被强奸妇女的亲属可以与该男子缔结婚约。②

不允许七亲等内的血亲及其姻亲彼此之间通婚。违反了这些限制而结婚的当事人将立即被分离并且被关进修道院内以作终身的苦行赎罪。如同其他的日耳曼民族一样,因这种婚姻而产生的后代被认为是有资格继承他们父母的财产,因为西哥特的法律规定,这样的孩子"通过洗礼的仪式已经被洗除罪恶"。已经发过誓言(童贞誓)的一方或双

---

① Katherine Fischer Drew, *Law and society in early medieval Europe-studies in legal history*, Variorum reprints, London, 1988, Ⅶ, p.7.
② Katherine Fischer Drew, *Law and society in early medieval Europe-studies in legal history*, Variorum reprints, London, 1988, Ⅶ, p.7.

方当事人的婚姻被视为是乱伦或不正当,当事人将被分开并且被判终身流放,但他们的孩子也享有继承权。[1]

如果女孩的父母参与密谋强奸已经订过婚的女儿的,他们将支付给与之订婚的新郎以他所已经支付的聘礼的四倍,而且犯了强奸罪的男子将成为该新郎的奴隶。如果在其父亲活着的时候,女孩因其兄弟的密谋而遭强奸的,该兄弟将被作为强奸犯一样处理,只是他们不能被处死,这样可能的结果是,在女孩的奴隶中,有可能包括有她的兄弟。如父亲已经死亡,兄弟有密谋强奸其姐妹的行为的,他将失去一半的财产归他的被强奸的姐妹所有,并当众被鞭50下——而有强奸行为的男人则失去他的财产和自由。如果抢走已经订婚女孩的男子将她又转给另一个男子的,他将放弃他财产的一半归该女孩,另一半财产归与她订过婚的男子。如果该男子的财产并不够多,他将被出卖为奴隶,而因此得到的价格则分给已订婚的男女双方。[2]

勃艮第人根据赎杀金的多少分为三个社会等级,最高的赎杀金为300索尔第,中间的为200索尔第,最低的为150索尔第,但法律并没有规定划分这些等级的具体依据,所以我们无法了解属于高级、中级、低级的具体成员。法律规定,这些不同等级的人之间可以通婚,但是严格禁止自由民与奴隶结婚,违反者要受到严厉惩罚。比如一个自由民妇女若自愿与奴隶结婚的,俩人均被处死,但是如果该妇女的亲戚不愿意这样惩罚他们自己的这位亲戚的,该妇女就被剥夺自由民的身份。[3]

勃艮第王国的法律并没有规定合法婚姻之外的男女结合,也没有涉及合法婚姻之外所生孩子的继承问题。因此可以推测出这样的结

---

[1] Katherine Fischer Drew, *Law and society in early medieval Europe-studies in legal history*, Variorum reprints, London, 1988, Ⅶ, p.9.

[2] Katherine Fischer Drew, *Law and society in early medieval Europe-studies in legal history*, Variorum reprints, London, 1988, Ⅶ, p.8.

[3] *The Burgundian Code* 35.2—3.

论,即勃艮第的法律并不承认合法婚姻以外的其他两性关系。

在伦巴德,半自由民男子(aldius)可以与自由民妇女结婚,甚至他还可以得到她的家长权,但是由半自由民的主人支付聘礼。如果该半自由民先于其妻子死亡,该妇女希望回到自己的亲属那里的,妇女的亲属将归还相等于所接受的聘礼金额给已死男子的主人,在此情况下,该妇女也许就带着她从自己亲属那里得到的财产回到自己的亲属那里,但是她不能将她所得到的晨礼和她丈夫的任何财产带走,这些应该属于其丈夫的主人。半自由民和自由民妇女所生的孩子如果不希望留在自己父亲家里的,他们可以与取回其母亲的家长权所支付的相同价格来购买他们自己的家长权,然后他们可以自由地根据自己的愿望选择去处。[①]

半自由民的妇女(aldia)也可以与奴隶结婚。在这种情况下,通常半自由民妇女要沦为奴隶,但是如果她丈夫的主人因疏忽而没有将她贬低为奴仆的,在其丈夫死亡后,她和她的孩子们可以带着她进入丈夫家里所带去的所有财产而离开她丈夫的住处。[②]

一般情况下,半自由民和奴隶之间的婚姻也具有与自由民之间婚姻相似的契约性。但如果是同一个主人之下的半自由民与奴隶结婚,可以不订立婚约。但如果属于不同主人的半自由民与奴隶想结婚的,该妇女主人必须请求签订契约性协议,因为在这种婚姻期间该主人将失去妇女所提供的服务。如果该妇女是半自由民,将成为她丈夫的男子的主人将向她的主人支付一笔款项以得到她的家长权,同时她将住到她丈夫的房子里,而且处于丈夫主人的监护之下。这种情况下所生的孩子,也处于该主人的监护下,但如果他们的母亲的家长权仍保留在

---

① *Rothair's Edict* 216.
② *Rothair's Edict* 217.

她自己主人那里的,那孩子就处于其母亲主人的监护之下。如果女奴自愿与另一个主人的奴隶或半自由民结婚的,该男子的主人要向女奴的主人支付聘礼,于是她住到她丈夫主人的家里,他们所生的孩子为奴隶,在丈夫死后,她必须继续留住在那里。①

法律禁止已经结婚的人再结婚。还禁止奴隶和自由民妇女结婚,规定如果奴隶胆敢与自由民的妇女或女孩结婚的,将被处死,至于那个愿意与奴隶结婚的自由民女性,她的亲属有权利杀死她或将她卖到国外,并且可以任意地处置她的财产。如果该妇女的亲属拖延采取这些措施的,国王的官员可以将她带到国王那里,并且将她置于女奴们所住的地方。② 但是法律允许男子与自己的女奴结婚,只是他必须事先根据正式的程序合法地解放她,于是她将被作为自由的和合法的妻子,她所生的孩子也成为生父的合法继承人。③

在法律禁止的不能结婚的亲属(通常是七亲等内禁婚)之间结婚也属非法。法律还禁止:男子与其继母、继女或他兄弟的遗孀结婚;男子与堂表兄弟的遗孀结婚;男子与其教母、教女结婚;及这些人的孩子之间通婚。这些非法婚姻所生的孩子是非婚生子,甚至是私生子的,他们不能继承父母的财产。④

法兰克人的法律直接规定婚姻的很少。一个合法的婚姻可能在成年的自由民男性和成年的自由民女性之间缔结,并且双方当事人间并不是被禁止结婚的亲属关系。法兰克人的法律特别禁止叔、伯与其侄女、侄孙女之间的婚姻(同样的,婶、姨也不能与侄子、侄孙子结婚),也禁止与兄弟的前妻、舅舅的前妻结婚及与姐妹的前夫、姨的前夫结婚。

---

① *Rothair's Edict* 218—220.
② *Rothair's Edict* 221.
③ *Rothair's Edict* 222.
④ Katherine Fischer Drew, *Law and society in early medieval Europe-studies in legal history*, Variorum Reprints, London, 1988, Ⅳ, p.66.

应该注意到,因为禁止与舅舅的前妻、姨的前夫结婚,而没有禁止与叔、伯的前妻或姑姑的前夫结婚,因此从中可以看出,母系的亲属关系要比父系的更近些。墨洛温王朝时期召开的一些宗教会议对于血缘关系做出了广泛的解释,但是这些解释给结婚条件所增加的限制在民事法院中并没有发生效力。594 年,国王查德勃特(Childerbet)颁布的一项法律规定,如果与其父的妻子结婚的,将被处以死刑(这是法典中规定的少数适用死刑的内容之一)。① 如同其他的日耳曼人一样,在法兰克人中,也禁止乱伦的婚姻。已经成立的婚姻若被发现属于乱伦(比如与兄弟的妻子结婚、与妻子的姐妹结婚等),将根据主教的声明而被纠正。如果不理睬主教的纠正的,当事人将被革除教籍,并且他们的财产将被转给他们的亲戚。②

在法兰克人的法律中,严格禁止自由民与奴隶通婚。但是,早期的《撒里克法典》虽然阻止这样的婚姻,但它并没有宣告这种婚姻无效,而是规定与奴隶结婚的自由民也沦为与其配偶相同的奴隶地位。但是,后期的《撒里克法典》的有关规定则有所变化,对这种婚姻的禁止更加严格。如果一个妇女与奴隶结婚,就要被宣布处于法律保护之外,而且没收她的财产归国家所有。一旦被宣布处于法律保护之外,她就可能被人杀死,而杀害者却不受到处罚。而若抓获到与该妇女结婚的奴隶的,将把他拷问至死。与《撒里克法典》不同,《利普里安法典》则规定,通过让与奴隶结婚的自由民妇女在一把剑和一个纺锤之间进行挑选来确定结果,如果她选择前者,与她结婚的奴隶将被杀死;如果她选择后

---

① Katherine Fischer Drew, *Law and society in early medieval Europe-studies in legal history*, Variorum Reprints, London, 1988, Ⅵ, p. 4.
② *The laws of the Salian Franks*, translated and with an introduction by Katherine Fischer Drew, University of Pennsylvania Press, 1991, p. 42.

者,她自己将沦为奴隶。①

在早期的日耳曼人中,就有一夫一妻制的习俗,在日耳曼王国时期,这种传统也大多被保留了下来,因此一个男子在一个时期只能有一个合法的婚姻,这样的婚姻所生的孩子被称为婚生子(fulborn),但是,在实际中,日耳曼男子可能还有其他的一个或多个的婚姻,虽然这些都不是完全合法的婚姻,这种婚姻所生的孩子称为私生子,在继承中得到次要地位的承认。私生子与非法孩子是有区别的。在日耳曼人中,所有的血亲婚姻都是非法婚姻,只是各王国对于血亲的范围界定有所不同。后来因受基督教的影响,所规定的血亲关系渐渐扩大,直至包括法律上的家庭、亲属的所有成员(至第七亲等的亲属)。除此之外,有些法律还规定了一些特别的禁止结婚内容,比如禁止本民族的人与犹太人、罗马人结婚。②

六、婚姻关系中的忠贞义务

早期的各法律体系都强调婚姻关系中的忠贞义务,日耳曼法也不例外。其中,有的王国的法律对此有较为详细的规定。

在西哥特,如果一个男人诱使一个妇女与他结婚或与他通奸的,他必须赔偿5镑金子给妇女的家长(如果她还没有结婚或订婚的),或者给予她的未婚夫(如果她已经订婚的),给予她的丈夫(如果她已经结婚的)。如果一个自由民帮助带走此妇女的,将受到罚款6盎司金子及鞭50下的处罚。如果奴隶在主人不知晓和没有同意的情况下帮助带走

---

① *Lex Ribuaria* 61(58).18. 参见 *Laws of the Salian and Ripuarian Franks*, translated and with an introduction by Theodore John Rivers, AMS Press, New York, 1986, p.197.
② Katherine Fischer Drew, *Law and society in early medieval Europe-studies in legal history*, Variorum Reprints, London, 1988, Ⅷ, p.20.

此妇女的,他将被鞭 100 下,如果是得到主人同意而有此行为的,其主人将受到 6 盎司金子的罚款和鞭 50 下的处罚。①

如果一个男子违反别人妻子的意愿而与她通奸的,如果他之前已经有孩子的,他的财产归其孩子所有,而且该男子自己沦为该妇女丈夫的奴隶。如果该男子没有孩子,那他及其财产都归被侵犯的妇女丈夫所有。如果该妇女自愿与其通奸,她及与其通奸的男子都沦为她的丈夫的奴隶。如果一个男子强迫未婚的出身自由民女子与其通奸的,他将被鞭 100 下,并且他沦为该妇女的奴隶。如果该妇女后来与已成为其奴隶的他结婚的,她也沦为奴隶,她及其所有财产都被交给她的继承人。如果一个奴隶强迫出身自由民妇女与其通奸的,将被烧死。②

如果一个已经订婚的女孩又与另一个男子通奸或结婚的,她及该男子及他们的财产都要被交给与她已订婚的男子,但如果这种通奸或结婚后已经有孩子的,那他们的财产要归其孩子所有。如果丈夫或未婚夫当场杀死其通奸的妻子或未婚妻及她的奸夫的,将不受到惩罚。父亲在通奸现场杀死他的女儿和其奸夫的,也不受到惩罚。但是,如果父亲选择不杀死他们的,他将可以按照他的意愿以其他方式处置他们。如果女孩的父亲已经死亡,作为她的监护人的其兄或叔伯也有同样的权利。如果奴隶发现了这种通奸行为,他们不能当场将通奸者处死,但可以监禁奸夫奸妇直到他们被交给通奸行为发生地房子的主人或法官。如果一个出身自由民妇女与别人的丈夫通奸的,她将被交给奸夫的妻子——但是该丈夫则不受惩罚。③

---

① Katherine Fischer Drew, *Law and society in early medieval Europe-studies in legal history*, Variorum Reprints, London, 1988, Ⅶ, p. 8.

② Katherine Fischer Drew, *Law and society in early medieval Europe-studies in legal history*, Variorum reprints, London, 1988, Ⅶ, p. 8.

③ Katherine Fischer Drew, *Law and society in early medieval Europe-studies in legal history*, Variorum reprints, London, 1988, Ⅶ, p. 8.

如果一个男子没有对与人通奸的妻子和她的奸夫采取行动,他的儿子或他的亲属可以采取措施。如果被指控的通奸罪得到证实,那些提起指控的人将得到所涉及的通奸者的全部或部分的财产并且将他们作为奴隶(因此可以想象儿子可能将其母亲作为自己的奴隶)。在证实通奸罪的指控中,被控的奴隶们可以被拷问,而不能以解放奴隶的方式来阻止证实这种指控。

如果一个未结婚的妇女自己走到某个男人家里而与他通奸的,此后,该男子可能与她的家长订立一个以同意交纳聘礼为目的的契约,然后与她结婚。但是对于这个妇女来说,她失去了继承自己家庭的遗产的权利,除非她的兄弟同意她继承。如果该男子不愿意与她结婚的,该妇女被认为是自愿犯了罪(但是不给予惩罚)。[①]

在勃艮第法律中,对于通奸的规定也比较详细。因为日耳曼人坚持家庭纽带和血亲关系的重要性,通奸被认为是极为严重的犯罪,而且只有已订婚或结婚的妇女才能犯通奸罪。如果一个已结婚或订婚的妇女与人通奸的,受到伤害的丈夫可以杀死妻子及其奸夫,但是如果他即使只是杀死其中的一个的话,他也要支付赎杀金给被杀者的亲属。[②]对于男子来说,除了他被当场发现与另一个女子通奸的要受到惩罚的外,应受到通奸处罚的还有乱伦行为。法律规定,如果该男子与法律所禁止范围内的女性亲属通奸的,他要被惩向该妇女的亲戚支付该妇女的赎杀金及12索尔第的罚款,以作为他们失去该妇女而应得的赔偿,因为作为犯通奸罪的结果,该妇女丧失了自由,沦为国王的女仆。[③]

---

① Katherine Fischer Drew, *Law and society in early medieval Europe-studies in legal history*, Variorum reprints, London, 1988, Ⅶ, p.9.
② *The Burgundian Code* 68.
③ *The Burgundian Code* 36.

七、离婚与再婚

在西哥特,在当事人双方彼此同意,并且有证人出席的情况下,可以签订解除婚姻的协议。假定这一协议是详细规定了处理婚姻财产的内容的,作为一项基本规则,丈夫与妻子可以分享婚姻期间的所得并承担所受到的损失。如果发现丈夫强迫或欺骗妻子签订了违背其意愿的离婚文件的,该文件将被宣布无效,而且该丈夫将丧失他所有的财产,这些财产归他的孩子所有的,假如没有孩子的,则归他的妻子所有,同时他也丧失了主张归还聘礼的权利。除通过协议解除婚姻外,还有一种情况,就是有正当理由的一方离弃另一方。如果丈夫有同性恋行为,他的妻子可以与他离婚。如果丈夫允许其他人在违背其妻子意愿的情况下与她通奸的,她也可以与他离婚。此外,妻子的通奸行为是丈夫与她离婚的理由。①

如果丈夫没有正当理由而任意地弃绝妻子的,他将丧失要求归还聘礼的权利,如果无理由地弃绝妻子并缔结第二次婚姻的,他将受到鞭笞、剥头皮或者被放逐或者沦为奴隶的处罚。总之,丈夫不能逃避保留妻子的义务,除非她自愿同意解除婚姻或承认有通奸的行为。同时,如果没有得到妻子的同意,丈夫甚至不能擅自成为神职人员。另一方面,妇女也同样要承担对于丈夫的义务,即使他沦为奴隶,妻子也不能被免除受婚姻束缚的义务:即使她选择不与他生活在一起,她也必须对他保持忠贞直至他死亡。②

---

① Katherine Fischer Drew, *Law and society in early medieval Europe-studies in legal history*, Variorum reprints, London, 1988, Ⅶ, p. 9.
② P. D. King, *Law and society in the Visigothic kingdom*, Cambridge University Press, 1972, pp. 235—236.

在西哥特,如果配偶一方死亡,另一方可以再婚,寡妇或鳏夫的再婚并没有受到太多的限制。如果寡妇想再婚,且她已经成年的,她自己有权利缔结婚约而不需要服从其父亲或其他的监护人。但是,虽然鳏夫可以立即再婚,寡妇则至少需要等待一年,除非她得到国王的允许可以在更短的时间内再婚。如果丈夫失踪已经很长时间而该妇女想再婚的,她必须证实他已经死亡,否则,假如她已经再婚,而她的以前的丈夫又回来了,她及其现任丈夫将听任第一个丈夫处置,他甚至可将他们出卖为奴隶。①

在勃艮第,虽然法律规定了关于停止婚姻关系的若干方式,但是并没有关于承认合法离婚的内容。妇女在这种事务中似乎没有选择的余地,法律规定,如果妻子离弃丈夫的,她将被闷死在沼泽地里。另一方面,如果丈夫没有理由地离弃妻子的,他须支付等同于给她的聘礼再加上12索尔第的罚款。但是如果妻子犯了通奸、巫术和侵犯坟墓罪的,丈夫就可以离弃妻子。但是如果其妻子没有承认上述犯罪中的任何一项的,丈夫不能以他妻子犯了其他的罪而离弃妻子,但是如果他坚持选择离婚的,他将离开住处,将所有的家庭财产留下来,他的妻子和孩子则将一起拥有这些财产。②

在法兰克,根据《撒里克法典》,如果寡妇想再婚,她享有这种权利。在地方法院中,向她求婚的人需要带上3名证人,并由主持法官进行提问,来证实求婚者要求结婚目的的合法性。出席法院的人是为了监督寡妇是否被人利用。也是在法院里,求婚者必须支付聘礼 ring-money,具体为3索尔第和1但尼耳。总体上看,与寡妇结婚的费用比与没有结过婚的女性结婚的费用相对较贵。ring–money 按照从亲到疏的

---

① Katherine Fischer Drew, *Law and society in early medieval Europe-studies in legal history*, Variorum reprints, London, 1988, Ⅶ, p. 7.
② *The Burgundian Code* 34.

次序支付给寡妇的已故丈夫母亲一边的亲属,而不是支付给其父亲一边的亲属。渴望再婚的寡妇必须支付给她的已故丈夫的最亲男性亲属一笔费用,以使自己从其家长权下解放出来。这笔费用称为 achasius,它在寡妇的应得亡夫之财产(dower)的范围内支付,最多相当于它的 1/10。①

在盎格鲁—撒克逊王国,法律似乎承认可以离婚。早期的法律允许基于夫妻双方的相互同意而离婚,但婚姻关系解体更多地发生在因妻子的不忠贞或逃跑的情况下。在不常见的相互同意而离婚的情形下,妻子如果保留所有孩子的监护权的,她将得到一半的财产,如果她不是孩子的监护人,她取得相当于一个孩子所应得的财产份额,如果他们没有孩子,她得到她的晨礼和她自己的财产。②根据克努特国王颁布的法律,如果因为妻子的不忠贞而离婚的她的财产全部归丈夫所有,她还要为此受到失去她的鼻子和耳朵的惩罚。③

总之,在日耳曼法中,虽然法律中大多承认离婚的制度,但是也只有西哥特的法律规定,离婚可以基于当事人的简单同意而发生,在其他日耳曼王国,只有在特殊的情况下才允许解除婚姻。而经常提到的丈夫可以离弃妻子的规定是:妻子通奸,巫术、侵犯坟墓,或者阴谋谋害丈夫等。当丈夫控告妻子有上述犯罪行为之一的,妻子的家庭可以根据辅助誓言制或神明裁判来为她辩护。如果这样的防卫成功了,该妇女就有权选择是继续留在丈夫那儿,还是带着她的家长权和属于她自己的财产重新回到她自己的家庭中。如果证据显示该妇女为有罪,因被指控的罪的不同,结果也有差异。如果被指控的为通奸罪的,有的法律

---

① *Laws of the Salian and Ripuarian Franks*, translated and with an introduction by Theodore John Rivers, AMS Press, New York,1986, p. 22.

② W. S. Holdsworth, *A history of English law* (vol. Ⅱ), Methuen & Co. London, 1923, p. 90.

③ *Laws of Cnut* Ⅱ 53.

规定该妇女要被处以死刑,有的则规定允许丈夫自己处死她,但只有在他当场一起抓住她和奸夫的情况下才有此权利,但更通常的是,有罪的妻子须离开丈夫的家庭,或许回到她自己的家,对她的处罚是她必须留下她的财产及孩子。

此外,还有的法律规定了在非犯罪的情况下解除婚姻的若干其他理由。比如,一个人离开自己国家一定时期而没有传递任何信息,这样的人将被推定为死亡,妻子可以向国王申请她与其他人再结婚,或者将她自己的家长权转给国王。①

八、夫妻财产

在西哥特,妇女享有比其他日耳曼民族的妇女更为独立和平等的地位,而且在一定程度上说,这是真实的,当然,西哥特妇女的这种地位,只具有程度上的优势。西哥特妇女的法律能力并不完全等同于男子,但是比起其他的日耳曼人来说,她们则拥有相当多的自由。根据西哥特法律,丈夫的财产与妻子的财产是区分开来的,这与其他日耳曼民族相同,但是在其他日耳曼民族中,妻子对自己财产并不具有一般的法律权利,当丈夫在世时,她的财产由其丈夫管理,如果丈夫死亡的,则由其成年的男性亲属管理。但在西哥特法律中则有所不同,妻子本人对于自己的财产享有有限的法律权利,她有权管理自己的财产。对于其他人的财产,她一般没有管理权,但当她是寡妇作为未成年孩子的监护人时,她就有权管理其未成年孩子的财产直至儿子成年、女儿结婚,或者直到她自己再婚。在西哥特的后期法律中,妇女的地位问题得到了

---

① Katherine Fischer Drew, *Law and society in early medieval Europe-studies in legal history*, Variorum Reprints, London, 1988, Ⅷ, p. 23.

更为详尽的规定,相应地,妻子财产与丈夫财产的分离程度比其他日耳曼民族的更为清楚。①

此外,如同男子一样,妇女也拥有以遗嘱处分自己财产的自由,但如果有直接后裔,那她们在此方面所享有的自由处分权则受到一定的限制。②

因此,从夫妻财产方面看,西哥特的男子与女子的法律地位的巨大区别在于,妇女虽然能管理自己的财产,但她一般不能为了其他人利益进行管理(除非她作为她的未成年孩子的监护人),而在法律上,除了对未成年孩子的财产自然享有管理权外,男子在得到妻子书面同意的情况下,在实践中则有权代表妻子管理其财产。③

在勃艮第,家庭负责为女儿安排一个合适的婚姻,但是法律暗示着,女儿应该愿意接受被安排的新郎。勃艮第妇女所享有的特权是,即使在丈夫在世时,她也可以从自己的家庭中继承财产或者接受赠与,在她丈夫死亡后,她就成了这些财产的独立控制者,并且可以根据自己的意愿处分这些财产。此外,她还有权自由处分所有的装饰品和衣服。而且,丈夫死亡后,只要她不再婚,她就是其未成年的孩子及其财产的监护人。因此,在勃艮第王国,作为寡妇和母亲的妇女在法律上拥有相当的自由。④

任何罗马妇女或勃艮第妇女若自主结婚的,该丈夫将拥有该妇女

---

① Katherine Fischer Drew, *Law and society in early medieval Europe-studies in legal history*, Variorum reprints, London, 1988, Ⅶ, p.4.
② Katherine Fischer Drew, *Law and society in early medieval Europe-studies in legal history*, Variorum reprints, London, 1988, Ⅶ, p.14.
③ Katherine Fischer Drew, *Law and society in early medieval Europe-studies in legal history*, Variorum reprints, London, 1988, Ⅶ, p.14.
④ Katherine Fischer Drew, *Law and society in early medieval Europe-studies in legal history*, Variorum Reprints, London, 1988, Ⅴ, p.11.

的财产。① 如果一个罗马妇女在没有得到其父母同意或他们根本就不知道的情况下嫁给勃艮第男子的,她将不能拥有她父母的任何财产。②

在伦巴德,基于婚姻,丈夫作为妻子的家长管理她的财产,但是他若没有得到妻子的同意不能处分她的财产。如果丈夫早于妻子而死亡,且他们没有孩子的,可以在向丈夫的亲属支付一笔费用以得到他们放弃对她的家长权,这样该妇女可以带着属于她自己的聘礼、晨礼和其他她有权继承得到的财产再婚,或者回到她自己的亲属那里。如果妻子早于丈夫死亡的,除非她毫无过错但却被她的丈夫杀害,否则,妻子的所有财产都归丈夫,而如果在上述例外的情形下,她的财产则归她的孩子或作为她的继承人的亲属。③ 如果他们结婚后生有孩子,而且丈夫先于妻子死亡的,妻子成为她孩子的家长,但同时在儿子为未成年人的情况下,她和她的孩子们都处于丈夫的兄弟或其他的男性近亲的监护指导之下。

在法兰克,所有的妇女都处于男性亲属的监护之下,因为她们并不拥有完全的法律权利。当然,女奴处于其主人的监护之下,孩子处于父亲或其他的亲近的男性亲属的监护之下,未结婚的妇女处于她的家庭的监护之下,结婚后这种监护被转到她丈夫之下。由妻子带到婚姻关系中的财产,除私人财产外,都由她的丈夫管理。只要她的丈夫活着,妻子若没有得到他的同意,就不得处分任何财产,但她的私人财产并不对其丈夫的债务负责。

关于聘礼,当妻子早于丈夫死亡,且他们没有孩子的,丈夫得到聘礼的一半,另一半则给予妻子的亲属。当丈夫早于妻子死亡,且他们没有孩子的,寡妇得到聘礼的一半,另一半则给予丈夫的亲属。

---

① *The Burgundian Code* 100.
② *The Burgundian Code* 12.5.
③ *Rothair's Edict* 200.

关于从丈夫那里得到的额外的财产,妻子有权自己管理,但是如果丈夫没有给予她除聘礼和晨礼以外的其他财产的,她可以得到婚姻持续期间他们取得的所有财产的1/3。[①]

关于已婚妇女获得的捐赠,包括由她丈夫给予的礼物和她的父亲给予的礼物,这些财产不能被她的丈夫让与,而且通常情况下,这些应该被传给他们的孩子。

如果丈夫早于妻子死亡,他们已经有了孩子,而且该妇女希望再婚的,她将其从已故丈夫那里得到的财产的1/10给予他最亲的亲属,以将她的家长权从原丈夫家族中解放给她的新的丈夫。比如,如果其已故丈夫给予她30索尔第的,她就必须放弃3索尔第给与她丈夫的亲属。在该妇女死后,剩余的该部分财产将归她与前夫所生的孩子所有。[②]

在法兰克人的法律中,妻子可以独立于她的丈夫而被惩处罚款,这从一个侧面反映她似乎有独立的财产控制权。而且,作为寡妇,她有权因允许其守寡的媳妇再婚而得到所支付的赔偿,这意味着,在儿子死后,儿子的母亲对她的儿媳有家长权。[③] 正因如此,有学者甚至认为,法兰克妇女的地位比勃艮第、西哥特、伦巴德的都要高。[④]

在盎格鲁—撒克逊王国,妻子处于丈夫的控制之下,但是她享有拥有自己财产的能力,对于属于妻子的晨礼及其他继承、赠与而得到的财产,若没有得到妻子的同意,丈夫不得转让。她的财产对于她丈夫的违

---

① *Laws of the Salian and Ripuarian Franks*, translated and with an introduction by Theodore John Rivers, AMS Press, New York, 1986, p. 21.

② *The laws of the Salian Franks*, translated and with an introduction by Katherine Fischer Drew, University of Pennsylvania Press, 1991, p. 42.

③ *The laws of the Salian Franks*, translated and with an introduction by Katherine Fischer Drew, University of Pennsylvania Press, 1991, p. 43.

④ *The laws of the Salian Franks*, translated and with an introduction by Katherine Fischer Drew, University of Pennsylvania Press, 1991, p. 43.

法行为并不负责,她丈夫的财产也不对她的违法行为负责,而是由她的亲属对她的违法行为负责。对于婚姻期间的他们所得到的财产,在转让这些财产时,她与她的丈夫一起进行。①

因丈夫死亡而解除婚姻的,妻子有权利得到属于她的所有财产。一般情况下,妻子对于晨礼拥有完全的所有权,她可以自由处分它,或者用遗嘱进行处分,如果她死亡时没有遗嘱,它将由她的继承人继承。但是,如果她违反了她所应该遵守的在丈夫死后一年内保持忠贞的话,她将失去财产,这些归丈夫的至亲所有。但是如果她履行了这种忠贞的义务,她就可以将财产带到第二次婚姻中。但是,寡妇从来不是她丈夫的继承人,虽然根据丈夫的遗愿她可以得到一定的赠与。② 在富有的阶层中,通常是根据协议解决丈夫死后妻子的权利,在肯特王国的采邑 Abba 的特许状中还曾规定,只要没有生育的妻子在丈夫死后愿意继续保持贞洁(比如不再婚而继续在已故丈夫的土地上生活),她甚至可以得到她丈夫的土地,她的已故丈夫的兄弟保护她,作为她的监护人而行使权利,但他只是为她管理土地而已。也就是说,在丈夫死时没有留下孩子的情况下,寡妇可以单独地终生拥有和享受丈夫的土地。③

如因妻子死亡而解除婚姻的,属于她的财产由她的继承人继承。丈夫也不是妻子的继承人,而且无权得到妻子的财产,除非通过孩子。孩子是妻子的第一继承人,在孩子们死亡而没有留下继承人的情况下,父亲就是第一继承人。在这种情况下,晨礼的归属则较特别。因为当丈夫赠晨礼给妻子的时候总有"如果她活得比他长"(if she lives longer

---

① W. S. Holdsworth, *A history of English law* (vol. Ⅱ), Methuen & Co. London, 1923, p. 90.
② Ernest Young, *The Anglo-Saxon family law*, Essays in Anglo-Saxon law, Little, Brown, and Company, Boston, 1876, p. 179.
③ Hiroshi Hayashi, *Essays in Anglo-Saxon law*, Privately Printed, Tokyo, 1989, p. 180.

than he)"她就真正享有它"的约定,这样,如果妻子早于丈夫死亡的,晨礼就仍然保留在丈夫手中。① 她的其他财产都归她的继承人。

综上所述,尽管各日耳曼王国的法律对于夫妻财产制度的规定不尽相同,但是它们均规定了夫妻别产制。对于这种做法,常使人感到迷惑不解,但是如果意识到因生命的不确定导致人口无法增长的历史情况,也许能有所理解。因为婚姻配偶一方的死亡是经常的事情,而且再婚的事情又常常发生,因此在一个家庭中,往往有不同婚姻所生的孩子。因此有必要在法律上详细地分别规定夫妻的财产。但同时,对于夫妻财产又大多实行共同管理制,一般情况下,丈夫对于夫妻双方财产都有管理收益权。但是丈夫的债权人对于妻子的财产并无请求权,若丈夫的负债为共同债务时,则例外。当夫或妻一方死亡,夫妻财产则分离独立,根据财产的种类、夫先死或妻子先死、夫妻间有无子女等不同情况,这些财产的命运遂有显著不同。

九、监护及子女的法律地位

如前所述,在日耳曼法中,监护权为家长权的一种,监护人并非必然为被监护人的法定代理人。关于监护制度,各王国的法律规定也不尽相同。

在西哥特,一个未满15岁的未成年人总是有一个监护人。为了某些目的,当未成年人达到15岁时,监护关系终止,但为了其他一些目的,这种监护关系则持续至被监护人到达20岁时止。西哥特法律把任何父亲或母亲已经死亡(或者他们没有法律能力)的未满15岁的孩子

---

① Ernest Young, *The Anglo-Saxon family law*, *Essays in Anglo-Saxon law*, Little, Brown, and Company, Boston, 1876, p.179.

定义为未成年者。如果母亲死亡,监护权被移交给父亲,若父亲死亡,监护权交给母亲。父亲有权管理其孩子的财产,直至他们结婚或达到20岁。当孩子结婚时,他将财产的1/3转至孩子名下,当孩子达到20岁时,孩子将得到一半的财产(如果他们在结婚时还没有得到1/3的财产的话),父亲保留另一半的财产,直到他死亡时这部分的财产才归孩子所有。未满20岁就已经结婚的子女,并不处于监护之下(除非他们小于15岁)。[①]

只要父亲没有再婚,他就没有必要为保证孩子的财产而采取法律的步骤。但如果他再婚,他可以保留监护权,但他必须在司法官员或已故妻子的继承人出席的情况下起草一份关于孩子财产的清单。如果父亲选择不保留对子女的监护权的,就由法官任命已故妇女的近亲属来行使这种监护权。当其中一个孩子结婚时,他或她将得到应继承的其母遗产的1/3,当其达到20岁时,他们将得到一半的财产(如果还没有结婚),或者补足一半的财产(如果已经结婚)。对于未成年孩子的监护权,母亲的角色与父亲相同,只是如果她再婚,她对于子女的监护权就告终结。[②]

如果父亲已死亡,母亲将是孩子的优先的监护人,如果母亲死亡,父亲将是优先的监护人。如果父母双方均已死亡,或者幸存的一方拒绝或没有资格(比如母亲幸存,但她已经再婚)当监护人的,就由已经达到或超过20岁的其中一个兄弟行使监护权。如果没有这样的兄弟的,监护人的角色就落到了父亲的亲属(如果父亲死亡)或母亲的亲属(如果母亲死亡)的身上。

[①] Katherine Fischer Drew, *Law and society in early medieval Europe-studies in legal history*, Variorum Reprints, London, 1988, Ⅶ, p.14.

[②] Katherine Fischer Drew, *Law and society in early medieval Europe-studies in legal history*, Variorum Reprints, London, 1988, Ⅶ, p.15.

但需要说明的是,对未成年人的监护权使监护人享有了管理未成年人的财产和处分这些财产收益的权利,但是监护人不能处分财产本身。在10岁之前,未成年人完全不能处理自己的财产。在10岁和14岁之间,临死的未成年人能够以遗嘱来处分自己财产,但是,如果他后来恢复健康,这个已立的遗嘱就将无效,除非在达到14岁后他对此重新加以确认。在14岁和20岁之间,年轻的男女都能用遗嘱处分自己的财产,他们也能签订有关财产的契约。但是,如果监护人是父亲或母亲,处于14岁与20岁之间的未成年人所能够控制的财产并不包括他预期从已故父母那里应该得到的遗产。但是不管谁任监护人,20岁以下的未成年人在没有得到监护人同意的情况下,都不能自行结婚。①

根据西哥特人的法律,年满20岁且没有精神障碍的男性,具有法律上的行为能力,他可以管理自己的事务和控制他自己的家庭——其父亲或祖父在这些方面不能控制他们。但是由于父亲或祖父在世的成年男性不能在其被继承人死亡之前取得属于自己的家庭财产,因此,即使在结婚后成年的儿子也可能仍被迫住在其长辈的家里,假如他们没有其他的生存来源。

但是,对于一个成年自由民男性来说,在父亲在世时自己建立家庭仍是可能的。这可以发生在多种情形下。比如,如果成年男性从国王或庇护人那里得到一定的赠与,这使成年的儿子可以建立自己的家庭,他的父亲无权对这些财产主张权利,但是,对于儿子因为远征而得到的财物,其父亲可以对其中的1/3享有权利。② 另一种可能是,父亲或祖父可能将他最终应继承的财产的1/10授予他未来的妻子作为聘礼。

---

① Katherine Fischer Drew, *Law and society in early medieval Europe-studies in legal history*, Variorum reprints, London, 1988, Ⅶ, p.15.

② Katherine Fischer Drew, *Law and society in early medieval Europe-studies in legal history*, Variorum reprints, London, 1988, Ⅶ, p.13.

当他们结婚时,也许依赖这些财产能够建立自己的家庭(也许他们还能从新娘父亲那里得到的一笔陪嫁作为资助)。但是,聘礼和陪嫁事实上是在妻子的控制之下,并且如果没有得到妻子的书面同意,丈夫无权处置它们。此外,对于一个没有任何其他财产属于自己控制之下的成年男性来说,还有一种建立自己家庭的可能,即上文中已经提到的其父亲可以将自己财产的 1/3 事先在其后裔中进行分配(但他并非必须如此)。①

年满 20 岁的西哥特的自由民男子有法律上的能力,他可以自己安排婚姻和管理他自己的财产。但是出于其他目的,比如在法院出庭等,成年年龄为 14 岁,而且当一个未成年的人达到 14 岁时,他就可以处分他自己的财产。这些内容也同样适用于成年的自由民女性,但对于她们还有一些具体的限制。②

在西哥特,精神错乱者也是无法律行为能力的人,法律上关于对他们的监护与对未成年人的大致相同。

在勃艮第人的法典中,关于家庭成员的地位问题并无直接的规定,但是,关于该方面的有些制度是包含在婚姻和继承的有关条款中。在家庭成员的彼此合作方面,勃艮第人组成了一个在家父控制之下的法律实体,但是 5 世纪后期开始,家父的权力则至少从理论上说就既不是绝对的,也不是专断的。勃艮第人的父亲发现,自己的行为自由严重地受到了日耳曼人的强调家庭联合的重要性的观念的限制——只有在一些很特殊的情况下,父亲才能剥夺其儿子的继承权以防自己死亡时其子能自动地继承遗产。③

---

① Katherine Fischer Drew, *Law and society in early medieval Europe-studies in legal history*, Variorum reprints, London, 1988, Ⅶ, p.13.

② Katherine Fischer Drew, *Law and society in early medieval Europe-studies in legal history*, Variorum reprints, London, 1988, Ⅶ, p.13.

③ *The Burgundian Code* 51.1.

在盎格鲁—撒克逊王国的法律中,没有证据能够明确表明盎格鲁—撒克逊人存在类似于罗马法的 patria potestas[①] 的制度。在家庭中,父亲的家长权并非绝对,他只限于在必要的情况下才有权将孩子出卖为奴,而且,根据法律,这只有对于 7 岁以下的孩子才可以适用:即使当这样的孩子被出卖时,他们也与其他的奴隶有别。但是有一些法律规定表明父亲在家庭中的重要地位。

从法律上说,处于被监护人地位的原因大致有四个方面,即年龄、性别、身份或社会地位、身体缺陷。所有这些方面,都有一个基本相同的起源,即无能力持有武器。从盎格鲁—撒克逊人的历史上看(其他日耳曼人的历史也与此相似),起初,法院是所有持有武器的自由民的集会,非军队里的成员就不能出席法院,而且,在血亲复仇中,所有参与者都必然要使用武器。[②]

根据盎格鲁—撒克逊人的法律,未成年孩子处于父亲的监护之下。早期规定的成年年龄为 10 岁,[③]但后来被提高到 12 岁。[④]而且成年年龄似乎还因不同的目的而有差异。在后来的法律中,我们还发现,从监护人之下解放出来的年龄根据未成年人持有的土地保有权的情况而不同。[⑤]

处于监护人地位的父亲的一项重要的权利或义务是在法院里代表孩子,向伤害孩子的人提出诉讼,并且为孩子所导致的伤害行为承担责

---

① patria potestas 的含义为父权,它是指家父针对家庭成员享有的权力,通常是指针对直系卑亲属的权力,既包括财产方面的权力,也包括人身方面的权力。从广义上讲,父权还涵盖家父所享有的夫权以及针对奴隶的主人支配权。参见黄风编著:《罗马法词典》,第 197 页,法律出版社 2001 年版。

② Ernest Young, *The Anglo-Saxon family law*, *Essays in Anglo-Saxon law*, Little, Brown, and Company, Boston, 1876, p. 180.

③ *Laws of Ine* 7.2.

④ *Laws of Cnut* II 20—21.

⑤ W. S. Holdsworth, *A history of English law* (vol. II), Methuen & Co. London, 1923, p. 98.

任。这些权利和义务在日耳曼的制度中是如此的根深蒂固和理所当然，以致在盎格鲁—撒克逊的法律中一次都没有被提到。

父亲有权管理孩子的财产，但是，法律中并没有包含明确的父亲管理孩子财产权的内容。但是，我们还是可以推测，父亲有保护儿子财产的法定权利，并且还因此享有收益权，但只有在必要的情形下他才有权转让这些财产。[1]

当儿子成为一名修道士，或者在父亲成为一名修道士或法律上规定的其他无能力的情况下，父亲的权威必须终止。在前一情形下，儿子转而处于教会的监护之下；在后一情形下，他转而处于其他的具有资格的亲属的监护之下。在盎格鲁—撒克逊法律中，并没有提到任何通过剪头发或其他的特殊行为来将儿子从父权下解放出来的规定，只有到诺曼时期，才有类似大陆日耳曼法律所规定的儿子可以从家庭中独立出来的内容。

当家庭因为父亲的死亡而解散时，孩子们的监护权则由父亲的近亲属行使，但是抚育和照顾孩子的日常生活的孩子的母亲，《伊尼法典》（第 38 条）对此有明确的规定。监护人的职责是为孩子们提供食物，照管他们的财产，并在法院里代表他们。作为回报，监护人无疑在孩子未成年时享有使用和享受他们财产的权利。[2]

在大陆日耳曼法律中，在缺乏男性亲属的情况下，有的法律规定，由母亲一边的男性近亲属行使监护职责，有的法律则规定监护权属于国王。而在盎格鲁—撒克逊的法律中，对此没有明确的规定，但是很清

---

[1] Ernest Young, *The Anglo-Saxon family law*, *Essays in Anglo-Saxon law*, Little, Brown, and Company, Boston, 1876, p. 154.

[2] Ernest Young, *The Anglo-Saxon family law*, *Essays in Anglo-Saxon law*, Little, Brown, and Company, Boston, 1876, p. 180.

楚的是,国王是所有包括私生子和外国人在内的所有无亲属者的监护人。①

当儿子达到成年年龄时,父亲对于儿子的控制就告结束,这在法律上有清楚的规定。成年之后的男子能够成为盗窃罪的当事人,他为自己的犯罪行为负责,也能将自己出卖为奴隶。而且,他必须发誓遵守法律,并将自己登记到为此目的而成立的组织中。此外,他还可以向法院起诉要求归还被监护人错误地扣留或者转让给第三者的财产。

在盎格鲁—撒克逊王国,女孩达到成年年龄之后,并不能得到与儿子相同的独立地位。《阿尔弗烈德法典》还区分了女孩和成年的妇女,②后者的地位相对提高,她们脱离了父亲的任意处置,如果愿意,她们可以进入修道院,而且她们不再被强迫送进修道院或安排婚姻。但是,在后期的法律中,关于父亲在安排女儿婚姻方面的权力被限制在只是为了阻止女儿与某人结婚。即使是未成年的女孩,也不能被父亲强迫安排结婚。但是,在女儿结婚或进入修道院后,父亲仍然保留了对于女儿的所有其他权力。他作为监护人管理她的财产,可以使用和享有它,在法院里代表她。③

在早期的法律中,寡妇是处于被监护的地位,这在《埃塞尔伯特法典》(第76条)中有明确的规定。但是,从法律中我们无法了解,寡妇是处于自己亲属的监护之下,还是如同大部分大陆日耳曼国家那样她是处于已故丈夫的近亲属的监护之下,似乎处于前者的可能性较大。在后来的法律中,寡妇在实践中则较为独立。不仅法律中有关于此方面的内容,而且还有一些特许状规定,寡妇可以自由地选择由谁来代表她

---

① Ernest Young, *The Anglo-Saxon family law*, *Essays in Anglo-Saxon law*, Little, Brown, and Company, Boston, 1876, p.182.
② *Laws of Alfred* 29.
③ Ernest Young, *The Anglo-Saxon family law*, *Essays in Anglo-Saxon law*, Little, Brown, and Company, Boston, 1876, pp.162—163.

出席法院,甚至从一些案件记录中还可以看出,寡妇可以作为当事人出庭,品行良好的妇女甚至还参与了发誓。①

盎格鲁—撒克逊后期妇女地位相对提高,这主要是由于随着血亲复仇的衰弱,代之而实施的是由具有司法组织性质的法院通过司法程序解决纠纷,原来的只有持有武器的人才能出席法院和参与血亲复仇而导致体力弱小的女性地位低下的状况才开始得到一定的改变。

根据法律,父亲通过对自己的私生子的承认,可以给予他在家庭中的位置和保护,而且因为这种承认,如果该孩子被杀害,父亲就享有得到他的赎杀金的权利,但是他不能赋予该孩子以继承权或作为亲属所享有的权利。②

因身体原因,比如聋、哑、盲及精神错乱等,处于父亲或其他监护人的监护之下。监护人为他们支付罚款,保护他们的人身和财产,同时,他也使用和享有被监护人的财产。

在盎格鲁—撒克逊末期,如同继承制度一样,监护制度也因领主制的形成而发生了一定的变化。

从上述描述可以总结出日耳曼人的监护制度所具有的一些共性内容。

处于别人监护权之下的人,在法律上不能独立地实施法律行为,而是由他的监护人代替他实施。这就意味着,虽然一个无法律能力者可以拥有财产,但该财产总是由持有他的监护权的人管理,但该监护人不能让与该财产,而只有权利处分该财产的收益。当涉及诉讼事务时,也是由他的监护人代替实行。但是应该注意到的是,因为奴隶的伤害行

---

① Ernest Young, *The Anglo-Saxon family law*, *Essays in Anglo-Saxon law*, Little, Brown, and Company, Boston, 1876, p.181.
② Ernest Young, *The Anglo-Saxon family law*, *Essays in Anglo-Saxon law*, Little, Brown, and Company, Boston, 1876, pp.153—154.

为,主人一般要为依附他的奴隶而支付赔偿金,但在有些情况下,主人可以通过让与奴隶的方法而逃避承担替自己的奴隶支付赔偿金的义务。

如果某人的监护人无法履行监护职责,就需要指定另一名监护人。在正常情况下,该监护人一般是最亲的男性亲属。指定这样的监护人,通常需要签订正式的家庭协议或通过公开的任命。在一些王国如西哥特的法律中,规定守寡的母亲也能作为其孩子的监护人,直至其中一个儿子达到成年的年龄,或直至她自己再婚。这是监护人一般为男性的原则的一个例外情形。[①]

需要说明的是,在日耳曼法中,对于某男性的家长权扩展覆盖于对他的妻子、未成年的儿子、未婚女儿、依附于他的人,及因该男性根据继承法则得到家长权而处于他控制之下的其他亲属。

十、家庭和亲属在司法事务中的作用

古代日耳曼人就有为亲属团体中的成员进行私人复仇的权利和义务,建立王国后,大多数王国的立法仍保留了这种传统。

在西哥特,亲属团体在私法事务,比如婚姻、继承、监护等方面的作用基本上与其他日耳曼民族的相同,但是在公法领域,西哥特亲属团体的作用则相对较少。在法律中,很少或甚至没有规定血亲复仇,伤害事件通常是根据向受害的当事人支付赔偿金并且向国家支付罚金(此外,有时还要被课处公开的惩罚)来处理,并且也没有关于辅助誓言制的规

---

① 参见 Katherine Fischer Drew, *Law and society in early medieval Europe-studies in legal history*, Variorum Reprints, London, 1988, Ⅷ, p. 24.

定,而是规定了罗马人普遍采用的证人证据。① 但是,在某个个人被判决为犯罪之前,他必须被带到法院,并且在法院里实施一些证据程序。在这里,日耳曼人的亲属团体的观念和力量发生了作用。在通常情况下,控诉是由受害的当事人或他的亲属提起,并且一般而言,只有当受害的当事人或其亲属成员拒绝或忽视提起诉讼时,法官为了社会的利益才可提起诉讼。许多诉讼涉及的都是在公众视线以外情况下发生的犯罪,这样有效地维持秩序主要就要依赖于强大的家庭观念和亲属观念的存在。因此,如果因为法律中较少规定血亲复仇制度而因此认为这种家庭和亲属团体的观念在西哥特法律中已经消失的观点是错误的,司法制度的运行依赖于它,遗嘱继承的规则也依赖于它,而且如果出现近亲属中缺乏作为未成年人的监护人的情况,则由他的亲属团体来为此提供补缺,因此,监护也依赖于它。②

在勃艮第人的法律中,一般情况下,是由父亲代表家庭接受或负责支付赔偿金,但是有一些例外,其中尤为注目的是,如果某人擅自剪掉妇女头发的,不管该妇女是自由民、解放自由民、还是奴隶,都由她自己接受赔偿金。③

法兰克人的家庭和亲属组织与在罗马帝国境内定居的其他日耳曼民族的相似,但是,相对于勃艮第人、西哥特人或伦巴德人来说,法兰克人更多地依赖于亲属团体。在法兰克人的社会中,单独的个人,或者即使是与他自己的家庭一起,都是处于不稳定的地位,因此亲属团体就很重要。个人需要范围较广的亲属帮助他将侵犯他的人带到法院,而且为了使诉讼成立或洗脱自己的罪责,个人也需要亲属帮助提供誓言。

---

① 参见 Katherine Fischer Drew, *Law and society in early medieval Europe-studies in legal history*, Variorum reprints, London, 1988, Ⅶ, p.5.
② 参见 Katherine Fischer Drew, *Law and society in early medieval Europe-studies in legal history*, Variorum reprints, London, 1988, Ⅶ, p.12.
③ *The Burgundian Code* 33.

亲属的这种角色在其他一些日耳曼人的法律中也能找到,但是法兰克人的亲属团体相对有较多的责任和特权。比如,如果某人被杀,他自己的孩子只能得到一半的赎杀金,其余的一半则在他的父系亲属和母系亲属间平分,但他的妻子不能分享这种赔偿,因为她不是他的父系或母系亲属的成员。此外,如果他没有父系亲属或母系亲属的,该部分的赎杀金就归国库所有或给予国库所授予的人。①

亲属团体既有分享赔偿金的权利,又有帮助团体成员支付赔偿金的责任。若某人自己没有足够的财产支付他应该支付的赔偿金的,他可以从其最亲近的亲属,首先是父母,然后是兄弟和姐妹那里寻求帮助。如果这些还不足以支付的话,可以向更远的父系和母系的亲属成员寻求帮助。这种规定避免了妻子财产被用来支付她丈夫的债务。支付她丈夫债务的是丈夫的亲属团体,而不是妻子或她的亲属,承担该丈夫应承担的责任。相应的,丈夫的财产也不被用来替其妻子及其亲属支付赔偿金。②

亲属团体作用的重要性是显然的,而且,这种重要性还表现在当缺乏亲近的继承人时,某人还可以分享其(直至六亲等)亲属的遗产。一般情况下,属于亲属团体的有利与不利的两方面是对等的。但是在特殊情形下,债务可能使利益相形见绌。一个难以管束的亲属的负债可能危及某人的财产。法兰克王国的法律规定,一个人可以使自己脱离亲属团体的家长权,这避免了他对自己的亲属承担责任,但同时,作为代价,他也在亲属团体的继承人序列中丧失了位置。③

---

① 参见 *The laws of the Salian Franks*, translated and with an introduction by Katherine Fischer Drew, University of Pennsylvania Press, 1991, p. 40.
② *The laws of the Salian Franks*, translated and with an introduction by Katherine Fischer Drew, University of Pennsylvania Press, 1991, p. 40.
③ *The laws of the Salian Franks*, translated and with an introduction by Katherine Fischer Drew, University of Pennsylvania Press, 1991, p. 41.

但是在后期,正如可以使自己从他的亲属中脱离一样,某人加入这样的团体也是可能的。假定当在亲属团体中没有继承人的情况下,收养继承人就是防止财产归国库所有的一种手段。某人若希望将自己的财产让给与他没有亲属关系的另一个人时,他就将一根棒掷于被让与人的膝盖上。在此仪式之后,被让与人在让与人的家中隆重招待宾客。这些仪式中都需要一定数量的可信的证人,目的是为了确保新的继承人的权利。[1]

在盎格鲁—撒克逊时期的法律渊源中,纯粹家庭法方面的内容很少。而且即使是对于主要描述家庭法的规定,假如没有大陆日耳曼人的亲属制度的知识,那也很难理解它们。[2] 与所有日耳曼的早期社会一样,盎格鲁—撒克逊人团体中的每个成员所享有的保证和荣誉的程度主要是依赖于他的亲属的人数、财富和权力,而且对于个人来说,脱离家庭几乎没有什么好处。在最早的时期,国家主要就是依据家庭来维持安宁和惩罚犯罪。共同体的所有成员首先是享有家庭对他的保护。在孩提时代,家庭监护并保护他,准确地说,子女一般是受到其父亲的保护。家庭的成员是他们缔结婚姻的证人和保证人。在法院里,他们帮助他发誓,或者是支持他作为原告所提出的诉请,或者是帮助作为被告的他所提出的抗辩,而且在必要的情况下,他们还有义务为他支付赔偿金。在血亲复仇中,他们与他站在一起,保卫他,甚至为此付出生命的代价。即使在他死后,他们的监护职责也没有就此停止。如果他是被谋杀的,他们要为他的被杀而报仇,或者为此要求得到赎杀金。他们作为其遗孀和孩子的监护人,并且管理他的财产直到他的孩子成

---

[1] *The laws of the Salian Franks*, translated and with an introduction by Katherine Fischer Drew, University of Pennsylvania Press, 1991, p. 41.

[2] Ernest Young, *The Anglo-Saxon family law*, *Essays in Anglo-Saxon law*, Little, Brown, and Company, Boston, 1876, p. 122.

年为止。所有的一般血亲因这些相互的权利和义务的纽带而被约束在一起。

但是,与欧洲大陆的一些日耳曼部落不同的是,盎格鲁—撒克逊人并不允许为了简单的身体伤害而实行复仇,而将此限制适用于杀人案中。当某人被杀后,他的亲属通过杀死杀人者或与其有同等价值的人来复仇。杀人者亲属的义务是简单地防卫他的生命。但是,在盎格鲁—撒克逊早期的法律中,金钱赔偿的制度已经得到一定的发展,虽然在《伊尼法典》(第74条)和《阿尔弗烈德法典》(第42条)之前,对于被杀者的亲属是否有义务接受赔偿金,或者他们是否仍然可以根据自己的愿望选择复仇,都没有明确的规定。在实行金钱赔偿制度后,被杀者的亲属必须要求得到赎杀金。当他们得到赎杀金时,他们就必须通过发誓放弃对杀人者及其亲属再进行复仇。所支付的第一笔赎杀金应该在被害人的父亲、孩子、兄弟和叔伯之间平分。其余的赎杀金则由其他亲属分享。对此,法律明确规定,2/3的赎杀金支付给父系的亲属,1/3的赎杀金支付给母系的亲属。[1]

被指控杀人的人如果是无辜的,首先是通过其父亲和母亲双方亲属的发誓来使其免于被控。[2] 如果这没有获得成功,他们必须与指控者进行谈判,以支付赔偿金的方法来避免复仇行为,或者他们私人为他的行为负责,并且在复仇中承担可能被杀的责任。如果被指控者已被对方抓获,他的亲属可以在30天内支付赔偿金以解救他。[3] 他们必须

---

[1] Ernest Young, *The Anglo-Saxon family law*, *Essays in Anglo-Saxon law*, Little, Brown, and Company, Boston, 1876, p.144.

[2] 如果被控犯罪者的身份特殊,关于辅助发誓的规定就有特别的要求。比如,在诺森布里亚王国的一个法律(law of the Northumbrian Priests)中,曾规定,国王的一名贵族必须通过12名亲属的发誓来为自己洗脱关于巫术或偶像崇拜的被控罪责。参见 Ernest Young, *The Anglo-Saxon family law*, *Essays in Anglo-Saxon law*, *Little*, Brown, and Company, Boston, 1876, p.146.

[3] *Laws of Alfred* 42.1.

成为为他支付赎杀金的保证人——父系亲属8人,母系亲属4人。而且他们还必须发誓保持和平。如果杀人者自己有财产的,他以自己的财产支付,如果他没有财产的,由他的亲属支付,父系亲属支付2/3,母系亲属支付1/3。如果他自己无法支付,而他的亲属也无能力支付或不愿为他支付的,他将成为处于法律保护之外的人。如果他离开了居住地,其亲属的义务是限于支付一半的赎杀金,这在《埃塞尔伯特法典》中做了规定。[1]但在阿尔弗烈德时期,在这种情况下,亲属也必须支付全部的赎杀金。但是,如果没有父系亲属的,母系的亲属所支付的赎杀金也不超过他们本身应支付的份额。这种情况下,互助会的兄弟们支付1/3,其余1/3则是由逃走的杀人者支付。[2] 同样的,如果没有母系亲属的,父系亲属也只支付2/3的赎杀金。[3]

需要提及的是,虽然在盎格鲁—撒克逊的法律中,亲属被害是有权利进行复仇的唯一的法律依据,但是在一定的情况下,杀人是被允许的,亲属不能为这样的被杀者进行复仇。比如,如果某人发现另一个男子与自己的妻子、女儿、姐妹或母亲一起呆在关闭的房间里,他可以将该男子杀死,而不受谋杀罪的惩罚。如果小偷在偷窃的现场被杀的,杀人者也不受惩罚,只是杀人者必须以发誓证明被杀者为小偷即可。如果他这样做了,被杀者的亲属就不能再对杀人者进行复仇。但是,如果他当时隐瞒了这个行为,过后很长时间才揭示出这一情况的,被杀者的亲属可以用证据来证明他们的这个被杀亲属实属无辜。[4] 这种证据的措施是由父系亲属2人、母系亲属1人进行发誓,或者实行神明裁判。

---

[1] *Laws of Ethelbert* 23.
[2] *Laws of Alfred* 30.
[3] Ernest Young, *The Anglo-Saxon family law*, Essays in Anglo-Saxon law, Little, Brown, and Company, Boston, 1876, pp.144—145.
[4] *Laws of Ine* 21.1.

如果他们的证明取得成功,杀人者就必须支付赎杀金。① 但是,若他们的证明失败,他们将被处以严厉的罚款,而且他们的这位亲属的死亡以后再也无法通过报复来得到补偿。②

但是,如果说亲属关系的纽带会建立权利,那它所涉及的义务也可能成为一种包袱。作为亲属,其一项职责是为没有土地的亲属寻找一个主人,或者他们自己替他承担对于国家的责任。如果他们没有这样做,该没有土地的亲属将成为处于法律保护之外者,他可能被任何人作为盗窃犯一样任意地杀害。如果任何人因为盗窃、巫术等被监禁的,假如他自己的财产不足的话,他的亲属必须支付他的罚款,而且必须保证他被释放后品行良好。一个恶名昭彰的盗窃犯如果根据神明裁判而被定罪的,将像处于法律保护之外的人那样被杀死,除非他的亲属替他支付了罚款并且为他提供保证。如果后来他又犯盗窃罪,他们必须为他支付罚款,并且将他带回到监狱里。③ 如果亲属为他找到了一个主人的,主人似乎并没有像他的亲属那样为他承担这种义务。当他犯罪后,主人可以将此人送还给他的亲属,仍由亲属为他承担义务。④

随着文明的发展,如果家族中的某个成员变得富有,或者他在社会中得到了更高的职位,于是就出现了富有亲属可能抛弃贫穷亲属的倾向。于是一名自由民不必与一名奴隶或因其他原因被剥夺自由的人一起支付赎杀金。⑤ 在后一种情况下,假如他们不在 1 年内解放自己的亲属的,他们就失去了分享其赎杀金的权利。教会的影响也削弱了亲属的关系,因为亲属的权利和义务与修道院内的生活职责是不相符合

---

① *Laws of Ine* 35.
② Ernest Young, *The Anglo-Saxon family law*, *Essays in Anglo-Saxon law*, Little, Brown, and Company, Boston, 1876, pp.145—146.
③ *Athelstan's Laws* Ⅱ 1.4.
④ *Laws of Ine* 74.1.
⑤ *Laws of Ine* 74.2.

的,并且那些成为教士之后的人丧失了亲属团体中的所有权利。① 此外,国家还采取了一些措施以削弱亲属关系的作用,因为国家本身就害怕有权势家庭的独立,而且连绵不断的古老的血亲复仇也会危及国家的安宁,同时,后期的个人与领主的封建关系得到一定的发展,这也削弱了亲属之间的彼此保证关系。国王埃得蒙德(Edmund)试图限制并彻底地摧毁这一古老的制度,其颁布的第二个法令第 1 条规定,如果某人杀了人,不管他属何种等级,都由他自己承担被复仇的后果,除非他能在 12 个月内得到其朋友的帮助支付全部赎杀金。有学者认为,从埃德加时期开始,具有警察职能的亲属团体已经不存在,代替之的是一个纯属政治性质的警察组织,而且原本由亲属履行的警察的职责也转到了这些政治组织的成员手中。② 但是后来的《埃塞尔伯特法典》、《克努特法典》则又重新确定了血亲复仇制度。③ 甚至还有个别法律条款将丧失家庭权利作为一种法律惩罚措施加以规定。④

结　语

从上述关于日耳曼各主要王国的婚姻家庭具体制度的阐述中可以看出,日耳曼王国时期的这些制度,与塔西佗所描述的古代日耳曼人的婚姻家庭习俗相比,既存在一定的渊源性关系,又发生了一定的变化。同时,不同的日耳曼王国的有关的法律规定不仅详略篇幅不同,而且在具体内容上也存在一定的差异,但它们又具有一定的共性,包含着一些

---

① Laws of Ine 24.1.
② Ernest Young, *The Anglo-Saxon family law*, *Essays in Anglo-Saxon law*, Little, Brown, and Company, Boston, 1876, pp.146—147.
③ Ethelred's Treaty sith the Viking Army(Ⅱ Ethelred) 6; Extract from King Ethelred's 1014 code(Ⅷ Ethelred) 23; Laws of Cnut Ⅰ 5.
④ Laws of Alfred 42.

相同的精神。同时也应该看到,具有共性的日耳曼的婚姻家庭制度,与罗马法的相比,又有自己的特色。比如,在有些日耳曼王国的制度中,关于亲属的范围,并不只限于父系,母系亲属,虽然在某些方面不如父系亲属重要,但毕竟是亲属的重要组成部分,并且享受和承担一定的权利和义务。结婚后,妇女仍保留在她父亲的家族中,但她所生的孩子则可能是她父亲亲属的亲属,也是她丈夫亲属的亲属。这是日耳曼法律与罗马法的一个基本区别,这同时导致了其他一些重要的不同。又如,在日耳曼的法律中,儿子并不是终身处于父亲的权威之下,而是在一个较小的年龄就可能成为独立于父权的了。[1]

但是,应该提到的是,在日耳曼各王国的婚姻家庭法中,罗马法的相关制度仍相当广泛地被保留了下来。这不仅体现在有些王国(比如西哥特、勃艮第等)专门为罗马人颁布的《西哥特罗马人法》、《勃艮第罗马人法》等中,它们都保留了罗马家庭法的框架,而且还体现在本文阐述所主要依据的日耳曼王国颁布的适用于日耳曼人的法典中。比如,在西哥特,法律规定,当孩子结婚时可以得到母亲财产的 2/3、当他们达到 20 岁时得到其一半财产的内容,这与罗马法中的被解放孩子的财产权利极为相似。此外,西哥特王国中寡妇的地位、妇女在离婚事务中的相对独立的地位,这些也都从一定程度上体现了罗马人制度的痕迹。因此有学者甚至认为,西哥特人的法律所体现的婚姻家庭制度,更多地是体现了罗马法的模式,而不是日耳曼法的模式。[2]

---

[1] Ernest Young, *The Anglo-Saxon family law*, *Essays in Anglo-Saxon law*, Little, Brown, and Company, Boston, 1876, pp. 149—152.

[2] Antti Arjava, *The survival of Roman family law after the barbarian settlements*, *law, society, and authority in late antiquity*(edited by Ralph W. Mathisen), Oxford university press, 2001,pp. 43—44.

英国王权与教权之关系的历史考察

程 维

导 言

在世界各民族中,英国可以算是一个典型,它体现着一种独特的发展方式——以和缓、平稳、渐进为主要特色的英国发展方式。但正是这个貌似保守、不爱走极端的稳重的民族,在欧洲摆脱中世纪的黑暗,走向资产阶级革命的过程中,扮演了发动者、排头兵的重要角色,并为现代世界(至少是西方世界)奠定了资本主义政治和经济制度的最初基石:英国最早实行政治变革,为西方资本主义的民主制度树立了样板;英国最早实现工业化,成为近代大工业的开路先锋,从而把全世界推进到工业时代。

纵观英国的历史长河,平静的河流中同样蕴涵着滚动的激流。在传统与变革的冲突中,英国走的是一条相互融合的独特道路。当人们自以为是涉足在继承传统的源流中时,变革却如清新之泉,已注入传统而融合于其中。新的传统于是形成,接着新的变革又会发生,如此反复,无穷无尽,推动着历史车轮滚滚前进。英国宪政制度的发展道路便是走这种传统与变革协调之路的典型。

英国是立宪之母,讲起宪政必言英国,这不仅是因为它产生最早,而且特点鲜明、独树一帜。英国的宪政道路是一条自然演化和渐进改革的道路。工业革命与海上贸易演化出的资本主义经济,普通法和衡平法并行的法律传统,王权与贵族的对抗中萌生的政治制度——议会制,善于追求、摸索培育出的先进的自然科学与政治思想,和岛国心理孕育出的孤芳自赏的绅士精神以及独辟蹊径的宗教教会与圣洁的清教徒运动共同演化出了英国宪政的"自生秩序(Spontaneous order)"——不成文、重惯例的宪政制度与崇尚经验的宪政精神、自由观念相辅相成,并行不悖,创造了富有英国经验主义特色的英国宪政模式。

本文的宪政有别于近现代传统意义上的宪政主义,[①]指的是国家权力的来源、分配及限制。正如拉塞尔·A.柯克所说,"宪法并不是创造出来的,它们是逐渐形成的。"[②]英国的宪政制度也正是在从古至今围绕国家权力的错综复杂的斗争与妥协中自然孕育而成。

在原始社会末期盎格鲁撒克逊王国、中世纪封建王权国家中,国家权力集中于国王,国王拥有最高行政权、立法权及司法权,议会、法院从属于国王,惟有教权与贵族权能够对其形成制约。光荣革命后确立了君主立宪制、议会至上、两党制、内阁责任制等近代意义上的宪政制度。可以说从宪政制度方面看,英国古代主要是有限专制君主制;而近现代主要是君主立宪制,即英国宪政的全部发展就在于国家主权权力的争夺和转移,由实体性的王权演变为象征性的王权。在亨利八世宗教改革之前主要表现为国王与教会对国家主权权力的争夺,之后则是代表天主教势力的国王与代表新教力量的议会之间的斗争。从中可以看出宗教在英国宪政发展史上的影响,所以笔者从宗教角度出发分析英国国王权力的演变。

---

① 传统意义上的宪政,是进入资本主义社会以后才形成的概念,特指有限政府,即对政府权力的限制和分配。这意味着应当对宪法做出阐释以避免出现超越宪法的政府,以使政府的任何活动在原则上和实际上都受到宪法的限制,即政府不能行使无限权力。参见[美]路易斯·亨金:《宪政·民主·对外事务》,第53、86页,生活、读书、新知三联书店,1996年版。
② [美]肯尼斯·W.汤普森编:《宪法的政治理论》,第41页,生活、读书、新知三联书店1997年版。

无论是人类学还是历史学的知识都证明,宗教自它诞生之日起就和政治权力紧密联系在一起,"宗教为我们的生活规定了一种全面的模式,规定了一条遵循到底的道路。"①以宗教为线索对英国宪政发展进行分析后,笔者认为英国的宪政发展道路之所以不同于欧洲大陆,在于两个方面:形式上,国王王权与教会神权之间既对立又统一,使英国走上一条斗争与妥协相融合的道路——"光荣革命";内容上,英国国王是教会的领袖,保留了国王,率先确立君主立宪制。因此笔者提出了一个大胆的观点:英国之所以走上独特的宪政发展道路,除了政治、经济、文化、地理等因素外,最主要的原因是宗教!

王权与教权合为一体,共同发展
(盎格鲁撒克逊时代)

基督教的传播与国家的统一

孤悬于欧洲大陆西侧的不列颠岛在历经了罗马人统治的 400 年以后,随着罗马帝国的衰弱,罗马军队的撤离,政治真空很快被来自欧洲大陆的盎格鲁人(Angles)、撒克逊人(Saxons)和朱特人(Jutes)②填补。他们在侵入英国后就定居下来,由于彼此之间频繁的战争,使得原始社会末期的日耳曼部落纷纷土崩离析,一批"蛮族"王国渐具雏形。盎格鲁撒克逊时代的小国混战延续了 100 多年,公元 6 世纪末归并为稍大

---

① [美]C. W. 莫里斯:《开放的自我》,第 53 页,上海人民出版社 1965 年版(1987 年 6 月重印)。
② 他们都属于日耳曼人,原来居住在欧洲大陆易北河口及日德兰半岛附近。因这三个部落在语言、风格、习惯等方面十分相似,因此,被人们统称为盎格鲁撒克逊人。

的国家,其中较大的国家有7个。王国之间争霸战争的激烈以及力量的消长,8世纪中叶以后在抗击丹麦战争中各王国之间的互相支援和交流,以及因从6世纪起英国各个国王相继皈依罗马基督教会而使世俗权力与宗教权力合为一体等原因,持续了近300年的"七国时代"归于结束,英国开始统一。公元827年左右,威塞克斯国王埃格伯特(Egbert,802—838在位)被各国尊为"不列颠的统治者"和"全英格兰的国王"。至10世纪中叶,威塞克斯国王阿塞尔斯坦(Aethelstan,925—940在位)进一步收复了被丹麦侵占的地区,征服了威尔士和苏格兰,成为名副其实的"不列颠的统治者",从而最终建立了统一的英吉利国家。

在英吉利统一国家的形成过程中基督教的传播发挥了重要的作用。自从公元392年,狄奥多西一世以罗马帝国名义定基督教为国教以后,基督教已成为罗马帝国正统的意识形态,西方文明最重要的一部分,随着罗马帝国的战车征服了整个西方世界,也征服了隔海而望的不列颠岛。在公元596年,教皇大格列高利趁肯特王埃塞尔伯特娶信仰基督教的法国公主时,派圣·奥古斯丁远赴英格兰传教,受到王室热情接待。国王埃塞尔伯特在次年首先接受洗礼,并在坎特伯雷建立了第一座教堂。圣·奥古斯丁担任首届坎特伯雷大主教。肯特国王还利用其霸主地位通过婚姻关系,劝说他国国王皈依基督教。正是基督教的传播使各王国国王放弃原来信仰,皈依基督教。各国国王的宗教信仰变化对英吉利社会产生示范作用,多数居民也成为基督教徒,宗教信仰统一,思想上有了一股强韧的凝固力,这自然有助于国家的统一。可以说,英格兰的统一是建立在基督教广泛传播基础上的。

"蛮族"王权及其制约因素

伴随着"七国时代"诸王国的争霸兼并战争和基督教的传入流传,

英国社会自8世纪始就开始了封建化进程。国王自诞生以来就位于阶级社会的顶端,王权始终是国家权力的中心。对于蛮族王国来说,王权有着极为不寻常的意义。王权制度是他们一种至关重要的社会制度,并对处于他们的文化和道德传统最深层的所有一切都具有一种心理上的吸引力。蛮族国王既不是一个像东方君主(monarch)那样的专制君主(despot),也不是一位像罗马皇帝那样的最高执政官(magistrate),而是一位享有神圣血统和英雄传统的威名与曼纳(mana)①的战争首领。②盎格鲁撒克逊时代的王权主要包含了军权、财产权和财政特权以及在法律方面的特权。国王的谕旨命令带有法律效用,国人不得违抗和修改。一些有作为的君主,为了建立和维护统治秩序,还主持修订法典,使王权制度化,如公元600年的《埃塞尔伯特法》③、694年的《伊尼法典》、695年的《怀特莱德法典》、890年的《阿尔弗雷德法典》等。④另外,国王的司法特权也是无人可比。

盎格鲁撒克逊时代的王权,不仅向着强大的方向演变,而且在不同程度上受到种种制约。

其一是受原始社会军事首领选举习惯的制约。英格兰诸国王位传递迟迟未能确立嫡长子继承制,选举国王需在具有王族出身和血统的候选人中由贤人会议(Witena gemot)推选。贤人会议⑤是王国中央政

---

① 曼纳:指超自然的神秘力量。
② [英]克里斯托弗·道森:《宗教与西方文化的兴起》,第71页,四川人民出版社1989年版。
③ 《埃塞尔伯特法》是最早的盎格鲁撒克逊法律汇编,由肯特国王埃塞尔伯特皈依基督教后于公元600年颁布的。
④ 据统计,到1018年的《克努特法典》颁布时止,英格兰共制定过11部成文法典。参见[英]戴维·M.沃克编辑:《牛津法律大辞典》,第45页,光明日报出版社1988年版。
⑤ 贤人会议是一种由国王支持召开的中央会议,会期不定,人数不等,参加会议的主要有高级教士和贵族,其中有国王近臣、王室宠臣和地方官员。它有下面几大职能:(1)选举、废黜国王;(2)审判大案;(3)表达民情;(4)协商国务;(5)协商立法。

府的重要机构。其起源可追溯到欧洲大陆条顿[①]部落的"马尔克大会"(Mark)或民众大会。

其二是受法律(包括习惯法)的限制。盎格鲁撒克逊习惯法有着深厚的社会基础,对社会所有成员,包括国王及其王室都有着强韧的约束力。不少国王在重大场合一再表示自己维护遵守法律。个别违反习惯法的国王还受到惩处。例如,埃塞克斯的一个国王因漠视"古代习惯"过分宽大敌人而丧失王位和生命。

其三是受教会的限制。在中古英国,基督教会对社会的影响极大。自从6世纪传播到英国后,基督教会的势力迅速扩展,不仅渗透到王国的政治生活与经济领域,而且支配着整个思想文化领域。基督教自6世纪末传入后,由于相互为援的政治需要,"蛮族"王权皈依教会,基督教神权政治文化传统也为"蛮族"王权披上了"神授"的外衣,国王拥有了统治王国的公共政治权威,国王的人身财产安全和王国统治秩序神圣不可侵犯。王廷成为教士传播教义的基地并以此而逐渐向外围拓展,由此首先以王国的疆域为大致界限,形成了主教区。主教区与王国之统治范围的重合,是基督教开始成为国王之精神统治工具的标志。以此为基础,大约到了8至9世纪时,英格兰相继共建立了17个主教区,其中包括坎特伯雷和约克两个大主教区,还有一批修道院,它们都依附于王权。[②] 这些大主教与主教以及其他高级教士是王室官员,甚至是王室要员的教父、顾问和导师,可以当面规劝国王忠于上帝,服从教规,约束自身,勤政爱民。国王则投桃报李,让教会享有经济、政治特权。但同时,也对其加以制约,大主教、主教、修道院院长名义上由教士

[①] 条顿,泛指日耳曼人及其后裔,即泛指操印欧语系日耳曼语族语言(如英语、德语、丹麦语等)的人。中世纪以来的欧洲历史文献,通过此词,日耳曼人指北欧人,与南欧的拉丁人、东欧的斯拉夫人相区别。因此,泛指意义的条顿人,常作为日耳曼人的同义词而相互通用,如,"条顿化"亦称"日耳曼化","条顿骑士团"亦称"日耳曼骑士团"。

[②] 这就定下了以后1000多年英格兰教区的划分格局。

选举,但实际上由国王执掌高级教职的任命权,宗教会议也常常由国王主持,教务成为国家政务的一个重要部分。①

基督教对盎格鲁撒克逊习惯法的影响

根据盎格鲁撒克逊时期留下的法典以及其他零星的记载,这个时期的英格兰法律已经有了一定规模的发展,逐步形成了一整套涉及经济制度、社会制度、国家机构、立法体制、财政税收、犯罪与刑罚以及诉讼制度等方面的法律体系。例如,国王由原来的氏族部落酋长转变而来,平时是政治首脑,战时就是军事首领。到"七国时代",当国家形态基本定型以后,国王已经成为凌驾于全社会之上、任职终身的最高统治者。不过,每位国王必须经贤人会议正式选举才能合法地行使职权。能够被选为国王的一般是国王的儿子、弟弟或王族的旁支成员,而且新国王选出后必须进行加冕典礼。在典礼上,国王要进行加冕宣誓,说明对国民承担的义务。

这些蛮族王国内普遍实行的是盎格鲁撒克逊习惯法,当然还有罗马法、当地土著居民的习惯。然而有两个相互联系的因素导向了自觉的、公开的变化:一个是基督教对法律概念的影响;另一个是出现了跨部落建立的王权,这使得包含有各个民族的广大地区连为一体。

基督教用造物主即众生之父的福音取代了古老的神话,认为造物主曾以他儿子耶稣基督的形态降临尘世,对他的崇拜使人摆脱所有尘世束缚的奴役,摆脱命运和死亡本身的支配。这些新观念对于盎格鲁撒克逊人来说,肯定显得既陌生又抽象。但是,基督教以它超越宗族、部落和地域的社会共同体概念——教会——吸引着他们。基督教不把国王当作诸神的后裔,他们和所有人一样,都将因罪孽而受到上帝的惩

---

① F. M. Stenton, *England in Anglo-Saxon*, p.546, Oxford, 1971.

罚。但国王仍然是他们各王国的最高宗教首领,有权任命主教,主持礼拜仪式和其他宗教事务。此外,他们开始能够提出更广泛的要求:一切其他宗族、部落和地域的人的忠诚——把这些人引向真正的信仰,如果他们已经皈依,则把他们联合成正式的教会。

11世纪以前的基督教对盎格鲁撒克逊习惯法造成了实质性的变化:

首先,皈依基督教促进了部落习惯的成文化,如《埃塞尔伯特法》。基督教带来了书面形式,而书面形式使习惯的确定成为可能;另外,《圣经》这一宗教经典提示了一种给习惯加上一种新的神圣不可侵犯的途径——书面形式本身就是一种仪式。

其次,习惯的成文化为在习惯中做出一些精巧——和不那么精巧的——变化提供了机会。基督教的僧侣成了国王的顾问,他们具有书写的才能,要求获得特殊的保护。《埃塞尔伯特法》就这么规定:"盗窃上帝的财产和教会的财产,处12倍赔偿"。①

第三,基督教对通过宣誓的司法证明发生了重要影响。因为发誓开始采用基督教的形式,并由教会制裁所支持。宣誓由教士主持,并在教堂的圣坛处按一定仪式、通过诉诸于对说谎者的神的制裁来进行;虚假发誓要通过教会补赎的方式加以惩戒。

第四,在11世纪晚期以前,基督教还在习惯法的发展过程中提高了王权的作用,尤其是强化了国王保证以仁慈去缓和部落司法以及保护穷人和孤苦无援者免受富人和权贵欺凌的责任。

最后,在政治上,基督教也致力于把统治者从一个部落首领(dux)改变成一个国王(rex)。一旦皈依基督教,国王就不再只是代表其部落

---

① [美]哈罗德·J.伯尔曼:《法律与革命——西方法律传统的形成》,第77页,中国大百科全书出版社1993年版。

的诸神,他还代表一个对所有部落或至少是许多部落都有权威的神。实际上,他成了一个帝国的首脑。基督教是一个统一中的意识形态。在它的旗帜下,渡过英吉利海峡的麦西亚王国的诸王,在英格兰各种族上建立了军事霸权,并最终赶走了斯堪的纳维亚人的入侵。帝国王权的普遍性逐渐胜过了——至少在不同阶段——对部落、地方和家族的忠诚:这种普遍性不仅以军事力量为基础,而且以国王作为教会首领所具有的宗教权威为基础。正如埃塞尔雷德[①]的法律(大约公元1000年)中所说的:"基督徒国王在信基督教的人们中是基督的代理人,他必须尽最大的努力向侵犯基督的行为复仇。"[②]从整体上看,虽然教皇与国王之间存在着某种紧张关系,但是僧侣仍支持国家的观念,包括国王对教会本身的领导权。

在法律制度的发展过程中,王权和教权两者都是动态因素。特别是8世纪开始,国王把他们的安宁——他们的家法——扩展到他们的家庭、宫廷、朋友、仆人和使者以外。9、10世纪的盎格鲁撒克逊国王都公开地维护他们整个领土上的人民的安宁。在坎特伯雷大主教邓斯坦973年为给国王埃德加加冕所撰写的誓言中,埃德加发誓:要确保他的王国内所有"信奉基督教人们"的"真正安宁","公正和仁慈"应该支配所有的判决。国王和主教发布新法律,并主持法庭。王室和教会官僚体制的需要,产生了各种新的法律制度,这些制度比部落和地方文化背景下的那些法律制度更加错综复杂。

中央权力的合法性以基督教为基础,而基督教的世界观与信奉荣誉和命运的盎格鲁撒克逊王国文化发生尖锐的矛盾;同时,中央权力不

[①] 埃塞尔雷德:英格兰国王,978—1016在位。
[②] Agnes J. Robertson, *The Laws of the Kings of England from Edmund to Henry I*, Ⅷ Aethelred 2, p. 119, Cambridge, 1925,前引[美]哈罗德·J.伯尔曼:《法律与革命——西方法律传统的形成》,第80页,中国大百科全书出版社1993年版。

具有独立的法律角色的概念,即,作为一种手段,用以实现基督教的观念和价值,使社会、经济和政治的进程合理化,并控制它们。法律的动态因素是没有系统化的和弱小的;静态因素则占据优势。法律主要被想象为是对人们无意识心理的表达,是他们"共同良心"的产物,而不是被想象为是对有意识的理性或意志的深思熟虑的表达。在这方面,法律同艺术、神话和语言本身没有两样。[1]

封建王权与基督教神权的激烈冲突与相互妥协(从诺曼王朝到安茹王朝)

诺曼征服与英国封建王权的建立

1066年,英格兰国王忏悔者爱德华(Edward the Confessor,约1003—1066)病故,诺曼底公爵以与国王血缘关系较近为由,要求继承英格兰王位,在罗马教皇的纵容下率精兵渡海征服英格兰,建立诺曼王朝(House of Normandy,1066—1154),史称威廉一世(William Ⅰ the Conqueror,约1027—1087)。为巩固他在英格兰合法的统治地位,威廉一世采取了一系列措施:一是加强对地方郡区的改造和利用,并重用郡守,取消前朝多数伯爵封地,贬低伯爵;二是对民兵、私人军队和城堡分别加以利用和限制;三是利用和改造原有法律制度,保护诺曼征服者,维护地方秩序;最后是严格控制教会,削弱其独立性,并抗拒罗马教廷对英国高级教职的任命权。

---

[1] [美]哈罗德·J.伯尔曼:《法律与革命——西方法律传统的形成》,第82页,中国大百科全书出版社1993年版。

诺曼征服后,教会完全被纳入封建化的轨道,还成为英国最大的封建主之一,并在政治上更多地直接介入封建国家的重大政务。与西欧大陆一样,英国的基督教会在传播与发展的进程中,也逐渐形成了自己的神权组织结构与教阶制度。从7世纪初到12世纪,经过不断建制与重组,教会在英国形成了坎特伯雷与约克两个大主教区和21个主教区。[1] 实际上,如果不是单纯地从地域上看而是从王国"跨海而治"的大一统格局来看,主教区的数量更多。[2] 而在安茹王朝(House of Anjou)[3]建立后,随着英国在大陆领地的扩大,其所拥有的主教区则更多。此外,众多的修道院对英国的封建政治与经济也发挥着特有的影响。[4]

鉴于教会在神化和维护王权上的重大作用以及罗马教廷的势力,威廉一世在重建英国教会的同时,加强了对它的笼络和控制。最初,国王为争取教会神权的支持,也因忙于军务,仍留用旧英国的主教和修道院院长。随着局势稳定,从1070年起,他就开始进行宗教改革,几乎将所有高级教职都换上来自诺曼底的教士。此外,他还任命其心腹兰弗朗克为坎特伯雷大主教,让其管辖约克大主教区,以消除北方分裂主义者和入侵者在约克加冕的隐患。为拉拢教会,威廉一世还在城镇广建宏伟的大教堂,授予高级教士丰厚田产,并让他们参与政务乃至执掌要政,让主教在地方建立宗教法庭审理教案。同时,他对教会也严加控制,掌握了高级教职的任命及授职权,支配着教会的种种事务,还抵制

---

[1] 它们是:位于英格兰的17个,即坎特伯雷、卡莱尔、奇彻斯特、杜汉、伊利、埃克塞特、赫里福德、伦敦、林肯、诺里季、罗彻斯特、温彻斯特、沃彻斯特、索尔兹伯里、约克、巴斯与韦尔斯、利奇菲尔德与考文垂;位于威尔士的有4个,即班戈、兰达夫、圣阿萨夫、圣戴维斯。

[2] 诺曼征服后,英格兰与大陆的诺曼底虽隔一道英吉利海峡,但在政治上却连成一体,都属于诺曼王朝统治。而在诺曼底还有鲁昂大主教区及其所辖的7个主教区,它们对英国也有同样的影响,这是不应该被忽视的。

[3] 因亨利二世的父亲安茹公爵常在帽子上插一朵金雀花,故安茹王朝又称金雀花王朝(House of Plantagenet,1154—1399)。

[4] 孟广林:《英国封建王权论稿——从诺曼征服到大宪章》,第178页,人民出版社2002年版。

罗马教廷对英国教务的渗透和干预。1075年教皇格利高利七世颁布敕令，宣布"惟有教皇才有权任命主教、制定教会法规、决定教区划分"，"教皇有权废黜皇帝、国王"。威廉一世针锋相对也宣布：未经国王赞同，教皇的一切命令不能在英国生效；教徒不得承认任何教皇，不得私自接受教皇函令；未经国王许可，教会法庭不可审判男爵和政府官员，不得将他们开除教籍或施以刑罚。这样，英国教会也就依附于诺曼王权，成为国王御用的政治工具。

封建王权与基督教会

在英国封建政治史上，诺曼征服后一个多世纪的封建王权与教会的关系，经历了一个错综复杂的演进历程，但大体上处于一种既统一又对立的状态之中。这一时期，王权与教会的政治联合是两者关系的主流。王权的庇护，使教会贵族成为封建主阶级和统治集团的重要组成部分；教会的支持，则为王权提供了宗教神权的保护伞，并为国王的政治集权输送了大批高素质的教士官僚。共同的根本利益，是双方政治联合的基础；但教会毕竟属于宗教神权的政治权力系统，有其特定的信仰和组织形式，与世俗王权存在着固有的对立。在封建的经济、政治权益的争夺上，两者更有着"天然"的矛盾。随着王权和教会的平行发展与加强，双方的矛盾就会激化，必然要从不同的角度为自己在封建国家中的"合理"定位展开激烈斗争。但受共同根本利益的制约，教、俗权的矛盾必然要以缓解妥协而告终。

一、王权与教会的政治联合

（一）基督教神权政治文化传统的"王权神授"理想与国王的涂油加冕典礼

与教会进行密切而富有成效的政治联合，乃是英国封建国王政治集权进程中的鲜明历史特征。诺曼征服后，新确立的英国王权虽然是当时西欧最强大的封建王权,但因以军事征服和封建制为基础,也就面临着如何巩固和发展的重大问题。其时,国王具有一国之君和封建宗主的双重政治身份的因素,但由于官僚政府机构尚待建立,法度粗疏而紊乱,又多受封建习惯的限制,王权的运作与实施常常遇到障碍,也得不到制度化的有力保证。另一方面,英国的封建制虽然特殊,但其固有的封建政治离心倾向仍时露端倪。大贵族中有的自恃家世军功而不可一世,漠视王令;有的甚至与残存的旧英国贵族相互勾结,密谋反叛;更多的是在其领地内扩充特权,称霸一方。再者,由于王位的嫡长子世袭制尚未牢固确立,王国又"跨海而治",王位之争时常爆发,进而引起贵族内部的分裂和反叛。在此种情况下,具有浓厚的"王权神授"理想、局部的地方统治和整个文化、教育垄断权的基督教会,也就必然成为封建王权竭力利用的重要政治势力。

中古前期西欧基督教的神权政治文化传统,在思想观念的层面上包含着"王权神授"的神权政治理想,而在制度层面上则体现为象征着封建王权的兴起、神化与强化,同时也提高了教会在国家事务中的政治地位,是封建王权与教会政治联合的思想基础。同时,这一传统中所蕴藏的政、教相分与对立的潜在因素,也埋下了日后封建王权与教会冲突的种子。英国封建王权与基督教会的关系,就是在这一传统的深厚土壤中发展与演进的。

在中古西欧社会,基督教的神权政治文化传统将国家与教会都看做是神的统治机构,教会负责拯救人类的"灵魂",而国家则负责统治人类的"肉体"。"灵魂得救"高于"肉体生活",也即教权高于王权,包含着教权与王权相分立的意向,但由于教权弱小并依附于王权,这样的意向还处于潜伏状态,而其中的神权政治的国家观的核心——"王权神授"的理想则被大力地宣泄出来。基督教的这一神权政治理想源远流长,其源头可以追溯到《圣经》之中。① 基督教的"王权神授"的神权政治理想,无疑是神化进而强化王权的强大精神支柱。不过,主张"王权神授"也意味着"王在神下",一旦教会神权膨胀,它就会力图将"王在神下"的意蕴转化成"王在教下"的理论与现实。

随着教会"王权神授"理想的传播,王权与教会相互为援,而体现了这一思想的国王涂油加冕典礼,也就出现并不断完善。在教界,它成了教皇、主教的教职就任礼,以显示上帝授予其宗教神权。而在俗界,经过王权与教会的共同策划,它成为国王即位时所享有的重大宗教——政治礼仪,以显示其统治权为上帝所授予。除了血统世袭和"获选"的资格外,王位继承人只有通过涂油加冕典礼,才被视为真正的国王,其权威也就神圣不可侵犯,而举行典礼之日也就是国王统治纪年的开始。这也为后来罗马教会的教权高于王权的主张提供了重要依据。

在诺曼征服前,盎格鲁撒克逊时代的英王就开始逐渐利用基督教的神权政治文化传统来神化与强化王权,当然这也经历了一个渐进的过程。从最初的把王室血统谱系追溯到基督教之神话人物那里到公元973年由约克大主教为威塞克斯国王埃德加即位举行的涂油加冕典礼,都推动了神权与王权的联合。诺曼征服后,建立统治英格兰的诺曼封建中央王权,乃是威廉一世军事征服的最终目的。而为了证明其所建王权的权威性与合法性,威廉则完全继承了旧英国的"王权神授"的政治遗产。

(二)国王政府中的教士朝臣与官僚

基督教不仅为英王的统治提供了强大的精神支柱,而且也为其输

---

① 《旧约全书·申命论》的第17章,已记载有摩西要求以色列人让耶和华神为其选立国王的告诫。《新约全书·罗马人书》第13章则对信徒宣称,任何权柄皆为神命定,故应对世俗权威恭敬服从,"纳粮上税",否则就是违抗神命而要受到惩罚。在《旧约全书》的《撒母耳记》、《列王记》等不少章节中,还载有不少耶和华神及其先知为以色列、犹太人选立国王的传说。

送了诸多的有用人才。英国教会早在诺曼征服前就开始参与国家政治。在征服后的百余年间,教会贵族乃至有文化专长的寒微教士更是大量卷入王国的政务,参与国王政治集权制度的构建。这一局面既是这一时期英国封建王权与教会政治联合的重要表现,也是此时英国封建君主政治的一大鲜明特征。原因有二:既然世俗王权乃是上帝在尘世中所设的统治权力,参与王国政务也就是教士应尽的神圣天职,同时也是升迁教职、增加财富的必经之路;另一方面,诺曼征服后,诸王、贵族的文化水准都不高,善于武功而疏于文治,因此国王就必须大量吸收有文化知识和管理经验,又有地方势力的教会贵族来参与国家政务。

二、王权与教会的激烈冲突

英国封建王权与教会的密切联合,并未消除两者之间的权益争夺。相反,随着王权的不断强化和教权的日益成长,随着罗马教皇的权威急剧膨胀及其加强干预英国政治,王权与教会固有的矛盾也日益尖锐,酿成了王权与教会之间一系列的激烈斗争。

(一)王权与教会矛盾的酝酿与激化

就本质而言,教会并非是象征国家最高政治权力的王权的下属统治机构,它毕竟是一个具有国际性特征的宗教神权组织,既有特定的权力组织原则,也有自己的教阶制度和司法制度,还有罗马教皇这一最高的神权权威和精神权威。这也决定了它在封建国家中的神权政治的理想目标,就是要建立一个既可以庇护和赐惠于教会而又不干预教会内部事务、不损害教会利益的强大王权。因此,它在支持封建王权的同时也竭力想摆脱王权的束缚,以恢复与巩固教会的独立性和自主性,确保并扩展其既得的权益。

(二)罗马教皇神权的膨胀及其对英国的干预

西罗马帝国灭亡以后,失去了强大政治后盾的基督教会逐渐置身于日耳曼"蛮族"王权的保护之下。后来,随着法兰克君主查理曼

(768—814在位)为了开疆拓土,更积极利用基督教"普世主义"的宗教布道精神,在征服"异教徒"的旗帜下开始了对西欧、中欧大陆进行大规模军事扩张,基督教也随之广泛地传播开来,逐渐在西欧社会的意识形态领域占据主导地位。

1075年,罗马天主教教皇格列高利七世颁布《教皇敕令》,他宣布:教皇在法律上凌驾于所有基督徒之上;僧侣受教皇统治,但其在法律上凌驾于所有世俗权威之上;教皇可以废黜皇帝,所有的主教都应由教皇指派,并最终服从他,而不是世俗权威;教皇法庭是整个基督教世界的法庭,教皇对于任何人呈交于他的案件都拥有普遍管辖权。这就是基督教历史上著名的1075至1122年的教皇革命,也称为格列高利改革(Gregorian Reform)。经过这一场改革,在西欧建立起了一个独立于世俗王国的统一的"教会国家",有最高统治者——教皇,有行政管理机构——有序的教职阶层,有臣民——天主教徒,有法律——教会法,有法庭——教会法庭,有管辖领域——整个信奉天主教的广大领域。教皇革命的主要目的就是主张教皇在整个西欧教会中的至高无上的权威和主张教会独立于世俗统治,即剔除最高世俗政治权威的宗教职能和宗教特性,使国王或皇帝臣服于教皇之下。为此,教皇派与皇帝派之间进行了大约50年的血战以决雌雄,而直到近百年后的1170年——坎特伯雷大主教托马斯·贝克特(Thomas Becket)殉难,才标志着在英格兰达成最终妥协。

(三)亨利二世与贝克特殉难

而早在盎格鲁撒克逊时代,随着基督教的传播和宗教文化心理的积淀,罗马教廷的宗教领袖地位在英已得到承认。由于罗马教廷权威的勃兴,又与威廉一世之间的恩怨,激发了英国教会对王权的抗争意识,双方的斗争围绕在教职任命、授职权之争①与教、俗司法权之争②这两个方面渐次展开,在斗争中加强了它对罗马教廷最高神权权威的认同,这又反过来促进教皇不断扩大神权势力对英国的渗透。

著名的贝克特殉难事件就是最好的说明。征服者威廉和他的两位继承人(其子威廉二世,1087—1100在位;亨利一世,1100—1135在位)成功地抵制了教皇对其辖地的教会享有至上的权力的要求。尽管亨利一世在1107年的《贝奇条约》里做出了某些实质性的让步③,又经过"斯蒂芬乱世",④但亨利二世(Henry Ⅱ,1154—1189在位)仍然重申王室对教会的至上权威。1162年,他任命挚友御前大臣托马斯·贝克特担任坎特伯雷大主教。作为大主教贝克特毅然辞去御前大臣这一职务,成为教会独立于国王控制的一位热烈拥护者。1164年,亨利二世颁布关于处理僧俗间事务的《克拉伦登宪章》(Constitutions of Clarendon),恢复国王对教会所享有的大多数权力,而贝克特则将该项新法律斥为篡权。两人之间剧烈的政治斗争持续了6年,直到1170年,贝克特在坎特伯雷大教堂被谋杀,震惊了整个基督教世界。以至1172年,亨利二世公开放弃《克拉伦登宪章》里的那些"侵犯性"的部分。英格兰和诺曼底的教会这才采取实质性的措施摆脱王室和公爵的控制,当然它还不是教皇方面所期望的实质性措施,但英格兰的教会所获得的独

---

① 各国的主教、修道院院长作为高级神职人员必须听命于教皇,他们又是领受本国国王封地的封建主或身居要职的国家官员,因而又受制于世俗政权。神职人员一身两任的双重身份和地位是导致11—12世纪欧洲王权与教权之争的原因所在。

② 威廉一世通过大会议颁发特许状,宣布宗教法庭与世俗法庭分离,涉及教会人士的案件不再提交世俗法庭,由宗教法庭根据教会法规自行审理,世俗官员不再参加宗教法庭的审判工作,尽管必要时世俗官员仍可协助宗教法庭。这项措施扩大了教会的司法独立性,促进了独立的教会法的成长,同时也为不久后的教会与王权之争埋下了根由。参见程汉大:《英国政治制度史》,第48—49页,中国社会科学出版社1995年版。

③ 特指将授予主教和大修道院院长权标的权力从国王手中转移到了教皇的手中。

④ 斯蒂芬,威廉一世的外孙,1135—1154在位,该时期因以内乱昭著而被历史学家称作"斯蒂芬乱世"。在该时期内,教皇在英格兰和诺曼底的特权和权力大大增加。

立性比12、13世纪欧洲大多数其他国家的教会都要大。

《克拉伦登宪章》是由一些法令或条例组成的,号称是亨利一世时的16种"习惯、特许权和特权"的记录,得到了显要神职人员和贵族的认可。该宪章开篇(第1条)规定:凡涉及教职授予权的争议皆得交由王室法庭裁决,即使该争议发展在俗人和教士之间甚至发生在两个教士之间。未经国王批准,大主教、主教和其他教士不得离开王国(第4条);为在教会法院受到指控的俗人加设程序性的保护措施(第6条);未经国王批准,不得革除国王的大领主或王室家臣的教籍(第7条);设立王室法院管辖对大主教法院的上诉(第8条);设立了王室对特定的土地是否属于教会财产问题的管辖权和陪审权(第9条);重申1107年《贝奇条约》的效力,即主教和其他领薪教士的选举"须经王国教士同意于国王陛下的教堂举行,……当选的牧师不再像就任圣职之前那样臣服和效忠国王陛下"(第12条);授权王室法院管辖信义保证的债权之诉(第15条);以及未经其出生地的领主同意,农奴之子不得就任圣职(第16条)。这9条规定除了一条关于圣职的规定(第12条)之外,都与流行的教会法相抵触。①

使该宪章声名远播达到极致的是它的第3条。该条规定,任何被控犯有重罪(包括谋杀、放火、抢劫、强奸、杀伤和某些其他严重罪行)的教士须由王室法院送交教会法院审判,若确认有罪,须送回王室法院判处。实际上,意味着王室法院剥夺了教会法院特有的对教职人员的管辖权,严重侵犯了教皇的最高权威。引起了罗马天主教教会和英格兰教会的极大不满,迫于压力,亨利二世屈从教皇的使节,放弃了《克拉伦登宪章》里的那些"离经叛道"之言。但是,国王与教会之间的斗争并未

---

① [美]哈罗德·J.伯尔曼:《法律与革命——西方法律传统的形成》,第312页,中国大百科全书出版社1993年版。

就此平息。

但自相矛盾的是,英格兰的教会自由却促成了王室政府及其法律的发展。这部分是由于教会与世俗权力二元论的理论。根据这种理论,世俗君主们在各自王国内负责维持安宁和主持正义;部分是由于王权同教会国家的竞争和对教会国家的仿效。所以,以下事实并不是一种巧合:英格兰在12世纪后期和13世纪初期是欧洲范围内最不受王权控制和最大限度服从教会权威的政治体,而这种政治体同时也是王室政府和王室法律体系高度发展的政治体。事实上,为近代英国王室法律体系(英国普通法)奠定基础的是亨利二世时期,这种法律体系的存在和发展至少延续到16和17世纪。

王权与教权冲突又妥协的结果——《大宪章》的诞生

一、英国最早的宪法性法律文件

随着国王政治集权与教会权益扩张,这两者之间的矛盾日益显露与尖锐,终于在约翰王(John,1199—1216在位)统治时期酿成为更为激烈的大冲突。这场斗争的结果是促成了涵盖了王国所有教、俗贵族乃至自由人阶层的权益,以图有效限制王权的自主性文件——《大宪章》(Magna Carta)[①]的诞生。

对于1215年颁布的《大宪章》是否是英国宪法渊源之一,国内外学者有不同的看法。笔者赞成《大宪章》是英国宪法渊源这一观点。

理由如下:第一,英国是一个较注意传统的国家,与所有其他国家法律制度相比,英国法更要求探究它的历史渊源,[②]而且,英国宪法制度的发展有着特别强的延续性;

---

① The Magna Cartas 是拉丁语原文,英文是 The Great Charter.
② [德]K.茨威格特与H.克茨:《比较法总论》,第333—334页,贵州人民出版社1992年版。

第二,英国资产阶级革命以前制定的包括《大宪章》在内的制定法及若干惯例确实在形式上是近现代英国的宪法渊源,当然,它们已拥有了新的内容;

第三,近代以前曾经发生在英国的种种抗争过程中,不管是出于参与者的主观愿望还是客观结果,确实曾经使专制受到一定的限制,这种实践为英国资产阶级革命以后很快确立君主立宪制奠定了基础,并且一定程度上影响了其后英国宪法的发展。

二、关于教会的规定

国王约翰即位以来,对内征收高额盾牌钱①,没收封臣土地;对外向罗马教皇屈服,自认为附庸,并按年向罗马教廷纳贡以及与法国作战中失败,丧失了英国原本在欧洲大陆的大部分领地——诺曼底。凡此种种,使得国内矛盾层层深化。向来反对王权强大的大贵族乘机联合社会其他阶层,于1215年掀起了一场反抗王权的运动。约翰王在武装反叛的威胁下,终于于同年6月15日被迫签署了《大宪章》。

《大宪章》由一个序言和63个条文构成,当然,今天的解释远比其原义要宽,而且许多条款所包含的法律意义也被改变了。②《大宪章》的序言就表明了约翰被迫屈从于英国教会与贵族,"谨向大主教,主教,住持,伯爵,男爵,法官,……与忠顺的人民致敬。……由于可敬的神父们,坎特伯雷大主教,英格兰大主教兼圣罗马教会红衣主教斯蒂芬;都柏林大主教亨利;……等贵族,及其他忠顺臣民谏议,使余等知道,为了余等自身以及余等之先人与后代灵魂的安全,同时也为了圣教会的昌盛和王国的兴隆,上帝的意旨使余等承认下列诸端,并昭告

---

① 在封建英国,从亨利二世时代起,国王便规定骑士以交纳盾牌钱来代替服兵役,国王用收到的钱再去招募兵士。

② [英]伊·勒·伍德沃德:《英国简史》,第34页,上海外语教育出版社1990年版。

全国"。①

《大宪章》第 1 条明文规定了教会的自由和权利不受侵犯。"首先,余等及余等之后嗣坚决应许上帝,根据本宪章,英国教会当享有自由,其权利将不受干扰,其自由将不受侵犯。关于英格兰教会所视为最重要与最必需之自由选举,在余等与诸男爵发生不睦之前曾自动地或按照己意用特许状所颁赐者,——同时经余等请得教王英诺森三世所同意者——余等及余等之世代子孙当永以善意遵守。此外,余等及余等之子孙后代,同时亦以下面附列之各项自由给予余等王国内一切自由人民,并允许严行遵守,永失勿渝。"

原文如下:In the first place we have granted to God, and by this our present charter confirmed for us and our heirs forever that the English Church shall be free, and shall have her rights entire, and her liberties inviolate; and we will that it be thus observed; which is apparent from this that the freedom of elections, which is reckoned most important and very essential to the English Church, we, of our pure and unconstrained will, did grant, and did by our charter confirm and did obtain the ratification of the same from our lord, Pope Innocent III, before the quarrel arose between us and our barons: and this we will observe, and our will is that it be observed in good faith by our heirs forever. We have also granted to all freemen of our kingdom, for us and our heirs forever, all the underwritten liberties, to be had and held by them and their heirs, of us and our heirs forever.

从条文中可以看出,《大宪章》充分肯定了英国教会的教务自主权

---

① 姜士林等主编:《世界宪法全书》,第 1260 页,青岛出版社 1997 年版。

利,包括高级教职的选举权、教会的司法权与教士自由前往罗马的权利,这些都反映了王权对教会的让步。《大宪章》的精神主旨并非是要否定王权,而是要限制王权。《大宪章》对中古前期英国的教、俗权力关系进行了一次大调整,但它并没有否定王权与教会的密切合作联系。就教、俗权力的关系而言,《大宪章》没有也不可能消除它们之间的固有矛盾。然而,只要社会性质与封建等级关系没有发生实质性的变化,这两者之间的政治联合必然要居于支配地位,其权益纷争必然要处于从属地位,并且最后都将以相互妥协而告终。自诺曼征服以来一个多世纪英国封建王权与教会的既统一又对立这一看似矛盾、实则合理的状态,足以昭示未来这两者关系的历史前景。

英国封建王权与教会的大冲突最终没有走向彻底决裂,而是以双方的政治妥协告终,并非是历史的偶然,由于根本利益一致,双方的政治联合关系始终制约着其相互冲突。

三、重要意义

《大宪章》洋洋数千言,除了规定教会的自由和权利外,还涉及到许多其他问题,但主要是重申王国贵族的封建权利和防止国王侵夺这些权利。其中以第12、14、38—40和61条最为重要,规定了国王不可擅自征税的原则(第12、14条);赋予了国民协商权(第14条)、人身自由权(第39条)、监督国王和反抗政府暴政的权利(第61条)。

《大宪章》虽存在历史和阶级的局限性,但它具有重要的意义:首先,它确立了御前扩大会议的批准征税权;其次,维护了各级封建法庭的司法裁判权,形式上确立了中央御前扩大会议的权力高于国王的个人权力;再次,第一次使国王正式承认了封建法,明确了国王要服从法律的原则,为以后法律限制王权奠定了基础;最后,建立了25人委员会是大贵族企图建立限制王权的机构所做出的第一次尝试,对英国日后的政治生活有很大的影响。[1]

《大宪章》虽主要反映了大贵族的主张和要求,是一个封建性的政治文件,但它却为日后英国各阶层对抗王权、反对国王专制提供了一个重要的法律依据,为日后英国政治体制的确立和运行奠定了一个基础和模式。同时它还赋予了城市市民若干权利,第一次把市民阶层作为一种必须考虑的政治力量,也给予自由农民某些法律保障,以后随着农奴摆脱人身依附关系的人数增多,这种保障具有广泛的意义。与《大宪章》当时所起的法律作用相比,它的历史性、象征性的价值更值得后人称道。[2]

在《大宪章》之后,随着议会制度在英国的兴起、发展和变化,议会在不同时期也颁布了一些有关国家机构的权限及其相互关系、保障各阶层权利的法律性文件。如 1258 年颁布的《牛津条例》(Provisions of Oxford)是继《大宪章》之后又一重要的政治和法律文献。其重要意义是在英国历史上首次提出了政府主要大臣对委员会[3]而非国王负责以及定期召开议会的原则。还规定了重建御前会议、恢复设置最高司法官一职、确立议会立法法规的最高权威等内容。这等于公开宣布王在法下和议会是全国最高立法机构。其中关于骑士监督地方政府的规定有助于乡村骑士提高政治作用,而后他们有更多的机会成为议会的代表。1259 年 10 月委员会又迫使国王亨利三世(Henry Ⅲ,1216—1272 在位)颁布《威斯敏斯特法令》,宣布保护贵族、骑士和市民的权益。

总之,从诺曼征服到《大宪章》产生前的百余年间的英国封建政治史,为世人展示了一个封建君主权威不断重建与整合的历史进程。这

---

[1] 沈汉、刘新成:《英国议会政治史》,第 19—20 页,南京大学出版社 1991 年版。
[2] E. C. S. Wade and A. V. Bradley, *Constitutional and Administrative Law*, p14,前引何勤华主编:《英国法律发达史》,第 76 页,法律出版社 1999 年版。
[3] 以摄政王西门·德·孟福尔为首的 24 个贵族组成的委员会。

一进程是在国王与教会既联合又斗争的动荡纷争的形势下不断延伸的,其间不乏曲折迂回,但最终导致了国家体制的逐渐成长与封建体制的日益退隐。封建君主的政治集权虽然遇到诸多的限制,但其作为封建王国最高公共政治权威的地位大体还是奠立了起来。1215年《大宪章》的问世是英国封建君主政治集权进程所遭到的一次重大挫折,但这一进程实际上并没有因此而夭折。[①]

王权脱离罗马天主教教会,国王成为英国最高宗教领袖(都铎王朝[②])

亨利八世的宗教改革

正当欧洲大陆的宗教改革[③]如火如荼的时候,英格兰新贵族和资产阶级也希望加强王权,削弱教会,摆脱教皇的控制。但由于亨利八世(Henry Ⅷ,1509—1547在位)是天主教会的坚决支持者,所以在英格兰宗教改革没取得什么进展。而且由于亨利八世在反对马丁·路德的异端邪说中的功劳,教皇克雷芒七世授予他"信念捍卫者"的称号。但却因为教皇克雷芒七世拒绝亨利八世要求宣布他与西班牙阿拉贡公主凯瑟琳的婚姻无效,英格兰在16世纪30年代加入了新教阵营。亨利八世公然反抗教皇,与安妮·博林结合,并被革除教籍。他立即着手清

[①] 孟广林:《英国封建王权论稿——从诺曼征服到大宪章》,第393页,人民出版社2002年版。

[②] 都铎王朝(House of Tudor,1485—1603)。

[③] 一般地讲,宗教改革是以马丁·路德1517年公开发表《九十五条信纲》反抗罗马教廷为发端,其导火线是赎罪券问题,深层次的原因是罗马教会的腐败,其直接后果是导致了罗马天主教会权威的降低,神圣罗马帝国的崩溃,使欧洲诸国走向民族独立发展的道路。

除国内的反对力量,包括解散修道院,后者在差不多全是农村的英格兰是地方政府中最有力的机构。1533年,国王亨利八世禁止英格兰教会向教廷交纳岁贡。次年,促使国会通过《至尊法案》,宣布英格兰国王是英国圣公会的首脑,从而正式把教会与国家合为一体。而以国王为英格兰教会的最高元首,并将英格兰教会立为国教,称为英国国教会,亦叫安立甘宗(Anglican Communion)。① 其后,这项改革运动又得到爱德华六世(Edward Ⅵ,1547—1553在位)的支持。玛丽一世(Queen Mary Ⅰ,1553—1558在位)曾重修英格兰与罗马教廷的关系,伊丽莎白一世则又恢复了英格兰教会的独立。其后通过的伊丽莎白法案②只在崇拜惯例上有所改革,在教义、教规上仍保持天主教会传统,只是英国国王代替了罗马教皇。17至18世纪,清教徒和福音派主张进一步改革。19世纪的牛津运动则再次强调公教会原则,这一时期在政教关系上也有所改革。由于从英国传布到世界各地的圣公会陆续建立独立教会,安立甘宗乃逐渐形成。

安立甘宗是新教主要宗派之一,与路德宗③、归正宗④合称新教三大流派。安立甘宗没有世界性的统一组织或集权领导机构,宗内各教会间不相从属,习惯上尊坎特伯雷大主教为名义上的领袖。它以《圣经》为教义基础,在持守传统教义的同时主张在具体解释上兼容各家之说,在天主教和其他新教宗派之间采取中间立场。在教会管理上保留主教制,并承认其有继承使徒的性质,但也让平信徒参与教会的管理。

---

① 中国常称圣公会,联合王国其他地方及其他国家的圣公会均非国教,组织上也不从属于英国国教会。
② 又称伊丽莎白协议,1559年英女王伊丽莎白一世签署协议实行宗教和解。
③ 路德宗(Lutheran Church)是新教主要宗派之一,是以马丁·路德(Martin Luther, 1483—1546)宗教思想为依据的各教会的总称。因其强调"因信称义"的教义,故亦称信义宗。
④ 归正宗(Reformed Churches)是新教主要宗派之一,以加尔文(Jean Calvin, 1509—1564)的宗教思想为依据,亦称加尔文宗,"归正"为经过改革复归正确之意。在英语国家里,该宗因其教政特点又称长老宗。

安立甘宗赞成宗教改革,但主张尊重《圣经》和教会传统,认为两者之间应保持平衡。

"差不多在每个国家里,胜利的教义形式总是和国家沆瀣一气的,总是维持着中世纪的专制制度而放弃了这种制度所赖的基础,就是这样产生了国家的教会,他们对于欧洲的几个新教国家的关系就等于天主教教会对于全世界的关系一样。"[①] 英国国教会从产生之日起就屈从于国王,维护王权,尊国王为其宗教领袖。

亨利八世宗教改革的历史缘由

在中世纪天主教国家中,政治权力由世俗的国王和教会当局分享,后者把他们的职位和第一位的忠诚都归属于教皇。在16世纪30年代的英格兰,这种二元主义已经荡然无存了。这在英国历史上是十分重要的关键点,其要害在于英格兰教会彻底脱离罗马天主教廷,国王代替教皇成为国教圣公会的精神领袖,走上了一条与欧洲大陆宗教发展的不同轨道,并最终走上了一条独特的宪政发展道路。

从1529年开始的英国宗教改革与同期欧洲大陆国家的宗教改革相比,其突出特点在于它不是在教会内部首先发起的,而是依仗世俗王权自上而下地发动推行。亨利八世与罗马教廷的决裂,是英国宗教改革的前奏。表面上看,此事似乎带有偶然性和强烈的君主个性色彩。但稍加分析,就可知这场运动有着深厚的社会历史原因和政治背景。

一、理论基础

除了反对教皇权的异端教派之外,教会内部也长期存在着一种反对把教皇视为绝对君主的思想传统。这种传统最早产生于12世纪,起自对格列高利改革以来教皇管辖权日益集中的反抗。另一场反对教皇

---

① [英]詹姆斯·布赖斯:《神圣罗马帝国》,第32页,商务印书馆1998年版。

专制主义的主要斗争是在14世纪初发展起来的,它是再度爆发的教皇与皇帝之间冲突的一个方面。1314年,皇帝选举团内意见不一致,结果选出两个神圣罗马帝国的皇帝。其中一个路易四世成功地巩固了自己在德意志的地位却于1324年被教皇约翰二十二世革除教籍。三年后,路易进军罗马以图报复,并由他所立的教皇尼古拉五世加冕为皇帝。他们之间的斗争在以后的10年中仍然时断时续地进行着。其间,路易求助于一大批反教皇的政论家,当时有两位著名的政论作家威廉·奥康姆和帕尔瓦的马尔西略。

马尔西略的《和平的保卫者》一书明确地为宗教会议理论辩护,同时也提出了两个异端主张,这两个主张很少为后来比较温和的教皇最高权力的反对者所接受。其一是,教皇事实上并不是上帝命定的教会首脑,因此他要求对"所有统治者、社团或个人行使最高权力是不适当的、错误的,也是与《圣经》和人类的实际情况相抵触"。另一个异端主张是,一切强制权力按照定义都属于世俗政府,因而那种认为教皇可以对所有教职人员或非教职人员。或其他任何人行使统治权力或强制审判和裁判权力的思想是十分邪恶的,对世界和平具有极大的破坏性。他的主张在宗教改革期间曾被广泛接受。

相对于马尔西略来说,奥康姆无疑是一位比较温和甚至保守的思想家。他的第一个论点是,尽管教皇无疑是教会首脑,但他的权力并不是无条件地授予他的,而是以他为信徒的利益而行使权力为条件的。这样看来,教皇制并不是一种专制制度,而是一种君主立宪制。他在1339至1341年写成的《略论教皇的权力》一书中明确地提出了这一点。他认为教皇不可能像其支持者所说的那样,有独断专横地去做任何事情的权力。他的最高权力"不是为他本人而仅是为他的臣民的利益才给予他的"。

奥康姆的另一个具有革命性的主张是,教权和俗权必须严格分离。

他在《论皇帝和教皇的权力》一书中最明确地阐述了这一点。他首先着重指出,"基督让彼得担任所有信徒的首领时,他禁止彼得和其他使徒对国王和民众行使任何统治权"。圣彼得完全接受了这一使命,而且他也劝告他的继承人"切不要卷入日常世俗生活中"。这些教诲首先表明,基督所确立的教皇权无论如何也不包括对世俗事务的司法权力,因此奥康姆认为,"如果教皇干涉世俗事务,他无异于是在收割别人的庄稼"。基督的教导也被奥康姆用来暗示一种更带异端色彩是主张——"教皇权根本不是司法的或专制的权力"。"上帝在人间建立了一种具有统治特征的最高权力",但是基督告诉使徒们,他们的权力"不属于这种性质"。最后奥康姆得出结论,所谓教皇权力,"毋宁说是一种管理权,是为了拯救灵魂,引导使徒",而不是为了任何其它政治目的设立的。①

教皇对最高权力的要求和教会的司法权力不仅受到一些神学家的抨击,而且在中世纪晚期也受到欧洲北部大部分国家俗界人士和世俗政府日益猛烈的攻击。在英格兰,许多迹象亦表明,在宗教改革前夕的俗界人士中,同样存在对教会司法权的日益增长的敌意。最著名的例子是在1515年引起下议院注意的胡恩诉讼案。② 还通过一系列辛辣讽刺教皇权威的作品表露出来。1529年匿名作品《为乞丐请命》③问

---

① [英]昆廷·斯金纳:《现代政治思想的基础》,第315—316页,求实出版社1989年版。
② 理查德·胡恩,一位伦敦商人,1513年他拒绝交纳当地教士征收的丧葬费,在为此事而遭到控告后,他立即向最高法院提出诉讼,矛头直指教会法庭的权威。他根据有关"教皇尊信罪"(指视教权高于王权的罪行)的法令,提出了强烈的反教皇要求:既然教会法庭仅仅是根据教皇使节的权威设立的,那么它们对英国国民便没有司法审判权。教会对这种大不敬的行为的反应是,以可疑的异端罪名将胡恩下狱。审判定于1514年12月进行,而在候审期间,胡恩却被人吊死在主教的监狱中。这几乎确凿无疑地是教会当局一手策划的一起谋杀事件,此事在当时引起广泛的议论。人们引发骚乱,议会也发出不平之声,国王为使教会势力免遭全面围攻匆匆解散了议会。但胡恩的骨灰却表明了社会上的风尚。
③ 该书可能为西蒙·菲什所作,他是牛津大学的毕业生和格雷法律协会的成员。

世,可以说标志着对教皇权威的这种攻击达到了最猛烈的程度。

二、法律传统

除了这些以外,还有一个更为重要的法律和政治理论的运动,这种理论同样认为有必要削弱教皇和教会的司法权力。这种民族敌对情绪在英格兰有着最为深厚的根基。在英格兰,罗马法从未正式实行过,因此教皇和教会法学家的主张同那里的习惯法和议会法令的要求很容易发生最激烈的冲突。由此便产生了对异国的罗马法学家和教会法学家的畏惧和敌视情绪。这种情绪可以追溯到 13 世纪,当时布雷克顿曾为习惯法做辩护。两个世纪后,约翰·福蒂斯丘爵士(Sir John Fortescue,1394—1476)在《英格兰法律颂》中再次有力地表达了这一情绪。当爱德华王子与这位大法官对话的一开始,问他是否应当专心研究罗马法时,他得到的明确回答是,全部罗马法同英格兰政体的"政治"特性是不相容的。在接下来的对话中,罗马法遭到详尽的批评,教会法学家的观点以及教会首领教皇所宣称的特殊权力和司法权都被断然否定。王子被告知,应专心致志地研讨英格兰的习惯法和成文法,要把"所有人类的法律"都视为"习惯法或成文法",除非它们明显是自然法。他称赞习惯法完全适合英格兰的特殊国情;他肯定了议会的权力,因为它制定的每一项法规都代表了所有的英格兰人。正因为这些法律具有满足英格兰的需要、适合英格兰国情的特点,因而只有它们才应该得到认可。这强烈地暗示,任何为其它形式的司法权进行辩护的企图,都应该作为外国干涉而加以谴责。[①]

到 16 世纪,英国的普通法学家们同样表现出对罗马教会权力日益增长的敌视情绪。克里斯托弗·圣杰曼(Christopher St German,

---

① [英]昆廷·斯金纳:《现代政治思想的基础》,第 332 页,求实出版社 1989 年版。

1460—1540)的著作对教会的司法权力进行了一系列影响极大、日趋激进的抨击。他于1523年发表的论法律观念的拉丁文著作《对话集》阐释了各种不同层次的法律——永恒法、自然法和神法,以及这些法律同英格兰法律的关系,得出的结果表明英格兰的习惯法应被认为是至高无上的。他于1532年发表的"关于教俗分离"的《论文》主要诉诸成文法规的最高权威,因而也就是诉诸国王在国会中至高无上的权力,以铲除教会机构所坚持的"邪恶习惯"。由此出发,他认为,教会领袖在维护他们的与国家法律相平行的法律体系时,"曾每每越出他们自己的权力范围","在许多事情上企图与国家法律相对抗"。最后他在可能发表于1535年的《答一书简》中进一步完成了他对教会的攻击。圣杰曼认为,教廷根本无权在英格兰行使司法权,因而亨利八世重新控制教会应被视为恢复了一系列先前的权利,这些权利当是亨利先辈们自愿委托给教会的。他指出,国王要求成为"英格兰教会的最高首脑"并非意味着他僭取了"先前从未曾有过的"的统治臣民的"新权力"。圣杰曼此时还准备为国王对教会的领导权进行解释,他认为这种领导应包括所有的司法权,甚至还包括"宣讲和阐释圣经",从而确定教义的权力。这两种主张的思想基础是激进的、马尔西略式的观点。所以强制性权力的司法权严格地说应被看作是世俗权力,因此,教会如果为自己要求这些权力,就必然是一种僭取行为。圣杰曼得出的相应结论是所有这类权力都应属于习惯法的最高权威,而所有立法权力都应属于国王在国会中的统治权。

三、政治、经济需求

最后,世俗统治者自身也日益表现出这种对教会权力的敌对情绪。他们首先反对僧侣等级所要求的传统特权和司法权。与此同时,他们常常把贪婪的目光投向此时大批教会团体聚敛起来的、对他们的诱惑力越来越大的巨额财富。亨利七世①统治时期,总的说来政府仍然保持着同教会的传统友好关系,但官方已采取了一些措施以削弱僧侣的特权,并加强王权向他们征税的能力。1491年的一项法令试图削减一些宗教团体在玫瑰战争②期间通过谈判而获得的免税特权。1489、1491和1496年又通过的一系列法规——1512年被亨利八世进一步扩大——引发了一场反对所谓"教士特恩权"制度的消耗战,这一制度曾使教士在犯有许多严重罪行的情况下免受普通法院的制裁。

在另一个甚至更容易引起争议的问题——教皇自行征税的权利以及对各个国家教会中的圣职授予权,世俗政府也开始对教会施加愈来愈大的压力。在英格兰,相同的压力开始造成了王权同教权分裂的不详预兆。教皇于1509年派遣代理收税人彼得·格里菲乌斯去英国,英国政府的阻拦却使他一年多未能从事收税活动。6年后,当教皇要求英国政府为一次所谓的十字军提供经费时,又遭到断然拒绝。但是政府对教廷的主要抨击发生在1515年,当时宗教会议试图反对1512年通过的限制教士特恩权的法案。教会法学家们认为,由于教会的司法首领不是国王而是教皇,因而国王试图使教士受制于世俗法庭,就必然是僭越了自己的权限。这反过来又促使国王和法官们——思想转变将来临的兆头——毫不妥协地宣布了他们高于所谓教皇司法权的地位。他们宣称,宗教会议试图使国王服从一个外国势力,这是犯了藐视王权罪,而国王则又向宗教会议发表了言辞激烈的演说,再次强烈地宣称英格兰国王拥有"至高无上"的权力。他的主要论据——同教会法规直接对立——是"除了上帝之外,英格兰国王从未受制于任何力量"。他郑

---

① 亨利七世(Henry Ⅶ,1457—1509),英格兰国王(1485—1509在位)。
② 玫瑰战争(Wars of the Roses)是1455—1485年间英格兰约克家族(以白玫瑰为族徽)和兰开斯特家族(以红玫瑰为族徽)为争夺英格兰王位而展开的30年战争。结果,代表经济较发达的南方大地主和新贵族的兰开斯特家族取胜,"都铎王朝"由此建立。

重地警告他的主教们:"我们将要维护王权在这方面的权利",反对教皇或教会提出的任何权利要求。

世俗统治者在长期试图削弱教皇超国家的司法权力的斗争中同样对教会施加压力,从而达到与之分裂的程度。这方面最明显的例子是英王亨利八世在自己的离婚问题上同教皇所进行的斗争。另外1544年亨利八世甚至把约翰·切克爵士[①]召到王宫,任命他为国王的独子、未来国王爱德华六世的老师。王子同老师的关系十分密切,甚至在爱德华于1547年即王位后,切克仍然总是不离左右,以便给他以指导。不管亨利八世的初衷如何,结果是他的继承人成长为一名新教徒,而且比他的老师毫不逊色。这个结果反过来又对促进英格兰的宗教改革事业起到了无可估量的、可以证明是决定性的影响。

16世纪末,世俗政府同教会之间的权限之争仍以一种咄咄逼人的形式被重新提了出来,这不仅是因为清教徒的敌视,而且也是因为唐纳米和其他反加尔文主义者所采取的立场,这些人认为既然主教独立地拥有其职位,那么他们必定在某种程度上独立于世俗政府的权威。尽管如此,真正的政教分离政策的理论基础却正是在16世纪30年代的革命过程中奠定的。大约二百年后,这一政策被执政的辉格派贵族所公然提倡,同时也得到了拥护洛克自由主义理论的教会人员的赞同。世俗政府采取的最后一项措施是从这些反对教会独立权力的斗争中引出的必然结果,即宣布教会的首脑是国王而不是教皇,并将先前由教会行使的一切司法权力转归国王。

---

① 约翰·切克爵士(1514—1557)是16世纪30年代后期剑桥大学的第一位钦定希腊语教授。在16世纪30年代末,他已是一位坚定的路德教信徒。此后,他似乎用了相当大的精力去劝说他的学生改信新教。他显然对贝康、利弗或许还有波内特在内的16世纪30年代的改宗起过作用。

国王是英国教会最高首脑的立法确认

英国宗教改革始于1529年"改革议会"的召开,此届议会历时7年,共召开8次会议,颁布了一系列的法案。其中《限制向罗马上诉大法案》宣布:"英国是一个帝国,已被全世界承认,英国有一个至高无上的国王统治,国王拥有相应的至高无上的尊严和财产。"[①]此法案是宗教改革中最重要的文件之一,它对亨利八世的专制君主地位做了明确的法律表述,标志着英国在司法领域内正式与罗马断绝关系。1534年的《至尊法案》郑重宣告:亨利八世及其继承人是"英国教会惟一的最高首领",拥有决定一切宗教事务的权力和权威,包括推荐神职人员、规定教义与宗教仪式、镇压异端邪说等权力,可派随员巡视并纠正各种弊端。至此,罗马在英吉利的教权已被彻底粉碎,英国与罗马教廷已经彻底决裂,国教圣公会的最高统治地位已由国王牢牢占据。

英国闻风而动地采取这一措施多半要归功于托马斯·克伦威尔[②]的立法天才。他为在亨利八世同教会分裂时期通过的大法案写的序言十分深刻地论述了伴随这个阶段的宗教改革而产生的、并且是为之进行法律辩护的政治理论。随着1533年《限制向罗马上诉大法案》的通过,教会司法权向国王的转移迈出了决定性的一步。克伦威尔为大法案写的序言清楚地阐明了他的政治主张。在他看来,教会无论如何也不是国家中的一个独立政府,而仅仅是一个信徒的团体。"国家中那个被称为僧侣的部分现在一般被称作英格兰教会。"根据这个马尔西略式的前提,国王的权力范围最终必定要不断地扩大,既包括世俗事务也包

---

① [英]H.吉和W.哈迪:《英国历史文件集》,第189页,伦敦,1914年版。前引阎照祥:《英国政治制度史》,第99页,人民出版社1999年版。
② 托马斯·克伦威尔(Thomas Cromwell,约1485—1540),英格兰国王亨利八世的主要谋臣,1532—1540年间为英格兰的实际统治者。他极力排除罗马人在英格兰的势力,帮助国王掌握了教会的最高权力。

括宗教事务。克伦威尔肯定地说"英格兰王国是一个帝国",因而"由一个最高首脑统治,他拥有至高无上的权力"。国王的最高权力所及,使他能够对包括僧侣和俗人在内的所有人的一切行为进行审判并作出最终裁决,他是所有案件的最终裁决者,不论这些案件具有宗教性质还是具有世俗性质。克伦威尔在《限制向罗马上诉大法案》的序言中运用这种观念不是为削弱教皇司法权的做法辩护,而是要使对教皇司法权的彻底否定合法化。他确立了两个观念:首先,那种关于英国教会仅仅是罗马"天主教"教会的一部分的观念被明确摈弃了,在英国的教会已经开始变成属于英国的教会;其次,一种具有现代特色的关于政治义务的观念开始出现,正是在这个时候(而不是在此之前),世俗政府才能够使它们的这样一种要求合法化,即世俗政府应该被视作其领土上唯一的司法权力,因而也应该成为臣民们效忠的唯一适宜的对象。

这些主张的基础自然是那种关于国王是教会首脑的异端观点。亨利八世第一个试图强迫1531年的主教会议承认这一点,当时僧侣们已被指定犯有藐视王权罪并正在寻求国王的宽恕。根据大主教沃哈姆在1531年2月的主教会议上宣读的声明书,国王仅仅告知僧侣们,他有权成为英格兰教会和僧侣的唯一保护者和最高首领。主教会议的发言人试图提醒国王,只有在"神法允许"的情况下才是这样。但尽管有这种提醒,在后两年制订的一些法律,特别是1534年的法律中,国王的教会首脑地位实际上已被确认。1534年的法律肯定了安妮·博林的女儿伊丽莎白的王位继承权。承认这种继承权也就是承认坎特伯雷大主教托马斯·克兰默(Thomas Cranmer)在一年前批准的国王的离婚案。但是,承认这桩离婚也就是承认罗马主教要求的司法权"与上帝直接授予皇帝、国王和王公的伟大的、不可侵犯的司法权相抵触"。同意所谓所有这类司法权力是由上帝直接授予国王的,也就是摈弃了教皇和教会历来要求的独立权力,否定了天主教关于教会与世俗权力的适当关系的观点。《继承法案》中包含的这种思想具有划时代的性质。世俗政权无疑十分愿意提出这样的思想。这一点首先清楚地出现在附在《继承法案》的一份誓词中,这份誓词将拒绝承认国王是教会首脑的行为定为叛国罪。翌年通过的《至尊法案》更加明确地重复这一点,它直截了当地宣布:每一个人都承认国王有权被称为"英格兰教会的最高首领"。① 这样,国王至高无上的地位不仅在政治、宗教上确立了,而且还拥有了法律上的保障,使得君主王权、教会神权和法律权威三位一体,一荣俱荣,一损俱损。

亨利八世宗教改革对英国宪政制度的影响

由于亨利八世宗教改革的目的在于巩固他对国教圣公会的统治,而不是为了加尔文的新教。再加上英国的宗教改革对于尘世利益的关注多于教义的信仰,这就意味着这次改革难以在教义上有所作为。因此,虽然与罗马天主教廷决裂,但在分离的过程中却保留了天主教教义中一切可保留的东西。用 F. 基佐的话说就是:"英国国王继承了天主教教皇之位,英国国教教士则继承了天主教教士的事业"。②其实,英国教会在这场改革中是最大的受害者。在强大的王权面前,他们毫无抵抗之力。当英国国王代替教皇成为圣公会首脑,确立英国王室对宗教那种充分的、绝对的、至高无上的精神权力时,已注定了国教会将失去自己的独立和全部力量,不再具有自己的权利与权力,不得不毫无保留地服从世俗国王,承认自己的依附地位,承认君主的绝对权威,沦为专制王权的附庸。自然,国王的意图与宗教的戒律和信仰也融合成了神圣之物。然而新教徒则处在反对国王和国教的双重斗争,以及需要对

---

① [英]昆廷·斯金纳:《现代政治思想的基础》,第 363—364 页,求实出版社 1989 年版。

② [法]F. 基佐:《一六四〇年英国革命史》,第 25—26 页,商务印书馆 1985 年版。

宗教和国家体制同时改革的危险困境中,其处境比其他国家的新教徒更坏。

但是,从另一个方面来看,这也许是英国宗教改革中最值得庆幸的。"国家宗教揭示了国家的宗教向度,国家宗教本身与权力的运用,与社会秩序的不断更替总有某种联系,它为统治者在一定疆域内实施统治提供了一种神圣的根据,这样一来,反映国家宗教信仰的各种象征中就会蕴含了政治权力是最终本质和命运。"[1]当欧洲各国君主借宗教改革这股大风与罗马教廷争夺权力时,却极大地削弱了教皇的权威和天主教在社会中的控制力量,导致欧洲君主们政治权力的合法性危机,引发了一个多世纪的社会动荡与冲突。这是一个多米诺骨牌效应。而英国在这一普遍动荡不安的大背景下,却脱颖而出,执工业革命之牛耳,作民主宪政之先锋,击败无敌舰队,四海扬威,称雄世界。这与英国相对稳定的宗教格局是密切相关的。

亨利八世时代英国宗教改革对于英国宪政制度发展有着重要意义:其一,使王权在较短时间内迅速膨胀,变得空前强大,以后无论是在理论上还是在实践中均被教俗两界奉为国家最高首领,神权与王权抗衡的双重社会结构终于被神权从属于王权的一元社会结构所代替,确保了英国社会的长期稳定与迅速发展。当然,这里的王权有别于欧洲大陆和东方的绝对主义王权,它还是具有明显的有限性,要受到日益强大的议会的限制和普通法的制约。其二,使英吉利民族的独立意识高涨,使英国成为一个真正独立的主权国家,并且只有在主权国家中国王的权力和特权才能充分得到保障。其三,一些与宗教改革相关的新机构建立,从而加快了政治体制改革的步伐。

---

[1] [美]克里斯蒂安·乔基姆:《中国的宗教精神》,第 198 页,中国华侨出版公司 1991 年版。

从王权发展趋势和运作范围来看,亨利八世时代的宗教改革很大程度上是出于政治需要而客观地提上了政治斗争日程的。就国际范围而言,以教皇为最高首脑的罗马天主教教廷是一个体系严整、权势显赫的国际宗教组织。教皇被奉为上帝派往人间的最高代表,国王仅是上帝法令的卑恭仆从。教廷有权向天主教世界的各国君主发号施令,摊派勒索。从国内来看,英国教会作为罗马天主教会的一个分支,限制了王权的加强。经济方面,教会占有全国大约三成的土地,有权向全国民众征收什一税和其他多种捐献,其总收入远远超出王室。政治上,高中级教士能担任政府许多重要官职。在司法和文化教育领域,宗教势力无孔不入。整个看来,在英国政府统治时期,天主教会是除贵族之外又一支能与王权抗衡的重要力量。

另外就离婚事件而言,其核心问题是为了确保王位继承人,确保都铎王朝江山永固,带有明显的政治意图。为此必须牢固树立国王在世俗间的绝对权威,亨利八世就必须摧毁掌握神权的天主教会。亨利八世运用娴熟的政治手腕来解决棘手的宗教问题,再通过宗教改革来巩固自己的政治权力,他是这场王权与神权斗争中的最大赢家。因为这一政教格局的确立,给今后王室的生存留下了空间,并成为英国君主在现代社会中继续存在下去的重要依据。

政治上层建筑的变化总是根源于社会经济基础的变动。都铎时期是英国从中世纪封建社会向近代资本主义社会过渡的历史变革时期。在此期间,一方面封建制度日趋没落,另一方面资本主义迅速发展,因此"封建特征和资本主义特征错综拥挤在一起形成一个既非封建又非资本主义的整个世界。"[①]都铎时期英国各阶级、各阶层,或兴或衰,其中两个主要阶级正向着两个不同的方向发展:封建大贵族走向下坡路,

---

① [英]L.莫尔顿:《人民的英国史》,第219页,生活、读书、新知三联书店1976年版。

已失去往日与王权抗衡、左右国家政权的力量;新兴资产阶级和资产阶级化了的新贵族处于早期发展中,尚未成熟到足以执掌国家政权的程度。双方任何一方均无力压倒对方,处于势均力敌的平衡状态,而国王作为表面上的调停人却暂时得到了相对于两个阶级的某种独立性,王权得到了空前的巩固和加强。

随着资本主义经济的发展,国王、封建贵族和新兴资产阶级三者之间权力的彼消此长,代表着新兴资产阶级利益的下议院势力逐渐增强,对封建贵族势力的不满也愈来愈多。这种不满的日益积累,预示着将来有爆发的一天。而国王利用前两者不和得渔翁之利,亦势必引起封建贵族和新兴资产阶级的联手反抗。

虚君与宗教领袖的合一,君主立宪制的确立(斯图亚特王朝)

1603年伊丽莎白一世去世,指定远亲苏格兰国王继位,即詹姆士一世(James I,1603—1625在位),英国进入斯图亚特王朝(House of Stuart,1603—1714)。这时英国资本主义的发展已达到了一个新的水平。工业中的手工工场已相当普遍;在农业中,资本主义的农牧场也已遍布东南各郡。社会结构出现重大变化,清教徒运动蓬勃兴起,过渡时期阶级力量的暂时平衡格局被打破,以资产阶级为代表的新兴力量为争取政治上的权益利用议会作为阵地,向封建王权展开积极的斗争。与此同时,斯图亚特王朝利用都铎王朝建立起来的专制机构,不合时宜地试图把王权推向极端。议会与王权之间不可避免地发生尖锐冲突。冲突涉及政治、经济、宗教各个领域,实质是争夺国家最高权力。由于双方互不妥协,斗争愈演愈烈,终于导致相互决裂。英国从1640年开始历经内战、共和制、王权复辟,再到1688年不流血的"光荣革命",走过的道路确实证明了英国是一个稳重、中庸的民族,它不能割断历史,只能在传统中逐渐变革演进。

1640年英国内战

17世纪的英国面临着严重的内忧外患,代表贵族大地主的国王与代表新兴资产阶级的议会之间的矛盾不可调和;英国与法国、西班牙在大陆与海上的争霸战争持续不断;而宗教事宜没有着落,也是其中主要因素之一。

一、宗教背景

(一)宽容的宗教政策

亨利八世之后都铎王朝的宗教政策经过激烈而反复的波动,不少信徒被杀或亡命海外。但是由于在前朝统治时期,加尔文派信仰已为官方所接受,对这段历史的记忆激励着处于"血腥玛丽"反动统治下的加尔文教激进派开始运用私法理论中所包含的那种较浓厚的个人主义及激进的民众主义思想直接向广大同情他们的人民提出革命的要求。约翰·波内特(John Ponet,1514—1556)和克里斯托弗·古德曼(Christopher Goodman,约1520—1603)是其中的代表。他们对私法的理论做了十分明确的阐述,并将其作为论证武力合法性的主要依据。波内特的《政治权力简论》和古德曼的《臣民应该如何服从上级掌权者》都认为,我们的统治者们是"为了我们的利益"而被命定的,负有"维护和平与安宁","保护人民","坚持对一切人实施正义统治"这样一种责任。我们的统治者"只是上帝律法的执行者",他们的法令决不应"与上帝的律法和自然法相抵触"。如果他们"违反上帝的律法,而且命令其他人也这样做,那么他们就失去了其臣民本应给予他们的荣耀和服从,并且不应再被看作统治者","应该废弃这种权威"。① 正是根据这一私法理论,波内特和古德曼为武力反抗的合法性进行了辩护。

玛丽死后,信奉新教的伊丽莎白一世(Queen ElizabethⅠ,1558—1603在位)即位,她的长期统治确保了英国国教的巩固。但是这期间政治上更为重要的是其他新教团体和教派的扩展。1571年英格兰教会颁布的《三十九信条》(Thirty-Nine Articles)和《祈祷书》(Book of Common Prayer),仍是在命定论与自由意志之间模棱两可,仍希望在天主教及加尔文派之间采取中立。只是宗教上的事情很难中立,并且各人对神学解释的反应往往不可预知。

以后英格兰教会组织问题就由三种派系交互作主:(一)主教团(episcopacy)保持现制,承袭罗马传统,旧主教传位于新主教一脉相承,主教对国王负责,符合詹姆士一世的期望。(二)长老会(presbytery)采取加尔文派组织,教堂由长老及执事等构成,各人由信徒推举,也仍有全国机构,却不受国王干涉。(三)独立派(independents,日后发展为公理会[Congregationalists])将命定论的作风更推进一步,各教堂主持人由各地信徒推举,不设全国组织,各地都有独立的小教堂。奥利弗·克伦威尔(Oliver Cromwell,1599—1658)即为此派,他的军队将士以此派为多。清教徒②不限于以上各派,独立派是其中坚力量。

离开基督教神学的立场,也可以说,在需要强化民族国家,开拓殖民地,进入资本主义社会的17世纪,清教徒运动适时而生。清教徒摆

---

① [英]昆廷·斯金纳:《现代政治思想的基础》,第493页,求实出版社1989年版。
② 清教徒(Puritans)起源于16世纪中期的英国,又传入美洲,至17世纪内战时达到最高峰。原为英国国教会内以加尔文学说为旗帜的改革派,后又从其中发展出一些脱离国教会的新宗派,如长老会、公理会等。它们要求"清洗"国教内保留的天主教残余,反对贵族的骄奢淫逸,提倡"勤俭清洁"的生活,因而得名。16世纪末开始形成两派:温和派即"长老派",代表大资产阶级和上层新贵族的利益,主张君主立宪;激进派即"独立派",代表中层资产阶级和中小贵族的利益,主张共和政体。

脱了中古以来一般人在养生送死的程序中，没有选择性的成为教徒的习惯，而在这有机转型的时期中各人经过一段宗教上的灵感和经验，容易将他们的一股信心主动地放在正在他们眼前展开的新世界潮流中，将各人的冒险性格和独立精神发扬无遗。他们所要求的自由，大概也就是这主动权。

到斯图亚特时代，信仰多元化就已经是英格兰宗教图景的典型特征了。大部分人信奉官方的国教，但仍旧有相当数量的人是天主教徒、长老教会友和规避超出个别集会之外的任何教会组织的各种"独立派教徒"。

各种新教教会都对天主教和教皇的权威抱有强烈的敌意，但这实际上把它们统一起来了。它们在神学问题上有尖锐的分歧，都把自己当作是"真正的基督徒"独一无二的嫡传，都认为自己有责任把自己的观点贯彻到尘世之中。宗教宽容并没有提上英格兰新教教会的议事日程。在这样的形势下，宽容对所有各方都是"次好的"政策。直到光荣革命之后，英国都没有正式采用这种政策，但它的基础在新教的教会结构已经成为多元主义的伊丽莎白时期就已经打下了。

在所有人类的信仰中，宗教教义是最难以妥协的，因为否定神学真理并不仅仅是推理中的一种错误；它是异端邪说，是对上帝的冒犯。同时，把宗教宽容当作国策对政治影响的普遍行使有巨大的后果。对一种脱离常规的宗教的宽容就意味着它的信仰者有宣传、出版和组织的自由。在宗教群体具有这样自由的地方，就难以有效地否定具有其他的实际行为的公民也有这些自由。智识自由以及与具有类似的利益和观念的其他人相联合的自由是公民自由的根本基础，并会对国家权力实行控制的机构的发展提供支持。英格兰存在的对多元宗教观点的宽容本身就是一个有益的政治成就，而且它也促进了公民生活世俗领域中的个人自由和政治权利的发展。[①]

(二)天主教复辟危机

17世纪的英格兰可以根据国王与议会之间的权力竞争得到描述,但由于宗教在这个时期的政治斗争中发挥了如此重要的作用,以至于也可以把它当作是天主教与新教之间的斗争。詹姆士一世的内政外交遭到了议会的不满和有财产的英国人的怨恨,但另一个政策问题涉及到更大一部分人的切身利益,并产生了对斯图亚特王朝持续的敌对情绪:这就是对他们会悄悄地被迫重回天主教怀抱的怀疑。詹姆士一世对新教的个人信仰还不如他在反宗教改革运动(Counter-Reformation)[②]中采取好战的姿态并在欧洲大陆取得成功之时明确地偏袒天主教的宽容政策时给予他同教派的人留下更深的印象。

查理一世(CharlesⅠ,1625—1649在位)和法王路易十三的姐姐亨利埃塔·玛丽亚的婚姻又增加了新教徒的担忧,因为她是一名坚定的和狂热的天主教徒,而且查理在婚约中同意他们的任何一个小孩都将由他们的母亲施行天主教的洗礼并抚养成人。这就意味着英格兰的下一任国王将会是一名天主教徒这一明确的前景。虽然查理被迫放弃了他的诺言,但当他与议会的冲突加剧时,他自己对新教的敌意也加深了。英国的新教徒自己在神学问题和教会组织的原则上产生了深刻的分裂,但他们在憎恨和害怕天主教这一点上是统一的。由于新教徒在议会中的影响很大,因此能以议会为阵地与王权对抗,但最后这场对抗演变成战争。

二、国王与议会的斗争

詹姆士一世是一个绝对君主专制主义者,他不顾时代条件的变化

---

① [美]斯科特·戈登:《控制国家——西方宪政的历史》,第232—233页,江苏人民出版社2001年版。
② 16世纪末,英格兰的天主教人士发动了不少改革,曾替罗马教廷收复不少失地,在历史中称为"反宗教改革"。

和英国政治文化传统,决心将自己的一套君主专制主义理论付诸实践,于是国王和议会围绕着财政税收、议员权利、对外政策、宗教政策等问题发生了激烈的冲突。查理一世即位后,王权与议会的斗争进入新阶段。查理一世全盘继承了詹姆士一世的专制思想,在顽固不化、刚愎自用方面比詹姆士一世有过之而无不及。另一方面,议会反对王权的决心和信心进一步增强,双方立场更加不可调和,斗争更加尖锐激烈。

1628年,议会与王权的斗争进入短兵相接阶段,斗争的矛头从国王大臣、政府政策转向了国王本身。在3月召开的议会开幕式上,议员们声明必须首先革除弊政,然后才能考虑拨款。随后,下院联合上院,提出了《权利请愿书》。

为了换取议会拨款,查理一世在极不情愿的情况下于1628年7月28日忍痛签署了《权利请愿书》(Petition of Right)。

《权利请愿书》共8条,列数了国王滥用权力的行为;重申了包括《无承诺不课税法》(Statutum de Tallagio non Concedendo)[①]等在内的限制国王征税权的法律;规定非经议会同意,国王不得强迫任何人交纳类似税收的财物;重申了《大宪章》中对王权的限制和有关保护公民自由和权利的内容;规定了海陆军队不得驻扎居民住宅;不得根据戒严令任意逮捕自由人。《权利请愿书》是议会争取自由和权利而与国王进行斗争取得的胜利成果。

《权利请愿书》在技术策略和精神实质上都与《大宪章》一脉相承。它没有就国王与议会、国王与法律的关系作任何抽象说教,没有规定任何的一般性宪法原则。它的内容是具体的、现实的,但它的根本动机是剥夺国王高于法律的特权,将国王的行为限定在法律和议会许可的范

[①] 该法为英王爱德华一世于1297年确认,其第1章规定:非经国王之大主教、主教、伯爵、男爵、武士、市民及其他自由民之自愿承诺,则英国君主或其嗣王,均不得向彼等征课租税,或摊派捐款。

围之内,其最终结果必将是国家最高权力从国王手中转移到议会手中。因此,笔者认为《权利请愿书》应该被视为是英国君主立宪制建立过程中的一个法律重要文献。

但之后查理一世抛开了议会,实行长达11年的"无议会"个人专制主义统治,进行政治镇压和经济搜刮,对清教徒的迫害变本加厉。这也使《权利请愿书》在事实上已被国王所抛弃。

战争的起点是在苏格兰,因查理一世想强迫苏格兰长老会接受主教制,遭到后者坚决拒绝。查理一世想用武力镇压反抗,却受到议会中清教徒的强烈反对,由此引发了国王与议会之间的内战。结果是1649年国王战败,被俘,上了断头台,英国从此成为了一院制共和国,议会控制了全部国家权力。其后9年就由奥利弗·克伦威尔当政。克伦威尔以护国公的名义,建立了以清教徒严峻精神为标记的专政。

随着护国政体的建立,英国一院制共和政体已名存实亡,在素以尊重传统、崇尚中庸的英吉利民族中,极端的道路往往是行不通的。另外,从17世纪的时代条件看,资本主义的发展还不充分,资产阶级正处于形成过程中,在政治上、思想上都极不成熟,共和制成功的历史条件还不具备。共和制实验的失败把革命带进了死胡同。英国人民为推翻君主专制、争取议会主权奋斗了几十年,但希望却更加渺茫,议会跳出了国王的手心,随即又落入了护国公的掌中。

在克伦威尔去世后,政权落入高级军官集团手中,他们相互争权夺位,倾轧不已,造成政府失控,社会动荡不安。暴风骤雨式的革命及其令人极度失望的结局使人民认识到,不妥协的对抗,无限制的斗争是没有出路的,不要国王的绝对议会统治和不要议会的绝对国王专制一样都是行不通的。要重建和维持稳定的政治秩序只有通过议会与王权的协调与合作才能实现。

查理二世(Charles Ⅱ,1660—1685在位)乘机复辟,遵循其父查理一世的政策继续治理英格兰和苏格兰。面对查理二世的疯狂镇压,资产阶级一方面与他妥协,在经济、外交政策上保持合作,在宗教问题上虽有分歧,但未发生尖锐冲突。另一方面为维护自己的利益也对国王的专横进行了限制。1679年资产阶级通过议会,迫使国王签署、批准了《人身保护法》(Habeas Corpus Act)。①

《人身保护法》共20条,主要内容是对被拘禁者申请"人身保护令"有关事宜的规定。虽然并没有规定任何实体权利,但它通过对王权和封建司法机关的专横加以限制,逐步建立资本主义的司法制度,以维护资产阶级在司法活动中的基本人身权利。在光荣革命之后,《人身保护法》仍受到重视并被利用和解释,被英国历史学家和法学家称颂为保障人权和英国宪法的奠基石。

"光荣革命"——君主立宪制的确立

一、宫廷政变,保留国王

从表面上看,1660年查理二世的复辟,是对清教徒革命的一种反动。斯图亚特王朝既恢复它的政治权威,英格兰教会也重新掌握了宗教上的独一地位。可是实际上的发展并不如此顺利。查理二世恢复的不是伊丽莎白式的王位,而是君主立宪制的王位,王权远非革命前那样强大,很突出的一点是他不能随意不要议会,不能漠视圣公会的国教地位,并且对教会也"不能完全革除清教运动的潜在意识"。② 查理二世虽是新教徒,但内心倾向天主教,他计划先实行所谓的宗教宽容,使天主教徒取得自由,然后伺机恢复天主教的统治地位。查理二世的弟弟,信奉罗马天主教的詹姆士二世(James Ⅱ,1685—1688在位)接替其兄

---

① 即《关于更妥善地保护臣民并严禁海外监禁的法律》。
② George N. Clark, *The Seventeenth Century*, pp. 121—122, New York, 1947, 2nd ed. 1961 reprint.

即位后即着手借助国教会和托利党人①的支持,处罚那些妨碍他继承王位的清教徒,逐渐在英国恢复天主教。因为害怕国王在英国恢复天主教,又不愿发动下层民众革命,议会两党于是摒弃前嫌联合起来于1688年发动宫廷政变,邀请信奉新教的詹姆士二世的女儿玛丽(Mary)和女婿荷兰执政威廉(William)继承英国王位,史称"光荣革命(Glorious Revolution)"。

光荣革命成功地从根本上改变了英国宪政制度的发展方向,同时又没有割断历史、超越传统。原有君主制的形式继承了下来,国王继续保留了许多重要的权力,如决策权、行政管理权、大臣任免权等。但是这些权力已不再被视为国王个人与生俱来的特权(Prerogative),而只是议会允许其拥有的权力罢了。国王既无实权,对于政治又不负责任,为何要保留?要了解这一问题,就必须知道英国宪政制度是以"国王在议会中"为基石发展起来的,如果没有核心人物——国王,就无法实施这种制度。保留国王在积极方面有益,在消极方面无害,他的存在有四种利益:一、国王担负着几种必要的任务,如接待外宾、组织内阁、解散议会等等;二、国王是政府的顾问,是两院两党矛盾的调停人,维系着整个政局的安定;三、国王是联合王国统一的象征;四、国王是英国最高宗教领袖,在宗教仪式及社会道德方面,是一般人的模范。而笔者认为正是最后一点对于英国保留国王起了决定性的作用。其他职权均可另设总统、主席等国家元首来行使,而惟有宗教领袖非一般人经选举就可担

---

① 查理二世和詹姆士二世在位期间,英国的政党已开始崭露头角。查理末年准备在议会通过法案,反对詹姆士即位者,称为辉格党(Whigs)。而维护詹姆士、支持国王及教会传统体制者为托利党(Tories)。1688年光荣革命虽以辉格党为主体,也有托利党人的支持,才能产生一种不流血的革命。1689年以后辉格党更采取主动,在地区市镇分别增加实力。随着时间的推移,两党的性格愈趋明显。辉格党代表大地主及新兴商业利益,托利党代表各处乡绅及英格兰教会的利益。前者以伦敦为中心,后者较具内地色彩。前者转化为自由党,后者演化为保守党。

任的,他必须拥有历史传统、信徒忠诚和教会承认。而在英国只有国王才符合这些条件,所以国王必须保留。

二、限制王权,议会至上

光荣革命以后,虽然邀请威廉回英国担任国王,但资产阶级和新兴贵族并无意把全部国家权力交还给国王行使。因此,他们就必须利用议会来牵制王权,确立议会至上的原则,以此来维护自己的权益,操纵国家大权。1689年议会通过了限制王权、议会至上的《权利法案》(Bill of Rights)。

《权利法案》共有13个条款,是奠定君主立宪制政体的重要宪法性法律之一,内容大致如下:[①]未经议会同意,国王不得实施或中止法律,不得征收和支配税款,不得征集和维持常备军,不得设立宗教法院和特别法院,不得滥施酷刑和罚款,不得在判决前没收特定人的财产;臣民有向国王请愿的权利;议员在国会可以自由发表言论而不受议会以外任何机关的讯问等等。该法还确认了奥兰治亲王威廉继承王位和玛丽成为王后的事实,制定了一套忠实于国家及其主权的誓言,并规定罗马天主教徒及与天主教徒结婚者不得继承王位。最后废除了国王施行法律的权力。

1694年议会又通过了《三年法案》,规定议会至少三年召开一次,每届议会不得超过三年。《三年法案》是对《权利法案》的重要补充,它使议会成为一个常设性的立法机构;又防止了国王和权臣在议会中培植自己的势力。

鉴于王位继承出现危机,为了杜绝天主教徒继承王位的可能性,议会于1701年1月通过了《王位继承法》(The Act of Settlement)。该法

---

① 关于《权利法案》的部分内容,参见周一良等主编:《世界通史资料选辑》(近代部分),第28—29页,商务印书馆1964年版。

是《权利法案》的补充，也是奠定君主立宪制的重要宪法性法律之一。它根据长子继承制原则，详细规定了威廉去世后王位的继承顺序，规定今后王位一律由信奉新教者继承；与罗马天主教交往者、信奉罗马天主教、与罗马天主教徒结婚者，一律丧失继承王位的资格。旨在彻底排除罗马天主教徒继承王位的可能性。同时，为了防止外国人染指英国政权，规定外国人不得担任议会上下两院议员及其他重要官职。此外它还规定，非经议会解除职务，法官可终身任职，从而保障了司法的独立性；凡在王室担任官职，领取薪俸者，均不可担任议会下院议员；非经议会通过、国王批准，一切法律均属无效。王位继承法又规定，任何官员大臣对议会下院的弹劾，不得凭借国王赦免而进行抗辩。王位继承法还规定，凡登上英国王位的国王或女王，都应依照英国法律的规定管理政务，所属官吏和大臣也都应该按同样的法律为国王效力。[①] 该法确立了君主立宪制政体，并进一步明确了国家基本结构和政权组织方式及活动原则。

这一系列法案的通过和实施，极大地限制了国王的权力，扩大了议会的作用，标志着君主立宪制在英国的奠立。同时，这些法律性文件的颁布和实施，还为英国建立近代资产阶级国家的基础结构和政权的组织方式、活动原则提供了法律依据。它们既是资产阶级及广大英国人民与专制君主进行抗争的结果，也是资产阶级与封建贵族相妥协的产物，还是新教战胜天主教的旗帜，在英国历史上，乃至世界的宪政史上浓浓地书写了一笔。

至此，英国资产阶级的宪政制度已基本确立。以后英国虽历经工业革命、自由资本主义时期、垄断资本主义时期和两次世界大战以及

[①] 姜士林、陈玮主编：《世界宪法大全》（上卷），第1131—1132页，中国广播电视出版社1989年版。

20世纪晚期欧盟的成立,但由于其宗教制度一直衍续下来,一以贯之,英国宪政制度及各项法律制度只是随着时代的进步而更加完善、更加科学、更加民主,笔者也就不再阐述了。

结　　语

正如恩格斯所说:"如果说唯物主义成了法国的信条,那么敬畏上帝的英国资产阶级就更加紧紧地抓住了自己的宗教。难道巴黎的恐怖时代①没有证明,群众的宗教本能一旦失去,会有什么样的结局?"②正是由于英国与欧洲大陆国家选择了不同的宗教发展道路,而且加以利用,这才决定了英国宪政制度的独特。由于地理原因,英国一开始便没有处于罗马帝国的统治之下,使得罗马天主教对英国教会的控制也没有像对欧洲大陆诸国那么严格,因而英国王权有机会凌驾于教会之上。但这只是英国走独特宪政发展道路的一个契机罢了。

在写作本文的过程中,笔者发现无论从过程还是结果看,英国的宪政发展是相当独特的。从发展过程看,英国宪政制度的变迁主要在于国王权力的变化:从封建宗主到专制君主再到国家象征,国王的权力从加强到逐渐衰弱,这个过程到处点缀着宗教色彩。封建宗主利用"王权神授"思想为自己的地位披上了神圣、合法的外衣,巩固了王权,成为封建国王。封建国王通过控制国教会,极大地提高了国王的权力,成为教、俗两界的最高领袖。又由于清教徒运动的蓬勃发展,以清教徒为主的新兴资产阶级和资产阶级化了的新贵族联合信奉国教的教会僧侣、封建大贵族共同反对代表天主教势力的国王,于是"国王不能为非

---

① 指法国大革命。
② 《马克思恩格斯选集》第3卷,第396页,人民出版社1976年版。

(The King Can do no Wrong)",只是名义上的君主。从这一系列的权力演变不难看出,宗教在英国宪政发展史上起着推波助澜的巨大作用。

从最终结果看,英国在1688年发动"光荣革命"确立君主立宪制。在形式上,英国采用不流血的非暴力形式——"光荣革命"。在英国的历史长河中,英国不是没有经历过流血的暴力斗争,从30年的玫瑰战争到1640年的内战,国家权力失控,社会动荡不安,人民饱受战乱痛苦。反而,国王通过与教会之间既斗争又妥协的形式巩固了地位,提高了权力。于是人民又把目光投注到这种相互妥协、融合的形式,而且这也符合英吉利民族保守、稳重的本性和注重历史传统的精神。在内容上,英国保留了国王,建立了君主立宪制。因为这时的国王已不仅是英国人民的国家元首,而且还是他们的宗教首领、精神领袖和道德典范。专制政权可以颠覆,但历史传统不能全盘否定,教会组织也不可彻底铲除,宗教信仰更不能断然放弃,所以国王不能废除,王室必须存在。然而历史在继续,社会在进步,经济在发展,思想在更新,新兴资产阶级和广大人民要求获得更多的政治权益和经济利益,就又不得不限制王权,提倡主权在民、议会至上。这也是宗教对近现代英国宪政制度产生的最大影响。

综上可知,王权与教权自产生时起就充满斗争,但为了各自生存和发展又不得不相互妥协,分分合合,历经一千多年的风风雨雨,走出了一条融合之路——最先以非暴力的改良方式确立了君主立宪制,奠定了近代史上英国先驱的地位。

可以设想一下,如果英国国王不是英国最高宗教领袖,资产阶级革命还会保留国王?英国还会确立君主立宪制?恐怕那时的英国会预演一遍法国大革命。所以,笔者坚持认为,宗教在英国的宪政发展中是一个决定性因素。当然,笔者并无意否认政治、经济、文化、传统、地理等因素也在发挥着一定的作用,但这些因素哪一个又能与宗教截然脱离呢？毕竟它们都是西方文明。①

　　基督教史就是西方文明史，基督教自产生之日就对罗马帝国产生了极大的影响。而古老的东方——中国也是从图腾崇拜开始了文明的萌芽。在早期的文明世界里，任何一个民族的伦理道德精神和价值学说都是由宗教所建立的，而伦理道德精神和价值系统不仅是一个国家政体选择的文明基础，也是一个国家政治、经济、法律等几乎所有制度的文明基础。"一切文明现象都应被视为一整套相互关联的价值观、利益和信仰的体系的呈现。"②宗教是文明的一部分，是社会的一部分，属于意识形态，具有相对的独立性和延续性。对意识形态领域内的文明，采取任何强行措施都只能弄巧成拙，西方的宗教裁判所、圣巴托罗缪惨案③以及在中国类似的焚书坑儒、文字狱等惨案只能激起人民更大的愤怒与反抗。斗争与和谐是社会前进的动力，没有斗争，则社会难以进步；失去和谐，则社会难以维持。在宗教这个问题上，如何取得这两方面的平衡，是每一个前进中的民族，每一个面临改革的国家所面对的难题。当然如何解决这一难题，还需要依据各国的历史传统和具体国情。

　　"人类若没有一种始终如一的生命学说和一种学说依据的信仰，便无法继续生存下去。否定与批判的时代后面，接着便是建设的时代"。④

---

　　① 文明的定义就是指在一定的社会范围内，人们所见到的政治、社会、经济、宗教现象的总体。参见[法]J.阿尔德伯特、德尼兹·加亚尔、贝尔纳代特·德尚等著：《欧洲史》，第9页，海南出版社2000年版。
　　② [美]卡尔·J.弗里德里希：《超验正义——宪政的宗教之维》，第2页，生活.读书.新知三联书店1997年版。
　　③ 指1572年8月法国皇太后卡特琳屠杀新教胡格诺派的事件。
　　④ [英]詹姆斯·布赖斯：《神圣罗马帝国》，第432页，商务印书馆1998年版。

印度宪政史考略

——以1950年《印度共和国宪法》为中心

廖 初 民

导 言

印度共和国宪法(以下简称"印度宪法")以395条条文、12个附表而成为世界上最长的宪法之一,这一事实已表明其存在一些特别的规定。事实上,印度宪法所确立的联邦制体制、议会制形式既体现出国家结构形式的一般要求,也突出反映了印度本土的特色,亦即联邦制名义下的"单一制";而议会制与总统制的取舍,至今仍然是印度国家面临着的一个问题。如此等等,这些都颇值得我们去探究与思考。

在探讨印度宪法的相关内容之前,有必要先指出印度宪法制定时所涉及的巨大任务。这可以从立宪者们当初所面临的各项问题中做出分析。

首先,立宪者们必须制定一部宪法以联合全印度3亿多人口。人口众多的问题并不是一个可以忽视的问题。在印度有许多的政党,也存在适用不同地区的许多种语言,这些都是差别,也都是立法必须囊括的问题;除此之外,立法还必须照顾到印度所特有的诸如种族与部落地区的一些落后地区的情况。对印度而言,虽然有着众多的人口,但仍能够通过一部统一的宪法,施以对整个国家都包括在内的管理。

其次,印度联邦的问题具有重合性。一方面,英国在印度至上权威的丧失,使得印度各邦从英王的统治中解放出来。英王对印度各邦实施的长久的统治突然之间就宣告终结,能够控制各邦秩序的中央权力也就随之消失。在法律上,对任何邦或邦的联合而言就可以公开宣称独立,甚至是与外国政权达成协议而成为一国之内的独立政权的实体。事实上,这种趋势在当时是可以预测的。印度各邦于1950年3月15日公布了白皮书:"形势的严峻主要就是因为一些邦试图实现个人的野心而牺牲民族利益所导致的。在一些邦如海德拉巴(Hyderabad)所发生的事件就表明了这一点。"[1]因此,这些邦就将被引入一个中央集权的范围。另一方面,较小的邦的明显脆弱,其中大部分还没有在立法会中形成公众代表与完全自治管理,因而将不得不被取缔。印度宪法只有解决了各邦的各个方面的问题,各邦才能随之形成一个有着统一权力的联邦实体。在联邦制实体中,专制制度在各个方面必须被彻底清除。

再次,印度民族以及民众间的关系问题又是一个颇为棘手而又迫切需要解决的问题。这一问题已存在很长时间了,第二届圆桌会议之所以未能举行,就是因为这一问题没有得到解决。尽管当时存在许多解决这一问题的想法,但却最终未能达成解决这一问题的方案。结果是,这一问题最终导致了国家的分裂。印度宪法消除了区分选区这一破坏印度政治生活的规定,也完全可以在立法议会中取消为不同团体保留席位的制度,除了两个阶层的人例外,即受压迫阶层及部落居民。根据宪法规定保留期限仅为一年,但实际上后来由于宪法的连续修订而使这一期限一再延长。

---

[1] V. N. Shukla, *Constitution of India*, Revised by Mahendra P. Singh, Eastern Book Company Lucknow, Delhi, 2001, p. 6.

基于以上几方面的考虑，立宪者们认为应对印度宪法做出尽可能详细的规定，即印度宪法应是一部综合性较强的立法。印度宪法是一份较为详细的立法文件，世界上罕见的一部如此综合的立法。

使得宪法内容大幅度增多的原因，笔者以为主要有以下几方面：

第一，与美国宪法及澳大利亚宪法不同，印度宪法包括了联邦及各邦政府体制的规定。在这一点上，印度宪法参照了加拿大宪法的做法，因为加拿大宪法认为一部宪法不仅仅是联邦宪法，而且还是各邦的宪法；

第二，一些地区如表列部落地区由宪法中一些特殊条款所规定。这就意味着保证了表列部落地区人们的财产和自由；

第三，对一些经济文化落后的地域也做出了专门的特殊规定；

第四，许多传统条款得以保留；

第五，宪法列举了一系列的基本权利及相当数量的国家政策的指导性原则。宪法中所规定的基本权利并不是绝对的条款，而是受到限制的；

第六，相当多的宪法条款吸取了其他国家宪法实施过程中产生各种弊端之后的经验；

第七，各种机构设置的运作细节条款也在宪法中做出了规定，主要是避免为使宪法有效运作可能遇到的各种困难；

第八，有关行政管理权力实施的细节部分也做出了规定，其原因主要在于立宪者们也不能确信民主的力量及能力能否有效规制这些行政权力。

印度宪法除了内容的丰富之外，其渊源的众多也是一个颇值得关注的方面，这可以从以下几方面做出分析：

1. 宪法修正案。对印度宪法的考察不能仅从其宪法条文本身进行，还应从多方面展开，其中重要的一方面就是宪法修订。到目前为止,印度宪法已进行了 83 次修订,其中一些修订已改变了 1950 年印度宪法颁布时的规定。1951 年第 1 次修订、1955 年第 4 次修订、1956 年第 7 次修订、1960 年第 17 次修订以及 1971 年第 71 次修订都是非常重要的,它们也都是印度宪法的组成部分,自然就成为印度宪法的渊源。[①]

2. 议会立法。宪法对许多条款授予印度国会以立法权,这样印度议会不间断地立法,这些相关的立法也就构成了印度宪法的组成部分。这些立法主要有以下几项:

(1)1950 年预防拘留法;

(2)1950 年人民代表法;

(3)1951 年人民代表法;

(4)1951 年财政委员会法;

(5)1952 年总统与副总统选举法;

(6)1952 年部长薪水与津贴法;

(7)1954 年高等法院法官法;

(8)1955 年印度公民身份法;

(9)1955 年公民权利保护法;

(10)1956 年各邦组织法;

(11)1956 年领地委员会法;

(12)1956 年比哈尔及西孟加拉法;

(13)1956 年印度最高法院(法官数量)法;

(14)1957 年法律委员会法;

(15)1959 年议会法;

[①] V. D. Mahajan, *Constitutional History of India*, S. Chand & Company Ltd, Ram Nagar, New Delhi, 1982, pp. 31—32.

(16) 1960 年孟买组织法；

(17) 1953 年安德拉邦法；

(18) 1957 年那加希尔—杜恩桑地区法；

(19) 1961 达德拉和纳加尔阿维利法；

(20) 1862 年果阿、达曼和第乌法；

(21) 1962 年那加兰邦法；

(22) 1963 年官方语言法(1968 年修订)；

(23) 1965 年联邦领地(直接选举人民院议员)法；

(24) 1966 年旁遮普组织法。

3. 司法判例。印度最高法院对印度宪法各方面所做出的大量判例也是印度宪法的渊源。在 Gopalan(高帕澜)诉马德拉斯邦一案中，最高法院界定了公民自由权利的范围。1951 年在马德拉斯邦诉 Champakan Dorairajan 都莱拉简一案中，最高法院认为，宪法中的基本权利一章是一个牺牲品，因为它们不能对任何立法或行政行为产生拘束作用，国家政策的指导性原则可以与之抵触。在 1965 年 Keshav Singh 斯因诉 Allahabad 高等法院法官一案中，最高法院严格定义了高等法院的司法权及邦立法权的范围，认为高等法院应该受理 Keshav Singh 斯因的起诉。在 1967 年 Golak Nath 纳斯诉旁遮普邦一案中，最高法院认为印度议会无权变动由印度宪法所确立的公民的基本权利。在旁遮普邦诉 Sat Pal Singh 帕勒斯因一案及旁遮普邦诉 Baldev Prakash 普拉卡西一案中，最高法院对邦长的立法权限做出了界定。[1]

4. 法学理论。宪法理论也是宪法的渊源之一。由印度学者瑟勒崴(H. M. Seervai)所著的《印度宪法》就是其中的典型，它是印度关注宪

---

[1] V. D. Mahajan, *Constitutional History of India*, S. Chand & Company Ltd, Ram Nagar, New Delhi, 1982, pp. 32—40.

法的人必读的经典著作。其他诸如英国学者詹宁士(Jennings)的《印度宪法的一些特征》、阿勒克斯安交兹(Alexandrowcz)的《印度宪法的发展》、格勒德易(Gledhill)的《印度公民的基本权利》及《印度共和国》,而由加尔各答高等法院法官巴苏(Basu)所著的《印度宪法诉讼》则为印度宪法提供了一个颇有价值的注释。

5. 印度宪法委员会的报告。印度宪法委员会的报告也是印度宪法的渊源。在1950年高帕澜(Gopalan)一案中,就参考了宪法委员会的讨论意见;在1967年纳斯(Golak Nath)一案中,11位最高法院法官一致同意援引宪法委员会的报告以支持其辩护理由。[①]

6. 印度宪法的许多规定直接来源于1935年印度政府法。这样,根据该法所做出的判决自然也就是印度宪法的渊源。不仅如此,1919年印度政府法、1858年印度政府法及其相关判例都是印度宪法的重要渊源。

7. 在印度宪法实施过程中,存在许多惯例,它们也是印度宪法的渊源。在任命各邦邦长时,联邦政府应该听取该邦的意见,这一做法并没有任何法律的明文规定,它仅仅是一个惯例而已。有关总统仅仅是形式上的国家元首就是一个后来形成的惯例。议会制政府形式的惯例就在联邦与各邦都被遵守。内阁与总理同进退、总理及部长必须是议会中多数党的领袖等都是惯例。

8. 其他国家成功的立法经验也是印度宪法的渊源之一。印度宪法的许多规定都是在参照借鉴其他国家立法经验及判例基础上作出的,其中较为明显的是美国、澳大利亚、英国等。

综上,印度宪法的丰富内容及其众多渊源的特征都很值得我们去

---

① V. N. Shukla, *Constitution of India*, Revised by Mahendra P. Singh, Eastern Book Company Lucknow, Delhi, 2001, p.16.

对它做进一步的探究,笔者试图在此方面做些努力。

对印度宪法的论述可从各个不同的角度展开,本文试在追溯印度宪法发展历程的基础上,分析现行印度宪法的基本内容,在对印度宪法实施中的频繁修订现象进行描述与剖析的前提下再对印度宪法的发展以及展望做一些反思,其中提出笔者的一些观点。

一、印度宪政之路的简要检索
——以立法为中心

成文宪法得以起草及颁布,主要在于民众渴望一个新的开端,但没有任何宪法的制定可以完全独立于其过去,印度宪法也不例外,"所有宪法都是过去的继承者,也是未来的开创者。"[①]进而,如果对宪法制定的历史过程做一简要回顾的话,印度宪法的一些重要特征就可以得到很好的理解。然而,也并非对任何一个阶段都做叙述,除了为大家所悉知的"英国化阶段"[②]外,因为印度的现代宪政仅仅起源并发展于那一阶段。

印度宪法在很大程度上根源于英国在印度颁布的一系列法令。这些法令以 1600 年成立的东印度公司为开端。虽然公司一开始并非是政治组织,而只是商业组织,但这种商业性质在以后的一个半世纪发生了变化,亦即随着印度莫卧尔王朝的终结,英国完全取得了印度的直接统治权,这一权力就通过东印度公司来行使。为行使其管理权力,英国

[①] Jennings, *Some Characteristics of the Indian Constitution*, (1953), p. 56. 参见 V. N. Shukla: *Constitution of India*, Revised by Mahendra P. Singh, Eastern Book Company Lucknow, Delhi ,2001, p.44.

[②] "英国化阶段"指的就是印度逐步沦为英国殖民地时期,大致从 1600 年东印度公司设立时起,至 1947 年印度宣布独立为止。

议会颁布了一系列立法,它们对后来印度宪法的制定产生了一定的影响。这些立法包括了1773年管理法、1784年皮特法以及一系列令状,从而最终在印度形成了一个高度中央集权的管理模式,其中最明显表现就是成立以印度事务秘书处全权代表英王负责一切印度事务的官僚机制。此一集权式的管理极大地挑起了印度人的民族意识。他们在后来的多次运动中提出了分权的要求,亦即中央与各邦权力分立。这也可以被视为是后来在印度宪法中联邦制得以采用的根源之一。在立法上表现为1861年印度委员会法、1909年政府组织法、1919年政府组织法以及1935年政府组织法,其中1935年政府组织法明确规定了在印度采用联邦制的组织形式。因而,正如有印度学者所提出的,"如果用一个词来描述1858年以前英国在印度施行的管理模式的话,那就是'集权'(centralisation);同样,如果用一个词来描述1858年以后英国在印度施行的管理模式的话,那就是'分权'(decentralisation)。"[①]两个不同的阶段共同铸造了1950年印度宪法的最为明显的特征:联邦制下的单一制。因而,追溯印度宪法的发展历程,笔者以为就可以从这两个方面进行分析。

(一) 殖民时期印度宪政形式的起步——"集权"管理模式

1. "东印度公司"

英国殖民统治在印度得以建立主要是通过贸易公司这一代理机构——东印度公司而开始的。该公司在英国始建于1600年。根据伊丽莎白女王一世的一项特许状,授予该公司在亚、非及美洲各地贸易方面的专断权力,其管辖范围除了好望角,还延伸到了麦哲伦海峡。该公

[①] M. V. Pylee, *India's Constitution*, Asia Publishing House Ltd., Bombay, 1979, p.35.

司建立后,将其贸易中心或制造业中心分散到印度的几个地方。随着时间的推进,在孟买、加尔各答以及马德拉斯就成为主要货物聚散地。在此过程中,除了孟买的统治权为英国王室所收回外,任何一处英国殖民者所占据的据点都获得了特许状的特权。勃朗哈姆(Brougham)勋爵在勒喜斯(Lyons)市长诉东印度公司一案中,描述了他们在加尔各答占有的财产的处理方式:

"孟加拉公司的设立受到已成立的政府的特许的影响,被授予统治权,并行使其权力。在得到政府的许可后,加尔各答公司组建,工厂得到巩固,但与石油业主进行的贸易却受到严格限制。在任何早期阶段,通过各种方式他们交换有关于统治权的特许状;或者相反,由他们亲自控制,或由王室的帮助,因为对王室而言,其统治权能被确定——被赋予了王室的统治权是长久的……。"①

这一处境的自然结果本该是对地方法律的遵从,但总体上说这种情况并未出现。他们被允许根据"其国家统治者的无能"而抵制适用法律及政府所做出的决策,这就使得法律的适用具备了不可能性。② 在这些情况下,英王有必要授予他们一些立法权力,尤其是在公司成为印度权力机构之前。1601年伊丽莎白女王以特许状授予总督与公司:

"随时自行调整……在英国的管理下,组建法院以处理公司相关事务……其行为具有法律效力,同时对他们而言,更应集中起来颁布许多合理的法律、宪法、命令以及政策"。③

公司也有权通过规定非监禁的处罚或罚款这些看起来必要的措施

---

① Jennings, *Some Characteristics of the Indian Constitution*, (1953), pp. 273—274. V. N. Shukla, *Constitution of India*, Revised by Mahendra P. Singh, Eastern Book Company Lucknow, Delhi, 2001, p. 46.

② 英国枢密院在孟加拉总督诉 Ranee Surnomoye Dossee 一案中所援引的 Stowell 勋爵在"*The Indian Chief*"一文的观点。

③ 参见1774年"东印度公司特许状、章程及约定"。

来实施法律。但公司的立法权也受到限制：由公司所制定的法律不得与英国的法律、法规及习惯相抵触。相类似的权力也由英王詹姆士一世及查理二世所颁布的特许状于1609年及1661年相继进行。这些法律都被要求公开,但现在却无任何踪迹可循。后来人们猜测,可能是这些法律都涉及到了公司的垄断贸易。由威廉三世在1689年所颁发的特许状并无涉及立法权力,主要在于他们意识到这些权力必须取消。[1]

直到18世纪中叶,英国才把商业与制造业分开,但接下去的一系列事件的发生——1757年普拉西(Plassey)及1764年布克萨(Buxar)战役的胜利——使得英国人成为实际上的孟买的统治者。因而,英国东印度公司就完全地控制了印度地方的政治经济权力。在此过程中,公司所采取的各项管理措施就明显地体现出了一种集权的模式。笔者以为,这也可以视为是印度宪政的雏形,即以集权的方式施以管理。

2. 三部法案：1773年管理法案、1781年法案、1813年特许状法

1773年管理法案是第一部议会立法。该法在东印度公司已获得对印度东北部大片领地统治权后通过,立法的目的在于形成一项规则以便于更好地管理公司事务。该法确立了孟买政府,主要由总督及各委员会组成。他们成为孟买民事及军事的统治者。孟买及马德拉斯的政府从属于总督及委员会,他们成为印度最高政府。该法的另一项重要规定是加强了王室的权力,通过特许状在孟买成立最高法院的方式,对反对英国统治的刑事案件以及定居在孟买、比哈尔以及奥里萨邦的雇员刑事案件施以管辖。法院的民事案件管辖权扩展到所有居住在这三个邦的英国人及公司雇员或英国雇员。就立法而言,总督及委员会有权制定"规则、法令以及政策"。该法在一定情况下从属于总督及委

---

[1] V. N. Shukla, *Constitution of India*, Revised by Mahendra P. Singh, Eastern Book Company Lucknow, Delhi, 2001, p. 47.

员会的立法权力。首先,由他们所制定的规则必须与英国法律保持一致。其次,作为一个生效要件,必须要有最高法院的登记。记录的目的不仅是一种颁发法律的方法,而且也是最高法院有权否决因为记录而从属于它的法律。再次,总督及委员会有责任向英国汇报这些规则,英国皇家委员会则有权在两年内的任何时候否决该项规则。该法也规定,由总督及委员会制定的规则应公之于众。最高法院的登记必须是在规则公开后 20 天期满进行,并必须在最高法院显眼的位置公布这一规则。①

议会制定的另一部法律于 1781 年通过。总督及委员会有权为"邦法院和委员会"制定规则。这些规则必须告示于法院及各邦的秘书处,他们可以在 2 年内对之施以否决。这样,从 1781 年起总督及委员会的立法权就来源于两部议会立法:1773 年管理法及 1781 年法。但两部法律所规定的权力在其领域内互不一致,包括立法的对象的范围及立法方式等方面。管理法赋予公司以更大的权力,目的在于解决公司事务,而 1781 年法则授权制定规则的目的在于地方性要求,如孟买、岱瓦尼(Diwani)王国。② 虽然管理法明确不限制立法权的地域范围,但其中一段时间内被解释为包括了岱瓦尼(Diwani)授权的范围。另一方面,1781 年法则仅授予邦法院及委员会立法权力,从字面上解释该权力,意思是只能对法院的程序做出规定。但实际上最高法院制定了大多数规则,其中的大部分已影响到了由 1781 年法所授予的社会主体的权利与财产。最后,有关于这两类权力的运作由最高法院登记是根据管理法制定出来的法律得以生效的先决条件。

---

① S. K. Puri, *Indian Legal and Constitutional History*, Allahabad Law Agency 9, Unwercity Road, Allahabad, Delhi, 1983, p. 52.

② Harrington, *Analysis of the Law and Regulations of Bengal*, p. 8. Keith, *A Constitutional History of India*, 1936, p. 90. V. N. Shukla, *Constitution of India*, Revised by Mahendra P. Singh, Eastern Book Company Lucknow, Delhi ,2001, p. 53.

综上，笔者认为，就早期在印度实施的法律而言，其规定为行政活动所遵守，立法本身则是一项完全的特许行为；通过对诸多官员及公众权力机构权利义务的设置，行政管理中的任意性与强迫性都必须接受已实施的法律的检测。这样，集权模式的权力运作在此一阶段的印度就得到了明显的体现，而这也就为印度宪政中的中央集权制模式奠定了坚实的基础。

（二）殖民时期印度宪政形式的变化
——由"集权"向"分权"管理模式的转变

1. 1833年特许状法

1833年特许状法反映了印度法律体系中的重要变化。该法首先就授予总督在印度的立法权，由总督及四位普通成员组成。其中三位成员都是从与东印度公司签有服务协定的人员中任命，第四位则是从未在公司中任职的人员中任命。第四位成员（通常被称为是"法律成员"）的职责完全被限定为是法律意义上的主体。他无权赞同或反对，行使着仅仅是礼节上的权力。马德拉斯及孟买委员会既有的权力被取消，他们仅仅有权承认总督委员会认为是权宜之计的任何法律的草案或实体，要求总督委员会将这些草案及实体纳入考虑范围以及将其决定与对他们做出建议的当地政府进行交流。总督委员会独有的立法权力扩大到为印度所有人、地方、事情及公司所控制的任何地方的法院进行立法。但这一权力并没有扩大到某些特殊事情的法律实施方面。英国议会仍有权在印度颁布法律。除此之外，另一个重要变化是，根据先前特许状所制定的法律被称为是规则，但根据1833年特许状所颁布的则被称为法律；而且，由总督及委员会所制定的法律可以由法官所否决,但当这些法律与任何议会法律在其领域具有相同效力时除外。①

2. 1853 年委员会法

1853 年法更改了 1833 年法的许多规定,在将立法权从行政权中分离出来方面采取了更为谨慎的步伐。根据新法规定,总督委员会在行使其立法功能时,增加为由六个新成员组成的称为"立法成员"来决定。他们是孟加拉大法官、最高法院陪审法官;另四名为马德拉斯、孟买、孟加拉及西北邦经过严格任命的官员。第四位普通成员(法律成员),仅仅是为了法律事务而被召集的成员,他为一名完全成员,即他有权参与行政及立法事务。六名成员加上总督或总统必须符合法定人数,而其中一名法官或四名普通成员在处理法律事务时出席也是必须的。但不管总督是否出席委员会的会议,如果没有总督的认可,委员会所制定的法律还是不能获得通过。这样,根据 1833 年法规定,总督就获得了法律否决权。

(三)殖民时期印度宪政形式的确立
——含有"集权"色彩的"分权"的管理模式

1.《1861 年印度委员会法》

《1861 年印度委员会法》主要内容是英属印度的行政制度的变革,但其在立法方面的规定则更显得重要,主要有以下几方面的特点:第一,扩大了立法成员的队伍,限制非立法性质的权力。为了制定法律,从属总督的委员会成员扩大,增加新参事 6 名至 12 名。其中半数为非官方的成员。因为对委员会成员任职没有更多的限制,这就意味着可

---

① [英]F. H. 欣斯利编:《新编剑桥世界近代史》(第 11 卷),中国社会科学院世界历史研究所组译,第 580 页,中国社会科学出版社 1987 年版。

以允许印度人加入。第二,限制委员会非立法性质的权力的同时,大力扩张其立法的权力。委员会的职能严格限制于立法的范围,禁止过问任何其他事务,同时,它又被授权为所有的人(不管是英国人或本地人、外国人或其他人),为所有立法领域内的任何地区和事务,并为在所有公共领域内和在与英王陛下结盟的各土邦中的印度政府的一切公务员、一切英国的臣民,制定法律及规章。第三,继续强调维护英国殖民者的利益,表现为总督的权力扩大。在立法权力扩张的同时,也存在一些限制之处,主要有以下几个方面:首先,提出某些特定的方面,比如对公债、印度宗教仪式、军训以及对印度土邦的政策的立法事先必须经得总督的许可。邦委员会除了受以上的限制之外,还在制订如通货、版权、邮电、刑罚等规章之前也必须获得总督的许可。总督不但对委员会通过的任何法律有否决权,而且还被授予在非常时期发布告示的权力,这些告示具有与委员会通过的任何法律同样的效力。其次,所有指定的法律,不得侵犯英国本国政府的权限,或违反国会指定的某些法令的规定,委员会所通过的任何法令英王陛下都可以否决。

必须承认,1861年法令对立法委员会立法权力的限制还是体现出"集权"的模式,因为这在一定程度上就剥夺了委员会的独立职权,而这无疑就使得它真正意义上的立法权力徒有虚名。但尽管有这些缺陷,我们仍必须把它看作是一部具有重要意义的法令。它在给印度政府确定的体制中也包括了立法体制,而后来的一切变化都在这一体制内进行。而且,尤其值得一提的是该法令允许了印度人参加政府的高级委员会。显然,1857年的印度民族大起义改变了英国国内人士在这方面的看法。

2. 莫莱—明托的改革

英国国会通过印度事务部长及总督牢牢控制着印度政府,而为了更好地维护其在印度的殖民利益,他们又实施强有力的统治,加强对印度本土人的控制。但这非但没有能够遏止印度民族主义的势力,相反却使得印度人对政治进步的要求更为强烈。面对这种形势,英属印度政府除了采取某些维护法律的措施之外,不得不计划做出一些宪政方面的改革。

1909年3月,英国对印度事务部长丁·莫莱和印度总督明托为加强英国的殖民统治而向英国议会提出了改革法案。同年的5月25日在获得了英王的批准之后开始在全印度实施。该法案的立法目的主要在于扩大议会的规模,增加非官方的议员人数。议会议员有提出质询的权力,有动议权和追述权。法案的最显著的特点是对立法委员会的组成成员和职能所作的重大改革,主要是授权该会进行讨论,并要在尚未最后决定前,对预算及若干一般关心的事项先进行讨论并做出决议。该决议对负有行政责任的政府而言,都只是被当作说明和实施的建议,对于这些建议的任何一项,作为委员会主席的政府首脑有权不予批准,对于军事、外交、印度土邦的其他的种种事项,他们都不能做出决议。

从某种意义上讲,《1909年印度政府组织法》与1861年和1892年两个相同类型的法案相比,具有一定的进步性,主要体现在议会权限的扩大以及议会成员中印度人的增加等方面。但是,我们也应看到,按照该法案规定,总督兼任中央立法议会主席,享有广泛的权力,比如总督有权确认任何法令及其细则,总督和议长有权否决任何决议或决议中的任何部分。与此相反,立法议会权限的扩张却受到诸多限制,最明显的如立法议会只能就预算以及与公共利益有关的问题进行讨论或质询,议会不得讨论涉及伦敦和英印政府同外国和印度土邦关系的任何问题;议员在涉及政府开支和税收问题时,不得行使否决权等。由此观之,这种进步是极其微小的。

3.《1919年印度政府组织法》

莫莱—明托改革并没有使印度人感到满足,对英印当局的不满而引发的斗争事件此起彼伏。1914年第一次世界大战爆发，这时候已是1909年英印政府改革计划实施的第五个年头。战争期间，英国政府为鼓动印度本土人参战，公开许诺，如果印度人能够协助参战，它将于战争结束后获得独立。强烈渴望独立的印度人很快加入到战争的行列，许多印度人被派往海外作战。然而，战争的结束并没有给印度带来任何的变化，深受愚弄的印度人再也无法平静下来。更进一步的宪政改革是他们所提出的最明确的目标。这就明显地冲击了英国在印度的统治秩序，为此，1917年11月英国政府派出印度事务部长埃得温·蒙塔古来到印度。在对印度各地巡视，并充分了解了这个国家的舆论之后，他于1918年4月向英国政府递交了《印度宪政改革报告》，此即为《蒙塔古—切姆斯福德报告》。在这个报告中，作者详细论证了在印度进行宪政改革的必要性，他认为新的改革是印度走向自治的第一阶段，因而今后应每隔十年定期研究一次印度状况，以便审查是否给予印度新的自治权问题。这个报告就成为1919年《印度政府组织法》的基础。

1919年《印度政府组织法》对于中央和各省政府的职能，尽量做出明确的划分，但就具体组织形式方面，英属印度中央政府并未采取类似地方的"两头政治"，总督仍和以前一样直接对印度事务部长和英国国会负责，而不对印度议会负责。法案实施的另一特征是行政委员会队伍扩大。法案本身并没有明确规定，但自1921年后普遍实行了从有资格的印度人中遴选三名参事，比如何利·伊马姆爵士继幸哈勋爵任法律参事，后一个印度参事桑卡伦·奈尔爵士则被任命为教育参事。1920年以后法律参事的职位则常常是由几个著名的印度律师充任，但财政参事却仍从英国财政部中物色。

无疑，1919年《印度政府组织法》交给代表们实质的职责仅限于很小的行政范围，而且若从真正民主的措施的观点进行比较，该法案对中央和各省政府来说，都是存在缺陷的。这些缺陷固然已无法抹去，但同时若与此前的类似法案相比照,该法案还是"应该被看作宪法改革中一个重要步骤"①。法案规定,英国政府第一次正式确定印度宪政的发展目标不仅是自治领地位,而且是实行责任政府,这就类似于英国式的议会制政府,而这在不久前被1908年政府法案拒绝了。

4.《1935年印度政府组织法》

1919年的宪政改革并不能满足印度人的民族独立愿望,各地的民族解放运动持续高涨。1930年,被后来印度人民誉为圣雄的甘地发动了以争取印度独立为目标的文明而不服从运动(亦即非暴力不合作运动)。虽然运动最终并没有达到预期的效果,但对英国当局的冲击作用也是不小的,表现为其统治的方式不得不做出某些改变,以缓和局势。在经历了三次的英印圆桌会议之后,英国政府终于在1933年3月公布了《印度宪法草案白皮书》。1935年8月,白皮书经过英国议会通过,而最后成为《印度政府组织法》。由于该法案是英属印度政府的又一组织法案,其内容已涉及到了独立后印度所颁布的宪法的许多部分,因而它又被称为《1935年印度宪法》②。

这些所涉及的部分包括了联邦制、省政府自治制以及印缅分治三个部分,这就以法律的形式在根本上确立了英属印度的政治体制和组织形式。显然,法案没有达到印度人所期待的完全自治的目标,但与以前的任何一个政府组织法案相比较,其进步之处还是非常明显的。该法案具有以下几方面特征:第一,建立全印联邦,并包括省督制的省、首席专员制的省和联合的印度土邦。法案规定,印度联邦由英属印度的11个行省和各土邦组成,土邦可以自由加入。第二,联邦设立由中央立法会和国务会议组成中央立法机关,在中央立法议会260席位中,

---

① [印]R.C.马宗达、H.C.赖乔杜里、卡利金卡尔·达塔:《高级印度史》,第987页,商务印书馆1986年版。

② 吴成平选译:《一九一七——一九三七年的印度》,第37页,商务印书馆1996年版。

40%即104席由土邦王公代表参加,其余156席,除了总督可指派的16席之外,都由分区选举产生;国务会议357席中,125席由土邦王公任命,其余则实行民选。第三,总督仍享有大权,且其权力明确化。表现为总督被授予立法、行政大权,并有权解散立法机关,颁布法令,以及对各项立法行使否决权。第四,实行省自治,由省督治省,废除"两头政治",省立法议会由民选产生,并由立法议会中多数党组织省政府。省政府对立法议会负责,省督对省立法议会通过的决议有否决权,并有直接颁布法令和命令的权力。此外,法案还对印缅分治做了规定。

(四) 小结

本部分叙述较为零散,笔者以为有必要进行小结一下。

诚如前文所言,印度宪法在很大程度上根源于英国在印度颁布的一系列法令,而印度宪法的诸多特征也正是起源于这些法令。根据这些法令所反映出的内容,可以将之分为两个不同的阶段,即"集权"阶段与"分权"阶段。对此的分析,则可以从立法的指导思想、立法的内容、立法的效果等三方面进行。

在"集权"阶段,所颁布的法令包括东印度公司章程、1773年管理法、1781年法案以及一系列令状,其特征表现在以下几方面:第一,立法的指导思想方面,强调公司的主导地位。东印度公司是英国在印度行使殖民统治的代理机构,为维护其统治,强调它的主导地位就成为必然,而这种主导地位必然以集权为前提;第二,立法的内容方面,突出公司的行使管理权。表现在立法上就是赋予公司极大的权力;第三,立法的效果方面,要求坚决维护公司的管理权。这可以从法院的设立看出,根据立法规定,法院首先是公司的法院,因而就应以公司利益为首要。

在"分权"阶段,所颁布的法令包括了一系列政府法案,如1861年印度委员会法、1909年政府组织法、1919年政府组织法以及1935年政府组织法等,而其中1935年政府组织法明确规定了在印度采用联邦制的组织形式。这些立法所体现出的特征是:第一,立法指导思想方面,强调巩固英国在印度的殖民统治。随着印度本土人的不断觉醒,越来越多的印度人对英国的殖民统治不满,其中要求自治就是直接的表现。这样,改变管理模式也就成了英国人必须面临的问题;第二,立法内容方面,突出了在印度实行形式上的"自治",表现在立法上就是实行联邦制;第三,立法的效果方面,由于一定程度上应合了印度的要求而得到了实行。

二、印度宪法的制定——蒙巴顿方案与"目标决议"

第二次世界大战结束后,印度民族解放斗争进入了最后的搏击阶段。英国政府迫于形势,不得不做出移交印度政权的决定,以便尽可能保存英国人在印度的经济地位和政治影响。1946年2月19日,英国首相 C.R. 艾德礼在下院宣布,英国准备接受印度独立的要求,并派以劳伦斯为首的内阁使团来到印度,以寻求移交政权的途径。劳伦斯使团的活动促成了印度制宪会议的召开,并成立了临时政府,但同时也促使了印度国大党与穆斯林联盟的冲突加剧。1947年,印度形势更加紧张,教派冲突有进一步扩展的趋势,各种政治力量对英国的不满急剧增长。1947年2月20日,艾德礼宣布,英国政府准备最迟在1948年6月前把政权移交给印度人。前盟军东南亚战区最高统帅蒙巴顿受命于1947年2月24日到达印度。之后在与各党派接触中,他深感局势比原来估计的还要危急,于是他决定应该提前移交政权。6月3日,他提出具体方案——蒙巴顿方案。

蒙巴顿方案最主要的内容是承认了印度为独立国家,即印度处于自治领地位,享有自治权。此外,该方案的又一突出内容是对印度实行印巴分治,巴基斯坦作为一个独立国家从印度分离出去,也被承认具有独立地位。1947年7月,英国议会批准了蒙巴顿方案,同时该方案也为印度国大党、穆斯林联盟以及锡克族所接受。很快,法案付诸实施。根据法案,1947年8月5日印度自治领成立。自治领的立法机构为印度制宪会议,其被授予全权制定有关自治领法律的权力,英国议会的法案对它不发生效力。自治领政府向立法机构负责,总督依照政府的意见行事,虽然总督仍然是英国人蒙巴顿担任。英国政府对英属印度的长达190年的殖民统治至此终于彻底结束。蒙巴顿方案的实施标志着印度民族斗争的最后胜利。

根据内阁委员会的计划,于1946年设立的立宪委员会并不是一个主权实体,其权力受到基本原则及程序两方面的限制。1947年印度独立法案确立了立宪委员会主权实体地位,使其免受各种限制。在制定宪法过程中,立宪委员会所采取的方式首先是陈述其目的。这一举措体现在尼赫鲁所推动的"目标决议"①中。其内容是:

1. 立宪委员会正式庄严宣告印度是一个独立的主权国家,必须制定一部宪法以对今后实施管理;

2. 现在组成英属印度的领土,以及组成印度各邦,或在英属印度与各邦愿意加入独立主权印度国的领土将成为一个统一的组成部分;

3. 在以上这些领土中,现存边界确定的或其他由立宪委员会根据

---

① 尼赫鲁对印度宪法的制定贡献颇大。在他担任总督执行委员会的副职期间就提出了"目标决议",该决议后来就为印度宪法的基础。在印度独立后,尼赫鲁担任国家总理,并成为印度宪法委员会的核心人物,几乎宪法中的每一方面都是在他的支持与推动下得以进行的。作为联邦宪法委员会的主席,他致力于印度宪法的完善,其中最具进步意义的财产权的设立就是在他的坚持下才成为可能。可以毫不夸张地说,印度宪法的大部分条款都可以看到尼赫鲁的精神。

宪法规定的边界确定的邦将享有并实施所有权力,并保留自治领的地位、统治权及行政管理功能,除了授予联邦的权力之外,或本属于联邦的权力之外;

4.作为独立主权国家的印度,其政府的组成及职能都来源于人民;

5.在印度所有的司法、社会、经济、政治的地位、机会以及法律面前确保人人平等,人民有著述、言论、信仰、择业、结社以及行为的自由,同时必须遵守法律要求的公共道德;

6.对少数民族、落后地区、受压迫及其他落后阶级施以足够的保护;

7.确保领土以及根据文明国家法律及道义所享有的海、陆、空主权的完整;

8.古老的国土实现了世界上合法及受尊重的地位,也将为世界和平及人类福祉的进步全力以赴。

立宪委员会接下去任命一些委员以处理各种宪法问题。各委员的报告要交立宪委员会审核,基于宪法草案要正式颁布,其建议最终被采纳。1947年8月29日,立宪委员会做出决议,对起草委员会组成人员进行了任命。根据各委员所提出的报告,立宪委员会决定由起草委员会负责制定宪法。从宪法委员会成立到宪法草案的公布,在11个月18天的时间里共召开了11次会议。其中第一次会议于1946年11月9日召开,持续14天;第二次会议于1947年1月20日召开,持续5天,此次会议主要是成立了执行委员会;第三次会议于1947年4月22日召开,历时10天。以上三次会议就立宪问题上进展缓慢,甚至没有做出任何有实质意义的决定,其中也未能使穆斯林联盟满意。1947年11月14日宪法委员会第四次会议召开,此次会议内容较多,通过了联邦宪法、各邦宪法、少数民族、公民基本权利以及表列部落及地区等方面的报告,并开始讨论联邦宪法的原则问题。第五次会议于1947年8月

14日召开,根据1947年通过的印度独立法案,宪法委员会取得了主体资格,有权根据自己的意愿设计印度宪法,这样,印度宪法的制定就进入了实质性阶段。1947年8月29日,在宪法委员会的决议下,成立了以安培德卡尔为主席的宪法起草委员会,有7人组成。起草委员会的工作历时114天,至1948年1月宪法草案公布之日。草案公布后,在8个月时间内交全印度人民讨论。最后有7635个建议被提出,而其中有2473个建议经过委员会的讨论。由起草委员会制定的宪法有315条,共8章。在二读阶段,被建议增加篇幅,并对草案进行了大量修改。草案最终定稿于1949年12月26日,1950年1月26日正式颁行。①

三、1950年《印度宪法》的内容与基本结构

印度宪法的内容非常丰富,本部分在介绍其基本内容时着重从序言、政府的形式、基本权利与国家政策的指导性原则、宪法修订等方面进行。

(一) 主权的民主共和国与世俗的政权——宪法序言②

印度宪法序言提出了全印度人民的抱负和信念,这些已体现在宪法的各个条文中。立宪委员会的目的是要把印度组建成为一个主权的民主共和国,确保其国民的公平、自由、平等及博爱,同时要将印度组建为一个福利国家以及平等的社会,以突出为实现国家的独立而做出了巨大牺牲的印度人民的渴望。

---

① V. N. Shukla, *Constitution of India*, Revised by Mahendra P. Singh, Eastern Book Company Lucknow, Delhi, 2001, p. 22.
② 印度宪法第42次修订时将印度国家的性质定义为"主权的、非教派性的社会主义民主共和国"。

在确定宪法序言的条款时,占主要的观点是认为序言应该与宪法的条文保持一致,采取简短的话语概括宪法的精神,后来也确实这样做了。印度宪法序言仅仅以 140 个字(译后统计)、六句话的简短形式列举了印度国家的主旨——主权的民主共和国与世俗的政权,明确提出确保其国民的公平、自由、平等及博爱原则。得以做出这一规定,主要就在于印度国民实现权力转让之后,立宪委员会就成为一个权力机关,反映在立宪方面就是在序言中使用"它是一部我们自己的宪法"。因而,在大多数印度人看来,宪法序言来自于印度人民,主权也属于他们。

一段时间,在印度流行的观点是认为宪法的序言并不是宪法的一部分,但这种观点在后来已有了改变。[①] 印度宪法规定印度是一个共和国,主要是因为印度的行政首脑并非是世袭的,但是印度共和国的一个更重要的特征是民主、公正、自由、平等及博爱,这些作为民主国家关键的特征在印度宪法序言部分就规定了。根据宪法所设立的机构(这将由公民投票所确定)将确保印度民主制度得以实现基本权利及司法独立。民主制度已成为印度宪法的基本结构部分。

序言的另一部分是将印度定性为非教派性的国家。在这一点上,虽然通过 1976 年印度宪法第 42 次修订案的"印度是一个非教派的共和国"确立在序言部分加入"非教派"字样,没有人曾经怀疑从那时起印度共和国就是一个世俗国家,因为非教派性并无一个为大家所认同的定义或形式。印度宪法及国家很快就通过了一个非教派的模式。最基本的要素是不存在国家所提倡的或倾向的宗教,这由宪法的核心条款明显体现出来,而且这些条款从其制定开始就没有修订过。在这些条款中,最主要的是第 25 条及 28 条,规定了"信仰自由";这两条由第 15

---

① 1973 年印度最高法院 *Kesavananda Bharati* 诉 *Kerala* 邦一案,SCC 225, PARAS 94—98, P. 324. V. N. Shukla, *Constitution of India*, Revised by Mahendra P. Singh, Eastern Book Company Lucknow, Delhi ,2001, p. 26.

(1)、(2)条、第 16(2)条及第 29(2)条所补充,规定了禁止基于信仰而对其歧视;宪法第 30 条规定对少数民族授予宗教方面的特别权利。添加"非教派性"的规定无疑就重申了以上这些规定的效果,通过将之赋予宪法的基本特征如民主与共和一样的地位使得这些规定免于宪法修订范围之列。因此,对印度是否是一个非教派性国家对非教派性本质的怀疑可能会持续下去,但对于印度宪法却不再持有疑义。根据现行宪法的框架,印度也不再被认为是神权政治国家。

(二)宪法的结构

对印度宪法该如何定性——联邦制、单一制还是半联邦制?一些人认为是联邦制,但是许多人对此定性存有疑义。因此,首先必须弄清楚联邦宪法及其特点是什么,然后再对照印度宪法比照是否符合这些特征。

1. 联邦制原则

美国宪法这部大家公认的真正的联邦制宪法,设立了两套体制或双重政府:联邦政府和各邦政府。虽然政府领域划分为两级体制,但相互间不存在任何隶属关系,而是相互独立,平等一致。[1] 根据印度学者魏勒(K. C. Wheare)教授的观点,这种管理体制就代表了宪法中的联邦制原则。他认为,联邦制原则是"分权的方法,因此地方政府与中央政府在各自领域内相互独立,平等相处。"[2] 各邦的平等及相互独立存在是联邦制原则的要旨。

但是问题也随即出现了:印度司法实践中将印度宪法界定为"联邦

---

[1] 张千帆:《西方宪政体系》(上册·美国宪法),第 19 页,中国政法大学出版社 2000 年版。

[2] K. C. Wheare, *Federal Government*, 4th Ed, 1963, p. 15. V. N. Shukla, *Constitution of India*, Revised by Mahendra P. Singh, Eastern Book Company Lucknow, Delhi, 2001, p. 67.

宪法",这时联邦原则是否完全没有任何例外地运用？例外的情况是允许的,魏勒(Wheare)教授认为,联邦原则应优先在宪法中确立。[①] 另一方面,如果在联邦原则具体适用过程中存在过多变更而改变其特征,该宪法就不能再认为是联邦制宪法了。

在联邦制宪法中,一般都包括了联邦与地方的分权、法院享有法律审议权等基本要素,这些在印度宪法中也有明显体现。印度宪法设置了两套体制,该体制包括了由中央及地方组成的联邦制,其中每一邦及中央都享有自己的管理权力。联邦与各邦的权力都做了明确区分。而且,在中央及各邦的权力或法律地位做出变动的修订没有联邦及大多数邦的认同是不生效的。最后,印度宪法设置印度最高法院以裁定联邦及各邦的纠纷或各邦之间的纠纷以及对宪法的最后解释。但众所周知的是,印度宪法并没有完全体现出联邦制原则,因为联邦中央能在一定程度上侵犯由各邦所保护的领域。

在以下几种情况,印度宪法包括了对联邦制原则适用的变更：

(1)如果印度上议院通过一项决议,获得 2/3 以上出席成员的认同,出于国家利益考虑,印度议会就有必要对各邦立法范围内任何事情在不超过一年的时期内立法。[②]

(2)在非常时期,联邦议会可以对邦立法的事项进行立法,并直接对各邦实施行政管理。其涉及的范围包括了本属于各邦管理的事项,同时有权搁置宪法中的财政条款的实施。[③]

(3)如果作为联邦首脑的总统认为邦政府不能依照宪法继续工作时,他能对此发布公告,由总统直接掌管邦政府的所有职能,包括总督

[①] Dicay,*Law of the Constitution*, IX Edn., p. 157. V. N. Shukla,*Constitution of India*, Revised by Mahendra P. Singh, Eastern Book Company Lucknow, Delhi ,2001, p. 67.

[②] 宪法第 249 条。

[③] 宪法第 352、353、354、358、359 条。

的权力。[1] 唯一的例外是总统不能控制由高等法院所享有的权力,但是他可以通过呼吁议会行使邦立法权力。

(4)如果总统认为某一局势已足以威胁印度或任何邦的经济稳定或信用危机,他可以宣布处于经济紧急状态。在此期间,他可以对必要的政策提出质疑,包括属于联邦及各邦的减少公务员的工资及福利的命令。在经济紧急状态时期由各邦立法会所通过的所有财政法案也处于总统的控制之下。[2]

(5)联邦政府有权对各邦的一些事情的行政指导提出质疑。[3] 该指导措施束缚各邦,宪法规定足够的方式以确保各邦遵守这些指导性原则。

(6)议会可以单方面增加或减少任何邦的地域范围,或是改变邦的边界,或是更改邦的名称。[4]

(7)由各邦议会通过的法律可以由于总统的同意而为总督所保留,其中一些还必须特别保护,其中一些则没有总统的允许不能由邦立法会进行公布及变动。[5]

(8)各邦总督由总统任命,这些总督负责各邦的事务,并在各自权限范围内向总统负责。[6]

当然也存在一些特殊条款。根据联邦政体的基本条件,在印度宪法中联邦与各邦的关系变化太大,因而印度宪法是否仍然能够被称为是联邦制宪法存有疑问。魏勒(Wheare)教授认为印度宪法设置了一整套单一制的政府体制,最多只能算是准联邦制;一个附属了一些联邦

---

[1] 宪法第356条。
[2] 宪法第357条。
[3] 宪法第360条。
[4] 宪法第256、257条。
[5] 宪法第365条。
[6] 宪法第3条。

制特征的单一制国家而不是一个附属了一些单一制特征的联邦制国家。①

本文的观点是,印度宪法在形式上是联邦制的,就从宪法形式上我们难以否认其联邦制的特征。理由有以下几方面:

首先,印度宪法不能被认为是单一制形式,原因在于中央与地方存在分权。在一部单一制宪法中以权力集中取代权力分立,而印度宪法中所确立的权力分立限制着中央,各邦政府并非是联邦政府的代理机构。

其次,对上文所列出的认为印度联邦制原则发生了变化的八项理由是可以提出质疑的。就第(1)项理由而言,出于国家利益需要,议会的立法权力行使范围扩展到各邦的权限范围,这不存在任何疑问,没有人会提出争议,即如果对一件本属于邦管理范围的事件,出于国家需要,它就应该交由联邦中央处理。对那些被认为是具有国家重要性的事情就由联邦中央的行政与立法权所控制。

上文所列举的第(2)、(3)、(4)项的原因是宪法赋予联邦中央在紧急状态时期所享有的权力。宪法解释了三种情况下的紧急状态时期。现在难道印度宪法因为设置了三种紧急状态及对此做出了明文规定就丧失了其联邦制原则?笔者以为,正确的理解应是,必须承认即使存在紧急状态也并没有改变或破坏联邦体制。它应是印度宪法的一个可取之处,即它使偶然性具体化,但联邦制原则的严格适用会破坏由印度宪法所建立起来的基本框架。印度宪法通过自身不断改进而适应变化了的环境需要,这就使得印度政府通过自身努力而克服危机。需要指出的是,瑞士宪法也是联邦宪法,却明确规定授予联邦中央的干预是在各邦的要求下进行的。美国、澳大利亚及加拿大的联邦宪法并没有明确

---

① 宪法第 200、201、288(2)、304 条。

规定在紧急状态下联邦中央权力的扩大,但在二次世界大战期间,根据法院的解释,联邦政府被授予保卫权力,其权力如此地扩展以至于这些国家与其说是联邦制国家,还不如说是单一制国家。

如果要对印度联邦体制运行做出评价,那势必对存在的一种单一性标准的趋势进行关注。在印度,独立权力的数量可以在两级政府中找出。然而,一体化的标准及独立的数量是两个方面,在特定社会中联邦制度的成功运作是建立在许多可变因素基础上的,如经济状况、担心遭到外界的攻击以及缺乏纪律、政治或其他内部因素等等。①

由于宪法的实施,更由于1967年印度各邦中一党专政制度的打破,有关各邦与联邦的关系问题的讨论就经常被提出。然而,在印度尽管联邦与各邦之间偶尔也有不同意见,但国家政策却从未从现行宪法体制中脱离出去;相反,宪法修订却逐渐加强了联邦的地位。当然其代价是各邦通过将本属于各邦的事项移转至共同合作的领域。但是,不久以后在形成和执行国家政策及计划的重要性方面,各邦的参与或甚至是更小的村庄层次的团体参与在较少反对的情况就被否决了。为了确保从各邦到村庄的参与,印度宪法在1992年再次修订,提出了建立一个稳定的、负责的民主自治政府。② 自1919年印度政府法正式确立权力分立的原则以来,该原则已得到稳步推进,在此过程中并没有破坏中央保持国家统一性的可能。

2. 宪法中的印度政府的形式

印度宪法在联邦中央与地方各邦都设立了议会政府。议会政府的内容包括以下几项:

---

① M. P. Singh, *Indian Federalism: Structure and Issues*, in P. Leelakrishnan, 1987, p. 33.

② E. S. Venkataramiah, *Indian Federalism ——A Comparative Study*, 1992. A. G. Noorani, *Constitutional questions in India: the president, parliament, and the states*, New York, Oxford University Press, 2000, p. 52.

(1)邦名义上的行政首脑应按照部长委员会或内阁委员会的意见行事。名义上的行政首脑像英国一样是世袭的;

(2)作为真实权力的享有者内阁,由某一党派或党派联合的领导人组成;

(3)总理在内阁中处于显耀地位。由他任命部长并分派各自的职务,还可以解除他们中的任何人,"内阁是国家的一艘航船,而总理则是舵手"。

(4)内阁的权限建立在立法者的意志基础上,但如果议会由两院组成,就应获得两议院的支持,这就意味着如果内阁为议会不信任时,就必须辞职;

(5)内阁的责任是集体的,作为一个整体做出各项行为。从这一点上应该遵从的是,内阁在任何情况下必须一致同意,如果内阁中存有不同意见,或是内阁整体,或是持不同意见的部长必须辞职。不存在内阁部长不承认同事们的政策的情况。

就议会政府必须具备的前提条件而言,可以参见 1934 年印度宪法改革议会联合委员会所做的报告:

正如大家所理解的,在英联邦中议会政府包含了四个相互联系的关键因素:多数人的原则;少数服从多数;较大政党不是因为各自利益而区分为不同政见;政治观点的变动归结于对政党的忠诚。印度宪法从英国那里沿袭了政府的议会体制,并在联邦及各邦都做了规定。根据印度宪法第 53(1)条的规定,联邦的行政权力授予总统,但相反第 74(1)条却规定,在总统行使其权力过程中必须按照以总理为首的内阁的意见。进而第 75(3)条规定,内阁部长应集体向人民院负责。这样,内阁部长在宪法中职权的优先性根源于人民院的信任。因此,总统的地位是形式上的或宪法上的政府首脑。这与英国议会体制中英王的地位一致。①

　　无论是在联邦还是在各邦,印度政府体制都不实行总统制,这已在印度宪法中明确做了规定。联邦总统以及各邦的总督都被要求参照内阁的意见行使职权,内阁成员都要求是议会成员,内阁委员会必须集体向议会负责。

　　笔者以为,以下几方面的因素促使了立宪者们采纳了议会制度:第一,国家体制的相似性;第二,在紧急状态时期议会制可以产生较高的效率;第三,议会政府确保了行政与立法的一致性;第四,该体制要求更多的责任。当然,如果从总统制与议会制在所谓的自由民主社会里已很长时期在许多国家得到了很好实施的角度,比较两种制度以发现其中的优点或缺点或指出一种制度取代另一种制度这都不是一件很有意义的事情。然而,总体上,某一体制的合适性或可采纳性或者在某一特定管辖范围内该制度的变动可以在比较另一体制或其变动的基础上进行评价。

　　在印度,呈现出这样一种情况,即议会制优越于总统制。但尽管如此,在印度议会制实际上变得几乎不产生效力了,因为存在许多党派导致联合政府的形式,这导致了不明确的、不积极的、不稳定及无效率的政府的出现。到目前为止,印度对议会制的实施的评价已出现了一些不一致的结论,这有很多例子可以说明。由于党派内部间的不和或无限制的腐败,人们已感受到总统制应是一个更稳定更强硬的政府。在1975—1977年这一段时间内,紧急状态表现出一个要修订宪法的强烈意向,即用总统制取代议会制。然而,这一运动很快就为当时的总理甘地夫人(虽然她一开始也支持这一运动)所压制。从那以后,国家形式

---

① A. G. Noorani, *Constitutional questions in India: the president, parliament, and the states*; New York: Oxford University Press, 2000, p.54.

问题就不再是一个讨论热烈的话题。

(三) 基本权利与国家政策的指导性原则

印度的宪法是在革命精神的鼓动下,由一批极力倡导在全国范围内实施一场社会变革的印度人所制定的。这一立宪举措的核心就体现在宪法的"国家政策的指导性原则"(以下简称"指导性原则")与"基本权利"两部分中,其立法目的在于要实现满足所有印度人基本需要这一变革所需的必要条件。当国家侵犯这些权利时,占绝大部分的"基本权利"赋予了个人可以向国家提出诉讼的权利与自由,指导性原则则寻求为这些权利与自由得以实现创造社会条件提供保证。二者的目标都致力于使广大印度人"享有自由,享有数世纪以来由于社会以及自然原因所压制的消极状态中解放出来的自由,以及享有从被阻止满足最大限度的卑微的身心环境中解脱后的自由"[1]。其中的指导性原则由于体现了一些社会以及经济方面的内容,因而也是指导政府如何在国家行政权范围内进行行政立法以及实施行政行为的不可或缺的因素。尽管这些指导性原则是国家政务活动的基本前提,而且国家也有义务利用这些原则指导各项立法,但是这些原则本身不具有可诉性,体现于其中的伦理因素也不具有强制力。如果国家不履行或违背其规定时,公民就不能以此为理由向法院提起诉讼。

但是要在印度宪法中把这些规则的表述从历任英国殖民者所颁布的一系列命令中区分开来是非常困难的,这就导致了对这些是否可以提起诉讼的规则(包括基本权利与指导性原则)之间在理解上产生混乱,从而就有了一些具有可诉性的规则以及一些不具有可诉性的规则。

---

[1] Veena Bakshi, *The Directive Principles of State Policy in the Indian Constitution*, Vikas Publishing House Pvt Ltd, New Delhi, 1983, p. 62.

虽然有些基本权利于立宪者们而言非常熟悉，比如受教育权，就从宪法中的基本权利部分转移至指导性原则中。整个混乱的过程极大地突出了这些基本权利与指导性原则之间关系的模糊性，而且这种不确定性一直伴随着印度宪法的发展而发展，直至今天。

1. 基本权利

宪法规定了公民个人的基本权利，其中一些仅能为印度公民享有，其他则平等适用于非印度公民。正如印度宪法中所定义的一样，基本权利不同于非基本权利：基本权利是不可侵犯的，而非基本权利则设立特权特征。所谓不容侵犯就是指任何法律、秩序、习惯、行政命令不能侵犯或剥夺基本权利，任何侵犯了公民基本权利的法律都是无效的，即使是宪法修订也不能剥夺公民的基本权利。

印度宪法的基本权利体现在序言中就是确保一切印度公民：在社会、经济与政治方面享有公正、思想、言论、信念信仰与崇拜的自由；在社会地位及机会方面的平等；在所有印度人民中间提倡博爱以维护个人尊严和国家的统一及领土完整。这些基本权利的主题贯穿了整部宪法。为了使这些方面得以实施，基本权利与国家政策的指导性原则在宪法的第三及第四部分做出了规定。

在印度宪法中，基本权利被规定为各种不同的形式。在一些情况下，宪法直接对基本权利做出规定，如宪法第25、26、29(1)、30(1)、32条；而且有些情况下这些基本权利就设置在没有任何外力情况下对任何个人或团体的强迫行为的禁止，如宪法第18(1)、23(1)、24、28(1)条；还有一些基本权利则表现为采取对国家行为进行特殊限制的形式，如第14、15、16、20、21、22(1)、27、23(2)、25(2)、30(1—A)条。因此，由此可以看出，对基本权利做出规定并没有统一的模式，但是它们都试图保护这些个人或组织的权利以防止这些权利受到限制。[①] 印度宪法规定,国家不能颁布任何限制或剥夺基本权利的法律,如果有与此规定不一致的法律应是无效的。这样,基本权利就限制了议会及各邦立法的权力。

如果不存在足够的保护机制,在宪法中对基本权利做出规定并不能奏效。在美国,这一职能由最高法院行使,而在法国及其他效仿法国的国家中,法院无权宣布一项法律无效,即使该法律可能侵犯了基本权利。在这些国家中,将权力授予法院被认为是对分权原则的违反。印度宪法效仿了美国宪法的做法。法院有权判定此受到侵犯。为了使这些权利能得到很好的保护,宪法授予最高法院与高等法院在基本权利受到侵犯的任何时候采取有效措施。这样就对人身保护令状、上级法院对下级法院的训令以及调取案件的令状提供质疑,诉诸最高法院本身就是一项基本权利。正如印度宪法第32条及第226条所规定的,为实施基本权利,司法干预已获得了很大的扩展,可以对基本权利享有者的请求进行自由解释。

2. 国家政策的指导性原则

宪法第四部分规定了国家政策的指导性原则,这些被认为是国家管理活动的基础。这些原则被认为是国家政策的绝对必要的基础,他们确实在立法及行政活动中起到了指导作用。宪法起草委员会主席认为:

"这些指导性原则就像指示一样为总督以及殖民地总督以及英属印度根据1935年政府法所引用……唯一的区别在于他们对于立法与行政行为有指导作用。我个人认为,这很值得学习,不管哪里,只要总

[①] Jennings, *Law of the Constitution*, p. 238. V. N. Shukla, *Constitution of India*, Revised by Mahendra P. Singh, Eastern Book Company Lucknow, Delhi, 2001, p. 40.

体上为了和平、秩序以及良好政府而授权,就有必要通过这些指示规范其行为。"①

国家政策的指导性原则与基本权利在一点上有着明显区别:前者是非诉讼权利,而后者则是可诉讼权利。表面上,它们都不在法院的审查范围之内,如果某一邦在指导性原则推动下不能采取任何积极的行动,法院对此也无可奈何。对此是否赋予指导性原则强制力的观点已导致了一场争论,将之描述为"仅仅是一个期待的宣言"而已。② 根据这一观点,较少强制力的指导性原则毫无用处,或者不值得成为宪法的一部分,宪法应该仅仅规定那些能够为各邦所强制遵守的条款。这一批评是不公正的。这部分宪法规定的基本权利本来就只能是属于指导性原则的范围而不能进行诉讼,这是因为指导性原则要求国家的积极行为,因而就只能在实际中加以确保。这与基本权利提出一些要求国家禁止从事这些行为完全不一样。这就是国家政策的指导性原则的本质,它们不适合法院的强行判决。而且,说它们不受强制力约束也是不对的。宪法做出这一类原则的规定变得越来越受欢迎。然而,正如印度学者马斯晤(Mathew J)所指出的那样,国家政策的指导性原则虽然表面上不具强制执行力,但这并不影响其基本特征,它们仍然是宪法不可或缺的一部分,它们与公民的基本权利一样重要,是作为国家管理的基础。③

国家政策的指导性原则与基本权利共同组成了宪法的"良知"部分,二者之间不存在固有的矛盾,而且二者共同实现着宪法的目标。然

---

① V. N. Shukla, *Constitution of India*, Revised by Mahendra P. Singh, Eastern Book Company Lucknow, Delhi ,2001, p. 45.
② 爱尔兰宪法对基本权利与社会政策的指导性原则做出了明显区分,前者可以在法院诉讼,而后者则排除在这一领域之外。
③ V. N. Shukla, *Constitution of India*, Revised by Mahendra P. Singh, Eastern Book Company Lucknow, Delhi ,2001, p. 46.

而,在将之转化为现实需要时,一定程度的妥协就不可避免。因此,在决定基本权利的范围时,法院不应该完全忽略国家政策的指导性原则,而且为了使二者尽可能实施还必须采取协调一致的原则。马斯晤(Mathew J)进而提出,不管是否是处于一国发展阶段中的特殊时期,特殊的基本权利就应比宪法第四部分的道义规定更多,或必须承认他们是一件必须留给每一代根据各自经验与价值做出判断的事情。[1]

3. 基本义务

1976年印度宪法第42次修订所增加的一个新特征是第51—A条增加了基本义务的规定。该修正案并没有对这些基本义务做任何说明,除了规定"因为宪法中未对公民的基本义务做出规定,因而就有必要做出规定"之外。这一部分的影响可以从宪法第三部分基本权利看得出来,我们不禁要问,它能对立宪者适用公众义务吗? 政策出于公众利益能阻止任何政府行为或如果违反本部分规定可以命令政府做出某项行为吗? 它是印度教审理规则"达摩(Dharma)原则"的复苏吗? 这些问题需要我们进一步地深入探究,限于篇幅本文从略。

(四) 宪法修订程序

就像其他成文宪法一样,印度宪法也规定了其修订程序;但又不像其他联邦宪法,其修订程序并不严格。在印度宪法中,有关修订程序的条文有很多,但主要是宪法第368条。根据该条规定,宪法的修订可以在任何一院中提起,如果两院都通过,同时又达到参加表决者的2/3多数,并由总统同意,宪法就应修订。只有在宪法的某些规定,主要是中央与各邦的关系及高等司法方面以及就第368条修订,要求所有邦的

---

[1] V. N. Shukla, *Constitution of India*, Revised by Mahendra P. Singh, Eastern Book Company Lucknow, Delhi, 2001, p. 46.

过半数的同意,而有关新成立的邦的承认与形式、现存邦的地域范围、边界以及名称的变换的修订,通常应由联邦立法做出。① 同样,邦立法委员会的产生与取消以及一般的修订应由议会立法进行。②

正式意义上的宪法修订除了这些规定之外,还可以通过宪法实践及司法解释进行。司法解释对印度宪法的完善起到了特别重要的作用,其中最高法院就认为宪法的基本框架不能为宪法修订所更改。修宪权的限制以及由法院认定是否超越限制被认为是宪法的基本结构的部分。

四、印度宪法的实施——从宪法修订的视角

每一政权都必须努力实现其两个目标——稳定与持续,国家也必须被授予足够的权力才能维持秩序,国家成员的个人自由仅能界定在国家设置的框架内。印度一个强有力的政府可以说明这一切,但问题仍然存在,即政府的权限范围是什么?印度民众可以给政府一张空白支票,仅仅是因为他们需要保持正常的生活么?民众能容忍政府施加的合理干预,但此时国家可能滥用其权力,担心政府成为暴力机器这就引起了立宪主义的思潮。根据这一规定,两种类型的限制施加于政府:权力与程序,即存在立宪主义的权力与程序。③

在印度立宪者看来,民主制中的宪法必须包含人民的意愿,而意愿是随着时间的变化而不断变化的,因而宪法就不能保持静止而缺乏灵活性,它应该经常与人们的要求联系起来。宪法规定的政治制度应体

---

① 宪法第2—4条。
② 宪法第169、239—A条。
③ A. S. Narang, *Indian Government and Politics*, Delhi, Gitanjali Publishing House, 2nd edition, 1987, p. 251.

现稳定性与可变性。世界上每一部民主的宪法都对修订做了规定,以此才可以顺应社会政治的变化,保持政治体制的活力。在印度学者看来,任何制度化的静态观点,即以稳定的机构反对"不稳定的过程"都不能反映现实。[①]

(一) 印度宪法的修订过程

印度宪法于1950年1月26日实施,它是立宪委员会三年辛勤劳动的成果。由于委员会成员并没有任何修订条款的经验,主要是独立之前印度政府法案的修订都是由英国议会来完成的,因而委员会成员在确定修订条款过程中只能达成妥协。与其他规定一样,宪法修订条款也从不同的角度经历了多次讨论。由于印度采用了联邦制,但并非是美国模式,特别强调中央集权不能弱化。这样,立宪委员会成员就只好在"严格性"与"灵活性"之中寻求一个平衡。正如学者奥斯汀(Granville Austin)所说,"事实上,修订过程本身已证明了它是宪法中最容易设想的方面。虽然它看起来很复杂,它仅仅规定了分权,规定三种方式来变更宪法。"[②]最后,立宪委员会所采取的方式是在所有宪法条款中都不规定一个统一的修订程序。印度学者魏勒(K. C. Wheare)将之称为是持续修订的明智做法,"通过保护各邦的权力而达到一种好的平衡,但却带来了宪法的随意修订"[③]。

1. 立宪者对宪法修订的意图

在印度宪法实施的开始几年就已引起了许多学者对修订条款的关注。在第一个10年中,印度宪法的实施表明其具有相当的灵活性,在

[①] Rajni Kothari, *Politics in India*, Delhi, Orient Longman, 1971.
[②] Granville Austin, *The Indian Constitution*, Corner Stone of a Nation, Oxford University Press, ed., 1966, p. 25.
[③] K. C. Wheare, *Modern Constitution*, p. 143. V. N. Shukla: *Constitution of India*, Revised by Mahendra P. Singh, Eastern Book Company Lucknow, Delhi, 2001, p. 53.

此期间进行的 17 次修订已使得一些人认为印度宪法的随意性可能破坏宪法的严肃性。但如果仔细考察安培德卡尔的观点,不难发现,立宪者们的意图在于宪法的适应性,而并非在破坏宪法的严肃性。安培德卡尔博士认为:

"……立宪委员会没有对宪法作最终性及非灵活性的限制,没有采取如加拿大的通过否定人们的修订宪法权力的方式,也没有使得修宪受制于特殊条件,如美国与澳大利亚的模式,但规定了一简易的程序。"①

立宪委员会成员中几乎没有人就修订条款方面更倾向于联邦制模式,如美国类型的修订方式,大部分成员所倾向的是简易的修订程序,尼赫鲁也是如此。他认为:

"虽然像我们制定之初所预期的一样,我们都希望宪法能万古不变,但宪法的条款却是不可能永久的,应该有一些灵活性。如果一部宪法死板而永恒,则就可能阻止国家的发展,阻止生活中的人们的努力。"

1947年6月,修订程序草案制定。在此之前,联邦宪法委员会采取了一个非常保守的宪法修订立场。尼赫鲁的报告建议宪法应由议会进行修订,认为一项法案在经过两读后,在第三读通过时应有两院 2/3 多数同意才能修订宪法。② 但与此相反,另一批立宪者则建议只有一般的修订才能由联邦议会做出,对一些特别的修订则必须要有 6 个月的公示;在公示结束时,修订才能做出,并只有得到 2/3 多数的各邦立法会议认可才可以成为修订,而列于附表中的一些至关重要的条款则

---

① Ambedkar, *Constituent Assembly Debates*, Vol. VII, p. 60. 参见 A. G. Noorani: *Constitutional questions in India*: the *president*, *parliament*, *and the states*, New York, Oxford University Press, 2000, p. 84.

② Sapru Report, Clause 20, p. xv. Surya Narayan Misra, Subas Chandra Hazary, Amareswar Mishra, *Constitution and constitutionalism in India*, New Delhi: APH Pub. Corp., 1999, p. 343.

要求5年内不得做出修订。① B. N. 劳(B. N. Rau)提出的联邦宪法的备忘录中,认为修订有两种方式:在议会中2/3多数的认可以及各邦2/3多数的认可程序。但后来,他建议尽管修订条款中有多种规定,但议会仍有权做出宪法修订以适应形势需要,以及规定一些临时条款以克服宪法实施中遇到的各种困难。当然,他认为这仅仅在过渡时期适用。② 联邦宪法委员会采纳了B. N. 劳的建议,增加了这一款,这就使得在开始3年印度修宪程序相比较而言更容易。

由尼赫鲁、帕拉萨德(Rajendra Prasad)、阿彦伽(NG. Ayyangar)、姆恩西(K. M. Munshi)、柯里斯内玛洽里(V. T. Krishnamachari)、帕恩尼卡勒(Pannikar)以及安培德卡尔等人组成的另一委员会被任命为继续讨论与宪法修订相关的摆脱困难的条款以及过渡条款。在经过深思熟虑之后,最后达成妥协——两种观点之间的妥协——其中之一使得议会有权对宪法的任意条款进行修订,另一观点则是认为当传统联邦制存在时各邦立法机关共同分担修宪权力。最后,立宪委员会在1948年11月介绍宪法草案时,安培德卡尔提出,印度是一个灵活的联邦制,印度宪法应是灵活的而非刻板的。立宪委员会成员都同意在两种观点中做出妥协,因为他们意识到他们的努力都归之于错误,因此除了保护一些特别要素(如司法及联邦制),宪法应该较容易获得修订。委员会成员确信这一认同与让步并不会导致议会权力扩大后的自负。③ 当然这在后来为印度宪法学者所广泛争论。

在印度宪法中,有三类修订条款。修宪程序在宪法第368条中做

---

① B. N. Rau, *Memorandum on the Union Constitution*, dated 21 June, 1947.
② *UGC Report*, Part XI, Para-6, Reports First Series, p. 62. Surya Narayan Misra, Subas Chandra Hazary, Amareswar Mishra, *Constitution and constitutionalism in India*, New Delhi, APH Pub. Corp., 1999, p. 345.
③ V. N. Shukla, *Constitution of India*, Revised by Mahendra P. Singh, Eastern Book Company Lucknow, Delhi, 2001, p. 57.

了规定,第24次修订则对该条做了一些重要的修改。

(1)有些章节可以在议会中以简单多数通过进行修订,像普通法律一样。对成立新的邦,如现有邦的部分领土的转移或重新界定,或联邦领地一定程度上由政府选择的或改变某一邦的名字或边界;宪法第100条规定了议会出席的法定人数,第105条则规定有关议会的特权;关于表列部落与地区的第5至8条,第169条有关设立及取消各邦立法议会的第二议院等,都是属于这类修订程序。

(2)还有一些其他条款的修订需要两院的特别多数。特别多数包括了两种多数:①每一院所有人数的2/3多数;②每一院出席者的2/3多数。根据这一种要求,主要是对宪法第三及第四部分涉及基本权利及国家政策的指导性原则规定的修订。

(3)还有一些条款的修订除了要求特别多数之外,还要求半数以上邦的认可。如第54条关于总统选举,第73条及62条关于联邦及各邦的行政权力,第五部分第四章印度最高法院,第六部分第五章高等法院,第八附表联邦与各邦的立法权的区分,第四附表的各邦议会的代表,以及宪法第368条本身就属于这一类。

2. 主要修订的内容

到2001年12月31日为止,印度宪法第83次修订获得通过。综合起来,印度宪法修订的内容主要包括以下几方面:

(1)增加第31A、32B条以及第9附表,以使得柴明达尔制度(Zamindar System)[①]不可通过司法活动变动;

[①] Zamindar,柴明达尔,是印度莫卧尔王朝以来对土地拥有者的称谓。1793年,英国殖民当局承认孟加拉、比哈尔和奥里萨的柴明达尔为"永久世袭的土地占有者",使其成为近代意义上的地主。Zamindar System,指英国殖民主义者统治印度之后,在孟加拉、比哈尔、奥里萨、联合省以及马德拉斯北部等地区实行的一种土地制度,属于"地主所有制"的一种形式。印度独立后,所进行的"土地改革"第一阶段的主要内容就是废除柴明达尔等"中介人"制度,印度政府采用补偿金的方式赎买柴明达尔的剩余土地(参见黄思骏:《印度土地制度研究》,第172—188页,中国社会科学出版社,1998年版)。

(2) 第 15 条增加第 4 款,授权议会为在社会和教育方面落后的任何阶层的公民以及表列种姓的进步制定特别条款;

(3) 第 31 条被修改,以对那些为公共目的而被征用的财产增加补偿,这一条款已从基本权利一章中移出;

(4) 扩大在邦立法会为表列部落与表列种族保留席位的修订;

(5) 宪法中增加一些特殊条款,主要是那加兰、米佐拉姆、阿鲁纳查尔、锡金等新邦政府的出现。在一些情况下,有些条款是为了保护少数人的社会习惯,如米佐人(第 371 条);

(6) 高等法院法官退休的年龄推后。最高法院与高等法院法官的薪水增加;

(7) 1971 年第 24 次修订规定根据第 368 条议会有权修订宪法的任何条款。这也包括了对基本权利部分的修订;

(8) 新增加第 31−C 条,主要是为了实施第 39 条指导性原则;

(9) 王公的私库与特权被取消;

(10) 各邦土地改革的法令及其他立法被纳入第 9 附表,规定法院不能对其进行变更。1993 年《泰米尔纳德邦表列部落与表列种姓法》也被纳入第 9 附表;

(11) 最高法院的民事上诉管辖权被重新界定为所有上诉不在于价值大小,而在于意义大小(即是否涉及了重要的法律问题);

(12) 对安德拉邦的特别规定;

(13) 第 297 条被修订,以扩大印度的海域主权,保持与国际海洋法的规定一致;

(14) 宪法序言被修订,将印度表述为一个"社会主义的"、"非教派的"民主共和国;

(15) 1976 年第 42 次修订中增加第四 A 部分,列举了每一位公民的基本义务,同时,第十四 A 部分被纳入宪法,目的在于推进行政机构与其他组织的建设；

(16) 1976年第42次修订也通过了第368条的修订，使得宪法修订免于司法审查之列，第55款就因此规定："不存在任何限制议会的宪法权力"修订宪法任何条款，可以增加、变更或取消；

(17) 第10附表被加入宪法，规定由于失职而取消议会或邦立法会成员的资格；

(18) 以确保表列部落的成员在东西部落地区占最低限度以上的份额的修订；

(19) 规定总统有权命令以印度语翻译宪法出版；

(20) 一些修订涉及了紧急状态的条款，即宪法第十八部分，规定总统在通常时期就可以对旁遮普邦宣布紧急状态，以更有效地限制该邦的地方行为，但是其中一些规定为后来的修订所删除；

(21) 在第7附表中所列举的一些企业被认为是国家中至关重要的，被移转至表列中，因此在这些领域中的行为可以被合适地监视，例如教育、森林、野生动物及鸟类的保护等；

(22) 人民院以及各邦立法会议员当选的年龄从21岁降低到18岁；

(23) 为表列部落与表列种族、英印群体的代表在人民院及各邦立法会保留席位，时间为宪法实施起40年后终止。这一期间修改为50年；

(24) 表列部落与表列种族的国家委员会成立；

(25) 对新德里作为首都做出特别规定；

(26) 通过宪法修订解释，德里及本地治里(Pondicherry)被选举的立法会成员将组成选举委员会以组织印度总统的选举；

(27) 通过修订第8附表，而增加 Konkani、Manipuri、Nepali 作为官方语言；

(28) 1992年第73次修订增加第Ⅸ部分有关于"乡村行政委员会"及第11附表；

(29) 第74次修订增加"市区自治"的规定及第12附表；

(30) 添加宪法第323(2)条，其目的在于使立法机关通过立法规定关于租赁的管辖与审理，其管理、控制以及土地租赁问题包括地主与佃农的利益由陪审团进行审理；①

(31) 第16条增加了第4—A款，使得各邦有权做出在邦的任何阶层的公职人员提升的保留条款，以迎合表列部落与表列种族的要求。

（二）修订的原因分析

宪法得以制定，一方面在于民众的要求，另一方面则更在于执政者的需要。以根本法的形式反映其统治的根源性似乎是最可靠的，因而，宪法的规定就成了执政者的许可范围之列。当其中对其管理不利时，最简易的行为就是修改宪法。基于这一点，印度宪法遭到频繁修订的命运就在预料之中。除此之外，印度宪法条文的烦琐性难以适应局势发展的需要，这也迫使其进行修订，而印度社会的复杂性与多重性也对宪法的规定不时提出新的要求，如此等等，在这些因素的共同作用下，印度宪法经历了"实施不过50余年，修订却达80余次的结局"。

第一，"政策性修宪"。我国宪法学者认为，修宪可以分为"制度性修宪"与"政策性修宪"两种，其中"政策性修宪"以执政党的政策作为修改宪法的唯一的或者是主要的依据。由于政策的灵活性与针对性，"政策性修宪"虽能适应社会发展，但局限性明显：一方面政策性修宪与宪法目标价值之间的差异，导致了政策确立与制度完善之间的背离，另一

---

① 黄思骏：《印度土地制度研究》，第359—372页，中国社会科学出版社1998年版。

方面更是直接影响了宪法的稳定性。① 就印度宪法而言,这非常明显,即大部分印度宪法的修订都受到印度政治决策的指引。众所周知,在一个民主制度中,宪法修订取决于执政党的意志,但这并不意味着使所有的修订都相互矛盾。细分析之,印度宪法的大部分修订目的直接在于取得社会与经济的正义,以期建立一个福利社会。通过破坏宪法基本结构而颠覆宪法的修订必定是矛盾的,也必将遭到批评。也许第 42 次修订是目前为止最矛盾的修订。它遭到各个方面的强烈批评。一些学者也对印度宪法的频繁修订进行了批评。他们认为这一灵活性是不理想的,更多的修订并不意味着更多的民主,"修订越多就越完整"的原则是不能在宪法修订中适用的。在印度宪法的多次修订中,虽然是以宪法为指导做出的,也并没有一心要去破坏宪法的基本结构,但导致的后果却是不利于宪法的发展,丧失严肃性与至上性就是其最明显的后果。

第二,条款规定的琐细必然加剧立法的滞后性,使得修订更为频繁。由于立宪主体在立宪之初所制定的立宪指导思想就是要使印度宪法成为一部内容比较丰富的宪法。为了达到这一目标,立宪者们经过精心设计,最后以 395 个条文确定了印度宪法的全部。详细的立法,其益处在于从条文中确实保障了公民的基本权利,满足了不同类别的人群的不同需要,这在印度作为一个人口及民族、宗教异常复杂的国家而言,采取翔实的立法不失为一种可以体现各方面利益平衡的较好方式。但与此同时,其弊端也是明显的,主要就是频繁修订。成文方式虽然具有确定性,但更存在滞后性,为了能够不断适应现实的发展,唯一可以弥补的就是进行频繁修订。频繁的修订,一方面带来大量的物质上的耗费,另一方面也使得宪法本身的至上权威性日渐丧失。这两方面于

---

① 殷啸虎:《论"政策性修宪"及其完善》,载《法商研究》,2000 年第 1 期。

宪法本身而言都是得不偿失的。基于此,印度国内的许多学者也纷纷对这种频繁的修宪现象进行批评,认为这不符合一个法制国家的要求。但如果放弃修订,则势必又会导致宪法落后于时代而不再为人们所关注,其后果也是不符合宪法的发展要求的。在两者之间徘徊,至今也未能找出一个合理的解决办法来。

第三,印度宪法本身对修订的规定的不足。有关修订的条款在印度宪法中并非缺乏,而是似有不足。印度宪法第368条对宪法修订做了专条规定,其内容仅涉及了议会修改宪法的权力和程序部分,以期通过明确修宪机构及修宪程序就可以使得宪法获得很好的修订。半个世纪的实践表明并没有按照立宪者的设想得以施行,其原因在于宪法仅对修宪主体及修宪程序做出规定是不够的,还必须包括修宪的前提以及修宪的标准、方式、范围、议会的权力以及总统可否不予批准等内容等方面。修宪的前提主要是指达到对宪法进行修订的条件,这一条件可以在宪法中明确,如果达不到修订的条件,就不予进行修宪。同样,修宪的标准则是对修改过程的要求,也是对所修改后的宪法内容的要求,必须是在尽可能的情况下达到避免以后在很短时间内又要修订的要求。当然,这一点在印度的司法实践中已充分意识到并也做出了许多的规定,比如通过了一系列判例使得最高法院在一定程度上取得了判定宪法修订的效力的司法权力,即对印度宪法的修订必须在符合宪法基本精神以及不得违反公民的基本权利的条件下进行,如果出现这些方面的修订,该修订由印度最高法院宣布无效。由于缺乏更加严格地限定宪法修订的规定,就使得印度宪法的修订可以在不考虑任何修订成本的情况下任意修订,这也导致了印度宪法对宪法第368条关于宪法修订条款本身被二次修订的后果。

第四,修宪机构的单一性。根据印度宪法规定,议会是享有修宪权的唯一机关,由其主持并决定修宪。由于议会修改宪法的权力过大,几乎涉及了宪法的所有条款，虽然后来两次修订案对此有所涉及，但获得的效果并不理想。因而出现的结果是宪法的修改频繁。虽然这可以更有利于适应形势的变化，执政阶级可以随时改变自己的统治方式，但与此同时，却也给统治者随意践踏民众的基本权利、镇压劳动者的积极斗争与反抗提供了便利。当一项国策只是为了某一集团的利益而违逆大多数人的利益，但却能够顺利合法地出台之时，宪法之初创者们所精心考虑设计并以国家根本大法所确立的能为大多数人利益着想的制度之初衷就已成了历史，这不能不说是一件令人颇感惋惜的事情。

第五，缺乏监督机制。宪法的实施需要监督，而宪法的修订也同样需要监督。监督机制的缺乏，所带来的后果也是对宪法的任意修订。印度宪法的监督机制并不健全，一方面赋予议会以完全的制定并监督权力，另一方面则最高法院也通过一些案例实际上取得了部分的监督宪法权，主要是对宪法修订中有违反宪法基本精神以及基本权利的可以宣布无效。二者权力的分工并不明确，议会与最高法院在监督宪法尤其是宪法修订方面并不能实现相互补充，而是有着重复与缺漏，其中最明显的表现就是对如何控制宪法修订的措施不足。仅以最高法院的事后补救措施显然不足，而且也必然带来成本的浪费，而议会本身对宪法的监督机制又似有不足。这样，印度宪法一旦提出修宪议案就必然导致修宪的局面难以避免。

五、印度宪法的展望——印度需要一部新的宪法么？

印度达胥（Sreeram Chandra Dash）教授对印度政治科学文化的最

大贡献是《印度宪法的比较研究》一书。[1] 在该书中,他通过对魏玛共和国及其他国家如美国及爱尔兰等国的宪法进行比较,得出印度宪法重要条款的根源,主要是对宪法规定的政治分析及其历史渊源而并非仅仅从其法律条文做出陈述。

达胥(Dash)教授对印度宪法的分析是建立在一定的事实基础上的。从1857年到1947年印度的每一步民主进程都为印度人民在为自由而斗争中取得,然而,英国人的退让却显得太少而太慢。[2] 将宪法置于反殖民斗争的政治环境作为分析的视角这在今天显得非常重要。印度近年来政治运作的趋势是将宪法从"自由论坛"中分离出来,并将之从民主的目标及许诺中独列出来。今天,印度执政者一定程度上已将宪法变成为确保权力抵制甚至是压迫人民反抗的工具,而并非是将其视为形成社会民主制度的一种途径。无疑,在印度纪念达胥(Dash)教授的最好方式是将对民主的讨论公开,并将印度宪法视为是民主斗争的一部分——为印度、为全社会受压迫的群体,以及全社会中的每一个人。

(一) 对宪法的重新认识

宪法作为一项根本性的法律,包括了政治体制的基本方面以及有助于实现既定目标的各种行为体制。宪法代表了在某一特定历史阶段力量的平衡。与此同时,既然宪法通常是为自由斗争或革命等政治运动的产物,因而本质上它具有宣言性质[3]。宪法体现出一个社会的状

---

[1] Sreeram Chanrra Dash, *The Constitution of India: A Comparative Study*. Surya Narayan Misra, Subas Chandra Hazary, Amareswar Mishra, *Constitution and constitutionalism in India*, New Delhi, APH Pub. Corp., 1999, p.4.

[2] "英国在印度的政策已经完全失去了其本来意义。从1857年以来由印度所提出的要求都已获得承认,但主要是在要求提出后的很久才实现。"参见 Sreeram Chanrra Dash, *The Constitution of India: A Comparative Study*, p.36.

[3] "宪法的精义在于规范国家权力和保障公民权利",参见殷啸虎:《新中国宪政之路》,上海交通大学出版社2001年第2版。笔者以为从这一方面也可以将之视为具有宣言性质。

况,而这是立宪者渴望建立的。即使像日本宪法那样,在美国占领情况下制定,也对一些民主自由做出了规定,虽然它还不得不接受一些政治限制如非军事化等。

正是在宪法中所规定的情况,其实施使得力量保持平衡状态。政治经济的发展不断产生新的矛盾,这就不得不由宪法体制来解决。在此过程中,如果这些矛盾得以突出,则存在四种情况:第一,命令取代宪法,以一种新的措施转移他们视为是对其政治与经济优先性的限制的方式;第二,斗争的力量也拒绝现存的体系及制度,因为他们认为它涉及到了独立的方面;第三,将现实与自由斗争联系起来,使得宪政体制符合宪法中所作出的规定;第四,与任何确保社会经济转变的斗争形势连为一体。有学者认为,在现在的情况下这一点可以有助于印度社会向民主化状态转移。[1]

同时,我们也必须意识到,由社会中占少数的精英制定了为大多数人应该恪守的宪法。虽然在印度宪法的序言部分涉及了"我们,印度人民",但在印度全社会中,一米以下身高的人都不识字,剩下的一部分却又因不满宪法在为公平权利不断斗争,这也就是说宪法的可取价值与权利或良好的程序几乎没有联系。然而,颇具讽刺意味的是当前印度呈现出不同的景象。由于精英们将使得宪法迎合着经济自由及贸易投资全球化趋势,大部分人却更加对生命、自由、生活的社会及经济条件的宪法保障感兴趣,趋向于文明权利而反对干涉其自由。

所有这些对宪法的新的思路都将带来民主的效应,当前宪法已被看成是对印度社会变革运动的限制。[2]

---

[1] Surya Narayan Misra, Subas Chandra Hazary, Amareswar Mishra, *Constitution and constitutionalism in India*, New Delhi, APH Pub. Corp., 1999, p.4.
[2] Shibani Kinkar Chaube, *The Constituent Assembly of India: Springboard of Revolution*, New Delhi, People Publishing House, 1973.

(二) 当前印度的形势分析

在印度,对宪法变化的讨论如果不将印度人对社会不满的根源纳入于其中,则该讨论就不能提升到一个严肃的程度。当前,对此讨论的焦点主要是要将印度宪法设立的组织形式从议会制到总统制转化。

要求转变宪法模式的修订请求并未在任何的印度社会运动中提出。印度的农民运动、商业联盟、市民组织、贱民协会以及落后阶层领导者实际上都要求对现行宪法做一次彻底的修订,他们强调必须遵守基本权利、指导性原则的宪法规定;同时,印度公民追求自由及民主权利运动更强烈地要求执政者遵守宪法条款及国际公约,例如,他们要求宪法第 21、22 条所规定的保护公民的生命和人身自由。根据宪法第 29 条、30 条规定的平等及相互尊重的规定,印度少数民族享有一些自由,取消贱民的运动则引用宪法第 17 条而废除了贱民制度。

当前许多要求重新组织联邦政府的运动已指向对印度宪法更替的期待,而印度宪法也确实为此采取了相应的措施。如宪法第 5 附表规定表列部落地区自由议事条款;第 6 附表中的大部分以及宪法第 370 条为查漠、克什米尔自由做出特别规定;第 371 条则为落后地区及特殊文化及政治需要的地区规定了达到与印度其他地方一样状态的目标。在过去的几十年中,印度政府及政党通过管理达到全印度政治的集中。这也呈现出一种趋势,即导致了在印度许多地方的人们政治上无权。印度相区分的经济政策无疑加大了这一趋势,因为它们促成了地区的分裂。印度学者认为,对印度联邦而言,为确保联邦加强新的政治方式的需要,有必要使各成员达成协议而并非组成一个集权中央,这似乎比修改宪法重要得多。[1]

---

[1] Surya Narayan Misra, Subas Chandra Hazary, Amareswar Mishra, *Constitution and constitutionalism in India*, New Delhi, APH Pub. Corp., 1999, p. 7.

这样,印度主要的政党——尤其是享有中央集权的议会党及国大党,就应在印度的自由运动中发挥重要的作用。通过由议会制所导致的强有力的联邦中央集权而导致的不稳定的秩序的关注是大多数争论的原因所在。① 在这一框架内,爱尔兰、法国、美国等各种模式都可以做出挑选。当然,就印度而言这方面最终只能有限地关注,原因在于确保中央政府的稳定而并非是社会的和平民主。这一趋势可能会导致印度整个国家的不集中,因为它并没有反映出当前印度社会运动中对民主的强烈要求。

(三) 印度需要一部新的宪法么?

正如前文所言,印度宪法是反殖民主义、寻求自由的产物,因此它自然就体现出一些民主方面的基本要求。毫无疑问,由印度宪法所包涵的体制体现出了那一历史时期社会力量的平衡。一个国家的结构的设置应对大多数人的利益负责,并应符合大多数人的要求。政党、团体及其他组织都意味着要实现其群体的利益。这样,在许多领域(如思想、社会运动、文化竞争、交流、教育以及生产)的民主活动组成了发源于印度宪法的政治体制的主要部分。设想一下,今天新的立宪委员会重新设计一个政治体制,可能就由商业组织占主导地位(包括西方公司、富有的农场主以及代表新兴中产阶层坚持反对贫穷而斗争的编外组织利益群体)。这种精英的组合更感兴趣于印度的"一体化"与全球资本主义,而并非加强印度的独立、确保普遍群体的平等自由,以及强调强有力的统一的政府的需要。

在印度民主体制中,每一部分都是为被侵占的新的或旧的利益及

---

① Surya Narayan Misra, Subas Chandra Hazary, Amareswar Mishra, *Constitution and constitutionalism in India*, New Delhi, APH Pub. Corp., 1999, p. 7.

被剥夺的利益而斗争的成果。印度的被压迫阶层及组织,尤其是农民、部落游民、贱民、妇女以及非组织的工人所构成的社会运动要求其权利得到保障,而宪政体制作为国家的关键结构被要求符合宪法本身的价值目标,因此,包含在当前的印度社会运动的体制变化并不包括印度政府形式的变化,而是关于执政者的变化。这些变化包括了印度部落群体对其土地、森林以及水源权利的保障;导致了大幅度的土地改革,改善了印度穷人及贱民后代的就业及受教育状况;也引发了印度一系列经济及文化上的反对专制的变革。这些例子都涉及了体制的变化。然而印度在一段时期正是由于对这些基本权利的否定,以及对在印度社会中大部分人为争取民主自由的行为受到制止才导致了将他们推向最终的暴力抗争。印度执政者对这些运动的压制措施就导致了进一步的骚乱及带来了社会及政治的不稳定。因此,答案就在于人们对民主制度要求的满足程度。

在印度宪政体制下,议会制与总统制都未能尽善尽美。在议会制中,甚至是小群体如恰尔坎德(Jharkhand)或共和党也将有不同政见,即使是能够执政,执政者也不得不通过各种形式的支持维持其政党;[①]在总统制中,为使得法律在议会中获得通过,即时的努力可能有些效果。议会制应对整个社会负责,这也就是为什么当初立宪者选择它的原因。因而,笔者以为,印度宪政之所以遭受动乱,这并非是因为议会制而是因为决策者将宪法的价值目标抛之脑后。当然这也导致了当前印度持续的民主运动。实际上,受压迫群体不断提高的觉悟,要求体制的变革、为自由而斗争这些都被认为是受到宪法支持的方面。因而,笔者的观点是,对此探讨涉及的仅是体制变化的问题,而并非是议会制向

---

① Surya Narayan Misra, Subas Chandra Hazary, Amareswar Mishra, *Constitution and constitutionalism in India*, New Delhi, APH Pub. Corp., 1999, p. 9.

总统制形式的变化。

借鉴一些国家的经验,虽然印度目前也在尝试着不同的制度,但也并非就那么顺利。也许印度不具备这种观念或所有必要的条件来实现总统制,但问题是,印度宪法就应该规定总统制吗？到目前为止,在印度人民的共同努力下,印度宪法规定的现存制度运行得较好,这无疑就对那些准备进行新的努力的热情降了温。

(四) 小结

行文至此,笔者觉得我们可以对印度宪法的发展做出一定程度的展望了。

印度宪法自1950年颁布至今,虽然经受了诸多的指责与不尽的修订,但作为宪法本身的主体内容而言,它是无可指摘的。举一例说明,印度宪法是全世界各国所有宪法中对"平等"最为强调的一部宪法,也正是由于其对平等的着重强调,因此被许多政治家和学者誉为"世界上最进步的宪法"。[①] 然而几十年的实践表明,印度社会走向平等的道路并不顺畅,社会各阶层不平等的差距仍在继续拉大,但这是否就可以此来否认宪法所体现出来的高度平等性呢？笔者以为,答案是否定的,因为造成印度社会的不平等是多方面因素作用的结果。将之扩大到印度宪法的全部,比如其民主性、编排体例的独特性、内容的充实性等,对此是否也可以得出同样的答案呢？再将之延伸,转到现在印度社会当今要面临的问题,亦即对印度宪法的取舍上来,答案又是如何？

对以上问题的回答,自然就回到了本文所要探讨的问题：对印度宪法模式的选择,究竟应该趋向于何处？

笔者以为,我国宪法学者对中国宪政道路的反思颇值得借鉴：

[①] 一之：《〈印度宪法〉中有关"平等"的条文试析》,载《南亚研究季刊》,1996年第2期。

"中国民主宪政制度的发展,在过去百年历史中之所以经历了曲折的发展,症结并不在于宪政模式的选择和宪政理论方面,而是在于中国特殊的历史文化传统,在于中国社会本身。因此要建立和完善有中国特色社会主义民主宪政制度,首要任务不是模式的选择与理论的完善,而是对历史经验的总结和对文化传统的反思。"[1]

就印度宪政的发展而言,笔者也认同:首要的方面应该是反思其当前宪法实施中各种因素的影响,限制甚至杜绝影响宪法宗旨发挥的各种负面因素才是主要的,而并非是进行模式的选择。至于当前在印度出现的对印度宪政模式的讨论,笔者以为其目的主要在于期望印度人民能找出并发掘出当前宪法实施中的漏洞,只要可能,当然同时也应提高其效率。

可以确信,由印度宪法所勾勒的印度宪政成为现实的那一刻定会是"民主与平等的完美结合"[2]!

---

[1] 殷啸虎:《新中国宪政之路》,第304—305页,上海交通大学出版社2001年第2版。
[2] 何勤华、李秀清主编:《东南亚七国法律发达史》,第53页,法律出版社2002年版。

比较法文化

论公民的守法理由

李清春

导　言

公元前 399 年,古希腊哲学家苏格拉底被人诬陷渎神、腐化和误导青年而被雅典众多法官判为死罪无赦。① 临刑前,他的朋友克力同借探望之机告诉他可以很容易地从监狱中逃走,并认为这是不公正的审判,遵守这样的审判简直就是迂腐。但是苏格拉底却反问道:越狱就是正当的吗?被不公正地指控并被判决有罪的人逃避法律的制裁就是正当的吗?人有没有一种服从任何法律的义务?虽然经过克力同的竭力相劝,但是最后苏格拉底还是选择了服从这个不公正的判决。他是基于两个理由而选择服从的:第一,如果人人都以法律判决不公正为理由,那么社会国家岂能有个规矩方圆?法律判决的公正固然重要,但是社会秩序同样重要;② 第二,如果一个人自愿生活在一个国家,并且享受这个国家法律给予的权利,这不等于是和国家之间有了一个契约吗?在这种情况下,不服从就是毁约,是十分不道德的。③ 而 14 年之后,雅典人却发现他们对苏格拉底的审判是错误的,原来诬陷苏格拉底的人则或被判处死刑,或被驱逐出境。

---

① 柏拉图:《游叙弗伦·苏格拉底的申辩·克力同》,第 73 页,商务印书馆 1983 年版。
② 色诺芬:《回忆苏格拉底》,第 167 页,商务印书馆 1984 年版。
③ 柏拉图:《游叙弗伦·苏格拉底的申辩·克力同》,第 108—111 页,商务印书馆 1983 年版。

苏格拉底的审判是一个讲述公民一心服从法律,而不论法律是什么的故事。但是同样是在古希腊时代,也出现了与苏格拉底立场不同的故事,这就是古希腊悲剧家索福克乐笔下的《安提戈涅》(Antigone)所讲述的安提戈涅的悲剧。色班人安提戈涅的兄弟作为一个背叛祖国的人在一场战争中战死。于是色班的统治者克瑞翁代表国家宣布:谁也不得哀悼他的死,不得埋葬他的尸体,任凭乌鸦和野兽啄食他的身躯。但是,按照安提戈涅的宗教信仰,神的法令促使她不能让她的兄弟暴尸野外,她认为自己有责任以一定的仪式安葬掩埋好自己的兄弟;国王克瑞翁的法令违背了更高一级的法令,即神的法令,自己应该为维护神的法令而抗拒国王的法令。最后,她毅然违反了克瑞翁的命令,按照当时的仪式安葬了自己的兄弟。[①]

苏格拉底和安提戈涅的故事生动地展示了由相互冲突的忠诚形成的两难困境:一方是以合法的形式出现的法律或国王法令,而另一方则是自己心目中的正义或更高一级的神的法令,二者相互冲突,自己究竟何去何从。这两个古老的案例数千年来一直启迪着人们不断深思,并从中引申出丰富的哲理思想。其中之一就是对公民服从法律的理由是什么、公民是否具有服从法律的道德义务、人们不服从法律有没有可能是正当的,对这些问题进行长久的探索,这就是公民的守法理由问题。

对于任何国家的法制建设而言,法律的遵守都是其中最为至关重要的一环,而公民的守法理由理论便为公民对法律的遵守提供理论上的正当性。国家法律受到公民遵守的普遍程度是检验法治发达水平的最直观、也是最重要的标准。早在古希腊时期,亚里士多德就将"已公布的法律得到普遍的服从"作为法治的构成性要件,他说:"邦国虽有良法,要是人民不能全部遵守,仍然不能实现法治。法治应该包含两重意

[①] 参见刘星:《西方法学初步》,第 228—229 页,广东人民出版社 1998 年版。

义:已成立的法律获得普遍的服从,而大家所服从的法律又应该本身是制订得良好的法律。"①

然而不无遗憾的是,与西方法治国家源远流长的公民守法理由理论不同,在已经将法治国家作为国家建设目标的中国,理论法学界却一向忽视对公民守法理由的研究,偶尔提到的,也只是"提纲挈领",对西方已有论述的简单罗列,而缺乏对其进行系统论述,紧密结合中国实际的更是难得其见。当代中国公民守法理由理论与在市场经济条件下所要求的以交互主体为基础的社会关系是不相符合的。

一、西方国家关于公民守法理由的学说

西方对于公民守法理由的阐述起源于公元前5世纪古希腊的智者学派。他们在尝试对社会进行最初的分析的过程中最早提出了社会契约论。"正义是基于人们的同意或契约而产生的,其历时既久,便成为习俗。所以正义正是大家所约定的习俗。"并认为"如果个人利益是创设法律的根据,那么,个人利益也是服从法律的唯一动机;由此得出的结论是,服从法律的条件只限于法律符合个人利益"。② 可见,智者学派对公民的守法理由从社会契约的角度阐发的同时,也从功利的角度进行了初步的分析。

但是西方对于公民守法理由的系统研究是基于对苏格拉底审判事件的反思开始的。人类文明进入近代以来,综合西方国家对于公民守法理由的论述,根据其阐释和论证的不同角度和思路,主要有守法习惯

---

① 亚里士多德:《政治学》,第199页,商务印书馆1985年版。
② 于海:《西方社会思想史》,第27页,复旦大学出版社1993年版。

论、社会压力论、①社会契约论、法律正当论、功利主义论、暴力威慑论、公平对待论,等等。② 在此笔者只对后五论进行阐发并予以相应的分析。

(一) 社会契约论

西方社会随着资本主义生产关系的不断发展,在经济上拥有雄厚实力的资本家要求打破中世纪"君权神授"的局面。他们将法律视为一种防止独裁和专制的工具,将法律统治的合法性建立在人们的同意基础之上。

古典自然法学派对这一理论进行了最为系统的阐述。洛克认为:"人类天生都是自由、平等和独立的,如不得本人的同意,不能把任何人置于这种状态之外,使受制于另一个人的政治权力。任何人放弃其自然权利并受制于公民社会的种种限制的唯一办法,是同其他人协议联

---

① 守法习惯论认为,公民遵守法律是因为从小就被教导尊重父母、知识、地位权威和法律,这造成公民在社会化的过程中,服从一定权威成为其心理的重要组成因素,遵守法律便成为其一种行为习惯。社会压力论认为,社会无数的连锁行为模式使人们相互依赖,如果行为破坏了这种人们已经习惯的模式,这种行为就会受到否定性的社会评价,行为人也会有某种羞耻感;社会大多数人遵守法律的社会氛围的压力使人们遵守法律。(参见张文显:《二十世纪西方法哲学思潮研究》,第447—448页,法律出版社1996年版。)守法习惯论和社会压力论都是以历史法学派的观点为理论渊源的。邓正来认为,"就法律的权威性渊源而言,……历史法学派主要强调的是法律律令背后的社会力量。……因此对他们来说,应当从人们服从法律的习惯、从公众情绪和舆论中或从社会上盛行的正义标准中去发现制裁。"(邓正来:《社会学法理学中的"社会"神——庞德〈法律史解释〉导读》,载罗斯科·庞德:《法律史解释》,《导读》第26页,中国法制出版社2002年版。)无疑,这两种理论在一定程度上解释了公民遵守法律的理由所在,但是却在根本上无视人的个体自主性,"他们所思考的人只是抽象的人,而不是具体的人——在他们眼中,真正的行为人只是种种公式或符号而已"。所以,这两种理论对公民守法理由的解释的有限性是明显的。

② 有的学者将公民的守法理由归为两大类:第一类是从工具性观点出发,即把遵守或违反法律看作是达到某种目的的手段,包括暴力威慑论和功利主义论。第二种是从规范性的观点出发,包括道德正当论,服从法律在个人的道德上是正确的,而违反法律在个人道德上就是错误的;社会压力论;法律正当论。美国学者泰勒在芝加哥的研究表明,"与工具性观点相比,规范性观点对于遵守法律是重要的决定性力量"。参见朱景文:《比较法社会学的框架和方法——法制化、本土化和全球化》,第543—547页,中国人民大学出版社2001年版。

合组成一个共同体。"①而人们基于同意联合组成一个共同服从的共同体的原因是为了摆脱自然状态下的"人与人之间的战争"。为了避免人类生活于社会契约论者所设想的那种自然状态,"要寻找出一种结合形式,使它能以全部共同的力量来卫护和保障每个结合者的人身和财富,并且由于这一结合而使每一个与全体相联合的个人又只不过是在服从自己本人,并且仍然像以往一样地自由。"②对于建立在合意基础上的政府和法律,参加契约的人就应该遵守。对此,霍布斯很早就在其提出的自然法第二条派生法则——"信守你的协议,或遵守诺言"③中表达了类似的思想。

可见,社会契约论认为社会是由自觉自愿的人们根据共同达成的契约而组成的,政府是由生来平等和自由的人们建立的,法律是由他们同意的政府制定的,那么人们就和法律有了一种接受法律统治的契约。由此,我们可以得出社会契约论对公民守法理由阐述的基本思想是:公民之所以都有守法的道德义务,乃是因为他们都是社会契约的当事人,作为这个契约的当事人,应该遵守契约的内容,遵守自己同意的政府和法律。

但是,公民服从政府,遵守法律也并不是没有限度的。公民只服从基于自己授权而建立的政府,遵守在自己所授权限下制定的法律。如果政府超出了公民所授予的权限,公民就没有服从在这种权力下所制定的法律的义务。

社会契约论诉诸的是公民信守承诺的道德因素,为法律的统治提供了道德上的合法基础。但是,社会契约论的缺陷是,它只适用于那些明确表示服从国家法律的人,而普通公民并没有公开地明确地做出这

---

① 洛克:《政府论》下卷,第59页,商务印书馆1983年版。
② 卢梭:《社会契约论》,第23页,商务印书馆1980年版。
③ 霍布斯:《论公民》,第26页,贵州人民出版社2003年版。

种服从政府及其法律的承诺。

为了弥补这种缺陷,普列门茨(J. P. Plemenatz)认为,对政府的同意有两种方式,即直接同意和间接同意。一个人只要自主地参加了投票,就构成了他对政府的同意。他说:"即使你不同意这个制度并且希望去改变它,只要你参加了选举,就等于承担了服从政府的义务,因为选举的目的是把权力交给赢得选举的人,如果投票时,你知道自己正在干什么,并且没有人强迫你投票,你就是自愿地参加了把权力交给这些人的程序。"① 这表明,自愿参加选举是公民表示间接同意服从政府和法律的方式。既然表示了服从,那么就有服从法律的义务。

然而如果拒绝投票,也没有表示服从政府的人,是否就没有服从法律的义务了呢?对此,这种理论并没有予以涉及。可见,社会契约论并没有对公民的守法理由给予彻底的解释。而且社会契约论毕竟是一个先验的理论假设,没有历史的经验资料表明,公民确实一开始是以契约的形式建立社会和国家的。诚如梅因在《古代法》中对"社会契约论"进行批判时所指出的一样,"在坚持'社会契约'是一种历史事实时,就很容易使'法律'起源于契约的理论获得一种虚伪的事实性和明确性"。②

(二) 法律正当论

法律正当论也称为合法性理论,综合西方学者对合法性理论的浩繁论述,我们可以将其归纳为两种范式:"其一是伦理学或政治学的解释传统,其二乃社会学的解释传统"。③ 伦理学或政治学的解释传统认为,统治权威的合法性在于人们以订立社会契约的方式同意这一统治

---

① 转引自张文显:《二十世纪西方法哲学思潮研究》,第500页,法律出版社1996年版。
② 梅因:《古代法》,第175页,商务印书馆1959年版。
③ 苏力、贺卫方主编:《二十世纪的中国:学术与社会》(法学卷),第57页,山东人民出版社2001年版。

权威的同时,还在于统治权威包含了一些具有具体内容的合乎自然理性、将人类生活导向至善的伦理原则或自然法原则。以韦伯为代表的社会学解释则认为"合法性被视为一种与真理没有内在联系的经验现象",一种统治如果说是合法的,则必须至少满足两个条件。"这两个条件是:(1)必须从正面建立规范秩序;(2)在法律共同体中,人们必须相信规范秩序的正当性,即必须相信立法形式和执法形式的正确程序。这样,合法性信念就退缩成为一种正当性信念,满足于诉诸作出一种决定的正当程序。"①

显而易见,这两种对合法性的解释具有不同的侧重角度。伦理学或政治学的解释侧重于权威的内容,社会学的解释侧重于权威的形式。然而,二战后西方法理学界掀起了对只侧重形式合法的社会学解释的批判,而试图以权威所体现的价值即内容约束权威的形式。"由此兴起的价值法理学无不尝试将政治权力的合法性重新建立在一些公认的价值原则上,而不仅仅依赖于程序的决策"。②

基于此,法律正当论试图从公民对法律权威的信任角度回答为什么遵守法律。法律正当论认为,公民之所以守法,是因为法律具有形式合法和内容合法的要件。法律是由具有合法性权威的国家机关或官员遵照法定的正当程序制定的,而且法律与社会所认同的价值或道德即公平正义相符不悖。对于这样的良法,公民就有遵守它的义务。"人们遵守法律的主要原因在于,集体的成员在信念上接受了这些法律,并且能够在行为上体现这些法律所表达的价值观"③。

在西方关于公民基于法律的正当性而遵守法律的研究文献中,大

---

① 哈贝马斯:《合法化危机》,第127—128页,上海人民出版社2000年版。
② 苏力、贺卫方主编:《二十世纪的中国:学术与社会》(法学卷),第63页,山东人民出版社2001年版。
③ 昂格尔:《现代社会中的法律》,第29页,译林出版社2001年版。

量的实证资料证明,法律正当性(合法性)是公民遵守法律的主要原因。20世纪90年代,美国法社会学家泰勒(Tom. R Tyler)在芝加哥进行了一项以"公民为什么遵守法律"为主题的研究。在其研究成果所涉及到的几个公民的守法理由中,泰勒特别强调了法律的合法性对公民是否遵守法律的行为有着独立的影响。[①] 泰勒的研究表明,即便是面对与自己所持观点相冲突的具体法律和条文,公民基于对法律正当性的认同也主张遵守。可见,法律正当性是公民遵守法律的一个主要理由。

但是,社会普遍认同的价值不一定就会得到每个公民都认同,也就是说,对于一般人而言是正当的法律,对于某些具体的人就不一定是正当的。尤其是在价值多元化的现代社会,法律的规定更易与某些公民或某些持不同信仰的群体的信念发生冲突。"人们可能会基于道德上的或其他方面的判断而采取一般性的服从法律的态度,但是,法律所体现的价值并不总是与每一社会成员的道德观念相符合,因而并不能保证,也不能强迫每个人都采取同一态度。"[②]如基于对战争的厌恶而拒绝服兵役,基于对生命的尊重而反对计划生育,甚至反对堕胎,等等。对于这些认同法律总体的合法性而又拒绝遵守某个具体的法律的公民而言,是否就有不遵守这样的法律的权利了呢?如果公民不认为法律是正当的而又遵守法律,其遵守法律的理由又是什么呢?因此,法律正当论并不能解释不认同法律的价值而不遵守或遵守法律的现象。

[①] 认同法律所体现的价值对公民遵守法律的影响可以表现在两个方面,即面对法律公民所意识到的责任和对法律权威的支持。在泰勒所设计的调查问题中,对"人们应该服从法律即使法律与你认为是正确的东西相反"、"我总是服从法律即使我认为它是错的"、"不服从法律很难说是正当的"等三个问题的回答,表示赞成的人在所有接受调查的人中所占的比例分别是:85%、85%、82%。参见朱景文:《比较法社会学的框架和方法——法制化、本土化和全球化》,第546页中表10-3"服从法律的义务的百分比",中国人民大学出版社2001年版。

[②] 李桂林、徐爱国:《分析实证主义法学》,第304页,武汉大学出版社2000年版。

(三) 功利主义论

如前所已经提到的,早在古希腊的智者学派那里就已经有了对功利主义守法理论的最初阐述。开端于文艺复兴运动的西方近代思想,以人性否定神性,以人道对抗神道,就包含了为人的感性存在、感性幸福而辩护的思想。霍布斯说:"下面这一点是不言自明的:人的行动出于他们的意志,而他们的意志出于他们的希望和恐惧。因此,当遵守法律比不遵守法律似乎给他们自己带来更大好处或更小坏处时,他们才会愿意去遵守。"[①]英国经验主义哲学思想和法国18世纪的启蒙运动,其中心就是强调人的世俗现实利益,感性幸福和物质利益追求的合理性。而在英国的18、19世纪,伴随着以机械化为动力的现代大工业生产方式,以及由此形成的资本主义市场经济全面取代中世纪的封建自然经济结构思想的,则是具有完备理论形态的边沁、密尔的功利主义。

功利主义论是建立在功利主义哲学基础上的。边沁认为,功利主义是"这样一种原则,即根据每一种行为本身是能够增加还是减少与其利益相关的当事人的幸福这样一种趋向,来决定赞成还是反对这种行为"。[②] 以功利主义哲学为基础对公民守法理由进行研究的论者就是以衡量守法与不守法的结果所产生的利益为标准来说明公民为什么守法的,这个标准就是守法的行为能给守法者带来最大幸福或最小损失。"边沁认为即使在社会契约论中服从的义务也是以功利原则为基础的,因为它真实地说明:只有我们服从法律,才能实现最大多数人的最大幸福。"[③]波斯纳认为,"服从法律更多的是一个利益刺激问题,而不是敬

[①] 霍布斯:《论公民》,第53页,贵州人民出版社2003年版。
[②] 博登海默:《法理学、法哲学与法律方法》,第105页,中国政法大学出版社1999年版。
[③] 韦恩·莫里森:《法理学——从古希腊到后现代》,第199页,武汉大学出版社2003年版。

重和尊重的问题。"[①]"功利论认为,每个公民都有无可争议的义务去做产生良好结果的行为。对于获得一般福利来说,政府和法律是绝对需要的,因为如果没有政府,人们就将回到自然状态。""而只有服从法律才能维护政府的持续存在和效能。"由此得出的结论是:"无可争议的守法的一般义务是存在的"。[②]

所以,功利主义论者认为,当法律对人们有更好的利益预期,能更好地防范风险减少可能损失的预期时,人们就能遵守法律,公民的守法理由是由守法与不守法的比较结果决定的。如果公民遵守法律所带来的利益大于不遵守法律所带来的利益,那么公民就遵守法律;否则,公民就选择不遵守法律。

这种以守法结果决定守法行为的论证无疑会受到人们的批判。对功利主义守法论者的批判可分为三种。第一种批判是,功利主义误解了人们权衡不同行为结果的全部意图。人们权衡不同结果的意图不纯是为了在守法和不守法之间做出选择。第二种批判是,功利主义的方法论未能真正全面把握人们守法的责任感,即没有把握住人们守法的道德责任,它考察的角度只是一种"实然"的角度,而不是一种"应然"的角度。第三种批判是,功利主义过于忽略其他因素,简单的结果主义守法理论常常不足于使守法成为一个道德要求。[③]

并且,功利主义守法理论没有解决这样一个在社会中常见的问题:如果某个公民遵守法律对于社会而言能够增进大多数人的最大福利,而对其本人所带来的却是灾难,即当社会公共福利和个人福利产生不可调和的冲突时,他是否应当守法?罗尔斯认为:"正义否认了一些人分享更大利益而剥夺另一些人的自由是正当的,不承认许多人享受的

---

① 波斯纳:《法理学》,第 297 页,中国政法大学出版社 1994 年版。
② 张文显:《二十世纪西方法哲学思潮研究》,第 453 页,法律出版社 1996 年版。
③ 张文显:《二十世纪西方法哲学思潮研究》,第 455 页,法律出版社 1996 年版。

较大利益能绰绰有余地补偿强加于少数人的牺牲。"①所以,功利主义守法论者没有解决个体利益和集体利益在守法问题上产生冲突时,公民是否遵守法律的问题。

(四)暴力威慑论

暴力威慑论认为,公民之所以守法是因为畏惧保障法律得以实施的国家强制力,为了避免违反法律所带来的暴力制裁或经济损失,公民便采取遵守法律的行为。

暴力威慑论把公民遵守法律的理由归于国家强制力的威慑和惩戒作用,其理论渊源是分析法学。奥斯丁认为,法律是主权者所发布的命令。命令包含了"义务"和"制裁"这两项基本要素。国家的强制力是法律的本质特征,对于主权者的命令,公民如果不遵守,就会招致国家的暴力制裁。现代意大利新康德主义法学家韦基奥(G. Vecchio, 1893—1968)指出:强制力与法律是两个逻辑上具有必然联系的概念,"哪里没有强制,哪里就没有法律"。② 而汉斯·凯尔森则在此基础上创立了纯粹法学,并且强调了制裁对法律实施的作用,强制是法律概念的一个基本的不可分割的要素。凯尔森认为,法律规范的特点就是通过一种强制性命令对逆向行为进行制裁的方式来规定某种行为,并对埃利希(E. Ehrlich, 1862—1922)"行为规则常常完全不同于强迫而服从的规则"的观点予以反驳。③

奥斯丁的分析实证主义法学与功利主义有某种渊源关系,"奥斯丁的法理学揭示了一种由知识、权力、命令和服从等基本要素构成的新构

---

① 罗尔斯:《正义论》,第3—4页,中国社会科学出版社1988年版。
② 转引自刘星:《法律"强制力"观念的弱化——当代西方法理学的本体论变革》,《外国法译评》,1995年第3期。
③ 凯尔森:《法与国家的一般理论》,第25—31页,中国大百科全书出版社1996年版。

造——一种社会政治构造——的结构,它是由功利主义这一新社会信念聚合起来的,受到它的指导"①。公民为了避免受到国家强制力的制裁而采取遵守法律的行为也可以看作是功利主义动机的表现,因为受到的制裁无论是身体的,还是经济上的都是公民自身利益的减少。但是,暴力威慑守法论与功利主义守法论的不同之处在于,前者只涉及到公民的被动守法行为,即不违反法律便不会使自身利益减少;后者在具有前者含义的同时,还适用于公民为增加自身利益的积极守法行为。

暴力威慑论与功利主义论一样受到人们的广泛而严厉攻击,因为依照此理论,公民的守法行为无法体现法律的正义。霍布斯说:"如果一个人做了法则命令的所有行动(表明了外在的服从),但他这样做并不是为法则的缘故而是为附着在法则上的惩罚或荣耀的缘故,那他仍不是正义的。"②即以暴力威慑论为基础的法律不足以分辨是非。而且公民采取服从法律的态度并不仅仅只是因为畏惧法律的制裁。埃利希认为:"在所有人中,法学家应当是最注意下述事实的人:人们做或没有做作为一种法律义务意义上的事,常常是完全不同于、有时远远超过权威者所能强迫他们做或不做的事。行为规则常常完全不同于因强制而服从的规则。"③按暴力威慑论,如果统治者想使自己的法律得到人们广泛的遵守,只要将对违法者的制裁提高到足以令人恐怖的程度即可,人们由于惧怕这种制裁,就会遵守法律,而无论法律是否体现正义的价值。然而历史已经证明,越是法律惩罚严厉的社会,越是会引起人们对法律的不遵守。即便是体现正义的法律也不能依靠法律的严厉惩罚来实施。"许多学者通过研究发现,在惩罚和被惩罚的行为之间并不存在

---

① 韦恩·莫里森:《法理学——从古希腊到后现代》,第227页,武汉大学出版社2003年版。
② 霍布斯:《论公民》,第49页,贵州人民出版社2003年版。
③ 凯尔森:《法与国家的一般理论》,第26页,中国大百科全书出版社1996年版。

简单的线形关系。"①按照威慑论,刑罚的正当性显然取决于一个经验性前提,即刑罚实际上制止了人们从事犯罪的行为。实际上,刑罚并不能阻止犯罪。现代犯罪学实证研究表明,对惩罚的恐惧,并不足以完全抑制行为人犯罪的冲动,对于具有反社会人格的社会成员而言,惩罚的威慑力是有限的。

因此,以国家强制力对公民违法行为所潜在的暴力威慑作为公民的守法理由,对公民的守法行为的解释力是非常有限的。它完全将公民的守法行为看作是被动的,而湮没了公民守法的主动性。所以,自20世纪50年代以来,西方法学理论学界有一种对法律强制力观念的弱化趋势。②

(五) 公平对待论③

公平对待论认为,处于基本上公正的社会的成员,在其他成员都守法的情况下,享受到了这种守法状态的益处,此时他自己也应当守法,否则,他的违法行为将损害守法者的利益,就是不公平的。为了让他人也享受自己因为守法而产生的益处,社会成员就应当普遍地遵守法律。

这一理论是从公民与公民之间的关系来论证公民的守法理由的,它由哈特于20世纪50年代首先提出,后由罗尔斯在20世纪60年代

---

① 朱景文:《比较法社会学的框架和方法——法制化、本土化和全球化》,第537页,中国人民大学出版社2001年版。
② 刘星:《法律"强制力"观念的弱化——当代西方法理学的本体论变革》,《外国法译评》,1995年第3期。
③ 对该理论的阐述主要参考了张文显:《二十世纪西方法哲学思潮研究》,第451—453页,法律出版社1996年版。

进一步发展成熟。[1]但是,公平对待论所描述的情况并不总是真实的。一个人的守法行为未必总是会给他人带来利益,有时一个人的守法反而会给他人带来不幸,此时不能认为即使他会给他人带来不幸,也应该遵守法律。

与公平对待论相似,从政府和公民之间的关系进行论证的另一个理论是"感激论"。霍布斯早就从自然法则的高度提出了这样的要求:"如果某人给了你某个好处,那是基于你良好的信誉,不要让他失望。""因为对这条法则的违背不是对承诺或协议的违背(因为他们之间并没有订立协议),所以那不叫背信;但因为好处与感恩并列在一起,那就叫做'忘恩负义'。"[2]这一理论是基于这样一个道德规范,即如果一个人从他人那里获得益处,那么他应当对其感激,予以回报。用感激论来解释公民的守法理由,就是这样一种思维模式:任何从政府那里获得益处的人都应当感激他的政府,而感激政府的最好方式就是遵守政府的法律。[3]

---

[1] 哈特认为:"当若干人按照一定规则管理一个联营企业,并因此限制了他们的自由时,那些依据企业之要求而服从限制的人有权利要求从其服从中受益的其他人也应服从同样的限制。企业的规则可能规定了官员们有权力强制服从,——但是,在这种情况下,服从规则的道德义务是因为互惠合作的社会成员,他们有相互的道德权利去要求服从。"罗尔斯对这一理论发展后认为:"公平对待原则可以表述如下:假定有一个相互受益和公正的社会合作组织,只有每个人或几乎每个人合作,它所产生的利益才能获得。再假定,合作要求每个人做出一定的牺牲,或至少对自己的自由做出一定限制。最后假定,在一定点上,合作所产生的利益是丰富的,即如果任何人都知道其他所有的人或几乎所有的人将尽其所能,即使他本人不尽力量也可能得到一份利益,那么,该合作组织将是不稳定的。在上述情况下,从合作组织受益的人,有公平对待的义务去尽自己的一份力量,而不应不参与合作却占取无代价的利益。"参见张文显:《二十世纪西方法哲学思潮研究》,法律出版社1996年版,第451—452页。
[2] 霍布斯:《论公民》,贵州人民出版社2003年版,第30页。
[3] 柏拉图在《苏格拉底的最后日子》中也阐明了公民基于对父母般的感激而守法的相似观点:"既然你由于法律的保护才得以出生,受到抚养和教育,你能否认你首先是我们的孩子和仆人吗?你的祖先不也和你一样吗?如果承认这一点,你是否认为对我们来说是合理的东西对你来说也同样合理?你是否认为无论我们对你做了什么,你的报复都是不正当的?你同你的父亲、你的主人不可能有平等的权利,……当他们骂你时你不能还嘴,当他们打你时你不能还手,在其它诸如此类的事情上也是这样。"柏拉图:《苏格拉底的最后日子》,上海人民出版社1988年版,第99页。

然而,感激论的缺陷是非常明显的。感激论的前提是,政府给予公民的所谓益处或利益,都是公民需要的,由于政府满足了公民的需要,公民就有道德义务感激政府,遵守政府的法律。但是,政府给予公民的利益是否都是公民本身所需要的呢?未必。如果政府提供给公民的利益并不是他所需要的,而是政府为了自己的某种利益或目的,公民是被迫接受的,此时,公民就没有任何道德义务去感激政府而服从政府的法律。①

由此可见,西方对公民守法理由的论述可以说是多种角度的,但是不管从何种角度进行论证,论证模式都带有某种偏见,都不能解释公民守法的全部行为。泰勒的研究结果表明,公民的守法理由是多样化的,不同的公民遵守某个具体法律的动机是不同的,同一个公民遵守不同的法律的动机也是不一致的。这表明,公民服从法律的原因是复杂的。②那么,如何看待西方学者对公民的守法理由问题所提出的诸论呢?笔者认为,这些论断与人类近代社会法律的特点所决定的公民守法精神是密切相关的,它们都以公民自身的主体性品格作为出发点,来构建公民的守法理由理论的。换言之,支撑西方整个公民守法理由理论的是以公民主体自主性为核心的公民的守法精神。

---

① 政府认为是有益的事情在公民看来并不一定就是有益的,这在现实社会中并非一种少见的现象。如在中国,有的地方政府将春节燃放烟花爆竹的行为归为违法,因为经验性材料证明,燃放烟花爆竹为公民的人身和财产带来了巨大的损失,同时也不利于自然环境的保护。但是,多数公民并没有良好地遵守这样的法律规定,人们普遍认为自己的谨慎能够避免这些损失;传统习惯的固定模式使人们拒绝接受政府通过法律提供的这些利益。在美国,有的州基于对生命的尊重和保护而规定堕胎为重罪。但是,美国公民对此也普遍持有异议,对政府给予的这种利益拒不接受,从而引发了美国宪法史上对著名的罗伊判例的争论。参见德沃金的《自由的法》第一章:"生命,死亡,种族",刘丽君译,林燕萍校,上海人民出版社 2001 年版。

② 朱景文:《比较法社会学的框架和方法——法制化、本土化和全球化》,第 709—771 页,中国人民大学出版社 2001 年版。

二、公民的守法精神

（一）守法精神的涵义

日本著名法学家川岛武宜(1909—1992)对守法精神进行了非常深入的研究。在《现代化与法》一书中,他将处于近代社会的社会公众——公民——所应具有的守法精神概括为主体性意识和建立在价值合法化基础上的自发的守法动机两个方面。川岛武宜认为,守法精神的第一个方面,即公民的主体性意识在公民的守法精神中具有基础性地位。"近代法意识最根本的基础因素是主体性的意识。"这种主体性意识的内容包括:"第一,人要认识自己作为人的价值,是有独立价值的存在,是不隶属于任何人的独立存在者;第二,这种意识在社会范围内,同时是'社会性'的存在,大家相互将他人也作为这种主体人来意识并尊重其主体性。"前者是"权利的主张",后者是"对他人权利的尊重",二者并列,"构成近代的法意识,即守法精神本质的组成部分"。但是二者也并非是没有任何相互关系的,"近代法中上述两种意识存在着内在的必然联系。而且,这种所谓必然的联系在于下述两种意识互以对方为媒介来规定。"即:"自己权利的确立是以承认和尊重他人权利的意识为媒介的";"他人权利的承认和尊重是以自己固有的权利得到确立为媒介的。"[1] 这就是对法律秩序下的公民法律意识的精练概括,同时也是对近代社会公民守法精神的经典论述。

川岛武宜所概括的近代守法精神的第二个方面是守法主体的主观自发性。他认为这里所谓的主观自发性的动机基础是马克斯·韦伯对

---

[1] 川岛武宜:《现代化与法》,第53页,68页,69页,中国政法大学出版社1994年版。

行为动机基础所做的四种划分中的最后一种,即受价值合理性动机支配的心理构造。① "也就是说,只是因为某种事是由法规范所命令的,所以才遵守这种法规范。"②但是,川岛武宜明确指出,因为法律是如此规定而公民就自愿如此行为主观自发守法,并不意味着无论是多么恶劣的法律都应该遵守或者近代法中存在着恶法也要遵守的精神,守法精神与法律的内容的关系是另外一个问题。③ 这里只是强调法律对于公民的权威性和至上性,公民基于此种精神而自发自愿地服从法律。近代法的实施是以守法精神为前提的,如果这种守法精神在社会中得不到相当程度的普及,法律就不能实现形成社会秩序和维持社会秩序的作用。

根据川岛武宜的论述,笔者认为,守法精神是守法主体在守法过程中所具有的自愿、积极和主动的心理状态,是守法主体自觉意识的产物,是法意识觉醒而在其内心所形成的视服从法律为道德自觉的主观理念。

(二) 守法精神生成的条件

既然公民自身所具备的守法精神是近代法律得以有效实施的前提,那么,这种守法精神得以生成的基础是什么呢?笔者认为,守法精神的得以生成必须以两个条件的成就为基础,一是社会公众公民主体性意识的具备,二是法律的良法品格。对于良法在法治中的作用及其

---

① 韦伯将行为动机分为四种:第一种是传统性动机,这种动机仅仅是对传统和习惯的简单重复;第二种是情绪性、爱情性动机,由于爱情、憎恶、愤怒、恐怖等情绪、感情所决定的行动;第三种是目的合理性动机,考虑各种行为结果的可能利害,选择有利于自己目的的行动;第四种是价值合理性动机,以行为的价值为标准,为了符合这种价值而采取的行为。最后一种是高度自发型的,近代的守法精神就是建立在这种行为动机的基础上。川岛武宜:《现代化与法》,第75页,中国政法大学出版社1994年版。
② 川岛武宜:《现代化与法》,第76页,中国政法大学出版社1994年版。
③ 川岛武宜:《现代化与法》,第77—78页,中国政法大学出版社1994年版。

标准问题,国内学界已经有了比较多的研究成果,在此,笔者只讨论作为公民守法精神生成内在要件的公民主体性。

在人类进入近代社会之前,社会公众是以臣民的身份而存在的,本身并不具备近代社会的公民品格。作为统治者的君主与其臣民的关系是一种主体对客体的主奴关系,是一种完全的上与下的纵向关系,而不是近代社会中人们之间的主体对主体的横向关系。正如梅因指出,在古代,"个人并不为其自己设定任何权利,也不为自己设定任何义务。他所应遵守的规则,首先来自出生的场所,其次来自他作为其中成员户主所给他的强行命令。"[1]臣民的身份决定了社会公众对权力的无条件服从,而无自主的主体性意识。这也决定了专制社会下的法律以国家强制力为后盾来实施,社会公众对法律的遵守也主要是因为畏惧国家暴力。

社会公众的主体性品格在西方已有非常深刻的研究成果,川岛武宜所强调的近代"守法精神本质",也是建立在西方近代以来为哲学、伦理学界所不断探索的人际交往关系中的"互主体性"[2]基础之上的。在近代社会以前,人与人之间的关系并不是平等的关系,而是一种依附关系。从伦理哲学的意义上看,这是一种主从伦理关系,所体现的是主奴

---

[1] 梅因:《古代法》,第176页,商务印书馆1959年版。
[2] "互主体性"(intersubjectivity),或译为"交互主体性",是指在平等的伦理关系中,人们互相把对方看作是具有同等人格平等的人,与自己一样有着同样的人格尊严而应当受到尊重,即把对方看作是同等的有着道德需要的独立人格行为主体。这一概念最先出现在胡塞尔的《笛卡尔的沉思》,第164—175页,中国城市出版社2002年版。在这一著作中,它首先是作为哲学本体论与认识论概念而被提出来的。胡塞尔认为,每个人都是一个特殊的认识主体,其意识的世界都是自己的"私人世界"或"生活世界",因此,每个人都有自己的独特主体性,每个人的生活世界也都具有自己的主体性;为了避免认识中的这种私人性、"主观性",以达到人类对世界的共识,由"私人世界"过渡到"共同世界",人们就既要相互承认相互的主体性,又要彼此交流,转换视角,将世界理解为一个交互主体性世界。参见龚群:《当代中国社会伦理生活》,第67页,四川人民出版社1998年版。这种互主体性的世界只有在具有平等主体的公民世界中才能真正的实现,它是公民参与社会关系的基础和前提,调节社会关系的现代法律也必然以互主体性的社会为根基。

道德。黑格尔将处于社会中的人的意识划分为两类:"其一是独立的意识,它的本质是自为的存在,另一为依赖的意识,它的本质是为对方而生活或为对方而存在。前者是主人,后者是奴隶。"①从思想史上看,自从近代哲学的始祖笛卡尔提出"我思,故我在"这一哲学的"第一原理"后,西方近代思想中的人的主体性地位就已经得到了确立。在近代思想史上,卢梭第一个全面而深刻地从社会契约论角度,强调了"互主体性"在近代社会中人们之间交往的核心地位,强调自由与奴役的对立。而康德则进一步把"互主体性"作为近代人类社会关系的原则确立下来。康德说:"人,实则一切有理性者,所以存在,是由于自身是个目的,并不只是这个或那个意志任意利用的工具,因此,无论人的行为是对自己的或是对其他有理性者的,在他的一切行为上,总要把人认作目的。"②人不只是工具,而应看成是目的,这是康德的一条著名的道德律令。这条道德律令就要求人们应该将对方看作与自己具有同样主体的人来对待。而把人当作目的,当作主体来对待,无非就是强调人不是物,不仅仅是客体而只知道服从,不能把理性存在的人仅仅看成是自己欲望的工具,从而强调人的平等性,互主体性。近代法律就是对人们之间的这种"互主体性"的伦理关系的确认,近代法律得到良好遵守的前提也必须以"互主体性"伦理关系的确立为前提,而人们相互尊敬的"互主体性"伦理关系的确立又必须以社会公众的公民身份的确立为前提。

公民意识是现代国家制度和社会制度得以稳固存在的重要文化价值观念的基础。社会公众成为公民,就意味着自身主体身份和资格的具备,这使建立在臣民基础上的王权不得不把国家权力让给"人民主权"和公民共同体,使国家权力在公民的同意下运行。这表现了公民自

---

① 黑格尔:《精神现象学》上卷,第127页,商务印书馆1979年版。
② 康德:《道德形而上学探本》,第42页,商务印书馆1957年唐钺重译本。

身的理性特征,这种理性特征就是公民的"交互主体性"。而公民遵守法律的主体性特征主要表现在两个方面:

第一,主体性意识使公民对符合社会价值观念的法律的积极遵守。现代法律的实施已经不可能依赖国家的强制,而必须以社会公众对法律的自觉遵守和积极主动的守法精神为前提。"无疑,现代法治之所以呈现出一种内在自觉、普遍有效的理性秩序,除了法律制度内在价值与公民意识的合理性、合法性要求相吻合这一因素外,另一重要因素就是它离不开公民积极守法精神的支撑。"[1]这本质上就是川岛武宜所说的现代法律所要求的守法精神的第一个内容,即对自身权利的积极追求。宪政体制下所要求的法律,必须是体现公民普遍意志的法律,公民意识本身就体现了对这种法律的积极维护,对于社会公众而言,就是对这种法律的积极遵守。因为公民视法律为自己权利的保护神,遵守法律就是维护自己的权益,积极遵守法律,就是为权利而斗争。反映社会价值的法律,内化为社会公众的自身意识,便获得了受到普遍遵守的合法基础。

第二,公民对自身作为个体的局限性的认识和自觉控制。对自我权利的主张并不意味着自身利益的无限膨胀,同时必须认识到公民权利主张的社会性。他人和自己一样,也认识到自己作为社会主体的独立性,即川岛武宜所说的守法精神的第二个内容:对他人权利的尊重。"这是特殊即近代的主体意识在法律世界的反映,近代社会中的人,将其他所有的人作为同自己等质的同等的主体来认识和承认,……。"[2]这类似于霍布斯所提出的自然法则中的第九条:"无论个人声称它自己

---

[1] 马长山:《伦理秩序、法治秩序与公民意识——兼论社会主义市场经济条件下的意识形态建构》,《江苏社会科学》,1998年第4期。
[2] 川岛武宜:《现代化与法》,第69页,中国政法大学出版社1994年版。

有什么样的权利,他都必须允许别人也同样有权如此。"①这条法则禁止人们在自然的基础上声称自己拥有的权利比应许别人的权利要多。对于个人权利主张的社会性问题,黑格尔也有过与川岛武宜相似的论述:"在市民社会中,每个人都以自身为目的,其他一切在他看来都是虚无,但是,如果他不同别人发生关系,他就不能达到他的目的,因此,其他人便成为特殊的人达到目的的手段。但是特殊目的通过同他人的关系就取得了普遍性的形式,并且在满足他人福利的同时,满足自己。"②

但是,在现代社会,社会公众即便具有了我们所说的公民主体性品格,法律也不能无条件地要求公民对其服从。一部违背社会公共道德、违反自然、社会规律的法律本身不能要求公民对它的遵守,这涉及到公民守法的限度问题。我们说公民在守法过程中体现的独立自主性、对法律遵守的自觉主动性,是建立在公民所守之法的良性品格前提下的。如果法律成为特殊集团的工具,而损害其他集团的利益的话,公民尽管有维护法律权威的责任,但是,他也可以通过公民不服从的形式抗拒这些法律。

三、公民守法的限度

在前一节中讨论川岛武宜所概括的公民的守法精神的时候,我们谈到了守法精神并不要求公民在任何时候、对任何法律都有遵守的义务。这里实际上涉及到西方理论界长久以来所探讨的一个问题:公民是否具有服从法律的道德义务(moral obligation)？也就是说,在一定的情形下,公民不服从法律是否具有正当性？我们在导言中所提到的

---

① 霍布斯:《论公民》,第33页,贵州人民出版社2003年版。
② 黑格尔:《法哲学原理》,第197—198页,商务印书馆1961年版。

苏格拉底的审判和安提戈涅的悲剧就是公民不服从理论的渊源,后经诸多学者的发挥使公民不服从理论成为公民守法理由理论的重要组成部分。

(一) 公民不服从的涵义及其特征

对公民不服从(civil disobedience)的学术考察一般会追溯到美国政治评论家和小说家亨利·大卫·梭罗(Henry David Thoreau,1817—1862),是他首先提出了"公民不服从"的概念。1866年其著作《对国民政府的反抗》更名为《公民不服从》再版。梭罗因抗议美国对墨西哥的侵略战争、美国南方各州的蓄奴制度和印第安人所遭受到的悲惨待遇而公然拒绝向美国政府纳税。梭罗主张人的良心高于政府和法律,个人有权不服从违背其良心的法律和命令,对这样的法律应该采取抵制行动。然而一直到20世纪50年代中期,美国黑人领袖马丁·路德·金(Martin Luther King,1929—1968)领导黑人民权运动以及美国随后所发动的越南战争而导致的反战运动时,公民不服从的理念才开始受到学术界的关注和系统的研究。[①]

20世纪中后期以来,对公民不服从进行系统研究的主要有罗尔斯、德沃金等著名学者,他们从不同的角度对这一问题提出了各自独特的见解。下面我们简要介绍他们对公民不服从理论的观点并予以分析。

[①] 在20世纪60年代末70年代初,西方对于"公民不服从"理论的研究最为热烈。当时雨果·亚当·比多曾选编了一本关于该主题的文选。他在"导言"中就西方对这一理论的研究进行了回顾:"从亨利·大卫·梭罗起,才使'公民不服从'的思想脱离宗教;通过列夫·托尔斯泰和甘地,才使这一思想国家化;在美国,则是马丁·路德·金领导的,反对种族歧视的1955年蒙哥马利城公共汽车抗议事件才使之公开化。……1961年,美国哲学协会组织了'政治义务与公民不服从'的讨论会,是第一次全面地讨论此问题。"参见何怀宏:《西方公民不服从的传统》,"引言:公民义务与公民不服从",第1页,吉林人民出版社2001年版。

罗尔斯在其名著《正义论》中对公民不服从问题进行了非常精致和系统的论述,并认为在一个接近正义的社会公民不服从存在两种形式:非暴力反抗和良心拒绝。[①] 他将非暴力反抗定义为"一种公开的、非暴力的,既是按照良心的又是政治性的对抗法律的行为,其目的通常是为了使政府的法律或政策发生一种改变"。[②] 其对这个定义进行了以下解释:第一,该定义不要求非暴力反抗行为必须直接违反那个正遭到抗议的法律,因为有的法律尽管是不正义的,但是不能通过对它的违反来表示反抗,如不能因为叛国罪规定的含糊而严厉就以叛国来反对这一规定,而以违反其他法律来表示;第二,非暴力反抗行为本身是违反法律的;第三,非暴力反抗是一种政治行为,是受社会正义原则指导和证明的,向拥有政治权力的多数提出的行为;第四,非暴力反抗是公开的行为,是作为预先通知而进行的;第五,非暴力反抗本身是和平的行为,必须在忠于法律的范围内表达对法律的不服从。

同时,罗尔斯对良心拒绝和非暴力反抗进行了比较。他认为良心的拒绝不必然是以政治原则为基础的,而可能是建立在那些与宪法秩序不相符的宗教原则或其他原则之上;它是一种并不诉诸为多数人所坚持的共同体正义感的请愿形式。而非暴力反抗则是一种政治行为,本身要诉诸公有的正义观。但是,良心拒绝和非暴力反抗之间并不存在十分明显的区别,同一行动可能同时兼有这两种因素。

德沃金将公民不服从称为善良违法,他对那种为了使法律得到实施而主张对由于良知而违反征兵法和对政府持有不同政见的人应与其他违法者一样得到惩罚的观点予以批判。[③] 他认为,当公民个人根据

---

① 此处对罗尔斯的公民不服从理论的介绍主要参照《正义论》,第363—369页,中国社会科学出版社1988年版。
② 罗尔斯:《正义论》,第364—365页,中国社会科学出版社1988年版。
③ 德沃金:《认真对待权利》,第271页,中国大百科全书出版社1998年版。

自己信仰或良知认为一个法律或法律的一个方面非正义或不道德时,公民是否享有不服从这些法律的权利问题,应当根据不同情况予以不同的分析。①

第一,涉及整体性的善良违法,如《逃亡奴隶法》要求公民将登门求助的逃亡奴隶移送当局,一场非正义的战争要求公民服兵役等。这类法律要求他所做的事情正是其良心绝对禁止的行为,公民个人的整体性和良知禁止他服从这类法律,这是不违背自己良心的防御性的善良违法。此时不能要求人们穷尽一切正当程序来改变法律,如因为法律的要求而违背良心杀害无辜的人,即使该法律被废除,也不能对此弥补,迟到的正义不是正义。② 但是在这种情况下,他不能采取暴力或恐怖主义等行为抗拒法律。

第二,涉及正义的善良违法,如参加民权运动和反战运动等。这是为了反抗多数人对少数人的欺压,多数人剥夺少数人的利益等违背正义原则的法律。这是旨在废除某种不道德、非正义的正义规划的工具性和策略性的善良违法。在这种情况下,公民仍然不得以暴力和恐怖主义的手段抵抗法律。同时,在穷尽一切正当程序而无望的前提下,才能实施抗拒法律的行为;并且必须考虑其行为所引起的后果,如果后果非但不会使情况有所好转反而要进一步恶化,那他则不应违法。

第三,涉及政策的善良违法,如欧洲反核运动。公民违反法律不是因为他认为其所反对的规划不道德或非正义,而是因为他认为这种规划无论对多数人还是少数人都是不明智和危险的。他认为自己比多数人更了解大家的共同利益。其目标并非要使多数人回归正义,而是使

---

① 德沃金:《认真对待权利》,中国大百科全书出版社1998年版,第七章"认真对待权利"、第八章"善良违法"中对这一问题的论述及李常青:《罗纳德·德沃金论基于良知的违法及外遇——德沃金法律思想初探》,《外国法研究》,1993年复刊第1期。

② 陈瑞华:《看得见的正义》,第47—54页,中国法制出版社2000年版。

多数人恢复理智。在这种情形下,公民也应该以第二种情形下所采取的措施来抵抗法律。

综合罗尔斯和德沃金对公民不服从含义的阐释,我们可以发现二者都将公民基于自己良知违反法律的情形归入公民不服从的范围。但是,笔者认为,良心拒绝者不应是公民不服从的表现,因为基于自己良知抗法的行为者往往作为单个主体而存在。良知的标准难以确定,尤其近代以来价值多元化的趋势使确定一个为所有主体认同的善恶标准的任何企图成为不可能实现的任务。不同主体内心用以评价事物的善恶准则的不一致,使那些以法律与自己良知的相悖为理由而不遵守法律的单个主体的行为无法得到其他主体的认同。"由单个个体践行的公民不服从未能产生多大的效果。他会被当作一个古怪的家伙,对他进行观察比镇压更为有趣。所以,有意义的公民不服从将由一个拥有共同利益的群体来实行。"[1]更为重要的是,如果承认公民仅仅以自己的良知作为是否遵守法律的标准,就难以,甚至不可能"避免公民不服从变成一种具有强烈排他性倾向的、个体的……主观哲学,如果这样的话,任何主体,无论出于何种原因,都可以不服从"。[2]

这就要求我们必须区分良知拒绝与公民不服从。公民不服从必须是组织起来的少数,他们因为法律与自己良知的冲突,为改变或废除法律而结合在一起反对这样的法律。所以,单个主体的良知拒绝仅仅是形成公民不服从的社会基础,其本身并不是公民不服从。由此,我们可以发现,马丁·路德·金领导的黑人运动才是严格意义上的公民不服从,而梭罗因反抗战争和奴隶制度而拒绝纳税的单个抗法行为并不是公民不服从的表现。

---

[1] Nicholas W. Puner, *Civil Disobedience: An Analysis and Rationale*, New York University Law Review, 第 714 页,1968 年版。

[2] 见前引书,第 708 页。

至此，我们可以归纳出公民不服从的一般特征：

第一，公民不服从存在于一个接近正义的社会。所谓接近正义的社会，按照罗尔斯的说法，"即是一个就大多数情况来看是组织良好的、不过其间确发生了对正义的严重侵犯的社会"[1]。按照笔者的理解，这实际是指反对专制、确认平等、接受以保护人的权利为核心的近代法的社会。在专制社会中，社会公众为争取自身权利、反对压迫而抵抗政府和其法律的行为不属于我们在此所讨论的公民不服从的行为。

第二，公民不服从是非暴力的行为。在罗尔斯和德沃金的论述中都强调了这一点。如果公民将自己对法律的不满以暴力的形式表现出来，那么他的行为与一般的违法和犯罪是没有区别的。既然促使其不遵守法律的是自己内心的良知，那么使用暴力本身就会破坏既定的社会关系而伤害无辜，这本身就是对良知的违反。

第三，公民不服从是公开的行为。非暴力的公民不服从必须是公开的、不隐藏的行为。也就是说，以公众或民意代表为诉求对象，唤醒其内心的正义观念，博取其同情，使主事者改正不正义的现象。

第四，公民不服从是以改变某个不正义的法律、政府政策为目的而为维护公益、自己良知或信仰的行为。公民不服从一般是针对与义务性规范的不服从，并且这种不服从不是为维护以自己的非法私利或者是对整体的法律全盘否定的行为。

第五，公民不服从排斥个体公民基于自身良知的擅自抗法行为，它是一个集体的行为。只有许多人的良知达成了共识，形成一个团体的观念，在公共场所的非暴力抗法才是公民不服从。

由此，我们可以认识到公民不服从与一般的违法犯罪是不同的。

---

[1] 罗尔斯：《正义论》，第 363 页，中国社会科学出版社 1988 年版。

促使一般违法的"一是邪恶的私念、财欲、性欲、报复心理、急功近利等";"二是法律和政令含糊不清、互相矛盾,或过于笼统";"三是法律难以服从或不能指望服从";"四是不知道法律的存在或虽知有法律但不解其意"。[1] 而促使公民不服从法律的是法律与公民自身的良知和信仰相违背,坚持自己良知和信仰的动机超过了遵守法律的动机;并且它是公开的、非暴力的、以改变或废除所反对的法律为目的的群体行为。正是由于公民不服从与一般违法犯罪的不同之处,才使人们认识到国家应对他们区别对待。

(二) 公民不服从正当性的条件

从亚里士多德给出的法治的两个要件我们可以得知,恶法自从古希腊开始即被宣布为法治的对立面,这便隐含着公民对恶法不遵守的正当性。但是对公民不服从正当性的讨论并不是力图证明公民在特定的情形下具有违法的权利。[2] 在一个民主法治国家,法制本身为纠正不正义的现象提供了多项合法渠道,如言论出版自由、集会游行自由、请愿以及司法救济,等等,这为公民表达不满和抗议建立了合法的平台。站在维护法律权威的角度,似乎已经没有理由认为公民以违法抗

---

[1] 张文显:《二十世纪西方法哲学思潮研究》,第457页,法律出版社1996年版。
[2] 英国法学家约瑟夫·拉兹(Joseph Raz)认为,虽然公民不具有服从法律的一般义务,但是也不具有违反法律的权利。拉兹同意和平抵抗有时候是正当的或必须的,但是这并不等于说人们就具有和平抵抗的权利。他认为"和平抵抗有时候是正当的或必须的"与"人们具有和平抵抗的权利"这两者之间存在着明显的区别。"某种行为权利,意味着权利主体具有做不应当做的事的资格,其目的是在于保护当事人的自治,由当事人自己选择正确的或错误的行为,即使因此而犯错也不受法律的追究。与此类似,如果说人们有和平抵抗的权利,那就意味着,即使具有这一权利的人在不应当采取和平抵抗运动的时候,也可以用和平方式进行抵抗活动。"参见李桂林、徐爱国:《分析实证主义法学》,武汉大学出版社2000年版,第312页。笔者认为,拉兹的这种对"正当性"和"权利"的区分是应该得到充分肯定的。我们说某种行为是行为人的权利,仅仅表明这种行为具有正当可能性,而并不必然是正当的。

议的手段对法律和政府表示不满是正当的。

但是,在一定情形下,公民不服从法律和政府的行为是必要的,国家对这种行为不能像对待一般的违法行为一样对待。罗尔斯认为,在具备下述三个条件的情况下,公民得以非暴力不服从的方式向政府或社会多数施加压力,诉诸其内心的道德正义理念,以改变不正义的法律和政策。①

第一个条件是,公民所抗议的法律本身是实质性的、明显的不正义。判断一个法律是否实质性地、明显地违背正义原则本身是困难的,但是我们比较容易能判断法律是否破坏公民基本自由的情形。"这样,当某些少数人被剥夺了选举权、参政权、财产权和迁徙权时,或者当某些宗教团体受压制且另一些宗教团体被否认有各种机会时,这些不正义对所有人都是很明显的"。

第二个条件是,不服从行为必须证明是为达到目的所必要的手段。也就是说,通常的、由民主制度所提供的合法抗议手段如陈情、示威、起诉等被诚意地使用过而证明无效果时,公民才能行使不服从的行为。当然这些合法手段可以重复使用,但只要其使用的经验证明这些合法的抗议途径已无法促使政府或多数改变初衷,就可以认为公民不服从的手段是必要的。

第三个条件是,行为者必须能够确保不服从所导致的后果不会严重危害整个社会的法律秩序。罗尔斯担心数个遭受不公待遇的团体或数目过多的公民同时以不服从的行为抗议法律将会因为规模过于巨大而引起无法估计的社会秩序的混乱,因此,他建议不同团体或大多数公民通过协商,由一个领导中心来制约不服从的行为,限制不服从对社会

---

① 罗尔斯:《正义论》,第 372—375 页,中国社会科学出版社 1988 年版。

秩序所带来的不利影响。

最后,罗尔斯认为,在某些特殊的情况下,即便是具备了以上三个条件,公民也不应以违法的方式对抗不正义的法律。"我们可能只是在我们的权利范围内行动,但如果我们的行动仅仅有助于引起与多数人的紧张关系的话,那么这一行动就是不明智的"。[1]

除了罗尔斯对公民不服从正当性的前提条件所作的论述外,有的学者认为只有在公民不服从的参加者必须自愿接受惩罚的前提下才能赋予它的正当性。"我对于不服从者的任何容忍,都要看他是否自愿接受法律加之于他的一切惩罚。"[2]但笔者认为,政府应当区分对公民不服从与一般违法犯罪态度的表现,就是对这两种行为实施的惩罚上不同。如果我们既承认公民不服从的正当性,又主张对公民不服从者依法制裁,就意味着人为地增加正义事业的代价,这本身就是非正义的。虽然公民不服从是以对法律的忠诚为前提,违法就应受到法律的制裁,但是公民不服从与一般违法犯罪的区别不能要求自愿接受惩罚作为其行为正当的条件。是否自愿接受惩罚这种"自我牺牲"的因素并不是判断一个人是否尊重法律,维护法律权威的标准,公民不服从的参加者拒绝接受法律的制裁并不就意味着其对法律的蔑视,而将其抗法行为归于不正当。正如美国著名学者 Marshall Cohen(1929—)所说:"接受惩罚以证明违法行为的正当性的观念,不是来自于甘地以及公民不服

---

[1] 罗尔斯:《正义论》,第376页,中国社会科学出版社1988年版。
[2] Philip A. Hart, *Final Report of the National Commission on the Prevention of Violence*, To Establish Justice, to Insure Domestic Tranquility, 第108页,1969年12月版。我国学者何怀宏认为,甘受惩罚是公民不服从的条件。"现代立宪政体是以法律为至上的,'公民不服从'虽然是违法行为,但是还是通过公开、和平以及甘受惩罚表达了对法律的忠诚,它诉诸的是民主制度的基本原则和多数人的正义感。"何怀宏编:《西方公民不服从的传统》,"引言:公民义务与公民不服从",第11页,吉林人民出版社2001年版。

从的传统,而是来自于奥利弗·温德尔·霍姆斯(Oliver Wendell Holmes,1841—1935)以及法律现实主义传统。……在刑事法领域中……这一原则……是如此的荒谬……它不加思量地相信,只要一个人自愿接受惩罚,谋杀、强奸、纵火都可以被证明为合法。"①

有学者认为,公民不服从不正当性的一个主要表现就是公民不服从会导致他人做违法的事情。拉兹对此给予了反驳。他说,虽然一个人的违法行为会对其他人产生不良影响,但这种影响不应被过分夸大。尽管我们个人对法律的态度确实在影响他人的态度,也很难说这种影响就足以确立个人负有服从法律的道德义务,更不能以此为基础来确立服从法律的义务。② 也就是说,一个人的违法行为尽管没有受到惩罚,也并不必然会鼓励他人违法;同时一个人的守法行为也不必然会成为他人行为的模范。

研究公民不服从正当性的条件的目的是为了限制对公民不服从的滥用。尽管公民不服从具有正当性,它也是在严格条件下的正当性。正像潘恩所说:"对于一项坏的法律,我一贯主张(也是我身体力行的)遵守,同时使用一切论据证明其错误,力求把它废除,这样做要比强行违反这条法律来得好;因为违反坏的法律此风一开,也许会削弱法律的力量,并导致对那些好的法律的肆意违犯。"③对于公民不服从的行为,我们必须谨慎对待。

总之,公民基于交互主体性和法律的良法品格会产生近代社会的守法精神,对于一个接近正义的社会的法律,公民会主动维护法律的权威,积极守法。但这并不等于公民对法律存在一般的守法义务,正像拉兹所说,公民只是确定"总是服从法律的"一般指导思想,不可能每次在

---

① Marshall Cohen, *Civil Disobedience in a Constitutional Democracy*, The Massachusetts Review,10:211—226,1969 年春。
② Joseph Raz, *The Authority of Law*, Oxford, Clarendon Press, 1979, p.237.
③ 转引自哈罗德·J.伯尔曼:《法律与宗教》,第 38 页,三联书店 1991 年版。

与法律发生关系时都要考虑该法是否正义,或对自己的行为后果进行衡量后再决定是否遵守法律。① 在符合公民不服从的情形下,公民可以公民不服从的形式对抗违背社会正义或自己良知的法律。这就是法治社会下公民遵守法律的限度。

四、中国关于公民守法理由的研究及其缺陷

可以说,中国法学界对于公民守法理由的研究是相当欠缺的,几乎没有人曾对这一理论问题进行过系统的著述。甚至可以说,公民守法理由问题还未真正进入中国法学家的研究视野,将其作为一个理论问题进行研究。"守法问题本身的重要性与当今中国现实的紧迫性都意味着建立社会主义的守法理论已迫在眉睫。但令人费解的是,长期以来,法学界对'守法'问题的现实探讨和理论研究寥若星辰。"②但是,任何国家在构建自己的法治理论基础的时候,都不可避免地涉及到公民守法理由问题。所以,中国法学界对我国当前法治建设中出现的法律得不到良好遵守的现象也从公民守法理由角度进行了初步的探索。"'为什么人们不守法?''为什么法律不起作用?'围绕这些问题,许多学者对影响法律实施的因素进行了认真的分析和考虑。"③然而这些观点并不像西方国家那样经过长期的研究形成了相当完善的理论体系。

---

① 李桂林、徐爱国:《分析实证主义法学》,第305页,武汉大学出版社2000年版。
② 张文显、李步云主编:《法理学论丛》第一卷,第668页,法律出版社1999年版。笔者还未见以"公民的守法理由"为题目或以其他相似的主题为研究对象的著作或论文。关于这一主题的讨论大多数见于法理学教科书中,而且是十分简单地几笔带过,甚至有的法理学教材在关于"守法"的章节中根本没有提及"公民的守法理由"问题。而在涉及到此主题的论文中也是将"公民的守法理由"作为作者对整个守法理论的一个组成部分,对其进行专门研究的论文尚未曾看到。
③ 王洪:《论法律中的不可操作性》,《比较法研究》,1994年第1期。

(一) 中国法学界关于公民守法理由的主要观点①

由于我们讨论的是"公民"的守法理由问题,在谈到中国法学界对公民守法理由的观点时,我们就要从中国民众由臣民转化为公民开始。新中国的建立结束了中国半封建半殖民地的历史,人民由原来的为别人存在变为自己做自己的主人。所以,从新中国的建立开始,中国才存在"公民"的守法理由问题。从新中国建立到今天,我国法学界对于公民守法理由的认识主要有以下观点:

1. 法律工具论

法律工具论将公民的守法行为视为达到某个既定的目的,实现其他价值的中介环节。自新中国成立至今,法律工具论经历了由将公民守法视为对阶级敌人专政、维护统治阶级利益的工具到保护公民利益、实现法治国家的工具的两个发展阶段。

1949年2月,中共中央在《关于废除国民党〈六法全书〉和确定解放区司法原则的指示》中指出:"法律是统治阶级以武装强制执行的所谓国家意志形态。法律和国家一样,只是保护一定统治阶级利益的工具。"在建国初的30年,由于受左倾思想的严重影响,执政党突出强调

---

① 在此,笔者只提到守法工具论和国家强制论这两个中国法学界论证公民守法理由的相互联系的观点,并没有涉及到西方学界所研究的"公民不服从"理论。实际上,我国学者对此也进行了初步的探索,这就是在20世纪90年代中期由郝铁川教授提出的关于"良性违宪"的讨论。郝铁川教授认为,"良性违宪"是社会实际生活中难以避免的,法律的滞后性和中国立宪制度的不够完善是中国出现"良性违宪"现象的主要原因。但是,对这一观点,中国法学界反对者多,赞成者少,从"公民不服从"的层面上进行论证的则更是不曾看到。这也表明,守法工具论和国家强制论在中国法学界公民守法理由理论中的绝对地位;同时,这也是中国法学界对这一理论研究的重要缺陷。关于"良性违宪"的争论,参见郝铁川:《论良性违宪》,《法学研究》,1996年第4期;童之伟:《"良性违宪"不宜肯定——对郝铁川同志有关主张的不同看法》,《法学研究》,1996年第6期;郝铁川:《社会变革与成文法的局限性——再谈良性违宪兼答童之伟同志》,《法学研究》,1996年第6期;童之伟:《宪法实施灵活性的底线》,《法学》,1997年第5期;郝铁川:《温柔的抵抗》,《法学》,1997年第5期;曦中:《对"良性违宪"的反思》,《法学评论》,1998年第4期。

作为上层建筑的法律是阶级统治的工具,为维护无产阶级专政服务的职能。我国第一部民法专著就这样指出:"民法,是阶级斗争和阶级矛盾的产物,它是统治阶级在根本财产利益问题上进行阶级斗争的工具。"而且当时的法律主要是针对于被专政的剥削阶级,作为翻身做了主人的人民之间的纠纷是靠政策解决,而与法律基本无涉。正如1958年中央某位领导说:不能靠法律治多数人,多数人要靠养成习惯。换言之,法律只针对少数阶级敌人。①

自20世纪80年代以来,中国法学界对公民守法理由理论进行了更为深入的探索。在这一时期,中国法学界普遍认为,守法是法律实施(包括立法、执法、司法、守法和法律监督诸环节)的重要环节,公民守法是为了树立法律的权威,培养公民的法律信仰意识,实现公民的合法利益,促进法治国家的早日实现。尤其进入20世纪90年代以来,中国法学界对于公民的守法理由有了进一步的认识,已不将公民守法仅仅视为是维护无产阶级专政,并且认为公民守法是基于法律的权威、社会的压力、服从的习惯和自身利益的需要。② 而基于维护统治阶级的意志要求的守法仅仅是守法的表面特征。

但是,这一时期对守法理由的论述一般总是以这样一个类似于公式的面目出现:"只有守法,才能维护社会的秩序,才能保障公民的合法权益,才能早日实现我国的法治国目标,才能……"。这种观点只是提到公民守法的意义,并没有从基本的理论层面上论证公民的守法理由。

2. 国家强制论

国家强制论将公民的守法理由归于国家的强制力,把公民惧怕法律制裁作为公民遵守法律的原因。这一观点贯穿于整个新中国历史。

---

① 周小明、宋炉安、李恕忠著:《法与市场秩序——市场经济法律机制研究》,第6页,贵州人民出版社1995年版。

② 卓泽渊主编:《法理学》,第336—337页,法律出版社1998年版。

简单翻阅一下新中国成立以来有关对法律特征的著述,尤其是20世纪90年代以来的高校教材,就可发现我国法学界对法律强制论的青睐。[①]

在法律强制论的指导下,我国法学界对于法律的遵守就形成了这样的观点:法律的遵守依靠国家的强制力,公民守法是畏惧于国家的强制;有国家强制力的保证,法律就能够得到公民的遵守。所以,在这样的观点的指导下,我国进行法治建设的今天,人们更多关注的是立法,而对于守法则基本认为是有法就能够得到公民遵守的,因为有国家强制力的保证。

笔者认为,如果中国这种对公民守法理由的认识能够自圆其说的话,公民守法理由的工具论与国家强制论之间必然存在着内在的联系。工具论得以实现的前提是国家强制力的保证,没有国家强制力的存在,国家对于违反法律、侵犯他人权益的行为就不能制止,这就使得以公民普遍守法为前提条件的法治国家目标不可能实现。所以,工具论是以国家强制论为基础的,确立了公民守法的国家强制论的论调,就必然出现守法工具论的结论。

(二) 中国公民守法理由理论的形成

中国公民守法理由理论的形成并不是偶然的,而是一个以一定社会制度背景为基础的历史过程,归纳起来,我们可以从以下几个方面寻

[①] 观20世纪90年代以来我国主要法理学教材,就可发现法律的国家强制性被视为基本特征。如刘金国、张贵成主编:《法理学》,第30—36页,中国政法大学出版社1992年版;卢云主编:《法理学》,第33—36页,四川人民出版社1993年版;张文显著:《法学基本范畴研究》,第43—49页,中国政法大学出版社1993年版;沈宗灵主编:《法学基础理论》,第32—37页,北京大学出版社1994年版;孙国华主编:《法理学教程》,第49—50页,中国人民大学出版社1995年版;李龙主编:《法理学》,第24—27页,武汉大学出版社1996年版;张文显主编:《法理学》,第54—59页,法律出版社1997年版;乔克裕主编:《法理学教程》,第40—43页,法律出版社1997年版;赵震江、付子堂著:《现代法理学》,第29—33页,北京大学出版社1999年版。

找出其何以形成的原因。

1. 中国历史传统习惯的影响

法律工具论的历史渊源可追溯到管子:"有生法者,有守法者,有法法者。生法者君也,守法者臣也,法法者庶民也。"[①]这种狭隘的工具论是中国传统法律的专制性和落后性的重要表现。在中国的传统思想中,不存在关于个人及其权利的概念,没有把人看成是一个抽象的和自主的实体。所以,当时社会公众是作为君王的臣民而遵守法律的,臣民是没有自己独立意志和社会地位的。古代社会公众在专制统治下遵守法律主要是畏惧于专制暴力的惩罚,古代法律思想家论述法治和民众守法的重要性也是基于维护皇权的需要。法与术"皆帝王之具也"[②],并认为"国无常强,无常弱。奉法者强则国强,奉法者弱则国弱。"[③]这与现代所提倡的社会公众作为公民的守法精神是有本质区别的,正如梁启超所说,中国古代的法治主义有两大缺点,一是立法权操于君主手中,不能正本清源,故法治实为专制;二是把法律作为尺寸,把人视为可以用尺寸来度量的"布匹土石",否定人的自由意志,故法治实为"物治主义"。[④]

但是,这种把守法看做维护统治的工具、以国家强制保证实施的意识并没有随着新中国的成立,社会公众由臣民转化为公民而立即消失。人类意识的相对独立性和惯性决定了这种对守法理由的认识在新中国的延续。

2. 苏联模式对新中国法制建设的影响

新中国建国初期,对新型法制的构建无论在理论上,还是在实践

---

① 《管子—任法》。
② 《韩非子法定》。
③ 陈奇猷:《韩非子集释》卷二,《有度第六》,第297页,中华书局1958年版。
④ 梁启超:《先秦政治思想史》(本论),第十六章,中华书局,上海书店1986年版。

上,都明显地带有苏联模式的影子。对于公民的守法理由问题的影响主要表现在法学理论上。

在理论上,前苏联将法律看做阶级斗争的工具,如列宁所说:"革命的法制是巩固无产阶级专政、保护工人和劳动农民的利益及与劳动者阶级的敌人(富农、投机倒把者、资产阶级暗害分子)及其反革命的特务机关做斗争的极其重要手段之一。"①对于广大人民而言,"大多数人的意志永远是必须执行的,违背这种意志就等于叛变革命"。② 我国法学界一贯坚持的这种法律强制性特征,主要来源于前苏联法学家维辛斯基对社会主义法律的定义。"1955年,维辛斯基《国家和法的理论问题》以当时少见的高质量精装出版,被法学界奉为圭臬。经过中国学者的传播和中国文化的诠释,中国式强制论形成。"③因此,中国在建国初的30年间,公民的守法理由也就受此理论的影响,被归之为维护无产阶级专政,与阶级敌人做斗争。

3. 计划经济对新中国法制建设的影响

在经济运行模式上,从新中国建国到改革开放这一阶段严格实施中央高度集权的计划经济体制。"计划经济体制从文化意义上看是这样一种伦理型的政治体制,它强调上下之间的依赖性乃至某种依附性,这种关系实质上是传统的在血缘家族基础上形成的伦理政治关系的现代蜕变。"④在这种经济体制下,社会主体的自主性意识基本不存在,法律对社会关系的调节作用无法体现。法律于政府本身和政府管理社会、经济而言,成了可有可无的东西,甚至被认为束缚手脚而置之不理。在当时,公有制统一天下,社会主体的个人利益受到扼制,多元利益主

---

① 《列宁选集》第4卷,第66页。
② 《列宁全集》第28卷,第157页,人民出版社1972年版。
③ 周永坤:《论法律的强制性与正当性》,《法学》,1998年第7期。
④ 龚群:《当代中国社会伦理生活》,第277页,四川人民出版社1998年版。

体无法形成,商品交换几乎不存在或被局限在很小的范围内。计划经济体制的这种国家、集体、个人之间的线性利益关系的运行结果是,一方面,在客观上无法产生对建立在平等横向社会主体关系基础之上的、反映现代市场经济运行体制的现代法律制度的需求;另一方面,使重道义轻功利的传统思想意识观念得到新的社会体制的维护。这在客观上使广大公民无从产生与现代市场经济所适应的法律观念,社会主体对国家的一味依附却助长了法律虚无主义的滋生和蔓延,而将法律仅仅视为镇压破坏社会主义建设的阶级敌人的工具。

4. 中国"政府推进型"法制建设模式特点的影响

中国共产党的十一届三中全会召开后,中国迎来了被称之为新中国的第二次法律革命时代,[1]即摆脱人治,建立法治国家的时代。在这一时代,中国采用了政府推进型的法治国家生成道路。所谓政府推进型的法治生成道路是指,国家法治化运动的主要动力是政府(广义的,指国家的上层建筑),法治目标是政府设计而成的,是人为建构的,法治目标的实现主要借助和利用政府所掌握的本土政治资源来完成的,法治化运动是自上而下的。它是与自然演进型的法治生成道路相对的。自然演进型的法治生成道路是指,国家的法治化主要是在市民社会中,随着商品经济的发展和公众法治意识的积累,在内部资源的基础上逐渐演变而成的,法治化运动是自下而上的。由于西方发达国家现代化给中国造成的巨大压力,中国传统中现代意义法治资源的匮乏以及中国实现现代化在时间上的紧迫性,中国不可能像西方发达国家一样,再经过数百年以自然演进型的法治生成道路实现法治现代化。而中国强大的政治资源同时也为中国采取政府推进型法治生成道路提供了保障。这一法治生成的方式具有以下特点:法治化运动动力的政治启动、

---

[1] 公丕祥主编:《当代中国的法律革命》,第295页,法律出版社1999年版。

推动性;法治目标的明确性;法治进程的预设性;法治方法上的强制性。① 正是这些特点,使当代中国法学界的主流观点将公民的守法看作实现法治国家的需要的新工具论,而公民守法则是出于对国家强制力的畏惧。

(三)中国当前公民守法理由理论的缺陷

守法工具论的两个发展阶段反映了我国法学界对法律的本质和职能认识的不断深化,同时也反映了当代国际社会对法律的一种认识趋势——"一种以法为手段来组织和改革社会的新趋势。法已不再被看作单纯的解决纷争的手段,而逐渐为公民们甚至法学家们视为可用于创造新型社会的工具"。② 但是,对于公民守法理由理论而言,它只是认识到了公民守法理由的工具性价值③,而并没有从本体的角度揭示出在我国整个社会背景下,我国公民遵守法律的道德根据,没有体现公民作为社会成员在遵守法律的行为中的个体独立性。国家强制论作为公民守法工具论得以可能实现的基础,其在公民守法过程中的主要地位越来越受到人们的怀疑。

刘星教授认为,"……,如果在理论上认为国家强制力是法律的必不可少的基本特征,那么在法律实践中,便会容易在法律的各个方面过于强调国家统治者或管理者的意志,从而忽视法律可行性所依赖的社会基础,进而在法律与民主价值取向之间造成某些不甚协调的因素或障碍。……就此而言,我们似乎也有必要重新思考国家强制力在法律

---

① 郭学德:《试论中国的"政府推进型"法治道路及其实践中存在的问题》,《郑州大学学报》(哲社版),2001年第1期。
② 勒内-达维德:《当代主要法律体系》,第378页,上海译文出版社1984年版。
③ 公民守法理由的工具性价值是法律工具性价值的重要组成部分。法律的工具性价值是指法律作为社会关系的调节器具有确认、保护、发展其他价值的价值。

特征理论中的地位。"[1]

周永坤教授认为,强制性不是法律的基本特征。首先,并非所有的法律都具有强制性,强制力即如西方政治学家所谓"捆猪的权力"。授予权利的规则不具有强制性,并不是所有的义务都具有强制性,如对于认可义务的正当性而自觉履行义务的主体来说,义务不具有强制性,国家义务的实现,主要靠自觉。其次,法律的强制并不完全是国家强制。法律不完全是由国家制定或认可的,国际法的强制来自国际社会而不是国家。保证法律实施的强制力并不完全来自国家,如中国封建社会的家法、族规的执行全靠家族势力,而非国家。[2]

当代中国法学界只将公民遵守法律的理由归结于国家的强制力,把公民守法视为实现阶级统治。但是,在我国法治建设中,大量的国家法律并没有在所谓国家强制力下得到公民的良好遵守的事实,已经证明了这种观念的无力与失误。[3] 笔者认为,中国公民守法理由理论主要存在以下几个缺陷:

1. 理论研究的单视角性

中国法学界对公民守法理由理论研究是单视角的,仅仅意识到国家强制力对公民守法的保证,即只认为公民因为畏惧法律制裁而遵守法律,这与西方国家的暴力威慑论如出一辙。而根据对这些理论研究的学者的有关调查表明,无论是在中国,还是在西方国家,公民的守法

---

[1] 刘星:《法律"强制力"观念的弱化——当代西方法理学的本体论变革》,《外国法译评》,1995年第3期。

[2] 周永坤:《论法律的强制性与正当性》,《法学》,1998年第7期。

[3] 对于当代中国而言,自上而下的政府推进型法治建设使中国迅速建立了包罗万象的庞大法律体系。但是,现实使人们逐渐认识到,有法律不一定就有法治。法律与社会现实严重脱节,立法的花样翻新与社会生活的陈陈相因之间形成剧烈的反差。苏力指出:"这样的法律制定颁布后,由于与中国人的习惯背离较大或没有系统的习惯惯例的辅助,不易甚至根本不为人们所接受,不能成为他们的行动规范。""结果是国家制定法的普遍无效和无力。"见苏力:《法治及其本土资源》,第13页,中国政法大学出版社1996年版。

理由都是多样化的。

根据郭星华的对中国城市居民法治意识与法律行为的研究,公民对法律服从的动机是多样化的。"在众多影响人们违法行为的因素中,最重要的三个因素是:自己对该违法行为的认识;对法律服从的程度;该违法行为受到法律惩处的可能性。"[1]也就是说,这项研究表明,国家强制力制裁只是中国公民是否从事违法行为的原因之一,而且并不是主要原因。同样,美国学者泰勒关于"人们为什么遵守法律"的研究也说明了公民的守法理由的多样性。[2]

强制论严重弱化了公民守法的道德基础,妨碍公民从内心对法律权威的认同。因为畏惧法律制裁而守法理论事实上为国家的横行专断提供了借口,庞德指出,对于坏人来说,"他对于正义、公正或权利毫不在意,……可是正常人的态度就不是这样,他反对服从别人的专横意志,但愿意过一种以理性为准绳的生活"。[3] 现代法律以保护公民权利和社会公共权利为目的,如果法律的有效实施完全建立在国家暴力威慑的基础上,公民那种为了避免法律的制裁而逃避法律的心理状态无法外化为积极的守法行为,法律所规定的权利也就根本无法得以实现。

2. 理论分析的权力本位性

将公民遵守法律归为畏惧国家权力的制裁,法律的实施必须依靠国家强制力的论调实际上是权力本位反映。国家强制力得以实施的基础就是其国家公权力,无论是守法工具论,还是国家强制论,都是以国家权力的立场对待公民的守法理由问题。现代法律与传统法律的本质区别之一就是其是以维护公民自身权益、制约公权力对公民利益损

---

[1] 郭星华:《走向法化的中国社会——我国城市居民法治意识与法律行为的实证研究》,《江苏社会科学》,2003年第1期。
[2] Tom Tyler, *Why People Obey the Law*, Yale University Press, 1990.
[3] 庞德:《通过法律的社会控制》,第17页,商务印书馆1984年版。

害的权利本位为基础的,而权力本位是对其的本质否定。

公民守法基于避免惩罚,而惩罚的背后是国家强制力,这容易造成为了实施法律而强化国家权力。一方面,这容易助长社会特权和不平等现象的滋生。强制力是法律得以实施、公民得以遵守法律的论调,极易使人们产生权力在法律之上的意识,促使人们对权力的追逐。它使人们相信拥有了权力,就拥有了法外权利,使自己成为特权者。"所以,强制论是部分特权者欢迎的理论,这样,霍布斯的《利维坦》是献给独裁者克伦威尔的礼物,中国古代的强制论是政治谋士和统治者智囊的理论,恶法亦法的实证法学派观念为法西斯的突起推波助澜,维辛斯基理论与斯大林独裁共荣共损也就不足为奇了。"①

另一方面,公民守法强制论难以使公民产生法律信仰和维护法律权威的意识,不利于法律至上地位的确立。对于当前中国社会出现的一些违法行为无法受到法律制裁的现象,公民会将其归之为法律的无能,认为法律不足以制止违法行为,这无法在公民的内心产生对法律的尊重感。"当一种规范不再受人们尊重的时候,这种规范本身也不再是令人尊重的了,它的威严也就会荡然无存……当个人人格不再受外界因素控制,不再接受习俗的神圣地位以后,个人的僭权行为最终会被承认是正当的。"②

3. 公民主体性的缺失

中国法学界的主流观点将公民守法视为实现阶级统治和法治国家等目标的工具,漠视了现代社会公民的主体自主性,排除了公民守法行为自主选择的空间。这种理论没有认识到近代以来公民守法精神得以

---

① 周永坤:《论法律的强制性与正当性》,《法学》,1998年第7期。
② 埃米尔·涂尔干:《社会分工论》,第256—257页,三联书店2000年版。

建立的基础是公民主体性意识的确立和交互主体性社会关系的普遍存在。[1]

在以强制论为基础的公民守法理由看来,对于法律的实施,被法律规范的公民都被假定为潜在的违法者,对违法的公民当然要施以制裁,而对于守法的公民而言,则认为是惧怕法律制裁的结果。这便忽略了那些更多的因为公民认可法律价值,出自功利主义和公平对待而自愿遵守法律的行为。在强制论中,指引人们行为的不是出自人的理性选择或认可,而是出自物化的权力,这便在法律运作过程中,公民被沦为国家权力的强制对象,成为实现权力意志的工具。正如哈耶克所说:"强制所以是邪恶的,恰恰就因为它取消了作为思维和价值判断主体的个人,把人沦为实现他人目标的单纯工具。"[2]

在当代中国社会,虽然那种现代法律得以生根的"主—主"型理想社会关系没有完全建立,现实中人与人之间的关系也并没有完全以此为基础,但是以建立社会主义市场经济为目标的改革,毕竟从根本上否定了中国传统"主—客"型的社会关系。作为现代社会控制手段的法律,是应对公民自主性和相互尊重这种自主性的要求。"现实的法律不再是与自身相脱离的、异己的、望而生怯的绳索,而是人民在自我规定和存在形式,也即社会主义法治在本质上必须更为自觉、更具'自由理性',更加普遍有效,因而就更仰赖于普遍、先进的公民意识。"[3]而守法

---

[1] 关于公民主体性意识在中国法治进程中的内在驱动作用,中国法学界已经进行了初步的探索,对此可参见马长山:《公民意识:中国法治进程的内驱力》,《法学研究》1996年第6期;《伦理秩序、法治秩序与公民意识》,《江苏社会科学》1998年第4期。马长山在《公民意识:中国法治进程中的内在驱动力》中认为,积极的守法精神是公民意识的外在表现,这种表现有护法精神、权利主张精神和义务的自觉履行精神等三种形式。"因此,公民不仅是要求人权、自由和民主权利的主张者与维护者,同时也必然是自觉的、以理性精神和法律意识进行自我约束和定位的自律者,对义务和责任的服从与承担不再是外在强制的表现,更主要的是公民的理性存在形式和实现权利主张的必要条件。"

[2] 霍伊:《自由主义政治学》,第40页,三联书店1992年版。

[3] 马长山:《公民意识:中国法治进程的驱力》,《法学研究》,1996年第6期。

强制论则是在原则是对这种公民意识的压抑。如果仍将公民的守法理由理论建立在中国传统的强制论基础上,则是对现代法治理论的根本违背。

可见,我国法学界对这公民守法理由理论的研究与西方比较而言就显得过于单薄,具有现代意义法治传统的西方国家,对公民的守法理由的阐释角度要丰富得多。令人欣慰的是,我国法学理论界已经开始意识到了对这一理论研究的严重不足,并对其进行了初步的探讨和理论构建,[1]但这是远远不够的。为了弥补这种不足,给我们以启示意义,共享人类精神财富的恩泽,我们有必要借鉴地吸收这些理论成果,以丰富我们公民守法理由研究的内容,为我国法治社会的建立奠定必需的理论基础。

---

[1] 何家弘指出:"现代法治社会的衡量标准不是'有法可依',而是'有法必依',其核心内容是法律尊严的'至上性'。衡量一个社会管理'法治化'的发展水平,最重要的标准不是立法,不是法律的健全程度,而是法律在现实生活中实施的情况,是法律在人们心目中的地位和分量。"何家弘:《尊严是法律的生命》,《北京日报》,1999年6月23日第9版。另外,近年来中国理论法学界已经出现了对公民守法理由理论的有益探索,尽管还谈不上规模,但毕竟是对中国传统理论的创新尝试。参见朱景文:《比较法社会学的框架和方法——法制化、本土化和全球化》,第536—543页,中国人民大学出版社2001年版;曹刚:《法律的道德批判》,第五章,江西人民出版社2001年版;胡旭晟:《守法论纲》,载李步云、张文显主编:《法理学论丛》(第一卷),法律出版社1999年版;黄竹胜:《对我国守法理论研究的方法论检讨》,载《法律方法》(第一卷),山东人民出版社2002年版。

西欧中世纪法律职业阶层的兴起

——兼及其对法治文明传承的作用

任 超

导 论

一、西欧中世纪的角色定位

"中世纪"一词是欧洲人在17世纪创造出来的,意指处于光辉灿烂、成就显赫的古典希腊罗马文明与他们自身所处的现代文明之间的一个长期的、灰暗的时期,从公元5世纪一直持续到15世纪。[①] 诚然,中世纪的西欧,罗马帝国的秩序和文明在条顿民族的铁蹄下灰飞湮灭,随之而来的则是分裂割据及整个社会的混乱和无政府状态。王权、诸侯及市民社会相互交织在一起,而基督教则牢牢控制着人们的精神世界。

但是,正如马克斯·韦伯所认为的,社会科学的概念形成具有某种程度上必不可少的构成形式,即"理想类型",通过单方面地突出一个或更多的观点整理成一个统一的分析结构。它是一种观念构造,却有解释效力;它不是揭示规律,却避免简单化,有助于把握历史上个别事件

[①] 中世纪,拉丁文为 medium aevum,指古典文明时期(希腊、罗马)与古典文化"复兴"时期之间的时代,约相当于公元5世纪到15世纪。文艺复兴时意大利人文主义者比帛多首创,后被广泛采用,亦称"中古"或"中世"。参见《世界历史词典》,上海辞书出版社1985年版,第71页。

或总体。而对于中世纪的研究,亦应采用上述思路。中世纪是从粗野的原始状态发展而来的,这是事实,但它绝不是漆黑一片。中世纪是没有文化的经济停滞时期的看法,早被历史学家们视为陈旧的知识而弃置不用。[①] 作为西方社会史的重要一环,中世纪不但遵循着波浪式前进和螺旋式上升的历史发展规律,这一段时期,也为未来的发展奠定了重要的基础:最为突出的一点是,西欧开始形成自己独特的文化特征。[②] 具体到法律发展方面,中世纪则孕育了近代世界历史发展最强大的动力,这个过程用一句话来概括,就是"法律与资本主义的兴起",而西方法治传统则在这一过程中生成并得到初步巩固。[③]

二、法律职业阶层的贡献

在西方法律传统中,法律的施行被委托给一群特别的人们,他们或多或少在专职的职业基础上从事法律活动。[④] 他们有着共同的学术训练背景,从而造就了共同的思维方式,而法律职业活动的关联性则使其具有了共同的利益范围。由此,这些法律职业者组成了一个共同体,亦即"法律职业共同体"或"法律职业阶层"。法律职业阶层通过自身的智识创新,为西方社会培育出了各种复杂而又完备的法律体系,发展出了

---

① [美]道格拉斯·诺斯、罗伯斯·托马斯著:《西方世界的兴起》,厉以平、蔡磊译,第36页,华夏出版社1999年版。
② [美]菲利普·李·拉尔夫、罗伯特·E. 勒纳、斯坦迪什·米查姆、爱德华·伯恩斯著:《世界文明史》(上卷),赵丰等译,第466页,商务印书馆1998年版。
③ 20世纪70和80年代,在美国先后出现两本著作对这一问题进行了论述,即伯尔曼的《法律与革命——西方法律传统的形成》和泰格与利维的《法律与资本主义的兴起》。前者讲述的是11世纪末至13世纪末的西方在昔日西罗马帝国的废墟上重建法律的这一历史,生动、细腻地描述了作为西方法律传统的民俗法,探讨了伴随着教皇革命而来的西方法律传统在欧洲大学中的起源、西方法律传统的神学渊源等问题,并论述了教皇革命及教会在西方法律传统形成过程中所起的作用;而后者讲述的则是11至19世纪这八百年间商人(包括早期的行商小贩、十字军东征前后的远航贸易商、银行家以及工业家等各种不同身份的商人)对西方法律体系的影响乃至改造的全过程,论述了商业发展及商人革命对西方法律传统形成的作用。
④ [美]哈罗德·J.伯尔曼著:《法律与革命——西方法律传统的形成》,贺卫方等译,第9页,中国大百科全书出版社1993年版。

各式各样的有关法律制定、适用、解释和推理的技术。更为重要的是,他们所具有的超脱于世的态度为法律注入了独立的品格,排除外来的各种干预的图谋,从而使西方法治传统呈现出一以贯之、连续不断的发展态势。因此,从最直接意义上说,西方的法律职业群体是西方法律文明、法治机制的创造者、护卫者和发展者。[1]

在中世纪早期,英国便形成了一个法律家阶层,他们以行会的形式自己组织起来,并以这种方式施展他们的巨大政治影响,这一事实对英国法的性质和发展过程具有重要影响。[2] 而在法国,到了 14 世纪,受过法律专业训练并且具有资产阶级背景的职业法官已经在巴黎法院里取代了教士、男爵以及贵族朝臣;不久以后他们便由国王根据巴黎最高法院的提名,从实务法律家和法律顾问中选出,而法国司法职位的买卖或继承则促进了司法职业的巩固。上述组织良好、势力强大的实务法律家集团,与国王结盟,致力于将司法集中于皇家法院和建立民族化的法律,[3] 为近代法律传统的形成奠定了基础。另一方面,中世纪中后期,法学家群体随着欧洲大学法学教育的兴盛而兴起,日益成为一支重要的政治力量。正如恩格斯所指出的:"无论国王或市民,都从成长着的法学家等级中找到了强大的支持。"[4]

如上所述,中世纪作为连接古典法治文明与近代法治文明的枢纽,在承接罗马法治精神的基础上,为近代法治的形成完成了知识上的积淀。而法律职业阶层作为中世纪法律的实践者,则具体承担着西方法

---

[1] 黄文艺:《法律自治——法治的另一种思考》,载郑永流主编,《法哲学与法社会学论丛》,第 249 页,中国政法大学出版社 2000 年版。

[2] [德]K. 茨威格特、H. 克茨著:《比较法总论》,潘汉典等译,第 349 页,贵州人民出版社 1992 年版。

[3] [德]K. 茨威格特、H. 克茨著:《比较法总论》,潘汉典等译,第 150 页,贵州人民出版社 1992 年版。

[4] 《马克思恩格斯全集》第 21 卷,第 454 页,人民出版社 1979 年版。

治文明承接、传播的任务。本文的旨趣亦在于此,即通过对西欧中世纪法律职业阶层形成及其在传承法治文明中作用的考察,指出法律职业者对西方法律传统形成的作用,以期为我国目前正在兴起的法律职业阶层的定位提供有助益之借鉴。

三、法官抑或法学家?

所谓法律职业,是指因在法律事务中具有某些特殊功能而在维护法律秩序方面负有特定职责的人,一般包括法官、律师、法律顾问、法学教师和学者等。昂格尔把法律职业定义为一个由活动、特权和训练所确定的特殊集团,这个集团操纵规则、充实法律机构及参加法律争诉实践。① 而韦伯则认为,法律职业是指受过专门训练的从事司法活动和系统阐述法律的职业法律工作者。② 而我国学者亦有对法律职业的解释,如王利明先生即认为:"法律职业者是一群精通法律专门知识并实际操作和运用法律的人。"③ 尽管在概念上存在着对法律职业的不同理解,但可以肯定的是,由于中世纪的法官、律师及法学家都有着系统的罗马法教育或专门的学徒式法律技能培养,从而具有共同的知识背景、思维方式,并有着共同的利益追求,因而能够构成一个法律职业阶层,共同扮演法治文明传承者的角色。

正如上述,法律职业阶层作为一个共同体,包括法官、律师、法学家,他们共同扮演着西欧法律发展推动器的角色,并无某一种排他性力量的存在。但显而易见的是,在特定时间和国家内,上述群体中某种力量占据着优势的地位,如英国普通法是法官活动的产物,欧洲大陆复兴

---

① [美]昂格尔著:《现代社会与法律》,吴玉章、周汉华译,第 47 页,中国政法大学出版社 1994 年版。
② [德]马克斯·韦伯著:《论经济与社会中的法律》,张乃根译,第 306 页,中国大百科全书出版社 1998 年版。
③ 王利明著:《司法改革研究》,第 396 页,法律出版社 1999 年版。

的罗马法却是法学家的创造。① 而造成上述分歧的直接原因则在于西欧各国政治历史的差异,亦即,国家结构及公法基础的不同导致了法官或法学家在法律发展过程中角色定位的不同。英国强大的王室法院使法律得以全国通行;而欧洲大陆中央王权的软弱则导致了权力的真空,必须由法学家、法律理论来填补。② 本文笔者亦将着眼于此分野,以英国及欧陆两条不同的法律发展道路为主线,具体论述法律职业阶层在中世纪的产生及其在法治文明传承中的作用。

英国法律职业阶层的产生

12—13世纪英国法律形势的变化

1154年,来自安茹家族的亨利二世(1154—1189年)在长达20年的斯提芬内战后登上英国王位,开始了安茹王朝对英国的统治。这位被庞德称作"天生是法学家"的国王为尽快恢复国内法律秩序,重建强有力的中央集权政治,进行了大刀阔斧的司法改革。他的继任者亨利三世,特别是爱德华一世继承了他的事业,将改革进一步深入。这次持续一个半世纪的改革使英国的法律制度发生了全面而深刻的变化,西方学者称之为"安茹法制大跃进"。上述法律形势的变化为法律职业阶层的出现提供了足够的空间,使其成为一种可能。

一、司法的集权化与专门化

1066年,诺曼底公爵威廉征服英格兰。之后,他颁布了一系列措

---

① R. C. Van. Caenegem, *Judges, legislators and Professors: Chapters in European Legal History*, Cambridge University Press 1987, p. 67.

② R. C. Van. Caenegem, *Judges, legislators and Professors: Chapters in European Legal History*, Cambridge University Press 1987, p. 93.

施以加强对英国的统治,英国的司法集中由此开始,而司法中央集权化的完成则是经历了几代统治者不断扩大王室法院的管辖权才得以完成的。而司法中央集权化的过程亦是英国司法专门化的过程,中央集权化与司法专门化是齐头并进的。①

为了便于管理,威廉一世成立了御前会议。御前会议由贵族、领主、主教和其他重要官员组成,它是国王的咨询机关,但也代表国王享有司法审判权,可以看作是英国王室法院的先驱。但是,御前会议司法管辖权范围非常狭窄,只限于与国王有直接利害关系的民事案件和涉及国王安危的重大刑事案件。正如达维德所说,国王只行使"最高审判权",他只在某些特殊场合——王国的治安受到威胁时,形势使正常手段无法满足正义要求时——才自认为有权受理争议;御前会议是受理重要人物和重大案件的法院,并不是向任何人都开放的普通司法机关。②

亨利二世在位期间(1154—1189 年),巡回审判的范围进一步扩大,并形成固定制度,从此,巡回审判成为英国的一种正常的司法制度,在此基础上,英国司法中央集权最终完成。亨利二世将全国划分为六个巡回区,国王每年向各地派出巡回审判的法官,代表国王主持"正义"。③ 巡回是司法权力集中于中央的有效手段,正如密尔松所指出的:巡回法庭的工作方式,即由国王委派专员甚至国王本人进行巡视,体现了一种逐郡审查,渐进地来控制王国的办法。这种制度必然导致一种趋势,那就是使各种问题从旧体制(地方领主势力控制下)的底层转移到上层来,以便让国王直接统治臣民,从而使臣民直接到国王那儿

---

① [英]密尔松:《普通法的历史基础》,李显冬等译,第 23 页,中国大百科全书出版社 1999 年版。
② [法]勒内·达维德:《当代主要法律体系》,漆竹生译,第 296 页,上海译文出版社 1984 年版。
③ 林榕年主编:《外国法律制度史》,第 169 页,中国公安大学出版社 1992 年版。

寻求公平和正义,而随着越来越多的争端被送到王室法官的面前,旧的多次巡回审查的制度变得越来越不适应了,于是当事人就到他们所能找到的任何皇家权力机构去寻求司法协助,而在大多数情况下,这个地方就是财政部。于是就在那儿建立了常设的中央法院。① 笔者以为,巡回审判制度使得英国普通民众认识到王室法院审判的公正性,"国王是正义的化身"的观念为英国人所普遍接受。当发生纠纷时,人们为了获得公正的审判,惟有诉诸王室法院。这样,越来越多的案件被集中到王室法院,地方法庭司法管辖的范围愈发狭窄,并最终被取代。② 经过这一过程,英国完成了司法的中央集权。

随着中央司法集权的发展,在王室法院管辖的案件数量激增的同时,其管辖权的范围也不断扩大。这一趋势必然导致王室法院职能的分化,各种专门法院开始出现。首先,御前会议的司法职能产生分工,亨利一世时期,财政法院首先分解出来,形成了专门的司法机构。财政法院最初仅仅是一个调查部门,负责处理国王的财政事务,后来逐渐获得了法庭的特性,负责处理与税务有关的法律问题,随着案件数量的增多,它就形成了专门的法院。③ 亨利二世进一步从御前会议中分离出专门处理民事、刑事案件的普通诉讼法庭,这种法庭为1215年的《大宪章》所确认,并固定在威斯敏斯特。《大宪章》第17条规定:普通诉讼法

---

① [英]密尔松:《普通法的历史基础》,李显冬等译,第23页,中国大百科全书出版社1999年版。
② 由于地方领主把持了地方的司法审判,因此,其公正性很难得到保证,民众对领主法庭的腐败日益不满,许多当事人不得不向国王提出申诉。因为按照基督教的教义,国王的职责是维护王国的安宁,主持正义。起初,所有起诉到国王面前的案件均由国王亲自审理。但是,随着时间的推移,国王受理的案件数量不断增加,在国王不堪忍受案件重压的情况下,只得将其转交王室法院,由其代表国王——或者说是代表公平和正义——来审理。而国王转交案件的方式即为发布令状。
③ [德]K.茨威格特、H.克茨:《比较法总论》,潘汉典等译,第336页,贵州人民出版社1992年版。

庭作为一个独立的法庭,要永久留在威斯敏斯特,与国王和小会议分开。① 13世纪早期,亨利三世在位期间,英国王室高等法院体系最终形成,财政法院、普通诉讼法庭及王室(御座)法庭从御前会议中完全分离出来,发展成为永久性的中央法院,并全部设在威斯敏斯特。

中央王室法院有着完全不同于以往旧法庭的特征,例如审判期限的固定化,完善的法庭记录,审判以取得相应的令状为前提等。上述变化为法律职业阶层的兴起提供了法律基础。固定的法院催生了固定的法官,他们在审判案件的过程中,逐渐积累司法经验和知识。最后,法律知识成为任命法官的标准。正如1215年《大宪章》所规定的:除熟悉本国法律而又志愿遵守者外,余等将不任命任何人为法官、巡察吏、执行吏或管家吏。② 至此,专业法官在英国形成。

二、诉讼程序的变化

亨利二世改革之后,随着中央法院的兴起,英国的诉讼程序也发生了根本性的变化,成为英国法律职业阶层出现的内在原因之一。

按照新的法律规定,任何诉讼均由取得司法令状开始,"无令状即无救济方法"在亨利二世时期即已形成规则。在法律上,令状是指国王给有关官吏、法官或治安法官的命令,其中包括对有关争议问题的简明指示,命令接收令状者将被告传唤到法院并在当事人出席的情况下解决纠纷。③ 令状的种类是不断增加的,亨利二世末期不超过15种,而到爱德华一世末期,王室法院的令状种类已远远超过100种,而郡法院

---

① 程汉大主编:《英国法制史》,第60页,齐鲁书社2001年版。
② 何勤华主编:《外国法制史》(教学参考书),第150页,法律出版社1997年版。
③ [德]K.茨威格特、H.克茨:《比较法总论》,潘汉典等译,第338页,贵州人民出版社1992年版。

也有至少30种令状。① 不同种类令状的选择对原告来说极其重要,因为每一种令状都代表着一定的诉讼形式和程序;但更为重要的是,令状选择的不同,会对原告的实体权利的实现产生不同的影响,因为不同的令状适用的诉讼程序及法律原则是不同的。令状申请错误,当事人损失的不仅仅是金钱和时间,更为严重的是会招致不利于己的判决结果。因此,在数量众多的令状中如何选择最适合自身案件的一个,当事人往往慎重对待,并求助于法律专家,以期获得最为有利的结果。

在诉讼过程中,原告陈述事实的方式开始变得僵化和固定。因为诉讼请求的正式陈述可能又长又复杂,所以必须正确地组织词语并讲述,由于其中的每一条都是被告要逐条反驳的东西,所以它们就变成了誓词的内容,而对其进行的检验又将决定诉讼的结果。② 任何陈述的缺陷,包括事实不清、自相矛盾及法律适用不当,均可能导致诉讼的失败。例如,在追回原物之诉中,早期的案件记载表明,原告只须声明被告占有了他的牲畜并拒绝返还,该陈述即完成。但是,从13世纪20年代开始,该种陈述的要求开始严格起来,牲畜的数量和种类,甚至是侵权的时间和地点等都必须包括在内。③ 上述变化,使得陈述成为法律专家的专利,因为只有熟悉法律的律师,方能避免因陈述的缺陷而导致诉讼的失败。

原告陈述之后,被告必须正式答辩。亨利二世改革之前,被告可以对原告的诉讼请求简单地给予拒绝或否定,然后通过神明裁判的方法

---

① Paul Brand, *The origins of English legal profession*, Blackwell 1992, pp33—34. 关于此数字,程汉大教授也在《英国法制史》,第100页(齐鲁出版社2001年版)中指出,亨利二世末期是15种左右,爱德华一世时期是500多种。但是,该书未对该数字的来源做任何解释或引注。

② [英]密尔松:《普通法的历史基础》,李显冬等译,第35页,中国大百科全书出版社1999年版。

③ Paul Brand, *The origins of English legal profession*, Blackwell 1992, p.41.

得到案件的判决。但是,司法改革后,法庭采用了陪审制的审判方法,诉讼双方必须在陪审团之前对抗式地辩论,相互质证。辩论的内容涉及到证据、法律的适用等多个方面,而辩论的质量则取决于辩论者对法律、证据的掌握程度,并直接影响到陪审团的判决。因此,原告一般都求助于法律专家,以获得辩论的胜利。正如当时一位律师所说:"采用了一个低级的抗辩必然会导致被告在今后的程序中无法实施高级的抗辩。"①

从上述诉讼程序变化中,我们又可总结出另一个法律职业阶层兴起的原因。这时的诉讼已经变成一项具有高度技巧性的事务,令状的选择、原告的陈述、被告的答辩等均已成为非普通人所能完成的活动。并且由于它们对诉讼结果的重要作用,当事人为避免诉讼的失败,必须取得法律专家的帮助。因此,12—13世纪英国诉讼程序的变化为法律职业阶层,特别是律师阶层的出现提供了极大的空间。

三、民族法律体系的形成

普通法是指在一国普遍适用的建立在民族习惯法基础上的法律体系。英国普通法的形成,得益于司法的中央集权。当13世纪英国司法中央集权化完成时,司法权由王室法院统一行使,司法权的统一必然导致法院所适用法律的统一,这就导致了英国普通法的形成。② 中央巡回法官们在各地陪审员的帮助下既了解了案情,又熟悉了各地习惯法,回到威斯敏斯特后,他们在一起讨论案件的难点,交换法律意见,彼此承认各自的判决,并约定在以后的巡回审判中加以适用。久而久之,形成了通行全国的普通法。③

---

① Paul Brand, *The origins of English legal profession*, Blackwell 1992, p. 42.
② [美]格伦顿、戈登、奥萨奎:《比较法律传统》,米健等译,第95页,中国政法大学出版社1993年版。
③ 何勤华主编:《外国法制史》,第182页,法律出版社2001年版。

另一方面,13世纪开始,英国制定法的数量也有大量的增长。1215年的《大宪章》是最重要的宪政性文件。其它的立法如爱德华一世时期的《威斯敏斯特第一法律》、《格洛斯特法》、《永久产业管理法》等。[1] 上述法律涉及到社会生活的各个方面,使得英国法律的内容更加全面、丰富。另一方面,法律内容的增多也给普通民众理解法律带来了困难。

笔者以为,法律内容的复杂化,增加了非法律专业人士理解和适用法律的难度,法律成为非日常性的知识。这样,一旦遇到诉讼,人们便不得不求助于法律职业人员。由于王室法院的"中央性"特征,它所适用的是通行全国的法律或习惯,这就导致日尔曼时期那种民众熟悉法律的状况不复存在,当事人必须取得专家的帮助才能顺利完成诉讼活动,这在客观上推动了律师阶层的产生。[2] 另一方面,法律的日益复杂化也使得正确认定事实、适用法律的难度增加,这也对法官的法律素养提出了要求,在一定程度上促进了职业法官的出现。

英国职业法官的兴起

随着司法权的集中,英国司法逐渐从公共行政事务中独立出来,并逐渐发展成为一种专门化的法律事业。与此同时,受过专门法律训练的法律专家逐渐成为一个职业集团,成为解决社会纠纷的职业阶层。

一、英国法官职业化的起步

英国职业法官阶层起源于亨利二世司法改革时期。正如上述,亨利二世时期,普通诉讼法庭、王座法庭和财政法庭先后诞生,它们常设在威斯敏斯特,受理来自全国的案件。同时,国王还派出巡回法官定期

---

[1] 何勤华主编:《英国法律发达史》,第15—17页,法律出版社1999年版。
[2] Paul Brand, *The origins of English legal profession*, Blackwell 1992, p.32.

赴全国各地代表国王审理案件。随着上述专职法庭的建立,英国法官职业化进程亦相应开始。在亨利二世统治的最后 10 年里,出现在威斯敏斯特三大法庭及巡回法庭的法官人数大约有 55 人,其中,出现频率较高的有 13 人。[①] 这些长期在王室法院供职的法官可以被看作是职业法官的最早萌芽。我们已经注意到,亨利二世时期出现了长时间在王室法院任职的一小部分核心成员,承担了大部分司法工作,他们在长期的司法实践中获得了法律知识。[②] 但是,他们还不是完整意义上的职业法官,因为他们还有为国王服务的其他事务,并未专注于司法工作,因此不能被看成是专职的法官。最明显的例子是,在 1165—1196 年间,担任王室法官达 30 年之久的理查德·费茨尼尔,还担任着司库的职务,并且财政责任才是他的主要职务。[③] 另外,由于当时尚未建立法官的薪俸标准和付薪体系,当时法官的经济收入也不是依靠司法活动取得的,而是其他活动的进项。如当时最著名的法官格兰威尔,虽然富甲一方,[④] 但来源均为其在担任约克郡郡长期间的搜刮,而非担任司法官员期间的薪俸。

理查德时期,随着普通诉讼法庭的建立和巡回审判的正常展开,法官队伍迅速扩大。当时见于历史记载的法官人数大约有 100 人,其中经常出现在案卷中的有 14 人,他们构成了当时法官队伍的核心。与亨利二世时期相比,该时期的法官具有了更多的专业化和职业化的特征。一方面,当时法官的从业年限进一步增长。上述 14 名核心法官担任法官职务的平均年限在 10 年以上。其中最突出的是西蒙,他是理查德时期高等民事法庭的法官,并在约翰时期转到王座法庭,前后从事司法工

[①] R. V. Tumer, *The English judiciary in the age of Glanvill and Brancton*, Cambridge University Press 1979, p. 119.
[②] Paul Brand, *The origins of English legal profession*, Blackwell 1992, p. 27.
[③] Paul Brand, *The origins of English legal profession*, Blackwell 1992, p. 171.
[④] 当时的国王理查德曾经对他罚款 15000 英镑。从罚款的额度足见其财产的多寡。

作 26 年。① 更为重要的是,他们已将主要精力投入到司法工作,除偶尔涉及经济财政外,很少将注意力转移出法庭。另一方面,当时的法官已经具有了丰富的法律知识,一部分是通过担任法官的助手而从实践中获得;另一部分则是通过罗马法的学习获得。事实证明,有的世俗法官对英国法十分精通,如杰弗里·菲茨皮特就因为其法律知识渊博而被西方学者斯腾顿认定为是《中世纪英格兰的法律与习惯》的作者。②但是,由于当时的法官仍未完全摆脱其他俗务的纠缠,他们还不是专职的法官。另外,法官的选任制度和薪俸制度在当时也没有建立起来,那时的法官都是直接得宠于国王或其他政法官而得以晋升的,他们的收入来源主要是国王的奖赏而非俸禄。因而,笔者以为,直至 13 世纪初的英国,法官队伍的专业化和职业化进程大大加快,但还未达到职业法官的地步。

二、英国职业法官阶层的形成

如上所述,13 世纪早期,英国王室法院建成,特别是在约翰国王统治时期,由于其对司法有着浓厚的兴趣,努力扩大王室司法管辖权,这一时期,英国职业法官进一步成型。当时,为国王提供过司法服务的法官总数大约有 90 人。其中,出身贵族、高级僧侣和王室官员的法官,通常仅仅作为最后协议书的见证人而出现于国王法庭,而且次数很少,平均每人不超过 5 次。出席国王法庭次数较多的有 17 人。③ 综合对上述 17 人情况的考察,可以看出,此时法官的职业化和专业化程度又有新的提高。在 17 名法官中,出身中等骑士家庭的有 10 人,另有 3 人出

---

① Paul Brand, *The origins of English legal profession*, Blackwell 1992, p. 27.
② R. V. Tumer, *The English judiciary in the age of Glanvill and Brancton*, Cambridge University Press 1979, p. 98. 关于《中世纪英格兰的法律与习惯》的作者,学术界尚有争论,但目前普遍采用的观点认为格兰威尔是其作者。
③ R. V. Tumer, *The English judiciary in the age of Glanvill and Brancton*, Cambridge University Press 1979, p. 127.

身更为低下。法官出身的卑微表明家庭背景已不再是法官任职资格的重要因素,而法律知识和司法经验成为任命法官的基本依据。他们的法律素养大多来自欧陆的罗马法或教会法学习,或者是从长期的司法助手实践中积累的。另外,随着王室法庭专业分工的加强,法官的工作亦愈加专业化。此时,很少再有法官继续从事司法活动之外的政务,当时在财政署兼职的仅有3名法官,并且从事的也是财务纠纷案件。他们为国王处理的政务也仅限于与法律有关的经济罚款案件。[①] 但值得注意的是,当时法官的待遇和收入方式没有变化,与以往相同,他们的主要经济来源仍然是国王的赏赐和收取的诉讼当事人的礼物,职业法官薪俸制度尚未建立。从这个意义上说,13世纪初的英国,离职业法官群体的出现还有一步之遥。

英国职业法官阶层的正式形成是在亨利三世统治期间。亨利三世继续了亨利二世以来的司法改革措施,并进一步深化。王室法院体系最终形成,巡回审判制度逐渐步入正轨,这些都为法官职业化的完成提供了外部条件。从亨利三世即位到政法官威廉·罗利退休为止,出现于威斯敏斯特法庭最后判决书中的见证法官人数共有45人,其中13人出现次数最多,其出现频率之高足以证明职业法官群体的形成。[②] 这个群体全部由专业法官组成,原来总理政务的政法官退出了法官队伍,不再干预司法事务。这一变化始于政法官胡伯特·德·伯格,此人擅长军事,不熟悉法律,因而在其任内将司法审判工作完全交由职业法官处理。这种习惯在1232年他退休后保持下来。他的继任者史蒂芬·希格雷夫本来是一位有长期实践经验的著名法官,但在接任政法

---

① 程汉大主编:《英国法制史》,第113页,齐鲁书社2001年版。
② R. V. Tumer, *The English judiciary in the age of Glanvill and Brancton*, Cambridge University Press 1979, p. 192.

官后,法庭判决书中再未出现过他的名字。① 另一方面,法官薪俸制度也在这一时期形成。关于这方面的最早记载是 1218 年 1 月和 7 月威斯敏斯特的法官们分别收到了 100 先令的工资。另一较早的记载是 1240 年布雷克顿的年薪从 40 马克增加到了 50 马克。到 1278 年前后,法官的薪金标准基本确定下来,数额为首席法官年薪 60 马克,普通法官年薪 40—50 马克。②

综上所述,笔者以为,最迟至 13 世纪中期,英国的法官逐渐摆脱了俗务的纠缠,得以专心于司法纠纷的裁决。并且,法官的选任亦摆脱了世袭制度的限制,法律知识和素养成为法官任职的基本条件和主要依据,法官职位成为低级人士晋升的最佳途径。更为重要的是,随着法官薪俸制度的建立,该群体在经济利益上获得了独立,这为其成为一个思想、品格独立的阶层奠定了坚实的物质基础。因此,我们有理由认为,13 世纪中期,英国职业法官群体产生了。

从初始职业化到职业化:律师阶层在英国的兴起——1199—1272 年

一、约翰统治时期的原初律师

有学者根据英国早期的法庭记录认为,约翰国王统治时期,在英国已经出现一群为不同地区的当事人提供法律服务的职业代理人。虽然当时的诉讼代理人职责仍处于早期阶段,而且他们经常是以当事人亲戚的身份参加诉讼的。但是,从严格意义上来说,上述代理人尚不能称

---

① R. V. Tumer, *The English judiciary in the age of Glanvill and Brancton*, Cambridge University Press 1979, p. 192.

② R. V. Tumer, *The English judiciary in the age of Glanvill and Brancton*, Cambridge University Press 1979, p. 245.

之为职业律师。因为,区分职业、半职业或者业余律师的标准,并不在于其提供的法律服务本身,而在于其是否耗费绝大部分时间来完成任务,并通过该种活动获得经济来源。从这个意义上说,约翰时期出现在记载中的代理人没有一个是职业律师。①

但是,在1199年至1216年间,英国确实存在着与当事人不具有亲属关系的代理人。他们一般充当请求宽恕的男爵的保证人或代其参加司法决斗,他们在某些方面与尔后出现的职业代理人具有相似性。例如,他们大都具有一些专门法律技巧;他们从工作中获得相应的报酬——虽然这种报酬并不足以供养其全部生活。② 确切地说,他们并非真正意义上的职业律师,而是职业律师的先驱。

上述初始职业代理人具有三种类型:③第一,其本身是在法院或财政署任职的政府工作人员,代理活动是其赚钱的兼职。法庭记录中有三人属于该种类型,即斯蒂文·博克莱蒂(Stephen Boncretien)、博克汉姆的威廉(William of Buckingham)、理查德·杜克(Richard Ducker)和洛克汉姆的罗伯特(Robert of Rockingham);第二,他们在地方上并没有显赫的名声及可以查证的个人财产,也不在法院或王室机构中任职。例如,巴克的布克·奥布雷(Aubrey Buc of Barking)、托马斯(Thomas De Ho)、谢菲尔德的都特迪贝尔(Tutadebles of Therfield)等;第三,身兼代理人和辩护人双重职责的律师,例如,布克斯堡的马特(Matthew of Bigstrup)、约翰·布肯特(John Bucuinte)。

二、亨利三世统治时期职业律师的形成

(一)亨利三世时期的辩护人

亨利三世时期,法律开始允许诉讼当事人在普通高等法庭中使用

---

① Paul Brand,*The origins of English legal profession*,Blackwell 1992,p.50.
② Paul Brand,*The origins of English legal profession*,Blackwell 1992,p.51.
③ Paul Brand,*The origins of English legal profession*,Blackwell 1992,pp.51—53.

辩护人,当事人聘用法律专家进行法庭辩论的现象逐渐普遍起来,辩护律师在亨利三世时期走向职业化。职业辩护人在高等法院的活动,使他们在亨利三世后期形成一个为世人所认可的、有凝聚力的团体。这可以从一位叫罗伯特的辩护人对一名法官的人身攻击事件的处理结果中看出来。①

资料显示,在亨利三世后期(1245—1272年),职业辩护人阶层已经出现,虽然这些并不足以使我们了解他们生活及职业情况的全部细节。当时,有记载的普通高等法庭的辩护人共有13人。他们不仅担任辩护人,有时还作为代理人甚至是担保人出现在法庭记录中,有的还被国王聘为官方见证人或出任国王的辩护人。他们一般都拥有一定数量的财产,这些财产均来源于法律实践。②

但是,当时辩护人的数量是极其有限的,除上述提及的13人外,法庭记载中再无辩护人出现。以至于在1239年国王与胡伯特·德·伯格的诉讼中,国王雇佣了普通诉讼法庭的所有辩护人后,胡伯特被迫求助于自己的管家代为辩护。另外,在其他王室法院及巡回法院中,也不存在专门的辩护人。上述法庭的诉讼当事人一般都聘请普通高等法庭的辩护人出庭辩护。

一言以蔽之,在亨利三世统治的后期,英国的辩护人阶层已经在普通高等法庭出现,他们几乎垄断了王室法院的全部辩护业务,并以此作为谋生的手段。但是,由于此一时期尚未形成完善的辩护人从业及管理机制,该阶层仍处于职业化的早期。

(二)亨利三世时期王室法院的职业代理人

---

① 罗伯特涉嫌对一名法官进行了人身攻击,但最后他屈服了,在司库尚未形成完善的判决前,罗伯特在众多男爵面前向该名被攻击的法官道歉。两人在和平之吻(kiss of peace)中握手言和。在这一事件中,负责把两人召集到一起并从中斡旋的,就是罗伯特的辩护人同僚。从这一事例中我们可以很明显地看出,罗伯特和他的同僚们已经组合成一个整体。

② Paul Brand, *The origins of English legal profession*, Blackwell 1992, pp. 51—63.

大约在1260年左右,职业代理人群体在英国出现。虽然此时代理人的数量受到严格的限制,但据普通高等法庭的诉讼案卷记录,至少有八个人可以称为职业代理人。他们不断地在不同地区的案件中充当代理人,已经显露出明显的职业化特征,其中最典型的是科尔查斯特尔的理查(Richer of Colchester)。[①] 1258年,理查在米德尔斯堡的三个案件中被任命为代理人;1259年,他又在希拉尔的三个案件中充当代理人;1260年又在另外两个案件中被发现。上述九个案件中,有四个来自于他的家乡阿萨克斯郡。另外,他还充当过教会人士的代理人。当然,此时的职业代理人与辩护人相同,其人数均相对较少,活动范围仅限于普通诉讼法庭。

(三)亨利三世时期王室法院之外的法律职业者

王室法院之外的职业律师,现在有证据表明的仅存在于伦敦地方法院。这可以从伦敦市的相关立法中推导出来。1244年,伦敦市颁布法令禁止诉讼当事人的代理人参与案件的判决。该法令1259的修正案还规定:辩护人以获得涉诉土地部分占有权为条件而出庭辩护的,被视为非法,其所取得的涉诉土地占有权应被取消,并注销其职业资格。[②] 另外,1264年伦敦市议会又颁布法令规定:禁止辩护人在议会或城市法院做缺席借口人。[③] 上述规范律师行为的立法从一个侧面表明,伦敦市当时已经存在律师职业者,并且在他们的法律实践中出现了一些必须解决的问题。

笔者以为,随着亨利三世时期对辩护人使用限制的取消,使得人们能够容易地任命自身熟悉的法律专门人才出庭辩护,这一变化是促使

[①] Paul Brand, *The origins of English legal profession*, Blackwell 1992, pp. 65—67.
[②] Paul Brand, *The origins of English legal profession*, Blackwell 1992, p. 67.
[③] Paul Brand, *The origins of English legal profession*, Blackwell 1992, p. 72. 所谓"缺席借口人",是指当事人以聘请了辩护人为借口,而拒绝出庭,其目的是为了规避可能出现的对其不利的判决。

律师阶层在此时正式产生的因素之一。而当时王室法院的专业化特征,则直接导致了律师阶层的兴起,成为催生律师阶层的主要因素。因为,新型的王室法院使诉讼参与人成为了彻底的法律"门外汉",面对不认识的法官和不熟悉的法律,当事人亟需经常参与法庭及熟悉法律的人充当中介,以期获得最利于自己的判决。

三、爱德华一世时期的职业律师

到爱德华一世时,英国职业律师的数量大幅增加,其活动范围亦扩大至所有法院,职业律师阶层进一步发展。当时,辩护人仍以普通诉讼法庭为大本营,但其业务范围却不限于此,他们经常出现在王座法庭及巡回法院为当事人提供法律服务。根据普通诉讼法庭的案卷,此时的职业辩护人队伍趋于稳定,1296 年是从业人员最多的一年,共 35 人;1299 年是从业人数最少的,有 25 人。而在王座法庭,则有 19 名职业辩护人。[1] 与辩护人不同,职业代理人在各法庭间的分布较为广泛和均衡,其人数亦多于辩护人。1280 年,在普通诉讼法庭中代理诉讼 10 次以上的有 202 人,占总人数的 46%;1300 年,代理 10 次以上的达到 210 人,占总人数的 65%。[2] 王座法庭和巡回法院的情况与此大致一致,职业代理人已在其中占据了主导地位,排他性地垄断着法律服务。由此可知,爱德华一世时期的职业律师阶层无论是在知识特征及人数上,均已成型。从 12 世纪末期开始,历时一个世纪的职业律师阶层的兴起过程结束,职业律师阶层最终产生。

另外,值得注意的是,律师与法官虽然在法律实践活动中承担着不同的职责,但在英国,两者自产生之日起即维持着某种紧密的联系。一方面,法官通过对律师的任命权直接控制着职业律师,将律师纳入法官

---

[1] Paul Brand, *The origins of English legal profession*, Blackwell 1992, p. 72.
[2] Paul Brand, *The origins of English legal profession*, Blackwell 1992, p. 76.

所认可的行为模式轨道。更为重要的是,从14世纪开始,英国的法官从具有丰富法律知识和司法实践经验的辩护律师中选任,这进一步密切了两者之间的联系。正如茨威格特和克茨所说:"法官与高级律师的关系特别亲密友好,因为他们不仅在法庭上相遇,而且作为同一公会的成员,他们具有频繁的社会交往,公会成为他们能够谈论本行事情的场所。"①职业法官与律师之间共同的训练背景、知识结构、实践经历,使得他们在紧密联系的基础上组成了一个统一的、排他的职业共同体。

欧陆法律职业阶层的起源

在强大的中央王权的支持下,英国法律职业阶层逐步形成并走向完善。与此不同,中世纪欧洲大陆的民族国家形成过程中,王权的力量始终没有达到与英国相同的强度,因而其法律职业阶层的产生亦不能完全依靠王权力量的推动,需要借助其他因素的作用来完成这一进程。欧陆法律职业阶层是在民族国家和法学的互动过程中产生的。这一过程用伯尔曼的话来概括即为:"大学产生了一个职业法律家阶层,这些法律家由于共同的训练,由于引导教会的法律活动和帝国、王国、城市、庄园、商人行会以及其他行会的世俗领域的法律活动的共同任务而联系在一起。法律学生本身,至少在最初是组成一种社团、一种行会的,虽然毕业之后他们分散到许多国家,但是由于共同的训练和共同的任务,他们仍然非正式地联系在一起。"②笔者在这里所要探讨的亦即欧陆国家法律职业阶层兴起的过程。

---

① [德]K.茨威格特、H.克茨:《比较法总论》,潘汉典等译,第350页,贵州人民出版社1992年版。
② [美]哈罗德·J.伯尔曼:《法律与革命——西方法律传统的形成》,贺卫方等译,第198页,中国大百科全书出版社1993年版。

但是,由于各民族国家的形成过程存在诸多差异,因而法律职业在各国的出现亦有不同之处。笔者在此试图通过对法、德两国的考察,以期探得法律职业在欧陆国家形成的一般规律。①

法国法律职业阶层的兴起

一、法国王权的兴起——司法权的集中

查理曼帝国解体之后,帝国分裂为三个独立的封建王国,即法兰西、意大利和德意志。此时,法国的王权受到了极大的削弱,实际上是一个由许多封建领主组成的共同体,国王名义上是最高的领主,但没有实权,立法也停止了,甚至连国王的敕令集也废止不用了。国王只对巴黎、奥尔良地区的王室领地行使管辖权。其他封建领地都是名副其实的独立王国,甚至法国的王位也实行选举制,由各封建领主选举产生。但是,从12世纪开始,法国中央集权化的进程大大加快,国王通过联姻和武力征服扩大了王室的领土,并借助于军事强力,加强王室在政治和法律上对地方领地的权威。法兰西王室还借鉴了英国国王加强中央集权的经验,在其领地上建立了类似的巡回法官和郡长制度,以加强对地方的统治;同时他还与城市结盟,支持城市自治,赋予他们贸易特权和垄断权,以此来削弱地方封建势力。②

法兰西第一位伟大的国王、法兰西国家和王室法律的创立者是菲力二世(1180—1223),即菲力·奥古斯都。他的贡献不仅仅在于扩大

---

① 法、德两国的民族国家形成过程,基本可以代表欧洲大陆的两种情况。法国是在王权不断加强基础上形成的;而德意志帝国只是一个空名,那时的德国并不是一个政治上统一的国家,皇权一直处于弱势的地位,其原因在于:为了实现从罗马统治基督教世界的理想,德国皇帝经常入侵意大利,干涉罗马教廷的事务,同教皇正面冲突,从而分散统治德国的力量,最终受制于德国各大诸侯。西班牙等国的情况与法国相仿,而意大利则与德国相同。

② [美]哈罗德·J.伯尔曼:《法律与革命——西方法律传统的形成》,贺卫方等译,第560页,中国大百科全书出版社1993年版。

了法国王室的领土面积,更为重要的是使王室的司法管辖权获得了极大的扩展。在中央,王室法院的财政和司法职能得到了分离,王室文秘署逐渐褪去司法职能而成为一个协调其他政府部门的机构。王室法院审理的案件主要是对大封建领主提起的得不到受理或宣称判决错误的案件,或者是宗教领主和国王已经授予自由特许状的城市公社之间争议的案件。国王通常亲自主持审判。法官由国王邀请参加审判的大领主和王室官吏担任。此时的法国,专门的中央法院尚未出现。在地方,菲力·奥古斯都创立了邑长制度,即由国王派遣邑长代表王室负责王室领地的行政司法事务。邑长被授权审理王室法院的诉讼,并在这方面享有国王的权利和特权。1190年的一项王室法令指示邑长每月巡回一次,在四名地方贤达的咨议下,审理权利请求。最后,邑长被固定在自己的辖区内,成为地方王室法官。[①] 从此,王室法院的管辖权范围获得极大的扩展,推动了法国司法集权的进一步发展。

菲力的孙子,路易九世(1214—1270)在位期间,通过逐步取消封建领主的司法管辖权和扩大中央王室法院的势力,法国中央司法集权最终完成。一方面,路易实行司法改革,将大领主的司法权置于王室法院管辖下,这时虽未完全取消领主法院,但它的权力已被削弱。王室法院可以受理对任何领主法院判决的上诉,重大案件只能由王室法院审理。[②] 另一方面,随着王权的加强,法国的中央法院也得以在13世纪形成。首先,路易九世改组了御前会议,将其分为两院,即财务院和司法院,后者称为"巴列门"(Parlement),[③] 即巴黎最高法院,但当时其性

---

① 参见[美]哈罗德·J.伯尔曼著:《法律与革命——西方法律传统的形成》,贺卫方等译,第563页,中国大百科全书出版社1993年版。

② A. West and Y. Desdevises and D. Gaurier and M. C. Heussaff, *The French Legal System-An Introduction*, London 1992, p. 8.

③ Parlement一词源自拉丁语 Parlamentum,原来并不是一个法律术语,只是指人们边说话边议论的集会(Parloir)而已。

质上仍是一种定期举行的司法会议。至 14 世纪,巴黎最高法院成为一个常设机构,由全日制的专业法官主持,从每年的 11 月 1 日至第二年的 8 月 15 日开庭,负责巴黎地区重大案件的第一审和各地普通案件的上诉审。[①] 至此,法国的王室中央法院最终定型。巴黎高等法院和地方司法系统的建立,标志着司法中央集权的形成,尽管地方领主法院依然存在,但由于上诉制度的建立,司法的中央集权化已经基本上完成,并为法国法律职业阶层的形成奠定了坚实的基础。

二、法国的罗马法继受

12、13 世纪,司法的中央集权化、法院的专业化,为法国法律职业阶层的产生提供了某种可能,即随着王室法院司法管辖权的扩张,案件数量急剧增加,法院需要越来越多的法官、律师和其他法律工作者。但是,这并不必然带来法律职业阶层的兴起,[②]而罗马法的继受,法学教育在法国的兴起则在满足上述需要的基础上,直接推动了法国法律职业阶层的出现。司法权获得统一后,为了保证法律的统一适用,迫切需要消除各地习惯法的混乱状态,促使法律理性化和统一化。因此,王室法院需要更科学的、更合乎理性的司法技术和专业知识,需要更专业化的法官来提高司法质量,也需要具有丰富罗马法知识的学者来提升法国法律体系的整体质量。应对上述社会现实,具有罗马法知识背景的法律专家被大量吸收进入王室法院,而法国的法律职业阶层亦在这一过程中正式形成。

(一)罗马法诉讼程序的采纳对法律职业阶层兴起的影响

法国对罗马法的接受,始于罗马—教会诉讼程序的采纳。所谓"罗

[①] A. West and Y. Desdevises and D. Gaurier and M. C. Heussaff, *The French Legal System-An Introduction*, London 1992, p. 7.

[②] 因为法国的王权并未强大到像英国那样使法律职业阶层固定和定型。英国的王权不能促使罗马法继受,法律职业阶层通过学徒式的法律教育完成;而法国则需通过罗马法知识的传播完成法律职业的建构。

马—教会诉讼程序",指教会法学家在《国法大全》基础上发展起来的一种强调书面程序、法官调查权及允许使用代理人的一种新型的诉讼程序。这是一种完全专业化的程序,诉讼双方在陈述和答辩中提出各自的权利要求,由法官亲自调查案件证据,并且这种证据以书面的形式表现出来。[①] 上述程序与法国原有的日尔曼审判程序形成了鲜明的对照,为了缩小差距,同时也为了对抗教会管辖权,法国开始引进这一程序。这一过程首先从废除日尔曼程序法中的陋习开始。路易九世立法规定:"我们在我们整个领地内禁止一切秘密战争;任何提出要求和答复要求的权利,任何迄今有效的解决争端的和平方式,我们仍完全继续;但我们禁止战争;我们吩咐用目击者的证明来代替它们,此外,迄今为止在世俗法庭上任何其他正确而和平的证明,都是得到承认的。"[②]到13世纪,罗马—教会诉讼程序被广泛使用到世俗法院中,巴黎最高法院也采用了这一程序,并且成为其他法院的参照模式。[③] 至此,法国的诉讼程序大致获得统一,并走向理性。当事人一般由职业化的法律顾问代理诉讼,口头陈述逐步由诉答文书取代,书面的诉讼记录逐渐在所有案件中被采用,书证成为一种重要的证据形式。上述诉讼程序的采用,要求参与者必须具有一定的法律技巧和专业知识,当事人势必求助于法律专家才能完成诉讼,而法官也必须掌握法律知识才能主导案件的审判并做出判决。正如达维德所说:"引进这种诉讼程序在它们的司法组织上引起了深刻而具有决定性的改革。从13到16世纪,司法成为在各大学由罗马法学派培养出来的博学的法学家们的一种专职。"[④]从此,具有罗马法知识的法律家们开始活跃在法国的司法领域,

---

① Peter Stein, *Roman Law in European History*, Cambridge 1999, p.59.
② [法]基佐:《法国文明史》(第三卷),沅芷、伊信译,第287页,商务印书馆1995年版。
③ Peter Stein, *Roman Law in European History*, Cambridge 1999, p.59.
④ [法]勒内·达维德:《当代主要法律体系》,漆竹生译,第48页,上海译文出版社1984年版。

并最终形成法律职业阶层。

(二)习惯法的统一对法律职业阶层的影响

在11、12世纪罗马法复兴时,罗马法的研究与传播运动很快就传到法国南部,12世纪法国南部的蒙彼利埃和图卢兹很快就成为罗马法教学和研究的中心,同时,罗马法也逐渐从南部开始向北部传播。随着罗马法的传播,罗马法的许多原则和制度被吸收到法律制度中,尤其在南部,罗马法更是成为一种基本的法律渊源,具有一般补充的效力。但是,罗马法在法国是作为成文的理性被接受的,而非因为其是帝国的法律,因为法国国王从不承认其应服从神圣罗马帝国的权力。法国的国王们十分注意维护自己对罗马帝国及皇帝保持独立的主权,保皇派法律家强调如果罗马法在法国被接受,并不是因为它已经由罗马国家制定,而是因为它已经被习惯法所接受或者因为其内在的性质:非以其有权力,实因其具理性之权威故(non ratione imperii sed imperio rarionis)。[①] 因而,罗马法在法国的全面继受,受到传统习惯法的抵抗,而使用的手段则是习惯法汇编。法国以此种习惯法汇编作为全国统一适用的"普通法",并用其来抗衡罗马法。其中最著名的是《巴黎习惯法》,它是一部收录有巴黎最高法院判决摘要的法典,在习惯法区取得了类似于《国法大全》的地位,面世后就成为习惯法区通行的"普通法"。但是,相对于体系完整和制度完善的罗马法来说,习惯法只能说是粗俗和简陋的,因此,汇编一部足以抗衡罗马法的习惯法典,势必借鉴罗马法技术、借助具有罗马法知识的法律家。正如茨威格特和克茨所说:"在适用于整个法国的普通民法的形成过程中,一批重要的法学家扮演了引人注目的角色。他们并不是教授,而是实务家、律师、法律鉴定人、国王

---

① [德]K.茨威格特、H.克茨:《比较法总论》,潘汉典等译,第146页,贵州人民出版社1992年版。

的行政官及法官;假如在法国,尤其是在巴黎没有形成一个矢志实现同一目标、备受尊重而且力量强大的职业法律家集团的话,光靠他们自己就不可能对法国普通习惯法的发展发生那样的决定性作用了。"①

笔者以为,由教会改造的罗马法程序在法国的采纳,罗马法制度在法庭判决中的适用,为具备法律专业知识的人才提供了工作岗位,推动了法律职业阶层的产生。而普通习惯法的形成过程则进一步密切了上述人员之间的关系,使其具有了共同的利益,即利用习惯法抵御罗马法的渗透,使他们成为具有共同知识背景和共同利益的职业阶层,最终导致了法国法律职业阶层的定型。

德国法律职业阶层的产生

一、德意志王国的政治状况——旨在说明法律职业阶层兴起的特殊性

(一)中央政府的涣散——司法集权的不能

919年,萨克森公爵亨利一世被选举为德意志王国的国王,德国历史由此开始。962年,德国国王奥托一世率军进入罗马,教皇为其加冕,称"罗马皇帝",从而开始了德意志罗马帝国的时代,一直延续到1806年为拿破仑摧毁。虽然在表面上帝国的称号一直维持着,但是从12世纪开始,德国已经陷入了四分五裂的状态,主要表现为帝国中央集权的不断削弱和地方邦国势力的不断加强。

13世纪中后期斯瓦本王朝的衰落及权力大真空的出现,暴露出神圣罗马帝国华丽外表下并不牢固的基础。当时的德国,帝国中央的权力极其微弱:皇帝由七个侯国君主选举产生;它没有固定的官邸,而是

---

① [德]K.茨威格特、H.克茨:《比较法总论》,潘汉典等译,第149页,贵州人民出版社1992年版。

通过巡视各地来处理国事;它也没有中央办事机构以行使皇权。上述政治形势反映在司法权方面,帝国中央法院——Reichsbofgericht 仅仅具有名称上的意义而无实质影响力。① 虽然作为皇家法院可以调审下级法院做出的任何未生效的即决案件,而且还作为帝国内所有普通法院的上诉法院行使职权,然而由于它不享有完全独立于国王的地位,没有固定的公职法官和惯常所在地,所以其影响很小;另外,地方领主基于增长的政治影响能够保证不受传唤和不受上诉的特权,从而使皇室法院的管辖权限日益缩减。②

(二)普通德意志法律职业阶层形成的障碍

德意志四分五裂的现实导致了德国境内法律内容上的混乱,法律和管辖权被割裂成或大或小的不同碎片,每个公国、领地和城市都有自己的法律。另外,德国不同等级的人也有不同的法律,主要包括贵族法、市民法和农民法等。上述杂乱的法律适用的主要原则是:同一团体的人适用相同的法律。③ 中世纪德国法律的分歧,为德意志普通法的形成制造了极强的离心力,而强力中央集权的缺失则使得普通法形成所需要的向心力难以形成并去对抗上述力量。正如茨威格特和克茨所说:"中世纪德国缺少中央的政治和司法机构来用心对流传下来的,零散纷乱的部族和城市法加以系统整理和科学研究,从而奠定一个普通德意志私法的基础。"④更为重要的是,由于德意志普通法难以形成,也就无法形成一个围绕在最高皇室法院周围,并为普通法形成这一共同

---

① Paul Vinogradoff, *Roman law in medieval Europe*, wm. w. gaunt&sons. inc 1994, p. 120.
② [德]K. 茨威格特、H. 克茨著:《比较法总论》,潘汉典等译,第 251 页,贵州人民出版社 1992 年版。
③ Paul Vinogradoff, *Roman law in medieval Europe*, wm. w. gaunt&sons. inc 1994, p. 121.
④ [德]K. 茨威格特、H. 克茨著:《比较法总论》,潘汉典等译,第 250 页,贵州人民出版社 1992 年版。

利益而工作的法律家群体。这是导致德国无法在普通法院形成法律职业阶层的主要原因,而缺少法律职业阶层的状况,又反过来进一步阻碍了普通法的生成。

(三)罗马法的继受与法律职业阶层的形成

德意志帝国中央集权的软弱及法律适用上的混乱使得普通德意志法难以形成,并进而影响了德国法律职业阶层的产生。但是,国家的分裂和法律的分歧却为德国全面继受罗马法铺平了道路,而在全面继受罗马法的过程中,罗马法专家们受到了普遍的欢迎,大量进入政府部门,并最终导致了法律职业阶层的兴起。罗马法在德国的全面继受,原因有两个方面:首先,简陋和落后的日尔曼法及落后的诉讼方式无法适应社会形势的发展,是德国全面接受罗马法的根本原因。其次,帝国永续理论和加强集权的需要是德国全面继受罗马法的重要因素。

一言以蔽之,德国中央王权的涣散与司法权的分散,阻碍了德意志普通法的生成,同时也导致德国不能像英国或法国那样在这一过程中形成法律职业阶层。但是,这一政治与司法状况又为罗马法的全面接受提供了基础,全面接受罗马法需要大量懂得罗马法知识的法律家,法律职业阶层得以在此产生。因此,德国法律职业的兴起走的是完全不同于英法两国的道路。

二、德国法律职业阶层兴起的过程

德国社会全面继受罗马法是指15世纪罗马法开始在德国法院发生效力,而在16世纪完全支配德国法院的判决,又称"法院继受"或"实务继受"。正如上述,多种因素决定了罗马法在德国被全盘接受,但是其接受过程却非一气呵成,而是分为四个阶段逐渐完成的。相应的,法律职业阶层也分四个阶段逐步形成。

(一)法学教育的起步阶段

如上所述,德国法律职业阶层在全面接受罗马法的过程中产生,而罗马法继受的首要前提是法学教育的发展。因此,笔者对德国法律职业阶层的考察选择法学教育在德国的发展为起点。

当 11、12 世纪发源于波伦那大学的法学教育扩展至欧洲各地时,由于社会发展和教育水平的落后,直至 14 世纪,德国境内尚无正式的法科大学或法学院可供学生攻读法律。与同时期的英国和法国相比,德国的法学教育水平远远落后。但是,德国法学教育的落后并没有阻碍德国学生对法律知识的追求,他们纷纷远赴国外学习罗马法。由于意大利是欧洲法学的发源地和最主要的罗马法研究中心,并且其与德国在地域上最近,因而成为德国学生留学的最主要地区。

14 世纪,受到欧洲大陆其他国家,尤其是意大利法学研究日益繁盛的影响,德国国内的法学教育逐渐发展起来。特别是当时第一批赴意大利留学的法律学生陆续回国,也为本土法学教育提供了师资力量,为法学教育在德国的兴起提供了某种可能。1348 年,德国第一所大学布拉格大学成立,而法学院则为其中一个学院;1365 年,维也纳大学成立,法学亦为其中一个重要学院。[①] 此后,德国的大学雨后春笋般建立起来,德国法学教育由此走向兴盛。

学成归国人员及德国本土培养的罗马法学生,除一部分投身于法学教育外,更多的则直接从事法律实务工作。他们所学习的罗马法知识,被广泛传播于德国各地,不仅成为德国全面接受罗马法的最初源泉,而且是法律职业阶层得以形成的共同知识基础。可以说,他们既是德国继受罗马法的先驱,也是德国法律职业阶层的最初成员。

(二)法律专家从事行政事务阶段

随着法学教育的发展,德国社会罗马法律专家的数量逐渐增加。

[①] 戴东雄著:《中世纪意大利法学与德国的继受罗马法》,第 170 页,台湾元照出版公司 1999 年版。

但是,受到罗马法教育的法学家们只能首先在教会、地方领主领地及城市的管理中寻找到施展才能的场所。[1] 其主要原因在于:一方面,直至14世纪,德国法院的诉讼程序尚未改革,世俗的普通法院仍为未受过罗马法教育的贵族子弟把持着,年轻的法律专家尚无进入法院担任审判职务的机会;另一方面,在帝国、教会、领主及自治市等多元利益并存及竞争的过程中,各方为了论证自身权利的合法性及增强自身实力以利于和其他势力相竞争,也需要借助罗马法专家的帮助来改革政治体制和行政措施。因此,当时大多数法律专家并未直接进入普通法院从事审判工作,而是受聘于皇帝、领主或城市,从事行政事务。法律专家已经在当时各种行政事务中占据了主导地位,发挥着重要的作用,并在14世纪末期成为德国社会具有特殊身份的人员。虽然审判机关仍未对他们开放,但他们却活跃在公共生活的诸多领域,在社会上形成新的阶层。14世纪,查理一世就曾诏谕全国:所有法学博士因其所具有的学识,不问其身世如何,皆具有贵族身份。[2] 他们具有相同的罗马法教育背景,并为改善德国的行政管理共同努力着,成为当时法律职业阶层的基本成分。

(三)法律专家主导诉讼程序改革阶段

14世纪时,德国的法院仍为不谙罗马法的贵族把持着,案件的判决依据的是审判官的生活经验和人格修养,既无成文法依据又无判决理由,缺乏外在客观的权威基础。上述简陋的诉讼制度与当时英、法等国改革后的司法制度相比落后很多。更为重要的是,随着教会诉讼程序的优化,特别是罗马—教会程序的采用,世俗法院与教会法院在管辖

---

[1] [德]K.茨威格特、H.克茨著:《比较法总论》,潘汉典等译,第252页,贵州人民出版社1992年版。

[2] [美]孟罗·斯密著:《欧陆法律发达史》,姚梅镇译,第278页,中国政法大学出版社1999年版。

权斗争中明显处于下风,因为诉讼当事人更愿意将案件提交程序更为理性、判决更为公正的教会法院审理。有鉴于此,行政机关的法律专家开始运用掌握的司法行政权限和罗马法专长,改革德国诉讼程序。

法律专家首先主张以书面审理取代临时的口头审理,当事人提出的诉讼和被告的答辩必须以书状的形式进行,法院的审理和判决亦须使用书面的形式。在15世纪末期,法兰克福和莱茵等自由市的陪审法院中就开始允许罗马—教会诉讼程序的使用。这种变化并没有任何立法的支持,而是由诉讼当事人及他们的法律顾问们推动的。① 因为诉讼当事人为了获得更为公正和客观的判决,更愿意将案件提交程序更为合理的教会法院;而法律顾问们为了获得更多施展才华的机会,也尽力劝说和帮助当事人将案件交给教会审理。这种情况下,世俗法院为了抗衡教会管辖权的扩张,只有改革自身诉讼方式以应对。审理方式的变化使法院裁判的本质发生了改变。以往的审判,法官只需依照本人的生活经验或直觉发现新的法律即可,而新的诉讼程序则使案件的审理成为依据案件事实引用成文法(罗马法)的规定,通过严密的逻辑推理具体适用的过程,这使得没有经过专业法律训练的贵族子弟根本无法适应。而解决问题的唯一方法是求教于当地行政机关中经过法律训练的官员或大学中的法学教授,而他们也十分乐意提供这方面的帮助。②

可以说,法律专家推动的诉讼程序改革,使越来越多的具备良好罗马法训练的人参与到案件裁判中去,使德国法律职业阶层的声势进一步壮大,同时也为法律专家最终主导审判工作奠定了基础。

(四)法律专家主导审判实务阶段

---

① Peter Stein,*Roman Law in European History*,Cambridge 1999,p. 89.
② Peter Stein,*Roman Law in European History*,Cambridge 1999,p. 90.

法律专家全面主导德国法院的审判实务,始于"卷宗移送"制度。所谓"卷宗移送",指法院将案件卷宗移送附近的大学法学院,法学教授们在审阅后,出具法律鉴定书,给出判决的建议。正如上述,随着诉讼程序的改革,不熟悉法律的贵族法官们已无法适应审判实务的要求,为了获得法律专家的帮助,特别是为了使判决更具有权威性和说服力,他们纷纷将案件移交给在法律界具有崇高威望的法学教授。这一制度得到了帝国政府的支持和法学院的欢迎,例如,1532年的《加洛林纳法典》219条就明文规定:在法律不足适用时,法官应当引用罗马法或法律专家的意见;在特定诉讼中,法官应当向附近大学法学院请示法律意见。[①] 而很多法学院则在章程中明确规定了审判的条款,将其视为自身固有的职责。由于他们出具的法律鉴定书被当事人认为是理性罗马法的化身,得到了人们的信赖,而各法院一般也很少经过修改而以判决的形式直接发布。从此,法学院对德国的审判实务开始发挥巨大的影响,法律院校再也不是单纯意义上的教学机构,而成为兼有审判职能的司法机构,法律专家正式介入到审判领域。

另一方面,随着帝国最高法院的成立,法律专家开始直接进入法院从事实务审判。早在1438年,德皇阿尔伯特二世在地方和平法令中就明确宣布:帝国中央法院(Reichsbofgericht)将聘请聪慧能干的骑士与法律专家担任审判实务。但是,这一改革意见未能付诸实施。直到1495年,帝国中央法院改组为"帝国最高法院"(Reichskammergericht),才为法律专家担任审判工作铺平了道路。该法院组织法规定:帝国最高法院院长须具有贵族身份,而裁判官共16位,其中半数必须为获得法学博士学位的法律专家,其他半数为至少有骑士地位的

[①] Peter Stein, *Roman Law in European History*, Cambridge 1999, p. 90.

贵族。① 1548年之后,帝国最高法院内的贵族代表也从具备相应的法律知识的人中挑选。② 至此,该法院的全部人员均由法律专家组成。各级地方法院受到帝国最高法院组织法的影响,为了避免自身判决的案件大部分被最高法院改判的尴尬局面,也纷纷改革,将原有不识法律的贵族裁判官清除而代之以法律专家。随着上述改革的完成,德国各级法院已完全为熟知罗马法的法律专家占据,他们为着共同的目的,即将罗马法全面引入德国而努力,并由此正式形成德国法律职业阶层。

综上所述,德国法律职业阶层的形成走了一条曲折的道路。法学教育在德国的兴起为其奠定了学识基础;而行政事务方面的历练则为其改革诉讼程序,并最终凭借罗马法知识取代贵族子弟提供了条件。在德国全面接受罗马法的过程中,法律职业阶层也随之而逐步产生。

法律职业阶层对法治文明的传承

正如笔者在导论中所说,中世纪作为连接古典和近代法治文明的枢纽,在传承希腊、罗马法治的基础上为近代法治奠定了思想基础,而在这一时期兴起的法律职业阶层,在实践中具体承担着传承者的角色。在本部分,笔者即就法律职业阶层对法治文明的传承作用作一简单分析。

古典法治文明的衰落与残存

当古罗马的法学家们将希腊人关于理性、正义的法律观及"法律统

---

① 戴东雄著:《中世纪意大利法学与德国的继受罗马法》,第200页,台湾元照出版公司1999年版。
② Paul Vinogradoff, *Roman law in medieval Europe*, wm. w. gaunt & sons. inc 1994, p. 140.

治"的构想经过系统整理和罗马化,并力图以此建立罗马帝国的永世统治之时,崇尚武力征服的统治者因战争和加强中央集权而将之弃置不用;更为重要的,随着日尔曼人的侵入和罗马帝国的灭亡,辉煌的古典文明亦由此被掩埋在废墟之中,"法治国家"的理想也逐渐在蛮族蒙昧的意识中衰落。但是,衰落并不必然意味着消亡。在日尔曼人传统信念和基督教神学思想的庇护下,些许法治意识在愚昧和落后的空气中还保留着某些痕迹。这些残留在中世纪早期的法治火种,虽在内容和形式上无法与古罗马时代灿烂的法治文明相提并论。但是,他们却给予人们一种精神寄托,犹如黑夜中的明灯为欧洲的未来指明了方向和希望。这些法治萌芽在经过中世纪中期开始形成的法律职业阶层的阐述和实践后,最终成为近代法治社会的理论先驱,为近代西方社会的构建提供了智识支柱。

法律职业阶层的作用

如上所述,古典法治文明经过日尔曼人的摧残和践踏,及至中世纪早期,留给世人的仅为些许法治火花和零散的记忆。而11、12世纪形成的法律职业阶层,则在此基础上,通过自身努力发展出了一系列理论,开创了近代法治理论的先河,在古典和近代法治文明之间架起一座沟通的桥梁,成为法治文明的传承者。西方法治思想的发展并不是教会、罗马或世俗法律家单独作用的结果,[1]而是三者思想活动的共同结晶,这一过程持续了四个世纪并以17世纪民族国家法律体系的建立为终点。[2]

---

[1] 上述三种人共同构成了西欧中世纪的法律职业阶层。
[2] Kenneth and Pennington, *The prince and the law*, 1200 — 1600: *sovereignty and right in the western legal tradition*, University of California Press 1993, p. 7.

一、中世纪的司法独立意识

随着中世纪法律职业阶层的产生,西方法治文明中的司法独立意识开始出现。在法律职业者看来,司法是技术性、专业性极强的特殊领域,惟有经过专门法律训练的人员方能从事此项工作。因而,中世纪的法律职业阶层对来自于王权的司法干涉给予了坚决的抵制。13世纪,英国和法国的法官们就已经产生了这样的意识,忠于法律和上帝要甚于忠于他们的国王。[①] 上述司法独立意识开了现代西方法治传统中司法独立的先河。

(一)司法独立在英国的表现

上述司法独立意识在英国法律职业者身上体现得最为明显。有两个案例充分反映了这一点:其一,1338年,在英国,一皇家税务官扣押了一头牛,从而引起返还财产之诉,原告诉税务官违法,要求返还财产。法院因为税务官未取得蜡封令状,判原告胜诉。而且根据王室法律,定了被告的罪。王室法院颁布了"紧急返还财产令状",交由郡司法行政长官执行。后来,郡司法行政长官针对令状辩称,他收到一封盖有国王印鉴的信件,信中已经赦免了被告。法院认为,该司法行政长官以一封国王私人信件为由来为自己拒绝执行王室法院令状作辩解是不能成立的。因此,法院对该司法行政长官进行了处罚,并同时发布了新的令状,宣布被告仍为不法。在这一案件中,法官认为皇家税务官的行为违反了正当程序,是非法的。同时,法官还认定王室不正当干预司法判决的执行是非法的。其二,在亨利四世时期,为限制外国人和无国籍居民将羊毛布料和帆布带到伦敦贩卖,国王颁布了特许状,允许对卖主和买主每成交一匹布各征收一便士。法院认为,这违反了正当程序,判决特

[①] 夏勇:《法治是什么》,载《中国社会科学》,1999年第4期,第120页。

许收费无法律效力。① 从这两个案例中我们可以看出,中世纪的英国法官们即具有了极强的独立意识,并由此形成了一种传统,一直延续至今,成为现代社会权利保障的基石。

(二)英国法官对司法独立意识的作用

在英国司法独立意识发展过程中,众多的法律职业者发挥了积极的作用。笔者在此仅就法律职业阶层中之少数精英在这一过程中所起的作用作一说明,以期能扩展至整体。

1. 格兰维尔——规划未来法治的大师。格兰维尔(R. Grancille,1130—1190),曾在亨利二世时期先后出任郡长、巡回法官和司法长官等职。其法律理论主要集中在其《中世纪英格兰王国的法和习惯》一书中,在该书中,他整理了各类诉讼令状,阐明了王室法院的管辖权及其审判,论述了不同种类的诉讼程序和方式,总结了亨利二世对法律制度、技术和法律规则方面的改革。② 格兰维尔对法治思想的贡献在于:其一,通过对英国各地习惯的整理,推动了王室普通法的形成,并使其获得某种确定性权威性,有利于统一的王国法律至高无上观念的形成;其二,通过对令状的整理,使令状混乱的状态得以控制,并由此在技术上抑制了国王利用令状肆意司法的状况,并且开启了英国人重视程序的风气。梅特兰曾说过,令状的统治即法的统治。"对程序的强调具有重要的意义,……因为它是对王室权力的一种限制……主张王室司法管辖权的条件被明确界定,因而这些条件便构成一种限制。救济类型的分类以及对请求这些救济程序的论述,界定了王室司法管辖权。"③

---

① [美]罗斯科·庞德著:《普通法的历史精神》,唐前宏等译,第46—47页,法律出版社2001年版。
② 何勤华著:《西方法学史》,第279页,中国政法大学出版社1996年版。
③ [美]哈罗德·J.伯尔曼著:《法律与革命——西方法律传统的形成》,贺卫方等译,第553页,中国大百科全书出版社1993年版。

2. 布雷克顿——限制王权的先驱。布雷克顿(Bracton,约 1216—1268),教士出生,曾担任过教会的主教。他于 1246 年出任巡回法官,1248 年以后又担任英国西南部的巡回法官和王座法庭的法官。布雷克顿的理论主要集中在其代表作《关于英国的法和习惯》中。该书继承了格兰维尔的传统,通过对令状进行注释的方式,对各种诉讼方式做了详细的分析。其对法治发展的贡献在于:他阐述了一条法治观念,即国王不受制于人,但却受制于上帝和法律,明确了服从法律是国王的义务。他说:"国王不应受制于人民,而应受制于上帝和法律(rex non debet esse sub honine, sed sub deo et sub lege),因为正是法律成就了国王……国王应给予法律所赋予他的,即统治权;因为法律若不是至高无上的,那么就不会存在国王。"①在此,他通过阐述法的自然神圣性和不可抗拒性说明了王权对法的客观依赖性,提出了限制王权的设想,并为普通法院法官维护司法独立提供了有力的思想武器。

3. 科克——司法独立的斗士。爱德华·科克(S. Edward coke,1551—1634),曾在剑桥大学就学,担任过律师、城市法院法官、法务长官、王室法院首席法官。在他担任首席法官期间,曾多次反对国王对案件审理的干涉,并最终导致丢弃法官职位。其一,在一个薪俸代领权案件中,国王要求法官在未经其同意的情况下不得继续审理该案。但科克却拒绝了国王的要求,他说:"我不愿意做国王要求我做的事。一名法官不应该因国王的要求而拖延审理的案件。"②其二,1612 年,当詹姆士一世试图插手王室法院的司法审判时,他也给予了坚决的抵制。其

---

① 转引自[爱尔兰]J. M. 凯利:《西方法律思想简史》,王笑红译,第 125 页,法律出版社 2002 年版。
② [英]丹宁勋爵:《法律的正当程序》,刘庸安、张文镇译,第 10 页,法律出版社 1999 年版。

理由是,法律是一门艺术,是人为理性,只有经过长期学习和实践的人才能掌握;国王也必须服从普通法,因为"国王不受制于人,但受制于上帝和法律"。[①]

另外,虽然中世纪欧洲大陆的司法独立意识表现得没有英国这么明显。但是,随着王权的扩张及罗马法专家大量进入司法审判领域,他们受到优古诺(Hugunot)抗权理论的影响,曾拒绝适用君主的法律,并阻碍官员们实施国王的法律。这也足以证明中世纪欧洲大陆司法独立意识的存在。

二、权力限制理论在中世纪的发展

(一)多元权力均势和张力

由于蛮族的入侵及其导致的西罗马帝国崩溃,使西欧社会从此进入一个新的历史时期。原有统一的罗马帝国秩序完全瓦解,取而代之的则是分裂和割据,整个社会处于无政府的状态中。但是,这种无政府状态也导致了若干权力中心的出现,进而形成王权、神权、贵族权等多元权力并存、斗争与妥协的格局。

首先,基督教的中介地位和作用使其能够有效地扩张势力,并由此获得了独立地位,成为一个经济、政治和军事的机构,并日益由精神世界向世俗世界扩张其权力,直到与王权相抗衡,乃至凌驾于王权之上。其次,西欧独特的封建制度,[②]强化了领主贵族的权力及其对王权的离

[①] [美]罗斯科·庞德:《普通法的历史精神》,唐前宏等译,第41—42页,法律出版社2001年版。

[②] 此处所指的"封建制度"并非马克思主义中通常意义上所指的"地主阶级占有土地剥削农民阶级"的制度,而是指中世纪西欧所特有的领主—封臣关系和依附性土地占有权相联系的制度体系。这一术语在18世纪才被发明出来。18世纪启蒙运动期间,这些领主—封臣关系和土地占有权在其中曾得以存在的整个社会秩序,第一次被称之为封建社会,而且这种社会的首要特征被界定为一种享有特权的贵族和一种处于从属地位的农民。这不同于马克思主义把生产方式和生产关系当作封建社会的基础结构或基础,把政治、意识形态和法律当作封建社会的上层建筑。参见[美]哈罗德·J.伯尔曼著:《法律与革命——西方法律传统的形成》,贺卫方等译,中国大百科全书出版社1993年版,第360页。

心力。该制度建立起以相互权利义务的契约为基础的领主与附庸的金字塔结构,但在这一结构中,王座只保留了一个空洞的宗主地位,只是一个名义上的权力,而国王被缩成为一个阴影而已。[①] 最后,由于受到原始习惯中民主遗风的限制,各民族国家的王权虽然在中世纪中期有所加强,但并不能尽情地扩张,王权的行使受到来自贵族领主的多方面限制。

　　上述多元权力并存的现象,造就了中世纪西欧特有的权力均势与张力。一方面,王权需要教权的支持来确认其统治的合法性,而教权也需要王权的庇护与封赐。同时,王权和教权又相互竞争以争取使各自统治的领域扩大。[②] 另一方面,以契约为基础的封君与封臣关系,虽然双方的权利义务关系十分明确,但是作为封君的国王,总是希望凭借优势地位巩固和扩大王权,而领主们亦总是为竭力维护自身利益而斗争。这种斗争是中世纪一幕重头戏,并促进了代议制的产生和发展,成为限制王权的重要力量。[③] 另外,教会与封建领主之间既有合作也有对抗,有时双方联合起来反对王权的过度扩张,有时其中一方又与王权合作对抗另一方。上述多元权力之间既斗争又妥协的格局造成了西欧社会特有的权力均势与张力,它不仅使权力本身在彼此的互动中受到削减,而且导致一切政府都是建立在契约基础上的,并反对绝对权威,从而抑

---

　　① [美]詹姆斯·W.汤普逊著:《中世纪经济社会史》(上),耿漆如译,第302页,商务印书馆1961年版。

　　② 这种斗争体现在国王们试图越出世俗事务的范围来控制精神世界;而教皇则企图在世俗事务中获得更大发言权。这场斗争以11世纪格里高利七世与亨利四世之间爆发的"主教授职权之争"为高潮,并上演了教皇废黜皇帝,皇帝又免除教皇职务的闹剧。最终的结果是,教皇和皇帝都无法维持他们最先的要求。按照1122年《沃尔姆斯协约》,皇帝保证由教会独自自由选举主教和修道院院长,并放弃他们授予象征教权的戒和牧杖的权利。而教皇则承认皇帝有权参与选举,并在选举有争议的地方加以介入。

　　③ 施治生、郭方著:《古代民主与共和制度》,第438页,中国社会科学出版社1998年版。

制了专权的滋长。① 正如基佐所说："在欧洲,自由已成为文明因素多样性的结果,已成为它们经常所处的斗争状态的结果。"

(二)法律职业阶层对权力限制理论的贡献

在上述多元权力竞争的过程中,各种势力均努力寻求法学家的支持,以为其主张和要求寻找合法性依据。特别是 12 世纪罗马法在欧洲复兴之后,法学家们为发展公法理论做出了自己的贡献,为限制君主的任意权力提供了比较充分的论证。有这样一个故事:某一天,德意志皇帝弗雷德里克一世与他的两个法学博士——巴尔格鲁斯(Bulgarus)和马丁留斯(Martinus)一同骑马出游。他要求两人回答一个问题,即他是否是世界的主人。巴尔格鲁斯回答说"不是",而马丁留斯则回答"是"。皇帝认为后者的回答是正确的,并将自己的马奖励给了他。这是一个流传很广的故事,其本身的真实性无从考证,但却引发了中世纪法学家们的激烈讨论,其中包括阿佐、阿库留斯等著名的罗马法教授。② 在讨论中,他们围绕着是否需要和怎样运用法律及其他规则限制权力的问题,提出了一系列的主张,主要表现在以下方面:

1、君主必须遵守法律。对这一问题的讨论始于阿奎那,他依法律的特征把法律分为训诫性的和义务性的。他认为,国王不受义务性法律的规制,但就法律的训诫性特征而言,其负有尊重法律的道德义务。而英国的布雷克顿则明确指出了"国王不受制于人,但受制于上帝和法律"。在同时期的法国,也出现了国王必须遵守法律的思想。法学家博马努瓦尔认为,贵族必须遵守习惯法,并要监督其臣民对这些习惯的遵守;而如果贵族违反法律或容许臣民对法律的侵犯,那必定是国王不能

---

① [美]菲利普·李·拉尔夫、罗伯特·E. 勒纳、斯坦迪什·米查姆、爱德华·伯恩斯:《世界文明史》(中卷),赵丰等译,第 10 页,商务印书馆 1998 年版。

② Kenneth and Pennington, *The prince and the law, 1200 – 1600: sovereignty and right in the western legal tradition*, University of California Press 1993, p. 24.

容忍的事情,因为国王必须遵守并监督人民遵守王国中的习惯法。①统治者必须遵守法律的法治理念由此产生。

2. 自然法高于君主权力。中世纪的法学家们发展出了一种新的思想,认为存在着一种高于君主权力的更高级别的规范,君主的行为及他制定的法律必须受到这些高级别规范的评价和限制。而至于高级规范是自然法抑或其他,则没有统一的观点。中世纪的法学家们意识到还有其他规范高于实在法:神法、自然法,人类实在法不能超越高级法的制约,虽然有时它的地位会被贬低,但绝不会废除。君主享有超越实在法的绝对权力,但是这一权力不能超越自然法。② 从这一观念出发,中世纪的法学家们纷纷从罗马法中寻找自然法的定义,包括阿佐,斯托克等人。但不管各种定义如何繁杂,有一点是明确的,即自然法在法律效力等级中始终处在实在法之上,当两者发生冲突时,自然法可以导致实在法的无效。③ 限制权力滥用的自然法思想由此发展,并最终成为近代法治理念的开端。

3. 个人财产权益的保护。中世纪法学家从罗马法观点出发,认为私有财产受到法律的保护,君主不能任意地剥夺。13世纪晚期的法学家奥多弗里杜斯写到:领主是其领地的主人不是在所有权意义上,而只是在土地的保护者意义上。与此相类似的观点来自于奥卡姆:在可以合法而有可能随心所欲地处理一切事物的意义上……皇帝并非所有世俗事物的主人;然而,在如下意义上,他当然是所有事物的主人,即无论何时,只要他认为有利于人民的个人利益,他可以不顾任何异议地出于

---

① [爱尔兰]J. M. 凯利著:《西方法律思想简史》,王笑红译,第126页,法律出版社2002年版。

② Kenneth and Pennington, *The prince and the law, 1200 − 1600 : sovereignty and right in the western legal tradition*, University of California Press 1993, p. 120.

③ Kenneth and Pennington, *The prince and the law, 1200 − 1600 : sovereignty and right in the western legal tradition*, University of California Press 1993, p. 121.

共同利益的目的而使用一切事物……(他不能专断地如此行为,而只可以基于所有者的违法,或其他站得住脚的理由,如公共利益)。[1] 上述保护私人财产利益的思想,明确界定了公共权力不得干预的领域,从另一个侧面说明了权力限制理论。

毋庸置疑,正是法律职业阶层在中世纪所创造的法治观念和理论,孕育了近代西方法治文明。而上述观念和理论经过启蒙思想家的进一步阐述,最终成为西方各国建构近现代统治秩序的思想基础。因而,笔者将西欧中世纪法律职业阶层的角色定位为"古典"和"现代"法治文明的传承者,应当是恰当的。

结　语

从一般意义上说,中世纪是黑暗的。当时,基督教的精神垄断、日尔曼诸侯王国的割据与征战、教权与王权的对立,以及贵族与国王的利益争夺,使欧洲出现了文化统一和政治分裂的格局。但是,西方社会发展的历史是不能割断中世纪的,同样,西方法治文明的发展亦不能绕过中世纪的历史。

尽管与西方其他时代不同,中世纪不是一个尊重传统和崇尚理性的时代,因而不能直接传承古典法治文明,也很难生长出像古希腊、罗马那样的具有理性基因的法治制度和精神。但是,中世纪的西欧形成了这样一个特殊的阶层——法律职业阶层,他们掌握着有关于法律的各种资源和知识,并积极地参与到各民族国家权力格局和统治方式的建设过程中。无论是英国式的以律师为主导的法律职业阶层的兴起,

---

[1] [爱尔兰]J. M. 凯利著:《西方法律思想简史》,王笑红译,第144页,法律出版社2002年版。

还是欧陆式的罗马法律专家阶层的发展,均是中世纪社会形势发展导致的必然结果。更为重要的是,法律职业阶层在兴起后,将残存在基督教神学和日尔曼简陋法律制度中的古典法治火种重新点燃,创造并发展了诸如司法独立、权力应当受到限制等思想意识和理论,并为后世启蒙思想家所继承。因而,"黑暗"的中世纪在西方法治文明发展过程中有着不可替代的作用,而具体传播和承载法治文明的主体则是法律职业阶层。

作史重在为鉴。本文写作之意图,亦在于通过对西欧中世纪法律职业阶层的兴起及其在法治文明传承中所起作用的考察,为中国法治社会的建构提供有助益之借鉴。目前的中国,以利益多元化为特征的现代法治秩序的建构,必然要求社会价值观、道德观的多样化,并进而引发传统的一元权力格局的全面危机。面对这场危机,在精神上长期尊奉同一价值准则的文官集团已无法适应局势的变化。因而,在中国尽快形成一个具有共同知识背景、思维方式和法治价值准则的法律职业阶层,并由其来实践和传播法治理念,就显得尤为重要。

域外古代土地产权制度比较研究
——从服务于我国集体土地所有与利用制度变迁之角度

王铁雄

导 论

> 一切认识、知识均可溯源于比较
>
> ——诺瓦里斯

> 使豁达而高尚心灵卓而不凡者,定莫过于优雅的好奇心,而这种好奇心最愉悦且有益运用者,又莫过于鉴察外国的法律与习俗。
>
> ——塞缪尔·约翰逊[1]

笔者便是怀着这种优雅的好奇心谨慎而惶恐的闯入古老的西方法律之门。旨在对西方古老的法律经典进行鉴察比较之中,寻找一套可靠而又实用的法律规则,并在这套古老规则凝结成的经验财富上窥见真理之光,以弥补我国法律制度之缺陷,救济我国法律规则之不足。

面对我国社会主义市场经济改革的汹涌大潮,徘徊于法制变革的十字路口,深感我国现行集体土地制度之固有缺陷日益彰显并在某种

---

[1] 转引自[德]K.茨威格特、H.克茨著,潘汉典、米健、高鸿钧、贺卫方译,《比较法总论》,贵州人民出版社1992年版,德文第二版序。

程度上业已阻碍了农村经济的长足发展。一方面,集体土地所有权虚置,农民作为所有者的权益无从实现甚至视集体财产为异己之物;另一方面,农地承包经营权具有债权性与内在封闭性,不利于土地自由流转,以形成规模经营和土地资源的优化配置,阻碍了农业向商品化、集约化、现代化方向发展。改革、完善我国现行集体土地制度遂势在必行。但如何改革这一极其重要的土地制度,目前学界众说纷纭,争议颇多。笔者作为农民之子,外法史学子,理当遨游于古老的西方法律迷宫,探求法律真理,寻求济世规则而责无旁贷。

笔者深知,在创制和发展本国的法律规则时对外国相似的规则凝结成的经验财富视而不见或不加利用决非明智之举。因之,本文便是秉着古为今用、外为中用、学以致用之原则,围绕我国集体土地所有与利用之制度变迁,对域外古代世界的三大法律经典:日耳曼法、罗马法、普通法进行深入的探究;对西方世界两大法系及借此为基础的各主要国家之土地利用权之制度进行系统的比较。以图寻找到可适之法律规则。由于在英美普通法国家,判例法是主要法源,其法律具有历史连续性,因此,"英美法的法律规范,无论被搁置多久也不会失效"。[1] 而罗马法则不仅是"商品生产者社会的第一个世界性法律。",[2]而且是大陆法系赖以形成的基石。它不仅有其完善精致的表现形式,更重要的是它向人们昭示了符合商品经济发展的法律精神,因而罗马法这棵古老的"常青树"即使在市场经济普遍建立的当今世界仍具强大的生命力。所以,笔者满怀好奇与探究之心,在对古老西方世界的法律经典进行鉴察比较过程中,终于窥见了真理之光,找到了普通法中团体主义色彩极

---

[1] [日]早川武夫、村上淳一、稻本洋之助、稻子恒夫:《外国法》,张光博、金峰玉译,第13页,吉林人民出版社1984年版。

[2] 恩格斯:《路德维希·费尔巴哈和德国古典哲学终结》,载《马克思恩格斯选集》第四卷,第248页,人民出版社1972年版。

强的合有权制度与罗马法中兼具永久性、物权性、自由转让性之永租权制度。从而使我国集体土地所有与利用之制度变革有了可资借鉴的法律规则。因此，在现代市场经济条件下，我国集体土地所有与利用在确保产权关系明晰化，产权利用社会化之前提下，得以兼顾公平与效率：即借鉴普通法上合有权制度完善我国集体土地所有权制度以求土地收益之分配公平；兼采罗马法上永租权制度改革我国农村土地承包经营权制度以促土地资源之使用效率。力图使土地于所有人、利用人有利，而于公于社会又有益之结果。

为了使本文的域外土地产权制度比较研究以寻找可资借鉴的法律规则之活动得以顺利进行，下面有必要对几个理论问题予以阐明。

首先，探求有助于完善我国集体土地所有权制度之域外规则必须确保坚持社会主义公有制这一前提。根据西方新制度经济学之"路径变迁依赖"理论，"在制度变迁中存在着路径依赖性，制度系统会在相当程度上顺从惯性"，它受"老规则是好规则"的格言影响，认为初始制度的选择会强化现存制度，沿着既有路径前进，会比另辟蹊径来得更加方便。而"革命性地颠覆在演化中形成的制度系统，然后用自觉设计出来的规则系统取代它们，必然是破坏性的。当承继下来的秩序被突然打碎，人们会失去方向；"同时"新制度要使人们付出学习成本，并可能在转型期导致协调不良。"[1]因此，对我国集体土地所有权制度进行合理重构，必须在确保坚持社会主义公有制的前提下探究域外相似的法律规则。

其次，公有和共有在实质上是相通的。[2] 所以本文通过对域外古代法律中诸共有形式进行比较甄别，冀能找到最有助于完善我国集体土地所有权制度之共有形式。按照传统的观点共有与公有制是相排斥

---

[1] [德]史漫飞、柯武刚：《制度经济学》，韩朝华译，第 469、476 页，商务印书馆 2000 年版。

[2] 韩松：《论集体所有权的主体形式》，载《法制与社会发展》，2000 年第 5 期。

的。公有制只能单纯公于一个组织所有,不能采取多数人的共同所有形式,否则必然导致私有化。实际上公有制同共同所有形式,在实质上是相通的,而不是排斥的。马克思和恩格斯把未来的全体社会公有制的社会,称为共产主义社会而不叫做公产主义社会,它表明了经济制度上的公有制,体现在社会成员对财产的具体关系上是全体社会成员共产的,即共同所有的。恩格斯指出,资本主义"私有制是同工业的个体经营和竞争联系着的,因此,私有制必须废除,代替它的是共同使用全部生产工具和按共同协议来分配财产,即所谓财产共有。"[1]恩格斯在这里所说的财产共有不是法律所有权的共有,也不是需要由国家所有权来代表的人民共有,而是由共产主义社会的社会规则所确认的全体社会成员的共有。社会主义革命胜利后,社会主义国家建立的社会主义公有制,还不可能在全社会范围内实行"财产共有",因而只能实行社会主义国家所有制和集体所有制两种形式。国家所有制采取国家所有权的形式。"公有制国家的宪法大都规定国家所有就是全体人民共同所有,国家代表全体人民行使所有权。但是应该看到,宪法在这里规定的只是社会经济制度而不是一种所有权形式。人民的共同所有只是表明了国家所有的本质,不能把它理解为法权概念。"[2]但至少这也说明公有制在本质上也就是共同所有制,即共有制。这种共有制在恩格斯所论述的未来社会既不表现为法权形式,当然也无所谓国家所有权。但社会主义社会仍然存在国家和法律条件下,社会主义公有制即共有制必须反映为法权形式。国有制就是全体人民的间接公有制,由国家代表全体人民所有。国家所有权是国家作为统一的、唯一的主体对国家财产享有所有权,是由国家单一所有的形式,而作为集体公有制的建

---

[1] 恩格斯:《共产主义原理》,载《马克思恩格斯选集》,第1卷,第217页,人民出版社1972年版。
[2] 张俊浩主编:《民法学原理》,第162页,中国政法大学出版社1997年版。

立虽然不是在全社会范围内,但在一定的集体范围内则是全体集体成员直接共同所有。因此,我们可以比较恩格斯的上述论述,把集体所有制看作是在一定的集体范围内的财产共有,即全体集体成员对属于集体的财产的共同所有。这种由全体集体成员直接的财产共有,即集体公有制反映为法权形式的时候则是可以采取集体成员共同所有的集体所有权的。这与恩格斯所论述的共产主义的财产共有的区别在于共产主义的财产共有是在全社会范围内存在的,是全体社会成员的共有,它是由共产主义社会的社会规则所维持的。而集体所有制的共同所有权,则是在社会的局部范围,即在一个集体范围内由全体成员共同所有,它是由法律确认和保障的所有权。由此可见,公有和共同所有在实质上是可以相通的。那种认为公有制在法权形式上只能公于一个组织单独所有,公有不能采取共同所有,共同所有必然变公有制为个人所有制的观点是片面的,实际上经济基础的集体所有制反映为法律上的集体所有权,可以采取共同所有的形式。问题的关键在于采取哪种形式的共同所有,这正是本文对域外古代法律制度进行比较研究的一个重要目的。

最后,对"产权"涵义作一检讨与明确界定。目前,世界上对产权这一概念并不存在一个标准的定义,按《新帕尔格雷夫经济大辞典》的解释:"产权是一种通过社会强制而实现的对某种经济物品的多种经济用途进行选择的权利。"[1]这一表述是把产权视作界定经济活动中人与人之间利益边界的一套行为规则。而英文中产权一词总是以复数形式出现,表明产权代表着与对产权客体使用有关的一组权利。虽然产权的基本内涵被认为包括了使用权、处置权以及与之相关的收益权,但在具

---

[1] 《新帕尔格雷夫经济大辞典》,第三卷,第110页。转引自俞友康著:《产权》,第5页,中国人事出版社1994年版。

体场合,产权的指称却有所不同。从已有产权文献中对产权一词的使用来看,它既可以涵盖这一组权利的整体,也可以指其中的某项具体权利。因此,产权与所有权不是对等的关系,完整意义上的产权与所有权的涵义基本一致,但产权内部的亚层次形态,也可以称为一项产权,但其对应的权利不是所有权,而是相当于所有权内部某一亚层次的具体权能。因此,可以说,所有权是一种产权,使用权也是一种产权。产权一词并不特指一项具体权利,而是指多种同质权利的一个组合体。[1] 这主要是因为在普通法中所有权(ownership)是和使用权等财产权平行的权利,不存在原始与派生,自物与他物之分。它主要基于英国中世纪法律思想中最具显著特征的注重物质利益的实利主义传统。正如哈格内瓦兹所说:"实利主义是渗透在整个中世纪土地法律中的普适现象。"[2] 所以在英美法中,强调的是对财产的占有,即对财产实际的物质性的享有;而所有只是一种非物质性的资格(title),没有实际意义。但作为大陆法系传统的罗马法则大相径庭。其显著特征是创造出了所有权(ownership)这一概念,并明确区分所有(ownership)与占有(possession)。同时特别重视所有权。[3] 这就造成受大陆法系传统影响的我国物权法理论中对所有权与他物权的严格区分,并把重心放在所有权上。但自20世纪初以来,随着现代商品经济的发展,财产关系发生了新的变化并为财产社会化使用创造了条件。严格区分所有与占有已是不实际的,在观念上人们越来越重视财产的实际利用。我们可以看到,无论是所有权还是他物权,都是人们通过对特定物(财产)的行为,如支配、使用等行为获取利益的权利。它们都可以描述为产权。这样,对特定

---

[1] 俞友康著:《产权》,第9—10页,中国人事出版社1994年版。
[2] A. W. B. Simpson, *A History of the land law*, Clarendon Press, Oxford, Second Edition, 1986, p.47.
[3] The Late W. W. Buckland and Arnold D. McNair, *Roman Law and Common Law*, Published by the Eyndics.

的物,人们可以通过多种多样的行为谋求相应的收益,该物也就附着多种产权。只不过所有权是完整意义上的产权,某项他物权则是具体意义上的产权。在观念上已不再有轻重主次之别。这样便更科学、合理。在实践中也就更具可操作性。综上所述,产权应界定为:一种由社会所强制实施的、用于对某种经济资源的多种价值进行选择性使用的权利。虽然本文的土地所有权与用益权均可表述为产权,但为尊重传统,还是按所有权、用益权分别予以比较研究。

以上对有关理论问题的阐述花了较多笔墨,但笔者无意于此类理论研究,只想为本文的顺利展开扫除观念障碍并提供理论支撑。所以本文既非要包罗万象,亦非作教条推论。诚如拉贝尔(Ernst Rabel)所言,[①]在陌生的丛林中,"带着弓箭埋伏的土人们"正窥视着贸然闯来的比较法学者,那么其口令当为:"每个来者都是为真理服务的。"

一、普通法上合有权制度与其他共有权制度比较研究

前述公有与共有在实质上是相通的。为达研究之合目的性,该篇即对域外古代诸共有权制度逐一比较甄别。以探求旨在有助于完善我国集体土地所有权之最佳共有权形式。

"共同所有权,简称共有(最广义的),共有者一物之所有权同时为

---

① 拉贝尔:《德国的与美国的法律》载于 Raes Z16 (1951) 340,转引自[德]K.茨威格特,H.克茨著,潘汉典、米健、高鸿钧、贺卫方译,潘汉典校订《比较法总论》,贵州人民出版社1992年版,德文第二版序。

数人共同享有之状态也。""在共同所有,其主体间常多少有团体的结合关系之存在,同时其主体间结合关系之有强弱。故共同所有之形态究竟个人的色彩强欤?抑团体的色彩强欤?"因此,基于结合关系及个人或团体色彩之强弱以为考察,在古老的日耳曼法中,将共同所有分为如下三种:(1)总有(Gesamteigentum);(2)合有(Eigentum Zur Gesamten Hand 亦称为合手的共有,或总手的共有);(3)共有(Miteigentum 亦称为分别共有)。① 这三种共有形式,一方面,融入罗马法并为罗马法所继受:因日耳曼为团体主义之法制,而罗马法为个人主义之法制。② 所以,经罗马法继受后,其中,"总有团体转化为法人,总有权成为法人之单独所有权";"合有为罗马法共有之观念所修正","成为公同共有之形态";分别共有则并入罗马法所固有的形态之中。③ 因此,至近世以罗马法为传统的大陆法系中分别共有为各国普遍采用;公同共有亦被采用,而总有则几已敛迹。④

另一方面,从历史渊源来看,如果说大陆法属于罗马法,那么英美普通法则属于日耳曼法。⑤ 公元五世纪,日耳曼人征服西罗马帝国,它的一支盎格鲁—撒克逊人从410年开始侵入不列颠,建立了盎格鲁—撒克逊王国。这时主要实行的是日耳曼习惯法。并且,盎格鲁—撒克逊法没有像大陆的日耳曼法那样受罗马法的深刻影响。属于大陆的古日耳曼法的撒利克法是用拉丁文写成的,而盎格鲁—撒克逊法则是用英文写成的,从这一事实中也可以看出这一点。直到现在,英美法比较起来说,仍保持着纯粹的日耳曼法的传统。但真正对英国法产生全面

---

① 郑玉波:《民法物权》,第114—115页,三民书局印行1993年十五版。
② 李宜琛著:《日尔曼法概论》,第49页,商务印书馆1943年出版。
③ 史尚宽:《物权法论》,第174—175页,中国政法大学出版社2000年版。
④ 郑玉波:《民法物权》,第118页,三民书局印行1993年十五版。
⑤ [日]早川武夫、村上淳一、稻本洋之助、稻子恒夫:《外国法》张光博、金峰玉译,第6页,吉林人民出版社1984年版。

的决定性影响的,是从法国的诺曼底入侵英国的诺曼人,1066年,诺曼人在威廉公爵(William I, the conqueror, 1027—1087)率领下,侵入英国并确立了其统治,就在该年圣诞节威廉加冕为王,称威廉一世(1066—1087),并建立中央集权制,在英国第一次实现了国家的统一和法的统一。① 有的英国学者甚至认为,英国法制史的开端是从诺曼人征服开始的。② 关于英美普通法的历史渊源,恩格斯也有很多论述:"杜林先生不但对唯一的现代法即法兰西法完全无知,而且他对直到现在仍然建立于法律权威罗马法之外而向前发展的,传播于世界各大洲的唯一的日耳曼法,即英吉利法,也同样无知。③"甚至有英国学者对英美法系提出质疑,他认为:"定居英格兰的也是日耳曼部族,那么英美法系能否称得上是一个独立的法系,而不仅仅是日耳曼法的一个分支?"④但不管怎样至少说明英美普通法发源于日耳曼法。而日耳曼法中团体主义色彩极浓的共有思想也被带入普通法世界并走上其独立发展的道路。其中,合有(Eigentum Zur Gesamten Hand)在不列颠岛的法治沃土上改良培植而发展成普通法独特的共有形式——合有(Joint tenancy);分别共有(Miteigentum)演化成普通法中的共有(Tenancy in Common);而总有则在商品经济的浪潮中逐渐被淘汰而仅存在于国家公共土地等极有限的领域,从而最终创立了英美普通法中颇具特色的共有传统。随着欧洲大陆王权被削弱,因而缺乏一个稳定而强有力的中央集权,团体主义便分崩离析。可是王权的作用在英国却得到加强,致使这种在欧洲大陆上发展起来的日耳曼法之共有形式在欧陆本土未

---

① L. B. Curzon, *English Legal History*, ⓒ Macdonald & Evans Ltd, 1979, p. 16.
② 由嵘《试论罗马法对英国法的影响》,载《法律史论丛》,第404页,中国社会科学出版社,1981年版。
③ 恩格斯:《反杜林论》,《马克思恩格斯选集》,第3卷,第149—150页,1972年版。
④ John H. Wigmore, *A Panorama of the world's Legal Systems*, Vol. 1, West Publishing Company,1928, p. 1053.

能得到很好的保存,却在英美普通法传统中得到了发扬光大。所以,这种立足于日耳曼法传统的英国独特的法,其折射出的团体主义色彩,显然区别于极具个人主义色彩的罗马法,在这个意义上说,英美法是相对比较最纯的日耳曼法的现代版。

(一) 普通法合有权制度及其法律特征

在普通法上,主要存在着两种共有形式:即合有(Joint Tenancy)与共有(Tenancy in Common)。其中,共有相当于我们的按份共有(Miteigentum),而"合有则是普通法所特有的所有权形式"。[①] 它渊源于日耳曼法并在普通法之法治沃土上改良发展,其团体主义色彩极浓。是与我国集体土地所有权制度颇为相似的一种地产权制度。[②]

1. 合有权之涵义

合有权(Joint Tenancy),系指数人平等的、永不分割的对土地等财产整体所享有的所有权,其中若有合有成员死亡,其权利便丧失并自然的添加于其他合有人的一种共有权制度。[③] 它是与共有(Tenancy in Common)相对应的一种共同所有形式。在这里,"Joint Tenancy"和"Tenancy In Common"的字面上涵义是"联合或共同租佃"和"按份租佃"。但它们实为英美土地所有权之两种特殊形式:合有与共有(即按份共有)。因为于英美普通法之财产法中,在谈及土地时,合有与共有"则使用共同租佃和按份租佃这样的术语,但这是用来指自由保有地产

---

① [法]勒内·达维德:《当代主要法律体系》漆竹生译,第332页,上海译文出版社1984年版。
② 王铁雄:《集体土地所有权制度之完善——民法典制定中不容忽视的问题》,载《法学》2003年第2期。
③ *Encyclopedia Americana*, Copy right © 1997 By Grolier Incorporated Volume 16, p.150.

所有人,与租赁法毫不相干。"①这是由英美土地制度发展独特的历史过程和国家对土地所有制的政治功能造成的:②

首先:从英美土地制度发展独特的过程看,英国土地制度的发展要追溯到1066年的诺曼人的入侵。诺曼人的占领使得土地的所有权制度发生了根本性的变化。威廉一世征服英格兰后"将前皇室土地及所有反对他的那些领主的土地予以没收",③并于"1085年,为了便于计算税收,威廉一世下令对全国土地进行勘测登记,其理论依据就是英国每一亩土地直接或间接地都属于他——国家唯一的最高统治者。"④在此基础上,威廉一世及其继任者们便确立了以土地分封为特征的中央集权的封建制度(feudalism)。封建制度既是一种国家制度又是一种土地财产权制度。封建(feudal)一词原意是国王下的臣民对国王分封土地的占有(fief,feudum,feud),后来演变成今天土地所有权的概念(fee)。征服者威廉将所有撒克逊人的土地收归己有后,再分配给诺曼人的贵族。贵族们反过来要向国王提供骑士(knight service)即军事服务。他们之间互负保护与服役义务。⑤ 土地是按照阶梯式的等级制方式分封下去的。国王下面是大贵族(tenants in chief),大贵族再分封给小贵族(mesne或sub-tenant),小贵族再分封给其他臣民(vassal或tenant)。可以用图表示为:

---

① [英]F. H. 劳森,B. 拉登:《财产法》(第二版),施天涛、梅慎实、孔祥俊译,第80页,中国大百科全书出版社1998年版。
② 李进之等著:《美国财产法》,第6页,法律出版社1999年版。
③ L. B. Curzon, *English Legal History*, ⓒ Macdonald & Evans Ltd, 1979, p. 16.
④ John H. Wigmore, *A Panorama of the world's Legal Systems*, Vol. 1, West Publishing Company, 1928, p. 1052.
⑤ A. W. B. Simpson, *A History of the land law*, Clarendon Press, Oxford, Second Edition, 1986, p. 2.

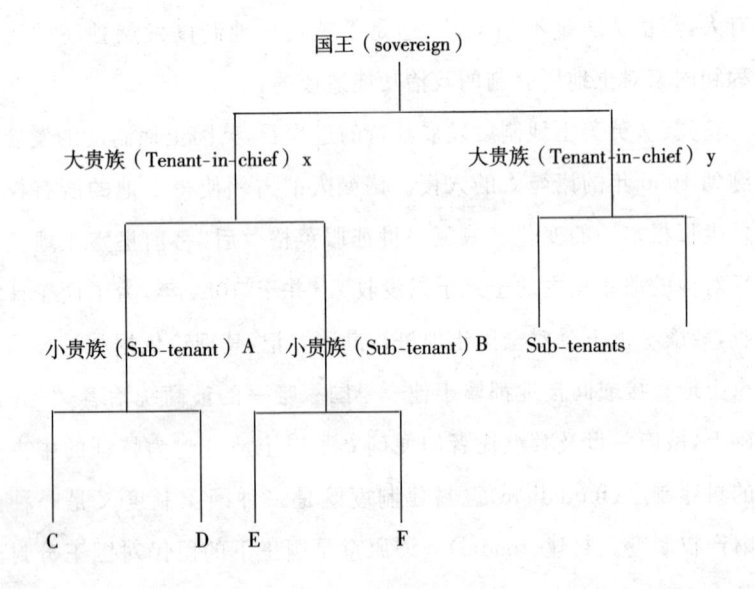

```
                        国王(sovereign)
                       /              \
          大贵族(Tenant-in-chief)x    大贵族(Tenant-in-chief)y
            /            \                    |
  小贵族(Sub-tenant)A   小贵族(Sub-tenant)B    Sub-tenants
      /    \              /    \
     C      D            E      F
```

在这一分封制度中,A 和 B 直接效忠于 X;C 和 D 则效忠于 A;E 和 F 则效忠于 B。这种效忠是直接及于领主而不是国王,大贵族才是直接效忠于国王。[①] 他们中最后的土地占有者或者向大贵族提供农业服务,或者提供固定的租金或实物,后者比较普遍。这种分封制的结果便使英美土地制度产生了一个显著的特点:即每一块土地上有两个或两个以上的对该土地有不同的利益,除了国王以外,每一个人对该土地都不具有完全的所有权(实际上国王也不具有完整的所有权,因为他没有占有土地)。[②]

这里分封并不是所有权的授予,而多少如中国历史上的租佃性质。如果我们将最后的土地占有人(tenant)当成佃农的话,贵族就是地主(land lord)。但是我们始终要记住,这个地主不是最后的土地所有人,

---

[①] L. B. Curzon, *English Legal History*, © Macdonald & Evans Ltd 1979, p. 18.

[②] A. W. B. Simpson, *A History of the land law*, Clarendon Press, Oxford, Second Edition, 1986, p. 47.

他上面可能还有大地主直到国王。从性质上来讲,国王是最大的也是最后的"佃主",其他的占有人都是他的"佃户"。这种土地制度称之为"土地租佃"(tenure)制度。更确切的说,应称之为"土地保有"制度。因为这种土地关系又不是一种中国历史上的土地租佃关系,这里的"佃农"从终身占有到最后可以继承直到发展成对土地的所有。

这种分封制度直接源于日耳曼人的采邑制,在开始的时候,这种土地是一种终身的土地占有。一个土地的占有者死亡以后,土地占有关系就结束了。如果是"佃农"(最后的土地占有人)先死亡,那么土地就退还给贵族,如果是贵族先死亡,那么占有人的关系也就结束了,土地退还给贵族的继承人。[①] 11世纪末以后,"佃农"的土地可以由其长子继承,地主(贵族)在名义上再授予土地给他,只是调整一下"租金"而已。后来贵族们在分封土地时就加上了一句话:"授予A和他的继承人。"这样,原来的"佃农"在土地上就有一种土地所有权的利益(fee)。12世纪以后,这种习惯被承认为一种普通法上的继承权利。从这时起,土地的授予就成为无期限了。然而,当时"佃农"的这种土地权益还仅限于对土地的占有和继承,不能转让。英国1290年颁布的一项土地保有法律根据实际的发展规定"佃农"可以转让这种占有权。在这种转让中,被转让人取代转让人的地位,即称为新"佃户",被转让的土地不得再分封,即转让人和被转让人之间不能成为新的"地主"和"佃户"的关系。这种法律规定一方面限制了传统的封建关系的发展,另一方面,又承认了一种占有权的买卖关系。到了16世纪,"佃户"的土地占有权已经成为(1)可以一代一代地继承;(2)可以自由地买卖。这种无期限的"租佃"演变成后来土地的绝对所有权。

[①] 恩格斯:《论日耳曼人的古代历史》,载《马克思恩格斯全集》中文版第19卷,第549页,人民出版社1963年版。

"佃户"的土地占有权的上述变化使后来的贵族和"佃农"的关系很难维系。现在"佃户"的占有权要变成所有权只有两个障碍：一是向贵族提交的"租金"或实物的义务，另一个是贵族们向国王提供的骑士服务即军事义务。这两项义务到了 17 世纪的时候越来越名存实亡。1660 年的土地保有法，废除了骑士的军事土地占有制和大贵族的土地占有制度。所有的"佃户"都直接的在国王名义之下。1660 年以后，原来只享有占有权并要付租金的佃户在实际上变成了土地的所有人了。

而早期北美移民者的土地是由英国国王授予的。被授予土地的公司或个人的土地所有权在名义上属于国王，但实际上他们享有绝对的所有权(in fee simple)。开始的时候有几个地方还允许再分封(长久或永久的租赁)，移民者要向"分封者"交付一笔租金。可是，美国革命结束了北美土地占有者与国王的土地分封关系。在最初的 13 个州里，州取代了原来国王的地位，就是说，州是土地的原始所有者(lords)，土地的占有者是州的"佃户"(tenants)。其它州则通过宪法或立法宣布取消封建土地租佃制，所有的土地都是自由的土地即"个人所有制"。即便在原 13 个州里，州与土地所有者之间的"租佃"关系只是具有理论上的意义，没有什么实际意义。[①] 实质上，在英美财产法中，所有权(ownership)只是一种资格(title)，普通法因受中世纪实利主义影响，自始至终强调的只是物质性的实际占有。[②] 总的来说，封建土地制度在美国几乎没有存在过。但是，美国人都继承了英国土地分封制度所带来的土地所有权可分割的法律传统，也就是说土地在理论上是由国家(各州)让与的。至今国家(各州)在理论上对土地还有一定的所有权。但

---

① 李进之等著：《美国财产法》，第 21 页，法律出版社 1999 年版。
② The Late W. W. Buckland and Arnold D. McNair, *Roman Law and Common Law*, Published by the Eyndics of Cambridge Press, Second edition 1952, p. 88.

这仅为理论上而已,公司或个人享有绝对的所有权。①

其次,从国家对土地私有制的政治功能看,在这种阶梯式的土地等级分封制中,要求臣民效忠小贵族,小贵族效忠大贵族,大贵族效忠国王。在1086年的索尔兹伯里宣誓(Salisbury Oath)中,要求所有持有土地者宣誓效忠国王并承诺"忠诚"于国王一个人而反对其他任何人。② 这就从政治体制上避免了等级内部的争斗,从而进一步加强了统一的中央集权。因而这种具有日耳曼法特质之所有权就明显带有公法要素。"即一方面个人在法律上之地位,悉依其土地所有以定之,一方面国王、庄园领主、地主对于国土、庄园、农地之公权利与私法上之土地所有几混为一谈,而无所区别,亦即领土高权与土地所有为同一观念。"③这大概源于普通法不像罗马法有明确的公法、私法划分之故。遂将国家对土地公法上的权利称为所有权,而个人对土地私法上之所有权则降为占有权(tenure)。

综上所述,我们可以看到"全部土地所有权都直接或间接源于王权这种观点在英格兰很早就被接受","甚至现在英国土地法也基于这种推论,即认为英国的全部土地归国王所有,公民只拥有使用一块特定土地的有限权利"。④ 也就是说,"时至今日仍然认为不动产权是封土权(fee),在法理上仍然是'普天之下,莫非王土',国内的土地全部属于女王,国民不过是她的受封者(tenant of a fee)而已。"⑤因此,国内译者将"Joint Tenancy"和"Tenancy In Common"分别译为"共同租佃"和"按

---

① 李进之等著:《美国财产法》,第6页,法律出版社1999年版。
② L. B. Curzon, *English Legal History*, ⓒ Macdonald & Evans Ltd, 1979, p19.
③ 郑玉波:《民法物权》,第49页,三民书局印行1993年15版。
④ [德]K. 茨威格特, H. 克茨著:《比较法总论》,潘汉典等译,第335—336页,贵州人民出版社1992年版。
⑤ [日]早川武夫、村上淳一、稻本洋之助、稻子恒夫著:《外国法》,张光博、金峰玉译,第14页,吉林人民出版社1984年版。

份租佃",纯粹是从字面上理解,而将其分别译为"合有"与"共有"(即按份共有),[1]则是英国土地产权之共有权制度的实质涵义。所以说合有(Joint Tenancy)是普通法所特有的所有权形式。

2. 合有权之沿革

在英国,关于合有法制之历史可追溯到中世纪的所谓概念主义。1066年诺曼人征服英格兰后,遂将大量的土地分封给诺曼贵族(所谓的承租人),条件是他们必须提供一定人数的骑士每年服兵役40天。这就如同8、9世纪在法兰克王国实行的采邑制。然后,作为封建领主的承租人将土地再分封给那些骑士(所谓的佃户)并以他们的名义保有该土地。领主把领地作为一个个生产单位。[2] 而骑士们则作为合有人对土地享有合有权——在英国法中创造了一个抽象的概念:即地产(The Estate)权。[3] 法律力图使地产权在数人共享的情况下永不分割,完整无缺,以维护封建义务。"于是就创立了一种推论:合有——即生存合有人的联合所有权。它始终保持整个地产为生存的合有人享有,不因继承、转让等而被分割。其突出特征就是在合有中生者对死者名下的地产享有权利"。[4] 这一推论大概源于日耳曼人关于"采邑"的授

---

[1] [法]勒内·达维德:《当代主要法律体系》,漆竹生译,第332—333页,上海译文出版社1984年版。李进之等著:《美国财产法》,第82—83页,法律出版社1999年版。

[2] [英]S. F. C.密尔松:《普通法的历史基础》,李显冬、高翔、刘智慧、马呈元译,第103页,中国大百科全书出版社1999年版。

[3] 在英国,只有国王才能所有土地。而其他人只是从他那里取得土地的保有(Tenures),所以土地享有者均为保有者(Tenant),而不是所有者(Owner)。精明的律师把这种对土地的保有所有权叫作地产权,它是存在于土地最高所有权人(英王)和土地直接占有人(Tenant)之间的一束抽象的权利。参见[英]F. H.劳森、B.拉登:《财产法》(第二版),施天涛、梅慎实、孔祥俊译,第78页,中国大百科全书出版社1998年版。

[4] Anne L. Spitzer, *Joint Tenacy With Right Of Survivorship: A Legacy From Thirteenth Century England*, 16tex. Tech. Rev. 629(1985). Major Ingold, Estate Planning Note, Army Lawyer, July 1991.

予,以封主和受封者双方共同的生存时间为限的观念。[1] 同时,所有权的这种形式也使人想起法国的养老储金会,任何人不得继承死去的合有人,权利永远属于还生存着的人[2]。

直到亨利八世才通过法令强制地产予以分割。但随着封建制度的衰微,合有扮演了一个新的角色,即借以创设用益权制度,它同样维护生者对死者名下地产的权利即生存享有权(Survivorship)。具有讽刺意味的是,法律创设合有权制度的初衷是用来维护封建义务,在用益权制度中却成了逃避封建义务的手段。这些封建义务包括:各种赋税;继承遗产必须向封建领主交纳的遗产税;领主在继承人是未成年人时获得地产利益的特权,即在封建制度下,领主对佃户的幼年子女及其财产的监督权和结婚同意权。同时,持有封建土地还包括其他的不利益因素,如缺乏对遗赠财产将来权益的稳定性,寡妇从亡夫处得到产业的权利的丧失。所有这些繁重的封建义务与不利益都可以通过出托即交付地产的使用来避免。在这种使用制度中衡平法上所有权与普通法上所有权相分离,地产被转让给受托人(普通法上所有人),他为受益人(衡平法上所有人)的利益而持有财产。因此,真正的地产所有人,无论是出托人还是受益人就皆避免了繁重的封建义务和约束。

但是,封建义务还是附着在受托人身上,所以必须避免因死亡而发生继承。而合有恰恰就能服务于此目的:即通过把封地授予一群合有人,一个合有人就可延期因死亡而发生继承,合有权中生者对死者名下财产享有权利的固有特征便可维持地产直到最后一个合有人死亡时。实际上,通过定期地把土地转让给更多的合有人,一个人就可能保持地

---

[1] 恩格斯《论日耳曼人的古代历史》,载《马克思恩格斯全集》中文版第 19 卷,第 549 页,人民出版社 1963 年版。
[2] 养老储金会的参加者交付规定储金后终身享受养老金,死后其份额由生者分享。[法] 勒内·达维德:《当代主要法律体系》,漆竹生译,第 332 页,上海译文出版社 1984 年版。

产永远不因死亡而发生移转。这就是合有权存在的历史必然性。同时,在封地用益制度中合有的盛行加强了具有生者对死者名下财产享有权利特征的合有权这一古老的愿望。由于其后的封地用益权制度中频繁地运用合有,致使封建制度逐渐遭到破坏:用益权法(1535)——它把衡平法上的地产转化为普通法上的地产;保有法(1660)——它最终废除了封建权益,当然在某种程度上也就削弱了合有存在的合理性;遗嘱法(1540)——旨在为指导死亡时继承而提供了一种可靠方法,它便为以生存者联合权利创设一种现存权益的传统设计提供了另一新型的选择。不过,法律的惰性(滞后性)充分地维持了合有权这一制度如同数百年前的样子,这可能即是普通法历史连续性的内在根源。在这几个世纪中,无论法院还是议会都不是积极的法律改革者,普通法的古老制度得到重视,法律连续性胜于变革性。在这些年里,注重实践的律师们通过熟知这些古老规则为他们的当事人服务,若是有必要的话,便通过间接地运用合有权制度以达到其目的。

由于这种合有权制度设计类似于现代信托。因而,这种合有权制度设计随后也就为现代信托制度所继受和发展。在美国所有的州信托法中,受托管理人还是像古老的用益权制度中的受托人一样,被假定为合有人而享有权利:即若数个受托管理人中某个人死亡,其权益不会因死亡而转移到他的继承人手中,而是自动地授予给活着的人。"如果将数个受托人视作一个委员会,所发生的一切就是委员会中一个成员消失了,而其他人则继续进行下去,就像他依然存在一样"。[1]

当然,随着封建义务被废除,法律由注重社会正义转向个别正义,倡导私有财产权绝对与个人权利神圣。这就导致了合有权这一古老的

---

[1] [英]F. H. 劳森,B. 拉登:《财产法》(第二版),施天涛、梅慎实、孔祥俊译,第81页,中国大百科全书出版社1998年版。

制度在普通法的发展历史中,在其存废问题上经历了痛苦的挣扎,它一度走向低迷,在英美法律变迁的历史中沉浮。但随着现代法制力倡所有权社会化之法理念,从而又使这一古老的制度枯木逢春,再度展现其强大的生命力。

在布莱克斯通时代,关于合有权制度的法律可以畅通无阻地被制定:"现在,要是一项地产被给予许多人,没有加上任何限制性的、排他性的或解释性的词句,好像一项地产被授予A和B及他们的继承人,这就使他们在封地中直接成为合有人。"①可是到18世纪中期,社会和法律赖以存在的条件变化是如此之大,以至布莱克斯通不得不承认这种合有的推论不再服务于任何实践之目的:通常,对合有人废除寡妇所得是有利的,对地产自愿分割也是最简单和最有效的手段。但亨利立法根据需要规定了强制分割。至美国独立时,普通法律师们在阻止合有的发生上是绞尽了脑汁,尽管合有——这种形式上的推论于他们有利。而且,到今天为止,律师们努力的余韵仍使人们迷惑不解。普通法崇尚合有的推论未像遗嘱的规定一样得到平等地适用,遗嘱在合有基本法被制定后才得到法律的认可,并且其根本规则是实现立遗嘱者的意图。就一个遗嘱而言,布莱克斯通可能推崇一个反推论:遗赠者可能被假定力图使受遗赠者都最有利。这便是不同于合有的规则。在契约和遗嘱里于两个或更多人中创设一种权益时还经常遇到"份额和同等份额"这样的词句,它被解释为排斥合有意图的一种表示。可以相当好地避开现代律师们的理由是:它可能被考虑为第一个受让人或受遗赠人的权益皆及于整个财产。而合有的要求则与这样的意图不一致。布莱克斯通的四个一致原则(后面会具体说明)的严格性今天通常被作为

---

① William Blackstone, *Commentaries On The Laws of England*, 4 vols(1765—1769). John V. Orth, *Joint Tenancy Law*, © 2002, 5 Green Bag.

用以说明早期法律的过分形式主义的例证,实际上在那个时代是服务了一个有用之目的的。因此,尽管崇尚合有的推论在这个时候不能通过直接的手段被推翻,但却能通过法律字面意义的严格适用而被削弱。对被要求的合有权的同一性任何最轻微的背离都被用来废弃——实际上是推翻——合有权推论。因此,短语"份额和同等份额"可能被用来暗示法律正偏向于按份共有(Tenancy In Common)。

所以,合有法处在美国革命的前夕:一种历史悠久的崇尚合有的推论通过在许多案例中废弃这一推论的作用,其过分追求严格形式主义的法律要求得以削弱。这一制度是如此复杂以至于只有一小部分具有高深法律技术的法律操作者才能成功地运用它。在最初独立的美国许多州中,与英国相比,法律理论不容易得到,法律技术上更难胜任;另外,持有的土地更少、更分散;土地所有人更少可能按常规地依赖于职业律师;最后,革命引起的政治突变拉开了广泛的法律改革的序幕。诸如长子继承的继承法律实践和合有都招致了异常的抨击。长子继承制在美国还存在的地方都被迅速废除。给予所有同一顺序亲属关系的继承人以平等份额的可分的继承权,大大的增加了多数人所有权的潜在可能性,在这些案件里不予考虑承认合有。

在一些州中,合有法本身通过废除生存享有权的法令得以迅速改革。结束长子继承权并改变许多其他普通法规则的1784年的一个具有普遍性的北卡罗莱纳州法令解释了之所以改革长期以来属最早的共同地产的动因:"在合有中持有的动产和不动产,生者对死者名下的财产享有权利的好处对诸如首先死亡的家庭来说是一个明显的不公平。"这可能仅仅意味着寡妇和孤儿被剥夺他们认为是其合理期待的权益。可能因为崇尚合有的推论已经造成了死者与合有中另一个或其他合有人共有财产。在一个早期的俄亥俄案例里拒绝承认合有财产,法院宣称:"在英国产生这种地产描述的理由从未在我国的法律中存在过。生存享有权(The jus accrescedi)不是在自然正义原理中创立的,也找不到任何可适用于我们的社会和制度政策的理由。"类似的所关切的事似乎引发了在康涅狄克州的一个审判:在那儿生存享有权的权利已经被废除,把它谴责为'可憎的和不公正的'"。当然,正如康涅狄克州判决中评论的一样,没有生存者联合权利,那么合有和按份共有的权利就不存在本质的区别。

可是,合有这一古老的制度从来就没有被彻底废除,北卡罗莱纳废除生存享有权的法令在商事合伙情况下却仍然大体上维护这一制度。在那儿,它对财产权利提供了有用的连续性,即一种今天在统一合伙法令下由合伙人履行的功能。甚至在商事关系之外,生存享有权证实几乎是不可能被废除的。例如,1812年宾夕法尼亚法案——似乎用最绝对的措词(除了有关信托财产外)废除生存享有权,但很快又解释:要是让与人直接表示这种必要的意图的话,便不能阻止合有的产生。在康涅狄克州,废除生存享有权的法案被用于适用仅仅当它通过法律的操作产生了不合格的授予多数人的地产。一项生存享有权可能还可通过增加授予作为"合有人"一词而产生。例如,用布莱克斯通给予的合有推论的转让,一个让与"给A和B及他们的继承人",这在普通法中就可能已经创造了具有生存享有权的合有。当然现在不再是如此。但是一个授予"给A和B及他们的作为合有人的继承人"的短语,在康涅狄克州将创造一个具有完全功能的合有。通过意译关于用益权法规司法解释的一个著名的讽刺话语:像这样的合有法改革和增加三个词到让与形式中一样没有效果。在北卡罗莱纳州,法院终于承认一种由所谓"契约"创设的例外的"生存享有权"——一种仅仅当立法明确恢复合有时抛弃的理论:只要让与人用"具有生存享有权的合有"——增加几个更多的词语到让与形式里。在真正废除普通法生者对死者名下财产享有权利的司法领域,法院已经许可当事人双方去创设一种与合有功能相同的相应制度,它通常是根据仿效一项供联合生存者地产可选择的惯例。其中让与将倾向于"联合生存的 A 和 B 然后给其中生存者及生存者的继承人"。由此创立的地产权类似于在生存期间共同占有且生存者与整个地产共存的一种合有;区别是在联合生存者中间没有一个人能消除另一个人的生存享有权。在这些案例里,法令被解释为不是禁止生者对死者名下财产享有权利或类似的权利,而是干脆消除这种一旦通过法律操作而作为一种合有权产生的生存享有权。这些决定似乎受到一种实现明示的意图并促进一个合理制度设计的愿望的影响,他们可能也反应了普通法的残留影响:这么多个世纪以来普通法许可,甚至鼓励的东西不可能如此之不合理,以至于意思表示双方在缺乏明确立法禁止情况下亦可否认合有之相关制度。具有讽刺性的是,其结果有点像回到了亨利八世时代以前的情况;那时合有是不可分割的。

总之,合有这一最古老的普通法所特有的共有权制度,历经风雨与沧桑,走过了封建主义社会及随后的商业、工业和社会革命。没有理由认为它的存续将在不断发展的技术革命中受到威胁。这种惊人的稳定性表明:合有法,至少它的维护生者对死者名下财产享有权利的本质特征,满足了某些永久的社会需要。但它也暗示:其原理是相当灵活的,足以考虑到在反复适用中的相当大的变化空间。合有权制度的稳定性是通过维持原理准则来获得的;变易性则是因为这些准则并未严格的决定在所有案例中的结果。虽然原理具有灵活性,但各个案件的结果的确显示出某种规律性并且在某种程度上是可预见的。这是通过在保持法律一致性范围内解释的传统达到的,最明显地体现在司法判决中,也在律师法律意见与法学著作中得以表明。解释的传统是变化着的,但这种变化很慢而且不是从一个案件到另一个案件以任何明显的方式进行的。

另一个因素也说明合有权制度的显而易见的历史连续性。虽然合有法的基本特征符合永久的社会需要可能是真的,但对作为普通法中财产法整体的一部分的合有权制度的熟悉帮助了对合有永久存在也是真的。而且当合有法的基本特征可能满足社会需要时,在各个非常特别的列出的案例中,合有法的细节相对的来说却并未确定。一个特定的结果可能符合基本原理,但在另一方面在各个具体的案例中也允许法官去做出他们认为正义的裁判。当正义的要求或社会的需要不影响结果时法官转而明智的依靠既定的先例。一项可追溯到科克和利特尔顿的合有的规则的适用,可使案件得以解决,并无需作明显的司法创造而且在司法过程中加强了普通法的可预见性。当然它也加强了合有规则的稳定性。①

　　关于合有权制度的基本法理,最早见于15世纪托马斯·利特尔顿(Sir Thomas Litteton,1407—1481)的《论土地保有》(Tenures,1481)。该书是关于封建土地所有权制度的古典著作,是其法学理论的集大成者,共分为三个部分:第一部分,不动产物权;第二部分,土地保有及附随负担(incidents);第三部分,关于共同所有与不动产的种种特殊法则。它被16世纪英国著名法学家科克誉为"普通法的荣誉(ornament),人文科学领域著作中最完善和最纯粹的作品"。同时,此书是英国历史上第一本完全不受罗马法影响的,而且不是用拉丁文字写成的英国法的伟大作品。② 它也是关于英国法律的最早的印刷本,系用法语写成,因为诺曼征服后的数个世纪法官们仍然一如既往的使用法文法律术语(Law French)。③ 这就充分说明了从一开始合有权制度在

---

　　① generally John V. Orth,*Joint Tenancy Law*,ⓒ 2002,5 Green Bag.
　　② Sir W. Holdsworth, *A History of English Law*, vol2, p.573—575。转引自何勤华著《西方法学史》(第二版),第283—284页,中国政法大学出版社2000年版。
　　③ [日]大木雅夫:《比较法》,范愉译,朱景文审校,第243页,法律出版社1999年版。

理论上与日尔曼法的渊源关系及其不受外来影响的独立发展个性。20世纪前期关于合有权制度的判例则通常是根据爱德华·科克(Sir Edward Coke)普通法权威著作:"Institutes of the Laws of England"(《英国法总论》)四卷(1628—1644年)——第一卷被称为有名的"Coke on Littleton"(《科克论利特尔顿》)的注释书——及与此同样权威的科克的判例集,"The Reports"(判例法)收集了1572—1616年间的判例。[1] 而今天法官解决有关合有的争议则大多参照写于18世纪中期的布莱克斯通(Sir William Blackstone)的集普通法之大成的金字塔式的大作"Commentaries on the laws of England"(《英国法注释全书》)四卷(1765—1769年)中关于合有的"四个一致原则":[2]

一是所有权资格(title)一致。各合有人必须拥有一样的所有权资格。换句话说,两个合有权的拥有者必须在同一次的转让中获得他们的所有权,或者他们通过时效占有一起获得他们的所有权。

二是时间一致。所有合有人必须同时获得其合有权或该合有权同时变成既定财产。

三是利益一致。所有合有人必须拥有相等的权益,而且所有权益的类型(持续时间)也必须相等。

四是所有合有人都必须占有财产的全部。

如果上述四个一致在合有权形成时存在,但后来由于种种原因遭到破坏,那么,合有权变成了分别共有权。当然,四个一致原则的这种严格性,说明了早期法律过分的形式主义。但在后来的历史发展中,精明的律师们对其进行了灵活的变通。

---

[1] [日]早川武夫、村上淳一、稻本洋之助、稻子恒夫:《外国法》,张光博、金峰玉译,第25—26页,吉林人民出版社,1984年版。
[2] 李进之等著:《美国财产法》,第83—84页,法律出版社1999年版。

3. 合有权之法律特征

在阐述合有权这一普通法上独具特色的古老的共有权制度的特征前,有必要对普通法上与合有权极其相似的另一种特殊的合有权形式:即"Tenacy by the entirety"予以说明并加以鉴别。这种特殊形式的共同所有权仅存在于夫妻之间,被称为永不分割的所有权或整体所有权。它也可以说是合有权的一种特殊形式。[①] 在这种联合所有权形式中,配偶一方死亡后,其财产便自动地转归生存配偶一方。另外,这种共有权形式也保护配偶一方以对抗另一方配偶之债权人对其财产权利的剥夺。直到近世,因遵循英国普通法传统,整体所有权被解释为给予丈夫比妻子对财产及其收益更多的控制权。可是,根据许多州平等权修正案,现代财产法倾向于妻子拥有与丈夫平等的控制权。在法理上,整体所有权除了合有权的四个一致之外,还须具备"第五个一致"即婚姻。在普通法中,夫妻二人被认为是一个整体,因此,不存在所谓的每一个合有人都可以占有财产的全部的问题,只能整体所有。同样地,夫和妻任何一方不可以通过破坏"四个一致"而损害另一方的整体所有权,也不可以诉求法院将财产平分。一切都必须夫妻双方共同进行。离婚破坏了第五个一致性,因此整体所有权也遭到破坏。一般情况下,整体所有权在离婚后变成按份共有,也就不存在有生者享有权的问题了。

由此可见,在普通法中,合有权与其极为相似的这种整体所有权存在着诸多微妙的区别[②]:即整体所有持有权益的方法限于丈夫和妻子之间,并且只有在他们仍处于婚姻关系存续期间。在合有权下,每一个所有人被作为一个拥有一个不可分割的不动产权益的一半来对待,而每个人可以独立处理他或她的一半。整体所有的法律推论是每一方都

---

① *Encyclopedia Americana*,© 1997 By Grolier Incorporated Volume 16, p. 150.
② *Encyclopedia Americana*,© 1997 By Grolier Incorporated Volume 16, p. 150.

拥有整个不动产以便没有一方能独立于另一方来处理它。

通过对合有与整体所有进行甄别,我们便可安全地概括古老的合有权制度的法律特征:

第一,权利平等性与统一性。合有是各合有人平等地、不分份额地对全部财产享有的所有权形式,[1]它只存在一个权属,具有平等性与统一性。

第二,客体之永不分割性。合有是在财产共有中,生者对死者名下之合有财产享有权益的一种生存享有权。合有财产不因合有成员脱退而被处分,也不因合有成员死亡而被继承,它永远属于具有合有成员身份之生存成员,而具永不分割之特性。此为合有最显著之特征。[2]

第三,权利之完全性。合有系其成员享有管理、处分、使用、收益合有物之完全所有权,[3]合有人作为所有者,得按"平等自愿,民主议决"之原则,通过参与合有共同意志而协力行使管理处分之支配权;同时亦得通过参与如土地租金等收益之分配、利用公共设施、享有公共福利等实现所有权意义上的受益权。

第四,权利之自由开放性。合有得就其使用、收益权能设立他物权,该他物权既可为合有成员享有与行使,亦得自由让与他人享有与行使。具有自由性与开放性。

第五,权利行使之民主性。合有财产之管理处分系合有成员自身共同协力为之。具有民主性。

(二) 总有权、公同共有权及分别共有权与合有权之比较

前面已对合有权之涵义、历史流变及其法律特征进行了论述,这里

---

[1] *Encyclopedia Americana*, © 1997 By Grolier Incorporated Volume 16, p.150.
[2] Edward Coke, *Commentary Upon Littleton* § 287. p.1856(1628). See John V. Orth, Joint Tenancy Law, © 2002, 5 Green Bag.
[3] John V. Orth, *Joint Tenancy Law*, © 2002, 5 Green Bag.

遂把或存在于罗马法或存在于普通法的其他三种共有权形式：即总有权、公同共有权、分别共有权与合有权做一比较，以观其特征、辨其质异，冀能找到可借鉴而合目的性之最佳公（共）有权形式。

1. 总有权与合有权

"总有云者，物之属于团体共同所有之形态也。日耳曼固有法有所谓团体之特殊制度，其团体与构成员间，具有不即不离之关系。""凡物之属于团体所有者，即谓之总有。故既非法人之单独所有，亦非多个人之共有，更非二者之结合，盖亦日耳曼法上特殊之共同所有关系也。""所谓总有，系将所有权之内容，依团体内部之规约，加以分割，其管理、处分等支配的权能，属于团体，而使用、收益等利用的权能，则分属于其构成员，此等团体之全体的权利，与其构成员之个别的权利，为团体规约所综合统一，所有权之完全内容始从而实现者也。"[1] 由此可见，总有权系指日耳曼法中农村公社所有权这样一种特殊的共有，它以物的利用为中心，以所有权质的分割为原则，即把罗马法学提出，近代法学继承发展了的所有权的内容——占有、使用、收益、处分加以分割，其中社员（总有成员）行使使用、收益权，公社（总有团体）行使管理、处分权的一种分割所有权形态。[2] 这种分割所有权形态，其内容为质的分割，即管理、处分权属总有团体组织，而各总有成员则仅享有利用、收益权，亦即所有权权能之一部，称利用所有权。所以，对总有成员来说，总有权实质上是一切利用权之结合。

这种古老的总有权是在日耳曼民族的演化史上繁衍发展起来的。日耳曼人决不是他们现在所占据的领土上的最初居住者[3]，也不像古罗马史学家塔西佗所说："说到日耳曼人本身，据我推测，他们应该是一

---

[1] 李宜琛著：《日尔曼法概论》，第49页，商务印书馆1943年出版。
[2] 由嵘著：《日耳曼法简介》，第50页，法律出版社1987年版。
[3] 主要依据 Boyd Dawkins, *Early Man In Britain*, London, 1880, p. 289.

种土著,从来不曾和外来的异族混杂过。"① 从语言学上讲,日耳曼民族(Germani,Die Germanen)属于阿里安族(Aryans)之一大支派。"日耳曼云者,意为'军人',为罗马人所命名,谓其文智未开,而剽悍善斗也","因苦于与蒙古游牧民族之争斗,遂放弃故土,进行大规模的民族迁移。"②并在从恺撒到塔西佗这段时间内,从游牧生活最后过渡到定居生活。公元前100年时即恺撒时代,即有多数独立之政治团体,分布于莱茵(Rhein)多瑙(Donan)两河之间,为半定住之农业部落。比较语言学也证明,他们从亚洲故乡带来了农业知识。③ 其时主要从事农业之栽培。这就说明,日耳曼人已经开始从事农业生产,因而也就发生了土地的分配、占有、使用的问题。正如恺撒在《高卢战记》中所说:"他们没有一个人私人拥有数量明确、疆界分明的土地,官员和首领的田地,分配给集居一起的氏族和亲属,一年以后,又强迫他们迁到别处去。"④从这段记载来看,当时日耳曼人农业还处于次要地位,还没有完全定居,同时,其中只谈到首领每年把土地分配给氏族,而没有提及氏族再分配给家庭。可知当时的土地制度是氏族共同占有,共同耕种,产品分配给每个家庭,还没有进到各个家庭单独占有和使用土地,距土地私有则更远。

到公元1世纪末即塔西佗时代,随着农业经济的日趋重要和农业生产技术的进步,日耳曼人的土地占有制度也有了变化,土地已不再由氏族共同占有、使用,而是定期分配给各个家庭单独耕种,而且,不是平

---

① [古罗马]塔西佗:《日耳曼尼亚志》,马雍、傅正元译,第55页,商务印书馆1985年版。
② 李宜琛著:《日尔曼法概论》,第1页,商务印书馆1943年出版。
③ 恩格斯:《论日耳曼人的古代历史》,载《马克思恩格斯全集》中文版第19卷,第549页,人民出版社1963年版。
④ [古罗马]恺撒:《高卢战记》,任炳湘译,第143页,商务印书馆1979年版。

均分配,而是按贵贱分给各家庭①,产品归家庭私有。此后,日耳曼人氏族制度逐渐解体,各部族此后按地域关系组成农村公社即马尔克。公社所在地及周围的土地就成为整个公社的财产。其时,日耳曼人已从土地公有向土地私有过渡了。其土地所有权的基本形态是农村公社土地所有制,也可以是自由农民(公社社员)土地占有制。在这种制度下,房屋和其周围用篱笆圈起来的小块园地为家庭私有;耕地仍属公社集体所有,分配给各个家庭使用。在塔西佗时代,这种耕地是按贵贱定期重新分配的;而在马尔克内,则已经固定给社员使用。并且每个社员的利用权是平等。但家庭只有使用、收益权,而管理权、处分权仍属公社。起初,公社对土地的管理和处分也应在公社民众大会上得到全体社员的同意,后来则逐渐成为形式,公社事务实际上已日益被土地贵族所控制②。

后世日耳曼法学者把这些简单的规则用近代法学观念提高到理论上加以研究,提出了"总有"概念。即所谓"当时法律,氏族观念极盛。""对于重要之事实上及法律上之行为,皆须取一致的态度。""同一村落的居民,相互之间,团结亦极密切,土地之属,概属村的总有。""而耕地则由村管理,分配于各家,共同利用。"③在这种总有权形态中,公社(总有团体)控制管理、处分之上级所有权;社员(总有成员)仅享有使用、收益之下级所有权。这就形成了日耳曼法传统中的所谓分割所有权(Geteiltes Eigentum)观念。这种所有权的分割与共有权之分割不同,共有系共有人各有完全所有权的一部,彼此权利内容,全然相同,各共有人同等的权利相加便成一完全所有权,是为所有权之量的分割。而

---

① [古罗马]塔西佗:《日耳曼尼亚志》,马雍、傅正元译,第68页,商务印书馆1985年版。
② 由嵘著:《日耳曼法简介》,第50页,法律出版社1987年版。
③ 李宜琛著:《日尔曼法概论》,第3页,商务印书馆1943年出版。

总有权则是上级所有权人与下级所有权人各有其所有权能之一部,两者权利,内容各异,须上级所有权与下级所有权结合方成为一个完全之所有权,是为所有权的质的分割。总有这种分割所有权形态于罗马法继受后,因此种观念全然违反罗马法所有权的本质,遂改依罗马法的观念加以整理。近代以后欧洲民法皆排斥总有权这种分割所有权的观念。或以昔日的上级所有权为所有权,而下级所有权为其上之用益物权:即地上权、永租权;或以下级所有权为所有权,而以上级所有权为其上的土地负担(Reallast)。"日耳曼系之所有权观念,遂皆改罗马法系的形式与体系焉。"[1]而总有权则几已敛迹。

同时,由于罗马法及其对私有财产关系的经典分析,在日耳曼人看来简直是荒谬的,因为在他们中间开始发展起来的少量私有财产,只在他们土地公社所有制的基础上才能拥有。可是至近世资本主义勃兴,罗马法遂被继受,日耳曼法自然就逃脱不了被废止的命运。于是总有权这一古老的制度在存在了1500年之后,终于由于纯粹的经济原因而逐渐没落下去了。它之所以衰败,是因为它再也不能继续适应经济上的进步[2]。

当然,我们也将看到,这一古老制度的残余在今日还继续存在。罗马法在海洋和海滨等公共土地之利用规则上发展起来的公共信托原理便是对古老的总有权制度的合理继受,并为其后英美法所改造和发扬光大。

公共信托原理源于罗马法,其目的在于授予公众对海洋和海滨自由利用的权利。这一古老的原理通过宣布主权国家为公众的利益以信托方式持有海床和受潮水影响的陆地以实现其使用目的。这个见解旨

---

[1] 李宜琛著:《日耳曼法概论》,第51—53页,商务印书馆1943年出版。
[2] 恩格斯:《论日耳曼人的古代历史》,载《马克思恩格斯全集》中文版第19卷,第539页,人民出版社1963年版。

在允许公众为任何无害的目的利用海洋和海滨。因为拥有极少或无地的私人必须依赖政府以满足他们对开放空间的需要。这些公众成员在维持通向他们可得到的土地权利时有一种强烈的要求。可是,他们对这种基于公共重要性和持续利用的土地有任何权利主张吗?财产法提供了几种制度设计,通过这些设计,一个人可以获得另一个人土地上的权利。但是这些设计中有些对关于利用公共土地的性质或时间的长短附有苛刻的要求,而另一些涉及评价土地持有人的行为或意图而不是公共需要的强度和公众利用土地的社会重要性。而公共信托原理这一古老的规则则旨在维护公众对从事社会有价值的活动利用公有土地的权利。它后来为英美普通法所采纳并且被传入美洲殖民地。公共信托在传统上已经帮助形成了国家水资源的利用规则,并在今天应继续服务于这种价值功能。可是,公众对通向未开发的陆地的需要正变得和通向海洋的需要一样的强烈。这一事实加强了对内陆地区运用公共信托原理的必要性。如:马萨诸塞司法部已承认保护政府所有的土地公共利用的需要,虽然它从来未明确地扩充公共信托原理到内陆地区,不过,它已经把公共信托概念引入到土地利用的法律之中。

马萨诸塞法院已通过几个法律机制贯彻了公共信托的基本理念。其中最重要的是一个著名的领土法中被称为公共利用优先的原理。这一原理要求国家机构、市政府和其他政治实体在改变现存公有土地利用之前获得立法授权。

可见,公权的引入虽然保全了公众通向从总体上消除国王控制的海洋的权利。但是,在大宪章以前已被历代国王授予个人私有的海滨大片地区必须限制在仅许可捕鱼和航海通行权的海洋的公众权利。因此,大宪章未给予不列颠人对被他们的罗马祖先占有的潮汐土地的广泛权利。也不容许他们去追求那些与水紧密相联的前工业社会最必不可少的活动。[1]

可见,古老的总有制度之遗迹与发展空间主要限于国家公共领域,并且主要在海滨。它的存续大概就是源于所有权社会化发展趋势的必要。

关于总有与合有之区别,往昔日耳曼法学者皆无明确观念。唯自贝仄拉(Beseler)首唱总有理论,继之以基尔克(Gierke)、于伯纳(Hubner)诸氏之研究,总有权之法学构成,遂经确立;而总有与合有之区别,因亦昭然。下面便是总有权与合有权相比较而区别之法律特征:

第一,总有权具有可继承性。在马尔克内,土地之总有权固定给社员(总有成员)。社员死亡时,可以由其家人继承。只是按《撒利克法典》第59条第5项规定,土地遗产无论如何不能由妇女继承,而应全部传给男性。[2] 这说明总有权不具有合有权所特有之生存享有权(Survivorship)。

第二,总有权具有权利之利用性。对总有成员来说,其全面的支配权实为一切利用权之集合。总有系所有权之质的分割,其管理处分之支配权为总有团体组织之专有,总有成员不得享有,更不具所有权意义上之受益权。总有成员仅享有使用、收益之利用权,即享有所有权权能之一部,称为利用所有权(Nutzungseigentum)。也就是说,总有须团体组织之上级所有权与其成员之下级所有权相结合,始成为一个完全之所有权。[3] 这实际上是由日耳曼法古老的总有权具有公法因素决定的。那就是说,总有团体组织拥有的管理、处分之支配权即所谓领土高权实为公法上之权力;而总有成员享有之使用、收益权才是私法上之所

---

[1] Heather J. Wilson, *The Public Trust Doctrine In Massachusetts Land Law*, Boston College Environmental Affairs Law Review, Fall, 1984.
[2] 由嵘著:《日尔曼法简介》,第51页,法律出版社1987年版。
[3] 李宜琛著:《日尔曼法概论》,第51页,商务印书馆1943年初版。

有权。而在古代日耳曼法中,却将这种公法上之支配权与私法上之所有权混为一谈而无区别,亦即领土高权与土地所有为同一观念。① 这就是日耳曼法中总有权为分割所有权形态之根源。所以,总有成员不能像合有人一样享有真正完全的所有权益。

第三,总有权极具团体之封闭性。在总有中,其使用、收益权能需分配给具有成员身份之总有成员享有,并因其身份之得丧而得丧。"不得离开其身份而就其权能为继承、让与或处分。"②因此总有权中使用、收益之用益权不能像合有权一样可自由让与他人享有与行使。

第四,总有权具有极权性。总有财产之管理处分属团体组织所专有,各总有成员不得为之。总有成员仅有利用之权能,不像合有人能共同协力行使合有权。故左慕(Sohm)氏谓"总有为管理组织体(Uerwaltungsorganisation);合有为管理共同体(Verwaltungsgemeinschaft),以示二者之区别焉"。③

2. 分别共有权与合有权

"分别共有者,乃数人按其应有部分,对于一物共享其所有权之谓也,此种共有为共有之常态,故亦称'通常共有'"。④ 因之,分别共有系指各共有人按其应有部分对共有财产享有的所有权,其每一份额上均存在一个单独的所有权,各共有人得自由处分,随时请求分割出其应有部分的一种共有权形式。

这里的"应有部分",是指各共有人对于该所有权在分量上应享有之部分。此部分既非所有权标的物之划分,亦非所有权作用之割裂,是各分别共有人形成其权利范围之比例。例如,甲、乙、丙共有平房三间,

---

① 郑玉波:《民法物权》,第49页,三民书局印行1993年15版。
② 史绍宽著:《物权法论》,第153页,中国政法大学出版社2000年版。
③ 李宜琛著:《日尔曼法概论》,第55—56页,商务印书馆1943年初版。
④ 郑玉波:《民法物权》,第119页,三民书局印行1993年15版。

划分为每人可得一间,此属标的物之划分,而每个共有人分得的一间平房,是指分得的部分,并非这里所指的"应有部分"。又如一所有权,甲享有使用权,乙享有收益权,丙享有处分权,这是所有权作用的割裂,亦非这里所指的"应有部分"。所以,应有部分系所有量上之一部分,其分量虽不如单独所有权大,但其成分并不比单独所有权少,除其行使时不得不受其他共有人之应有部分之限制外,其余则与单独所有无异。因此,关于处分方法、登记程序及对第三人之关系,均应适用所有权之规定,予以处理。同时所有权既然具有弹性,则应有部分亦应具有弹性,一应有部分消失,他应有部分即随之扩张,因而分别共有人之一人,虽抛弃其应有部分,或死亡而无人继承时,亦不能认为该应有部分为无主物而任人先占,必须依比例而归属于其他共有人。这就是弹性其作用之结果。另外,应有部分既然为各分别共有人所专有,所以得自由处分。至于应有部分之多寡,自应依分别共有成立之原因而定:即(1)基于当事人意思之共有,则依当事人之意思决定,如三人共购一马,约定甲之应有部分为 6/10,乙为 3/10,丙为 1/10。(2)基于法律规定之共有,则依法律之规定定之,如合成物,各动产所有人应按其动产附合时之价值而共有。如不能依上述方法决定,或虽已决定,但时过境迁,自应有部分不明时,则应推定为均等。

由此可见,分别共有与合有相比较,其特征迥异:

第一,合有之多数所有人,是依其共同体而结合,各合有人非与全体协力不得任意行使及处分其自己的权利;而各分别共有人则可单独行使其权利,并得将其应有部分任意处分。

第二,合有之多数所有人固亦有其应有部分,但其应有部分均等且仅处于潜在状态,而分别共有之应有部分,则自始即显然确定。

第三,合有以其合有处于身份的结合为要素,其成员不许任意变更亦不得因死亡而受继承,致合有之财产客体具永不分割之特征;而分别共有既然不以身份关系为基础,当然自无禁止共有人更迭之必要。因此,各分别共有人得随时请求分割标的物,脱离共有关系。①

3. 公同共有权与合有权

"关于公同共有之意义,学说有三:(1)不分割的共同权说:公同共有,系无应有部分之共同所有权,纵有应有部分,其应有部分,系潜在的,非至解散时,不能实现之共同所有权。(2)社员权说:在公同共有关系,各人虽享有应有部分,但该应有部分,并非物权法上之应有部分,而属于人格法上之应有部分,类似于社员权者。(3)结合的共有权说:公同共有权,系共有权,唯异于通常之共有权,各共有人,不得自由处分自己之应有部分。按(1)、(2)两说,系基于历史的考察,而由主体方面之观察者,尤其如依(1)说,则共有与公同共有,将致无差别矣。(3)说系基于德国民法之构成,为近世之最有力之学说"。② 权衡各学说可知,公同共有系指数人基于公同关系而平等地,不分份额地对财产之全部享有权利,且公同关系存续期间,各共有人不得自由处分或请求分割共有财产之共有权形式。故其性质为:

(1)公同共有,系数人共同所有一物,此点与分别共有相同。公同共有系数人共同结合而享有,故就其应有部分,各公有人不得自由处分;分别共有,系数人分别独立而享有,故就其应有部分,各共有人得自由处分。

(2)公同共有,系共有人有公同关系之存在,公同共有之发生,以有公同关系为前提,若无公同关系,则仅能成立分别公有。

由此观之,与合有权最相近似的共有权形式莫过于公同共有了。但公同共有权与合有权相比较,有一最显著之区别:即公同共有权人虽

---

① 李宜琛著:《日尔曼法概论》,第52页,商务印书馆1943年初版。
② 郑玉波主编:《民法物权论文选集》(上),五南图书出版公司印行,第417页1985年初版。

在公同关系存续期间,不得自由处分或请求分割共有财产,但各公同共有权人于脱退、死亡之际或公同关系解散之时得处分、继承或请求分割共有之财产。[①] 因而无合有权之生存享有权之特征,当然即不具维持土地等财产权客体永不分割之特性。

(三) 小结

合有这一渊源于日耳曼法并在普通法沃土上改良发展而成长起来的共(公)有权制度与我国集体土地所有权制度极具相似之特性。首先,它与我国集体土地所有权制度有着天然的联系。因为合有权制度渊源于日耳曼法,而日耳曼人的故乡在亚洲;其次,二者均属团体主义之法制,都是团体主义色彩极浓之所有权制度;再次,二者均切合现代民法倡导的所有权社会化之法理念。合有这一渊源极深的所有权制度,走过了漫长的封建社会,历经了商业、工业与社会革命的洗礼,不仅在当时促进了社会经济的发展和稳定,而且在随后的历次变革中展现出其极强之适应性。特别是在资本主义烂熟并日益暴露出其所倡所有权绝对化与个人权利本位之固有缺陷的现代社会,它适应所有权社会化之理念而重新焕发出旺盛的生命力,与我国集体土地公有制一样担负着所有权的社会责任。更主要的是,合有权以其区别于其他共有权形式的独具特征,昭示出其于我国集体土地所有权制度可资借鉴的功能。其权利主体之平等性与民主性,可使各合有人在平等、民主的基础上形成集体共同意志,从而全体协力行使所有者权利,避免了专制与极权;其权利客体之统一性与永不分割性,保证了土地等财产权客体不致因分割而逞一己之私利,这就能根本上确保公有制之永固;权利内容之完全性,则使合有权人能真正全面享有完全所有权之权益,以避免总有

[①] 郑玉波主编:《民法物权论文选集》(上),第 419 页,五南图书出版公司印行 1985 年初版。

权之管理、处分支配权即土地高权为总有团体组织所攫取,致统治者坐收渔利而总有成员所有权有名无实有碍社会公平之现象发生;而其利用权之自由开放性则有利于土地资源自由流转、优化配置,充分发挥土地之利用效率,以防像总有权制度之封闭式经营,致生产效率低下,阻碍经济发展,最后走向制度本身之没落。特别是其始终维护生存享有权之功能,是我国集体所有权制度能在确保社会主义公有制的前提下真正落实农民作为所有者的权利,真正实现土地所有与利用兼顾效率与公平之价值目标。因此,毋庸置疑,在诸共有权形式之鉴察比较中,无论是其渊源、制度、理念还是法律特征,均向我们昭明:唯普通法上合有权制度才是有助于完善我国集体土地所有权制度之最佳制度模式。

二、罗马法上永租权制度与其他土地利用制度比较研究

"最近民法,咸以'所有权之社会化',及'利用权之确保'为基础观念。"[①]本文第一部分通过对古典法制中诸共有权形式进行鉴察比较,找到了最切合所有权社会化时势之合有权制度,这一制度为完善我国集体土地所有权制度,使其承担起所有权的社会责任,实现社会公平提供了可资借鉴之圭臬。然"所有权之本质,原不在抽象之'所有',而在于具体的'利用'。土地所有人若不自为利用,将其土地,租与他人使用,仅以征收租金为目的,则其利用人之利用权,较之土地所有权,自更有确保之必要。"[②]随着我国农村土地承包经营权制度的内在缺陷日益凸

---

① 李宜琛著:《日尔曼法概论》,第52页,商务印书馆1943年初版。
② 李宜琛著:《日尔曼法概论》,第52页,商务印书馆1943年初版。

现,为改革而创新这一制度,促进土地资源利用效率寻找最佳借鉴模式便是该章之目的与任务。这里以罗马法之永租权制度为原点,通过其与大陆法系其他土地用益权制度及英美法系之土地利用权制度的比较鉴别,以昭示出永租权制度于我国农村土地承包权制度的改革模式之极度惊人相似之处。因为罗马和英国一样,都曾建立过世界帝国。"条条道路通罗马"之谚语就说明罗马曾经是古代世界的中心。正如耶林所说,罗马曾三次号令世界,三次统一各民族,第一次是强盛时期依靠武力,第二次是在灭亡后通过基督教,第三次是在中世纪通过罗马法的继承。所以说,"在我们的文明史上,罗马法占据着一个独一无二的地位。它从最初一种狭小和简陋的农村共同体的法律,发展成为一种强大的城邦国家的法律,接着,在其发展过程中又成为一种帝国的法律而这个帝国统治着几乎为当时的人们所知道的整个文明世界。"[1]它的许多制度均植根于社会经济现实生活,来源于司法实践,不仅有其完善精致的表现形式,更重要的是它向人们昭示了符合商品经济发展的法律精神,因而即使在市场经济普遍建立的当今世界仍具强大的生命力。而罗马物权法这棵古老的"常青树"中的永租权制度,则更是土地利用权之典范。借鉴其合理形式与精神实质,建立适合社会主义市场经济发展的新型的永租权制度,便当然成为改革和创新我国农村土地承包经营权制度的必由之路。鉴于罗马法永租权为效率最大之他物权,其权利范围大于大陆法系其他土地用益权。[2] 而英美法系对应之土地用益权则为一切利用权之集合,所以,这里将它们统称为土地利用权,并与前文之土地所有权均称为产权。以求本文概念之一致,内在体系之

---

[1] Hans Julius Wolff, *Roman Law*, *An Historical Introduction*, p. 3, University of Oklanhoma Press Norman,转引自何勤华著:《西方法学史》(第二版),第283—284页,中国政法大学出版社 2000 年版。

[2] 陈允、应时著:《罗马法》,第143页,商务印书馆,1931年出版。

划一。

（一）罗马法永租权制度及其法律特征

在罗马法上，有一种他物权即：emphyteusis 或 emphyteuticariam，被后世罗马法学者称为永租权，[①]亦有学者将其称为永借权[②]或永佃权。[③] 鉴于其内在涵义及与我国古代固有的永佃权之巨大区别，本文采永租权一说。罗马法上永租权是一种独立的不动产物权，与地上权并立，皆属用益物权范畴。这里力求探究永租权之真义及其特征，以昭示其对我国农村土地承包经营权制度创新，确保土地之利用效率，以顺应农村经济发展之诸多合目的性功能。

1. 永租权之涵义

永租权（emphyteusis），系指支付租金，长期或永久地使用、收益他人之不动产的权利。[④] 这种权利最初仅适用于土地，称为永佃权，后来扩大到包括土地和农舍，[⑤]即"农用不动产"，所以统称永租权。[⑥] 也有学者把罗马法上这种永久借用他人土地和房屋之权利称为"永借权"。

2. 永租权之沿革

永租权是在结构、历史发展及给罗马法的物权制度带来的变化方面与地上权很相似的一种制度。它们两者的出现要比役权、用益权等被优士丁尼归进役权范围的类似制度晚得多。它们两者在"市民法"中

[①] 郑玉波编译：《罗马法要义》，第93页，汉林出版社印行1958年初版。周枏著：《罗马法原论》（上册），第383页，商务印书馆1994年版。谢邦宇主编：《罗马法》，第223页，北京大学出版社，1990年版。

[②] 陈允、应时著：《罗马法》，第143页，商务印书馆1931年出版。

[③] 江平等著：《罗马法基础》，第171页，中国政法大学出版社1987年版。

[④] 周枏著：《罗马法原论》（上册），第383页，商务印书馆1994年版。谢邦宇主编：《罗马法》，第223页，北京大学出版社1990年版。

[⑤] 何勤华主编：《外国法制史》，第96页，法律出版社2001年第2版。

[⑥] 周枏著：《罗马法原论》（上册），第384页，商务印书馆1994年版。

都没有规定,也未被古典学说明确承认为物权;后来,它们却都一反役权之精神,在对物的享有方面成为优于所有权的权利。①

事实上,永租权并非始于罗马,早在希腊时代就已出现。②"Emphyteusis"一语即源出希腊语"Emphyteu"。③ 也就是说,优士丁尼法中永租权更多的是同希腊世界而不是早期罗马世界有关。这些制度在早期和中期都是在经济条件最强烈和最直接的压力下产生的,它们同特定的社会条件(佃农制、田地役权等)相联系并交织在一起,这些制度彼此独立,都有着惊人的相似之处。历史应当把位置让给人种学。在希腊的城邦,就像把我们带到公元前5世纪的铭文所记述的那样,存在着将未耕耘的土地长期或永久的出租以便加以开垦的情况,和对已开垦土地的类似出租情况。其中长期租种称"永租权(ius emphyteuticum)",永久租种称"永久权(ius perpetuum)"。④

而罗马法的永租权则是由"佃租权"(jus in agro vectigali)演变而来。当罗马强盛之时,侵略扩张,拓地日广。此种因战争而掠夺没收之土地,除留充公用,分赏将士或出卖外,其余皆为"公地"(ager publicus),市民可占而耕之。在法律上,国家一直是这些被占土地之所有主,但于事实上,占有者被视为这些土地的主人(这使我们联想到普通法上的地产权)。但占有者须年纳租金(实际上为土地税)。对荒地也采取同样办法处理。这些土地并称为"占耕地"(ager occupatorii)。但占耕人和政府间并没有法定的关系,政府可随时收回。最初也没有法律上的保障,其后始受占有令状的保护。帝政以后,政府正式将公地出

---

① [意]彼德罗·彭梵得:《罗马法教科书》,黄风译,第264页,中国政法大学出版社1992年版。
② 郑玉波编译:《罗马法要义》,第93页,汉林出版社印行1958年初版。
③ L. B. Curzon, Roman Law,ⓒ Macdnald &Evans Ltd,1966,p. 95.
④ [意]彼德罗·彭梵得:《罗马法教科书》,黄风译,第265页,中国政法大学出版社1992年版。

租给市民而征收"佃租"(vertigal),因而称其地为"佃租地"(ager vectigalis),其租期很长,有些没有定期限的通常具有永久的性质,使佃租人可以安心垦殖,提高土地的生产力。后来地方政府和寺院也以同样办法出租其土地与市民,当然这只是债的关系。但因其期限很长,佃租人又可以将这种权利出让、抵押、赠与或继承,并可以设定役权等,因此,大法官乃给予佃租人以一些类似所有权的保护,如允其享有追及权和取得占有令状等,对孳息也因分离即可取得其所有权,于是佃租关系遂由公法范畴转入私法范畴,由债权关系而变为物权关系。

公元 4 世纪中叶,帝国财政困难,皇帝为了增加税收,充实国库,遂接受地方政府的土地和还俗寺院的财产,作为国库的私产(res privata),继续出租给市民,其租期以永久性为原则,于是佃租权改称"永佃权"(jus perpetuum),那些地方政府和寺院的佃租人也就成为政府的"永佃人"(perpetuarii)。其租金也固定起来,不受收成丰歉的影响。同时,帝皇又仿效希腊法则,将其私有地产,包括土地和农舍,租给市民垦殖利用,收取孳息的 1/3。其期限如果很长或为永久的,称为永租权(jus emphyteuticarium)。公元 5 世纪后,蛮族入侵,边远土地常多荒芜,一般佃农也因佃租过高、租期又短,往往不愿承租大地主的土地,因此大地主不得不仿效政府的办法,减轻租金,延长租期,以满足佃农的要求。优帝一世时,合并永佃权和永租权为一,统称永租权。[①]

总之,永租权是罗马私有制农业经济和战争扩张之产物,它在当时适应了罗马社会发展的需要,直接或间接的促进了其社会生产力之发展。然更为重要的是,永租权系所有权权能分离的典型反映。它与罗马的所有权形式多样化是相辅相成的。换句话说,罗马万民法上的外国人土地所有权和裁判官法所有权实际上往往体现在永租权方面。不

---

① 周枏著:《罗马法原论》(上册),第 384 页,商务印书馆 1994 年版。

管怎样,它是所有权权能分离在罗马社会的成功实践,对后世物权法之影响可谓重大而深远。①

3. 永租权之法律特征

通过对永租权的内在涵义及历史流变进行细致入微的鉴察考证,我们可以看到:永租权,这一罗马法上古老的他物权制度,作为确保土地利用权之典范,其主要法律特征可以归结如下:

第一,永租权是存在于他人农用不动产上的物权。包括在土地、房屋及其他不动产设施上设立的他物权;

第二,永租权是以耕作、牧畜、栽培果树(如葡萄等)、种植林木②为目的的用益物权;

第三,永租权是以支付租金为对价的物权,支付租金是永租权人的基本义务;

第四,永租权是一种独立的物权,永租权人在其权利受到侵犯时享有物上请求权、追及权和占有诉权等一系列物权性权利;

第五,永租权是永久或长期地使用、收益他人不动产的物权,其租期以永久性为原则,若有期限限制者,亦是相当之长久;

第六,永租权为"准所有权"。③ 在所有他物权中,永租权的效力最大,其权利范围大于用益权,它是所有权权能分离的典型反映。实际上,所有权人几乎只有一种"虚有权",其所有权权能在此已殆尽无遗。除最终处分权外,永租权人几乎享有所有权人的一切权利。它可以占有、使用、收益其不动产并以转让、遗赠或继承等方式自由处置其永租权,还可以在其权利存续期内设定抵押和役权。可以说,永租权"在对物的享用方面成为优于所有权的权利。"

---

① 江平等著:《罗马法基础》,第174页,中国政法大学出版社1987年版。
② 郑玉波编译:《罗马法要义》,第93页,汉林出版社印行1958年初版。
③ 郑玉波编译:《罗马法要义》,第93页,汉林出版社印行1958年初版。

（二）永租权与其他土地利用权之比较

从古老的罗马法中发掘出的永租权制度业已光芒四射，但只有比较才有鉴别，我们应该让其在与相似制度之比较中更展夺目光辉。大陆法系的其他主要土地利用权制度是在继受罗马法传统基础上，并于本国土壤中生长出的具有自身特色的他物权制度；而英美法系因其独特的制度与法律之历史传统，其土地利用权制度则自成体系。下面将它们分别与罗马法之永租权做一比较，以探求永租权之真谛及其合目的性功能。

1. 永租权与大陆法系之其他主要土地利用权

(1) 日本民法之永小作权与罗马法永租权

在日本民法中，永小作权，系指支付佃租，而于预定期限内在他人土地上为耕作或牧畜之权利。[①] 该永小作权实为罗马法永租权之传承而在日本本土上之变种，与永租权相比较概有如下主要之区别：

第一，在客体上，永小作权仅为存在于他人土地上之物权。如日本民法典第270条之规定，永小作权即"支付佃租，而在他人土地上耕作或牧畜的权利"。而永租权之客体则除土地外还包括附着在土地上之房屋及其他设施等农用不动产。永租权之客体与我国农村土地经营权之客体——农用不动产实无二致。

第二，在内容上，永小作权仅限于在他人土地上为耕作或牧畜之权利，其权利范围比永租权小，永租权既包括在他人不动产上为耕作或牧畜之权利，还包括栽培果树种植林木之权利，永租权之权利范围与我国农村土地之承包经营权之范围亦极为近似。

第三，在期限上，永小作权期限较短，按日本民法典第278条规定：

---

① 《日本民法典》：王书江译，第49—50页，中国人民公安大学出版社1999年版。

"永小作权的存续期间,为20年以上50年以下。以长于50年的时间设定永小作权者,其期间缩短为50年。"即永小作权的期限一般为20年,最长不超过50年。而罗马法上永租权则为长期或永久之权利。永租权之长期或永久性期限规定亦符合我国农村土地承包经营权之改革方向。

(2) 意大利民法之永佃权与罗马法永租权

在意大利民法中,永佃权系指支付地租,而永久地或附期限地在他人土地等不动产上设立的权利。① 如意大利民法典第958条规定:"可以永久地或者附期限地设立永佃权。"第959条规定:"永佃权人的权利及于从物。"以其期限永久性、客体之宽泛性而成为与罗马法永租权最相类似之土地利用权。但它与罗马法永租权相比较之最大区别为:永佃权之权利范围虽然小于永租权之权利范围,不包括栽培果树、种植林木等项,但其特别设有包括地下层之权利一项,如开采矿藏等。意大利民法典第959条规定,对土地产生的孳息、埋藏物以及根据特别法的规定对有关地下层的利用,永佃权人享有与土地的所有人同等的权利。此点与罗马法永租权及我国农村土地承包经营权大异其趣。

(3) 德国民法之用益权与罗马法永租权

在德国民法中,用益权系指支付对价,而于预定期限内在他人物、权利及其他财产上设定负担并因设定负担而收取受益之权利。② 由比较观之,德国民法中之用益权与罗马法之永租权存在着重大区别:

第一,用益权之客体不限于不动产。其客体包括物、权利还包括其他财产。如德国民法典第1030条规定:"物上可以此种方式设定负担,使因设定负担而受利益的人享有收取物的收益的权利(用益权)。"第

---

① 《意大利民法典》:费安玲、丁玫译,第267—271页,中国政法大学出版社1997年版。
② 《德国民法典》(修订本):郑冲、贾红梅译,第139页、第249—260页,法律出版社2001年第2版。

1068条规定:"用益权的标的也可以是权利。"第1085条规定:"个人财产上的用益权只能以用益权人取得属于财产的个别标的物上的用益权的方式加以设定。"同时物又包括土地、动产及聚合物。如第1031条规定:"土地设定用益权的,用益权人根据第926条关于取得时效的规定,取得对从物的用益权。"第1032条规定:"在动产上设定用益权的,所有权人应将物移交于取得人,并由双方当事人对取得人取得用益权达成协议。"第1035条规定:"在聚合物上设定用益权的,用益权人和所有权人相互附有协同编制财产目录的义务。"这显然与罗马法专设永租权以达土地利用权之确保的目的不符。

第二,用益权具有短期性。德国民法典第1056条规定:"用益权人逾越用益权期限以使用租赁或者用益租赁方式租用土地的,在用益权期限终了后准用第571条、第572条、第573条第1句和第547条至576条关于出让的规定。"第596a条规定:"用益租赁关系于租赁年度中结束的,对于尚未收割,但按照通常经营方式,在租赁年度终了前一定会收割的价值,出租人应对承租人予以补偿。同时还应考虑到收获风险。"

第三,用益权具有债权性。德国民法中的用益权是一种短期的租赁权,具有债权性,不利于用益权人的用益权受到如同物权之保护。所以亦不具物权之转让之特性。如德国民法典第596b条规定:"农场的承租人即使在用益租赁成立时没有接受农产品,亦应在用益关系终止时将现存的农产品留下一定数量,供经济持续发展至下一收获时必须之用。"第597条规定:"承租人于用益关系终止后不返还租赁物的,出租人对租赁物被占有期间可以要求作为约定租金的损害赔偿。"

2. 永租权与普通法系之土地利用权

如前所述,英国独特的历史形成了普通法系之传统观念:全国一切土地都直接或间接地源于王权即全部土地归国王所有。国王把土地分给贵族领主,贵族领主再把土地交给占有人保有。这样在同一块土地上,就同时存在数人享有所有权的情况。受日耳曼法分割所有权传统的影响,其中,国王、领主之所有权为上级所有权,即土地高权,具有公法因素,而占有人之所有权为下级所有权,则为私法权利。在很早以前,由英国法所确认的有关土地的原则就创设了一抽象的存在:即这种存在于土地最高所有权人(sovereign)和土地直接占有人(tenant)之间的下级所有权称为地产权。① 地产权实即一切利用权之集合,是一个抽象的法律概念。它具有双面性:即当上级所有权被视为公法上权利时,那么这种地产权便为私法上之所有权;而当上级所有权被当作私法上之所有权时,于是这种地产权便成为一束土地之利用权。在此意义上,它与罗马法的永租权是一种极为相似之利用权。最初,罗马土地也是国家所有,私人租种,国家是所有人,即普通法之上级所有权人,租种者为占有人,即普通法上之下级所有权人。所以说,英美法土地"所有权之内容不过为物之完全利用权而已。迨中世纪所有权仍与其他与所有权有同样完全利用性质之权利同列,尤以新产生之收益权及永借权几成为与所有权有相同内容之不动产物权矣。"② 这里的"永借权"即"永租权"。只不过罗马法传统上素重所有权,强调所有权绝对性;而普通法受中世纪实利主义影响,传统上强调物质性的占有,而所有权仅为一种非物质性的资格,具相对性。因此,前编将地产权称为所有权,这里把地产权当作利用权并不矛盾。甚至我国已有学者提出"借鉴英美法的地产权制度,改造我国的土地使用权"之主张。③

在英美财产法中,地产权益按占有时间之先后分为现在的权益和

---

① [英]F. H. 劳森,B. 拉登:《财产法》(第二版),施天涛、梅慎实、孔祥俊译,第86页,中国大百科全书出版社1998年版。
② 郑玉波:《民法物权》,第49页,三民书局印行1993年15版。
③ 高富平:《土地使用权客体论》,载《法学》,2001年第11期。

未来的权益。①

(1)现实的地产权益

在普通法上,现实的地产权益分为如下几种:完全所有权、限制性继承所有权、终身所有权及有条件的所有权(这里的所有权只是英美财产法上的一个称谓,如前所述,它如同永租权,实为土地之利用权)。这些地产权益根据占有的时间不同而有大小等级之分。其中完全所有权大于限制性继承所有权;限制性继承所有权大于终身所有权;终身所有权大于有条件的所有权。

① 完全所有权(Fee Simple Absolute)

完全所有权是普通法中最接近于土地所有权的一种地产权,它确认地产拥有人生前有权对地产进行完全的占有、使用和处分,这种权利并且可以通过遗嘱继承传给他人。若死者未留下遗嘱,则根据制定法的规定传给有权获得此项地产的亲属。若死者既未立遗嘱也无亲属,则该地产权终止,地产收归国王。完全所有权的产生是英国法律史上的一个重要里程碑。它所代表的对抽象概念的具体化,现在依然在英美法律中占主导地位。这里,土地本身并没有被涉及,被涉及的仅仅是土地的产权。这个假想的概念就像一件物品一样,似乎有其独立的存在价值。对现代人而言,这可能极为自然,但对于13世纪的律师们,这是一个思维方式上的飞跃。

② 限制性继承所有权(Fee Tail)

从实际意义上而言,土地是一个家族的权利、地位和财富的根本。很自然地,拥有土地的人不希望自己的后代轻易地将土地转卖他人,因为得来的钱会很容易被挥霍掉。他们希望即使出了败家子,土地仍然会留在家族中。限制性继承所有权便是适应这种需要而产生的。限制

---

① 参见李进之等著:《美国财产法》,第59—74页,法律出版社1999年版。

性继承所有权的拥有者不可以将土地转让给外人,而且只有满足限制性条件的后裔方能继承。

托玛斯·杰弗逊极为憎恶限制性继承所有权及长子继承制,认为这两者都是维持封建等级制度的工具。在美国独立战争期间及其之后不久,他说服了弗吉尼亚州议会,立法废除了这两种制度。现今美国只有四个州(缅因、马萨诸塞、特拉华及罗得岛)承认限制性继承所有权。即使这四个州也容许限制性继承所有权的拥有者转卖。

③ 终身所有权(Life Estates)

顾名思义,"终身所有权"即终身土地权益,意味着拥有人终身对某地产(或其他财产)拥有享用权。在英美普通法中,终身所有权的拥有人是不可以有浪费举动的。一旦他的活动永久性地降低了或损害了未来利益拥有者的利益,他必须赔偿损失。道理很简单:原主人的原意是希望拥有人合情合理地使用地产,这样继承人将来能尽可能多地获得他应有的利益;另外,从公正的角度而言,一个人不可以随意地造成他人严重的经济损失。

④ 有条件的所有权(Defeasible Estates)

有条件的所有权中,最常见的是有条件的完全所有权。它有两种类型:一是自动终止性完全所有权(fee simple determinable),另一是受未来条件支配的完全所有权(fee simple subject to condition subsequent)。这两种有条件的完全所有权之间的差别很重要,值得仔细推敲。自动终止完全所有权所使用的语言表明原拥有人的转让在某一将来事件发生时自动终止。受未来条件限制的完全所有权的终止不是自动的,在规定的事件发生时,原转让人或其后裔可以选择剥夺受让人的所有权,或者任其存在。

(2)未来利益(Future Interest)

当代英美法中,终身所有权及其后的未来利益是英美财产法区别大陆法系的重要标志,也是遗嘱及遗产安排法律中的焦点。未来利益不仅仅是一种期望,而且是一种受法律保护的现在就存在的财产权。其中,回收权是最早产生的一种未来利益。它系指原所有人从他的财产权中取出一部分转让他人时所保留的财产权。原所有人只有在转让出一个比他所拥有的所有权较小的财产权时,才拥有一定的回收权。另外两个相关的概念是既定利益(vested interest)和可能(条件)利益(contigent interest)。前者是永久存在的,而后者则取决于将来的情况。

(三) 小结

罗马法上永租权这一古老的土地利用权制度作为所有权权能分离的典范,在相关土地利用权中效力最大,其权利范围大于用益权,是几乎与所有权有相同内容之不动产物权。它最符合现代民法倡导的"所有权社会化"与"利用权之确保"的法理念。亦最具促进土地资源利用效率之功用。与其他土地利用权相比较,罗马法永租权制度即是以其独具之特征昭示其合目的性功能的。它以其永久性、物权性、自由转让性区别于短期性、债权性、不能自由转让之租赁权。因其长久性而使永租权人安心垦殖,对土地长期投入,从而提高土地的生产力,以其物权性,使永租权人在权利受到侵犯时能依法得到确实的保障;而自由转让性则能促使资源优化配置,有利于形成集中优势和规模经营。它作为所有权权能分离的典范,在现实生活中,于物的享用方面成为优于所有权的权利。当然,它毕竟有别于所有权,即永租权的取得须以向所有权人支付租金为对价。但就是这种对价性才使农用不动产所有者的利益在法律上得以体现。罗马法永租权制度的这些优点是罗马法植根于商品经济现实,来源于司法实践努力的结果。它不仅在当时促进了古罗马经济的发展和社会的稳定,而且在后世乃至今天这棵古老的常青树仍焕发出旺盛的生命力。它对后世民法影响深远,现今许多国家民法典均借鉴此制度制定了类似的制度,但它们都是在本国现实土壤上成长起来的土地利用权制度,其效力、权利范围等远较罗马法小。而英美财产法中的地产权虽于效力、权利范围、确保土地利用之功能上与永租权极为相似。但地产权是在英美特定的历史传统中积淀、演化而成的,其形式繁复、结构缜密,很难为国人接受,同时创设这样一种复杂的制度,法律成本太高。因此,比较言之,唯罗马法上永租权制度是我国农村土地承包经营权制度改革之良器,创新之必然。

三、借鉴合有权制度和永租权制度对我国集体土地所有及利用之完善与创新

我国现行集体土地制度有两个核心内容:一个是保留了土地的集体所有制;另一个是赋予农户在承包期间对土地的承包经营权。随着农业的持续发展和社会主义市场经济体制的确立,这两方面内容之固有缺陷日益彰显并在某种程度上业已阻碍了农村经济的长足发展。改革和完善这两方面之内容缺陷已成为学界同仁之共识。笔者认为,我国集体土地所有与利用之制度变迁及合理重构,须在坚持集体所有这一前提下,确保产权关系明晰化和产权利用社会化。以兼顾公平与效率为制度设计宗旨:借鉴普通法上合有权制度以完善我国集体土地所有权制度,达到产权明晰,农民真正享有所有者权益以解决社会公平问题之目标,兼采罗马法上永租权制度创设我国社会主义新型的永租权制度,以利产权利用社会化,促进土地资源利用效率,力图土地对于所有人、利用人有利,而对于公有社会又有益的利用结果之实现。

（一）借鉴合有权制度完善我国集体土地所有权制度之合理性

集体农地所有制是我国社会主义公有制的重要组成部分，集体农地所有权作为集体所有制的法律表现形式是我国历史上形成的财产权种类。由于认识上的偏差和立法上的缺陷，随着改革开放的深入发展和市场经济体制的逐步建立，这一财产权制度之诸多问题便日益凸现。改革和完善我国集体农地所有权制度已备受学界重视。但如何改革和完善这一极其重要的所有权制度，目前学界颇多争议。笔者认为，渊源于日耳曼法并在普通法世界的法治沃土上改良发展、团体主义色彩极强的合有权制度与我国集体农地所有权制度有很多相似之点。它在确保坚持社会主义公有制前提下，使我国集体农地产权关系进一步明晰化：农民真正拥有集体农地所有权，享受所有者利益，以集体农地所有人一分子的身份获得最低社会福利保障。从而实现社会公平。因此，借鉴普通法合有权制度对我国集体农地所有权制度进行合理再造，是完善我国集体农地所有权制度之必然选择。

近年来，关于集体农地所有权的性质，我国学界存在诸种不同看法，其中具有代表性的观点有三种：其一，认为我国集体所有权是一种新型的总有，集体成员对集体财产（土地）享有占有、使用和收益权，并且依法按照平等、自愿的原则来行使对集体农地的所有权；其二，认为集体农地所有权是一种由"集体经济组织"享有的单独所有权；其三，认为集体所有权是"个人化与法人化的契合"，集体财产（土地）应为集体组织法人所有，而集体组织成员对集体财产享有股权或社员权[①]。

上述诸说虽都揭示了集体农地所有权某一面之特征，但从集体农

---

① 温世扬：《集体所有土地诸物权形态剖析》，载《法制与社会发展》，1999年第2期。

地所有权之本质、功能及现行立法、改革方向等多方面考察,则皆难免失之偏颇。

其一,总有因其最具团体主义之色彩,在政治上较易切合集体所有制的要求,因而成为改革的重要思路之一,物权法草案亦谓我国集体农地所有权"系参考民法上的总有"理论。但如前所述,总有系指在日耳曼之农村公社土地所有制中,将土地之使用、收益权分配给各家庭,而管理、处分权则属公社的一种分割所有权形态。[1] 这与我国现行集体农地制度极具相似之处,这种分割所有权形态,其内容为质的分割,即管理、处分权属村之团体组织,而各构成员则仅享有利用、收益权,亦即所有权权能之一部,称利用所有权。成员无所有权层面上的管理、处分之支配权,也无所有权意义上的受益权。同时,各构成员之使用、收益权与其社员身份有密切关系,因其身份之得丧而得丧,不得离开其身份而就其权能为继承让与或处分。因而有极强之团体封闭性。而且总有之管理、处分权专属其组织,团员仅有利用所有权而无管理、处分之支配权,具有极权性。此种观念因违反罗马法所有权之本质,经罗马法继受后遂改依罗马法之理念予以整理。至近世后总有则几已敛迹。持总有观点者仅窥其最强团体主义色彩,政治上易切合集体所有制要求之表象,而未能深究其低级、落后致与现代市场经济机制要求格格不入之实质。倘若改革和完善我国集体农地所有权制度参考民法上"总有"理论,则必然进一步造成所有权虚置,真正所有者无所有权,不利使农民以所有人一分子之身份从所有者利益中获得最低社会福利保障以实现社会公平;也必然造成农业封闭式经营,土地用益权不能有偿使用,自由流转,不利土地资源优化配置以促进土地之使用效率。同时极易助长政府组织侵权,干部专权,不利权利之民主行使。这既不符合该主张

---

[1] 由嵘:《日耳曼法简介》,第50页,法律出版社1987年版。

者之初衷,亦不符合集体农地所有制之改革方向。其二,集体农地所有权属集体经济组织之单独所有权观点,既与我国现行立法不符,也与农村现实和改革目标相背。我国现行宪法、民法通则、土地管理法和农业法均明文规定我国集体农地所有权的法定主体为"农民集体",如1998年新出台的土地管理法第8条规定:"农村和城市郊区的土地,除由法律规定属于国家所有的以外,属于农民集体所有。"第10条规定:"农民集体所有的土地依法属于村农民集体所有的,由村集体经济组织或村民委员会经营、管理;已经分别属于村内两个以上农村集体经济组织的农民集体所有的,由村内农村集体经济组织或村民小组经营、管理;已经属于乡镇农民集体所有的,由乡镇农村集体经济组织经营、管理。"从规定中可以看出,我国农村集体农地所有权是一定社区范围内全体农民集体成员直接享有的所有权。而集体经济组织只是代行经营、管理权并不享有单独的所有权。事实上,一个乡(镇)、村和村民小组的社区内,相对应的农民集体只能有一个,而集体经济组织则无此对应关系,一个"农民集体"可以有多个集体经济组织,一个集体经济也可能涵盖多个"农民集体"。况且政社合一体制消失后,乡(镇)集体经济组织名存实亡,实际行使所有权的主体就变成了乡(镇)政府;同时,依宪法第110条规定,村民委员会是基层群众性自治组织属准行政组织,如以集体经济组织为集体农地所有权主体,就必然造成行政管理权与所有权相混,政经不分,导致公权干预私权。正是基于这种认识上的偏差,才使乡、村组织乃至乡、村干部小团体利用行政权力攫取土地利益,侵犯农民所有者权益之现象屡见不鲜。[①] 这便造成组织专横、干部专权,而真正的主体——农民之集体所有权却形同虚设,只不过是一种"法律幻想"而已。从而使本应由集体农地所有权承担的社会保障功能就落到

[①] 王卫国:《中国土地权利研究》,第89页,中国政法大学出版社1997年版。

了土地用益权上,这既不利社会公平,亦无助土地利用效率之实现。其三,将农村集体农地所有权确立为集体组织法人单独所有权,则与集体农地所有权的本质不一致。农村集体农地所有权是农民以集体成员身份共同平等享有之所有权,其目的在于为农民提供社会保障。而法人所有权主体之法人成员则非依成员身份,而是以持股财产享有权利,其行使表决权非依一人一票权利平等之原则,而是依一股一票原则行使,最终必然导致权利由大股东操纵。同时,若将集体农地所有权确定为集体组织法人单独所有权,则农民集体成员和这个法人之间没有类似股权之联结性权利,遂无从对法人进行控制,极易导致法人专横,侵犯农民作为所有者之权益。①

所以,笔者认为,唯普通法之合有权制度与我国集体农地集体所有权制度具有内在的一致性,是完善我国集体农地所有权制度的理想模式。正如前文所述,其权利主体之平等性与民主性,可使农民集体成员在平等、民主的基础上形成集体共同意志,从而全体协力行使所有者权利,避免集体组织以行政管理权代替所有权,攫取所有者利益,侵犯农民作为所有者的权利及组织专横、干部专权的现象发生。其权利客体之统一性与永不分割性,便保证了集体农地不致落入私人之手,导致私有化之产生,即使农民集体之成员全部脱退或死亡,集体农地亦转给其他社区或收归国有。这就确保维护了集体公有制之巩固和发展。权利内容之完全性则使农民真正享有所有者权益即所有权意义上的受益权。让农民能以集体所有人一分子的身份从土地租金等收益中获得最低社会保障,实现社会公平,而权利之自由开放性则有利于土地有偿使用,自由流转,促使土地资源优化配置,充分发挥土地之利用效率。特别是生者对死者名下财产享有权利的生存者权,既符合我国农村社区

---

① 韩松:《论集体所有权的主体形式》载《法制与社会发展》,2000年第5期。

现状:我国农村集体农地所有权始终为社区内生存着的农民集体成员享有,不因成员脱退而分割处分,亦不因成员死亡而被继承;也符合我国集体农地为我国农村社区农民集体成员提供永久之社会保障之功能,因此,借鉴普通法合有权制度塑造我国社会主义新型的合有权制度,是完善我国集体农地制度之合理选择。

(二) 借鉴永租权制度改革我国农村土地承包经营权制度之必然性

随着农村经济体制改革的深入,和社会主义市场经济体制的建立,农村土地承包经营权制度愈益明显的缺陷引发了我国学界对我国传统的永佃权制度价值的重新思考和众多争论,但对借鉴罗马法中颇具生命力的永租权制度以改革和创新我国农村土地承包经营权制度则在某种程度上受到不应有的忽视。可是,通过前面的比较分析得知,罗马法永租权制度与我国农村土地承包经营权制度有许多惊人的相似之处,唯有借鉴其合理形式与精神实质,建立适合社会主义市场经济发展的新型的永租权制度,才是改革和创新土地承包经营权制度的必由之路。

当前,对农村土地承包经营权的改革与创新,学者们见仁见智,各抒己见。富有代表性的观点主要有两种:一种观点主张"采用永佃权的制度代替农村土地承包经营权,不仅有利于法律概念统一,准确,而且有利于农村土地使用关系,保障双方当事人的合法权益。"[1]另一种观点则认为土地承包经营权概念存在固有缺陷,"应以'农地使用权'替代'土地承包经营权'为宜"。[2] 此外,还有人提出采用"用益权"、"农用权"、"土地承包使用权"等等。

---

[1] 杨立新、尹艳:《我国他物权制度的重新构造》,《中国社会科学》,1995年第3期。
[2] 梁慧星:《中国物权法研究》(下),第623页,法律出版社1998年版。

无疑,上述观点均有其合理的一面,但从历史与现实及法律规范化诸角度考察,则又皆失之严谨,缺乏科学性与明确性。其一,"永佃权"是我国古代固有一种历史概念,"佃"从人从田解为"旧时农民向地主或官府租种土地"。①"在历史上永佃权反映的是封建土地制度下的租佃关系,建国后我国废除了永佃权制度,永佃权一词已久不使用。"②更主要的是"永佃权"与农村土地承包经营权的现实状况不符,在实践中,农村土地承包经营权的客体是包括农用土地及其附着物的"农用不动产",而不仅仅是土地;其权利范围也比永佃权大,农村土地承包经营权是以农林牧渔生产经营为目的,③而不仅仅是耕作、畜牧。因此,若以作为封建工具的"永佃权"改造土地承包经营权恐难为各方面所接受。其二,"农地使用权"概念欠科学,内容上也有失全面、准确。在实践中,作为用益物权的农地使用权与作为所有权权能之一的使用权能往往容易混淆;同时,作为物权性质的农地使用权和作为债权性质的农地使用权亦难以区分。在理论上,"农地使用权"的概念过于国产化。现代世界各国民事立法唯有《法国民法典》继受了罗马法用益物权中的使用权概念。其第 630 条规定:"对不动产之果实有使用权的人,仅得为其本人与家庭请求所需之部分。"第 631 条规定:"使用权人不得将其权利让与他人或出租其权利。"④可见,《法国民法典》规定:"使用权"权利范围狭小,其用益权仅限于家庭所需,且不得自由转让,这既不符合"农地使用权"主张者的初衷,更不符合农村土地承包经营权创新的目标模式。改革创新后的农村土地承包经营权就是享有权利最充分的用益物权,权利人不仅可以占有,使用标的物,更主要的是可以收益,依法处分标

---

① 《辞海》:上海辞书出版社,第 170 页,1988 年版。
② 梁慧星:《中国物权法研究》(下),第 622 页,法律出版社 1998 年版。
③ 《农业法》第 2 条第 4 款规定:"本法所称农业是指种植业、林业、畜牧业和渔业。"
④ 《法国民法典》:罗结珍译,第 186—187 页,中国法制出版社 1999 年版。

的物,并可以在其上设立役权、抵押权。它在所有他物权中效力最大,权利范围大于传统民法中的用益权。是几乎相当于所有权的"准所有权"。并且权利的重心在于使用追求的目的"利益"。因为有利益才有动力,才能调动农民生产积极性,加速农业发展。而农民最感兴趣的恰恰就是收益权、转让权。"农地使用权"体现了建国以来把农民在与土地的关系中定位为"劳动者"、"经营者"、"使用者"的思变历程。它反映的是一种传统立法的义务本位思想。因而不能在概念及内容上全面反映农民的权益所在,并在立法上给行政干预私权留下空间、隐患与漏洞。

笔者认为,罗马法的永租权是与我国现行农村土地承包经营权内涵最为接近的一种不动产用益物权。在主体上,二者均一方为土地所有者,另一方为租种经营者;在客体上,二者的客体几乎一致,均是农用不动产;在内容上,二者均是以耕作、畜牧、栽培果树、种植林木等农业生产经营为目的而使用、收益他人农用不动产的权利,且均须向不动产所有人交纳租金或承包费。这些惊人相似之处充分说明二者实质上是两种基本类似的制度。因此,借鉴罗马法永租权制度的合理形式与精神实质创设我国社会主义新型的永租权制度,在克服农村土地承包经营权现存缺陷的同时,亦不至动摇我国社会主义公有制基础,这无疑将是我国农村土地承包经营权改革创新的必然选择。

法律学说史

自然法传统与欧陆现代民法思想的形成

—— 理性时代的自然法与民法

朱晓喆

根据艾伦·沃森(Alan Watson)的研究,现代自然法对欧陆民法的渗透和影响是17世纪那个时代的特征。这一方面是由于自然法从17世纪开始就成为西方社会政治法律思想中支配性的学说,另一方面也是由于中世纪罗马法衰落之后,《民法大全》不再是世俗民法的权威基础因而迫切需要一种新的权威作为民法的合理性基础,自然法此时恰好迎合了这一需要。[①] 习惯于法典化思维方式的大陆法系学者,往往容易把欧陆的民法思想简单地等同于民法典,把现代民法的开端与《法国民法典》挂上钩,仿佛民法典是从罗马法一跃而成,[②] 从而忽视了在1804年之前欧洲法学的自然法传统对现代民法的深刻影响,对这样一个重大的理论课题无论是法律思想史学者还是民法学者都没有进行过深入仔细的研究,德国法学家科殷(Coing,1912—2000)教授也指出

---

① [美]艾伦·沃森:《民法法系的演变及形成》,李静冰、姚新华译,第127—129页,中国政法大学出版社,1997年。
② 例如亨利·梅里曼在其名作《大陆法系》中介绍大陆法系民法法典化时,就是从《民法大全》直接跃进到《法国民法典》,而对17、18世纪的民法思想史却没有些许提及。John Henry Merryman, *The Civil Law Tradition*, pp. 26–33, Stanford University Press, 1985.

对于这段历史时期的民法思想史的阐述鲜有所见。[①] 在笔者看来,这可能是由于长期以来,法律思想史的研究者视民法的个性而不见,而民法学者又忽视了本学科的历史维度,从而造成了某些理论上的盲点。为此,本文意欲调动法律思想史和民法学的智识资源,试图对自然法与现代民法思想的形成这一问题进行一些初步的尝试。

一、古典自然法传统

现代的自然法学派在17世纪随着理性主义哲学的兴盛而开始崛起。当然,西方自然法的传统可以追溯到古希腊和古罗马,并且经过了中世纪神学家的传承。但是现代的自然法思想是在新的社会历史条件下产生的,它与现代西方人本主义、理性主义的哲学意识形态是分不开的。自然法学说不仅是政治哲学领域中的基本共识,而且弥散在法学的各个领域,处处改变着人们的法律意识,塑造着新的法律现实。对于欧陆的现代民法思想发展来说,历史上出现了一个民法受自然法思想影响的时代,并且实践中还出现了被称为"自然法典"的民法制度。如果说欧陆现代民法的原始素材来源于两千年之前的罗马法,那么自然法则赋予了它以现代的精神和灵魂。

追寻西方自然法的知识谱系无疑是一件异常困难的事情,本文毋宁采取一种历史和类型相结合的方法,来揭示古今自然法观念的差异,并进而指明现代自然法的人本主义特质及其与现代民法的联结点。理论上一般把自然法学说,按照历史的顺序大致分为古希腊的、古罗马的、中世纪的和现代的四个类型。[②] 其中前三个类型又可以归并在一

---

① [德]科殷:《法哲学》,林荣远译,第230页,华夏出版社2003年。
② [英]戴维·沃克:《牛津法律大词典》,第629—630页,光明日报出版社1988年。

起称为"古典的自然法",从而与"现代的自然法"相对比。

自从古希腊的哲学家意识到了"自然"(nature)的问题以后,就产生了最朴素的自然法观念。政治哲学家列奥·斯特劳斯(Leo Strauss,1899—1973)指出,在古希腊"发现自然乃是哲学的工作","自然一经发现,区别于神话的哲学就出现了,第一位哲学家就是第一个发现自然的人"。原先,人们认为最好的事物就是祖传的,或者说是传统观念树立了权威,而自然的发现,使得人们摆脱了传统权威的束缚,"哲学在根除权威之后认识到,自然乃是标准。"① 由此,在古希腊就存在着两种政治法学观念,一种可以称为"习俗主义",另一种是"自然主义"。习俗主义认为每一个人类共同体的法律都具有地方性,这是因为法律和权利只存在于特定的城邦,而每一个城邦共同体都是不相同的,正义和法律因不同的社会而异。② 相反,另一部分法律是本质上一样的,不论在哪里都是普遍适用的,这种法律出于自然,是所有人类社会的基本原则,属于每个人类生活的共同体,并且高于某个共同体的特殊法律。③ 上述的区别在亚里士多德的《尼各马科伦理学》中获得了更加明确的表述,亚氏把正义分为自然的正义和习俗的正义,自然的正义对全体公民都具有同一的效力而不能改变,习俗的正义则出于人们的约定,因而是短暂的、可变的。④ 一个世纪以后,古希腊的斯多葛(Stoic)学派认为自然不仅是事物的秩序,而且也是人的理性,人的理性是自然的一部分。理性是统治世界的最高法则,人也就受理性的统治,当人根据理

---

① [美]列奥·斯特劳斯:《自然权利与历史》,彭刚译,第82—83页、第92—93页,三联书店2003年。
② [美]列奥·斯特劳斯:《自然权利与历史》,彭刚译,第98页、第109页,三联书店2003年。
③ James Bryce, *Studies in History and Jurisprudence*, Vol. II, pp. 564—565, Books for Libraries Press, 1968.
④ [古希腊]亚里士多德:《尼各马科伦理学》,苗力田译,第109—110页,社会科学出版社1999年。

性生活时,他就是自然地生活着。①

法哲学史上一般认为古希腊的自然哲学与古罗马法学的思想结合就产生了明确的自然法思想。② 首先提出自然法观念的是著名的法学家西塞罗(Cicero,前106—前43),他说:

> "真正的法律乃是正确的规则,它与自然相吻合,适用于所有的人,是稳定的恒久的……将不可能在罗马一种法律,在雅典另一种法律,现在一种法律,将来另一种法律,一种永恒的、不变的法律将适用于所有的民族,适用于各个时代。……"③

西塞罗的这种永恒的自然法被后来的罗马法学家以一种更加实际的态度予以贯彻。众所周知,罗马法的渊源一般分为市民法(ius civile)、万民法(ius gentium)和自然法(ius naturale)。市民法是适用于罗马人民的法律,万民法则是由于罗马人对外贸易发展的需要,在外事裁判官告示的基础上逐渐形成的各民族共同适用的法律。起初,罗马法上自然法与万民法的意思是一致的,在盖尤斯(Gaius,约115—180)的《法学阶梯》中,对万民法的定义是:"根据自然原因在一切人当中制定的法为所有的民众共同体共同遵守,并且称为万民法,就像是一切民族所使用的法。"④还有许多法学家都认为万民法是所有人类共同的法律、存在于所有的人民当中、与人类本身的存在相始终等等。在永恒

---

① W. Friedmann, *Legal Theory*, pp. 99—100, Columbia University Press, 1967.
② [德]阿图尔·考夫曼,温弗里德·哈斯默尔主编:《当代法哲学与法律理论导论》,郑永流译,第66—67页,法律出版社2002年。
③ [古罗马]西塞罗:《论共和国》,王焕生译,第120页,中国政法大学出版社1997年。
④ [古罗马]盖尤斯:《法学阶梯》,黄风译,第2页,中国政法大学出版社1996年。

性、普遍性和自然理性这些特征上,万民法实际上与自然法是同义语。① 如果说自然法与万民法有什么区别的话,那就是"自然法"一词强调的是某一规则或制度的起源或基础,而"万民法"一词强调的是它们的普遍适用性。②

应当指出,万民法具有两层含义,其一是理论上的,即它是一种所有民族共有的并且根据自然理性而具有普遍性的法;其二是具体的含义,即一种适用于罗马人和外邦人之间的实在的罗马法律体系。③ 前者指出了万民法与自然法的共同的基本理念,而后一种意义上的万民法则赋予了自然法以实践性,在法理学上认为古罗马的自然法具有一种实在法的性格。④

古罗马后期产生了另一种自然法思想,这就是在优士丁尼的《法学阶梯》中,法学家乌尔比安(Ulpianus,约160—228)对自然法所做的经典定义,值得我们在这里引述:

"自然法是自然界教给一切动物的法律。因为这种法律不是人类所特有,而是一切动物都具有的,不问是天空、地上和海里的动物。由自然法产生了男与女的结合,我们把它叫做婚姻;从而有子女的繁殖及其教养。的确我们看到,除人而外,其他一切动物都

---

① James Bryce, *Studies in History and Jurisprudence*, Vol. II, p. 581, Books for Libraries Press, 1968.
② [英]巴里·尼古拉斯:《罗马法概论》,黄风译,第57页,法律出版社2000年。
③ [意]朱塞佩·格罗索:《罗马法史》,黄风译,第239—240页,中国政法大学出版社,1996年。应当指出,作为一种实在法体系的万民法有两种体现,它一方面是外事裁判官在审理有关案件时创立的,另一方面则表现为在涉外交往中形成或接受的惯例。参见黄风(编著):《罗马法词典》,第141页,法律出版社2002年。
④ N. M. Korkunov, *General Theory of Law*, Translated by W. G. Hastings, p. 123, Rothman Reprints Inc., 1968. 叶士朋指出:"对于西塞罗来说,自然法和实证法之间并无真正的对立。相反,自然法趋向于在实证法则中具体化;因而,实证法则被看作是自然法最终而可敬的完成。"[葡]叶士朋:《欧洲法学史导论》,吕平义译,第152页,中国政法大学出版社1998年。

被视为同样知道这种法则。"[1]

原先自然法与万民法是同义的,但现在自然法被认为是自然界授予一切动物的法律,这种自然法的所指范围远远大于万民法。在《学说汇纂》中乌尔比安又说:"万民法是普遍地适用于全人类的法律。很容易理解,万民法不等同于自然法,因为自然法普遍地适用于一切动物,万民法只适用于人类自己。"[2]关于自然法与万民法的区分,经常举的例子就是奴隶制是违反自然法的,但是在万民法上却是被认可的。这样在自然法与万民法之间出现了分裂,其后果就是自然法获得了独立的地位。[3]

无论是自然法的形式如何变幻,它的基础仍然是自然本性,"自然"(nature)一词在罗马法中至少有下列含意:(1)事物的内在特性和品质;(2)宇宙的自然体系及其特征;(3)人与人之间的特定关系的自然基础,如血缘;(4)理性;(5)人类的良好情感和一般的道德感。[4] 所有这些内容都包含在"自然"概念之下,由此罗马法接通了与古希腊自然法哲学的渠道,成为古希腊自然法传统的一部分。

中世纪的神学家托马斯·阿奎那(Thomas Aquinas,1225—1274)的自然法思想代表了古典自然法的最后一种类型。阿奎那把自然法置于他的神学体系之中,在这个体系之中,法律被分为四类:(1)永恒法,是上帝对于创造物的合理领导,神的智慧,并且是一切法律的源泉;(2)

---

[1] [古罗马]优士丁尼:《法学阶梯》,第 6 页,张企泰译,商务印书馆 1996 年。
[2] 《学说汇纂》,1.1.1.3。转引自[美]艾伦·沃森:《民法法系的演变及形成》,李静冰、姚新华译,第 125 页,中国政法大学出版社 1997 年。
[3] [意]彼得罗·彭梵得:《罗马法教科书》,黄风译,第 14 页,中国政法大学出版社 1998 年。
[4] James Bryce, *Studies in History and Jurisprudence*, Vol. II, pp. 586—587, Books for Libraries Press, 1968.

自然法,是理性的动物由于分享了神的智慧而产生的一种自然倾向以从事适当的行动,或者说是理性的动物参与的永恒法;(3)人法,是从自然法的箴规出发,依靠人类推理而获得的法律;(4)神法,由于自然法和人法的不完善所以要由神赋予一种保证人类正确行为的法律。[①] 就自然法来说,阿奎那首先承认在一切动物身上都有一种趋利避害和保全自我的倾向,并且人与其他动物一样都具有某种本能,如性关系、抚养后代,这些都与自然法有关。但是,人类还特有一种与理性一致的向善的倾向,即"力求按理性行事是人所特有的",[②]因此人类的自然法就是理性法,自然法的基础就是理性。但是在阿奎那那里,理性就是神的理性,他认为整个宇宙秩序都由神的理性支配,所谓"没有权柄不是出于神的"(《罗马人书》,第13章第1节),自然法是从永恒法中产生的,并且只是通往永恒法的一条途径,[③]所以作为自然法基础的理性既不是古希腊的"自然理性"(natural reason),也不是现代自然法思想家所说的"人的理性"(reason of human being),而是神的理性(reason of God)。在神学的框架下,自然法根本脱离不了上帝的支配。

为了突出现代自然法与古典自然法的关键区别,我们在此还要明确古典自然法的两个要点。

第一,古典自然法虽然认为"自然"是"习俗"的对立面,但自然法并不因此必然与政治社会或文明社会相冲突。在现代自然法学说中,自然状态往往被设想为先于文明社会的存在,而古典派并不认为人本来就处于一种自然的野蛮状态,相反如亚里士多德所说,人天生就是政治的动物,所以人的本性并不是自然性,而是社会性,或者说人的"自然本

[①] 阿奎那:《阿奎那政治著作选》,马清槐译,第106—108页,商务印书馆1997年。
[②] 阿奎那:《阿奎那政治著作选》,马清槐译,第112页,商务印书馆1997年。
[③] Pauline C. Westerman, *The Disintegration of Natural Law Theory, Aquinas to Finnis*, p.145, Brill, 1998.

性"就是社会性(sociability),这一点从希腊、罗马到中世纪都是一以贯之的。西塞罗认为人天然就具有社会性,它与我们的存在相始终。[1]阿奎那作为亚里士多德政治学传统的接班人,始终不渝地坚持"人是天然要过政治生活的",[2]出于人们基本的社会需要,国家就是一种天然的制度(natural institution)。[3] 自然法是出于人的本性,而人的本性就是社会性、政治性,所以自然法与文明社会是相容的。古典派强调自然法的永恒性和普遍性,而并没有说自然法是超越社会的法律。虽然乌尔比安把自然法扩展到了动物身上,但是这种观念并不具有什么影响力。[4]

第二,既然人的本性是社会性,那么社会共同体的价值就应该居于优先的地位,所以自然法所追求的目标不是绝对保障个体的利益,而是共同体的"善"(good)。但是"善"绝不能与享乐主义的快乐等同,享乐主义把对"欲望"的满足称为快乐,把个人的利益置于优先的考虑。但是欲望不是人的本性,人的本性是社会性,社会要求每个人做好分内的工作,柏拉图早就说过"正义就是使人人各得其所",所谓"顺应自然生活"就是一种各尽所能的生活,由此达成的社会状态就是一种高尚的、优异的、美德的社会。正义要求人们献身于这样一个社会,所以古典的自然法不是教导人们如何争取个体的权利,而是教导人们如何尽义务。[5] 例如西塞罗认为义务基于人类的共同的社会联系之上,责任就

---

[1] Robert N. Wilkin, *"Cicero and the Law of Nature"*, Arthur L. Harding ed., *Origins of the Natural Law Tradition*, p. 19, Southern Methodist University Press, 1954.
[2] 阿奎那:《阿奎那政治著作选》,马清槐译,第101页,商务印书馆1997年。
[3] W. Friedmann, *Legal Theory*, p. 109, Columbia University Press, 1967.
[4] Ernst Levy, *"Natural Law in the Roman Period"*, 2 University of Notre Dame Natural Law Institute Proceedings 43, 1949, p. 66. 转引自[美]E. 博登海默:《法理学——法律哲学与法律方法》,邓正来译,第16页,中国政法大学出版社1999年。
[5] [美]列奥·斯特劳斯:《自然权利与历史》,彭刚译,第186页,三联书店2003年。

存在于人的本性之中。① 总之,合于自然的生活是美德的生活,而不是为快乐而求快乐的生活,自然法就是制约这种生活的一套行为准则。②

现代自然法恰恰推翻了古典自然法上述的两点假设:首先,在进入文明社会之前,人们处于一种自然状态之中,人们通过订立社会契约才成立了各种政治实体;其次,个人权利至上,自然人建立政府和国家的目的就是要保障每个人的自然权利,所以一个合理的社会应该是每个人的权利都获得充分保障的社会。于是现代政治哲学上一系列的重大问题得以显露,如社会契约论、自然权利论、国家或政府的起源,公民的基本权利等等,当然这些问题与本文的目的并不直接相关,但我们要明白现代民法思想与这些自然法的问题有着千丝万缕的联系,自然法的精神通过许多哲学家、法学家的著作渗入到现代民法的思想中去。

二、格劳秀斯:人本主义的自然法与民法

现代自然法的发展脉络大致可以分为三个阶段:③第一个阶段大致是从人文主义时代结束到17世纪宗教改革的完成,这一时期出现了最早的一批自然法学家,如胡果·格劳秀斯(Hugo Grotius,1583—1645)、霍布斯(Hobbes,1588—1679)、斯宾诺莎(Spinoza,1632—1677)以及普芬道夫(Pufendorf,1632—1694)和沃尔夫(Wolff,1679—1754);第二阶段始于1649年的英国清教改革到美国资产阶级革命的完成,这一时期资本主义国家的经济和政治自由主义处于上升的阶段,

---

① Robert N. Wilkin, *"Cicero and the Law of Nature"*, in Arthur L. Harding ed., *Origins of the Natural Law Tradition*, pp. 19—20, Southern Methodist University Press, 1954.
② [美]列奥·斯特劳斯:《自然权利与历史》,彭刚译,第128页,三联书店2003年。
③ [美]E.博登海默:《法理学:法律哲学与法律方法》,邓正来译,第41—42页,中国政法大学出版社1999年。

特别是洛克(Locke,1632—1704)和孟德斯鸠(Montesquieu,1689—1755)提出了三权分立的理论,主张国家应当保护个人的天赋权利,反对政府干预个人的自由领域,美国建国的政治哲学基础就是这种自然法思想;第三阶段是强烈地影响了法国大革命实践的卢梭(Rousseau,1712—1778)的自然法学说,卢梭的思想在德国被哲学家康德(Kant,1724—1804)接受并对其进行了更哲学化的表达。由于格劳秀斯作为现代自然法学说的肇端具有举足轻重的地位,并且格劳秀斯对私法的问题也有所涉及,因此通过重点探讨格劳秀斯的法学思想,我们既可以了解现代自然法的特质,也可以借此显示自然法与现代民法的关联。

继中世纪的意大利和16世纪的法国,17世纪的荷兰自然法学家接过了欧洲法学传统的火炬,成立于1575年的荷兰莱登(Leyden)大学此时聚集了一大批优秀的自然法学家,他们的贡献在于推进了中世纪罗马法向现代私法的转变,[1]格劳秀斯就是其中最杰出的一位,他的名著《战争与和平法》(De Jure Belli ac Pacis,1625)不仅是一部国际法的经典之作,而且也是一部现代自然法学说的宣言,并且由于其中充满了大量的关于私法的论述,所以又常常被看作是一部私法的著作。[2]

在格劳秀斯之前,西班牙的经院哲学家已经提出了与古典传统不同的自然法学说,尤其是弗朗西斯科·苏阿兹(Francisco Suárez,1548—1617)——一位经院哲学与自然法学的集大成者。苏阿兹是一位托马斯主义者,但是他在很多方面都偏离了阿奎那。阿奎那认为自然法的基础是神的理性,而苏阿兹则认为自然法的基础是人的理性。阿奎那的自然法起点是上帝,人类的理性只是对上帝的摹仿,自然法是上帝的

---

[1] Reinhard Zimmermann, "Roman-Dutch Jurisprudence and Its Contribution to European Private Law", Tulane Law Review, p.1688, p.1711, Vol.66, 1992.

[2] [美]艾伦·沃森:《民法法系的演变及形成》,李静冰、姚新华译,第132页,中国政法大学出版社1997年。

意志和专断。而苏阿兹翻转了阿奎那,认为自然法虽然是出自上帝的理性(reason)和意志(will),但是上帝只有通过人的本性(human nature)才把自然法授予人类,人类才能理解和遵守自然法的命令,由此人类主体开始参与了自然法,①正是由于这一点,可以说苏阿兹是第一位迈入现代自然法之门的学者。

格劳秀斯沿着苏阿兹的理论路线,把自然法的基础进一步确定在人的本性之上。一般认为格劳秀斯的自然法思想是从其较早的一部著作《战利品法评注》(De Jure Paredae Commentarius, 1604)中引申而来,②因此有必要先认识一下这部著作的核心观点。在这本书中格劳秀斯着重区分了规则(rules)和法律(laws),并且规则是法律的基础。例如:

规则 I:上帝的意志显现出来的东西就是法律。

法律 I:保护自己的生命和避免有害的危险是被允许的。

法律 II:为了自己获取和保留那些对生存有益的财物是被允许的。

规则 II:人们的共同允诺(common consent)显现了所有人的意志,这就是法律。

法律 III:任何人都不要造成他人的损害。

法律 IV:任何人都不要攫取已经被他人占有的财物。③

---

① Pauline C. Westerman, *The Disintegration of Natural Law Theory*, Aquinas to Finnis, pp. 100—102, Brill, 1998.

② [美]艾伦·沃森:《民法法系的演变及形成》,李静冰、姚新华译,第132页,中国政法大学出版社1997年。

③ 转引自 Pauline C. Westerman, *The Disintegration of Natural Law Theory*, Aquinas to Finnis, p. 133, Brill, 1998.

这里我们可以得出如下的推论：第一，中世纪的神学家把上帝的意志作为一切法律的最高来源，而格劳秀斯则明确地在上帝的旁边安放了"人的意志"作为法律的渊源之一，即人们的"共同允诺"也可以产生法律。其实西班牙人苏阿兹早就指出涉及人类之间的权利义务关系与上帝的命令无关，而格劳秀斯写作时还没有接触到苏阿兹的学说，格劳秀斯可谓与苏阿兹不谋而合。第二，虽然格劳秀斯把上帝的意志列为首要的法律渊源，但是他在上帝的意志中塞进了"人性"的内容，他认为自我保全(self-preservation)是上帝赋予一切生物的自然本性，自利(self-interest)是整个自然秩序的基本原则。[①] 虽然法律 I 和法律 II 体现了上帝的意志，但是其内容却很明显地是根据人的"自我保全"原则而得出来的。可见，格劳秀斯在此已经试图把法律的基础从神性向人性转移。

在《战争与和平法》中，格劳秀斯进一步贬抑了上帝的意志，弘扬了自然理性。他说，自然法是正确理性的命令，是永恒的法律，即使是具有无上权威的上帝也不能对它做出改变。这是因为自然理性是不依上帝的意志而转移的，例如 2 加 2 始终等于 4 而不可能变成别的，邪恶的始终是邪恶的而不可能变成善良，一切取决于事物的自然本性。[②] 与出于自然理性的自然法相对而言，还有出于意志(will)的法律，意志包括人的意志和上帝的意志，因此与意志有关的法律就包括由人的意志产生的法律(人法，human law)和由上帝的意志产生的法律(神法，divine law)。[③] 自然法的研究者维斯特曼(P. C. Westerman)指出，实际

[①] Pauline C. Westerman, *The Disintegration of Natural Law Theory*, Aquinas to Finnis, pp.135—136, Brill, 1998.

[②] Hugo Grotius, *On the Law of War and Peace*, 1, 1, 10. 资料来源 http://www.constitution.org/gro/djbp.htm.

[③] Hugo Grotius, *On the Law of War and Peace*, 1, 1, 13—15. 资料来源 http://www.constitution.org/gro/djbp.htm.

上格劳秀斯把人法和神法都看作是实在法(positive law)。① 法哲学上一般认为自然法的效力高于实在法,自然法是一种"高级法",格劳秀斯把神法作为实在法,实际上贬低了其地位。虽然格劳秀斯曾反复申言自己的基督教信仰,但上述论据显示格劳秀斯的自然法已经踢开了上帝,推翻了阿奎那把自然法附属于神意的观点,他建立的新起点对自然法脱离神学束缚起了决定性的作用。② 并且因为这一点格劳秀斯就标志着古典自然法向现代自然法的转型。③

抛开了上帝,什么是自然法的基础呢?自然法是事物的自然本性的命令,就人类社会而言,所谓"自然本性"就是"人的本性",格劳秀斯发出了振聋发聩的名言:"人的本性是自然法之母"。④ 自中世纪以来,自然法学家一直纠缠于自然法的基础是上帝的理性还是上帝的意志,即使是苏阿兹也不得不承认自然法的基础是上帝的意志、理性和人的本性的三位一体,而格劳秀斯则根除了上帝,直截了当地把人的本性作为自然法唯一的基础。⑤那么人的本性又是什么呢?自我保全的倾向、结成社会的欲望、理智的能力、使用语言的能力等等都是人的特性,但格劳秀斯认为归根到底人的本性就是自我保全或自利(self-interest)的本性。自格劳秀斯以来的自然法学家都把这一点奉为圭臬,例如霍布斯认为在自然状态下,每个人都有一种损人利己的自然倾向,"自然

---

① Pauline C. Westerman, *The Disintegration of Natural Law Theory*, Aquinas to Finnis, p.144, Brill, 1998, p.139.

② [爱尔兰]J. M. 凯利:《西方法律思想简史》,王笑红译,汪庆华校,第216页,法律出版社2002年。

③ Shael Herman, "From Philosophers to Legislators, and Legislators to God: The French Civil Code as Secular Scripture", *University of Illinois Law Review*, p.602, 1984.

④ 转引自Pauline C. Westerman, *The Disintegration of Natural Law Theory*, Aquinas to Finnis, p.140, Brill, 1998.

⑤ Pauline C. Westerman, *The Disintegration of Natural Law Theory*, Aquinas to Finnis, p.142, Brill, 1998.

权利的首要基础就是:每个人都尽其可能地保护他的生命。"①斯宾诺莎也说:"每个个体应竭力以保存其自身,不顾一切,只有自己,这是自然的最高的律法与权利。"②现代的各个社会科学领域的思想家纷纷接受了这一假设,都认为人的自利本性产生了追逐利益的欲望,在这个动机的驱使下人们尽其所能地为自己创造财富,从而整个社会也随之而繁荣起来,即私人的"恶"产生了共同体的"善"。承认了自利的合法性地位,就导致了社会意识与法律思想在如下两方面发生了变革。

第一,在格劳秀斯那里(包括所有的现代自然法思想家)始终存在着,即个体与社会之间的紧张关系。我们在古典自然法思想家那里看到"社会性"(sociability)是人类的基本属性,而格劳秀斯以及多数的现代自然法学家则把自利视为人的本性,社会性则退居其次并沦为一种偶然性,甚至社会性在某种程度上构成了人性的障碍。③虽然格劳秀斯后来把自我保全从个体的保全扩展到人类种群的保全,以至于推论出社会存在的必要性,在有些地方甚至也承认社会性是人的本性之一,但社会至多只是一个个人权利互相承认的场所,或者说社会只具有工具和手段的意义,个人的利益才是终极的目的。④格劳秀斯以后的自然法学家有过之而无不及地把个体置于优先的地位。虽然不可否认人类总是结成社会而生存,但是自然法学家为了更好地在理论上分析人

---

① [英]霍布斯:《论公民》,应星、冯克利译,第9页、第53页,贵州人民出版社,2003年。霍布斯在《利维坦》中重申:"一般称之为自然权利的,就是每一个人按照自己所愿意的方式运用自己的力量保全自己的天性——也就是保全自己的生命——的自由。"参见[英]霍布斯:《利维坦》,黎思复、黎廷弼译,第97页,杨昌裕校,商务印书馆1996年。

② [荷兰]斯宾诺莎:《神学政治论》,温锡增译,第212页,商务印书馆1996年。

③ [葡]叶士朋:《欧洲法学史导论》,吕平义译,第155页,中国政法大学出版社1998年。

④ Pauline C. Westerman, *The Disintegration of Natural Law Theory, Aquinas to Finnis*, pp. 173—174, p. 179, Brill, 1998.

性和社会,就把社会还原为原子式的个体,然后再把个体加在一起。[①]社会契约论就是这种方法论的典型:自然人原先处于一种自然状态,人们之间没有任何政治或社会意义上的联系,为了保护每个人的自然权利,人们通过缔结社会契约建立起文明社会和政府,但社会共同体只是在保护人民的权利这一点上才有效,如果它不再能够履行保护职能的时候,人们就可以解除社会契约,重新回到自然状态。可见,在逻辑上个人永远先于社会,个人的权利永远高于社会的利益。

第二,格劳秀斯把自我保全作为人的本性,设想人类一切活动出发点就是趋利避害,一切活动的目的不是为了"善"而仅仅是为了快乐。于是人的欲望在这种享乐主义的前提下获得了释放,人成了一个欲望的主体,生存的欲望、求利的欲望维持着人类和社会的存在,欲望是道德和正义的唯一根源。然而欲望必须显现为一种外在的要求(claim),在法律上就是用"权利"来表达这种欲望要求,因此人类基本的道德事实就不是古典自然法学所说的"义务",而是"权利",权利是根本性的、无条件的、绝对的,义务不过是从权利中延伸出来的。[②] 生命、财产等是人处于自然状态时就已经存在的自然权利,"人的自然权利先于一切社会组织和政治组织的基础而存在。因此,国家的真正功能和目的在于把这些权利纳入它的秩序,从而保留并且保障这些权利。"[③]古典的政治哲学把义务作为社会联系的纽带,要求人们的生活充满美德,而现代的自然法学家则教导人们如何获得权利,满足欲望,于是权利成为界定社会秩序的基本工具。

当代法理学家菲尼斯(Finnis)指出现代自然法对权利意识的伸张

---

① [德]卡西勒:《启蒙哲学》,顾伟铭、杨光仲、郑楚宣译,第249页,山东人民出版社1996年。
② [美]列奥·斯特劳斯:《自然权利与历史》,彭刚译,第185页,三联书店2003年。
③ [德]卡西勒:《启蒙哲学》,顾伟铭、杨光仲、郑楚宣译,第243页,山东人民出版社1996年。

始于格劳秀斯,他的主要证据就是格劳秀斯赋予"Jus"一词以权利的含意。[1] Jus(ius)在古典政治法学那里基本的意思是"法"(law)和"正义的事物"(the just thing),而并没有包含权利的意味。然而从苏阿兹开始,jus被认为是"每个人对他的财产或者关于应该归属于他的东西,拥有的一种道德力量。"[2] 后来格劳秀斯在《战争与和平法》中更深刻指出Jus除了"正义"之外的另一层含义,即"公正地使一个人拥有某种利益或可以做某事的道德能力",并且如果这种道德能力是"完整的",那么它就是一种权能(facultas),具体包括(1)由权力(power)构成的权利,如人们对自己身体自由的权力或对别人的权力(父亲对子女的权力、主人对奴隶的权力);(2)物权,包括完整的所有权以及不完整的使用权、占有权和抵押权;(3)要求债务人清偿的债权。[3] Jus被自然法学家赋予了权利的意义,现代西方法律思想史上"权利"与"法律"由此开始结下了不解之缘,[4]它们的关系是:个人的主观权利始终先于客观的法律秩序,法律就是为了保护主体的权利而存在。[5] 因此格劳秀斯不仅被认为是"国际法之父",而且也是"现代的自然权利之父",他着实影响了下一个世纪的自然权利论者。[6]

总之,从格劳秀斯开始,现代自然法学家以区别于古典思想家的方式来看待社会与法律:社会被视为偶然的存在,被还原为个人的简单相

---

[1] John Finnis, *Natural Law and Natural Rights*, p. 207, Clarendon Press, 1980.

[2] John Finnis, *Natural Law and Natural Rights*, p. 206, Clarendon Press, 1980.

[3] Hugo Grotius, *On the Law of War and Peace*, 1, 1, 5—6. 资料来源 http://www.constitution.org/gro/djbp.htm.

[4] 除了拉丁语的 Jus 同时表示法律与权利之外,德语的 Recht,法语的 Droit,意大利语的 Diritto 以及西班牙语的 Derecho 都兼有法律与权利两种含意。参见梁治平:《法辨》,第63页,中国政法大学出版社2003年。

[5] [葡]叶士朋:《欧洲法学史导论》,吕平义译,第157页,中国政法大学出版社1998年。

[6] Kenneth Pennington, "The History of Rights in Western Thought", *Emory Law Journal*, p. 251, Vol. 47, 1998.

加;传统的义务观念逐渐淡薄,权利意识得以伸张,法律的目的就是保护个人的权利。这些结论表明格劳秀斯发明了一种现代的人本主义的自然法类型。

虽然《战争与和平法》的主题是国际法,但是格劳秀斯认为许多国际法的原则都是从民法中衍生出来的。在这本著作的第二部分,格劳秀斯为了论证国家财产和国际条约的问题,把民法上的财产权和契约作为理论前提来探讨。德国法律史家弗朗兹·维亚克(Franz Wieacker)就此给予格劳秀斯高度的评价,认为他在欧洲私法向现代的世俗理性法转型过程中是一个承上启下的关键人物。[1] 在笔者看来,格劳秀斯对现代民法思想发展的最大贡献就在于他用自然法学说重新阐释了罗马法的素材,从而使得现代民法的权威从《民法大全》转向了人类的自身理性。[2]

在《战争与和平法》的序言中,格劳秀斯集中提出了四条自然法原则:(a)获得别人的东西就应该以我自己所有的东西作为相应的补偿;(b)遵守诺言;(c)赔偿因自己的过错而导致的损失;(d)按照功过承担应得的赏罚。[3] 自然法原则与民法的具体规则是有区别的,它们是一种自然法与实在法的关系,[4]自然法构成了民法规则的基础。

---

[1] Franz Wieacker, *A History of Private Law in Europe, With Particular Reference to Germany*, Translated by Tony Weir, p. 237, Clarendon Press, 1995. 沃特金也指出格劳秀斯的著作架起了人文主义(16世纪)与理性主义(18世纪)之间的桥梁。Thomas Glyn Watkin, *An Historical Introduction to Modern Civil Law*, p. 120, Ashgate Publishing Ltd., 1999.

[2] 艾伦·沃森指出,《战争与和平法》"为私法的猛烈改革,为在理性而不是罗马法的基础上建立起一种制度,开辟了一条庄严的道路。"[美]艾伦·沃森:《民法法系的演变及形成》,李静冰、姚新华译,第139页,中国政法大学出版社1997年。

[3] 转引自 Pauline C. Westerman, *The Disintegration of Natural Law Theory, Aquinas to Finnis*, p. 140, Brill, 1998.

[4] 例如格劳秀斯区分了实在法上的债务与自然法上的债务,债权人免除了债务人的债务,虽然在民法上债务人就不再负担这项债务了,但是这并不意味着这项正当的债务在自然法上也终止了。Hugo Grotius, *On the Law of War and Peace*, 1.1.14. 资料来源 http://www.constitution.org/gro/djbp.htm.

首先,就所有权制度而言,格劳秀斯认为原先世界上的一切物品都是人类共同财产的储藏,根据自然法每个人都可以使用他首先占有的物品。[①] 后来基于一致的同意,人们互相承认和尊重他人的财产,私人所有权制度产生了,于是自然法就要求任何人不得侵犯他人的所有权。[②] 在动产所有权的取得方面,自然法允许对某物的先占即取得对该物的权利,在国家产生以后,先占原则就由国家的法律予以认可。[③] 此外,自然法一方面构成了所有权的基础,另一方面则对所有权进行了限制。格劳秀斯指出私人财产权制度不能偏离自然公正(natural equity),成文法的解释必须符合自然法的目的,据此可以认为在极端紧急的情况下私人财产就恢复到共同财产的状态,例如在航海的行程中如果供应品不足,则每个人的储藏物资就必须拿来作为共同的消费品;为了阻止大火的蔓延,可以拆毁邻近的房屋;在受到饥饿的威胁下,有权获得别人的食物等等,这些都是自然公正的要求。[④]

其次,就返还财产的责任而言,它适用于把他人的财产据为己有的情况。某人占有了他人的财产,就必须把它返还给合法的所有人,格劳秀斯区分了各种情形下的返还责任:如果占有人以公正的手段获得了物品,并且该物品灭失了,那么占有人不负返还的责任;如果占有人是善意的,那么占有人要把现存的利益返还给所有人,包括从该物品获得的收益;如果占有人不是善意的,则除了返还现存的收益,还要赔偿所有人的损失;如果占有人转让了物品,则要向所有人返还出卖物品所获

---

① Hugo Grotius, *On the Law of War and Peace*, 1, 1, 10; 2, 2, 2. 资料来源 http://www.constitution.org/gro/djbp.htm.
② Hugo Grotius, *On the Law of War and Peace*, 1, 1, 10; 2, 2, 2. 资料来源 http://www.constitution.org/gro/djbp.htm.
③ Hugo Grotius, *On the Law of War and Peace*, 2, 3, 3. 资料来源 http://www.constitution.org/gro/djbp.htm.
④ Hugo Grotius, *On the Law of War and Peace*, 2, 2, 6, 8. 资料来源 http://www.constitution.org/gro/djbp.htm.

得的价金。格劳秀斯认为这些规则既是实在法上的责任,又符合自然法的原则。[1]

还有,就契约制度而言,在格劳秀斯的时代一个关键的问题就是口头允诺(promise)是否具有约束力。根据罗马法上的要式口约的规定,一个允诺要获得约束力,其必须具备外在的表现形式,要式口约的效力产生于它的形式而不是体现在其中的合意(consent)。[2] 例如西塞罗就认为单纯的合意本身并不直接发生法律效力,直至格劳秀斯时代的人文主义法学家康纳仍然认为不具备外在形式的契约是没有强制力的。[3] 但是格劳秀斯指出,根据所有人的意志转让财产应该被认可,即使是口头的合意也同样如此,这是自然正义(natural justice)的要求,并且这也有助于人们之间诚信(good faith)的巩固。[4] 因此格劳秀斯把契约效力的最终根源确定在人们的自由意志(free will)之上,合意被推至契约的核心地位。例如一般的法律理论认为,基于错误的允诺赋予允诺人以撤销契约的权利,但是格劳秀斯则强调由于允诺人的过失导致了契约另一方的损失,那么允诺人应予以赔偿,因为允诺基于错误的毕竟也是一个允诺;在受胁迫而订立的契约的场合,虽然人的意志受到了干扰和强制,但不可否认契约中也存在着合意。[5]

对于早期的资本主义商业经济来说,无论是交付现金还是转移货物都是在签订契约的一段时间之后进行,这就迫切需要一种能够提供

---

[1] Hugo Grotius, *On the Law of War and Peace*, 2, 10. 资料来源 http://www.constitution.org/gro/djbp.htm.
[2] [英]巴里·尼古拉斯:《罗马法概论》,黄风译,第170—171页,法律出版社2000年。
[3] Hugo Grotius, *On the Law of War and Peace*, 2, 11, 1. 资料来源 http://www.constitution.org/gro/djbp.htm.
[4] Hugo Grotius, *On the Law of War and Peace*, 2, 11, 1. 资料来源 http://www.constitution.org/gro/djbp.htm.
[5] Hugo Grotius, *On the Law of War and Peace*, 2, 11, 6—7. 资料来源 http://www.constitution.org/gro/djbp.htm.

长期信用的法律制度,把契约的效力建立在合意的基础之上,不仅省去了交易中的许多形式主义的障碍,而且赋予口头契约以法律效力更为明显地促进了商业信用的发展。但是格劳秀斯时代的法律还没有完全承认这一点,例如在买卖契约成立之时,出卖人尚未取得商品的所有权,这样的契约在民法上属于无效的,但是格劳秀斯认为如果处在这种契约下,当事人出于道德上的责任会用尽各种努力来履行契约,因此在自然法上该契约是被认可的。[1] 可见,格劳秀斯总是根据自然法尽量使得单纯的允诺本身就足以构成契约,[2]他已经充分说明了现代契约法的"合意就是契约的本质"[3]的原则。

维亚克认为格劳秀斯的许多民法理论遗产在现代的民法典上都获得了印证,[4]但可惜的是格劳秀斯以及大多数的自然法学家并不以建构一门现代的私法为己任,因此自然法学家事实上并没有给欧洲国家的实在私法注入多少新的规则,勒内·达维德(René David)指出自然法"不曾创造并向实践提供任何替代罗马法的制度",[5]艾伦·沃森也认为"一旦自然法进入私法实践活动的领域,就变得无精打采。"[6]但是,没有提供解决具体问题的规则并不是说自然法对欧洲的现代民法没有任何影响,实际上自然法的影响是一种精神上的感染。

---

[1] Hugo Grotius, *On the Law of War and Peace*, 2, 11, 10. 资料来源 http://www.constitution.org/gro/djbp.htm.

[2] Hugo Grotius, *On the Law of War and Peace*, 2. 11. 10. 资料来源 http://www.constitution.org/gro/djbp.htm.

[3] Thomas Glyn Watkin, *An Historical Introduction to Modern Civil Law*, p. 307, Ashgate Publishing Ltd., 1999.

[4] Franz Wieacker, *A History of Private Law in Europe*, With Particular Reference to Germany, Translated by Tony Weir, pp. 231—234, Clarendon Press, 1995.

[5] [法]勒内·达维德:《当代主要法律体系》,漆竹生译,第45页,上海译文出版社1986年。

[6] [美]艾伦·沃森:《民法法系的演变及形成》,李静冰、姚新华译,第140页,中国政法大学出版社1997年。

三、现代自然法思想与欧陆的自然法典

格劳秀斯在《战争与和平法》的序言中提出要按照数学方法来演绎法律,在他看来法学与数学一样都不关注具体的事物,都是在抽象思维领域研究普遍的规律,无论经验的事实如何自然法始终有它自己的公理。用怀特海的话来说就是:数学可以摆脱任何特殊事例的制约,从而把对象提升到一般的抽象的高度。[①] 在格劳秀斯看来法学就是这么一个与数学相类似的抽象的世界,哲学家卡西勒认为在这一点上格劳秀斯可以与伽利略在自然科学上的成就相媲美。[②] 17世纪以后,现代自然科学在培根、笛卡尔和牛顿的思想指导下获得了长足的发展,自然科学的方法广泛地渗透到各门人文科学领域,许多自然法学家也不可避免地沾染了新科学的精神,由此自然法学朝向更加科学化的方向迈进,这一进程一直持续到启蒙运动。

首先是英国的经验主义哲学家托马斯·霍布斯把数学的方法运用到了法学上。霍布斯在40岁的时候,偶然地首次见到欧几里德的《几何原本》时,一个新世界展现在他的面前,他因此决计要摹仿数学的确定性建立一门哲学,[③]他的后期著作《利维坦》就是在这种思想的指导下完成的。霍布斯把世界看作由因果链组成的一架大机器,在《利维坦》的开篇他把生命和无生命的物质进行类比,认为人与钟表一样,心脏是发条、神经是游丝、关节是齿轮,因此一切事物都可以按照机械的

[①] [英]A. N. 怀特海:《科学与近代世界》,何钦译,第21页,商务印书馆1997年。
[②] [德]卡西勒:《启蒙哲学》,顾伟铭、杨光仲、郑楚宣译,第230页,第235页,山东人民出版社1996年。另 Pauline C. Westerman, *The Disintegration of Natural Law Theory, Aquinas to Finnis*, pp. 150—151, Brill, 1998.
[③] [英]索利:《英国哲学史》,段德志译,第57页,山东人民出版社1996年。

规律进行计算。① 人的基本能力就是推理,而推理只不过就是在内心进行加减运算,数学家在数字方面做加减,几何学家在线、形、角、比例、倍数、速度、力量等方面做加减,逻辑学家在词语序列、断言、三段论方面做加减。同理,政治学家把契约加起来找出人们的义务(社会契约论),法律学家则把法律和事实加起来以找出私人行为中的是与非。②由此霍布斯在数学与法学之间建立起了联系。

与霍布斯同一时期的欧陆唯理论哲学家斯宾诺莎也在这方面做出了努力。斯宾诺莎企图统一自然与人类,认为人类社会的事件与自然事件一样都处于一种因果系列之中,因此是可以证明的。于是他设想如果从一些自明的原则出发,用几何学的方法进行论证,那么就能在人文科学领域建构像数学一样确实而普遍的真理系统。③《伦理学》一书就是这种方法论的代表,在此斯宾诺莎完全摹仿几何学的方法论证了伦理学的规则,可以说他把霍布斯运用的自然科学中数学的因果方法发挥到极至。④

对现代民法思想最有影响的自然法学家当数德国的普芬道夫。普芬道夫首要的观点就是区分了"物质实体"(entia physica)与"道德实体"(entia moralia),前者是自然科学的研究对象,后者是社会科学的研究对象,因而关涉道德问题的自然法就获得了独立的地位,普芬道夫并强调自然法是一门真正的"科学"。⑤ 为了建设这门科学,普芬道夫

---

① [英]霍布斯:《利维坦》,黎思复、黎廷弼译,杨昌裕校,第1页,商务印书馆1996年。
② [英]霍布斯:《利维坦》,黎思复、黎廷弼译,杨昌裕校,第27—28页,商务印书馆1996年。
③ [美]梯利:《西方哲学史》,伍德增补,葛力译,第327页,商务印书馆2000年。
④ [德]阿图尔·考夫曼,温弗里德·哈斯默尔主编:《当代法哲学与法律理论导论》,郑永流译,第81页,法律出版社2002年。
⑤ Pauline C. Westerman, *The Disintegration of Natural Law Theory, Aquinas to Finnis*, p. 201, Brill, 1998. 另参见[德]阿图尔·考夫曼,温弗里德·哈斯默尔主编:《当代法哲学与法律理论导论》,郑永流译,第82页,法律出版社2002年。

接受了笛卡尔(Descartes,1596—1650)的理性主义,并且把推理与归纳、公理与观察、分析与综合等多种科学方法结合在一起,创造了一个普遍的自然法体系。维亚克认为没有普芬道夫的自然法的体系化工作,现代民法典中的抽象的"总则"(general part)是不可想象的。[①] 普芬道夫对现代民法的贡献可以总结为如下几个方面:(1)普芬道夫像格劳秀斯和霍布斯一样探讨了契约的问题,但他超越前辈之处在于对契约进行了详细的分类。与传统的罗马法不一样,他把交易按照在社会交往中的功能进行划分,如无偿的契约、负担义务的契约或前二者混合型的契约,他按照经济的内容列举了交易的类型,区分了附属性质的担保契约与所担保的主契约。此外还有,在债务消灭的各种方法中,他举出了清偿和替代清偿的其他方法,后者包括抵销(set-off)、免除(release)、更新(novation)、委托(delegation)等。理性主义时代的自然法典、19世纪德国潘德克顿法学以及《德国民法典》中到处运用着普芬道夫提出的这些概念,因此可以说普芬道夫是债法总则的创始人。(2)在所有权的取得方面,普芬道夫把债与继承都作为取得所有权的手段,这一模式被《普鲁士一般邦法》和《奥地利民法典》所遵循,他还把所有权的取得分为原始的取得和继受的取得、传来的取得和创设的取得,[②]这是现代民法学说在"所有权的取得"上的基本分类。(3)普芬道夫不仅在宏观的体系方面廓清了现代民法的基本架构,并且还对一些具体的民法制度进行了深入的研究。例如他认为如果订立契约的客观情况发生了当事人不能预期的变化或者某种事态作为履行契约的条件,则当

[①] Franz Wieacker, *A History of Private Law in Europe*, With Particular Reference to Germany, Translated by Tony Weir, p. 246, Clarendon Press, 1995. 另 R. C. van Caenegem, *An Historical Introduction to Private Law*, Translated by D. E. L. Johnston, p. 119, Cambridge University Press, 1992.

[②] Franz Wieacker, *A History of Private Law in Europe*, With Particular Reference to Germany, Translated by Tony Weir, p. 246, Clarendon Press, 1995.

事人可以撤销契约,这就是情势变更(changing circumstances)原则,这条原则至今仍然是现代民法"交易基础"[①]理论的基石。[②] 另外在信托、契约的风险等方面普芬道夫都有所涉及。

维亚克评论说,比较而言,格劳秀斯更具有学养和对法律的激情,霍布斯突出在逻辑力量和尖锐的现实主义,而普芬道夫则更加充满活力,丰富多产,因此他比前两者更重要,他对欧洲私法的发展的推动比前两位学者更加直接和强烈。[③] 普芬道夫之后,他的继承人克里斯蒂·托马休斯(Christian Thomasius,1655—1728)和克里斯蒂·沃尔夫(Christian Wolff,1679—1754)进一步加强了私法的体系化和抽象化的倾向,并且为现代的自然法性质的法典编纂开辟了道路。

理性主义时代最后一位具有自然法色彩的法学家是康德。康德是一位哲学家,但他对法学的研究也是颇有见地,《法的形而上学原理》一书代表了康德在这方面的成就。康德是一位杰出的体系性思想家,这不仅是因为在宏观上他的三大理性批判界定了自然领域、道德领域和审美领域的不同规律,而且尤其体现在他在法学上对权利的划分和安排。他首先把法律和权利划分为私法(私人权利)和公法(公共权利),私人权利分为对物权、对人权和物权性的对人权。对物权其实就是民法上的物权、对人权就是债权,而物权性的对人权"是把一外在对象作为一物去占有。而这个对象是一个人"(实际上就是指亲属之间的权

[①] "交易基础"是指法律行为成立生效以后,由于发生了当事人无法预料到的未来的事件,导致了现实偏离了当事人原先的设想,在这种情形下法律行为是否继续生效或者是否可以继续履行的问题。参见[德]梅迪库斯:《德国民法总论》,邵建东译,第 648—665 页,法律出版社 2000 年。

[②] Franz Wieacker, *A History of Private Law in Europe*, With Particular Reference to Germany, Translated by Tony Weir, p. 247, Clarendon Press, 1995.

[③] Franz Wieacker, *A History of Private Law in Europe*, With Particular Reference to Germany, Translated by Tony Weir, p. 248, Clarendon Press, 1995.

利)。① 康德进一步对具体的私法概念进行了体系化的分类,例如他把契约分为无偿的、彼此互相负有义务的和担保契约。无偿的契约包括保管、借用、捐赠;互相负有义务的契约包括交换的契约(物物交易、买卖交易和借钱或借物)和出租或雇佣的契约(出租物、雇佣劳动和委托);担保的契约包括抵押、保证和人身安全。② 康德明确地表达了将法学概念体系化的原因:"有理由要求权利的形而上学科学,应该完整地和明确地决定这门科学的先验概念的合乎逻辑分类的各个分支,以便把它们组成一个真正的体系。"③这里我们应该注意康德是一位先验论哲学家,他认为人类的理性有一种用概念来思维的先验能力,它可以对经验的材料加以比较、归类、连接和整理,这些活动统称为"先天综合",先天综合能力与感觉的结合就形成了人类的知识。④ 康德在谈到自然法的权利和实在法的权利时说道,"自然的权利以先验的纯粹理性的原则为根据"。⑤因此法哲学的任务就是要发现一种先验的、自在自为的、抽象的概念体系,私法要成为一门科学就必须符合这个特征,这种哲学思想构成了19世纪德国概念法学形式主义的根源,⑥潘德克顿法学家努力解决的就是康德提出的私法上先验的概念结构问题。

自然法思想在同一时代的民法学家那里得到了回应,法国法学家多马(Jean Domat,1625—1696)就是一个代表。多马的《自然秩序中的民法》(Les Lois Civiles Dans Leur Ordre Naturel,1689—1694)一书的开篇就写道:"本书的目的就是把民法按照其自然的秩序进行安排,区

---

① 康德:《法的形而上学原理》,沈叔平译,第94页,商务印书馆1997年版。
② 康德:《法的形而上学原理》,沈叔平译,第106—107页,商务印书馆1997年版。
③ 康德:《法的形而上学原理》,沈叔平译,第105页,商务印书馆1997年版。
④ 杨祖陶、邓晓芒:《康德〈纯粹理性批判〉指要》,第54—62页,人民出版社2001年。另[美]梯利:《西方哲学史》,葛力译,第443页,商务印书馆2000年。
⑤ 康德:《法的形而上学原理》,沈叔平译,第49页,商务印书馆1997年版。
⑥ William Ewald, "Comparative Jurisprudence (I): What Was It Like to Try a Rat?", *University of Pennsylvania Law Review*, p. 2003, Vol. 143, 1995.

别各种法律主题并且根据它们自然形成的分类进行重新组合;根据每个主题的分支内容进行分类;对每一个具体的分支内容,设计出它的概念、它的原则以及它的规则,从而推进法律的清晰性、可理解性。"[①]为此他对传统的罗马法重新进行了界定和整理,例如他对债法的描述就与罗马法大相径庭,债分为合意(voluntary)之债和非合意(involuntary)之债,前者包括契约之债以及由用益权、地役权产生的债,后者包括侵权之债和准契约之债(无因管理和不当得利)。[②] 多马是现代欧陆民法的思想先驱,其自然民法思想一直影响到拿破仑民法典时期,[③]1804年的《法国民法典》第三编第三章和第四章的内容就是遵循这种债的划分方式。

17世纪开始的现代自然法传统,发展到18世纪就取得了两项瞩目的成就,[④]其一,在公法领域,自然法和社会契约论重新塑造了统治者与被统治者、政府与人民之间的关系,自然法学说和天赋人权的思想构成了美国的《独立宣言》和法国的《人权宣言》的智识基础,并最终在西方政治法律的实践中确立了以保障人的自然权利为终极指向的现代国家的宪政制度。其二,受到自然法精神的影响,欧洲产生了第一批的现代法典,即"自然法典"(the natural law codes)。[⑤] 这一时期最主要的自然法典包括1756年的马克西米利安《巴伐利亚民法典》(Codex Maximilianeus Bavaricus Civilis),1794年的《普鲁士一般邦法》

[①] Shael Herman, "Legislative Management of History: Notes on the Philosophical Foundations of the Civil Code", *Tulane Law Review*, p. 388, Vol. 53, 1979.

[②] Peter Stein, *Roman Law in European History*, Cambridge University Press, 1999, p. 109.

[③] Thomas Glyn Watkin, *An Historical Introduction to Modern Civil Law*, Ashgate Publishing Ltd., 1999, p. 124.

[④] [法]勒内·达维德《当代主要法律体系》,第59页,漆竹生译,上海译文出版社1986年。

[⑤] Franz Wieacker, *A History of Private Law in Europe, With Particular Reference to Germany*, Translated by Tony Weir, p. 257, Clarendon Press, 1995.

(Preussisches Allgenmeines Landrecht, ALR),1804 年的《法国民法典》(Code Civil)以及 1811 年《奥地利一般民法典》(Österreichisches Allgemeines Bürgerliches Gesetzbuch, ABGB)。①

《巴伐利亚民法典》主要是一个人的作品,即选帝侯约瑟夫三世(Max Joseph III,1745—1777)的大臣科里梅尔(W. X. A. von Kreittmary,1704—1790)一手制作的。巴伐利亚地区的法律原先处于一种普通法的状态并且混乱不堪,由于受到 1746 年的腓特烈大帝的内阁命令的促动(见下文),巴伐利亚开始了法典化的改革,并于 1751 年颁布了刑法典,1753 年颁布了民事诉讼法典,1756 年颁布了民法典。《巴伐利亚民法典》主要以优士丁尼的《法学阶梯》为蓝本,共分四编,第一编的内容包括自然法与正义、法的分类、与人的身份相应的权利和义务,家庭、婚姻、监护等。第二编包括财产权利与义务的总则,所有权,所有权的取得、时效、占有、不动产抵押、地役权、相邻权、用益权等。第三编是继承法的内容。第四编主要是债法的规定,包括债法的总则以及各个类型的契约。② 这部法典透出的理性的自然法精神在于它经过了仔细的全盘规划、简明而便宜的德语书写方式,审慎的理性解决方案以及回避了陈旧的法律矛盾。③

普鲁士法典的编纂历经了将近一个世纪。1713 年腓特烈·威廉一世(Friedrich Wilhelm I)登基成为普鲁士国王,1714 年他向哈勒(Halle)大学发出内阁命令要求统一境内的法律,并将此重任托付在哈

---

① [德]阿图尔·考夫曼,温弗里德·哈斯默尔主编:《当代法哲学与法律理论导论》,郑永流译,第 86 页,法律出版社 2002 年。自然法典的高潮是 1804 年的《法国民法典》,对这部法典的精神特质予以总结是一个极其重大的课题,限于篇幅,本文无法展开论述,笔者将另行撰文研究。
② 参见[美]艾伦·沃森:《民法法系的演变及形成》,李静冰、姚新华译,第 151 页,中国政法大学出版社 1997 年。
③ Franz Wieacker, *A History of Private Law in Europe, With Particular Reference to Germany*, Translated by Tony Weir, p. 260, Clarendon Press, 1995.

勒大学的法学家托马休斯身上,但由于托马休斯的反对,此项计划遂搁浅。腓特烈二世(即腓特烈大帝,Friedrich II,1712—1786)比其父亲腓特烈一世更加开明,对法国启蒙哲学非常同情,甚至与伏尔泰过从甚密,因此腓特烈大帝励精图治,对普鲁士进行了许多社会改革。1746年他向法学家首相柯克采伊(Samuel von Cocceji,1679—1755)发布了内阁命令,要求他以自然理性以及地方性的政制为基础,将法律理性化和明晰化。这项规划的正式名称就是"腓特烈法典大全"(Corpus Juris Fredericiani)工程,即以理性和地方的宪制为基础统一王国内的法律,使罗马法成为一个自然秩序的和合理的体系。但由于"七年战争"的爆发,这项规划也未得以实施。1780年4月14日的内阁命令再次要求编纂统一的法律,并申明必须彻底地贯彻自然法,为了避免学说的争议法律应该是巨细无遗和完美无缺的,并且疑难法律问题不是由法官而是由立法委员会来解决。自然法学家卡默尔(Carmer,1720—1801)、苏亚茨(Svarez, or Schwarz,1746—1796)和克莱因(Klein,1744—1810)努力工作完成了《普鲁士一般邦法》的草案,并且于1786年将草案提交给了老腓特烈,1787年该草案在欧洲各地发布,一时间褒贬不一。最后,经过苏亚茨等人的数次修订,在1789至1792年间定稿。这部法典的效力从1794年开始一直持续到1900年《德国民法典》生效为止。

《普鲁士一般邦法》有19000多个条文,几乎包罗了一切公法和私法,其内容主要是由普芬道夫和沃尔夫的自然法思想演变而来。法典的第一编的内容是财产权,其按照如下的体系编排:(1)直接的和(2)间接的取得财产(包括债);(3)基于死亡而取得财产(继承法);(4)所有权的保持和丧失;(5)共同所有权以及(6)动产和不动产的权利。第二编是涉及到联合体的法律,包括(1)家庭关系产生的法律(家庭法、家庭财产法、亲属关系法);(2)国家中各个阶层的法律;(3)国家与其公民之间的权利义务关系,即宪法和行政法。①

普鲁士法典是一个文化上的怪胎,一方面它充满了对人类的理性力量的信心,代表了一种理性主义的认识论,融入了自然法精神,如它的序言宣布个人权利是"在不伤害他人权利的情况下,追求和促进自身福利的自然自由。"②但另一方面它又深深根植于普鲁士的专制主义国家传统,普鲁士法学和法典的兴衰随着普鲁士君主的喜好而起伏不定,即使在法典颁布之后,普鲁士的大王腓特烈也不遵守自己制定的法律,他信不过法官所以对什么事都要过问和干预,甚至常常冲到审判台前上演一些"平冤狱"的活剧,直接改变法院的判决,从而展示他的"国王的绝对命令"。③

18世纪中叶,受启蒙运动的影响,德意志哈布斯堡王朝下的奥地利公国开始了改革。与普鲁士的启蒙专制主义类似,奥地利的改革也是上层的统治阶级为了加强中央集权和富强国家而实施的,特别是在女王玛丽·特蕾西娅(Maria Theresia,1717—1780)和其长子约瑟夫二世(Joseph II,1765—1790)有力地推动了改革在奥地利全面铺开。在法制领域,早在1753年女王特蕾西娅在布尔诺(Brno)设立了一个委员会,起草了《特蕾西娅民法典》(草案)(Codex Theresianus Juris Civilis)意欲统一奥地利境内的各世袭领地的私法,后来又经过维也纳委员会的修订呈给女王。但特蕾西娅认为这部草案过于庞大(共8367条)而且不易理解,于是在1772年又设立一个委员会,要求起草一部简明、清晰并充满"自然衡平"的法典。1790年这部草案的第一编在约瑟夫二

---

① Franz Wieacker, *A History of Private Law in Europe*, With Particular Reference to Germany, Translated by Tony Weir, pp. 260—264, Clarendon Press, 1995.
② [爱尔兰]J. M. 凯利:《西方法律思想简史》,王笑红译,汪庆华校,第216页,法律出版社2002年。
③ 丁建弘:《德国通史》,第106页,上海社会科学院出版社,2002年。另[英]J. O. 林赛编:《新编剑桥世界近代史》(第7卷),第403—404页,中国社会科学出版社,1999年。

世治下公布。1790年,约瑟夫二世任命一位自然法学家马尔蒂尼(Martini,1726—1800)成立一个新的委员会继续编纂民法典,并于1796年公布了一个三编制的草案。后来马尔蒂尼的学生弗朗兹·蔡勒(Franz von Zeiller,1753—1828)接手了法典起草工作,制定了一个1502条的草案,最后形成1811年的《奥地利民法典》。《奥地利民法典》与普鲁士法典一样是按照自然法的体系编纂的,但不同的是它纯粹是一部私法,完全割除了公法的内容。并且它比普鲁士法典更为清晰透彻,从而更像一部现代化的法典。该法典分为三编,第一编是人法;第二编是财产法,包括(1)占有、所有权、抵押权、地役权和继承,(2)契约、婚姻契约和损害赔偿;第三编是一般规定,包括(1)权利和义务的创设,(2)权利和义务的转移,(3)权利和义务的消灭,(4)时效。[①]

《奥地利民法典》从头到尾都渗透着自然法思想,这一方面是由于奥地利的君主本身就强烈要求制定法典要符合自然法的精神,另一方面法典的主持人如马尔蒂尼和蔡勒都是著名的自然法学家,特别是蔡勒深受康德自然法哲学的影响。在一部1797年的草案中我们读到了这样的条文:

> "权利(或法)和义务要么是基于人的天性,谓之自然的和天生的权利(或法)和义务,要么就是基于特定的社会,谓之实在的权利(或法)和义务。"(第4条)
>
> "人们按照既定的原则,为了共同的目标而发生的相互关系,谓之社会。"(第5条)
>
> "国家是一个这样的社会:它在一个共同的主权之下组织和约

[①] Franz Wieacker, *A History of Private Law in Europe, With Particular Reference to Germany*, Translated by Tony Weir, pp. 267—268, Clarendon Press, 1995.

束起来,以求达到由人性决定的某种终极的、合理的、坚定不移的目标。"(第6条)

"这个终极目标最重要的价值是国家成员的普遍幸福,它包含着人、财产以及由此衍生的所有的自然和实在权利的安全。"(第7条)[1]

这里明显可见自然法与实在法的区分,以及社会契约论与自然权利至上的思想。后来正式的民法典中虽然没有直接涉及自然法的内容,但在总体上它仍然体现了自然法精神。

四、结论

行文至此,我们大致可以在自然法与现代民法思想之间建立起如下几个方面的联系。

首先,最突出的一点就是受到17世纪以来科学精神的影响,自然法学家纷纷把数学和自然科学作为法律科学的楷模,意图在法学领域实现精确性计算的理想。哲学家胡塞尔(E. Husserl,1859—1938)在分析现代科学精神的起源时指出,现代的数学被赋予一种普遍的和无限的使命,即用数学对世界在整体上进行把握和控制。世界中的事物都是具有形体的,或者说它们都是具有"广延的实体",而数学给予我们的力量就在于:"借助于纯数学……我们能够对一切在形体世界中以这种方式伸展的东西做出一种完全新的归纳的预言,即能够根据已知的、被测定的、涉及形状的事件,以绝对的必然性对未知的、用直接的测量

---

[1] [美]艾伦·沃森:《民法法系的演变及形成》,李静冰、姚新华译,第158页,中国政法大学出版社1997年。

手段所达不到的事件做出'计算'"。① 对世界进行数学"计算"就是用数学作为控制这个世界的工具。数学为了完成"计算"的任务,就得把整个世界数学化,或者说这个世界就是一个"数学化的自然",因而任何探究自然的科学都应该使用数学的方法。胡塞尔这样说道:

> "对自然的数学化中,蕴含着这样的一个假定:在时空世界中的无限多样的物体的共存本身是一种数学的理性的共存,尽管作为归纳科学的自然科学只能用归纳方式达到这种本身为数学的互相联系。无论如何,自然科学具有最高度的理性,因为它是受纯数学指导的,它是通过归纳的数学的研究而获得的结果。难道这不应成为一切真正的知识的楷模吗?难道知识,如果它想成为超出自然领域之外的真正的知识的话,不应以自然科学为楷模吗?或者更确切些说,难道它不应以纯数学为楷模吗?"②

胡塞尔反复强调的意思无非是:一切学问要想成为"科学"的就必须服从数学的方法,因为只有数学才能使一门学问获得"精确性","精确性"就是把数学称为"科学"的根本原因。在西方现代的科学思维中,数学的计算精神不仅运用在"数"的领域,而且由于其巨大的成功,使得它也侵入了质的领域,③或者说纯粹抽象的自然科学方法扩展到了研究人性的人文科学。法律社会学家埃里希(Eugen Ehrlich,1862—1922)指出尽管法学与数学有着根本性的区别,但是法学却一再抵挡不住来

---

① [德]胡塞尔:《欧洲科学危机和超验论的现象学》,张庆熊译,第39页,上海译文出版社1997年。
② [德]胡塞尔:《欧洲科学危机和超验论的现象学》,张庆熊译,第72页,上海译文出版社1997年。
③ [德]卡西勒:《启蒙哲学》,顾伟铭、杨光仲、郑楚宣译,第22页,山东人民出版社1996年。

自数学思维的精确性和抽象性的诱惑。① 现代的自然法学家相信法学也可以运用数学的演绎方法:首先抽象出作为基本公理的法律概念和法律原则,然后类似于数学在几个先验的公理的基础上进行逻辑推演,就可以得出一个完美的法律体系。法律体系就是法律概念的加减体系,是对法律概念整合与排列,这样的一个概念精确、逻辑严密的法律体系就是一切实在法的先验基础,当然也是民法典的基础。诚如维亚克所言,自然法学家构建的自然法的体系是对于现代民法的最大贡献,②其实法典化本身就说明了这种体系性崇拜的社会心态。

其次,17世纪的理性主义哲学使人们相信宇宙是一个有序的体系,其各个方面都能为人类的理智所理解,人们通过运用数学的方法就可以了解自然界的一切必然的联系。③"建构理性"的观念促使自然法学家意图利用人类的理性为社会生活进行全盘的规划,这种形而上学的冲动极大地刺激了世俗的立法者以一种大全的法典控制社会生活的各个方面。从上述的三部自然法典来看,其原初的动机都是专制君主为了强国的目的而意图利用法典编纂来消除旧制度,缔造新社会。而自然法与传统的罗马法和习惯法不同之处恰恰在于它是一种不依赖任何经验材料的、抽象的、先验的体系,这正符合了新社会的建设者们对社会进行全面设计的目的。④自然法的理性主义迎合了现实的立法需求。

最后,现代自然法的一个基本的思想预设就是"人本主义"(humanism)。14世纪以来文艺复兴和宗教改革运动的人文主义精神波及

---

① Eugen Ehrlich, *Fundamental Principles of the Sociology of Law*, Translated by Walter L. Moll, p. 326, China Social Science Publishing House 1999.
② Franz Wieacker, *A History of Private Law in Europe*, With Particular Reference to Germany, Translated by Tony Weir, p. 218, Clarendon Press, 1995.
③ [英]约翰·科廷汉:《理性主义者》,江怡译,第10页,辽宁教育出版社1998年。
④ [日]大木雅夫:《比较法》,范愉译,第154页,法律出版社1999年。

到法学就产生了16世纪的人文主义法学,人文主义法学家发掘出了法学中的人性因素,指出法律如同道德和政治的问题一样都深切地关注着人的问题,"民法科学"(civil science)的目的不是沉思冥想,而是人的行动。[①] 17世纪以来的自然法学延续了人文主义者对法学的人性化和世俗化的进程。无论现代自然法的形态如何嬗变,但有一点是始终如一的,这就是现代的自然法立足于人类自身的理性,其真正的基础不是"自然",也不是"神",而是"人"。正如德国社会哲学家特洛尔奇(Troeltsch)指出现代自然法的奠基性原则就是"人本"的理念,自然的人性成为一切法律的基础,[②] 自然法的人本主义特质随着自然法与现代民法的结合而渗透到民法中去,自然法的个人主义方法论以及对自然权利的绝对强调,在现代民法上都有所体现。

[①] Donald R. Kelley, *The Human Measure, Social Thought in the Western Legal Tradition*, p.140, p.143, Harvard University Press, 1990.
[②] 刘小枫:《现代性社会理论绪论》,第116—117页,三联书店1998年。

"宪法"词义的历史透视[①]

刘 守 刚

语词和概念承载了以往历史的经验,每一个概念都有一部历史。用穆勒的话说,就是:"语言是经验积累的保管者,对于这种经验积累,所有以往的时代都做出了一份贡献。"[②]因此,对那些历史形成的概念,我们不能任意地赋予含义。那些至关重要的政治和法律词汇,它们的历史变迁与社会及政体的命运密切相联,其含义是在人类无穷的探索与失误过程中得以稳定下来的。误用或别有用心地利用这些词汇,将会带来极大的恶果。正如我们观察到的,在当今世界,多数国家都有一部自称为"宪法"的法律文件,但是被公认为已经实现立宪主义的国家少之又少。也就是说,滥用"宪法"一词是一个普遍的现象。为此,杉原泰雄认为:"宪法与立宪主义概念是宪法学的前提,从表面上看两者的含义似乎明确,但两者所包含的广泛内容常常被人们误解。因此,宪法学研究首先应弄清两者的含义。"[③]

本文的目的,就是从历史的纵深出发,依据历史文献来依次探究

[①] 本文对 constitution 一词的考察,主要资料来自于宪法网站(http://www.costitution.org)上所收录的历史文献,并参考了以下研究成果:胡锦光、臧宝清:"宪法词义探源",载《浙江社会科学》1999 年第 4 期;Charles Howard Mcilwain, *Constitutionalism: ancient and modern*, Cornell University Press,1947。有关语言问题还请教了上海外国语大学的张爱玲博士。

[②] 转引自[美]乔·萨托利:《民主新论》,冯克利、阎克文译,第 297 页,东方出版社 1998 年版。

[③] 转引自韩大元著:《亚洲立宪主义研究》,第 1 页,中国人民公安大学出版社 1996 年版。

"宪法"一词在不同时期的含义,以及当时得以沉淀积累至今的那些经验。最后,本文将给出该词语的确切含义,并据此引申出立宪主义的含义,完成杉原泰雄所提出来的研究任务。

一、constitution 一词在拉丁文中的萌芽

西方国家的"宪法"一词,英文为 Constitution,法文为 la. Constitution,德文为 Verfassung,它们的词源,据考证都来自于古罗马拉丁语中的 Constitutio。

1. 罗马帝国时期 constitution 一词获得了地位较高的含义

在拉丁文中,Constitutio 最初的含义是规定、组织和结构。使用拉丁文的罗马人,继承了希腊人的自然主义观点,认为人的组织和结构与事物的组织和结构很相近,政府的组织也和个人的组织很相近。对人而言,是身体服从思想;对政府而言,是被统治者服从统治者。

后来 Constitutio 有了命令、指示的意思,法规方面的含义正是从这个意思发展而来的。公元 2 世纪以后的罗马帝国内,Constitutio 作为一个技术术语用来指皇帝的立法行为,其复数形式即 Constitutiones,被用来特指主权者所颁布的一系列的法规汇编或立法性文件的总称。如公元 212 年罗马皇帝卡拉卡拉颁布的旨在扩大罗马公民资格范围的安托尼亚那敕令(Constitutio Antoniniana)。公元 6 世纪查士丁尼期间编撰《法学阶梯》和《学说汇纂》时,多次使用 Constitutio,如为编辑而颁布的编纂令(Constitutio Deo auctore),为赋予法律效力而颁布的法令(Constitutio Imperatoriam majestatem, Constitutio Tanta circa)。到罗马帝国后期,constitutio 和 constitution 开始混用。

以 Constitutio 为名的法规,其特殊性体现在地位比较高,高于市民会议所制定的普通法规。后来将民法上承皇帝旨意而发生效力的帝

国条例、法令和章程,都称为 Constitutio,用来区别于元老院的立法和其它法律。古罗马立法、法学著作中出现的 Constitutio,就是这个含义。西塞罗在《论共和国》中,第一次在非常接近于现代的意义上,使用了"constitution"一词。他在评论政府的混合形式时说:"这个 constitution(haec constitutio)意味着很大程度的平等,没有它,人们几乎不能保持自由,一会儿时间也不行……共和国的法律(constitutionem rei publicae)不是某一段时间或某个单独个人的成就"。[①]

随着蛮族的大规模入侵,罗马帝国的文明式微,教会成为唯一的文明保存者,教士们也成为唯一掌握以拉丁语为载体的罗马文化的阶层,罗马帝国时期赋予 constitution 的含义也被教会延续了下来。在以拉丁文颁布内部法律以及处理教会和世俗人士关系时,教会从罗马法里借用了 Constitutiones 这个词,专门指涉及教会和一些教会领地的法律规章。如克莱蒙特判令集(Constitutiones Clementinae),就是指教皇克莱蒙特五世的判令和规定汇编,1317 年由教皇约翰 22 世颁布。一般情况下,以 Constitutiones 为名颁布的,是指效力和地位较高的大主教教令(Provincial Constitution)和教皇使节的法令。可见,在这种意义上,教会继承了罗马帝国的用法。

2. 中世纪的世俗政权赋予了 constitution 以历史权威和传统惯例的含义

到公元 10—11 世纪,世俗君主从教会手中(也可能是从罗马法教科书中)拿回了 constitution 一词,使这个术语又用到世俗的法规中。一开始这个词的使用,仍脱不了教会的影子,是国王或大封建主用来确认教会颁布的法规,仍然符合教会的使用习惯。如 1164 年英国国王亨

[①] 转引自前引 Mcilwain, *Constitutionalism: ancient and modern*,第二章。本文作者只能得到该书英文版的网络版本,因此无法提供原书页码,以下同。

利二世颁布的《克莱伦敦法规集》(Constitutions of Clarendon),就是教会的法令文献记录和汇编,目的在于确立英国国内俗人(laymen)和教会之间的权利关系[①]。这一法规集,被亨利二世和其他人作为基本法规,经常加以参考。值得注意的是,世俗君主将这些法规作为参考,一方面固然是尊重教会的权威,承认君权神授的原则,将本来指称罗马皇帝法令的词,用在教会的法令身上;另一方面也是因为这些法令的历史足够悠久,取得了历史的权威,而尊重历史和传统是当时的习惯,也是所有民族在发展初期的习惯。

因此,这个词不久也用来特别指一些来源于古老风俗或习俗的特殊法令[②]。如克努特王朝森林法令集(Constitutiones Cnuti regis de foresta),该法令集由一高级官员在1185年前后汇编,旨在将诺曼底森林法委托于克努特国王,以此手段取得效力并加以普及。后世的我们,仍然可以通过这部委托的法律,来了解亨利二世时期的法律状况。要注意的是,后来constitution一词用来指那些源于古老习惯和长期惯例、指导政府运行的原则,正是从这个意义发展而来的。

在这一时期的英国,也可经常发现纯粹世俗地使用"constitutio",虽然仅仅在技术意义上,其它词如"lex"、"edictum",一样可在世俗行政法令中交换使用。对英国中世纪法律发展影响颇大的格兰威尔(Glanvill)的书中,频繁地使用"constitution"一词来指王家法令。布莱克顿(Bracton,约1216—1268)在分析1236年的梅顿法令(Statute of Merton)时,称其中一些条款是新的法律(a new constitution)。他还指

[①] 英国早期法律文献与欧洲大陆一样,采用的是拉丁语;在诺曼征服之后,官方法律文献在以拉丁语为主的基础上,受与拉丁语渐行渐远的法语的强大影响;1362年,英语代替法语成为法院审判的语言,但直到16世纪英王亨利八世与罗马教皇决裂后,英语才渐渐成为法律著作和文献的主要语种。

[②] 当然,这一语词转借过程的确切情况,今天已经很难得知。

出大宪章的一部分，仅仅是1225年《自由法令》(constitutio libertatis)的重申而已。在法国，几乎同时Beaumanoir提到一个新的对强占不动产的补偿法令，是国王们所作的一个新的法令(une nouvele constitucion)。这些王家颁布的地位较高的法令，经过一段时间就成了具有极高权威、不能轻易违背的惯例和传统[①]。

3. 中世纪的封建制度赋予了constitution一词以契约的含义

在中世纪，constitutio一词也用在上级封建主规定更低层次的封建主及城市、城市行会或个别团体的特权及相互关系的法律中。如公元1037年神圣罗马帝国皇帝康德拉二世为了确认和保护伦巴底各封建诸侯对所属封地的权力，颁布《封地法令》(Constitutio de Feudis)。在这种用法中，依然体现了罗马帝国时期该词所表示的一个特别的、具有较高地位的行政法令的含义。当然，这种用法主要是在欧洲大陆。在英国，类似情况下使用的是"charter"(古英语作carta)一词。如著名的1215年《大宪章》(Magna Carta)，就是用来确认英王约翰与各封建主、贵族和教会人士之间关系的法律文件。

这种法律文件，在很大程度上是一种规定双方权利和义务关系的契约。要理解的是，欧洲中世纪的封建关系，本身就是一种契约关系。大大小小的封建主们，继承了来自森林的日耳曼人的传统[②]，自认为是相互自由和平等的。他们之间的关系，是因土地分封而形成的庇护和尽忠的关系，这是一种根据传统习惯来确定的契约关系。既然是一种契约关系，其中一方就不能任意地解释和更改。要解释必须遵照传统

---

① 从本段所附的原文词汇也可看出，在12—13世纪，constitution和constitutio两个词已经开始混用。

② 塔西佗最早在他的《日耳曼尼亚志》中描述了日耳曼人的这种传统。参见[古罗马]塔西佗：《日耳曼尼亚志》，马雍、傅正元译，商务印书馆1997年版。不管塔西佗的描述是否正确，但他的著作却为人们反抗君主压迫、恢复古已有之的自由权，提供了古老的证据，即古代日耳曼人的自由神话。

习惯,要修改必须取得另一方的同意。特别是城市或城市行会组织,向国王或大封建主支付一笔一次性赎金或以每年交多少税为条件,换得城市的自治特权,在形式上也就是换来一张契约。契约上写明城市居民的权利、自治政权组织的形式,等等,契约的一方(国王、封建主、主教等)则承诺,不侵犯和剥夺这些特权。

逐渐地这个词就被用来指一些不能由一方(当然一般指在上者如国王)任意修改、必须取得另一方同意才能修改的法律。14世纪法国法律术语的使用中,可以清楚地看出这一点。当时的法国有国法(lois du royaume)与王法(lois du rof)的区别,王法可由国王自行修改,国法则来自于传统习惯,国王也不能自行变更或废止。倘若要废止或变更国法,国王必须取得等级会议(由贵族、教士及平民三个阶级的代表组织而成的议会)的同意。这就是一种契约的含义。国法又称为基本法(lois constitutionnellei)或根本法(lois fondamentales),而constitutionnellei一词显然来自于constitutio。这一时期,法语在英国上层社会中广泛使用,constitutionnellei的这种作为契约需经另一方同意才能改变的含义,肯定会对英语中constitution含义的形成发生一定的影响,虽然英语在这个含义上仍然常使用carta一词。

4. 小结

constitution代表一种地位较高的法律,一种来自于历史权威和传统惯例的法律原则,一种君主不能加以改变,要改变必须征得下级封建主和自由民同意的契约观念,都传给了后来的宪法。近代各国的宪法,不但地位高于一般法律,而且作为传统惯例和契约,它的修改和废止,不属于掌握普通立法权的议会,而属于人民或其他特殊的制宪机关。

不过在当时,constitution一词的含义并没有固定下来,上述的这些含义也并非constitution所专用。1418至1419年让·德·罗格(Jean de Terre Rouge)在提到国王不能去改变那些早已建立的王国公共法律(public law of the realm)时,他用的词是"ad statum publicum regni"。

constitution 在当时也不可能定型为今天的含义,还缺少以下三方面的要素:

第一,constitution 一词,还没有用来指称关于规定国家机构的组织与权限方面的法律。有些研究者认为,在亚里士多德的《政治学》一书中已使用"宪法"一词来指称这个含义。但是亚里士多德用的是希腊文,并不是用拉丁文的 constitutio。实际上,亚里士多德所使用的希腊文词语,还原为拉丁文应该是"politeia",中文应译为"政体"或者更准确地译法是"完美城邦",只是从其内容来看用现代汉语中的宪法来翻译更合适罢了。这一点,在亚里士多德在《政治学》的汉译本文中表现得十分明显,如"政体(宪法)为城邦一切政治组织的依据,其中尤其着重于政治所由以决定的'最高治权'的组织"[①]。

第二,constitution 一词,还不具有后世的那种合法性和神圣性的含义。说国王不能轻易去改变既存的 constitution,只是因为它已成为传统惯例或是一项传统契约,改变了不好,但统治者并不会因此失去统治的合法性。这是因为国王权力的来源是其拥有的土地财产,而不是 constitution。实际上,权力或法律合法性的问题,在古代已经出现,如有关自然法和"诸神固定不变的、不成文的习惯"或上帝之法的讨论。在亚里士多德那里也已有论述,他说"法律实际是、也应该是根据政体(宪法)来制定的,当然不能叫政体(宪法)来适应法律"[②]。但这一含义还没有被吸收进当时的 constitution 之中。constitution 也不具备后世所赋予的神圣性,统治者必须宣誓遵守它。事实上,这种神圣性在历史上也曾经存在过先例。如公元前 622 年,耶路撒冷出现的一次以律法

[①] [古希腊]亚里士多德:《政治学》,吴寿彭译,第 129 页,商务印书馆 1997 年版。
[②] 同上,第 178 页。

来改革和维护国家的巨大努力。大祭司从耶和华神庙里发现了一部被抛弃和被遗忘的律法书,国王和人民皆郑重宣誓遵守这部律法。但这个先例,既没有持续下去,也未流传开来,更没有融进 constitution 一词的含义中。

第三,constitution 一词,还只表示一些原则性的法律,不具备后世所具有的以成文规则和具体的制度来确保政府遵守既存的 constitution,也没有确立违宪审查制度,以防止政府滥用强制性权力的含义。成文宪法还没有到产生的时机,古希腊雅典的政治实践、罗马共和国的政制传统中所具有的约束政府强制性权力的具体制度,也没有持续下来,更不用说结合到 constitution 的词义中去。

二、constitution 一词在英语中获得了有关政府安排的总体法律结构的含义

"constitution"一词获得指一个国家有关政府安排的总体法律结构的含义,是在 16 世纪以后的英国。这一时期,英语在正式法律文献中运用得越来越普遍,受拉丁语的影响越来越弱。显然,只有对这几个世纪的政治法律文献进行仔细的考察,才能清楚这一演变过程,以及究竟何时第一次出现用 constitution 一词指称有关政府安排的总体法律结构。就目前资料而言,麦克艾文的考察结果是,至少 1578 年图卢斯的皮埃尔·格利高历(Pierre Gregoire of Toulouse)在他的《论共和国》(De Republic)一书中,已基本在现代意义上使用了该词[1]。不过麦克

---

[1] 同前所引 Charles Howard Mcilwain, *Constitutionalism: ancient and modern*,第 2 章。

艾文也强调,从上下文来看该书在使用"constitution"时含义似乎更广、更普通,与更古老的词汇 status reipublicae 一致。1583 年托马斯·史密斯(Thomas Smith)在他的《论盎格鲁共和国》①一书中,将 constitutions 与 laws 并列使用,从上下文来看,其含义与格利高历在《论共和国》一书中使用的含义很相似。

使用"constitution"来指有关政府安排的全部法律结构,《牛津辞典》给出的第一个例子是 1610 年豪尔主教(Bishop Hall)的一段话,他提到了"以色列国家的基本法规"(the Constitution of the Commonwealth of Israel)。同一年,詹姆斯·怀特罗克(James Whitelocke)的一段话更能显示出这一时期,constitution 一词已被许多学者用来专门指政府安排的总体法律结构:"本王国政策的自然结构和宪法即王国的公共法律(the natural frame and constitution [i. e. polity] of the policy of this Kingdom, which is jus publicum regni)。怀特罗克的话中有两个方面值得关注:(1)政府的自然(合理)构架(natural frame),已经相当接近于合法性的含义,这与亚里士多德所用的政体(politeia)是一个意思;(2)用"constitution"一词来指王国的公共法律(jus publicum regni)。英语中 constitution 一词后来的发展,结合了这两个方面,并形成了今天宪法含义的一部分。

因此,在 17 世纪前 20 年,constitution 一词大致上已包含如下含义:(1)法律地位较高;(2)来源于古老传统和惯例;(3)君主不能单方面改变;(4)专指有关政府组织的基本法规等。而且,这些含义在当时的使用肯定已比较普遍,得到多数人的认同。例如 17 世纪 20 年代,在科克(Edward Coke)与国王的那场著名的辩论中,已经使用了"unconstitutional"一词,意思是指国王的行为或颁布的法律,不符合已经确立的

---

① 该书是作者任驻法大使时所著,主要内容是描述伊丽莎白一世时代,英国政治有向共和理念发展的倾向。

有关政府组织和活动的传统原则①。

从宪法网站提供的资料来看,17世纪确实有许多作家已经将 constitution 与政府权力行使的基本方式和基本原则联系在一起。如 1640 年霍布斯(Thomas Hobbes)的《自然法和政治的基本要素》(*The Elements of Law Natural and Politic*),1656 年哈灵顿(James Harrington)的《大洋国》(*the Commonwealth of Oceana*),1680 年菲尔麦(Robert Filmer)的《父权论》(*Patriarcha*)和 1689 年洛克(John Locke)的《关于宽容的一封信》(*A Letter Concerning Toleration*),都在这一意义上使用了该词。

总之,18 世纪前后,constitution 一词的基本含义在英国已基本固定下来,它用来指一些有关政府组织和法律制度的基本原则,这些原则是从一国实际的政治法律制度及其惯例中引申出来的,国王一般不能违反,要改变这些原则必须经过国会同意等。这些原则,就是英国的宪法(Constitution of England)。

有关这一含义的最好说明,来自于博林布鲁克(Bolingbroke)1733 年的一段话,他说:

> "我们说的宪法,指的是用得体、准确的语言来描述的法律、制度和惯例的集合,它是从一些特定的、稳固的理性原则引申出来的,为某种公共利益服务。这些法律、制度和习惯组成一般的、根据社会所同意的统治制度……当公共事务的全部行政行为明智地、严格地按照宪法的原则和目标进行时,我们称为好的政府。"②

---

① 需要注意的是,这基本上是现代意义上的"违宪"概念。
② 参见 Bolingbroke,*Dissertation upon Parties*(http://www.ecn.bris.ac.uk/het/bolingbroke/parties.htm),该篇演讲多处阐述英国宪法。本文的考察表明,萨托利断言"宪法一词的现代涵义开始于 18 世纪,宪法一词或许是由博林布罗克首先使用"(萨托利:"宪政疏义",载《市场逻辑与国家观念》,三联书店 1995 年版)并不完全准确,只是在 18 世纪这个词得到比较集中的阐发,而以博林布洛克的阐述比较完整和有影响力。

分析这一段话，可以看出，博林布鲁克是在政府已经长期存在的前提下，提出一个评价政府好坏的标准，这个标准就是宪法。而宪法是从理性发展而来的一种原则，一国实际存在的惯例和法律可能是理性的最可靠的体现。因此，博林布鲁克的结论是，不符合惯例的政府，是一个坏政府。但是，博林布鲁克只是说这是一个坏政府，在他那时还没有这是一个缺乏合法性的政府的概念。也就是说，政府的权力并非来自于宪法。当然，宪法的神圣性和以成文法规定制约政府权力的制度、违宪审查等原则，在当时都还未确立。

在当时的政治思想家和法学家们看来，有关政府的法律和惯例（即英国宪法）主要包括以下两方面的内容。

（1）政府应该适当分权　英国立法部门与行政部门的分立与对抗，并不是因某种理念而产生的[①]，而是几百年来，作为纳税人代表的国会与以国王为代表的征税方行政部门长期斗争甚至武装冲突的结果，并经一次又一次诸如《大宪章》这样的法律反复确认。而司法部门由于普通法遵循先例等原则，要求法官基于专业知识的独立性，并在科克等法律职业者的坚持下，逐渐取得了既相对于国王又相对于议会的独立地位。1688年的光荣革命，在相当程度上确立了英国行政、立法和司法分权和制衡的现实。这一事实为孟德斯鸠所注意，并总结在他的《论法的精神》[②]一书中。

（2）人民的自由权利不得侵犯　在英国封建制度下，国王和贵族们的权力同样都来自于财产（土地），在本质上并没有什么不同。因此贵

[①]　当然不排除英国宪政制度的形成，受到了思想家们在总结古希腊、古罗马、威尼斯、荷兰等国宪政制度基础上所提炼出来的政治智慧的影响。

[②]　［法］孟德斯鸠：《论法的精神》，张雁深译，商务印书馆，1961年版，第十一章第六节。孟德斯鸠用这一部分的内容来描述英格兰的制度。不过在后人看来，立法、行政和司法的权力三分，与其说是孟德斯鸠在描述英格兰当时实际存在的政制，不如说是他以英国为资料创造了一个自由宪政的理想类型。

族们认为,除了应根据惯例履行对国王的封建义务外,自己依然拥有自由权利,所有自由人都拥有自由权利。经普通法严格的程序安排,这样的权利就形成了科克、布莱克斯通所强调的英国人的权利。所谓英国人的权利,包括人身安全的权利(即不受伤害和残害或其他诸如此类的侵害的权利)、人身自由权(包括陪审团审理的权利、人身保护的权利以及人的活动不受其他不公正的限制的权利)和财产权,这些权利确立的一般都是对政府的限制。戴雪更是将私人权利的保护视作宪法的基本原则,他说:"对我们而言,宪法的一般原则乃是法院在审理一些特定案件中决定私人权利的司法判决的结果。"①在建立殖民地时,宗主国承认,这一英国人的权利适用到殖民地人民身上。当殖民地人民反对英国向殖民地征税时,也正是强调他们所具有的英国人的权利,即在殖民地未向议会派遣代表的前提下,英国政府向殖民地征税侵犯了英国宪法所保护的财产权。

三、机缘巧合下 constitution 一词含义在美洲殖民地的成型

与博林布鲁克论述的英格兰不同的是,美洲殖民地并不存在一个现成的政府,殖民地人民需要根据实际情况,创造自己的政府(尤其是在独立以后)。因此,原有的宪法观念必须进一步发展,才能符合需要。殖民地人民继承了英国宪法的部分合理内容,吸收思想家们对英国宪法的批评,并在启蒙思想家学说的强烈影响下,结合自己关于契约理念和高级法的历史传统和实践经验,创造了成文宪法,并根据成文宪法建

---

① 转引自[英]W.詹宁斯:《法与宪法》,龚祥瑞、侯健译,第28页,三联书店1997年版。

立政府,最终丰富和完成了 constitution 一词的含义。

(一) 有助于 constitution 一词含义最终形成的各种要素

1. 对英国宪法的继承和发展

殖民地的人民主体来自于英国,继承了英国普通法的传统,也继承了英国法中 constitution 一词的含义,即政府应该服从一国久已存在的符合理性的惯例和法律。在此基础上,殖民地人民之所以能够对英国宪法有进一步发展,首先应归功于他们接受了对英国宪法的批评。

18世纪初,以博林布鲁克为首的英国政论家,对英国宪法制度中的种种弊端和政治腐败进行了强烈批评。他们批评国王和大臣们将自己的亲信安插在议会中,破坏立法与执法部门的分离,导致腐败;主张执法的官员应该离开立法部门,立法权应该专属于人民选出的议会等。这些批评,极大地影响了当时北美殖民地的政治领袖们对合理优良的政体的看法,坚定了他们后来对在美国实行真正分权的信念,从而发展了英国宪法中的分权制度,对美国宪法的诞生起了难以估量的作用[①]。

实际上,最广泛和最能打动普通美洲人民、促使他们纠正英国宪法的弊端、建立殖民地良好政体的,可能是潘恩在《常识》一书中对英国宪法和英国政体所进行的强烈批评[②]。潘恩分析了英国权力分立的实际状况,认为它并未能发挥作用,甚至是"荒唐可笑的"。他抱怨英国宪法的复杂性,认为"全国人民可能受苦多年而根本发现不了这是哪一方面

[①] 王希著:《原则与妥协:美国宪法的精神与实践》,第51—52页,北京大学出版社2000年版。

[②] 这本书的中译本,将原文中的 constitution of England 一律译成英国政体。这说明译者确实注意到了英国的 constitution 和现代宪法的差异,但是只看中译文,会使读者丧失 constitution of England 和现代宪法的内在联系,因此本文仍译为英国宪法,但要知道英国宪法和美国宪法在"宪法"一词的含义上有很大区别。

的过错;有些人会这样说,有些人会那样说,每一个政治医生开的药方也各不相同。"[①]而英国宪法的复杂性,主要是因为缺乏成文宪法,这促成了成文宪法的概念。潘恩还用社会契约论的思想,说明国王的权力来自于篡夺,政府的权力应该来自于人民通过宪法的授权,并强烈呼吁殖民地人民草拟自己的宪章(他用的是 charter 一词),在此基础上建立政府。潘恩的《常识》,打动了美洲殖民地人民,并最终有助于形成美国的宪法观念。

2. 启蒙思想家的影响

美洲殖民地人民以及奥提斯、杰弗逊、麦迪逊等政治法律思想家们,受欧洲启蒙思想家的影响非常大。这些启蒙思想家,以霍布斯、洛克、孟德斯鸠、卢梭等人为代表,他们的有关自然法、社会契约、政府制度等论述,与英国宪法、美洲经验一同塑造了美国宪法以及 constitution 一词的含义。霍布斯将政府的起源归结为世俗的社会契约(宪法)的过程,从而使社会契约的观念摆脱了宗教的约束。他认为,人们为了结束"所有人反对所有人"的不安全的自然状态,将个人所有的权力转移给主权者,并承诺服从主权者制定的法律。洛克则认为个人所转移的权力只是一部分,保留了生命、自由和财产等方面的权利,并且保留了反抗违反宪法的统治者的权利;强调政府应该通过不同机关的合作,来完成任务。卢梭还认为,社会成员在订立契约、交出自己所有的权利时,是将权利转让给社会整体的,而不是转让给主权者;社会整体形成公意,法律必须符合公意,政府的权力必须服从公意。总之,这些政治哲学家都强调权力来自于人民、必须限制政府权力、保障的公民权利,这些都有助于美国宪法观念的形成。

---

① 潘恩:《潘恩选集》,马清槐等译,第 6 页,商务印书馆 1981 年版。

3. 对契约理念的发展

有关契约的观念,当然并非开始于美洲殖民地[1],但殖民地人民根据自己的经验,将其注入到 constitution 一词的含义中去。主要有以下两个方面的内容。

(1)社会契约的观念

虽然社会契约的思想在英国没有历史的真实,像潘恩说的,英王威廉一世的王位来自于(武力)篡夺[2]而非社会契约,但在殖民地却不是这样,殖民者需要在一无所有的状态下,创造管理自己的政府,这时社会契约的思想就具有现实意义,容易深入人心。被视为美国宪法渊源之一的《五月花号公约》,正是逃避宗教迫害的百余名清教徒,将宗教契约转化为政治契约,自发形成管理自己的政府和法律的证明。这些殖民者 1636 年还通过了《统一基本法》(General Fundamentals),对殖民地的政治结构和居民权利做出文字上的规定。从这个起点出发,殖民地人民通过自我契约的形式,选举代表、组织政府、通过法律,使人民通过契约的形式组织政府的思想落到了现实中。1638 年一批殖民者签署了康涅狄克根本约章(Fundamental Order of Connecticut),1639 年纽黑文殖民者也签订了类似的基本法。可见,用契约的形式组织政府,政府从成文契约中获得生命和权力的观念,在美洲殖民地有深厚的现实基础。

不过,这一时期人们并没有用 constitution 一词来指称这一契约

---

[1] 契约的思想与基督教中的教约(Covenant)观念有渊源关系,而以新教徒更盛,他们认为教会的存在是教会与信徒之间的约定。在此影响下,17 世纪社会契约的思想在欧陆和英国都有广泛影响,霍布斯和洛克更是这一思想的大家。克伦威尔时期,军队还曾向议会提出人民公约(Agreement of the People)。在英国政府以历史和现实的存在情况下,正如菲尔麦所争论的,不可能用社会契约的思想来说明其正当性,因为社会契约的思想在英国没有历史基础。

[2] 前引《潘恩选集》,第 16 页。

的观念,采用的是其他词语,如"charter"等。殖民地采用 constitution 一词来表示一种授予政府权力的契约,应该是 18 世纪的事情。我们发现在 18 世纪 50 年代,有一段话典型地反映了契约论思想,这说明这一含义已经进入了 constitution 一词:"国会不是宪法(constitution),国会只是从宪法中获得存在的形式、权力和生命。国会不能改变自己的形式或转让权力,……不能违背曾创造自己的社会的同意。"[①]1768 年《马萨诸塞通讯》也宣扬了这种观念:"在各个自由邦国中,宪法是确定的;而且由于最高立法机构是从宪法中获致其权力和权威的,所以它不能够超越宪法所设定的范围,因为它如果超越宪法所设定的权限,那么它就必定会摧毁自己的基础"。[②]

(2) 成文契约的观念

宗主国英国的政治遵循的是一种不成文宪法,正如上文博林布鲁克所总结的。但是殖民地在组织自己的政府、保护自己的权利时发现,非得把殖民地人民的权利、殖民地政府的组织形式与运作方式,白纸黑字地写下来,用文字的方式将自己的权利和政治事件固定起来。这样,当殖民地与宗主国发生争论时,殖民者才有据可查、有法可依。这就形成了由英王颁发的、规定殖民地人民权利和政府组织的特许状(charter)。特许状实际上是殖民地人民与宗主国的一种成文契约关系:殖民者保证效忠英王,英王则承诺保护殖民地人民的英国人权利;英王允许殖民者自己组织政府、颁布法律,而殖民者承诺其法律不与英国法律发生冲突。这一规定人民权利和政府组织的成文契约观念,在殖民初期也没有进入 constitution 一词。如前所述,在这一意义上,普遍使用的是 charter 一词。charter 一词与 1215 年的《大宪章》中使用的 carta

---

[①] 前引《潘恩选集》,第 24 页。
[②] *Massachusetts Circular Letter of February 11, 1768.* 转引自[英]A. F. 哈耶克:《自由秩序原理》,邓正来译,第 398 页,三联书店 1997 年版。

一词是一样的。甚至潘恩在《常识》中,号召 13 州应该制定自己的宪章(Continental Charter 或者 Charter of the United Colonies)时,仍使用该词。

4. 高级法的观念①

Constitution 作为一种效力和地位较高的法律,传统上早已存在。在英国 constitution 也是政府运行所应该遵循的原则,特别是本汉姆案例(Bonham's Case)中,确立了这样的法律原则:"就议会的法令而言,违背宪法的法令无效,违背自然公平的法令无效,而且如果议会的法令以请愿书所采用的言词来制定,那也将是无效的。执行法院必须废止使用这样的法令"。②但是,正如在博林布鲁克那里所显示的,违背宪法的政府是坏政府,但并不是一个缺乏合法性的政府;违背宪法的法律是"荒谬的"(monstrous),应该撤销,但并没有一个确定的、最高的成文法来衡量一般法律的有效性。因此,宪法作为高级法的观念在这一时期的英国还没有形成。

在殖民地形成这一观念有两方面的原因。

(1)历史传统

一项更高级法律支配政府和常规立法的观念,乃是一渊源极为深远的观念。在 18 世纪之前,此一更高级的法律通常被认为是上帝之法(law of God)、或自然法(law of Nature)、或理性法(law of Reason)。高级法具有合法性,不符合高级法的政府是非法的政府,缺乏存在的基础,不符合高级法的实在法也是非法的,不应该遵守;高级法是至上的,需要人们去信仰。在英国也有类似的观念,如布莱克斯通论宪法是:"区分善恶的、永恒不变的法,这种法连造物主本身在其设定的所有管

---

① 本文遵从考文对高级法的定义,指宪法的合法性、至上性和尊崇(信仰)的要求。[美]爱德华·考文:《美国宪法的"高级法"背景》,强世功译,第 V 页,三联书店 1996 年版。
② 转引自《美国宪法的"高级法"背景》,第 80 页。

理制度中都予以遵守,而且只要这种法有必要来指导人类行为,那么造物主就使人类理性能够发现它。"[1]不过在英国,当时已经存在着强大的王权政府,宣扬靠神意、自然法或理性来约束君王是远远不够的,也不可能依此对政府权力行使提出合法性的质疑,更别提要求政府对此信仰。

法律只有被信仰才有效,宪法也只有受到政府与人民的普遍信仰,它才能起作用。如前所述,在美洲殖民地,人们用宪法(基本法)来创造政府,宪法获得合法性的含义。人民主体也是虔诚的清教徒,他们将经由《圣经》而表达的更高级法,变成书面文献,使它成为明确易解、便于实施的统治人民、约束政府的法律,也是相当有效的。因此独立革命后的美洲殖民地人民,在世界上第一次将组织政府的法律文件提到高级法的地位。这就是潘恩说的:"让发表的宪章以神法,即《圣经》,为根据,让我们为宪章加冕,这样世人将会知道,如果说我们赞成君主政体,那么在北美,法律就是国王。"[2]在这里,宪法不仅仅是一项契约,它还是具有神性的高级法。对宪法的信仰,始终是美国传统的一部分。

(2)现实需要

从1606年至1776年,美洲殖民地中具有最高效力的法律就是英国议会的特许状。殖民地实施行政管理、任命总督、建立司法制度以及立法机关,归根到底都要以英格兰发布的殖民地特许状为基础。这些特许状既是各种基本原则的文本,又是最高的法律。如果立法机关或殖民地机构所采取的其它措施与特许状发生冲突,一概是无效的,人民有权上诉到伦敦的枢密院。美国宪法的某些重要规定,事实上还有其它的规定都可以追溯到这些特许状,如:特许状较之殖民地自己颁布的

---

[1] 转引自前引《美国宪法的"高级法"背景》,序言第Ⅱ页。
[2] Paine, Common Sense。中译本在该段译文上意思有些模糊,本文没有采用。前引《潘恩选集》,第35页。

法律,具有较高的法律效力;特许状的颁布和修改方式,不同于普通的法律[①],而且日后的修改是由增补法律条文的形式进行的,并不改动特许状的原件,法院有权监督普通法律不得违反特许状等。美洲殖民地摆脱英国统治后,特许状不再存在,在法律制度上造成了不得不填补的空白,即必须确立一种成文的高级法,以确立最高效力的、评判一般法律的标准。这种对高级法的现实要求,推动了宪法的制定,并赋予了宪法以高级法(最高法律效力、并有特殊修改程序)的特征。

(二) constitution 一词概念的成型

在殖民地时期,constitution 一词有时用来指殖民地宪章,有时指殖民地已经确立的统治方式,如在新泽西州,指的就是在王室总督的指示基础上发展起来的整个统治方式。1683 年东泽西(East Jersey)编著了一本《基本法规》(Fundamental Constitutions),基本上还是在当时英国人的意义(长期形成的、不能轻易违反的法律原则和惯例)上使用该词的。大陆会议通过的决议声称:在北美的美洲殖民地的居民,依照永恒不变的自然法、英国宪法的原则以及某些宪章和公约,"皆有权享有生命、自由和财产"[②]。在这里,依然将自然法、宪法、宪章等并列,还没有赋予 constitution 后来的含义。

将契约和高级法的概念,整合源自英国指称英国政体的 constitution 一词,形成现代的宪法概念,应该说是机缘巧合的结果。前文也可看出,本来这个词很有可能是 charter,就像潘恩所倡议的"Charter of the United Colonies"中所显示的。但最终美洲殖民地采用了 Consti-

---

[①] 宪法的修改,不同于普通法律的修改,有极为特殊的程序。这样做,除了表示宪法的地位特殊外,还有更重要的目的,即保证掌握政权的政府,不能为了自己的目的,随意修改用来约束自己的法律。

[②] 转引自前引《美国宪法的"高级法"背景》,第 83 页。

tution 而非 Charter，可能有以下原因：

（1）charter 一词虽然固定了殖民地人民的权利以及与宗主国的关系，但是毕竟含有浓厚的殖民色彩。这一 charter（译为特许状和宪章皆可）来自于英王对殖民地的恩赐。即使像《康涅狄克基本法》这样纯粹由殖民地人民自己制定的基本法，最后也在1662年由查理二世确认为王家特许状。因此，刚刚通过流血战争而独立的美洲殖民地人民，在制定宪法时，必然竭力摆脱殖民色彩，不再采用 charter 一词是在情理之中的。这从以下事实可以得到间接的证明：1776年独立战争刚爆发，康涅狄克和罗得岛就改写了殖民地宪章，删除了效忠英国王室的条款后，保留了其它的部分，并将 charter 改称为 constitution。

（2）constitution 一词作为保护人民的权利（一般用 civil constitution）、规定政府组织原则（如 Constitution of England）的含义，在各个殖民地已长久地使用。fixed constitution 这一说法经常为詹姆斯·奥提斯（James Otis）[①]和萨缪尔·亚当斯（Smuel Adams）所使用。从1776年1月起，以新罕布什尔州为发端，至1780年的马萨诸塞，美洲13个殖民地纷纷颁布了自己的宪法，并都以 constitution 命名，因而将该词的含义基本固定了下来。在制定联邦宪法的时候，选用词语肯定受到这一事实的影响[②]。

constitution 一词含义的成型显然是在各州宪法中完成的，在各州宪法中普遍包含了以下的观念：（1）英国宪法中所包含的组织和安排政府时的权力分立原则，以及通过严格的司法程序保护人权的原则。这

[①] 奥提斯曾说：“欧洲大陆最文明国家中的最好作家，都一度为大不列颠优美的市民宪法（civil constitution）所折服，并嫉妒这个国家，不仅仅是为她的巨大财富和军事荣耀，还为她的人民的自由。"James Otis, The Rights of the British Colonies Asserted and Proved(1764).

[②] 当然这并不必然决定联邦宪法要用"constitution"一词，正如1781年的《邦联条款》，用的是"Articles"一词所显示的，各州使用"constitution"并没有决定邦联也使用该词。因此在联邦宪法中，使用 constitution 确实有些偶然。

些原则实际上在联邦宪法和所有的州宪法都有体现①;(2)契约的观念即宪法是人民和政府之间的一项成文的契约,主权属于人民,政府是建立在人民同意的基础上的政治实体。(3)高级法的观念 即宪法是政府合法性的源泉,具有神圣性和至上性,政府行为和法律不得违反宪法②。

当然,constitution 一词概念的真正成熟、并对世界发生影响,还是1787年将13个殖民地组织成一个统一国家的联邦宪法即《美利坚合众国宪法》。1787年5月25日至9月17日制定,1787年9月至1788年7月得到通过的《美利坚合众国宪法》,是"特定时期人类智慧和意向的最为杰出的作品"(格拉斯通语)。该部宪法,正式将 constitution 一词的含义定型。通过这部宪法,美国向法国人乃至全世界传递了 constitution 一词所包含着的这样一些宪法观念:权力分立与制衡、人权保护、成文宪法和人民主权、高级法的特殊地位和特殊修改程序等。

四、结 论

以上论述说明,宪法一词的概念不是任意赋予的,它有着特定的历史内容和特殊的含义,是数千年尤其是近几百年来西方政治经验、特别是美国人民政治经验的载体。一部宪法,是汇总所有这些历史经验的法律文件;而一部忽视这些历史经验的文件,不能称之为宪法。

从本文论述来看,"宪法"一词积累了以下的经验内容:

---

① 这一时期州宪法建立了立法和行政分立的制度,但还没有完全建立起三权分立的政治制度,实际上在大多数州建立的是议会至上的制度。
② 为了体现宪法高级法的地位,1779年马萨诸塞州还创造了一种专门的程序来修改和通过宪法。马萨诸塞州由各城镇选出代表,组成一个与州议会分立的专门的代表大会来讨论和批准新宪法,并规定只有经过2/3以上的代表同意,新宪法才能生效。这个做法成为美国宪法专门修正程序的先例。

(1) 政府的权力分立和制衡　这是从古代雅典和古罗马的政治试验开始的。在英国,贵族和自由民通过国会不断与国王斗争的结果,造成立法权与行政权的对立,并因普通法的特性和普通法法官们的努力,形成现代意义上的权力分立。体现在美国宪法中,就是三权分立和制衡原则的彻底化。

(2) 人权保护　英国普通法注重程序的传统,为人民的生命、自由和财产提供了良好的司法保护。在美国则发展为对"正当程序"的极端强调,不经过正当程序,政府的任何行动都是非法的,将会损及人民的生命、自由和财产权利。

(3) 人民主权　政府的权力仅仅来自于人民的同意,人民通过选举自己的代表来制定宪法(契约)、创造政府。政府及其权力在宪法之后产生,人民始终保留着随时通过选举更换政府的权力。这是美洲殖民地形成时期,对社会契约理论的现实化,是殖民地人民所创造的新观念。

(4) 成文宪法　将国家组成的基本原则,包括国家的目的、政权的组织形式、政府的权力大小、政府与人民的关系,用明确无误的语言固定下来,这样法治才有坚实的基础,这是殖民地人民的历史经验。

(5) 宪法的高级法的地位　所有的法律、一切政府行为都必须符合宪法,并从宪法中获得合法性来源,宪法必须被信仰,而且不能按普通法律那样进行制定和修改,必须经过特殊的程序,等等。

总结以上5条,可以发现宪法的根本目的就是要约束政府强制性的权力。权力分立和制衡、通过正当程序保护人权、人民保留最终决定政府的权力、成文宪法,以及要求信仰宪法、赋予宪法至上地位等,都是出于这样的目的。因此,宪法不能像实证主义所定义的那样,被用来指称任何组织政府的法律文件,而不管它是不是冒牌的宪法或仅仅是装饰性的宪法。

由宪法所负载的历史经验,构成了宪法的观念,即立宪主义。简单地说,立宪主义①就是以宪法或一系列法律(超出政府能修改的能力之外)来有效约束政府强制性权力这种观念。一个国家的政府权力,如果没有受到有效的制约,就不是一个立宪主义国家,谈不上有宪法;而是否有效制约,可用以上5条宪法的经验内容来衡量。也就是说,一个没有实行权力分立和制衡、没有正当程序保护人权、人民无权通过选举程序更换政府、没有成文宪法、宪法不具备高级法地位的国家,就不是一个立宪主义的国家②。

---

① 立宪主义(constitutionalism)一词的出现,应该是相当晚近的事情。虽然不能断定该词最早产生于什么时候,但宪法网站提供的文献资料显示,《联邦党人文集》中没有提到这个词,19世纪上半叶的文献中也没有出现。该网站收集的文献资料中,最早是1866年布朗森(O. A. BROWNSON)在他的著作《美洲共和国:它的宪法、趋势和目的》(The American Republic: It's Constitution and Tendencies, and Destiny)中使用过两次。在该书中他将对抗和制衡制度(the system of antagonisms, checks and balances)看作立宪主义。

② 也许有人争辩说,英国并没有成文宪法,但却不能否认是一个立宪主义国家。其实,与其说英国没有成文宪法,不如说英国没有完整的宪法典。在制约政府强制性权力方面发挥主要作用的法律在英国仍然是成文的,只不过不像美国等国家那样成为专门的典籍而已。

中国近代法史学的诞生及其成长

何勤华

一

1901年,在西方列强的侵略面前,在国内各个阶层强烈要求变法的压力之下,清政府不得不宣布进行立法改革。由此,既需要吸收西方先进的法律成果,也需要总结中国历代法制建设的经验教训。尤其是像当时的修律大臣沈家本(1840—1913)、变法人士梁启超(1873—1929)等人,本身对中外法律制度史就十分精通,在此时刻,更是投入相当精力,积极著书立说,推出了一批有分量的法史学作品。在这种情况下,中国法史学开始萌芽、诞生。

中国近代第一篇法史学论著是梁启超于1904年发表的《中国成文法编制之沿革得失》一文。该文除按照历史发展阶段分别叙述了各个朝代的成文法的内容与特点之外,还运用法理学的方法对中国传统法律的产生与发展作了概括,并将其与西方法律作了比较,对中国古代法制作了反思。[①] 随着梁著的发表和传播,用近代法学理念研究中国古

---

① 该文载梁启超著:《饮冰室合集·文集之十六》,林志钧编,上海中华书局1932年版。范中信选编:《梁启超法学文集》,中国政法大学出版社2000年版,也收入了此文。但该文最先发表于何处,上述两书均未说明。丁文江、赵丰田编:《梁启超年谱长编》,上海人民出版社1983年版,也未提及。笔者查阅了梁启超主持的《新民丛报》(1902—1907年)1902年至1905年各期,没有发现此文(梁氏同时期的其他主要论文如《论立法权》、《法理学大家孟德斯鸠之学说》等都刊登于其上)。

代法制的活动开始兴盛,一批中国法制史的译著和专著陆续面世。据初步统计,从清末至1949年的近50年间出版发行的中国法律史(包括中国法律思想史)著作约有110余种。同时,涉及外国法律史(思想史)的译著、专著和辞书等也有70余种。其主要者见表1、表2。[①]

表1 中国近代法律史(思想史)主要书目

书名	著者	译者	出版社	时间
历代刑法考	沈家本			光绪年间
中国历代法制史	浅井虎夫	邵修文等	东京古今图书局	1906年
古今法制表	孙荣			1906年
中国监狱史		涂景瑜	天津书局	1908年
中国历代法制考	徐德源纂	孙大鹏补	北洋大学	1912年
中国历史听讼选要	李宗藩		中国图书公司	1913年
中国法典编纂沿革史	浅井虎夫	陈重民	内务部编译处	1915年
中国新旧监狱比较录	朱紫垣		自刊发行	1916年
中国法制史略	康保忠		国立北京大学出版组	1918年
法治通史(上中下)	曹恭翊		北京编者刊	1918年
中国法制史	骆继生		北京法政专门学校	不详
中国法制史	崔学章		广东公立法政学校	不详
中国历代法制大要	壮生		上海崇文书局	1919年
汉律考	程树德		北京中国书店	1919年
中国法制史	郁嶷		北京著者刊	1920年
历代奇案大观	不详		上海中国图书馆	1920年
中华民国法统递嬗史	王景谦		上海中华书局	1922年
大中华法制史	王培槐		南京中外通讯社	1923年
五刑考略	徐柯		杭县徐新六印	1923年
比较法制史讲义	黄寿鼎			不详
本国法制史纲要	冯承钧		北京京师大学出版组	1923年

---

① 据《中国法律图书总目》,中国政法大学出版社1991年版;《民国时期总书目·法律》,书目文献出版社1990年版,以及笔者在北京大学图书馆、上海图书馆、上海社会科学院图书馆所查卡片编制。

春秋国际公法	张心澂			1924年
中国古代法理学	王振先		上海商务印书馆	1925年
中国御史制度的沿革	高一涵		上海商务印书馆	1926年
中国古代诉讼法	徐朝阳		商务印书馆	1927年
韩非子法意	夏忠道		上海青年协会书局	1927年
九朝律考	程树德		上海商务印书馆	1927年
晋律考	程树德		上海商务印书馆	1927年
中国古代诉讼法	徐朝阳		上海商务印书馆	1927年
中国法制史	郁嶷	张佐长疏	北京朝阳大学	1927年
中国古代法律略论	徐像枢		上海土山湾印书馆	1927年
中国法制史	程树德		荣华印书局	1928年
先秦法家概论	李之臣		北京朝阳大学	1928年
法家政治哲学	陈烈		上海华通书局	1929年
中国刑法溯源	徐朝阳		上海商务印书馆	1929年
中国诉讼法溯源	徐朝阳		上海商务印书馆	1929年
唐律疏议	长孙无忌		上海商务印书馆	1929年
中国法制史	丁元普		上海会文堂新江书局	1930年
中国法律发达史	杨鸿烈		上海商务印书馆	1930年
韩非的法治思想	张陈卿		北平文化学社	1930年
中国法制史	郁嶷		北平震东印书馆	1931年
中国法制史	朱方		上海法政学社	1931年
先秦法律思想	丘汉平		上海光华书局	1931年
法律思想史	丁元普		上海法学编译社	1932年
法律思想史讲义	丁元普		上海法政学院	不详
中国法制史	陈顾远		上海商务印书馆	1933年
中国法制史	钱承均		私立上海法学院	不详
中国刑法溯源	徐朝阳		商务印书馆	1933年
中国历代法家著述考	孙祖基			1934年
中国禁烟令变迁史	于恩德		上海中华书局	1934年
中国大赦考	徐式圭		中华学艺社	1934年
历代律例全书	丘汉平		上海民权律师团	1934年
古代法学文选	曹辛汉		上海法学书局	1934年
监察制度史要	监察院		南京汉文正楷印书局	1935年
近代中国立法史	杨幼炯		上海商务印书馆	1936年

中国法家概论	陈启天		上海中华书局	1936年
中国法律思想史（上下册）	杨鸿烈		上海商务印书馆	1936年
蒙古律例	文殿阁		文殿阁书庄	1936年
中国制宪史	吴经熊等		商务印书馆	1937年
中华民国立法史	谢振民	张知本校	南京正中书局	1937年
中国监察史略	徐式圭		上海中华书局	1937年
唐明律合编	薛允升		上海商务印书馆	1937年
折狱龟鉴	郑克		上海商务印书馆	1937年
中国法律在东亚诸国之影响	杨鸿烈		上海商务印书馆	1937年
春秋国际公法	洪钧培		重庆中华书局	1939年
中国刑法史	黄秉心		福建改进出版社	1940年
中国法律史	靳麟		上海三通书局	1941年
法律思想史概说	胡适等		力行书店	1942年
中国法制史	董康		南京司法官养成所	1942年
中国法制及法律思想史讲话	秦尚志		上海世界书局	1943年
三晋法家的思想	容肇祖		重庆史学书局	1944年
唐律通论	徐道邻		重庆中华书局	1945年
法家谈论	章士钊等			1946年
中国宪法史考	童沂		大公书店	1946年
中国宪政发展史	周异斌等		大东书局	1947年
中国宰相制度	李俊		上海商务印书馆	1947年
中国法律与中国社会	瞿同祖		上海商务印书馆	1947年
中国法理自觉的发展	蔡枢衡		北平著者刊	1947年
为什么要重建中国法系	居正		上海大东书局	1947年
中国法律之儒家化	瞿同祖		北京大学出版社	1948年

表2 中国近代外国法律史(思想史)著作(译著)主要书目

书名	作者	译者	出版社	时间
英国宪法史	麦华孟	（日）松平康国	上海广智书局	1903年
明治法制史	清浦奎吾		上海商务印书馆	1903年
罗马法	樊树勋		湖北法政编辑社	1905年

罗马法大纲			上海作新社编印	1906年
法意	孟德斯鸠	严复	上海商务印书馆	1906年
美国共和法制大意		李文彬	上海中华书局	1911年
罗马法	陈允		浙江法政专门学校	不详
罗马法	黄右昌		北京大学出版部	1915年
罗马法与现代	黄右昌		北京京华书局	1915年
罗马法		朝阳大学编	朝阳大学	1920年
俄罗斯刑法	司法部		北京司法公报	1920年
大陆近代法律思想小史（上下册）	阿尔哇列兹	方考岳编译	上海商务印书馆	1921年
社会法理学论略	滂特	陆鼎揆	上海商务印书馆	1926年
罗马法	应时述	林鸿勋疏	朝阳大学	1927年
罗马法与现代	黄右昌		北平京华印书局	1930年
古代法	梅因	方孝岳、钟建闳	上海商务印书馆	1930年
社会科学史纲（法学）	庞德	雷宾南	长沙商务印书馆	不详
外国法制史	李宜琛		北京大学法商学院	不详
罗马法	陈允等		上海商务印书馆	1931年
罗马法讲义	赵之远		北京大学出版组	1931年
罗马法讲义	瞿曹泽		上海法政学院	不详
罗马法	黄俊		北平震东书局	1931年
罗马法	向景		四川大学讲义	不详
罗马法讲义	沈祥龙		国立广东大学	不详
罗马法讲义	张达征			不详
罗马法讲义	陈宗勋		北平大学法学院	不详
罗马法讲义	黄右昌		北京法政专门学校	不详
法学史	庞德	雷宾南	上海商务印书馆	1931年
法律思想史概说	（日）小野清一郎	刘正杰	上海中华学艺社	1931年
法律思想史概论	作者同上	邓定人	南京中华法学杂志社	1932年
法律思想史概说	作者同上	何建民译	上海民智书局	1932年
大陆法律思想史讲义	凌其翰		东吴大学法律学院	不详
罗马法（上下册）	丘汉平		上海法学编译社	1933年

宪法历史及比较研究	程树德		北京朝阳学院	1933年
公法的变迁	狄骥	徐砥平	上海商务印书馆	1933年
法律现象变迁史	朱章宝		上海商务印书馆	1933年
罗马法要义	王去非		上海法学书局	1934年
罗马法	黄俊		上海世界书局	1935年
拿破仑法典以来私法的变迁	（法）杜格特	徐砥平	上海会文堂新记书局	1935年
罗马法（上册）	金兰荪		上海著者自刊	1936年
婚姻进化史	缪勒利尔	叶启芳译	上海商务印书馆	1936年
罗马法原理（上下册）	陈朝璧		上海商务印书馆	1937年
罕穆剌俾法典	爱德华兹	沈大銈	长沙商务印书馆	1938年
法律发达史	莫理斯	王学文	长沙商务印书馆	1939年
世界法学沿革史	顾纶		上海怡苑书店	1940年
欧陆法律发达史	孟罗斯密	姚梅镇	重庆商务印书馆	1943年
近代欧陆民法之演进	吴传颐		重庆独立出版社	1943年
欧洲法律思想史纲要	刘燕谷		重庆独立出版社	1943年
日耳曼法概说	李宜琛		重庆商务印书馆	1943年
大陆近代法律	方孝岳		重庆商务印书馆	1944年
希伯来法系之研究	张天福		上海大东书局	1946年
印度工厂立法小史	冯济民		南京社会工矿检查处	1947年
俄国法律学说	刘仰之		上海商务印书馆	1948年

除了上述表中的译著与专著之外，自清末至1949年，中国学术界在各种法学刊物如《译书汇编》（1900年创刊）、《法政学交通社杂志》（1907年创刊）、《法政介闻》（1908年创刊）、《法政杂志》（1910年创刊）、《法学会杂志》（1911年创刊）、《法律评论》（1912年创刊）、《法政学报》（1913年创刊）、《法科月刊》（1928年创刊）等上面，也发表了一批译文与论文。据笔者的初步统计，这些译文与论文约有230余篇。其中

比较有影响的有：

梁启超：论中国成文法编制之沿革得失，1904年

杨德邻：法律学小史（及"续"），法政学交通社杂志第1—2号，1907年

蔡孝宽：罗马法发达中之五大时期，法律评论第26—27期，1923年

陈俊三：法律思想之发达，法律评论第49—54期，1924年

仲　铭：英国法制发达之由来及其沿革，法律评论第118—120期，1925年

子模等：罗马十二表法之研究，法学季刊第3卷第1期，1926年

丘汉平：慎子的法律思想，法学季刊第3卷第3期，1927年

羌　笛：法律进化之法则，法学新报第31期，1928年

朱显祯：德国历史法学派之学说及其批评，社会科学论丛第1卷第10期，1929年

章渊若：近代日本法制之演进，中央月刊第3卷第2期，1930年

张奠若：自然法观念之演进，社会科学季刊第1卷第1—2期，1930年

周敦礼：罕摩拉比法典之研究，法学丛刊第1卷第5期，1930年

李次山：世界法系中之中华法系（及"续"、"再续"），法学丛刊第1卷第2—4期，1930年

丁元普：中华法系成立之经过及其将来，现代法学第1卷第4—5期，1931年

殷贵华：韩非法治思想之研究，法律评论第456—457期，1932年

徐传保：拿破仑法典小史及其简评，法学杂志第5卷第6期，1932年

汪新民：社会法学派的产生及其影响，安徽学报第1卷第2期，

1933年

邹光表:中国古代法律哲学的总结算,法轨创刊号,1933年

孙晓楼:近代比较法学之重要,法学杂志第6卷第6期,1933年

谢德风:希伯来法系考,美国威格摩尔原著,法学杂志第6卷第6期,1933年

董　康:我国法律教育之历史谈,法学杂志第7卷第6期,1934年

张蔚然:近世法与罗马法及日耳曼法,法治周报第1卷第16期,1934年

汤觉先:孔子的学术与法律,东吴法声第8期,1934年

赵之远:法律观念之演进及其诠释,社会科学丛刊第1卷第1期,1934年

易　庵:法之起源及发达,法学丛刊,1934年

章士钊:中国古代法学思想,法轨第1卷第2期,1934年

徐式圭:中国监察史略,学艺第13卷第9期,1934年

王希辰:唐代法制史略,日本泷川政次郎原著,清华周刊第42卷第7期,1934年

王英生:法制史学的本质及其研究的方法,安徽大学月刊第1卷第7期,1934年

刘百闵:儒家的自然法论,时代公论第3卷第43期,1935年

杨幼炯:晚近我国法制之史的演进,中山文化第2卷第3期,1935年

丘汉平:法治进化论,东方杂志第34卷第9号,1937年

从上述学术成果中可以看到,在1949年之前,法制史研究的领域和范围已经十分广泛,涉及内容非常丰富,大体有:中国古代历朝法律、法令的变迁,中国古代各著名法律思想家如管子、老子、孔子、慎子、墨子、荀子、商鞅、韩非等的学说梳理拾遗,中华法系的历史、特点及其演

变,中国古代法理学的进化,中国古代法与西方法的比较,世界各古代法律文明如巴比伦法、希伯来法、希腊法、罗马法、日耳曼法的介绍与研究,近代各资本主义国家如英、美、法、德、日等国的法律的介绍与阐述,世界历史上各主要法学家及其法学流派如自然法学派、历史法学派、社会法学派、分析实证主义法学派等的评述,等等。

在理论研究和史料爬梳的同时,法律史教学活动也开始活跃。1895年,中国建立了第一所新式大学天津中西学堂(1903年改为北洋大学),它以美国的哈佛和耶鲁大学为办学模式,在头等学堂开设了法律课程,在专门学中讲授律例学。1906年,京师法律学堂成立,在所列课程中,法律史也占有重要地位,当时的进士、法部员外郎吉同钧,就担任了大清律例的讲授任务。之后,在各大学的法律系和法政专门学校的课程体系中,都设置有中外法律史。如国立北京大学在第一学年开设了罗马法,第三、第四学年开设了本国法制史。国立中央大学在第三学年开设有最近大陆立法、罗马法、中国法制史、近代法律思想、欧美法制史等课。私立东吴大学也开设了罗马法、各国法制史等课程。

正是在上述译著和专著、译文与论文面世、法律史教育活动展开的基础上,中国近代法史学开始孕育,并日益成熟。

二

在中国近代法史学的诞生与成长过程中,沈家本、梁启超、程树德、丘汉平、杨鸿烈、陈顾远和瞿同祖等人的作品特别重要,具有奠基作用,它们的面世,标志着中国近代法史学的诞生与成熟。受本文篇幅所限,下面我们仅对其中一些有代表性的作品作些评述。

（一）沈家本著《历代刑法考》

《历代刑法考》一书，最初是沈家本逝世后，由后人重新进行整理出版的《沈寄簃先生遗书》甲编中的前一部分内容（后一部分内容为《寄簃文存》），内分《刑法总考》四卷，《刑法分考》十七卷，《赦考》十二卷，《律令》九卷，《狱考》一卷，《刑具考》一卷，《行刑之制》一卷，《死刑之数》一卷，《唐死罪种类》一卷，《充军考》一卷，《盐法私矾私茶酒禁同居丁年考》合一卷，《律目考》一卷，《汉律摭遗》二十二卷，《明律目笺》三卷，[①]《明大诰峻令考》一卷，《历代刑官考》二卷。

1985年由中华书局点校出版的《历代刑法考》（邓经元、骈宇骞点校，全四册）则将甲编中的另一部分《寄簃文存》八卷也作为附录收于其中。因此，我们现在所看到的《历代刑法考》实际上包含了《沈寄簃先生遗书》甲编的全部内容。

《历代刑法考》对中国近代法史学发展的贡献是多方面的。

第一，它是中国近代第一部通史性质的法制史作品，[②]也是中国近代法律史学形成的标志之一。[③] 在该书之前，中国也有一些研究法制史的著作，如二十四史中的各朝《刑法志》、薛允升的《唐明律合编》等，但对中国古代历朝法律作如此细致详尽的考证研究，《历代刑法考》在中国历史上是第一次。

第二，《历代刑法考》是中国历史上第一部近代型的法制史著作。说它是"近代型"的，是因为作者沈家本在写作该书时，以近代资产阶级的眼光对资料作了审视与评述。众所周知，沈家本是中国近代著名法

[①] 李贵连著：《沈家本传》（法律出版社2000年版）第387页说"《明律目笺》二卷"，有误。

[②] 《历代刑法考》的对象，虽然仅限于刑法，但中国古代成文法典以及一些单行的律令，基本上也都是以刑法为主，故将其视作通史性质的法律史作品应当是可以的。

[③] 中国近代法律史学形成的标志，除了《历代刑法考》一书外，还有程树德的《九朝律考》、杨鸿烈的《中国法律发达史》、陈顾远的《中国法制史》等。

律改革家,他主持翻译了众多外国法典和法学著作,引进了各项近代资产阶级的法律制度和原则,制定了刑、民、商、违警、诉讼、法院编制等多部模仿近代西方的法典草案。正是在对近代西方法律制度有了比较深的理解的基础上,沈家本对中国历史上的法律制度作了认真审视和系统整理,并以资产阶级的眼光来进行评述。

比如,在《死刑之数》中,沈家本在对中国古代历朝死刑进行梳理,作出评述之后指出:"近数十年来,欧洲学者创废止死刑之说,诸小国中有实已施行者,而诸大国则皆不能行,亦虚悬此学说而已。推原其故,欲废死刑,先谋教养,教养普而人民之道德日进,则犯法者自日见其少,而死刑可以不用。故国小者尚易行之,若疆域稍广之国,教养之事安能尽美尽善,犯死罪而概宽贷之,适长厥奸心,而日习于为恶,其所患滋大。"①

第三,《历代刑法考》在系统整理我国法制史资料方面是一次创举。作为一部开创性著作,它首先表现在内容的丰富与取材的广博上。历代与刑法有关的资料,如刑法制度、刑官建制、律目变迁、各朝赦免、监狱设置、刑具种类、行刑方法,以至盐法、茶法、酒禁、同居、丁年等等,巨细无遗。书中集录的资料,按目分列,缕析条分,上下几千年,既洋洋大观,又不显得芜杂。② 其次也表现在文献考订的精核上。书中对文献的考辨,一般都是从训诂着手,引经据典,追本溯源,旁征博引,力求阐发其本意。沈家本学有渊源,尤精于经学与小学。本书中最见功力的部分,就是对先秦和两汉文献的考订。《清史稿》所称其"于周官多创获",就是指他对先秦、两汉刑法制度的研究。

第四,对汉律研究作出了重大贡献。秦王朝,是中国第一个大一统

---

① 沈家本著:《历代刑法考》,邓经元、骈宇骞点校,第1249—1250页,中华书局1985年版。
② 沈家本著:《历代刑法考》,邓经元、骈宇骞点校,中华书局1985年版,点校说明。

的帝国,其创建的法制对中国以后法律发展的影响是非常重大的。但秦帝国存续时间很短,其法律典籍等也都全部佚失,在19世纪末20世纪初,对秦时期的法律制度的研究已属非常困难。但代秦而起的汉帝国,存续时间则很长,而且"汉承秦制",其其基本的法律制度与秦一脉相承,如果能够将汉王朝的法律制度梳理清楚,秦汉时期的法律制度的面貌即可显现。因此,当时国内外法制史学界,都将中国上古时期法律制度研究的重点放在了对汉律的搜集整理上,并且推出若干成果,而《历代刑法考》收录的《汉律摭遗》则是其中最见功力的作品。

《汉律摭遗》共二十二卷,约占《历代刑法考》全书的1/3,其特点是对材料的征集探隐发微,力求穷尽,而考辨则多引汉人说法以解释汉律。汉律久亡,经过沈家本的整理,汉律面目大致可观,其中有些还是研究汉代典章制度及社会性质的珍贵资料。《汉律摭遗》,加上同时期薛允升的《汉律辑存》、张鹏一的《汉律类纂》、杜贵墀的《汉律辑证》以及稍后面世的程树德的《汉律考》,为我国法律史学界研究汉律奠定了比较扎实的史料基础。

(二) 程树德[①]著《九朝律考》

《九朝律考》,[②]是中国20世纪20年代面世的一部重要的法律史作品,对推动中国近代法律史学科的形成和发展起着非常大的作用,对学术界有重要贡献。

众所周知,中国传世法律,主要自唐代开始,在唐以前并无法典留存。针对这种状况,本书分八卷,分别对唐以前的汉、魏、晋、梁、陈、后魏、北齐、后周、隋等九个朝代的浩如烟海的各种文献进行了考证、梳理

---

① 程树德(1876—1944)。
② 笔者这里依据的《九朝律考》的版本,为中华书局1963年版,1988年第2次印刷。

和甄别,从中采撷了内容丰富的律、章程、令、科、比、故事、诏、条等法律资料,一定程度上恢复了这九个朝代法律发展的大体面貌。这是本书的第一个贡献。

本书对每一个朝代律令状况的具体考证十分细致,以"汉律考"为例,涉及律名考、刑名考、律文考、律令杂考、沿革考、春秋决狱考、律家考等8个方面。在"刑名考"中,涉及死刑、肉刑、髡刑、完刑、作刑、赎刑、罚金、夺爵、除名、夷三族、徙边、督、鞭杖、顾山、禁锢等15项内容。在"律令杂考"中,涉及的内容更多,有不道、不孝、禽兽行、造意首恶、首匿等133项内容。通过这种比较细致的分门别类的考证,作者为学术界进一步深入研究这些朝代的法律制度和思想等提供了基本素材。

本书的第三个贡献,是勾勒出了中国古代法律发展的"律系表",即

法经——秦律——汉律——魏律——晋律——梁律——陈律

　　　　　　　　　后魏律——后周律

　　　　　　　　　　　　北齐律——隋律——大业律

　　　　　　　　　　　　　　　　开皇律——唐

律——宋刑统——明律——清律

在《后魏律序考》中,程树德进一步对这一"律系表"作了阐述:"盖自晋氏失驭,天下分为南北,江左相承,沿用晋律,梁、陈虽各定新律,而享国日浅,祸乱相仍;又当时习尚重黄老,轻名法,汉代综核名实之风,于斯尽矣。拓跋氏乘五胡之扰,跨据中原,太祖世祖高宗高祖世宗凡五次改定律令。孝文用夏变俗,其于律令,至躬自下笔,凡有疑义,亲临决之,后世称焉。是故自晋氏而后,律分南北二支,南朝之律,至陈并于隋,而其祀遽斩;北朝则自魏及唐,统系相承,迄于明清,犹守旧制。"[①]

对这一"律系表",尽管有学者予以猛烈批评,[②]但基本上为学术界

---

① 程树德著:《九朝律考》,第339页,中华书局1963年版。
② 杨鸿烈著:《中国法律思想史》,上册,第1页,上海书店1984年重印本。

多数人所接受。

第四,对中国法律发展的得失作出评述,为学术界借鉴中国古代法制建设的经验提供了基础。在《九朝律考》中,作者在考证每个朝代的法律时,前面都有一个简短的序,在这个序中,作者对该朝代的法制建设的得失发表了自己的见解。

比如,在对汉代律学作考证时,作者指出:"汉世律学最盛,何休注《公羊》,郑司农注《周礼》,皆以汉律解经。许氏《说文》则并以汉律解字,今其佚文散句,犹可考见,而唐宋以来诸家,卒无有从事考订者。宋王应麟所辑之《玉海》及《汉制考》,略有征引,他不概见。今唐以前诸律,皆无一存,则探讨之难可知也。余尝谓有清一代经学词章,远轶前轨,独律学阙焉不讲。纪文达编纂《四库全书》政书类法令之属,仅收二部,存目仅收五部,其案语则谓刑为盛世所不能废,而亦盛世所不尚,所录略存梗概,不求备也。此论一创,律学益微。"①

这里,作者非常明确地指出,法律和法学的发达,与社会的重视、学术界的重视归根结底是与统治阶级的重视息息相关。

第五,对历朝法律进行纵向比较,在沈家本《历代刑法考》的基础上,进一步发展了法史学中的比较研究。如在《魏律考序》中,作者将魏律与汉律作了比较,指出:魏律所存世者,除了《晋书·刑法志》所载新律《序略》一篇外,已无所可考。但从该篇中,我们还是可以发现魏律与汉律之异同。如魏律关于诬告人反罪,及亲属篡囚改坐弃市,是对汉律的增损,皆失之过重,然大端实与《九章》无大出入。捕律户律二篇,仍汉之旧。劫略请赇偿赃由盗律分出,诈伪毁亡由贼律分出,告劾由囚律分出,系讯断狱由囚律兴律分出,惊事律亦由兴律分出,删汉之厩律一篇。夫汉兴以来,科条无限,《序略》称十八篇,于正律九篇为增;于傍章

---

① 程树德著:《九朝律考》,第1页,中华书局1963年版。

科令为省,其删削繁芜之功,自不可没。若夫改汉具律为刑名第一,依古义制为五刑,列之律首,并以八议入律,开晋唐宋明诸律之先河。

这里,尽管论述简明,但我们已大体可以把握作者依据所考证得来的魏律与汉律的比较,了解这两个朝代法律的变化。

第六,知难而上,勇于填补法学研究空白的学术品格。在没有完整的留存下来的法律史料的基础上,对浩如烟海的古代典籍进行艰苦细致地精心梳理,以发现一点零星的律、令、科、比条文,借以重构各个朝代的法律体系,这显然是一项十分费时,且枯燥无味的工作,但作者用了 20 余年时间,[①]基本上恢复了唐以前九个朝代法律的面貌,为后世学者开展进一步的研究奠定了基础。这种学术品格,对我们现在的法史学研究仍然具有典范意义。

程树德在《九朝律考序》中谈到他自己对上述学术品格的理解:"昔顾氏亭林论著书之难,以为必古人所未及就,后世所不可无者,而后庶几其传。……顾自清代乾嘉以来,经史小学考据之书,浩如烟海,后有作者,断无以突过前人。爰本顾氏之旨以求之,则律学尚已。……今古律之有者,皆自唐以下。窃不自量,欲尽搜罗唐以前散佚诸律,考订而并存之。……古人著述,大抵以毕生之力赴之,用力愈久,则其传愈远。"

程树德的心血没有白费,《九朝律考》面世至今已有 70 多年,仍是中国法律史学研究的经典作品,是我们在研究唐以前中国法律时不可逾越的必读书。比如,在研究董仲舒的"春秋决狱"时,[②]我们现在各中国法制史的专著和教材中所引用的春秋决狱案例,仍然是程树德在《九

---

① 《汉律考》完成于 1918 年,但据作者在《汉律考序》中介绍,它已花去作者十余年时间。而全书完成于 1926 年,故《九朝律考》全书用去了作者近 20 年时间。
② 首先对《九朝律考》中辑录的董仲舒"春秋决狱"的案例作出比较高的评价的是杨鸿烈。参见杨鸿烈著:《中国法律发达史》,上册,第 97 页,上海书店 1990 年版。

朝律考》中为我们所辑录的几则。①

(三)杨鸿烈②著《中国法律思想史》

《中国法律思想史》,上、下两册,由商务印书馆于1937年出版。该书对中国法史学发展的贡献,除了它是中国历史上第一本冠以"中国法律思想史"的专著、确立了中国法律思想史的定义和范围、划分了中国法律思想史的发展阶段、对史料的系统梳理和多元研究方法的运用、构造了一个中国法律思想史的体系、阐述了中国古代法律思想的具体内容等方面之外,还体现在该书所具有的特色上。

第一,该书比较全面地吸收了前人的研究成果,为中国近代的学术积累作出了贡献。在《中国法律思想史》一书出版之前,我国学术界对中国古代法律思想已经有了一些梳理和研究,其中,梁启超、罗振玉、程树德、丘汉平、冯友兰等人的成果,尤为受人重视。杨鸿烈在研究中,对上述学者的成果都予以了充分的吸收。如在阐述上古神兽裁判时,作者吸收了罗振玉关于上古"刑"字、"法"字中包含的神兽裁判的内涵,以及孙诒让、程树德等人关于此的研究成果。在评价韩非的法律思想时,作者吸收了丘汉平在评述《韩非子·六反篇》中一段话后提出的观点。③ 在对汉以后中国法理学发展作总体评价时,杨鸿烈也吸收了历代学者如刘安、苏飞、李尚、刘邵、刘颂、杜预、张斐、崔祖思、赵绰、源师、

---

① 参见程树德著《九朝律考》,第163页,中华书局1963年版。
② 杨鸿烈(1903—1977)。
③ 丘汉平引《六反篇》而作出的评价为:"'故明主之治国也,适其时事,以致财物;论其税赋,以均贫富;厚其爵禄,以尽贤能;重其刑罚,以禁奸邪;使民以力得富,以事致贵,以过受罪,以功致赏,而不念慈惠之赐。此帝王之致也'。我想,这段文字便是韩非的头脑。他的一生事业和思想逃不出这段文字。在《韩非子》一书中,只有这段文字是描述韩非的学说。如果我来作一个韩非思想的总结,再也不能比此更概括了"(同上杨鸿烈书,第139页)。杨鸿烈接受了丘汉平的这一评价,只是认为还应加上韩非在《奸劫弑臣篇》中的一段话:"正明法,陈严刑,将以救群生之乱,去天下之祸。使疆不陵弱,众不暴寡,耆老得遂,幼孤得长,边境不侵,君臣相亲,父子相保,而无死亡系虏之患",才能全面反映韩非的思想本质。

刘行本、李乾佑、白居易、许应龙、杨万里、张耒、苏洵、郑介夫、苏天爵、方孝孺、马文升、刘球、黄宗羲、袁枚、吴铤、刘醇、朱仕秀、沈家本等人的观点。

第二，提供了新的史料。在本书中，杨鸿烈就中国法律思想史的专题研究，提供了许多新的史料。如在谈到中国古代厌讼时，他就引了崔述的《讼论》，以说明诉讼存在的合理性："……自有生民以来，莫不有讼；讼也者，事势之所必趋，人情之所断不能免者也。故《传》曰：'饮食必有讼'。柳子厚曰：'假物者必争，争而不已，必就其能断曲直者听命焉'。"在中国法史学界，在谈到中国古代诉讼时，一般认为厌讼论为主流观点，很少提到崔述的这篇《讼论》。直至20世纪90年代末，才有学者将其作为新的史料推荐给学术界。[①]

第三，不盲从别人现有的结论，勇于开展学术争鸣。比如，在谈到中国古代法律的演变时，作者批判了程树德关于晋以后中国法律分成南北两支的观点，认为"自《唐律疏义》以前的整部法典既不存在，所以要勉强说'南北律系'立法的根本原理彼此不同，是无充分证明，很为危险的。"[②]

又如，对春秋时期法律思想的状况，东吴大学法律学院院长吴经熊认为周末和春秋是"礼治思想时期"，战国是"法治时期"。丘汉平予以附和，称春秋时期是"道德流行期"。杨鸿烈认为这一观点不对。他指出：吴经熊和程树德的观点是以孔子的《论语》的影响力作为根据的，但是孔子生前虽然周游列国，但并无行道的机会，况且在那时还有与儒家根本不同的子产、管仲、范宣子和邓析诸人的势力，甚至还有许多隐者对孔子的批评："明知不可而为之"、"四体不勤、五谷不分、孰为夫子"

---

① 陈景良：《崔述反"息讼"思想论略》，载《法商研究》2000年第5期。
② 杨鸿烈著：《中国法律思想史》，上册，第2页，商务印书馆1937年版，上海书店1984年重印版。

等。所以说,"春秋时代绝对不应硬定它一个名称为'道德流行期'。著者主张,将吴博士的两时期合并改称为'儒、墨、道、法诸家对立时代',方符合当时思想演进情形的实际。"①

再如,梁启超在《先秦政治思想史》中说:"其在春秋,则管仲、子产、范蠡,……皆以法治卓著成绩"。"其在野学者如邓析、计然之徒,时复以议法文谈法术显于春秋"。这里,梁启超将"计然"视为一个法家人物。但杨鸿烈经过考证,认为"计然"是一篇作品,是范蠡所著书中的篇名:"《汉书·艺文志》兵权谋家著录范蠡二篇,大概'计然'即在其内。"②

第四,提出了许多有创新意义的见解。比如,作者认为儒、墨、道三家思想,是法家思想的渊源:法家所以能够演进到一个有系统法治理论体系的学派,"实在是受儒、墨、道三家的影响",如孔子主张的"君君臣臣父父子子"的正名主义,墨家主张的法律平等思想和法律为唯一准则的思想,道家的"我无为而民自正"的影响等。③

又如,在本书第三章中,作者提出了思想一统、专制主义发端于儒家、法家效仿之,而儒法结合则成为正统思想,限制了以后两千余年的学术自由的观点。作者指出:在两千多年前,就发展起了如法家那样系统精致的学说,确实不容易。但为什么后来便发展缓慢、无所作为了呢?这当中最重要的原因便是思想的不自由、统于一尊,而这并不是法家一家的罪过,是儒法两家共同造成的——早在儒家创始人孔子那里,便有扩张学术、统一并垄断思想界的野心,孔子托古改制,言必称先王,但及其本身并未奏大效。至孟子,便有了一段气势凌人的话:"世道衰

---

① 同上杨鸿烈著:《中国法律思想史》,上册,第11—12页。
② 同上杨鸿烈著:《中国法律思想史》,上册,第93页。
③ 杨鸿烈认为,法家的任法就可无为而治、"法立而不用,刑设而不行"、"法可无为而治"等思想,都是接受道家无为而治思想的产物。参见同上杨鸿烈著:《中国法律思想史》,上册,第114页。

微,邪说暴行,……孔子惧,作《春秋》。吾为此惧,闲先圣之道,我亦欲正人心,息邪说,距暴行,放淫辞,以承三圣者。"① 到了荀子,则更为激烈。在《正名篇》里,他主张政府对于一切奇辞邪说,都应该用命令刑罚去禁止他们。在这些先儒的影响下,终于发展到荀子的学生韩非和李斯的变本加厉的集权专制一尊高压的政策。

(四) 丘汉平②著《罗马法》

《罗马法》,上下册,1933 年由上海法学编译社出版。全书分序论和本论两个部分,序论阐述了学习罗马法的意义,罗马法之分期和渊源,罗马法近代化之演进等;本论涉及到人法、物法和诉讼法等内容,它是一本涉及罗马法整体的比较系统的教科书和专著。受本文篇幅限制,我们仅对其中几个有特色的部分作些分析和评述。

1. 研究罗马法的理由

丘汉平首先指出:"吾国法律,自成一系,与欧美诸国,异乎其源。汉、唐以后,律例相因,代鲜变更,垂二千余载,其所以然之故,殆由于农村社会之保守停滞欤!"鸦片战争以后,西法东渐,清末民初,中国模仿西方先进的法律模式立法,自己固有的法制几无一存。在中国移植过来的西方法律之中,不仅大陆法都源自罗马法,即使是英美法中,也接受了不少罗马法的原则。因此,学习研究罗马法,对于中国学子而言,就是一件非常基础的工作了。

2. 罗马法近代化之演进

丘氏指出,学习罗马法,首先应了解罗马法的近代化进程。这一进程,大体分为三个阶段,即教会法之影响阶段,罗马法复兴阶段,罗马法

---

① 《孟子·藤文公下》。
② 丘汉平(1904—1990)。

之适应中世纪社会阶段。在这三个阶段中,前者主要是在西罗马帝国灭亡之初,当时教会的势力大为扩张,其规范也逐步渗透至社会各个层面。但即使在这种状态之下,罗马法也没有完全湮灭,因当时的各日耳曼蛮族国家实行的是属人主义原则,在罗马人生活地区,罗马法仍然得到适用。

在罗马法复兴阶段,首先是意大利,因伊尔尼雷斯(Irnerius[①])所创立的波罗诺(Bologna)[②]大学专以研究教授罗马《国法大全》而形成注释法学派,从而使罗马法得以复兴。伊尔尼雷斯之后,在意大利又有伊氏的学生"四博士"、阿梭(Azo)、阿库尔修斯(Accursius)等人的活动,进一步扩大了注释法学派的影响,也推动了罗马法向实务部门的渗透。

14世纪之后,对罗马法的注释和整理基本上已经完成,接下来的任务就是如何使其适合中世纪西欧社会的需要。适应这种社会要求,出现了后期注释学派或解释学派(School of Post Glossotors or Commentators),其代表人物,有奇诺斯(Cinus),巴妥路斯(Bartolus),鲍尔杜斯(Baldus)。该学派的工作重心,已不在阐明罗马法之文义,而是"取罗马法之法文注以意大利当时之观念,同时兼取习惯及地方法律相彰明,使罗马法与意大利法收互相关系之效"。

不仅如此,解释学派还以当时中世纪盛行的理性学派观念来研究法律,使法律获得进一步的科学抽象,使其得到概念化、原理化,这样遂使罗马法之精神贯注于中世纪西欧法律(包括地方封建法、教会法、国王立法等),至15、16世纪,终于演化成为超出意大利包括整个欧洲大陆的"普通法"(ius commune),罗马法遂成为欧洲大陆近代法。

[①] Irnerius(1055—1130),也译为"伊纳留斯"。
[②] Bologna,也译为"波伦那"、"波伦亚"、"博洛尼亚"。

3. 准契约

准契约(Quasi ex Contractu)是罗马法特有的一个概念,是指当事人事前没有合约,因其行为而发生与契约同一的关系。当然,这是现代人对准契约所下的定义。事实上,在罗马时代,人们所认识的准契约就是与契约相似但又区别于侵权的关系而已。

丘汉平指出,在罗马法上,准契约的行为主要有无因管理(未受委任并无义务而为他人管理事务)、共有(二人以上共有一物而发生相互间之关系)、债务履行之错误(对于不存在债务而为错误之给付)、条件不成就之返还(物件之交付以待将来某项条件之成就,而如不成就时即必须返还)、不法原因履行之诉(以金钱之给付基于非法律所认许之行为)等。丘氏对这些准契约关系各自的要件、享受的权利和承担的义务作了详细的说明。

4. 准侵权债务

准侵权债务(Obligatio quasi ex delicto),有些罗马法著作中也称为"准私犯债务",是指虽无如侵权(私犯)之行为,但依其情形足致他人发生损害,而使行为人负赔偿之责任。具体包括承审员职务上所为之损害,抛弃物件所致之损害,悬挂物件所致之损害,运送人馆舍及马厩主人所致之损害,家主对于奴隶侵权行为之损害赔偿责任,动物所有人之损害赔偿责任等。

应该说,丘汉平在这里对准侵权债务的阐述是比较详尽的,不仅在中文版的罗马法著作中最为详细,[①]而且与以后出版的西文罗马法著

[①] 如比丘汉平晚几年出版的陈朝璧著《罗马法原理》(上下册,商务印书馆1937年版),关于准私犯的论述没有单独列出专节、专目;1994年出版的周枬著《罗马法原论》(上下册,商务印书馆版),对准私犯的阐述在范围和深度上也没有超过丘汉平。顺便说一句,在整个民国时期,关于罗马法研究的著作最为系统权威者是丘汉平和陈朝璧两人,但陈氏的著作出版于丘氏之后四年,然而对丘氏的成果没有只字提及,且全书没有一个注释,只是在书的末尾附了一部分参考书,参考书中列了大量的外文著作,但关于中文著作只提到陈允、应时以及黄右昌的作品,但实际上当时中文的罗马法著作已经出版了许多种,这按照现在的学术评判标准,似乎是不符合学术规范的(相反,丘汉平的著作的注释极为详尽)。故笔者在论述民国时期罗马法研究成果时,选择了丘汉平的著作。

作相比也是论述比较充分的。①

5. 信托

信托,是遗嘱人以其遗产之一部或全部嘱托其继承人或受遗赠人履行本人之处分行为。起先,遗嘱与遗赠之方式很严格,以致遗嘱人不能自由给予财产与其生平所好之人。不宁惟是,此时之法律,对于继承人与受遗赠人之资格,规定颇狭,难以满足遗嘱人的意愿。至共和国末期,遗嘱人为避免此种缺陷,常于遗嘱上嘱托继承人将遗产之一部或全部转与其所好之人。当时继承人对于此种嘱托,仅负一种道德上之义务,法律并未强制要求其执行。但因为继承人为维持其信誉计,很少有不予执行的。

丘汉平指出,在罗马法上,信托与遗赠的区别主要为:遗赠应有正式之行为,而信托则无;遗赠随遗嘱而发生效力,信托则对法定继承人也可为;遗赠为市民法上之制度,而信托则是裁判官法上之制度;遗赠之受遗赠人范围限制很严,而信托之受益人范围则比较宽;遗赠之处分权,自《福尔西地亚律》(Lex Falcidia)后受到限制,而信托的处分权一直是比较自由的。

然而至查士丁尼时代,遗赠与信托的区别开始消除,两者成为交替使用的名称。

在罗马,信托的种类主要有:特定物之信托和遗产之信托。

丘汉平是民国时期才气横溢、著述十分丰硕的法学家。在法理学、罗马法、中国古代法律思想史、票据法、华侨事务等研究领域均有很深的造诣。《罗马法》是丘汉平的代表作之一,与陈允、应时、金兰荪、黄右

---

① 如意大利著名罗马法学家彼德罗·彭梵得著:《罗马法教科书》,黄风译,中国政法大学出版社1992年版。对准私犯的论述就只有非常简单的四点:放置物或悬挂物致害,落下物或投掷物致害,审判员误判致害,产生于自己属员的盗窃或侵害行为的责任。1975年出版的英国牛津大学法学教科书《罗马法概论》([英]巴里·尼古拉斯著,黄风译,法律出版社2000年中文版),对准私犯也只是作了如上彼德罗·彭梵得同样的简单的叙述。

昌、陈朝璧、王去非等人研究罗马法的成果相比,具有体系完整、注释详尽、内容充实、语言流畅等优点,它的出版,奠定了民国时期我国研究罗马法的基础。①

(五)莫理斯著《法律发达史》

莫理斯(M. F. Morris),美国法律史学家,具体生平不详。译者王学文,具体生平不详,除本书外,还发表有《英国下级民事裁判所之组织及权限》(《法治周报》第1—8期连载,1934年1—2月)等论文。

本书由长沙商务印书馆于1939年出版。全书共分十章,即第一章,法律的起源和性质与自然法;第二章,摩西法;第三章,巴比伦腓列基和埃及法;第四章,印度斯坦米太和波斯法;第五章,古希腊法;第六章,罗马法;第七章,罗马民法与条顿民族之普通法间的竞争;第八章,罗马民法与条顿民族之普通法间的竞争(续);第九章,罗马民法与英国普通法的关系;第十章,美国法。下面,就其要点作点评述。

1. 法律的起源

作者认为:法律史是我们民族的历史和民族之经验的具体表现;又为民族之智慧及其对于智慧之需要的最正确的纪念品。一国人民最优秀的思想可以从其制定的法律中看到;因为人民的日常生活最能在其风俗习惯中反映出来,而风俗习惯又构成了人民日常处事的法律。

作者指出,"法律之存在是与人类同时代的,因此人类的'创造者'就是一切法律的源泉,不但神法如此,就是一切公正的人为法亦是如

---

① 民国时期研究外国法制史的成果,如果从所代表的时代、国家与地区、法域角度而言,还有张天福著《希伯来法系之研究》(上海大东书局1946年版)和李宜琛著《日耳曼法概说》(重庆商务印书馆1943年版)。但一则受本文篇幅限制,二则在学术价值上,它们不如《罗马法》重要。尤其是李宜琛的著作,全书没有一个注释,所引用资料不知源自何处,故笔者没有将其列入评述的对象。

此。"①卢梭关于法律源于民约的理论是不对的,因为如果民约论能够产生法律,那么同样的道理,一种类似的民约便足以将法律撤消了。法律源自强力的观点其不能说服人的地方也在这里。由此出发,作者认为英国著名法学家布拉克斯同(Blackstone)对国内法所下的定义也是不对的。布氏指出:法律"是由国家最高权力者所制定之行为的一种规则,命令其适当(Right)者而禁止其邪恶(Wrong)者"。

作者认为,这一定义的后半部分是错误且多余的,而前半部分是不确定和不适当的。比如,在马路上行走的交通规则"遵照法律,靠右边走",是习惯法,并不是最高权力者所下达之命令。又如,"命令其适当而禁止其邪恶"对有些法律现象也是解释不通的:古代社会那些以身体祭火神的风俗和赞成暗杀的习惯即如此。再如,"国家最高权力者"也是一个含糊不清的概念,它是指国王,还是议会?

在美国,还有人认为国内法是人民意志的表示。这一观点得到了一般人的认可,但它也是有问题的。虽然,美国是依据多数人的意志在统治,但是,假如多数人的意志否认暗杀、抢劫、纵火以及强奸等是犯罪,并不加以处罚,你能说这种多数人的意志是法律的来源吗?如果多数人的意志剥夺了人民的宗教信仰自由或别的自由,你能认为这种法律的根据是合法的吗?

因此,一切法律,不管是神法还是人为法,都由同一源头而来,即自然法。它"是创物者当他命令人类生存在地球上的时候,同时赋予人类的原始法"。② 自然法产生了人类的一切权利和义务,人为法不能,它只能规定权利和义务。人们一般认为,在国内法中,可以分为实体法与程序法两种,前者是一种训戒,后者是实现这种训戒的方法。自然法与

---

① [美]莫理斯著:《法律发达史》,王学文译,第2页,长沙商务印书馆1939年版。
② [美]莫理斯著:《法律发达史》,王学文译,第9页,长沙商务印书馆1939年版。

人为法的关系与此相同,前者是神的训戒,而后者则是人类贯彻这种训戒的方法。

那么,自然法存在于那里呢？存在于"默示法"(law of revelation),即人们心里的自然规律之中。比如,"不可杀人"就是自然法的一条训戒,全世界各个国家、各个民族都遵循着这一条规则,并用人为法予以贯彻实施。虽然,对违反这一训戒的处罚在各个国家和民族不尽一致,但对其的处罚态度是完全一样的。

2. 印度斯坦①法

在论述了古代希伯来(以色列犹太人)、巴比伦、埃及和腓列基的法律制度之后,作者进一步对印度斯坦法进行了研究。

作者指出,巴比伦、埃及和腓列基是三个放射古代文化的中心地,欧美现在的文化即从此三个地区并经巴勒斯坦、希腊和罗马而来。但是,欧美的风俗习惯也受到了另一个更为遥远的地区的影响,这种影响甚至超过了一般人的想像,因为他们与现在欧美的人种是同一个祖先,即阿利安人。这个地区就是印度斯坦。

印度斯坦的法律,据说是大立法家摩奴(Manu)的作品。摩奴是否真实存在过,现在已经无法考证,但有一点是可以肯定的,即印度斯坦的法律既然经过了长时期的发展演变,具有了强大的制裁力和效果,那么,肯定需要委诸于历史上某一个理想中的或是真实存在过的人物。现存的摩奴法律,虽然是在公元后最初几个世纪出现的,但事实上它是公元前一千多年的风俗、习惯发展的必然结果。

摩奴法律在公布时并不像梭伦立法或罗马十二表法等那样马上具有效力,而只是因为它是一种习惯因而得到了人们的遵循。此外,由于印度斯坦是一个多民族聚集的地区,风俗习惯各不相同,因此摩奴法律

---

① 即印度(Indian)。

也不是惟一的法律渊源。但尽管如此,摩奴法律仍然是印度斯坦最为完备的法典。它具体规定了18个方面的内容:1.债之收回;2.寄托与典质;3.无主物之出售;4.合伙商店;5.赠与物之返还;6.工资之拖欠;7.契约之不履行;8.买卖之撤消;9.牲畜之主人与其受雇者间的争执;10.关于疆界之争执;11.侵犯;12.诽谤罪;13.盗窃罪;14.强盗及强暴罪;15.奸淫罪;16.夫妻间之权利与义务;17.遗产之分割;18.赌博罪。

与其他古代东方法一样,摩奴法律也是民刑法不分,在亲属家庭法中贯彻了男尊女卑的原则,财产所有权上保留原始共有制的习惯,土地的自由转移也受到限制,等等。与其他古代法不同的是,在印度斯坦,法律的等级制度十分牢固,种姓制成为其社会生活的基础。

"总而言之,印度法在摩奴法中所表现出来的是一种很精美的法制,它虽然有许多规定,是为我们所不能赞同的,但是却值得我们的欣赏。这是一部农业或田舍风味的法典,而不是为商人们而制定的,因此和巴比伦及腓列基的法制不同,而与埃及的法律则较近似。"①

3. 罗马民法与条顿民族之普通法间的竞争

在对希腊法与罗马法的起源与内容进行论述之后,作者重点对罗马民法与条顿民族之普通法间的竞争问题作了阐述。作者指出,公元476年西罗马帝国灭亡之后,条顿民族(日耳曼人)的各个分支建立了许多蛮族国家。这些条顿民族认为自己以少数人且比较落后的文化,战胜了人数众多的且具有发达文化的庞大的罗马帝国,依靠的就是其军事组织。因此,他们认为,要维持自己的统治,也必须保留这种军事组织,只是将其性质从进攻性的转为驻防性的而已。

由这种军事组织的机制,演化出了经济社会制度:条顿民族强迫罗马人和自己一起共分土地和货物,然后将自己所分得的土地和货物再

---

① [美]莫理斯著:《法律发达史》,王学文译,第49页,长沙商务印书馆1939年版。

按照军事组织的永久性模式进行分配,军队的主将这时成为被征服地的国王,他以本部落之代表的身份占有上述财产,然后先将一部分预留下来,充为自己以及其家庭成员乃至亲信随从的财产,再将剩余的分给军队中的重要将官,同时附上条件,就是必须为其服兵役或其他劳役。这些重要将官,后来就成为公爵、侯爵、伯爵和男爵等,他们再将所分得的财产分给自己的下属,同时也要求下属履行相应的义务。下属再照样层层下分,直至每一个战士都获得一份自己的土地和货物。从而形成了一个以军事组织为形式、以土地与货物为内容、以权利和义务为纽带的金字塔形的社会结构。这就是西欧早期的封建社会组织。

起初,在属人主义的政策下,条顿民族的习惯法仅适用于其自身,罗马人仍然适用罗马的法律,从而在同一片地区,形成了两个不同的法域:条顿法区和罗马法区。它们各有法律,也各有法院。然而,这两种法律经常发生冲突。在冲突时,条顿人就往往将自己的法律强压给罗马人。同时,由于条顿人是军事征服者,可以压迫那些毫无抵抗力的罗马居民。后者不堪压迫,不得不将自己的自由以及土地作为代价,交付给征服者,成为其臣民和承租人,来换取生命等基本保障。这样,条顿人的上述封建经济制度也开始在被征服者中间扩展,除了各大城市之外,流行于整个欧洲,中世纪欧洲封建社会基本完成。

条顿民族在军事上、政治上和经济上获得胜利的同时,以基督教会为载体的罗马法和罗马文化对条顿民族进行反征服,开始了罗马法和条顿法的竞争,这一过程持续了近千年。开始,由于条顿人除了能够打仗之外,既不能读,又不能写,故在文化上完全依赖于教会组织。他们的法律,也是口耳相传的习惯法。从公元 5 世纪开始,在教会人士的帮助下,这些习惯法逐步被编纂成为法典,其典型就是《撒利克法》(Lex Salica)和《利浦尼安法》(Lax Ripuarian)。随着罗马文化渗透力的不断加强,条顿法受到的罗马影响也不断加深,其罗马化的色彩也越来越浓。双方的竞争,越来越朝着有利于罗马法的方向发展。

在此过程中,出现了几个重大事件,如十字军东征,意大利等地自由城市的出现,意大利、瑞士和波罗的海北部"汉萨同盟"的创立,印刷术和炸药的发明,14世纪以后的文艺复兴,新大陆的发现,以及法国和美国的资产阶级大革命等。条顿人开创的西欧封建制度终于被摧毁,罗马法在各国得以全面复兴,以它为基础而建立起来的资产阶级法律体系得以确立,欧洲法律发达成为一个近代的丰富的法律体系——大陆法系。

4. 罗马民法与英国普通法的关系

在英国中世纪,也曾经过两位伟大的立法者,一位是阿勒弗列大帝(Alfred the Gread,871—901年在位),另一位是爱德华(Edward,1043—1066年在位)。1066年,诺曼人入侵英国之后,在强大的中央王权之下,通过巡回审判制度,以各地存在的日耳曼习惯法为基础,开始形成一整套判例法体系。由于这套体系,因此当欧洲大陆正在纷纷重新确立罗马法的地位时,英国则走上了以不成文法即判例法为基础的自己独立的发展道路。直至近代形成了一个世界性的法律体系——普通法系。

但是,如果认为英国法一点也没有受到罗马法的影响,这是不对的。实际上,罗马法一直在以各种方式影响着英国法的发展。上述阿勒弗列大帝和爱德华另当别论——他们本身都是熟悉罗马法的国王,其立法时受到了罗马法的影响当在情理之中,就是在诺曼人入侵之后,罗马法仍然不断地对英国法的发展施加着影响。下面几件平时不太引人注意的事件,就是罗马法影响英国的表现。

第一件事是1215年大宪章的签署。起草大宪章的是坎特布里大主教、英国总主教和罗马教会的红衣大主教斯梯芬·兰伯吞(Stephen Langton),他是欧洲大陆波伦那(Bologna)大学毕业的法学博士,是一位精通罗马私法的专家。因此,大宪章中的自由民主意识、人权保障意识以及对封建专制的限制意识,无疑来自于罗马法的精神。

第二件事是中世纪英国法定型时两位著名法学家的贡献,体现了罗马法对英国法的影响。第一位是格兰维尔(R. de Glanville),他是诺曼人的后裔,在亨利二世手下当了十年大法官,他在其代表作《英国法律风俗论》——被认为是英国法第一本著作中引用了多少罗马法的原理虽然不太说得清,但这本书是用诺曼人的法语写成的,仅此一点就可以看出大陆罗马法的影响。另一位是布拉克吞(H. de Bracton),他也是一位大法官,于任期内写了一部大作《英国法律及其风俗》,该书不仅作程序上的讨论,而且也阐发了真正的法律原理。据作者自己宣称,该书是以罗马皇帝查士丁尼的《法学阶梯》为蓝本而撰写的,而且几乎原封不动地将罗马法上关于动产的理论全部抄入了本书。

第三件事是培根对衡平法院确立的贡献。1603年,王座法庭审理了一起案件,被告已经清偿了所借的款项,但却遗失了收据,在法庭上无法证明自己已经作出了清偿。法庭就援引先例,判决被告必须作出支付。后来,被告找到了收据,要求暂缓执行,但此时普通法的程序已经无法更改,况且王座法庭又是终审法庭。在此无奈之下,被告向衡平法院提出申诉,衡平法院接受了,判令对王座法庭的判决暂缓执行。时任王座法庭大法官的科克(Coke)大为光火,要求衡平法院收回成命,于是,便在普通法院与衡平法院之间爆发了一场关于管辖权的争论。时任总检察长的培根(F. Bacon,1561—1626)也积极参与此场争论,并成为与科克对立的主角。由于当时国王詹姆士的支持,最后这场风波以科克被罢免而归于平息,而衡平法院优先于普通法院的权威遂在英国形成,它以罗马法的精神与制度为判案的根据的传统也得以确立。而为这一切作出突出贡献的培根,本人就是一位精通罗马法的专家。

第四件事是曼斯菲尔德伯爵(Lord Mansfield)的活动。他于1756

年受聘担任高等法院王座法庭的大法官。他是一个苏格兰法学者和罗马民法学的专家。他在任32年,不动声色地在英国普通法体系中加入了大量的罗马法内容,特别是商法,几乎全部是由罗马法输入,并且将罗马法上的担保法同时引入了英国,从而将英国法向前大大推进了一步。

在民国时期,从国外引入的论述法律发达史的译著,除本书之外,还有孟罗·斯密著、姚梅镇译的《欧陆法律发达史》①一书。斯氏著作侧重于对欧洲大陆法律史的描述,比较注重史料尤其是日耳曼法律史料的整理;而莫氏著作则注重对整个欧美法律史尤其是英国法律史的论述。此外,在法理的阐述以及对社会史、文化史方面的叙述上,莫氏的著作要更为深入一些。因此,本文在论述中国近代法史学的诞生与成长时,选择了莫氏之《法律发达史》一书,以彰显其对中国学术进步的贡献。

除上述五部著作之外,杨鸿烈的《中国法律发达史》用近代西方的法律理念和方法来研究中国两千多年法律的发展;陈顾远的《中国法制史》从政治制度、狱讼制度和经济制度三条线索,对中国古代法律的发展作了系统梳理;瞿同祖的《中国法律与中国社会》则运用社会学的方法,对中国古代法律的特点和精神作了深入挖掘,开创了中国法制史研究的崭新局面。爱德华兹(C. Edwards)著、沈大銈译《罕穆剌俾法典》、穗积陈重著、黄尊三等译《法律进化论》②等作品在中国的出版,也为中国近代的外国法制史学科的成长作出了贡献。

---

① 商务印书馆于1943年初版,中国政法大学出版社1999年重印出版。
② 商务印书馆于1934年初版,中国政法大学出版社1997年重印出版。

三

从上述中国近代法史学诞生与成长过程,以及沈家本等人的作品来看,中国近代法史学在诞生与成长过程中具有一些鲜明的特点,探索、分析这些特点,将有助于我们进一步认识理解中国近代法史学的品格和本质,把握中国近代法史学发展演变的若干规律,更好地发展和繁荣中国现代的法史学。这些特点大体有:

第一,中国近代法史学的诞生与成长,是一个由面比较狭窄的刑法史向近代型的法律制度全体史转变、体系日益完善的过程。如前所述,一直到清末,中国官方出版的描述法制史的作品,仍然局限在《刑法志》这种模式之中。然而,从沈家本的《历代刑法考》开始,虽然书名仍然标以"历代刑法"之名,但其中已经有了"田律田令"、"盐法"、"私茶"等涉及民事生活以及"律三家"、"律说"等法律家活动的内容。在程树德的《九朝律考》中,虽然主体仍然是刑法史的内容,但关于民事法律和律学的内容有了进一步的增加。乃至杨鸿烈、陈顾远和瞿同祖的著作,则不仅有民事法律的内容,也有经济法律、行政法律的内容,从而实现了从中国古代刑法史向中国近代全体法制史的转变。

第二,中国近代法史学的诞生与成长,是一个用西方的观点和方法来梳理和研究中国的材料的过程。仅从上述几部代表性的中国法制史著作中我们就已经可以看到,在中国近代法史学发展中,除了沈家本之外,其他几位法史学大师,都是法学留学生,如程树德,是日本法政大学的留学生,杨鸿烈,是日本东京帝国大学的留学生,瞿同祖,长期担任美国哥伦比亚大学的客座研究员。而梁启超虽然没有出国留学,但1898年"戊戌变法"失败之后,却长期亡命日本,在原有的西方法律素养的基础上,又耳闻目睹了西方的法治现状。因此,他们都有着相当深厚的外国法基础和外语水平，对西方的法学理念也十分精熟。这样，就使他们在其作品中，可以充分运用西方的观点、体系和方法，来探索、研究中国古代的法律，无论是梁启超的《论中国成文法编制之沿革得失》，还是杨鸿烈的《中国法律发达史》，还是瞿同祖的《中国法律与中国社会》，都充分显示了这一特征。

第三，中国近代法史学的诞生与成长，是一个由单纯考证历史法制文献之方法向运用历史方法、比较方法、社会学方法、进化论观念等方法研究中国古代法律制度的发展过程。如在沈家本和程树德的作品中，已经充分显示了历史的和比较的方法；在梁启超和杨鸿烈的作品中，充分凸现了西方达尔文进化论的思想；在瞿同祖的作品中，则完全贯彻了社会学的研究思路和研究方法。正是多元方法的运用，才使中国学术界研究中国古代法律的状况一变以前千年一种面貌的《刑法志》模式，转变成为近代型的法律史学。

第四，中国近代法史学的诞生与成长，是一个精品重叠、大师层出的过程。总结中国近代法史学的发展，推出的作品数量尽管不多，前后近50年总共才180余本（这一点与同样是基础学科的且也被认为在民国时期不受重视的法理学学科相比更为明显，当时，仅冠以"法学通论"之名的著作，就有139本之多），但水准都非常高，许多都已成为中国近代法学史上的经典，如上述沈家本的《历代刑法考》、程树德的《九朝律考》、杨鸿烈的《中国法律发达史》与《中国法律思想史》、丁元普的《中国法制史》、丘汉平的《罗马法》、陈顾远的《中国法制史》、瞿同祖的《中国法律与中国社会》等。

相比之下，1949年新中国成立至今已有50多年，法制史作品总数据初步统计已达近500余种，法律史论文也有近2000余篇，但能够成为经典的却极少。笔者指出这一点，无意厚古薄今，而是要说明，搞法史研究应当力戒浮躁的心态，必须扎实工作，精心梳理，潜心学问。因为学术研究的客观规律就是一份耕耘,一份收获,没有任何捷径。中国现代法史学研究要超越中国近代,必须要有这种心态和心境。笔者愿与诸位同仁共勉。[①]

[①] 最近,学术界对中国近百年法史学研究发展的状况开始进行比较认真的反思,并有了比较清醒的认识。参见刘海年、马小红:《中国法制史学》,载罗豪才、孙琬锺主编《与时俱进的中国法学》,中国法制出版社 2001 年版。

世界法典前沿

世界文典出版

《欧洲民法典》讼案

张 斐

导 言

初闻《欧洲民法典》,是在比利时 Leuven 大学的欧洲合同法研讨会上。《欧洲民法典》,顾名思义,是整个欧洲的民法典。法律源于欧洲,并在特定的历史环境下分裂为大陆法与普通法两大法系。大陆法与普通法的三个最主要国家——英国、法国、德国都位于欧洲。难道《欧洲民法典》竟是要将两大法系的法律统一吗?

法典编纂历来是法律发展过程中最重要的事件。让我们从历史的长河中撷取些许片断,以古观今,从而更加清楚地感受制定《欧洲民法典》已经和将要带来的冲击。

历史片断之一:《法国民法典》

《法国民法典》作为资本主义世界第一部重要的法典,它的价值超过了拿破仑赢得的 40 个战役。《法国民法典》统一了法国法,并且伴随拿破仑的铁骑成为民族国家统一的工具。《欧洲民法典》同样也可能成为欧洲统一的工具,由《欧洲民法典》而欧洲合众国(The United Europe)或欧洲共和国(Europe Republic)并不是不可能的。

历史片断之二:蒂博特 vs. 萨维尼

《法国民法典》在德意志土地上失势以后,蒂博特提出"要用一部共同的《德国民法典》取代难以容忍的多种多样的德意志邦法"。而萨维尼认为,统一《德国民法典》的时机尚未成熟,因为国家立法是非有机的、非科学的、敌视传统的和暴力的,所以它不能作为一种普通德意志法律产生的途径。法归根到底是由在民族内部悄然作用的力量孕育产生的,只有习惯才能产生真正的法。① 蒂博特强调的是自上而下式的国家立法,而萨维尼更侧重自下而上式的习惯法。未有《欧洲民法典》之前并不需要一场蒂博特 vs. 萨维尼式的论战,因为自下而上式的国家立法与自上而下式的法学家立法都是《欧洲民法典》所倚重的立法方式。

历史片断之三:《联合国国际货物销售合同公约》

《联合国国际货物销售合同公约》的缔约国已有 50 多个,它是世界范围内的法律一体化②所取得的最重要的成就之一。《联合国国际货物销售合同公约》的广泛适用表明了法律一体化趋势日益增强。《联合国国际货物销售合同公约》并没有取代各成员国的国内法,而是成为高于国内法的法。

回顾历史以预测未来。可以预见,《欧洲民法典》将会是未来欧洲的民法典;《欧洲民法典》融合了两种对立的立法方式;《欧洲民法典》不会取代国内法,而是要成为国内法之上的法。因此,《欧洲民法典》有足够的理由成为法学界关注的焦点。

---

① Konrad zweigert & Hein kötz, An Introduction to Comparative Law (3rd Ed), Clarendin Press, Oxford 1998, p. 139.

② 在英语语言中,法律一体化(Legal Integration)有三个层次:Unification,Harmonization 和 Approximation。Unification 指法律的统一;Approximation 指减少不同法律之间的差异性,使之趋同;Harmonization 处于二者之间,指在保留不同法律的形式差异的前提下达到法律的实质统一。《欧洲民法典》要在 Harmonization 的层次上达到欧洲的法律一体化。

一、"共同法":欧洲法律统一性的历史印证

法律研究已经沦落为国家法的研究(当时的德国分裂为许多国家),法律科学的边界就是政治的或地理的边界。这是多么无价值的科学形式! (Die Rechtswissenschaft ist zur Landesjurisprudenz degradirt, die wissenschaftlichen Gränzen fallen in der Jurisprudenz mit den politischen zusammen. Eine demüthigende. unwürdige Form für eine Wissenschaft!)[①]

1852年,德国法学家耶林对分散的法律研究提出了批评,其目的在于找寻一种普适的法。11、12世纪至19世纪曾经存在于欧洲大陆的"共同法"(Ius Commune)正是这段论述最好的例证。在"共同法"时代,法律突破了政治的或地理的边界,成为欧洲大陆"大一统"的法律,甚至于远离欧洲大陆的英国也深受影响。今天的《欧洲民法典》正是这种法律一体化思想的产物,也可以说是某种程度上的"共同法"的回归。

(一)"共同法"形成的诱因

法律在欧洲是至高无上的。欧洲独特的历史人文环境使得法律的发展具有自主性。法律不附属于任何宗教或学说,而是沿着自己的方向独立发展。从11、12世纪的罗马法复兴至19世纪的国家法典编纂运动,一种普遍的法律制度——"共同法"通行于欧洲大陆。之所以称之为"共同法",其原因就在于它较先前的法律制度而言,法律渊源更为单一,并以统一性为其首要标志。"共同法"的统一性表现在五个方面。第一,综合统一的法律渊源——罗马法、教会法和地方法;第二,用以培

[①] Jan Smits, The Making of European Private Law Intersentia, 2002, p. 42.

养法律人才的统一的法律教育;第三,法律语言——拉丁语所使用的概念体系和表达方式的统一性;第四,存在一个具有学术背景的法律职业层,因而理论与实践没有脱节;第五,法律体现了欧洲统一的文化。[①]

1. 罗马法传统

"共同法"的核心始终是以查士丁尼《民法大全》(Corpus Iuris Civilis)为基础的罗马法。12世纪,沉寂已久的查士丁尼《民法大全》开始在欧洲复兴,第一所研究罗马法的大学在意大利Bologna产生。Bologna大学的教授们解释查士丁尼《民法大全》并以注释的方法进行研究,从而形成了注释法学派。注释法学派对人们的日常生活作用有限。这是因为,他们的兴趣在于理论研究,而不是将研究的理论应用于实践。但注释法学派法学家在罗马法研究中的作用却是开创性的,因为他们为我们留下了大量的法律术语,并且许多法律研究方法也是由他们第一次使用,这为以后的法律研究奠定了基础。从13世纪中期开始,注释法学开始向评论法学发展,研究的阵地依然是意大利,但重点已转向将罗马法应用于实践。评论法学并未产生太大的影响,其影响范围仅限于地中海国家。16世纪,人文主义者取代了评论法学家。在文艺复兴的旗帜下,人文主义者号召人们消灭万恶的中世纪,回到光荣的古罗马、古希腊时代。此时,罗马法的研究遍及整个欧洲大陆,而其中又以法国为最,其研究的目标是让罗马法回到"罗马时代的罗马法"。17至19世纪,"共同法"出现了两个分支,即学说汇纂法学和自然法学。学说汇纂法学以《学说汇纂》为研究对象,它源于荷兰而盛于德国,它使得罗马法真正成为泛欧洲的法律。自然法学则力图发现源于人性的永恒的法。自然法学的开创者是16世纪的西班牙神学家,而第一位伟大的自然法学家则是荷兰人格老秀斯,之后德国人在这一领域一直

[①] Jan Smits, The Making of European Private Law Intersentia, 2002, p.42.

处于领先地位。通过以上对"共同法"发展过程的回溯,可以看出,中世纪的"共同法"基本上以罗马法为主,欧洲各国法律统一化的主要因素是"对罗马法的缅怀"。①

2. 教会法传统

欧洲诸法统一的另外一个因素乃是教会法的同一化影响。由于西罗马帝国的覆灭和日耳曼人的入侵,西欧政治、法律和司法结构日益瓦解,教会势力也变得越来越强大。教会逐渐建立起一套凌驾于世俗国王之上并监督世俗政权的组织体系,这种体制上的扩张要求教会必须有一套完善的法律制度与之相适应。教会法的法律渊源有二:其一是由地区性宗教会议通过的教区法,其二是教皇的决定。无论是教区法,还是教皇的决定,都是建立在上帝真言、基督教义与兄弟之爱的基础上的,因而他们具有广泛而深入的同一性。教会法的这种同一性也就随着教会势力的扩张成为中世纪欧洲法统一的促进因素之一。

在"共同法"中,教会法的重要性低于罗马法。但教会法在某些方面的影响却是具有决定性的。这些领域不仅与宗教信仰有关,还涉及到人的意志。例如,教会法的影响在合同法中弘扬意志方面(而非形式)具有决定性影响。②

除罗马法、教会法外,"共同法"还渗入了欧洲各民族传统法的规定,这可以说是欧洲各国法律统一的残余。

(二)"共同法"之于《欧洲民法典》的启示

《欧洲民法典》的灵感取自"共同法",其宗旨是再次实现欧洲法律的"大一统"。然而,就"共同法"能否成为《欧洲民法典》的模型这一问

---

① [葡]叶士朋著:《欧洲法学史导论》,第61页,中国政法大学出版社1998年版。
② [葡]叶士朋著:《欧洲法学史导论》,第78页,中国政法大学出版社1998年版。

题,学术界尚有争论。有些学者认为,历史研究的目的在于发现过去。"共同法"的存在并不意味着我们要制定《欧洲民法典》,通过《欧洲民法典》回到所谓的"共同法"的黄金时代的观点,其实是一种误导。① 而另一些学者则认为,以纯客观的眼光看待历史是不可能的,历史研究的目的就在于让历史事件服务于现实,有时候为了现实需要甚至可以故意曲解历史。曾经存在的"共同法"可以作为《欧洲民法典》的历史版本,今日的《欧洲民法典》就是要在不同的国内法中寻找"共同法"的痕迹,再次实现欧洲法律一体化。笔者同意后者的观点。以史为镜,可以知兴衰。发现过去固然重要,但服务现实、预测未来才是历史研究的终极目的。一个具有历史意识的人一定不喜欢不能适应变化了的环境的规则或观点。因此,"共同法"研究的意义不在于"共同法"本身,而在于"共同法"之于《欧洲民法典》的启示意义。

"共同法"的形成得益于两方面因素。一方面,政治传统的统一性促成了一种统一欧洲各种法律体系的倾向的形成。另一方面,在一定程度上,法的统一感是由培养法律专业人才的知识教育的同一性所引起的,正是这些专业人才——法学家肩负着创造中世纪法律知识的责任。② 如果以这两个因素为标准对《欧洲民法典》的制定做一检讨的话,我们可以发现,今日的欧洲简直就是"共同法"形成时代的再现。1993年1月1日成立的欧盟极大地促进了欧洲的政治一体化,更为重要的是欧盟的宪法性文件——《欧盟条约》③明确表示了欧盟各成员国

---

① Pierre Legrand, *Against a European Civil Code*, *The Modern Law Review* 1997.
② [葡]叶士朋著:《欧洲法学史导论》,第59—60页,中国政法大学出版社1998年版。
③ 1957年《罗马条约》创立了欧洲经济共同体,后来与欧洲煤钢共同体、欧洲原子能共同体合并为欧洲共同体,1993年1月1日生效的《马斯特里赫特条约》将欧洲共同体改为欧盟,后来,1997年《阿姆斯特丹条约》又对《马斯特里赫特条约》做了修订。《欧盟条约》指修订后的《阿姆斯特丹条约》。

推动法律一体化的决心。① 就推动法律一体化的法学家阶层而言,近十年来,已有越来越多的法学家加入到这一行列中来。《欧洲民法典》工作组于1997年成立,工作组分散于全欧洲。Hamberg工作组负责保险合同、个人保证和涉及动产的抵押合同;Osnabrück工作组负责侵权法、不当得利和无因管理;Utrecht和Tilburg工作组负责销售合同、租赁合同和服务合同;Salzburg工作组负责动产所有权转移;Luxembourg工作组负责金融合同;此外还计划在英国建立一个负责信托法的工作组。法学家们也对自己肩负的责任有清醒的认识,德国Regensburg大学教授Reinhard Zimmermann就曾说过,欧洲法律一体化是法学家的任务,我们不应把它留给布鲁塞尔②。

《欧洲民法典》具备了成为第二个"共同法"的成长环境。然而,须特别指出的是,《欧洲民法典》的适用范围包括普通法国家,比"共同法"的适用范围还要广。因此,制定《欧洲民法典》时就不能不考虑普通法的作用。要求普通法国家接受《欧洲民法典》的确非常困难,但并非不可能。尽管从一开始大陆法与普通法是站在对立的位置上的,但是它们正相互靠近,甚至在法律方法和法律技术领域都表现出了这一趋势。③ 两种法律体系的统一,要通过共同努力进行超越各个体系的综合来实现。统一要在两种体系先前存在的共同愿望的基础上,通过统一的实际好处证明两种体系应该做相互让步才能实现。

---

① 《欧盟条约》第94—97条。

② Arthur Hartkamp, Martijn Hessselink Ewoud Hondius, Carla Joustra, Edgar du Perron (ed.), *Towards a European Civil Code* (2nd Ed.) Ars Aequi Libri—Nijmegen; Kluwer Law International—The Hague/London/Boston, 1998, p.39.

③ Konrad zweigert & Hein kötz, *An Introduction to Comparative Law* (3rd Ed.), Clarendin Press, Oxford 1998, p.271.

二、比较法上的观察

《欧洲民法典》根植于欧洲各国相对独立的法律体系,最终还要融入欧洲各国的法律体系,因此吸收和借鉴欧洲各国的立法经验是制定《欧洲民法典》的必经之路。通常情况下,比较法的作用在于寻求不同法律体系的不同点。而今,在《欧洲民法典》与欧洲各国立法之间求同而非求异才是比较的真正目的。

(一) 法国法与《欧洲民法典》——历史重现

今日的欧洲很容易让人联想到 1804 年的法国。18 世纪末的法国虽然是一个统一的国家,但却不存在统一的"法兰西法"。当时,全国大致可分为两个法区。以罗亚尔河为界,南部较多采用成文法,其中主要是罗马法,因而这里便被称为"罗马法区"或"成文法区";北部较多采用由日耳曼法演变而来的习惯法,因而这里便被称为"日耳曼法区"或"习惯法区",其比例大约为 2∶3。这种差异的形成是有其历史根源的。法国南部曾经受罗马帝国的统治,罗马法也因此被带入法国。公元 476 年,西罗马帝国灭亡后,罗马法并未在法兰西消失,反而被编成了法典,如《西哥特罗马法》(Lex Romana Wisigothorum)。11 世纪罗马法复兴以来,法国南部逐渐成为罗马法研究的中心。在西罗马帝国灭亡的同时,从北方入侵法国的日耳曼人也把属于各自部落的习惯法带入法国北部。这些习惯法部分被加以编纂,其中以《撒利克法典》(Lex Salica)最为著名。由此而导致了法国法南北对峙的局面。必须注意的是,不可过高估计法国的习惯法地区与成文法地区之间的对立。一方面,实际上在法国北部罗马法的影响也在日趋明显化;另一方面,法国南部虽然称作成文法地区，实际上是指在罗马法的基本影响之下所形成的一般习惯法，因为《查士丁尼法典》本身并未在法国施行。①

在法国如此千差万别的习惯法基础上，应该得出一整套基本原则，以便这些原则使它能在习惯法没有规定时提出适当的解决办法。② 据此，法国法在法国特定的历史条件下实现了统一。第一，习惯法的编纂。鉴于习惯法的不确定性，从13世纪开始，法国出现了许多由私人完成的，但具有很高权威的习惯法集录。1454年，查理七世（Charles Ⅶ，1403—1461年）通过《蒙蒂·勒·图尔法令》（Ordonnance de Montilz-lez-Tours），要求法院对其领地内的习惯进行编纂，并命令国家方面的代表参加协助编纂。从此，国家开始承担习惯法的编纂工作。第二，法国人文主义法学派的兴起。人文主义是以复兴古代文化为中心的运动。反映到罗马法的研究上，人文主义法学派放弃了专门对罗马法进行注释的注释法学派的做法，转而自由地对罗马法进行研究，从而为罗马法融入习惯法创造了条件。第三，罗马法博士的工作。从14世纪开始，罗马法博士就在整理和统一杂乱无章的习惯法中发挥了重要的作用，为法律的最终统一做好了准备。

1804年《法国民法典》的制定标志着法国法的统一。《法国民法典》制定以后，所有旧的法律都不再重要了，唯一可适用的法就是《法国民法典》。法官必须以它作为审判依据，而学者则被禁止对它做出评论。因此，这部法典被认为是旧时代的结束，新时代的开始。在《法国民法典》制定过程中，拿破仑起到了举足轻重的作用。他亲自主持了法典的制定，并在重大问题的争执中具有决定权，甚至由于他个人原因还

---

① ［日］大木雅夫著:《比较法》，范愉译，朱景文审校，第60页，法律出版社1999年版。
② ［法］勒内·罗迪塔尔著:《比较法概论》，陈春龙译，李泽锐校，第87页，法律出版社1987年版。

创立了协议离婚和收养制度。① 由于拿破仑在制定《法国民法典》中的卓越贡献,《法国民法典》又被称为"拿破仑法典"。《法国民法典》并非时代的终结,而是历史的延续。《法国民法典》并没有从根本上改变法国法,旧法国法与《法国民法典》的延续性是显而易见的。第一,《法国民法典》来源于旧法国法,其渊源有五:罗马法、地方习惯法、王室法令、最高法院判例、法国大革命时期的过渡性立法。第二,法典仅是统一过程中的一步。从15世纪开始,法国国王就试图制定通行于全法国的法令,如1667年《民事司法改革法令》(Ordonnance civile pour la reformation de la justice)②。《法国民法典》虽然统一了私法的原则,但却没有统一整个法国法。③ 第三,法官仍然以法国旧法为准判案。理论上,自1804年起法官的判案依据只能是《法国民法典》。但事实上,1804年的法官只学过旧法国法,他们依然使用旧法国法;而下一代法官尽管不再使用旧法国法,却沿用前辈法官留下的判例。

同昔日的法国一样,今日的欧洲也面临着法律统一问题。法国的经验有以下几点启示:

第一,民法典是法国法统一的工具,《欧洲民法典》可能会起到相同的作用。

第二,法律统一成功的经验在于承继历史而非割断历史。

第三,拿破仑在《法国民法典》的制定过程中起到了重要作用。在现今的民主社会中,我们不可能再去找一个独裁者来帮助我们统一法律,但加强欧盟的立法权无疑是值得尊重的建议。

---

① 1802年,经国民投票,拿破仑获得了终身执政的地位和继任者的指定权。但是,当时拿破仑已知道他同妻子约瑟芬已不能生育,唯一的办法就是再婚或收养子女。

② 1667年《民事司法改革法令》(Ordonnance civile pour la reformation de la justice)统一了法国民事诉讼法,并且是1807年《法国民事诉讼法典》的主要来源。

③ 例如,婚姻财产法直到1965年才实现了统一。

(二) 德国法与《欧洲民法典》——纷争再起

德国法学家在德国法的发展过程中具有举足轻重的地位,他们经常围绕着德国法律发展过程中的重要问题进行论战。在一定程度上讲,德国法是伴随着一系列的法学论战而发展起来的。

论战一:蒂博特 vs. 萨维尼

拿破仑在战场上失利后,《法国民法典》在德国的影响力也随之退去。为了填补《法国民法典》留下的真空,蒂博特(Anton Friedrich Justus Thibaut,1772—1840年)在他的《论一个共同民法对德国的必要性》(über die Notwendigkeit eines allgemeinen bürgerlichen Rechts für Deutschland,1814年)中提出:以《法国民法典》为蓝本,用一部共同的《德国民法典》取代难以容忍的多种多样的德意志地方邦法,同时以此奠定德意志国家统一基础。然而,神圣罗马帝国的瓦解(1806年),德意志大小王公的纷纷复辟已决定了制定《德国民法典》在政治上的不可能性。而在理论上给蒂博特致命一击的则是萨维尼(Friedrich Karl Von Savigny,1779—1861年)。在其题为《当代立法与法律科学的使命》(Vom Beruf unserer Zeit für Gesetzgebung und Rechtswissenschaft)的文章中,萨维尼认为,统一《德国民法典》的时机尚未成熟,《法国民法典》和《奥地利民法典》还不能作为《德国民法典》楷模。因为国家立法是非有机的、非科学的、敌视传统的和暴力的,所以它不能作为一种普通德意志法律产生的途径。法归根到底是由在民族内部悄然作用的力量孕育产生的,只有习惯才能产生真正的法。[1]

这场论战最终以萨维尼的胜利而结束。但实际上萨维尼并非绝对

---

[1] Konrad zweigert & Hein kötz, *An Introduction to Comparative Law* (3rd Ed), Clarendin Press, Oxford 1998, p.139.

否定法典编纂,他只是认为《德国民法典》编纂应该在德国的法律文化经过长期发展臻于成熟之后才能进行。

论战二:罗马学派 vs. 日耳曼学派

蒂博特与萨维尼的论战导致了历史法学派的诞生。历史法学派的中心观点是法源自民族精神,是民族精神的体现。由于德国法的法律渊源包括罗马法和日耳曼法两部分[①],所以历史法学派也分裂为两派,即强调罗马法是德国历史上最重要的法律渊源、主张对罗马法进行深入研究的罗马学派和认为体现德意志民族精神的是德国历史上的日耳曼习惯法,强调应加强对古代日耳曼法研究的日耳曼学派。萨维尼及其追随者普赫塔(Georg Friedrich Puchta,1798—1864年)和温得海德(Bernhard Windscheid,1817—1892年)非常重视对罗马法的整理、系统化等工作。由此而衍生出了学说汇纂学派。学说汇纂学派认为罗马法最重要的著作是《学说汇纂》。法律被认为是一个由抽象的法律概念构成的系统,从简单的概念到复杂的概念可以通过逻辑推理来实现。系统外的一切事物都是不重要的,法律同伦理、宗教、社会等没有联系,法律适用所需要的一切都可以在系统内部找到,所以法律的适用是一种纯技术过程。在当时法律处于分裂状态的德国,学说汇纂学派在理论层面上通过形成普通德意志法律教条来实现法律的统一,这为《德国民法典》提供了理论支持。《德国民法典》是学说汇纂法学法典化的产物,《德国民法典》的制定标志着罗马学派的胜利。

论战三:纳粹法学家 vs. 反纳粹法学家

1939年,纳粹党在希特勒的带领下上台。纳粹认为德国人是世界上最优秀的人种,但羸弱的国体掩蔽了这种优越性的发挥,因此必须改

[①] 1495年帝国最高法院(Reichskummergericht)建立之前,法律在德国为习惯法,即日耳曼法;之后,德国开始继受罗马法,法律在德国为罗马法。

变德国的国体,这就意味着三权分立的结束、人民权利和自由的结束、联邦制的结束。由于纳粹反对罗马学派而支持日耳曼学派,所以几乎所有的日耳曼法学家都支持希特勒,为元首权力的合理性寻找论据。后来,希特勒成了大独裁者,享有了绝对的权利。因此,尽管形式上以日耳曼学派为首的纳粹法学家在与以罗马学派为首的反纳粹法学家的较量中胜出,但实质上他们已沦为希特勒的御用学者。

论战四:法律统一学派 vs. 国家主义法学派

二战后,日耳曼学派失去了希特勒的庇护,罗马学派重新占了上风。如今,双方又开始了新一轮交锋。论战的内容是罗马法一统欧洲与坚持国家主义法律传统。在总结以往经验的基础上,罗马学派要想再次胜出,必须注意以下两点:

第一,保持法学的独立性。因为法学是一个相对封闭的系统,所以决不能让其受其他学科任意干扰。而保持法学的独立性的重点是保证大学的独立性,让法学教授们继续发挥法律领导者的作用。

第二,加强法律一体化的政治基础,推动欧洲政治一体化。

(三)英国法与《欧洲民法典》——并非障碍

"共同法"实现了欧洲大陆诸国法律的"大一统"。但英国和欧洲大陆不一样,并没有走全面复兴罗马法的道路。11世纪,当欧洲大陆卷起复兴罗马法高潮的时候,在英国,借助强大的中央王权,却发展起了符合自己国情的独立的普通法(Common Law)体系。[①] 1066年诺曼征服英国之后,将分散的地方习惯法——日耳曼法统一到封建体系之下。无论是在实体法领域,还是在英国的法院系统,法律的统一取代了片断性的法律存在。为了保证普通法的实施,普通法设计出了独特的令状

---

① 何勤华著:《西方法学史》,第4页,中国政法大学出版社1996年版。

制度。令状是以国王的名义颁布的原告得以开始诉讼的类型化制度，它包含了国王要求在一定条件下支持原告的命令。令状制度在普通法中极为重要，它是理解普通法的关键所在。大陆法重权利(Rights)，而在普通法中，救济方法(Remedies)处于中心地位，救济方法优于权利(Remedies precede rights)。13 世纪，新的令状被禁止颁布。这导致了普通法遇到了困难，即有些人因得不到令状而遭受不公正判决。为此，国王任命了一种新的法官 Lord Chancellor(后来为 Court of Chancellor)，目的在于发展一种独立于普通法的衡平法。后来根据 1873 年《司法法令》(Judicature Act of 1873)，普通法院与衡平法院合二为一。尽管普通法独特的发展道路使英国脱离了"共同法"的势力范围，然而，普通法也具有欧洲大陆的某些特征。从这个角度讲，英格兰曾属于欧洲的一部分。[1] 这主要表现在以下几个方面：

第一，英国法的源头是日耳曼习惯法。在英国法独立发展之前，英国同欧洲大陆一样实行日耳曼习惯法。国王的强权与威斯敏斯特的王室法院搜集的地方习惯法集中到一起，创立了新的国家统一普通法，而这些地方习惯法即是从欧洲大陆传入英国的日耳曼习惯法。

第二，"共同法"的早期影响。早在 12、13 世纪，英国法就受到欧洲普通法的影响。13 世纪英国著名的法学家布莱克顿(Henry De Bracton，约 1216—1268 年)的不朽之作《关于英国的法和习惯》(De Legibus et Consuetudinibus Angliae Libri Quinque，1250 年)就深受罗马法的影响。此后尽管罗马法在英国的影响越来越小，但由于布莱克顿的传承作用，后来的学者或多或少地都受到了罗马法的影响。

第三，衡平法。在英国，普通法被称为 Law，而衡平法被称为 Eq-

---

[1] [美]哈罗德·J.伯尔曼著：《法律与革命——西方法律传统的形成》，贺卫方、高鸿钧、张志铭、夏勇译，第 21 页，中国大百科全书出版社 1993 年版。

uity,二者是不同的。衡平法大都是一些补充性规则,并深受罗马法的影响。

最后,其他因素。教会法、商人法、海事法院、苏格兰律师和大陆法学者也都或多或少地影响到了普通法。

可见,英国法也属欧洲性的法律体系。与其他欧洲国家不同的是,地方因素在法律发展过程中起到了重要作用。总之,英国法并不是《欧洲民法典》形成的障碍。《欧洲民法典》的制定并不会因为英国的存在而变得不可能,欧洲普通法也不是不能从英国法中寻找有价值的启示。

(四) 混合法与《欧洲民法典》——前车之鉴

世界上任何一个国家或民族的法律大多是相互影响的结果。从广义的角度说,任何一国的法律都有一定程度的混合性。这种混合性并非我们所说的混合法。混合法是指大陆法与普通法混合后并延续了很长时间的法系。一般认为它有四个代表性成员:苏格兰、南非、路易斯安那和魁北克。检验混合法并没有统一的标准,但既然称其为法系,这说明混合法还是有其自身特点的。

第一,所有的混合法国家(或地区)都是在大陆法占主导地位的情况下植入普通法而形成的。苏格兰、南非、路易斯安那、魁北克等国家(或地区)首先是纯大陆法国家(或地区),在经历了一段时间的普通法影响后形成了自己独特的个体特征。目前,还没有哪一个混合法国家是在普通法占优势的情况下植入大陆法而形成的。可见,在大陆法的基础上植入普通法相对容易一些。

第二,在混合法形成自己独特的个体特征之前,大陆法与普通法的各自支持者进行了激烈的交锋,并且交锋越激烈,最后形成的混合法结合越紧密。在南非,反普通法入侵的斗争最激烈,混合法在南非也就结合得最紧密。在苏格兰、路易斯安那和魁北克,反普通法入侵主要集中在大学校园而非法庭上,因而这些地方的法律结合得就不那么紧密。而在斯里兰卡、圭亚那等国家,由于缺乏法律精英,甚至在大学里都难以组织起有效的抵制,使得普通法得以长驱直入,法律结合得最为松散。法经济学者对此现象做了解释:反对方的抵制越强,两方观点都被采纳的可能性也就越大。如果有一方缺乏强有力的支持,交易就难以实现,另一方容易占据主导地位。需要指出的是,对外来法律文化的抵制需要一定的社会基础,因为对外来法律文化的抵制是一种集团性行为,目的在于保护本集团的个体特征。以魁北克为例,魁北克人口占加拿大总人口的1/4,并且拥有自己的语言——法语。这使得魁北克成为独立于加拿大其他地区的特殊集团。[①] 可见,集团性特征导致了对外来法律文化的抵制,从而构成了混合法存在的社会基础。

第三,高质量的法律制度是新的混合法的主体。如果一种法律制度比原来的法律制度好,那么它被接受的可能性就大。例如,大陆法的程序法和证据法非常复杂,因而在南非的法律体系中,普通法在这些领域取代了原本存在的大陆法。然而,比较两种法律制度的优劣并不是一件容易的事,它与社会、传统及立法目的等多种因素有关。

第四,对于司法行为,混合法也要加以比较,择优选择。通常,法官有义务通晓各国法律是出于国际私法的需要。但在混合法国家中,比较不同的法律,择优选择成了法官的主动行为。这是混合法的一大特色。在大陆法成文法和普通法遵循先例的限制下,法官的主动选择是被禁止的。而在混合法国家,成文法典并不存在(当然有一些特定领域存在成文法),并且在实践中遵循先例原则很少被适用,因而法官具有

[①] 大多数混合法国家或地区有自己的语言和一定数量的人口。但苏格兰是个例外,它没有自己的语言。在传统上苏格兰就具有不同于英格兰的个体特征。

很大的自主性。判决来源可以是大陆法法典,也可以是普通法判例。

最后,法学家承担了法的安定性的责任。没有成文法典,不遵循先例,这必然会导致法的信任危机。在混合法国家,立法者和法官留下的真空是由法学家来填补的。在混合法国家中,苏格兰有很长的法学研究的传统,魁北克和路易斯安那近年来也加强了这方面的研究,南非则介于二者之间。①

制定《欧洲民法典》需要吸收大陆法与普通法两方面因素,而业已存在的混合法就是这样一个模型,混合法对《欧洲民法典》的启示有以下几点:

第一,混合法的形成是一个长期的过程,因而制定《欧洲民法典》也将是渐进式的,不可能一蹴而就。欧洲大陆受的阻力相对较小,可先行制定。英国与爱尔兰的阻力较大,可以等《欧洲民法典》实施一段时间后观察其效果再决定如何引入,有先有后,分步统一。

第二,大陆法与普通法的激烈交锋是非常必要的。《欧洲民法典》在任何一个国家都会或多或少地受到抵制。抵制即是不同法律文化的交锋,抵制力越强,最终形成的混合法结合也就越紧密。因此,我们不应阻止普通法国家对于《欧洲民法典》的抵制,而是应尽力促成大陆法与普通法的妥协。

第三,对于没有立法或立法不完全的领域,借鉴对方的成果比独立发展更好。通常经济发达国家的商法比较发达,欧洲大陆在制定商法的时候完全可以采取拿来主义,从而少了另辟蹊径之苦。所以,对于《欧洲民法典》来说,加强比较法的研究乃是当务之急。

第四,法官有选择法律的自由而不被立法或判例所拘束是混合法

---

① Jan Smits, *The Making of European Private Law*, Intersentia, 2002, p.147.

的一大特色,但这对法官无疑提出了更高的要求。每个法官都必须是比较法学家。可见,《欧洲民法典》不仅需要法学家的参与,而且也需要法官的参与。

三、制定《欧洲民法典》的必要性何在

近十年来,欧洲各国的民法越来越"欧洲化"了。[①] 随着欧洲统一大市场的形成,越来越多的人认识到统一欧洲各国民法的重要性。然而,仍有许多学者对《欧洲民法典》持批评态度,认为《欧洲民法典》的诞生将会是欧洲多元法律文化的终结,而欧洲多元的法律文化作为欧洲多元文化的一部分,是必须要坚持下去的。

(一) 市场统一与法的安定性:传统的支持论

《欧洲民法典》最主要的支持声来源于对市场统一的要求。欧盟到目前为止还主要是一个经济共同体,其目标是要建立欧洲统一大市场。欧洲统一大市场是指欧洲要成为一个成员国之间没有关税壁垒,货物、人员、服务和贸易可以自由流动的区域。然而,法的不安定性已成为跨国贸易的非关税壁垒。法的不安定性包括三个方面。第一,什么法律可能成为被适用的准据法;第二,准据法的内容是什么;第三,准据法的适用与执行状况如何。法的不安定性增加了交易成本,限制了跨国贸易的发展。因此商人们希望能有一部通行于欧洲的法律来规范他们的

[①] 欧洲民法统一的范围并不仅限于欧盟成员国内部,一些非欧盟成员国也开展了统一欧洲民法的研究。但是本文的研究对象主要是欧盟各成员国,有时候甚至将欧盟成员国民法的统一视为欧洲民法的统一。因为,首先,法国、英国、德国这三个最重要的欧洲国家都是欧盟的成员国;其次,非欧盟的欧洲国家的法律大多源于这三个国家;最后,欧盟正在加紧东扩,到2004年5月1日,欧盟将扩大到25个国家。将来,还会有其他国家成为欧盟成员国,现在的欧盟法将自动在这些国家生效。

交易行为,使自己的行为具有可预知性。欧洲现有的立法尚不能承担起此项重任。近十年来,欧洲法律统一化已取得了不小的成就。其中,最重要的当属《消费者保护指令》[①]和《自我雇佣指令》[②]的颁布,这在一定程度上实现了欧洲民法的欧洲化。然而仅靠一些零散的立法来实现市场统一是远远不够的,况且指令本身还可能造成成员国间国内法的不统一问题[③]。所以,制定一部《欧洲民法典》,彻底实现法律的统一就显得尤为重要。

一旦《欧洲民法典》得以实现,其影响范围将会超越欧洲而成为一部具有世界影响力的法典。随着经济全球化的进一步发展,全球范围内的市场统一与法的安定性要求将会得到加强。《联合国国际货物销售合同公约》被50多个国家接受就很好地说明了这一点。而以促进市场统一与法的安定性为目标的《欧洲民法典》的制定将会为将来世界范围内的法律一体化提供重要的范本,成为法律全球化的开路先锋。

(二)多元法律文化差异并非不可逾越

《欧洲民法典》的目标是要实现欧洲法律一体化,而反对论者则以维护欧洲多元法律文化为由坚决反对制定《欧洲民法典》。法律在欧洲被视为国家文化的一部分。在反对论者眼中,制定《欧洲民法典》就意味着欧洲多元法律文化被践踏,因为《欧洲民法典》意味着在跨越欧洲法律传统的二元对立,抹杀欧洲法律文化的个性,是欧洲法律文化多元性的灾难。

---

① Council Directive 84/450/EEC, Council Directive 85/374/EEC, Council Directive 85/577/EEC, Council Directive 87/102/EEC, Council Directive 90/314/EEC, Council Directive 93/13/EEC, Directive 94/47/EC, Directive 97/7/EC.
② Council Directive 89/94/EEC.
③ 根据《欧盟条约》,成员国享有决定如何执行指令的权利。

反对论者的著名代表人物是荷兰 Tilburg 大学教授 Pierre Legrand。他在《现代法律评论》(1997)上发表著名的《反对〈欧洲民法典〉》。在这篇文章中,他分三个层次阐述了为什么反对制定《欧洲民法典》。首先,欧洲的法律多元性。法律传统的差异并非理论建构的结果,而是先于比较法学家的认识而存在的。法律传统包含并且发展着大陆法与普通法的法律精神,两大法系的法律精神是截然不同的。大陆法与普通法差异并没有因欧洲法的统一化进程而有所变动。法学家依然在自己的文化背景下解释着法律,以欧洲意识为背景的法律还未出现。欧洲多元文化背景下的法律多元性事实上正限制着欧洲法律一体化的进程。其次,欧洲法律的多元性正面临威胁。随着制定《欧洲民法典》进程的不断深入,法律文化日益被工具化,逐渐成为国家治理的附属品。欧盟的首要目标是建立一个比以往任何时候都更加紧密的欧盟。在这一目标指导下,行政行为的效率被置于优先地位。相比之下,法律传统被日益削弱了。行政行为的标准化带来的是地方性法律文化的被征服,甚至被诬蔑为异化。《欧洲民法典》这一主张本身即是对欧洲法律文化多元性最直接的挑战。最后,欧洲法律文化的多元性必须坚持下去。《欧洲民法典》是欧洲法律文化多元性的灾难。它不仅为现今生活规制了一个官方架构,而且限制了选择不同版本的社会生活的可能性,其危害性可从以下四个方面来阐述。第一,《欧洲民法典》建立在这样一个认知基础上,即大陆法比其他任何法系都有资格一统天下。它应当取代普通法而成为世界法律的唯一代表。法律反映着社会现实,而社会现实却是不可预知的。法律只能在一定的社会现实的基础上反映社会现实,所以没有一种法律能成为整个社会现实的最终归宿,多元的法律更能反映社会现实的丰富多彩。第二,通过《欧洲民法典》回到所谓欧洲普通法的黄金时代的观点,其实是一种误导。事实上,欧洲的法从来就没有"普通"过。普通法并没有受欧洲大陆法律传统太多的影响。某些法学家置历史事实于不顾，一意为《欧洲民法典》寻求历史版本，这其实是在误导当代法律的研究。第三，主张制定《欧洲民法典》是历史的倒退。试图以一套结构性的规则来规范人们所有的日常生活是不可能的。法律并不等同于成文规则，法律远在成文规则之外。如果把一部法典与整个法律等同起来，法典即成为认知复杂的法律知识的障碍。最后，《欧洲民法典》的设想从一开始就是失败的。将多元法律文化统一，给予在不同历史环境中发展起来的行为框以共同的行为准则，这难道不是乌托邦式的计划吗？制定《欧洲民法典》将面临诸多无法克服的困难。总之，主张制定《欧洲民法典》仅仅是一个"美丽的错误"。

不可否认，欧洲的法律文化的确是多元的。在今日的欧洲，大陆法与普通法仍然被认为是两个独立认识论意义上的集合。两大法系的法律精神是截然不同的。大陆法系把法律看成是一个法律系统，在这个系统中，所有不可预知的生活都被纳入了一个按一定标准进行分类的模式中，法律的第一要义在于将后发生的生活按先制定的法律进行衡量，并依类型进行分类。可谓先法律，后事实。与之相反，普通法把法律看成是一段事件，这段事件的意义即在于找寻与之匹配的先发事件，或曰先例。法律的第一要义在于遵循先例。可谓先事实，后法律。法律是文化的组成部分，反映了一个民族的精神。英国人对刚性的规则体系是极不适应的，甚至对正式的规则感到恐惧。他们为他们能以非正式的规则解决所有问题感到骄傲；而德国人自出生伊始就生活在一个程式化的环境中，他们为他们的组织机构、生活状态，甚至于法律关系寻找结构，以使其具有可解释性、可预知性，即使低效率的规则也能成就德国人感情上的需要。

随着时代的发展,两大法系日益表现出融合的趋势。在欧洲大陆,绝对的成文法时代已成为过去;相反,普通法国家正在越来越多地通过立法的形式来统一、理性化、简化法律。在欧洲大陆,法官在法律发展过程中起着越来越重要的作用,因此,对实际问题的归纳性处理获得了更大的空间,相反,普通法国家正在寻求通过法官的学术性分析和立法活动将法律规则系统化以使它们更容易理解和被掌握。由此可见,尽管法律文化有差异、法律精神有不同,但这并不能阻碍欧洲法律一体化的发展。《欧洲民法典》是欧洲法律一体化进程中革命性的一步,它并不与欧洲多元法律文化对立。相反,《欧洲民法典》的制定决不能忽视欧洲多元的法律文化,而是要从中汲取营养,超越民族主义的束缚,成为真正以欧洲民众为本的民法典。

四、制定《欧洲民法典》的可行性分析

纸上得来终觉浅,绝知此事要躬行。理论上制定欧洲民法典有许多好处,但真正实施起来却是何其艰辛! 荷兰 Utrecht 大学教授 Ewoud Hondius 对此有较为客观的认识:《欧洲民法典》虽然是不可避免的,但还有一段很长的路要走。[1]

(一)"共同点":欧洲民法法典化的推动力

从实践的角度来考察制定《欧洲民法典》的问题,这就涉及到法律的实际效果。就个案而言,现存的国家法律体系都是在本国经验基础

---

[1] Arthur Hartkamp, Martijn Hessselink Ewoud Hondius, Carla Joustra, Edgar du Perron (ed.) *Towards a European Civil Code* (2nd Ed.) Ars Aequi Libri—Nijmegen; *Kluwer Law International*—The Hague/London/Boston, 1998, p.17.

上处理案件。但令人感到吃惊的是,不管不同国家法律体系之间的规定有多么不同,法庭的最终判决却是相似的。以不可抗力为例,法国、德国和英国的规定并不相同,但事实上三国法律适用后的效果却极为相似。法国对不可抗力的规定最严格:缔约人要么必须履行合同,要么根据不可抗力完全免除责任,法官并没有修改合同的自由裁量权[①]。这一严格态度导致了立法机关的介入,1918年1月21日通过的《Failliot法令》赋予法官修改战前关于交付货物的合同的权利。法国商人们也开展自力救济,他们在合同中以明示条款对诸如战争、罢工、汇率变化等问题的风险予以分配。与法国法相比,德国法关于不可抗力的规定,既广泛又灵活。德国关于不可抗力的规定源于Oertmann的交易基础理论(Geschäftsgrundlage),即缔约人对于合同的期待是交易的基础,只有不能实现当事人对于合同的期待的情事才构成不可抗力所称的情事。英国法介于法国法与德国法之间,英国法关于不可抗力的规定源于Taylor vs. Caldwell[②],当合同中隐含的条件消失使得合同履行变得不可能时,缔约人的责任得以解除。通过Krell vs. Henry[③],法官获得了推测当事人真意的自由裁量权。可见,在对不可抗力的规定上,法国法最为严格,德国法与英国法相对宽松。然而,由于法国人不得不面对立法机关的介入和当事人的自力救济,所以三者之间实际

[①] *Code Civil Article* 1147,1148,1722.

[②] (1863) 3 B&S 826.1862年5月27日,原告与被告签订合同,合同规定原告可以在1862年6月17日、7月15日、8月5日和8月19日使用被告的花园和音乐厅开音乐会,价格为每天700英镑。合同履行期到来之前,非因当事人任何一方的过错,音乐厅发生火灾被毁,导致合同无法履行。Blackburn J.法官认为,由于人或物的消失而导致的合同不履行可以在一定条件下解除债务人的责任。

[③] (1902) 2 KB 740. 原告与被告签订合同,合同规定被告为了观看游行而于游行之日承租原告的房子,租金是75英镑,被告预先支付定金25英镑。由于游行因故推迟,所以被告未能按合同约定履行合同。原告起诉要求被告支付剩余的租金50英镑,而被告则反诉原告退还25英镑。Vaughan Williams LJ法官认为当事人订立合同的真实意图为观看游行,如果合同的主要特征不再存在,合同也就没有继续有效的意义了。

效果相差不大。这一现象被称为法律体系的"共同点"(Common Core)。早在19世纪60年代,Rudolf B. Schlesinger教授就发起了Cornell计划对此问题进行研究。这一计划吸引了来自世界各地的数十名优秀法学家。当他们通过比较法院判决书发现了法律体系的"共同点"之后,Schlesinger教授决定把研究的重点放在案例上,为此他收集了大量相关的案例并与代表着不同法系的法学家们研究讨论,最终他们公布了他们的研究成果:尽管法官可能会通过不同的技术来处理法律问题,但不同的法律体系在处理结果上却存在一定程度的统一性。如今,在Ugo Mattei教授和Mauro Bussano教授的共同领导下,Trento Group仍在继续这一研究。[①]欧盟法院的法官通过近几年的审判实践也得出了类似的结论:尽管做出判决的原因各有千秋,但结果往往具有一致性。[②]那么,导致这一现象的原因何在呢?

第一,欧洲各国相似的政治、经济结构。1993年,欧洲峰会确定了旨在欧盟东扩的政治、经济标准——哥本哈根标准。对欧盟成员国而言,这是他们已经实现的目标;对欧盟申请国而言,这是他们努力的方向。哥本哈根原则的具体内容是:具有保障民主、政治、人权和尊重并保护弱势群体的稳定的组织机构;实现市场经济和具有处理竞争压力和调节市场的能力;有能力承担政治联盟、经济联盟、货币联盟及其他成员国所应尽的义务。哥本哈根原则是欧盟最低政治、经济标准,它保证了欧盟成员国政治、经济结构的一致性。

第二,欧洲共同的文化传统。欧洲共同的文化渊源有三:古希腊哲学、罗马法和基督教伦理道德。在这三个精神支柱的支撑下,欧洲产生

[①] Ole Lando, *Home Judicans*, ULR 1998—2/3.
[②] Ole Lando, *European Contract Law After The Year* 2000, *Guest Editorial Common Market Law Review* 35, 1998.

了以科学与民主为核心的西方文明。西方化是以意欲向前要求为其根本精神的。今日的欧洲传承着先辈的遗风,民主与科学依然是欧洲文明的基石。

第三,欧洲相同的法官成长环境。欧洲绝大多数的法官都出生于中产阶级家庭。保守,是这一阶层永远的标志。在新事物面前,他们总是怀疑论者。政治上,他们大多属于右翼势力;生活中,他们是道德的忠实追随者;而一旦成为法官,公平正义即成为悬在他们头上的达摩克利斯之剑。而且,只有年长的法官才有资格在高级法院任职,结果是法院级别越高法官就越保守。经过了几百年的积淀,欧洲目前的整个社会结构已基本定型,下层人很难成为中产阶级,想当法官更是难上加难。因此,欧洲的司法权就这样在一代代中产阶级的手中传承着,所以判决书中反映了中产阶级的态度也就不足为奇了。

法律体系的"共同点"是制定《欧洲民法典》的基石。在欧洲法律一体化日益发展的今天,它已经并将继续建立统一的法律制度和法律意识。甚至是在整个世界范围内,这种统一化的浪潮也正在蔓延。反过来,统一化的趋势又进一步提高了不同法律体系的"共同点",二者相互促进,协调发展。

(二)技术性困难

任何制定《欧洲民法典》的推动力都不能代替《欧洲民法典》的具体制定,这需要立法者逐条逐条地将法典落实到文字上。因此,一些法学家还从技术的角度对制定《欧洲民法典》的可行性提出了质疑。综合起来,制定《欧洲民法典》将要面临的技术性困难主要有四个:

第一,法律形式的对立。欧洲大陆属成文法国家,而英国和爱尔兰则是判例法国家。《欧洲民法典》这一概念即意味着要求英国和爱尔兰放弃他们的判例法传统,这显然是他们极不情愿的。1997年,在Schevenigen会议上,欧盟委员会主席表示,即使占大多数的法典化的观点在技术上可行,也不能强迫不愿接受法典的国家接受它。这表明在法律的具体表现形式上,短时间内欧洲各国还很难达成一致。

第二,法律语言的模糊。法律语言要求准确。法律的用语,对每个人要能唤起同样的观念。[1] 由于欧洲没有统一的语言,想要唤起人们同样的观念显然不是一件容易的事。仍以不可抗力为例,法国法称之为force majeure,德国法称之为Unmöglichkeit,英国法称之为impossibility。尽管区别不大,但毕竟还是有所不同。而对法律语言来讲,任何可能减少差异的机会都不应该错过。可以想象,未来的《欧洲民法典》至少会有12个版本。[2] 毫无疑问,不同版本的《欧洲民法典》的含义也将会不同。

第三,法律术语的差别。同任何学科一样,法律有自己的专业术语。这些法律术语是在特别的历史轨迹上发展而来的,具有特定的意义。同时,法律术语在整个法律体系中是极为重要的,因为他们是整个法律体系的基础。可以说,法律开始于法律术语。法律术语的国家特色是制定《欧洲民法典》的一大障碍。以最基本的法律术语"合同"为例,法国法上的合同是指一种协议,根据协议,一个或多个人应当向别人做或不做一些事情[3];德国法规定除了法律另有规定外,通过法律行为创设或改变法律义务,当事人之间的合同是必须的[4];而英国法并没

---

[1] [法]孟德斯鸠:《论法的精神(下册)》,第297页,商务印书馆1963年版。
[2] 目前欧盟共有15个成员国:比利时、法国、德国、意大利、卢森堡、荷兰、丹麦、爱尔兰、英国、希腊、西班牙、葡萄牙、奥地利、芬兰、瑞典。其中,比利时的官方语言是荷兰语和法语,卢森堡的官方语言是法语,奥地利的官方语言是德语。因此,尽管欧盟有15个成员国,却只有12种语言。
[3] Code Civil Article 101.
[4] BGB Article 305.

有关于合同的法律定义。可见,法律术语的差别是多么大!《欧洲民法典》不可能完全地抛弃现有的法律术语,然而如何对其遴选的确是件令人头痛的事。

最后,国家主义的反应。任何一个法律人都是在国家法学的基础上接受法律教育的。因此,在处理法律问题时,他总是不可避免地从本国法律出发来分析问题、解决问题。即使是最优秀的比较法学家也不能例外。而《欧洲民法典》并不是简单地把某一国的法律放大,而是旨在成为一部以欧洲民众为本的民法典。因此,《欧洲民法典》的制定者必须突破本国法律的边界,以欧洲意识为标准制定法律。而这对于沉浸于本国法律几十年的法律人来说,实在难以为之。

五、制定《欧洲民法典》的合法性

《欧洲民法典》的效力必须通过有权制定《欧洲民法典》的机关赋予,显然没有任何一个成员国政府享有这一权力,唯一可能的权力享有者即是欧盟。就目前而言,欧盟是否具有制定《欧洲民法典》的职权还不明确。Filippos Pierrois(皮埃鲁瓦)先生曾就此问题向欧盟委员会提出质疑。欧盟委员会委员 Bangemann(班格曼)先生代表欧盟委员会做了回答。他说,成员国指出了在民法的实体法与程序法领域成员国之间的确存在差异。根据《欧盟条约》,欧盟并没有直接权力介入成员国提出的问题,《欧盟条约》200条授权成员国在必要的时候以协商的方式达成协议以确保他们的国民利益。[①] Bangemann(班格曼)先生

---

① Arthur Hartkamp, Martijn Hessselink Ewoud Hondius, Carla Joustra, Edgar du Perron (ed.) *Towards a European Civil Code* (2nd Ed.) Ars Aequi Libri—Nijmegen; *Kluwer Law International—The Hague*/London/Boston, 1998, p.11.

做了一个非常模糊的回答。他肯定了不同成员国之间的民法存在差异,但是他既没有肯定欧盟具有制定《欧洲民法典》的权利,也没有否定欧盟具有制定《欧洲民法典》的权利。因为《欧洲民法典》的制定直接关系到成员国国民利益,因而无论是欧盟还是各成员国对这一问题都是慎之又慎。

根据《欧盟条约》的规定,欧盟具有在特定条件下统一法律的职权。《欧盟条约》第94条规定,欧盟部长理事会应在欧盟委员会的提议下,在与欧洲议会和欧洲经济、社会委员会商议后,以全体一致的方式颁布指令来统一欧盟成员国的法律、法规或行政规章,这些法律、法规或行政规章必须直接影响统一大市场的建立与功能。据此,荷兰 Utrecht 大学教授 Martijn(马蒂) W. Hesselink(赫塞林克)认为,欧盟的目标在于保证欧洲统一大市场的形成,合同法的不统一事实上构成了统一大市场形成的障碍。因此,欧盟应该采取措施消除这一障碍。[①] 对此,笔者并不赞同。事实上,几乎所有的欧洲事务都能与统一大市场扯上关系,能有什么事物脱离经济而单独存在呢?如果只要与经济有关的事项欧盟都享有立法权的话,那成员国政府还有什么存在的必要呢?显然,对"直接影响统一大市场的建立与功能的法律、法规或行政规章"应采取狭义的解释,把其限定在成员国都可以接受的范围内。

此外,《欧盟条约》第95条规定了欧盟部长理事会可根据《欧盟条约》第251条以共同决定的方式颁布法律、法规或行政规章来统一欧盟成员国的法律;《欧盟条约》第5条的从属性原则(the Principle of Subsidiarity)规定,对于非条约明确规定的事项,如果成员国不能处理,而由欧盟处理比由成员国处理更合理的话,欧盟可以采取行动,但行动要

[①] Martijn W. Hesselink, *The Politics of European Contract Law: Who has an Interest in What Kind of Contract Law for Europe?*

在达到目标的必要范围内。这些条款都可以在一定程度上作为欧盟统一法律的合法性基础,但其能否作为制定《欧洲民法典》的基础还是一个值得商榷的问题。

由于《欧盟条约》并未明确赋予欧盟制定《欧洲民法典》的职权,所以在实践中欧盟法院对此问题也采取了保守的态度,即把欧盟统一法律的职权严格限定在"直接影响统一大市场的建立与功能"内。在2000年10月3日 Tobacco 一案的判决书中,欧盟法院指出,"成员国国家法律法规的差异和实现基本经济自由的障碍与竞争的扭曲的抽象风险并不足以使《欧盟条约》第95条作为法律统一的合法性基础……"尽管判决书仅涉及到《欧盟条约》第95条,但欧盟法院限制欧盟统一法律的职权的意图还是显而易见的。

1998年10月19日,德国根据《欧盟条约》第230条起诉欧洲议会和欧盟部长理事会,要求取消关于广告宣传和资助烟草产品的指令(D98/43/EC)(以下简称"指令")。指令规定,在不损害 D89/552/EEC 的情况下,在欧盟各成员国领域内任何形式的对烟草产品广告宣传和资助都应被禁止。德国政府认为《欧盟条约》第95条并不能成为指令的立法基础。指令违反了《欧盟条约》第57条第2款、第66条、第28条、第30条、第253条,违反了比例性原则(the Principle of Proportionality)和从属性原则(the Principle of Subsidiarity),侵犯了基本权利。首先,烟草产品广告宣传的效果一般不会超出某一个成员国,成员国之间的贸易很少。就烟草的广告宣传而言,只有低于5%的杂志可以被出口到其他成员国,而报纸的比例更少。其次,烟草产品的资助者大部分在某一成员国领域内。最后,基于烟草产品的地域性,一般而言,不同成员国的烟草产品不构成竞争关系。因此,《欧盟条约》第95条不能作为指令的法律依据。由此可见,烟草产品的广告宣传和资助并不能直接影响欧洲统一市场。欧洲议会和欧盟部长理事会认为烟草产品存在共同市场,并且《欧盟条约》第95条可以作为指令的法律依据。首先,烟草产品的最终选择超出了国家范围。由于烟草产品宣传语言为英语,因此消费者在最终选择烟草产品时往往受广告影响。其次,烟草的资助同样也具有超国家性。因为资助往往借助汽车、驾驶员的衣服等有形载体,因而这些载体会扩展资助的影响范围。最后,由于成员国存在不同的立法,烟草的广告宣传和资助并不具有统一的形式,所以,《欧盟条约》第95条可以作为指令的法律依据。欧盟法院认为:首先,《欧盟条约》第95条旨在消除成员国之间货物、人员、服务、资金的自由流动的障碍;其次,指令事实上起到了消除货物、服务自由流动的障碍的作用。最后,成员国之间不同的法律造成了货物、服务的自由流动的障碍,但未起到扭曲竞争的作用。因此,欧盟并不能因消除竞争而以《欧盟条约》第95条为基础立法制定指令。基于以上原因,欧盟法院做出判决:第一,取消指令;第二,由败诉方欧洲议会和欧盟部长理事会承担诉讼费。

可以说,到目前为止没有任何欧盟机构具有制定《欧洲民法典》的职权。但是欧盟权力的获得是渐进性的,随着欧洲一体化程度的加深,欧盟将会获得越来越大的权力。毋庸置疑,在时机成熟的时候,欧盟一定会具有制定《欧洲民法典》的职权。

六、欧洲民法法典化的方式

制定《欧洲民法典》是一个庞大的工程,它需要权力机关与学术界两方面的努力。权力机关认可学术界的研究成果,赋予其法律效力;学术界在此基础上进行研究,进一步推动《欧洲民法典》的制定。二者相辅相成，缺一不可。

（一）权力机关主导型立法

影响《欧洲民法典》制定的权力机关有两个：第一，欧盟。欧盟立法包括条约（Treaty）、规则（Regulations）、指令（Directives）和欧盟法院的判例（Case Law）；第二，欧洲人权法院。欧洲人权法院包括《关于保护人权和基本自由的欧洲公约》（European Convention for the Protection of Human Rights and Fundamental Freedoms）的适用及欧洲人权法院所作的解释。

1. 欧盟立法

欧盟立法包括四种形式。第一，《欧盟条约》。《欧盟条约》的首要目标是保证货物（第23条）、人员（第39条）、服务（第49条）和资金（第56条）的自由流动。理论上对上述条款给予扩大解释是可能的，但欧盟法院对四个自由流动在涉及到合同法与侵权法的领域给予限制性解释，因此，《欧盟条约》在制定《欧洲民法典》方面的作用有限。

第二，规则。规则具有全面的拘束力和直接适用性，其效力同《欧盟条约》一样，可以拘束欧盟内任何组织、成员国和个人，规则赋予的权利无须任何成员国的介入即可获得。然而，由于成员国不能影响到规则的实施，故容易导致规则与国内法的冲突。目前欧盟并没有制定《欧洲民法典》方面的规则。

第三，指令。指令对成员国想要达到的目标具有效力，但成员国对实现目标的方式和方法具有选择权。因此，以指令的方式可以在结果上统一欧洲法，而实现结果的方式则具有国家特征。指令是最现实也最容易被接受的统一法律的方式。指令的结果是在国家层面上的统一，而非超国家层面上的统一。因此，欧盟法院有直接解释指令本身的权利,却没有直接解释成员国根据指令所制定的法律的权利。但是欧盟法院对指令本身的解释对成员国却具有指导意义。[1] 指令在国内法与欧盟法之间架起了一座桥梁,为《欧洲民法典》的最终实现创造了可能性。

通过颁布指令,欧洲法已经在一些领域、一定程度上实现了统一。这些领域主要是:第一,合同法领域。如消费信贷合同[2]、旅游合同[3]、不公平条款[4]、关于不动产的时间分享合同[5]、自我雇佣的代理合同[6]等;第二,财产法领域。只有一些非直接的指令涉及到财产法,尤其是工业财产和商业财产;第三,劳动法领域。如在劳动关系中的男女平等[7]、集体解雇[8]、公司转让时的工人利益保护[9]、雇主破产时工人利益的保护[10]。第四,公司法领域。如信息公开[11]、最低资本要求[12]、公司合并[13]、年度报告[14]等。

毫无疑问,以指令方式制定《欧洲民法典》具有许多优点。第一,指令在欧盟层面上创立了主规则(master rules),其包含的原则和法律概念被成员国所接受。第二,成员国在执行指令时可使用自己国家的法

---

[1] 例如,英国曾经没有正确执行瑕疵产品责任指令第7(e)条。欧盟法院并没有直接宣布英国消费者保护法违反了该指令,而是要求英国法院在适用法律时必须与指令一致。ECJ C—300/95,ECR 1997,7—2663(Commission vs. the United Kingdom)。

[2] OJ 1987 L42/48
[3] OJ 1990 L 158/59
[4] OJ 1993 L 95/29
[5] OJ 1994 L 280/83
[6] OJ 1986 L 382/17
[7] OJ 1975 L 45/19;OJ 1976 L 39/40
[8] OJ 1975 L 48/29
[9] OJ 1977 L 61/26
[10] OJ 1980 L 283/23
[11] OJ 1989 L 395/36
[12] OJ 1977 L 26/01
[13] OJ 1978 L 295/36
[14] OJ 1978 L 222/11

律体系和法律概念,这种保留国家特征的做法容易被成员国接受。

当然,我们对指令的缺点也不能视而不见。第一,传统私法通常包含了许多精致的规则,这使得成员国在执行指令时容易陷入两难境地:要么违背指令所要达到的目标,要么限制自己的接受空间。一般说来,后者发生的机会大一些,而且主要涉及限制贸易和扭曲竞争的指令。在这些指令中,无论是制定指令的目标,还是执行的方式和方法都有极为准确的要求。这些指令几乎没有给成员国留下任何自己的空间。这就涉及到统一的目标与成员国的执行空间的价值取向问题了。笔者认为,达到统一法律的目标应该是第一位的。因为统一法律才是制定指令的目的所在,为成员国留下执行空间只是为了使指令更容易被成员国接受。如果为了后者而放弃首要目标的话,那就是舍本逐末了。第二,指令的范围有限,由于指令是在《欧盟条约》基础上做出的,所以有时候欧盟想要做出一个特定的指令却没有相应的法律依据。第三,指令不具有连贯性。指令与现实情况紧密相连,而且指令的颁布受国家意志的影响较大,具有随意性。这在有系统化法典编纂传统的大陆法看来是一大缺陷。

在统一欧洲法的诸多方式中,指令只能是次于条约的第二选择,但在条约尚不能短时间达成的今天,指令无疑是在一定程度上统一欧洲法的最有价值方式。

第四,欧盟法院的判例法。欧盟法院对统一欧洲法的贡献主要是依据《欧盟条约》第234条在成员国法院要求下对《欧盟条约》和规则、指令进行解释。欧盟法院对《欧盟条约》和规则的解释具有全面的拘束力,并能起到统一成员国法律的作用。但这种情况并不多见,大多数时候是欧盟法院对指令进行解释。欧盟法院对指令进行解释只能在指令中包含的概念和原则上达到统一,而具体执行指令的权利成员国依然享有。与对《欧盟条约》和规则解释的大胆相比,欧盟法院对指令的解释更侧重文本意思,更细致也更有技术性。例如,"合同"一词的解释出现在关于限制竞争的《欧盟条约》第85条中,其目的在于区别以合同形式构成的限制竞争行为和以一致行动形式构成的限制竞争行为。由于欧盟法院对民事纠纷并不具有管辖权,因而对《欧洲民法典》的制定影响有限。

2. 欧洲人权法院立法

欧洲人权法院审理案件的主要依据是《关于保护人权和基本自由的欧洲公约》。欧洲人权法院对制定《欧洲民法典》的影响是非直接性的,仅限于一些特殊的领域。在家庭法领域,根据《关于保护人权和基本自由的欧洲公约》第8条对家庭生活的保护,欧洲人权法院的解释深深地影响了成员国的国内法,在非婚生子女地位、非婚生子女的监护和父母探视权方面的判决则在很大程度上实现了法律的统一。在财产法领域,根据《关于保护人权和基本自由的公约》(前言)第1条的规定,任何自然人和法人都可以和平地享有他的财产,除了根据公共利益以及法律和国际条约基本原则规定的条件外,任何人的财产都不能被剥夺。但是,上述条款在任何情况下都不能损害国家依法执行法律的权利,此类法律在依共同利益使用财产、保证税收,或其他贡献或刑罚方面是必要的。这一条款旨在保护所有权,但其保护的范围并不明确;这一条款对国家剥夺个人财产权进行了限制,但限制的程度也不明确。这一切都有赖于欧洲人权法院在日后判决中做出解释。在合同法领域,欧洲人权法院的贡献表现在保护诸如人格尊严等人格权上。

(二)学术界建议

目前,学术界一般认为实现《欧洲民法典》的方式有四种:Soft

Law、法学和法学教育、商人法(Lex Mercatoria)和 Better Law,兹分别加以介绍。

1. Soft Law

Soft Law 是指一系列不同法律体系的共同原则的集合。之所以称其为 Soft Law 是因为它不具备法的强制性的特点。Soft Law 在事实上起到了一定的统一效果,因为它既可以作为立法者的参照物,又可以作为法官解释法律的依据。最著名的 Soft Law 有两个:《欧洲合同法原则》(Principles of European Contract Law)和国际统一私法协会的《国际商事合同统一原则》(Unidriot-Principles of International Commercial Contracts)。

第一,《欧洲合同法原则》。从 1980 年开始,在欧盟委员会的资助下,丹麦哥本哈根商学院 Lando 教授领导的欧洲合同法委员会开始制定《欧洲合同法原则》。其立法宗旨是将其作为未来《欧洲民法典》的初稿。1995 年,《欧洲合同法原则》的第一部分总则出版。2000 年第二部分在修订第一部分的基础上又增加了合同的形式、效力、解释、内容和代理等内容。《欧洲合同法原则》认为统一合同法有五大好处:增进跨国贸易;加强欧洲统一大市场;为欧盟法的创立提供基础;对成员国法院的立法者起引导作用;加强大陆法与普通法的沟通。

第二,《国际商事合同统一原则》。早在 1971 年国际统一私法协会就有了统一国际商事合同的想法。从 1980 年开始,20 位法学家组成的工作组正式开始了起草工作。《国际商事合同统一原则》于 1994 年出版,其目的是建立一套为全世界使用的平衡的规则,在不同的法律传统,不同的经济、政治条件的国家之间适用。不同于《欧洲合同法原则》,国际统一私法协会的《国际商事合同统一原则》尽量避免使用特定国家的法律概念,尽量避免以特定国家作为参照物,以期达到国际化。

《国际商事合同统一原则》的适用范围是国际商事合同。国际的范围非常广,只要具有国际因素就可以;商事的范围则比较小,一般包括货物、服务贸易,也包括投资和特许经营,但消费合同则不在范围之内。起草者认为《国际商事合同统一原则》的适用范围有五个:当事人选择了《国际商事合同统一原则》;当事人同意合同的准据法为一般性的法律原则;合同没有准据法;解释或补充国际性法律;作为国家或国际立法者的参照物。

《欧洲合同法原则》和《国际商事合同统一原则》的最大价值就在于为不同法律体系的学者和律师创造了统一的文本。这一文本可以作为未来《欧洲民法典》的框架。如果国家立法者和法官能真正把《欧洲合同法原则》和《国际商事合同统一原则》作为参照物的话,那将是对《欧洲民法典》最大的贡献。

2. 法学和法学教育

以法学和法学教育的方式促成《欧洲民法典》的制定,这一灵感来源于"共同法"。这种方式是指法学教授们以比较的方法研究不同法律体系的异同点,然后以欧洲而不是以国家的视角把知识传授给学生,让学生将其所学应用于实践。这样《欧洲民法典》可以通过教学关系而建立。

目前欧洲的法学还是国家型的法学,各国的法学研究都以本国法律为基础。如果法学研究能以欧洲为背景的话,那学者们不但能更好地理解本国法,而且还能更容易地研究其他国家的法律。因此,自1980年开始比较法研究的重点由不同法律体系的区别改为不同法律体系的共同点。近年来,大批著作的出版展示了这一领域的研究成果。其中比较重要的有,德国汉堡大学 Hein Kötz(克特)教授的《欧洲合同法》(Europäisches Vertragsrecht, Tübingen: Mohr, 1996),德国

Osnabrück 大学 Christian Von Bar(克里斯蒂安)教授的《德国侵权法导论》(Gemeinauropäisches Deliktsrecht, vol. I München 1996),B. S. Markesinis(马克斯)的《德国侵权法比较研究》(A Comparative Introduction to German Tort Law),德国 Regensburg(雷根斯布哥)大学 Reinhard Zimmermann 施莫曼教授的《债法》(Law of Obligations)。

同时,统一欧洲的法学研究也面临着一些问题。第一,欧洲法学研究的进步并没有导致实践中研究成果的适用。律师的观点仍然是国家型的,这容易导致理论与实践的脱节。第二,在欧洲大陆的法律体系之间发现共同点相对比较容易,而在大陆法与普通法之间寻求共同点则比较困难。第三,目前欧洲缺乏一种共同的法律语言来支撑欧洲法学的研究。

与欧洲法学紧密相联的是欧洲法学教育。欧洲法学教育对欧洲法律一体化的作用是不言而喻的。就像中世纪的法学教育使"共同法"被应用于欧洲一样,一旦新欧洲法学教育开展起来,它也必将随着法律学生的执业而应用于整个欧洲。现在的问题是大部分的欧洲国家的法学教育是站在国家立场而非欧洲立场上的。在一国领域内,法的适用即国家法的适用。学生只要掌握了国家法就可以从事法律职业。这样就造成了一个封闭的循环:国家型法学教育—学生掌握国家法—国家法的适用—国家型法学教育。这一循环在短时间内看来是难以改变的。因此折中的办法就是法学教育即包括国家法又包括欧洲法。许多学校已在这方面有所尝试。如著名的苏格拉底计划[①]、欧洲法学院计划[②]等。这些项目都将培养许多推动欧洲法律一体化的法学人才。

[①] 由欧盟出资组织学生跨国交流,时间为 3 个月、6 个月、9 个月,1 年不等。
[②] 1994 年,第一所欧洲法学院在荷兰 Maastricht 建成,随后意大利 Trento 也建成了第二所欧洲法学院。

3. Better Law

在法经济学的影响下,有学者认为可以通过法律的自由流动移植的方式实现《欧洲民法典》的制定。不同的法律体系都为一个特殊问题提供了一种解决方式,因此构成了一个法律市场。在市场中法律之间自由竞争,最有效率的法律最终成为赢家。因为在自由的法律市场中,最好的法律只有一个。因此,法律自由流动的最终结果就是法律一体化。这种比较法律而达到统一欧洲法的方式被称为 Better Law 方式,其最终结果是要将《欧洲民法典》变成包含各国法律的混合体。

Better Law 方式无疑是制定《欧洲民法典》的有效方式之一。不同法律体系之间的比较是在实践中自由发生的,而非由政府推动,这就减少了法律一体化进程中的阻力,有利于《欧洲民法典》为民众所接受。由于法律的统一是自发进行的,所以法律只会在实际需要的部分统一,这样又可以减少由于外来压力而造成的不必要的法律统一。法律体系之间的比较并非随着《欧洲民法典》的制定而终结,而是一个动态的过程。因此,《欧洲民法典》并不是一个封闭的法典,它具有自我改进的功能。

Better Law 方式一经提出就遭到广泛的批评。第一,法律的重要特征之一是法具有安定性,而 Better Law 方式制定的《欧洲民法典》却不再具有安定性,相反,它是一个动态的过程。这显然是传统法学家所不能接受的。第二,法律是与特定的社会历史环境相联系的,因而法律之间的好坏是很难比较的。即使有 Better Law,也不能保证它一定会适应新的社会环境。第三,国家中的法律体系中有些部分属于强行法,是与国家政策紧密联系的,因而是不能通过比较而被改变的。

4. 商人法

商人法(Lex Mercatoria)来源于国际贸易实践。在国际贸易中,由于当事人都不愿意以对方的法律作为争议的准据法,所以他们往往容易达成妥协,接受一种双方都认可的中性的法。随着国际贸易的发展,这种中性的法的内容也逐渐丰富,最终形成了商人法。由于国际贸易的形式多种多样,因而商人法的内容也不十分明确。但通常说来,商人法包括一般条款、贸易惯例、习惯和国际协议等。商人法是在国际贸易过程中自发形成的超国家的法,而《欧洲民法典》也将是一部超国家的法典,所以二者具有很大的类比性。

第一,商人法和《欧洲民法典》都是经济一体化的产物。商人法是从国际贸易实践中衍生而来的,是对国家法的挑战。商人法的出现在不同国家的商人之间形成了一套统一的法律规则,并且这种统一性会随着国际贸易的发展,经济一体化程度的提高而不断增强。《欧洲民法典》也是欧洲政治、经济一体化发展到一定阶段而对法律提出的要求。为建立欧洲统一大市场而消除不同成员国之间法律的差异性是制定《欧洲民法典》最直接的原因。第二,商人法和《欧洲民法典》都是由学者首先提出的并且在一定程度上仍然是学术活动。20世纪80年代,商人法才开始被国际仲裁机构采纳并应用于实践。在此之前,商人法纯粹是一项学术研究。如今,商人法的适用仍要受制于当事人的意志,当事人可以选择适用或不适用商人法、适用什么商人法。学者们则不断完善自己整理的商人法,以期扩展其适用范围。《欧洲民法典》同样也处在学术研究阶段。《欧洲民法典》这一概念本身是由学者首先提出的,而律师、法官、仲裁员等从事实务工作的法律职业者还未接受这一概念。值得注意的是,1989年,欧洲议会在其官方报告中也使用了《欧洲民法典》这一概念,这标志着《欧洲民法典》也开始进入实务部门的视野。

商人法与《欧洲民法典》具有一定的相似性,但二者的区别也是显而易见的。第一,商人法与《欧洲民法典》的范围不同。商人法的适用范围为国际贸易领域,而《欧洲民法典》的适用范围为欧洲领域内的民事法律关系。可见,从地域角度看,商人法的适用范围更广;而从内容角度看,《欧洲民法典》的适用范围更广。第二,商人法与《欧洲民法典》的立法方向不同。商人法侧重促进贸易发展,因而趋于自由;《欧洲民法典》旨在维护欧洲民众利益,所以社会性更强。反映到二者的表现形式上,商人法主要是合同规则;而《欧洲民法典》不但包括合同规则,还涉及公司法、劳动法、破产法、消费者保护法等领域。第三,商人法与《欧洲民法典》的效力不同。商人法是在国际贸易中自发形成的,是具有自我规范性的非官方法律编纂,因而不具有强制力。而对于《欧洲民法典》,尽管目前还停留在学术活动阶段,但是它终究须经欧盟的相关机构制定与通过。《欧洲民法典》一旦被通过,即具有法律效力,在任何一个成员国都必须得到遵守。

通过以上分析对商人法与《欧洲民法典》异同点的比较,我们可以得出结论:商人法与《欧洲民法典》既存在冲突又具有一致性。商人法重在保护合同自由,体现了意思自治原则,这与《欧洲民法典》注重社会性的特征相冲突。然而,商人法又是不同国家在一定程度上都可以接受的法律原则,因而又是《欧洲民法典》制定的重要依据。总之,《欧洲民法典》的制定应注意从商人法中吸收有益的因素。

结　　语

近年来,《欧洲民法典》正在越来越广泛地被人们接受。2001年11月6日欧洲议会在一份统一成员国民商法的报告中对《欧洲民法典》的主要部分之一欧洲合同法的统一订立了时间表:第一,2004年底,建立一个以所有成员国语言表述的,包含了成员国所有合同法的立法和判例的数据库。第二,根据数据库进行比较研究以发现成员国共同的法律概念和共同的解决问题的方式,定期向欧洲议会汇报。第三,2004年底,在专家建议下提出立法建议。第四,2004年底,考虑有没有其他实质性法律涉及到统一大市场,特别是关于电子商务方面的法律。第五,2005年初,公布比较研究的成果。第六,从2005年开始,在学术界广泛传播研究成果。第七,从2005年开始,在欧盟各机构的立法草案与执行程序中推广使用研究成果。第八,从2006年开始,在欧盟立法中执行研究成果。第九,2008年初,审查研究成果的实际效果。第十,从2010年开始,欧洲合同法统一完成。① 欧洲议会为《欧洲民法典》的制定勾勒出一幅美好的前景。然而,罗马城不是一天造成的,《欧洲民法典》的制定也绝非一日之功。

Leuven(勒文)研讨会上的唇枪舌剑还历历在目,而《欧洲民法典》也在批评声中向我们走来。Lord Bingham(宾厄姆)把新千年的开始视为"新的努力起点,一个机会,一个属于《欧洲民法典》的机会,在黑夜即将消失的时候反映了我们已取得的伟大的进步"。② 我期待着数年之后会有一篇文章以此作为开始:

历史片断之一:《法国民法典》……

历史片断之二:蒂博特 vs. 萨维尼……

历史片断之三:《联合国国际货物销售合同公约》……

历史片断之四:《欧洲民法典》……

能否实现,历史将会做出回答。

---

① Report on the approximation of the civil and commercial law of the Member States (COM(2001) 398—C5—0471/2001—2001/2187(COS)).

② A New Common Law for Europe: of The Coming together of the Common Law and the Civil Law, p. 35.

探索与争鸣

法律经济学的理论意义和科学价值
——方法论视角的反思

张玉堂

法律经济学近年来已逐渐引起人们的注意,但在国内,对于这种理论及其实践的深入考察显然尚未完全展开。基于我们的历史和现实,法律目前正在被主流意识努力地建构着——它成了一种神圣社会事业的新的象征。[①] 相反,在法律经济学中,法律完全是世俗的,它总是在成本收益的框架中被斤斤计较着。奇怪的是,在国内,至少在学术界,法律经济学并未掀起预期中的惊涛骇浪。[②] 究其原因,或许是"君子不言利"的传统使得主流学者不屑于此,或许,无论是在法律理论家、实践家的知识资源里,还是在法学院所提供的系统训练里,经济学都还未能发挥其影响所致。

基于此,本文试图从方法论的视角对法律经济学提供一种批判的理解。对于法律经济学,我们不是无保留地赞同,但也肯定不是要彻底否定,而是希冀一种超越——起码,我们不应仅仅满足于对法律经济学作简单的印象式判断。

[①] 主流的观点教导人们:法律是神圣的,它应当被信仰。司法制度越来越庄严,现在我们不仅为法官穿上了法袍,还给他的手中放上了一柄法槌。实用主义者波斯纳不无讽刺地指出,和宗教一样"法律也有其自己的大牧师、神圣文本和神牛、阐释性神秘、道袍和神殿、礼节和仪式"。参见波斯纳:《法理学问题》,苏力译,中国政法大学出版社2002年版,第580页。

[②] 而在美国,波斯纳和德沃金之间的唇枪舌剑曾是人们津津乐道的话题。他们二人围绕效率和道德问题的争论,是法学界继富勒、哈特之争以后最为引人关注的学术故事之一。见徐品飞2002年发表的网络文章《波斯纳与德沃金之争:跨世纪的法理学案》,此文原载于北大法律信息网,因被删除现已无法检索,笔者存有其全文。

一、法律经济学的方法论概述

评价任何一种理论的利弊得失,离不开对其方法的考察。比如,人们对法学是不是一门科学的问题就曾颇有争议,而"科学"除了意指体系化的知识以外,它的另一个重要含义指的就是方法——科学即方法。因此,有的学者从方法论的角度来构建并论证法学作为一门科学的价值和意义。[1]

所谓方法论就是那些能够系统支持、解释人们的研究方法的理论或学说。[2] 对于法律经济学的方法论,研究者、批评者的观点往往并不一致。有论者指出,法律经济学家们在分析中常常是实用地、有选择地使用一些假定概念,一旦遇到特殊情况,经济分析就会迂回或变通以绕开方法论的严格要求。[3] 尽管如此,在大多数法律经济学家都支持的,以及在招致批评时他们都力图为之辩护的那些主张中,我们还是可以分辨出法律经济学方法论的大致轮廓。

(一) 理性选择的个人主义基础

毫无疑问,法律经济学首先是从经济学中获得其方法论灵感的。经济学是一门研究理性选择的学问,这种独特的研究方法是经济学享有其学科同一性和科学性的一个不可或缺的基础。研究对象历来被视为学科划分的基础,也是据以界定学科性质的不二法门,但是,研究对

---

[1] 胡玉鸿:《法学方法论导论》,26—46页,山东人民出版社2002年版。
[2] "'方法论'一词指的是对方法的研究,通常是指对科学方法的研究"。参见[英]约翰·伊特维尔、默里·米尔盖特、彼得·纽曼编:《新帕尔格雷夫经济学大辞典》,第488页,经济科学出版社1996年版。
[3] Heico Kerkmeester, *Methodology: General*, p. 383. http://encyclo.findlaw.com/0400book.pdf.

象对于经济学的这种重要意义现在正在变得越来越弱。经济学和经济分析的独特性应当由其分析方法而非研究对象来说明,加里·贝克尔最为明确地表达了这种看法,他指出,"经济学之所以有别于其它的社会科学,关键所在不是它的研究对象,而是它的分析方法。"[1]对贝克尔而言,这种方法就是理性选择的方法,它由三个基本假设命题组成,即最大化行为、均衡和偏好稳定。这种理性选择方法被认为可以用来分析任何行为——只要它是这种被选择的行为。比如,人们的犯罪行为、性行为,甚至是动物的行为,只要符合理性选择的假定,都可以对之进行经济分析。

均衡通常指市场交易达到的一种状态,经济学上又叫"市场出清"(Market Clear)。在供需规律的作用下,人们的市场需求会随着市场价格的下降而上升,随价格上升而下降,对市场的供给,反之亦然,市场上的需求和供给会最终达到一种相对稳定的平衡,这种状态就是市场均衡或市场出清。市场均衡并不仅仅只存在于鸡蛋、牛肉、股票这样的显性市场,它同样适用于诸如犯罪、婚姻家庭这样的非显性市场。犯罪行为会随着犯罪价格的提高(刑罚的严厉性增加)而减少,而婚姻成本的高低也是人们选择单身还是组建家庭的重要参考,在某种条件下,这些被拟制的市场行为也会达到一种经济学意义上的均衡。法律经济学就是这种非显性市场经济学中的一个领域,法律可以借助理性选择方法来分析。[2]

在理性选择理论中,被假定为行为具有最大化倾向的乃是个人,而不是那些由个人组成的组织,或是国家和社会这样的抽象的整体。个

---

[1] [美]加里·贝克尔:《人类行为的经济分析》,王业宇、陈琪译,第7页,三联书店上海分店、上海人民出版社1995年版。
[2] [美]波斯纳:《法律的经济分析》,蒋兆康译,第905页,中国大百科全书出版社1997年版。

人是进行分析的基本单位,任何集体的行动都应当由这种个人的行动或不行动来理解和解释,这就是所谓的方法论个人主义。要正确理解这个术语,有两点是值得强调的。方法论个人主义并不必然意味着自私的利己主义,理性的个人也可以是利他的。比如,在贝克尔的研究中,父母对于子女就被认为具有利他主义精神,但这和他的方法论个人主义并不冲突。其次,方法论个人主义仅仅是一种分析问题的角度——它主张从个人出发来研究问题,但它并不意味着个人的利益就"应当"被珍视或被最大化。后者是一种个人主义的规范性标准,分析性、工具性(方法论)的个人主义通常是其必要前提,不过这两者并不等同。

关于方法论个人主义中个人的理性问题,也有两点值得注意。其一,"理性"假设的真实性问题。所谓的理性选择并不要求个人在选择时真的进行了明确的计算,他的选择之所以被认为是理性的,乃因为其行为最终看起来仿佛是经过这样斤斤计较的计算。理性意味着行动主体对自己的手段和为特定目的所放弃的代价有事实上的估价,这种估价并不要求有心理学意义上的确定认识。正是在这个意义上,法律经济学声称"立法官员和受制于法律的人们的理性行为有多大范围,对法律的经济分析就有多大范围"。[①] 其二,个人的理性是有限的,这一点的重要性也被人们逐渐认识到。新古典经济学对人的"完全理性"的假设是不真实的,因为人们通常缺乏足够的信息以便作出正确的选择——即实现个人最大化的选择。许多学者都主张,人们的理性是不完全的和有限的。据此,个人通常不能作出最优的选择,而只能达到(在现有信息的基础上的)较优的选择,毕竟要获得足够的或完全的信

[①] [美]罗伯特·考特、托马斯·尤伦:《法和经济学》,张军等译,第13页,三联书店上海分店、上海人民出版社1994年版。

息需要额外的成本。但在法律经济学中,成本和收益的分析也适用于对信息的收集,即人们会理性地看待信息的价值,最大化的结果仍然是可以实现的。

(二) 效率标准中的主观主义

如果人们的行为是最大化的,那么他们要"最大化"的究竟是什么呢?在法律经济学中,被广泛地使用的两个经济学衡量指标是效用和金钱。

第一个评价指标是效用。效用是指某种事物可以给人们带来的满足、享受,或是人们对某种事物的偏好。[①] 任何东西都能给人们带来效用,食品、住房、艺术品和运动都能满足人们不同的需要,甚至包括闲暇、爱、利他感、信仰、遵从社会规范等都具有效用。

效用的边际递减原理决定了人们的效用最大化行为。它指出,人们的边际效用是递减的,即下一个等量物品给人们带来的效用要小于前一个物品所能带来的效用;当人们对所有物品的选择都在最后一单位上(边际上)获得相等的效用,此时人们的总效用达到最大。边际效用递减原理取决于"人们是厌恶风险的"这个假定。人们在一个确定的100美元和一个只有10%获得机会的1000美元之间的不同偏好态度可以很好地说明这个问题。在经济学上,这两者是完全相等的,都是100美元。但不同的人可能会有不同的选择,选择前者的人是风险厌恶者,选择后者的人是风险爱好者,对两者的选择无所谓、等同看待的人则是风险中性者。对风险厌恶者而言,确定的100美元比不确定的100美元能够给他带来更大的效用。在某些特殊情形中——比如赌

[①] 功利主义中的快乐和痛苦概念就可以被效用理论分别置换成人们的"正效用"和"负效用"。效用理论中的"效用"指的是前者即肯定意义上的主观感受。

博,人们的风险态度是"风险偏好"的,赌徒的边际效用不是递减而是递增的,因此,边际效用递减原理是有局限的。

效用指标更大的问题在于它的难以计算。效用的大小完全取决于个人的主观评价,没有一个量化的指标也就无法进行效用的人际比较和效用加总,由此,效率的考虑就面临一个重大的难题。"帕累托最优"通过把人们对效用的基数观念转变为序数观念而初步地解决了这个问题。但是,帕累托最优在现实中是不存在的,法律经济学又引入了一个更为实用的效率概念:卡尔多-希克斯效率。

法律经济学的效用观反映出它的另一种方法论特征:主观主义。这种方法论主观主义认为,只有个人才能主观地认识世界,而个人在理解世界的能力和价值判断上是各不相同的。人们总是尽量运用其对现实的独特感知,以及他们特有的价值观、抱负、知识来对成本和收益做出自己的评估,即人们总是根据自己特有的私利理性地行动。法律经济学家承认这种主观主义方法的不真实性,但他们为其有用性进行辩解。比如,科斯把经济学中的"效用"概念比作经典物理学上的"以太"概念,尽管它们都无法被人们真实地观察到,但借助于它们,人们就能使自己的理论(模式)有效地发挥作用。[①]

第二个评价标准是金钱,在法律经济学中,它是一个用来取代效用成为界定最大化(效率)内涵的指标。科斯和波斯纳都倾向于用金钱(货币)来表述最大化的涵义,据此,波斯纳用他的"财富最大化"取代了"效用最大化"。用货币或金钱作为最大化的衡量标准,其最大的好处是便于计量:同一个美元对不同的个人可能具有不同的效用,但它毕竟是同一个美元。波斯纳主张物品应当转移给那些对它评价最高的人,

---

[①] Heico Kerkmeester, *Methodology: General*, p. 387. http://encyclo.findlaw.com/0400book.pdf.

这种相对于其他人的高评价是通过他实际的"支付意愿"体现的。换言之,某人对某物品单单只有极高的效用评价是没有意义的,除非他愿意为此支付一定数量的货币。财富最大化似乎是要回避效用最大化的主观主义方法,但我们将证明,波斯纳等人试图用金钱来取代效用的工作并没有完全推翻后者的基本假设,它只是缩小了效用最大化指涉的范围而已。那些可以被个人用货币予以实际表达的效用仍然得到了承认,而那些潜在的未能以货币实际表达的效用被剔除了。

(三) 实证分析和规范分析

法律经济学对法律规则效率性的分析主要通过实证分析和规范分析这两种方法来实现。实证分析是运用经济学的理论和方法对法律规则的产生、运行现状、后果以及法律规则的变迁等方面提供经济上的观察和解释,并据此判断、预测人们的行为。对于实证分析的意义,波斯纳指出:"虽然经济学家没有能力告诉社会它是否应当设法限制盗窃,但经济学家有能力表明允许无限制的盗窃是无效率的,从而通过表明为取得一种价值而必须牺牲另一种价值——效率——的程度而阐明价值冲突。或者,将限制盗窃作为给定的目标,经济学家可能有能力表明:社会为努力取得其目标而使用的方法是无效率的——社会可以使用其他不同的方法而以更低的成本取得更有效的预防"。[1]

对法律的实证经济分析旨在解释法律规则的结果和现状而非改变或改善它,类似于通过经济学说明法律是什么或法律事实上如何。与此不同,对法律进行规范分析的目标在于对法律规则提供一种经济学上的评价和改进,它通过效率这个经济学价值指标来说明法律应当是

---

[1] [美]波斯纳:《法律的经济分析》,蒋兆康译,第27页,中国大百科全书出版社1997年版。

什么,或者,现存的法律规则应当如何改进以符合并促进经济效率。波斯纳发现,在法律的许多领域——尤其是财产权、侵权、犯罪、契约——都无不打上了经济理性的烙印。在许多判决中,尽管法官没有使用效率这个明确的经济学术语,但他们的真实意思是:当事人应当以效率的观念行事,法官(法律)的规范要求不过是被晦涩的法学语言巧妙地掩盖起来而已。①

在法律经济学的具体实践中,实证分析方法往往是同规范分析方法交织起来运用的。实证分析和规范分析的这种区分在法律经济学中是至关重要的,因为它涉及一些重大的方法论争论。法律经济学的价值和命运不仅体现于这种争论过程本身,更取决于它的结果。

显然,法律经济学的所有方法论特征都在它所采用的理性选择方法中得以体现。方法论个人主义和方法论主观主义以及它们共同具有的演绎性,是我们从方法论视角考察法律经济学的三条通道。我们将首先对个人主义和主观主义方法论做具体的、批判性的探讨,最后再就法律经济学的演绎法进行一种总体上的、基于更广思想视野的回顾与反思。

二、法律经济学的方法论个人主义批判

(一)方法论个人主义

"方法论个人主义是一种解释学,它断言,除非这些解释完全是根据关于个人的事实来表达的,否则,解释社会(或个人)现象的任何尝试

---

① [美]波斯纳:《法律的经济分析》,蒋兆康译,第27页,中国大百科全书出版社1997年版。

都应不予理睬(或者,在一种流行的、更为世故的观点看来,把它作为"最低限度的"解释而不予理睬)"。① 方法论个人主义的关键假设可以概括为三项陈述:(i)只有个人才有目标和利益。(ii)社会系统及其变迁产生于个人的行为。(iii)所有大规模的社会学现象最终都应该根据只考虑个人,考虑他们的气质、信念、资源以及相互关系的理论加以解释。②

陈述一反映了个人主义者的基本思想,即任何制度、社会或者集团都不可能有它自己的特殊目标或利益。这并不是说它就不会像仿佛有目标或利益一样行事,但方法论个人主义者往往坚持认为"制度可能有目标和利益仅当人们赋予它目标,或者根据他们认为应该是它的利益的东西行事;一个社会或一种制度不可能有它自己的目标和利益"。③这个假设没有说明个人的目标和利益究竟是如何形成的。它没有正面认同社会制约的思想,但也没有跟这一思想相抵触。

陈述二则认为,社会制度、规范以及它们的变迁是个人决策和行为(有意或无意)的结果。它拒绝那种认为无情的社会法则、目的或力量决定社会性质及其演变,而个人可能单独或者一起做什么却无关紧要的思想。陈述二和陈述一合起来表达了个人主义坚持个体行为先于社会整体的立场:个人是唯一真正的行为者,社会整体是个人行为的产物。

陈述三是这三个基本假设中最受争议的。它认为社会体制是随着个人行为的变化而变化的,每一种复杂的社会环境、制度或事件都来自

---

① [英]史蒂文·卢克斯:《个人主义》,阎克文译,第103页,江苏人民出版社2001年版。

② [英]马尔科姆·卢瑟福:《经济学中的制度:老制度主义和新制度主义》,陈建波、郁仲莉译,第38页,中国社会科学出版社1999年版。

③ [英]马尔科姆·卢瑟福:《经济学中的制度:老制度主义和新制度主义》,陈建波、郁仲莉译,第38页,中国社会科学出版社1999年版。

个人的特殊个性,来自他们的气质、处境、信念以及物质资源和环境。整体主义者往往用一些其他大规模现象(如充分就业)来说明某种大规模社会现象(如通货膨胀)的原因,但这些解释并不完善,也不彻底;只要我们尚未以有关个人气质、信念、资源以及相互关系的陈述作为推断的前提,我们就不能从根本上解释这类大规模现象。

一般认为,方法论个人主义的思想最初是由霍布斯明确阐述的。他认为,"在我们能够认识整个复合物之前,我们必须认识那些被复合的事物",因为"只有通过它的组成要素,才能更好地了解每一事物"。[①]尽管对于解释的对象是什么,特别是对描绘各解释要素的特征时需要涉及多少社会性质,历来就众说纷纭,但霍布斯的思想一经启蒙运动的思想家们继承,从此,这个个人主义的解释模式就变得卓尔不凡了。

在当代,对方法论个人主义最有力的捍卫分别来自两位对法律经济学有着重要影响的著名学者:波普尔和哈耶克。[②] 波普尔认为,"集体的'行为'和'行动',诸如国家或社会集团,应该还原为人类个体的行为和行动",[③]并指出,"一切社会现象,尤其是一切社会制度的运行,应该永远被理解为产生于人类个体的决策、行动和态度等,我们永远不满足于依照所谓'集体'(国家、民族和种族等)作出的解释"。[④] 和波普尔一样,哈耶克也认为,"理解社会现象不可能有别的方式,只能通过理解个人的行为,这种个人的行为是指向别人的,同时有可能受到别人预期

[①] T. Hobbes, *The English Works of Thomas Hobbes*, ed. Sir W. Molesworth, London, Vol. Ⅱ, p.14.

[②] 这两位著名的犹太思想家都是奥地利学派第三代领袖米瑟斯的得意门生,他们的自由主义思想、方法论个人主义都曾受到米瑟斯的强烈影响。可参见[奥]冯·米瑟斯:《自由与繁荣的国度》,韩光明等译,引言部分,中国社会科学出版社 1995 年版。

[③] K.R.波普尔:《开放社会及其敌人》(第二卷),郑一明等译,第 156 页,中国社会科学出版社 1999 年版。

[④] K.R.波普尔:《开放社会及其敌人》(第二卷),郑一明等译,第 165 页,中国社会科学出版社 1999 年版。

行为的诱导"。①

波普尔的方法论在 20 世纪中后期对西方经济学有着举足轻重的影响,尤其是在 70、80 年代,"经济学中的所有主要流派都从属于建立在证伪标准基础之上的波普尔式批判"。② 波普尔的贡献在于,他使经济学家们认识到经验证实在逻辑上是不可能的。经由方法论个人主义,哈耶克则"提出了一种正在消失的理想,即不受限制的资本主义,用它取代险象环生的计划、官僚化和政府的重新分配以及福利政策——所有这一切,在哈耶克看来都是'通往奴役之路'的阶梯"。③

经济学中的个人主义方法论传统深深地影响了许多当代的法律经济学家——如加里·贝克尔、罗纳德·科斯等人,而像波斯纳这样的法学家则成了最终的受益者。④

(二) 方法论个人主义在法律经济学中的表现

1. 科斯的成本

以经济学家科斯命名的"科斯定理"是法律经济学得以产生的直接动力,他的研究为法律经济学提供了一个便利的基础。这里我们不妨先来看看蕴含在科斯定理中的方法论个人主义因素。

"科斯定理"主要反映在《社会成本问题》一文中,它包括两个相互联系的判断或原理,即"科斯第一定理"和"科斯第二定理"。"科斯第一定理"是指,在交易成本为零的情况下,任何财产权利的初始配置都是

---

① Hayek, *Individualism and Economic Order*, London, 1949, p. 6.
② [爱尔兰]托马斯·A.博伊兰、帕斯卡尔·F.奥戈尔曼:《经济学方法论新论》,夏业良主译,第 18 页,经济科学出版社 2002 年版。
③ [英]史蒂文·卢克斯:《个人主义》,阎克文译,第 86 页,江苏人民出版社 2001 年版。
④ 波斯纳明确地说:"我最为感激的是那些通过其作品和谈话而使我对经济理论和经济学与法学间的关系有了更丰富的全面理解的人们:加里·S.贝克尔、罗纳德·H.科斯、阿伦·迪雷克托和乔治·J.施蒂格勒"。参见[美]波斯纳:《法律的经济分析》,蒋兆康译,"第一版序言",中国大百科全书出版社 1997 年版。

无关紧要的,换言之,若交易成本为零,则无论我们把这种初始权利分配给谁,最大化的结果总能通过交易双方的合意(谈判或协商)来获得。"科斯第二定理"是基于第一定理的逻辑推论:因现实中交易成本无论大小都客观存在,为零只是一种理想的假设状态,所以法律或制度对于任何现实权利的初始配置都是至关重要的。

"交易成本"是科斯定理中贯穿始终的一个核心概念,但科斯一直没有对这个关键概念做过任何规范的界定,仅仅对它做了些具体的描述:"为了进行市场交易,有必要发现谁希望进行交易,有必要告诉人们交易的愿望和方式,以及通过讨价还价的谈判缔结契约,督促契约条款的严格履行,等等"。[①] 科斯一再强调的是,交易成本在现实世界是客观存在的,无论大小它总是正值。我们这里关心的是,这个交易成本就是"谁的成本"?

显然,科斯的成本是通过比较才产生的——这种比较是在两个生产要素的使用者(一般来说就是所有者)之间进行的。对可能的生产要素使用者,科斯列出了三类:个人、企业和政府。显然,单个的、理性的个人肯定首先有资格成为科斯眼中的生产要素的使用者。至于企业我们则应注意到两个方面,一是企业(厂商或 form)历来是微观经济学的分析对象和分析工具,它一直被视为(像一个人那样)一个理性的个体;其二,正像科斯本人曾经首先发现并被威廉姆森等人后来又进一步所揭示的那样,企业的功能是节约市场交易成本,企业的性质则是一种个人性——在雇主和雇员之间——的契约关系,按科斯的原话说就是:"指挥是'雇主与雇员'这种法律关系的实质"。[②] 这样,企业最终还是

[①] [美]科斯:《论生产的制度结构》,盛洪、陈郁等译,第 157 页,三联书店上海分店 1994 年版。科斯这里所谓的"市场"显然不限于典型的"显性市场",交易成本这个概念被科斯本人,尤其是许多后来者广泛运用于诸多"非显性市场"。

[②] [美]科斯:《论生产的制度结构》,盛洪、陈郁等译,第 18 页,三联书店上海分店 1994 年版。

被还原为个人之间的一种关系,它通过组成它的个人而被理解和解释。至于政府及其管制行为,科斯在他的论文中表述得不是很多,但根据科斯对企业的理解以及他的"政府是一个超级企业"的说法,我们有理由断定,方法论的个人主义乃是他的一个无言的立场。

2. 财富最大化的演绎前提

波斯纳的财富最大化基于一个基本的经济学前提,即"人是其自利的理性最大化者",人们会对激励做出反应。从这一基本经济学假定出发,波斯纳由此推导出用于其经济分析的三项基本原理:市场经济的需求规律、市场主体的财富最大化倾向和市场交换的效率性。① 方法论个人主义在波斯纳的论述中也体现得很明显。

需求规律指的是,在市场上,消费者所支付的价格和其所需要的数量呈反比例关系。一种物品的价格上升,理性的消费者就会减少其购买的数量;反之,一种物品的价格下降,则其购买量就会增加。波斯纳认为,需求规律不仅对具有明确价格的物品奏效,而且对那些具有非货币价格的物品也同样有效。(经济学家将非货币价格称作"影子价格")②需求规律建立在对个人主观偏好、理性心态等的基本假定上,价格变化所导致的销售总量的变化不是经济学家用以推断消费者个人选择心态变化的前提,而是这个假定的结果和经验验证。

最大化是指,消费者总会根据他自己的预算约束,尽可能以最小的

---

① [美]波斯纳:《法律的经济分析》,蒋兆康译,第一章"经济推理的本质",中国大百科全书出版社1997年版。

② "影子价格"(shadow prices)在经济学上指人们对自己某种选择的非货币支出的主观评价,其理论基础是边沁的功利主义和主观效用论,它不是由货币而是由个人的偏好排序来确定的。比如讲课精彩的教授总是比讲课枯燥的教授更受学生的欢迎,受欢迎的程度、听课学生的数量可以反映出两位教授所提供的教育产品的"价格"差异。当然,经济学家更倾向于把影子价格转化为真实的货币价格,比如闲暇时间的价格,一个人在正常工作状态下每个小时能赚的收入就是此时他放弃工作选择休息而放弃的收入,该收入构成他个人的时间成本即他每个小时的真实价格。

支出而获得最大的效用(幸福、快乐、满足);而销售者则尽可能追求其收益和成本之差的最大化。销售者的生产成本来自于他所投入的(所有用于生产该物品)资源的稀缺性,这就使得销售者的任何特定生产行为都存在资源利用的"机会成本"——意味着由于将资源使用于某一方面而不能用于其他方面时所放弃的收益。市场中的竞争力量有助于使机会成本最大化,同时使价格最低化。①

机会成本与不涉及生产性地使用资源的转让性支付是不同的。后者只涉及现有资源(财富)在不同个人之间的重新分配,例如通过向富人征税而补贴穷人的生活,征税没有增加任何额外的社会财富,它只是影响了不同个人的购买力。② 机会成本(经济成本)与不涉及资源使用的转让性支付(会计成本)之间的区别表明,成本是一个预期的概念,"沉没"(已出现的)成本(sunk cost)并不影响对价格和数量的决定。③ 通过机会成本和转让性支付的比较,波斯纳指出,后者只是一种私人成本而非社会成本(social cost),私人成本不减少社会财富,它只是对社会财富的重新安排,而社会成本则会减少社会财富。在这里,私人成本及其相互比较是考虑社会财富增减状况的指标:当一个人的私人成本增加正好等于另外一个人私人成本的减低,这种变动不影响社会财富状况;二者不相等时,若前者大于后者,则产生社会成本,社会财富会相应减少,若后者小于前者,则社会财富相应增加。

波斯纳推出的第三个基本经济学原理是,如果允许资源交换即市

---

① 一个高于机会成本的价格会吸引人把资源投入到物品的生产中,而直到产出的增加依需求规律使价格降到成本水平为止。
② 征税后,富人的购买力削弱了,而穷人的购买力增加了。
③ "沉没成本"指的是生产者已经投入的成本,这些成本不论大小已经不再影响产品的市场价格和数量,这些成本从而被视为已经"沉没"了。比如,一款手机的生产成本是 1000 元,但因为款式落后或其他原因,现在任何人愿意支付的最高价为 500 元。此时,该手机的机会成本就是 500 元,若以这个价格及时出售这 500 元还可以用于他途,若生产者拒绝以低于其成本价出售,则会损失整个的 1000 元。

场交换，那么资源总会趋于其最有价值的使用。一个人之所以愿意以更高的出价购买某种物品，乃是因为他比别人对该物品的估价要高，从而，最终获得该物品的人不仅是出价最高的人同时也是对该物品价值评价最高的人。波斯纳指出，通过这一自愿交换的过程，资源将被转移到按消费者的支付意愿衡量的最高价值的使用之中，此时，人们就可以认为这些资源得到了有效率的使用。当然，这只是一种理想的状况，现实中，这个资源自由流动的过程可能会存在昂贵的信息成本、外部性等障碍——它们会阻碍资源被人们有效率地利用。波斯纳在这个原理的表述中体现的方法论个人主义和我们的上述分析类似，效率的最终获得取决于市场中个体的支付意愿和支付能力。而当出现市场障碍时，个体分析的方法不是归于无效，而应通过一般性的规则来弥补——法律应当尊重或是引导人们（个体）的理性选择。

3. 汉德公式

法律经济学中著名的汉德公式即：$B<PL$，是美国联邦上诉法院法官勒尼德·汉德1947年在审理"美利坚合众国诉卡罗尔拖轮公司案"中提出的一个计算公式，它主要用来确定过失侵权行为的法律责任问题（尤其是风险估算问题）。由于它具有经济推理的性质，又与科斯的社会成本理论相吻合，因而备受法律经济学界的推崇，这个公式后来经由波斯纳以及考特、尤伦等人的改进与推广，目前已经高度理论化，并在侵权法的经济分析领域有着重要而广泛的应用。[①]

汉德公式中的 P 代表损害发生的概率，L 代表实际的损害，是事故

[①] 汉德公式自产生以来就被广泛引证和注释，参见[美]罗伯特·考特、托马斯·尤伦：《法和经济学》，张军等译，第495—498页，三联书店上海分店、上海人民出版社1994年版。张乃根：《经济学分析法学》，第158—169页，三联书店上海分店1995年版。丁以升："侵权行为法的经济学分析"，载《法学新问题探索》，华东政法学院法律系编，第16—30页，上海社会科学出版社1997年版。[美]波斯纳：《法律的经济分析》，蒋兆康译，第211—284页，中国大百科全书出版社1997年版。

本身的成本,B 代表预防损害的成本,PL 则代表损害的预期成本(也可以理解为一定时期内的事故平均成本)。B<PL 所表达的含义是:若加害人对损害的预防成本(B)小于损害的预期成本(PL),则可判定加害人存在主观过错(过失),应当承担侵害的法律责任;反之,加害人不承担法律责任。汉德公式判定加害人应当承担法律责任的理由是,他本来可以用相对小的成本(来采取相应的预防措施)以避免一个相对大的损害发生,但是加害人却没有这么做,所以应当判定其对此后果承担责任。反之,若加害人无论如何,其预防成本都要大于将又可能发生的预期损害,法律此时就不能判定加害人对损害存在主观上的过错。

由此我们可以发现汉德公式中存在的方法论个人主义因素,即通过比较对同一事故的不同的个人预防成本来判定谁应当承担事故损害的后果。汉德法官的结论是,那些有可能以相对低的成本有效预防事故发生的当事人应当承担他没有这么做的后果。

(三) 方法论整体主义的质疑与反驳

毫无疑义,方法论个人主义和方法论整体主义(集体主义)的对立是方法论二分法的产物。几乎在社会科学的各个领域,对方法论个人主义最直接、最持久的批评都来自于方法论整体主义。

概括地说,方法论整体主义包含了以下三个基本主张:其一,社会整体大于其部分之和。其二,社会整体显著地影响和制约其部分的习惯行为或功能。其三,个人的行为应该从自成一体并适用于作为整体的社会系统的宏观或社会的法律、目的或力量演绎而来,从个人在整体当中的地位(或作用)演绎而来。前两个主张与社会现实的性质有关,第三个主张则涉及研究的纲领。

与方法论个人主义在经济学中大行其道相比,这种整体主义理论通常与政治学、社会学、人类学联系更紧密,其核心的主张在于,整体优于部分,社会整体大于自主个人的单纯加总。从哲学上看,它的主要代表乃是波普尔曾经集中批判的柏拉图、黑格尔、马克思等学者,在近代以来,继续坚持这种立场的学者主要有孔德、斯宾塞、涂尔干和帕森斯等人,而查尔斯·泰勒、麦金太尔、桑德尔等社群主义者则是方法论整体主义在当代的主要倡导者。

涂尔干认为,社会事实的存在不取决于个人,它先于个体的生命而存在,比个体更持久,它由先行的社会事实所造成,并以外在的形式强制和作用于人们,塑造人们的意识。因此,社会高于个人,社会事实不能用生理学、个体心理学等研究个体的方法来解释。他指出,"社会事实存在于个人之身外,但又具有使个人不能不服从的强制力的行为方式、思维方式和感觉方式构成"。[1] 涂尔干所说的社会事实主要指的是法律、道德、风俗习惯等,这也就是他在其社会分工理论中强调的"集体意识"或"共同意识",这些"社会成员平均具有的信仰和感情的总和,构成了他们自身明确的生活体系"。[2] 涂尔干主张要把社会事实当作一种社会实在、一种物来看待,而且,要验证这些社会事实的存在很简单,"我一去反抗它,它就立即表现出来"。[3] 涂尔干据此解释了犯罪这种社会现象的性质:所有形式的犯罪都是与特定集体感情之间的对抗。他认为,人们不应当说一种行为因为是犯罪的才会触犯集体意识,而应该说正是因为它触犯了集体意识才是犯罪,即"我们不能因为它是犯罪的就去谴责它,而是因为我们谴责了它,它才是犯罪的"。[4] 显然,这种解释和法律经济学把犯罪看作是一种基于成本收益考虑的行为选择的观点是截然不同的方法论整体主义的解释。

---

[1] [法]E.迪尔凯姆:《社会学方法的准则》,狄玉明译,第25页,商务印书馆1995年版。
[2] [法]涂尔干:《社会分工论》,渠东译,第42页,三联书店2000年版。
[3] [法]E.迪尔凯姆:《社会学方法的准则》,狄玉明译,第24页,商务印书馆1995年版。
[4] [法]涂尔干:《社会分工论》,渠东译,第44页,三联书店2000年版。

涂尔干运用整体主义的方法论的目的在于两个方面。一是探究一种客观的、具有普遍意义的社会规律,(他的理想就是把达尔文的进化论规律引入社会学)以指导人们的生活和社会的发展。二是据此观察具体的社会事实,区分正常的和病态的社会现象,并通过对这两种社会现象的分析和解释来揭示其功能和意义,以便验证并发展前述的普遍社会规律。① 由此,涂尔干的社会分工理论就与斯密分工的理论相去甚远,他指出,经济学家仅从经济上看待劳动分工的重要性,"但是,在任何情况下,它都超出了纯粹经济利益的范围,构成了社会和道德秩序本身"。②

美国社会学家帕森斯运用整体主义方法论也得出了类似的结论。帕森斯批评大多数经济学家(个人主义者)忽视既定社会规则及(行为)道德规范的重要意义,因为他们"要么根本不承认,要么从未公正对待过下列事实,即经济行为发生在一整套规则框架之内,不依赖于签约各方直接的个人动机"。③ 帕森斯和涂尔干一样强调集体意识的独立性和重要意义,它"造成了互相适应这种共同的价值准则的人们之间的连带关系,如果不依附于基本的共同价值准则,集体就会消失"。④

对方法论个人主义,社群主义者从同样的角度进行了批判。他们的主要论点体现在三个方面。一是强调个人只有在社会中才有其意义,脱离了形形色色的社会关系和社会网络的个人只能是"非人"。其二,"社群"是一种绝对的善,这种共同善不仅是人们无法选择的一种

---

① 比如,涂尔干认为痛苦是正常现象,疾病是病态现象,人们应当去除的是后者而非前者。他的一个重要创见是,犯罪是一种正常的社会现象,人们要彻底消灭犯罪的想法不仅是不现实的更是错误的,犯罪不仅保证了社会的群体性存在,而且还是推动集体意识进步(社会进步)的一个重要动力——许多过去的犯罪现象成为今天的正常现象被人们普遍接受。
② [法]涂尔干:《社会分工论》,渠东译,第24页,三联书店2000年版。
③ 转引自[英]马尔科姆·卢瑟福:《经济学中的制度:老制度主义和新制度主义》,陈建波、郁仲莉译,第35页,中国社会科学出版社1999年版。
④ T. Parsons, *The Social System*, Free Press, 1951, p. 41.

"先在",而且它可以代表个人生活的全部意义。其三,社群主义者特别强调个人的成员资格或成员身份的重要性。按麦金太尔的理解,在社群中,个人拥有历史身份和社会身份两重身份,前者承载了传统,后者体现了现实,这样,在任何个人身上都沟通了过去与现在,而方法论个人主义的观点则是一种无前提的论述。[①]

显然,方法论整体主义和方法论个人主义是根本对立的两种理论,他们对个体与整体、个人与社会的理解是完全不同的。在经济学领域,曾经首先对波普尔方法发起挑战的吉夫·哈吉森,就站在整体主义的立场上批评了许多正统经济学家所依赖的个人主义思想,他指出:"方法论个人主义古典陈述中的关键因素是拒绝考察形成个人偏好和目的的制度力量或其他力量"。[②] 在涂尔干等人那里,社会事实是独立的存在物,它不能被简单地还原为个人,社会的整体性也不可能通过个人来解释。另一方面,个人的行动受社会整体的影响、制约甚至是被后者所决定,整体主义者怀疑不考虑社会约束能解释个人行为。坚决的方法论整体主义者往往认为,社会学意义上的个人是既定社会规范的接受者和遵从者,当他们使那些规范内部化的时候,"人遵守规范的愿望就不再依赖外部约束,它成了人的性格的一部分"。[③]

尽管方法论个人主义者对来自方法论整体主义的批评进行了积极的应对,同时也对后者本身存在的问题给予了同样猛烈的反批评,但是,通过这种争论,人们不得不反思他们所采用的方法,并由此发现在方法运用过程中所暴露的问题。在具体的法律经济学研究中就客观存在这种情况。

---

① 俞可平:《社群主义》,中国社会科学出版社1998年版。
② 转引自[英]马尔科姆·卢瑟福:《经济学中的制度:老制度主义和新制度主义》,陈建波、郁仲莉译,中国社会科学出版社1999年版,第37页。
③ [英]马尔科姆·卢瑟福:《经济学中的制度:老制度主义和新制度主义》,陈建波、郁仲莉译,第35页,中国社会科学出版社1999年版。

（四）法律经济学中方法论个人主义的困境

当今的法律经济学研究的方法论是个人主义而非整体主义,但从其历史发展来看,它从来就没有摆脱过方法论整体主义的影响和渗透——该影响先后来自于马克思、旧制度经济学以及新制度经济学中的某些支派的倾向。这种影响再加上法律经济学家们对方法论个人主义一些固有缺陷的主动反思,最终就导致了某种程度的综合趋势的出现。由此,严格遵循方法论个人主义的经济分析只是人们的一种幻觉,至少在方法论上,法律经济学的分析具有不周延性,或者说,它并不是完善的。

众所周知,马克思是从历史的角度整体地把握社会和个人的,个人在他那里既是社会的人又是历史的人,个人有其自主性和独立性但又不可能脱离其所生活的时代,尤其是不能脱离该时代的具体物质生活条件的制约。而且,马克思运用的分析工具是根据经济条件差异而划分的"阶级",尤其是他所采用的功能主义社会解释模式甚至在波斯纳的理论中都依稀可见。① 而功能主义正是方法论个人主义所要反对的一种整体主义方法,因为,它假定存在脱离有目的的行为者的目的。

旧制度经济学强烈批判新古典经济学的纯粹的方法论个人主义,在凡勃伦等人的理论中充斥着整体主义方法论的因素——但是,他们却并没有完全抛弃方法论个人主义。凡勃伦认为,个人的秉性是其遗传特性和社会综合环境的产物,而"制度实质上就是个人或社会对有关

---

① 费尔德的研究表明:波斯纳认为,人们的行为会因激励而改变,而法律的功能就是为人们提供恰当的激励,习惯法被人们遵从,好像它们是为使社会剩余最大化而被选择出来一样,因此,通行的习惯法因为其有效而存在。艾尔斯特对此补充说,"波斯纳及其流派倾向于强烈的功能范式,其极端的立场是:所有制度或行为模式都有揭示其存在的功能"。参见[英]马尔科姆·卢瑟福《经济学中的制度:老制度主义和新制度主义》,陈建波、郁仲莉译,第53页,中国社会科学出版社1999年版。

的某些关系或某些作用的一般思想习惯;……从心理学方面来说,可以概括地把它说成是一种流行的精神状态或生活理论"。① 制度的演进过程被他看成是人类的思想和习惯的自然淘汰过程,或人类应付外界环境的心理变化过程。在这个过程中人们会面临一些压迫力量,"主要是经济的力量,或者说得再明确些,这些力量所表现的形式是金钱的压力"。② 人们在新制度下要提高自己在生活条件的分配中的便利程度,即获得物质利益,就必须改变自己的生活习惯和原有的观念,以与新的制度相适应。因此,凡勃伦认为在研究制度变迁时还"必须处理个人行为,并用个人行为系统地阐述这种探索的理论结果"。③ 凡勃伦身上所体现出来的这种方法论混乱,不仅可以在旧制度经济学的当代继承者加尔布雷思那里继续被看到,而且,这种状况也在一定程度上影响了其近邻——当代的法律经济学。

按卢瑟福的分析,个人主义是新制度经济学公开自称的方法论,但具体到各个学者的各种具体表述,他们在某种程度上也和旧制度经济学者一样存在着类似的问题。他们并没有严格坚持以个人主义的术语来表达其所有的主张,有时候一些主张是高度归纳主义的,有时又变成了纯粹的功能主义的。④

诺斯的研究经历从一定程度上可以验证卢瑟福的这一结论。诺斯运用科斯的交易成本理论,以经济效率的观点考察了西方世界兴起的原因。通过分析他发现,有效率的组织需要在制度上做出安排和确立

---

① [美]凡勃伦・T.B.:《有闲阶级论:关于制度的经济研究》,蔡受百译,第139页,商务印书馆1964年版(1981年重印)。
② [美]凡勃伦・T.B.:《有闲阶级论:关于制度的经济研究》,蔡受百译,第143页,商务印书馆1964年版(1981年重印)。
③ 转引自[英]马尔科姆・卢瑟福:《经济学中的制度:老制度主义和新制度主义》,陈建波、郁仲莉译,第47页,中国社会科学出版社1999年版。
④ 参见[英]马尔科姆・卢瑟福:《经济学中的制度:老制度主义和新制度主义》,陈建波、郁仲莉译,第52—60页,中国社会科学出版社1999年版。

所有权,以便造成这样一种刺激,即将个人的经济努力变成私人收益率接近社会收益率的活动。诺斯的结论是:"有效率的经济组织是经济增长的关键,一个有效率的经济组织在西欧的发展正是西方兴起的原因所在"。[①]但不久,诺斯就意识到他的这种解释是不完善的。按照这个理论框架,只要新制度更能够保证私有产权的效率,它就会在最大化的理性人的推动下顺利取代过时的旧制度,所有的社会规则似乎都可以在这样的框架中成功地内生化。但现实的情况是,旧制度往往对新制度的产生和运行有着巨大的阻碍作用,现存制度现实地制约着制度进一步变迁的速度和方向。这迫使诺斯不得不求助于这样的解释:由于人们与现存制度决裂的代价太高,以至于它可以(在短期或相当长时间内)抑制人们改革现存制度的经济动机。这就说明,制度变迁并不是像诺斯原来所认为的那样,都可以根据经济效率成功地内生化——存在(不用效率来解释的)影响制度变迁的外力。

诺斯修正了原来的观点,进一步提出自己的新理论,即制度变迁是路径依赖的。在新理论中,诺斯放弃了专门使用效率解释的做法。"国家的存在是经济增长的关键,然而国家又是人为经济衰退的根源",[②]这一悖论使他首先建立探讨政府的理论,这里的统治者是按照他们自己的利益要求设计产权制度的。诺斯相信制度演进是路径依赖的,但路径依赖意味着历史很重要,而且对任何既定制度变迁的解释都必须将其他现存的制度当作既定的事实。在这一点上,诺斯就彻底地偏离了方法论个人主义的要求,因为人们必须加入现存制度这个事实因素来解释制度本身的演变和变迁——尽管交易成本理论此时仍然是必需

[①] [美]道格拉斯·诺斯,罗伯特·托马斯:《西方世界的兴起》,厉以平、蔡磊译,第5页,华夏出版社1999年版。
[②] [美]道格拉斯·诺斯:《经济史中的结构与变迁》,陈郁、罗华平等译,第20页,三联书店上海分店,上海人民出版社1994年版。

的。此时,诺斯得出的结论是:"为了解释变迁与稳定,在某些方面超越对成本－收益的个人主义的计较是需要的。当个人深信一个制度是非正义的时候,为试图改变这种制度结构,他们有可能忽略这种对个人利益的斤斤计较。当个人深信习俗、规则和法律是正当的时候,他们也会服从于它们。变迁与稳定需要一个意识形态理论,并以此来解释新古典理论的个人理性计算所产生的这些偏差"。①

以上分析表明,至少在被人们普遍地认为是法律经济学的一员干将的诺斯那里,方法论个人主义受到了挫折。当然,这个结论的意义似乎也可以被认为是这样,即法律经济学的研究可以不遵从或者至少是不自始至终地在任何地方都严格遵从方法论个人主义的铁律。但是,我们必须注意,所有的法律经济分析中人们都不得不使用那些经由这个铁律所构建起来的、经济学的基本概念。抛弃对方法论个人主义的遵从,意味着必须放弃经济分析方法及其结论的确定性,承认它只能提供一种偶然的结论。

三、法律经济学的方法论主观主义批判

(一)经济学中的方法论主观主义

方法论主观主义是和方法论个人主义紧密相关的一种思维方式,或者说它是在后者的基础上产生的一种推论。方法论上的主观主义认为,只有个人才能主观地认识世界,而且,个人在理解世界的能力和价

---

① [美]道格拉斯·诺斯:《经济史中的结构与变迁》,陈郁、罗华平等译,第20页,三联书店上海分店,上海人民出版社1994年版。

值判断上是各不相同的。① 人们总是尽量运用其对现实的独特感知，以及他们特有的价值观、抱负、知识来对成本和收益做出自己的评估，即人们总是根据自己特有的私利理性地行动。由此，经济学中的方法论主观主义主张，个人之间的这种差异必须受到尊重，个人目标不可能被汇总为集体目标，并且，经济现象必须由这样的个人的各种决策来解释。

经济学中的方法论主观主义一般被认为来自于19世纪70年代产生的奥地利学派，其实，无论是在亚当·斯密那里，还是在杰米里·边沁那里，我们都能发现这种思想的最初表述。斯密对理性、自利的经济人的假设，边沁功利主义思想中的苦乐法则，都已经包含了主观主义的基本假设。在经济学中，最坚定地支持这个立场的是以创立边际分析方法而著称的边际效用学派。②

1. 戈森定律中的主观主义

德国经济学家赫尔曼·海因里希·戈森是边际效用学派的先驱性学者。戈森基于人类行为的目的在于获得最大效用或享乐这一功利主义原理，比较系统地论述了关于人类享乐和边际效用的基本法则。他认为，人的行为的目标是"使他的生活享受总量最大化"。③ 经济学的

---

① 方法论主观主义也与认识论个人主义紧密相关。后者认为，知识的源泉在于个人。比如，笛卡尔说"我思故我在"；贝克莱认为，可感知的事物不可能在心灵之外存在，"存在就是被感知"；洛克主张一切知识都只是"人心对任何观念间的联络和契合，或矛盾和相违而生的一种知觉"。见洛克：《人类理解论》（下册），关文运译，第515页，商务印书馆1959年版。典型的认识论个人主义者也许是经验主义者，他认为（个人）经验是知识的源泉，一切知识都来自个人的心灵所接受的感觉经验。据此，个人知识的确定性是由这样的事实来保证的——他的感觉之清晰是不会犯错误的。但在休谟看来，这种保证是根本不可能的——他的经验论必然把他引向怀疑论，比如，对自我存在的怀疑或外部世界存在的怀疑。

② 奥地利经济学和数理经济学都是边际效用学派的主要分支，对效用进行边际分析是他们的共同基础。边际效用学派的发展历史可参见汤在新主编：《近代西方经济学史》，第72—74页，第340—362页，上海人民出版社1990年版。

③ ［德］赫尔曼·海因里希·戈森：《人类交换规律与人类行为准则的发展》，陈秀山译，第7页，商务印书馆1997年版。

主要任务在于发现这些享受规律,阐明按照这些规律行事的条件,从而帮助人们获得最大的生活享受。

戈森的效用理论后来分别被经济学界概括为戈森第一定律和戈森第二定律。戈森第一定律又称享受递减律,其基本内容是:"如果我们连续不断地满足同一种享受,那么这同一种享受的量就会不断递减,直至最终达到饱和。如果重复以前已满足过的享受,享受量也会发生类似的递减;在重复满足享受的过程中,不仅会发生类似的递减,而且初始感到的享受量也会变得更小,重复享受时感到其为享受的时间更短,饱和感觉则出现得更早。享受重复进行得越快,初始感到的享受量则越少,感到是享受的持续时间也就越短"。① 戈森第二定律又称享受均等律,是第一定律的引申,用于解决消费者如何在时间不足约束下安排自己的各种选择以使最终选择达到最大限度享乐量的问题。其主要内容是:"为了使自己的享受总量达到最大化,人们必须在充分满足最大的享受之前,先部分地满足所有的享受,而且要以这样的比例来满足:每一种享受的量在其满足被中断时,保持完全相等"。②

戈森第一定律指出,人们的边际效用是递减的,而第二定律则表明人们会努力使他的边际效用最大化,即所有消费品的最后一部分都创造相同的边际效用。虽然戈森没有明确得出边际效用决定价值的结论,也没有提出一个统一的主观价值尺度,但却为后来的(边际)效用价值论奠定了基础。

2. 奥地利学派的主观主义

奥地利学派的主观主义体现在他们所主张的抽象演绎方法中,门

---

① [德]赫尔曼·海因里希·戈森:《人类交换规律与人类行为准则的发展》,陈秀山译,第9页,商务印书馆1997年版。
② [德]赫尔曼·海因里希·戈森:《人类交换规律与人类行为准则的发展》,陈秀山译,第16页,商务印书馆1997年版。

格尔是这种方法的主要阐述者。他说,它是"使人类经济的复杂现象还原成为可以进行单纯而确实的观察的各种要素,并对这些要素加以适合于其性质的衡量,然后再根据这个衡量标准,以再从这些要素中探出复杂的经济现象是如何合乎规律地产生着"。[1] 根据这个要求,门格尔主张复杂的经济现象还原到它们真正的要素之上——即从个体经济出发来建立一种普遍适用的经济法则。

奥地利学派的抽象演绎法中有两个集中体现方法论主观主义的特点。第一,把"人类经济"抽象或还原为两个基本要素,即人的欲望的存在和满足欲望的物质的有限性。由于欲望无穷而物质有限,因而产生了如何经济地使用物品的问题,并由此引出一切经济问题。第二,把人类经济的出发点和目标还原为、归结为从个人的欲望出发,对所支配的有限的物品的评价——它对个人满足享乐和避免痛苦的程度——以及以此为依据所做出的理性选择。社会一切的经济现象不过是交换过程中彼此发生冲突的各个个体的愿望和评价的结果。有论者指出,奥地利经济学的目标不过是"找出孤立的个人怎样活动才能保证最大限度的效用的原则,即边际效用论的合理活动效果学的行动原则"[2]而已。

3. 帕累托效率中的主观主义

以杰文斯、瓦尔拉斯和帕累托为代表的数理经济学派都以边际效用论为基础而致力于把主观主义的基本经济学概念表述为数学公式,因此,根据这后一个方法上的共同点他们被称作"数理经济学派",根据前一个基本理论预设(同样也是方法上)的共同性而被归于边际效用学派。在这几个人中,帕累托对经济学的影响最大。

---

[1] 转引自[英]斯坦利·杰文斯:《政治经济学理论》,郭大力译,第22页,商务印书馆1984年版。

[2] 汤在新主编:《近代西方经济学史》,第408页,上海人民出版社1990年版。

对于主观主义方法,帕累托的独创性贡献体现在两个方面:其一,他用序数效用概念取代了效用可测量的假定;其二,他引进了无差异曲线分析的技术。在帕累托之前,整个边际效用学派都是在基数概念上建立效用理论的。人的主观效用被认为像重量、长度一样是可以测量的,两个效用之间的差是一个确定的量。但这种观点受到了广泛的批评,人的主观感觉的绝对量和相对比值都仅仅是个假定,尽管数学被数理经济学派引入经济学,但因为其基数概念的观念限制,仍然不能真正解决效用的量化问题。

帕累托另辟蹊径,启用了序数效用来解决这个问题。假设某个消费者在一组特定数量的商品 X、Y、Z 的消费中获得的满足(即效用)为 U,那么在效用 U 和所消费的商品数量存在着函数关系:$U=U(X、Y、Z……)$。再假设有两个效用 $U_1=U_1(X_1、Y_1、Z_1……)$ 和 $U_2=U_2(X_2、Y_2、Z_2……)$,如果消费者偏好 $(X_1、Y_1、Z_1……)$ 更甚于 $(X_2、Y_2、Z_2……)$,那么可以认为 $U_1>U_2$;如果消费者对这两组商品的偏好无差别,则认为 $U_1=U_2$。在此,帕累托所界定的效用只具有序数意义,效用的绝对值仍然无法判定,但通过对消费者偏好的经验调查,就可以确定主观效用相对水平的高低。

至于帕累托的无差异曲线,则是用来解决交换中消费者的个人效用如何才能最大化的问题。为了说明这一点,帕累托先把他的效用函数 $U=U(X、Y、Z……)$ 简化为 $U=U(X、Y)$,即假设消费者只在两种物品 X 和 Y 做选择并比较其效用。假定消费者的效用为一个给定量 a,然后解出满足方程 $U(X、Y)=a$ 的所有 (X、Y) 的组合,则这些组合在几何上就表现为一条曲线(见图 1 的曲线 a)。在这条曲线上的每一点(对应于 X 和 Y 的一种组合)都表示相同的效用水平(都等于 a),故该曲线叫做无差异曲线。这个曲线的形状有两个特点:第一,它向右下

图 1　　　　　　　　　　图 2

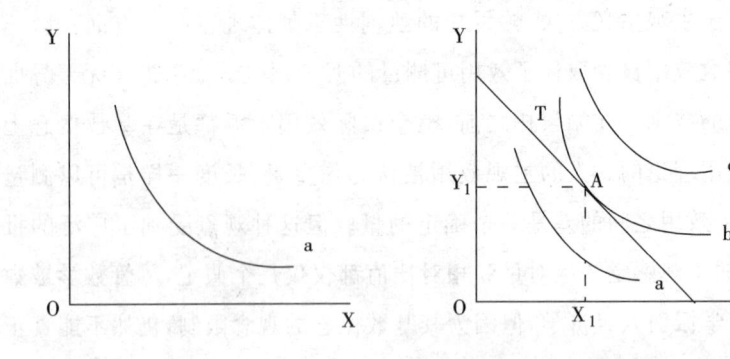

方倾斜,这表明,为了保证效用水平不变,减少商品 Y 的消费必须同时增加商品 X 的消费;第二,它向原点凸出,这表明,为了保证效用水平不变,连续不断地减少同量 Y 的消费必须同时越来越大量地增加 X 的消费。若改变给定的效用值,比如为 b 或 c,则我们可以得到相应的、和曲线 a 类似的曲线 b 和曲线 c(见图 2)。在这些无差异曲线中,位置越高的效用越大。

消费者在无差异曲线上的哪一点的选择才是其效用最大化的呢?帕累托进一步引入了消费者的预算约束线来分析。在图 2 中有一条斜线 T 表示消费者的预算约束,即消费者在其收入水平为给定的情况下,他若较多的购买商品 Y 则必须减少商品 X 的购买量,反之,若他较多的消费商品 X 则必须相应减少对商品 Y 的消费量。这是因为消费者的收入在一定的时空中总是个有限量,他不可能无限地购买所有喜爱的商品,他的消费总量必然受其收入水平的限制。根据图 2 所示,我们可以发现,消费者只有在曲线 T 与曲线 b 的切点(为 A)上才能获得最大效用,即在他的预算线上效用最高点处获得。此时,消费者选择 $(X_1 Y_1)$ 即可使其满足达到最大化。

帕累托通过无差异曲线的分析解决了效用比较的难题,以此为基础,他提出了一个对整个经济学影响深远的效率标准——"帕累托最优"——用于衡量资源配置的效率或评判整个经济系统的状况。帕累托最优是这样一种原则,如果在某种资源配置中,相对于任何其他配置情形而言,至少有一个人的状况改善了,而且没有任何人因此变得更糟,那么这种资源配置就达到了"最优",整个经济就处于有效率的状态。微观经济学中的所谓"均衡"指的就是这种状态,即厂商的生产和消费者之间的分配都无法再作任何改变以改进效率的状况。(在福利经济学中有个专门的名词来指称这种情形,即"社会最适度状态"。)自此,"帕累托最优"或"帕累托效率"不仅成了一个基本的经济学概念,而且也成了法律经济学的一个基础性概念。[①]

每个人的目标都是其自身效用的最大化,而帕累托最优支持的是:一种资源配置(典型的是商品的市场交易)至少使一个人的效用因此增加,但同时又没有任何人的效用因此而减少。任何一种经济状况或资源配置状态若还没有达到这种理想境地,那么它就还没有达到"最优"状态,还存在改进的可能和必要。因此,"人们以及帕累托本人都认为,这一原则可以解决传统的实践功利主义的问题,即如何测度不同人之间的幸福以便决定一项政策对全部效用的影响"。[②] 以主观主义的边际效用论为基础的帕累托最优(帕累托效率)后来被福利经济学予以吸收,成为支持西方国家在20世纪中期以后推行福利国家政策的重要理

[①] 卡尔多-希克斯效率是对帕累托效率的一个改进,或者说是修正了的帕累托效率。在自愿交换中,获得最优结果时,后者坚持收益者不应导致任何第三方的受损,而前者则不那么严格,它只主张收益者的所得要足以补偿受损者的所失,这种补偿并不被要求一定要实际进行。波斯纳指出,他本人以及大多数人在法律经济学中所使用的"效率"概念指的都是卡尔多-希克斯效率。参见[美]波斯纳:《法律的经济分析》,蒋兆康译,中国大百科全书出版社1997年版,第15—16页。

[②] [美]波斯纳:《正义/司法的经济学》,苏力译,第87页,中国政法大学出版社2002年版。

论依据。①

对于法律经济学而言,主观主义的边际效用论为分析诸如法律这样的非显性市场提供了不可或缺的基础和支持,从科斯、贝克尔到波斯纳,几乎所有进行法律经济分析的学者都在不同程度上成了这种理论的俘虏。当然,人们的态度并不完全相同,比如,贝克尔明确宣称了自己的这种理论信仰,科斯显得比较折衷和谨慎,而波斯纳则试图掩饰它——尽管他的这种努力最终被证明是不成功的。

(二)方法论主观主义在法律经济学中的表现

贝克尔是方法论主观主义的坚定支持者,最大化、市场均衡和偏好稳定三个基本假定是他进行其经济分析的核心。贝克尔坚信经济分析可以解释一切人类行为,而偏好稳定的假设是他之所以如此自信的重要基础。

贝克尔所谓的稳定"偏好"不是指人们对某种具体产品或劳务的偏好,而是指选择的"实质性目标","这种实质性偏好显示了生活的根本方面,诸如健康、声望、肉体快乐、慈善或妒忌;它们与市场上的某种具体商品或劳务并无确定的联系"。② 在他看来,偏好稳定的假设为预言

---

① 福利经济学是英国经济学家庇古开创的一个经济学流派,它从主观效用论出发,积极支持国家干预以提高社会总效用(即社会经济福利)。比如,庇古认为等量的货币或物品对穷人的效用要高于对富人的效用,因此他主张应通过自愿和非自愿方式把富人的效用转移给穷人,自愿是指提倡富人捐助慈善、公益事业,非自愿就是国家对富人征税并转移给穷人。但庇古的主张仅限于消费领域而不涉及生产性资源的配置,并且,他的个人效用和社会总效用的累加采用的都是基数概念,福利经济学只是在庇古之后才引入帕累托的序数效用概念。效用理论的最新运用来自于印度经济学家阿玛蒂亚·森,他认为当今全球存在的贫困与饥荒不是因为世界粮食生产不足,而是因为整个人类社会的(分配)体制有问题,他因这个发现而获得1998年的诺贝尔经济学奖。森的理论依据就是主观效用论,他指出,500克的粮食对一个非洲饥民的效用要远远大于它对一个美国人的效用,粮食本来应当按照效用原理自后者流向前者,但目前的人类社会分配体制阻碍了这种应有的流动。

② [美]加里·贝克尔:《人类行为的经济分析》,王业宇、陈琪译,第8页,三联书店上海分店、上海人民出版社1995年版。

对于不同变化的反应提供了坚实的基础。据此,贝克尔认为,对许多人们通常难以理解甚至会被误解的行为——比如,以非理性或偏好在特殊情形中发生变化来解释——都应当诉诸偏好稳定来解释。对这些难理解的行为(例如,存在一个明显有利可图的机会而人们却未予利用),经济分析会"推测利用这些机会的某些成本的存在——一种不易为'局外人'觉察的货币的或心理的成本的存在使得利用这种机会不再有利可图"。①

以人的主观偏好来解释行为的思想在贝克尔看来并不新鲜,他指出,斯密经常(但不总是)运用这种方法解释政治行为,边沁则更明确地把其苦乐原则应用于全部人类行为的分析。不过,贝克尔批评边沁太过关注人们的行为"应当如何"而没有发展一套关于人类实际行为的可以验证的理论以至于他经常陷入空洞的说教,这是因为"他没有坚持偏好稳定的假设","他的兴趣乃是致力于他的原则与所有行为的吻合,而不是从对行为的约束中得出一些结论"。②

贝克尔认为,人类行为不能被条块分割——这种条块分割认为人类行为有时是基于最大化,有时不然;有时受稳定的偏好驱使,有时受随意的动机摆布;有时需要最优的信息积累,有时则没有这种需要。相反,"所有人类行为均可以视为某种关系错综复杂的参与者的行为,通过积累适量信息和其他市场投入要素,他们使其源于一组稳定偏好的效用达至最大"。③

显然,贝克尔的思维方式和奥地利经济学的抽象演绎法有着一致

---

① [美]加里·贝克尔:《人类行为的经济分析》,王业宇、陈琪译,第10页,三联书店上海分店、上海人民出版社1995年版。
② [美]加里·贝克尔:《人类行为的经济分析》,王业宇、陈琪译,第12页,三联书店上海分店、上海人民出版社1995年版。
③ [美]加里·贝克尔:《人类行为的经济分析》,王业宇、陈琪译,第19页,三联书店上海分店、上海人民出版社1995年版。

的立场,他们都坚信"人是其主观效用的最大化者",从这个前提出发可以解释一切人类行为,任何看起来怪异、矛盾或难以理解的行为都必然能据此而被分析和理解,人们应当做的工作不过是用更多的经验事实来进一步验证这个预设;如果在遇到困难时放弃这个信念而另求他途,就可能误入歧途并得出错误的认识。在此,我们已经并将进一步证实:这正是法律经济学家的一个无言的立场。

在波斯纳的法律经济分析中,方法论的主观主义同样是不可或缺的。波斯纳详细地区分了三个概念:价格、价值和效用。价格即市场价格,指人们在市场交易中的实际支付量。价值不同于价格,它是指在市场上被测度的,或至少是可以在市场上被测度的交换价值,无论是明示的还是默示的。所有的物品和服务的价值总和就是社会财富,它不仅包括市场生产出来的所有物品和服务的数量乘以价格,而且还包括这些物品和服务产生出来的全部消费者和生产者的剩余。价格和价值都不能脱离市场来理解,效用则不同,尽管它和价值一样都代表了人们偏好的满足,但它却可以脱离市场而独立存在。比如,某人特别想获得某物品,因为这可以给他带来极大的满足,无疑,该物品对该人存在极大的效用,但他若不愿或无法为此支付任何东西,波斯纳的"价值"概念就会认为该人并不看重该物品的价值。由此,波斯纳得出结论:价值必定隐含了效用,但效用却不必定隐含了价值。

在此基础上,波斯纳把自己的"财富最大化"理论同功利主义作了区别。波斯纳在效用之上添加了一个他自己的标准,即"支付意愿"或"支付能力"。比如在上述例子中,乙不仅对交易中的那幅画有自己的效用评价(1200元),而且还有1000元的支付能力(支付意愿),这样,交易得以现实地进行,效率目标才可能实现。波斯纳反对任何不附加支付意愿的效用的价值。在他看来,不管一个穷人对某款珍贵钻戒的主观评价有多高都是没有意义的,因为这个人没有足够的支付能力,也就被视为没有支付意愿,即这个人实际上应被理解为对这个钻戒的价值评价低才没有成为它的现实的购买者。波斯纳主要用此来论证财富最大化理论要比功利主义更具道德说服力。比如,财富最大化中的个人愿意为一件物品支付一定数量的货币,而偷盗中的窃贼却只愿意承担各种非货币的反效用(刑事惩罚),显然前者的立场在道德上更高一些。

不过,波斯纳并不认为自己的理论会与功利主义的理想发生根本的冲突,因为"财富使之成为可能的那些东西——不仅有奢侈品,还有闲暇品、现代药品,甚至包括哲学知识——都是大部分人幸福的组成部分,所以,财富最大化是效用最大化的工具"。[①] 波斯纳在法律经济分析中的所有努力都显示了他的一个基本动机——把财富最大化作为取代功利主义的效用最大化的一个道德体系。

(三) 法律经济学的方法论主观主义批判

法律经济学在获得经济分析方法之优点的同时,不可避免地也继承了它的缺点,主观主义的方法论就是这种遗传性缺陷的又一证据。边际主义中的效用理论把其所有分析的基础建立在对人的主观欲望的假设上,但是,要真正理解人类行为的主观心态是件极其困难的事,这不仅要借助于心理学,可能更要借助于社会学等其他学科——它已经远远超出经济学所能把握的范围。

1. 经济学家的野心及其主观主义基础

在这种主观主义的方法论进入经济学理论之初,就有不少经济学家相信,经由经济学可以理解全部的人类行为:人们的全部生活都是在

---

① [美]波斯纳:《法律的经济分析》,蒋兆康译,第18页,中国大百科全书出版社1997年版。

不同可选对象之间进行选择构成的,关于经济生活的法则并不是特殊的、只能在这个领域中起作用的法则,这种选择的逻辑应当被提升为指导人类行为的包罗一切的规则。这种思想趋势曾经在奥地利学者米瑟斯那里达到一个顶峰,他在自己的著作《人类行为:经济学论文》(1949年)中把人类行为的科学等同于经济学。[①] 法律经济学不过是这种思想趋势进一步发展的一个产物而已。

有意思的是,如此夸大经济学的地位和作用的学者往往都是特别青睐方法论主观主义的学者。[②] 美国学者斯皮格尔在分析主观价值论缘何会在19世纪晚期的奥地利兴起时指出,德语国家有黑格尔和康德的唯心主义哲学的强大传统,这种唯心主义哲学将现象和外部世界解释为人类心灵的创造。主观价值论从人类的心灵的状态中推出经济价值,显然与上述唯心论哲学传统有着密切的亲缘关系。在理论经济学中,这种主观效用理论的兴起意味着客观的劳动价值论的完结。劳动价值论的基础是劳动财产论,在洛克那里,私有财产权来自于劳动,所以财产的价值就是体现在财产中的劳动的价值。在洛克之后,从李嘉图到马克思的整个古典经济学理论都把劳动视作价值的源泉,但在主观效用论中,效用和稀缺代替了劳动成为价值的决定因素。比如,杰文斯就用效用理论重新解释了古典学派中交换价值同使用价值的背离,他认为后者表示总效用而前者表示边际效用。[③]

效用理论中的这种极端立场在后来得到了某种程度的修正,特别

[①] [美]亨利·威廉·斯皮格尔:《经济思想的成长》,晏智杰等译,第454页,中国社会科学出版社1999年版。

[②] 比如,杰文斯的效用理论就经常引用边沁的说法把经济学看作是"快乐与痛苦的微积分学"。参见[美]亨利·威廉·斯皮格尔:《经济思想的成长》,晏智杰等译,第445页,中国社会科学出版社1999年版。

[③] [美]亨利·威廉·斯皮格尔:《经济思想的成长》,晏智杰等译,第448页,中国社会科学出版社1999年版。

是在法律经济学中,主观效用在被继续使用的同时也被人们谨慎地理解,尽管这并没有使主观主义的弱点避免真正的批评。

贝克尔就指出,在经济分析中,偏好是既定的和稳定的,它决定着经济分析的正确预见,但对偏好的研究并不仅限于经济学,社会学家和心理学家也都在研究人类的这些偏好。人类的偏好究竟是如何形成的,它是否还在缓慢进化?对这些问题,经济学应当尊重并积极吸收其他学科的研究成果以便更好地分析人类的行为。[1] 考特和尤伦则提醒人们注意,消费者的偏好是纯粹主观的,因此人们的偏好是通过找出他(或她)喜欢什么而不是通过告诉他(或她)应该喜欢什么而发现的。他们的立场是:"经济学家把对各种偏好产生的原因的研究留给了诸如心理学和社会学之类的其他理论。我们则把这些偏好看作是既定的"。[2]

这样,我们就发现了方法论主观主义存在的第一个方面的问题,即偏好作为经济分析基础的性质及其适用性问题。首先,我们是如何得知人类的这些偏好的,是基于先验的假定还是基于经验的归纳?其次,这些偏好是普适于整个人类的还是仅仅只是一种地方性知识?

对边沁、门格尔、戈森、杰文斯、米瑟斯等人而言,偏好是永恒的人类本性,是先验地存在的。他们都主张应当按照这些人类偏好来理解人类的行为,换言之,人们应当是按照这些偏好来行动的。但对贝克尔、考特等人来说,人类的偏好是根据经验事实归纳的,他们主张偏好反映的是人们事实上喜欢什么而非应当喜欢什么。这两种认识的差异是不容忽视的,因为这关系到我们究竟能用偏好针对谁、解释什么的问题。但是,无论是在经济学还是在法律经济学中,偏好如何产生及其性

---

[1] [美]加里·贝克尔:《人类行为的经济分析》,王业宇、陈琪译,第18—19页,三联书店上海分店、上海人民出版社1995年版。

[2] 罗伯特·考特、托马斯·尤伦:《法和经济学》,张军等译,第30页,三联书店上海分店、上海人民出版社1994年版。

质如何的问题都被巧妙地回避了。因为这种回避,关于偏好的适用范围就变得模糊起来了。关于偏好全部内容的假定是否既适应于古代人的行为也适应于当代人的行为?它是否既适应于当代的美国人、欧洲人也适应于当代的中国人、印度人、阿拉伯人乃至非洲人?或者,它是否只适应于某个时代的某个群体的人——就像是英国式的"个人主义"曾经仅仅是"宗教中的新教徒、纯正的自力更生的英国人、尤其是十九世纪中产阶级英国人的混称"[①]那样只是一种地方性知识?戈森在得出边际效用递减和效用最大化规则以后欣喜若狂,他承诺人们只要按他所发现的规律行事,世界将变成一个美好的乐园,人们将会进入天堂。[②]但人们不知道的是,究竟哪些人可以进入戈森的天堂——姑且不论人们按照他的规律行事是否就真的能够进入天堂。

2. 汉德公式的新故事:波斯纳的修正及其失败

如果说法律经济学在方法论个人主义上的失败主要在于它没能自始至终地坚持使用这种方法(从而导致方法论上的矛盾)的话,那么我们将发现,来自于经济学并始终游荡在法律经济学中的主观主义幽灵则会使它承受更大的失败。在对法律的经济分析中,方法论主观主义的身影一旦出现,法律经济学家们的分析就开始相机行事,他们的结论也就因此而充斥了不确定性。

我们仍然以侵权法分析中的汉德公式为例来说明这一点。波斯纳为了使汉德公式更具有适应性,引入了边际分析、共同预防和人们的风险观三个因素对它予以拓展和修正。具有讽刺意味的是,波斯纳的努力最终被证明,他的工作不是加固而是削弱了汉德公式的基础、运用的

[①] [英]史蒂文·卢克斯:《个人主义》,阎克文译,第30页,江苏人民出版社2001年版。
[②] 戈森非常欣赏自己所发现的人类行为规律(主观效用论),以至于他把自己的发现同哥白尼革命相提并论。他声称,只要人们按照这个规律行事,一切就万事具备,地球就可成为"一个完美的乐园"。参见[德]赫尔曼·海因里希·戈森:《人类交换规律与人类行为准则的发展》,陈秀山译,作者序言及第290页,商务印书馆1997年版。

便利以及它分析的确定性。我们仅以他对风险观的引入为例来说明这一点。

汉德公式一个假定的前提是,人们是风险中性的。但波斯纳指出,这种假定是机械的和不确切的,他主张要对人们的风险观做具体的分析,否则就不足以鼓励有效率的结果出现。汉德公式所要求的预防标准,对风险厌恶者而言可能太低,对风险偏好者而言又可能太高。波斯纳举了美国普通法中的风险自负原则来支持他的说法。"风险自负"也是免除加害人责任的法律原则,比如一个滑冰场的顾客在滑冰时跌倒并受了伤,滑冰场的所有者就可以用风险自负原则来抗辩,从而免除自己的赔偿责任。

波斯纳解释了风险自负原则的经济功能。在滑冰场例子中,当事人双方似乎都能以较低的成本来避免事故的发生:滑冰场的所有者(潜在的加害人)可以限制滑冰者的速度;或者,滑冰者选择不去滑冰或较少的去滑冰(当然也可以自己降低速度)。[①] 滑冰场的速度对大多数人而言可能是一种不适当的危险,但在这里一个被忽略的因素是,滑冰场的速度对双方而言都是极其重要的,即降低速度在这里并不被认为是微不足道的时间成本,它构成人们所追求的感受刺激的一种实质性损害。波斯纳得出结论:滑冰场吸引的是风险偏好者,汉德公式假定人们是风险中立者,这将鼓励潜在的加害人采取对偏好风险的潜在受害人而言是过渡的预防措施。风险自负原则表明,法律(法院)正确地理解了滑冰爱好者的风险态度,它并不鼓励滑冰场的所有者采取过度预防,从而使滑冰爱好者能够感受到速度的刺激和滑冰的乐趣(即,若滑冰场

[①] 对不同损害的有效预防方式的不同,这涉及到法律经济学对过失责任和严格责任的关键区分。即若对一种事故的有效预防可以通过提高谨慎的程度来实现,则适用过失责任原则;若提高谨慎程度不能进行有效预防而只能通过降低(可能导致损害事故的)行为的频率才能实现预防目的,则适用严格责任。

限制速度,经营滑冰场就没有任何意义,而且,那些爱好者也不会再去滑冰)。

在侵权法中,波斯纳利用对风险观的区分还作了许多具有创见性的研究。比如,他把汉德公式用来解释严格责任,指出过失责任和严格责任的划分实际上是不确切的,因为(考虑到人们对待风险的不同态度)过失责任中实际存在严格责任,而严格责任中也包含了过失责任的因素,等等。[①] 限于篇幅,我们在此不作赘述。我们只是想指出,当波斯纳把人们的风险态度引入对法律的经济分析以后,像汉德公式这样简单而又具有相对确定性的分析就变得很具弹性了。法律的确定结论将取决于法官对当事人风险观的判断能力,而这显然是一个运用主观标准进行主观选择的过程,由此,我们不难推知整个貌似严谨精确的法律经济学背后究竟有着怎样的主观随意性在实际地发挥其作用。

现在,我们不妨联系前述的效用理论来对波斯纳的主观主义方法做些深入的考察。效用理论的一个重要结论是:人们的边际效用是递减的。边际效用递减意味着人们对下一个美元的评价总是低于他对现在一美元的评价,即未来的一美元给他带来的效用必定低于(他已经拥有的)现在的一美元所能提供的效用。如果我们同意边际效用递减律,那么我们就得接受据以推出这一结论的基础——人们是厌恶风险的。对厌恶风险的人来说,获得未来的一美元的概率必定是低于100%的,而现在的一美元则是确定的(100%×1美元),显然,在这两者中后者能给他带来更大的满足,因此他更喜欢选择后者。据此,经济学的边际分析表明,随着(物品)数量的增加,边际成本递增而边际收益递减,人们的边际效益由此而呈下降趋势。尽管经济学的边际分析并不必然基

[①] 参见[美]波斯纳:《法律的经济分析》,蒋兆康译,第211—273页,中国大百科全书出版社1997年版。

于效用进行,但一旦改变人们的风险观,边际效益递减规律就将失效。比如,这个规律不适用对赌博行为的分析,因为赌徒不是风险厌恶者而是风险偏好者,他的边际效用不是递减甚至可能是递增的。至此,我们就明白了刚才的一个结论,即一旦波斯纳把风险观引入法律分析,他所主张的边际分析也必然要受到影响。但不知为何,波斯纳似乎忽视了这一点,而且,在通常的法律经济分析中,边际分析也被人们普遍地、不加检讨地使用。这样,在经济分析的方法论主观主义方面,人们陷入了同样错误的两个境地:要么是坚信主观主义的独断结论(认为人们普遍地是厌恶风险),要么就是便宜地行事、矛盾地运用着主观主义的不同主张(人们的风险态度不同)。在人们对这种主观主义悖论还没有想出有效的解决办法之前,法律经济学的分析及其结论都将依然不是普适的,人们必须谨慎地看待那些乐观的、驰骋于法律领域的任何经济学建议。

四、法律经济学的价值和意义:方法论视角的反思

(一)法律经济学的贡献及其争议

从法律经济学的发展历程来看,这门新学科尽管诞生的较晚,但其思想渊源则早已潜伏于历史的深处,苏格兰启蒙思想、功利主义、马克思的政治经济学、经济学制度主义传统、奥地利学派以及晚近的芝加哥学派都对它产生过极其重要的影响。法律经济学为经济学和法学的发展做出了一定的贡献。另一方面,它又面临着相当大的争议和非难,经济分析方法在被迅速地传播的同时也意味着更多的、来自更广范围的

批评。我们这里先就实际或可能存在的对法律经济学的这种一般性评价做个简要的梳理。

1. 法律经济学对法学的贡献

首先,法律经济学揭示出作为一般性规则的法律与经济发展之间的内在逻辑联系。经济的发展不仅取决于竞争性市场中的资源和技术条件的约束,经济学表明,制度条件(尤其是法律规则)对产权和交易的约束则更为关键。对法学家而言,这个发现的意义在于它指出了法律之效益价值的重要性,在各国正致力于发展经济并面临激烈国际竞争的大背景下,法学家们不能通过回避"如何把蛋糕做大"这个现实问题,而只关注蛋糕分配中的公平正义问题。[①] 对此,波斯纳说得更干脆:"无论一种法律制度的特定目标是什么,如果它关注经济学中旨在追求手段和目的在经济上相适应的学说,那么它就会设法以最低的成本去实现这一目的"。[②]

其次,法律经济学所开创的分析性方法丰富了法学研究的范式。

[①] 近几十年来世界各地不同经济体的发展历程和不同的发展绩效为法律经济学兴起提供了明确的注脚。这个注脚是由以下三个因素共同提供的。其一,在具有选举制民主政体的成熟工业经济中,比如西欧,激增的政府干预和日益政治化的经济生活导致了许多棘手的困难。在这些坚持收入再分配和公共福利供给从而存在大量政府管制的经济中,人们正体验着创新减缓、增长放慢和新就业机会减少的窘境,改革现行的法律和制度以促进经济增长势在必行。其二,是苏联和东欧的中央计划经济体制的解散和重大失败。通过对这种经济模式的失败教训加以研究,人们发现,在这些国家,因为缺少一个可以充分鼓励个人利用其知识、鼓励企业和交易便利进行的制度,所以它们才在与资本主义市场经济的竞争中失败了。第三个重要的因素则是 20 世纪 80 年代以来的全球化。国际竞争的迅速发展和加强,在很大程度上促成了不同制度系统之间的竞争。在吸引推动经济增长的资本和企业方面,有些规则系统已证明是成功的,而那些在竞争中失败的或者说是屈居下风的国家,则开始努力仿效成功国家的制度和经验。正反两方面的事例都表明,经济关系不仅其本身是复杂的,而且更处于一个极其复杂的社会系统中。人们要把握这种复杂性,就不能仅仅从资源的或技术的角度入手——新古典经济学的方法就是用假定其他条件不变(制度被视为是给定的)来回避这种复杂性的,还要考虑的是制度的作用和重要性。因为制度本身也是一个稀缺的经济因素,一个良好的能促进经济增长的制度需要人们去发现、培育并小心地加以维护。

[②] [美]波斯纳:《法律的经济分析》,蒋兆康译,"中文版作者序言",中国大百科全书出版社 1997 年版。

在传统分析实证主义法学中,关键的问题是搞清"法律的概念",[①]对法律的分析主要靠抽象的哲学、逻辑学以及语言分析来完成。与之相比,法律经济学的分析模式所关注的则是"法律的成本",因此,它被认为是一个实证的、量化分析的范式。

再次,成本效益分析方法在一些国际组织和发达国家中被广泛运用于政府管制、投资政策等领域,这也可以被认为是法律经济学的一个成功。的确,无论哪种社会理论都要具备有效地解释现实和指导现实的能力,法律经济学的成本效益分析方法目前至少在美国已经成为其立法、司法实践中的一个重要部分。[②]

尽管被认为在上述三个方面对法学的发展做出了贡献,但由于其强烈的效率价值观,法律经济学还是受到了来自各方的批评。这种批评使法律经济学的名声之不佳在某种程度上颇似当年的自然法——后者曾因实证法学的批判而名声扫地,甚至被边沁斥为"发烧后的胡言乱语"。

2. 对法律经济学的批评

其一,法律经济学之功利主义基础的非道德性。尽管法律经济学

[①] 例如,当代分析实证主义法学的领袖 H.L.哈特的代表性著作就被他定名为《法律的概念》。

[②] 在美国,福特(1974)、卡特(1978)、里根(1981)、克林顿(1993)等几任总统在其任内都曾专门下令,要求对联邦规制进行事先的成本效益分析。进入 90 年代,关注成本收益分析的不仅有美国各级政府,一些社会组织和公司也开始运用此方法,如杜邦公司就曾在它的环境投资决策中使用了成本收益方法。在 60 年代,成本收益方法从美国发展到其他发达国家,而且,随着这期间发达国家对发展中国家的经济援助,这项分析方法又开始在后者那里传播开来。与此同时,一些国际组织如经合组织、世界银行等也开始提供介绍说明成本收益分析方法的手册。对此均可参见 Diana Fuguitt and Shanton J. Wilcox, *Cost-Benefit Analysis for Public Sector Decision Makers* (Quorum Books, 1999)。中国也有类似的政策实践,据搜狐新闻转引人民网 2002 年 9 月 5 日报道称,受美国成功经验的启发,我国也开始酝酿建立排污权交易制度,并已确定山东、山西、江苏、河南、上海、天津、柳州等 7 省市开展排污交易的试点工作。http://news.sohu.com/32/37/news203013732.shtml.

一般不希望人们把它和功利主义联系起来看待,[1]但不可否认的是,法律经济学中的确有功利主义的身影。

作为一种个人道德和社会正义理论,功利主义最富争议的地方在于其糟糕的道德立场。对此,正像波斯纳曾经正确地指出的那样:"功利主义者拒绝对各类快乐作道德上的区分",[2]而且,"功利主义者随时准备在社会需要的祭坛上牺牲无辜的个体"。[3]虽然波斯纳对此也持批评的态度,并用"财富最大化"理论为自己辩解,但他本人以及法律经济学所主张的法律效率观还是会和人们通常的道德立场不一致,换言之,仍然会被人们指斥为通过牺牲正义来实现效率,它是一种为富人说话的、不正义的社会理论。[4]

其二,法律经济学价值判断的盲目性和价值观的片面性。经济学似乎是价值中立的学科,它只是客观地分析解释现实的经济关系,对经济现象做出尽可能科学、准确的预测。但最终,经济学家总是无法回避价值评价和价值选择问题。和经济学一样,实证分析不是法律经济学的全部,对法律的规范分析才是它的最终立场。不过,人们在面对"价

---

[1] 波斯纳曾经对此做出过辩解,他认为经济学重利益、讲效率并不就等于功利主义。以"财富最大化"构建的法律经济学与边沁以来的功利主义有着重要的区别,比如,这个体系中的"机会成本"或"影子价格"就完全不同于边沁意义上的纯主观"效用",据此,盗窃者的高效用是财富最大化所否认的。波斯纳甚至进一步认为并论证:与其说经济分析是功利主义,毋宁说它更近似于罗尔斯的正义理论来得确切。参见[美]波斯纳:《正义/司法的经济学》,苏力译,第47—102页,中国政法大学出版社2002年版。

[2] 许多残忍的行为有时也能给部分人带来快乐。

[3] [美]波斯纳:《正义/司法的经济学》,苏力译,第56页,中国政法大学出版社2002年版。

[4] 比如,按照科斯定理,在正交易成本的情况下,法律对初始权力的配置是至关重要的。这句话翻译过来就是,产权明晰是效率的前提,法律必须先确定财产的初始权利以保证效率。但是,至于这个初始权利究竟配置给谁,这就不是科斯关注的重点了。对此,波斯纳主张,权利"应当赋予那些对它估价最高的人","这个"估价最高的人"不必定那些道德最高尚的人,也不在穷人和富人之间做区分。但按他的财富最大化理论,只有具备现实支付能力的支付意愿才是有意义的"估价",据此,人们不难推测,在大多数情况下只有那些(具备支付能力的)富人才可能是波斯纳所认可的"估价最高的人"。对波斯纳最有力同时也是最著名的批评是来自于德沃金的道德批判。

格"做自愿选择时往往考虑的不仅仅是"价格"问题,还有抽象的"价值"问题。① 按说,经济学所谓的理性选择理论并不能排除人们的价值选择行为,但对诸多非金钱的价值选择行为,则因为其无法计量或无法比较而无法提供理论上判断选择行为的依据,这是法律经济学理论无法应付的一个盲点,"此之谓经济分析价值判断上的盲目"②。所以,法律制度要选择何种价值,并不是经济学能够处理的问题,它只能告诉你选择不同价值所可能带来的效果而已。

其三,无法分析人类行为的非理性因素。经济分析的基础目前仍然是"经济人"或"理性人"假设。在经济学中只有消费者而没有真实的、有七情六欲的、活生生的人,换句话说,经济学中只有一个抽象的、会计算并会追求其利益最大化的人存在。经济学家总爱把个人的"自愿"行为说成是"自利"的行为,③但这其实是把人的多样化的主观心态强行统一的结果,不足以用来解释复杂多样的现实生活。许多时候,人们明知通过谈判协商可以达到"和则两利"的结果,但当事人往往损人不利己地做出"以战收场"的决定。④ 即使我们不考虑非理性因素,在购买一栋房屋和购买一份报纸时,人们的理性也是有差异的,不可能要

---

① 比如中国历史上发生的国人抵制日货行为,这就不是经济学的"价格"能够解释的"价值选择"问题。
② 王文宇:《民商法理论与经济分析》,第26页,中国政法大学出版社2002年版。
③ 比如,在《人类行为的经济分析》一书中,贝克尔甚至企图通过"影子价格"理论把利他主义也纳入到经济学的"自利"框架中进行分析,这其实是从根本上抹杀了利己主义和利他主义之间的区别,从而把"利他主义"这个词从人们的常识中给偷走了。
④ 最新的经济学研究表明,人们大都有所谓的"损失厌恶"心理,即人们会对同样数额"所得"和"所失"赋予价值不同的主观评价,通常我们会对后者的评价更高。比如,丢失已有的10元钱的懊丧总是比捡到10元钱的喜悦更能影响一个人的心态(参见夏业良:《2002年度诺贝尔经济学奖述评:经济研究——向心理分析应用于实验科学靠拢》,2002年10月19日《文汇报》第八版)。这样,人们就会有一种不计代价保住既得权利的心态,这种心态常常导致对于现存的财产权评价过高,因此,人们往往并不能"理性"地考虑其当前利益和长远利益的区分,甚至无法"理性"地考虑其自身的实际利益。但在法律经济分析中,这些差异并没有被充分地认识。

求人们在这两件事上都具备同样的理性。其实,人们的理性就像光谱一样,一端是完全的理性另一端是完全的非理性,而大多数人的大多数行为总是处于中间状态,可以称为"有限理性"。① 但是,在法律经济学中,人们的理性总是被假定为一种理想状态,每个人的理性都是同质同量的。显然,无论是经济学还是法律经济学目前都还没有发展出真正可以运用这种"有限理性"的理论。

其四,法律经济学分析的无效性。这种意见"怀疑经济学工具能在新的领域中起到很好的作用,或怀疑这些领域是否能得到恰当的数据以检验经济假设"。② 在显性市场中有大量的数据(价格、成本、产出、雇员等)可供经济学家进行经验研究,而在非显性市场中——如婚姻家庭、种族和性别歧视、犯罪、教育等领域,是那些几乎无法精确量化的人类感情在起作用,那么法律经济分析是如何从人们的心理深处搜集它可资利用的经验数据的?法律经济学在实践中获得的所谓成功真的可以被普遍化并且无懈可击吗?

本文对其方法论的探讨尤其是对方法论主观主义的批判已经支持了这种质疑的力量——人们对于法律经济学实用价值的褒奖显然太过乐观了。不仅如此,经由方法论的视角,我们希望可以进一步说明的是,即使是在纯理论的意义上,法律经济学也未必像其支持者所宣称的那样——有说服力,能够自圆其说。

(二)法律经济学的科学价值:方法论的反思

无疑,逻辑和经验是对任何一种理论进行判断和评价的基础。法律经济学作为一门学问、一种理论,它能被逻辑地证明吗?或者,它可

---

① 这个概念并不完全等同于哈耶克的"有限理性"或"理性的无知"概念。
② [美]波斯纳:《法律的经济分析》,蒋兆康译,第904页,中国大百科全书出版社1997年版。

以被经验验证吗？在考察中，我们将在提供批判性意见的同时，也尽可能给法律经济学家提供辩解的机会，以便使这个考察显得更客观、公允，而非仅仅体现作者的个人偏好。

1. 事实与价值：规范分析是否可能

实证分析是对法律的一种事实判断，而规范分析则涉及对法律的价值判断，对于法律经济学而言，重要的是要分清楚两种截然不同的观点，即法律事实上如何以及法律应当如何。

有人主张法律经济学只能进行严格的实证分析，即指出法律事实上的经济效果，而不能进行规范分析，即对法律作价值判断。但在法律经济学中，这种主张并没得到多少赞同。相反，许多学者都肯定了规范分析的价值。弗里德曼指出，这两种分析方法都是可能的。实证分析可以用来解释法律规则，预言它的后果及影响，并由此说明哪一个法律规则在事实上是有效率的。而这些结论可被用于规范的目的，因为它可以界定一个法律规则的效率的具体标准。布坎南则指出，"应当"来自于"假定前提"。法律经济学家的研究，从一些对人类行为的基本假设出发的，要正确预言人们的那些受法律影响的行为及其方式，这取决于法律应当是如何的认识。①

从另一个角度看，一个科学的理论也并不必定是实证的而不能是规范的，典型的如经济学就是这样。科斯为这种立场作了辩解。他举了一个例子，经济学的实证分析表明，集体化的农业往往会导致大范围的粮食短缺和饥荒现象，如果我们认为此时经济学家不能就这种实证分析发表相应的价值判断，那就是十分荒唐的。科斯认为，由于经济学家也和大多数人一样分享着许多相同的价值观念，因此，他们是可以就

---

① Heico Kerkmeester, *Methodology: General*, p. 390. http://encyclo.findlaw.com/0400book.pdf.

价值问题发表意见的。①

在此基础上,一些学者甚至进一步主张,经济分析不仅在每一个地方都可以进行规范分析,就其本身的性质而言,它原本就是规范的——至少在潜在的意味上是规范的。因为,既然经济分析如此地关注效率,那么其潜在的立场就是,效率是重要的,是一个值得追求的目标。②

无疑,上述争论只是"休谟闸刀"③在法律经济学中再次发挥作用的一个体现。对规范分析的质疑涉及人们的价值判断如何可能的问题。从这个角度而言,科斯等人的主张是大有问题的,法律经济学的科学价值问题不可能就这么简单地被打发了。不管人们要表达什么样的理论,他们必须证明,为什么我们要相信它,或者,我们能够相信么?

2. 归纳法和演绎法

在法学界,霍姆斯法官广为人知的经典性格言——"法律的生命不在于逻辑而在于经验"——不仅反映了其法律哲学的根本立场,更引起人们对一切法律理论的思索和考问。我们不妨也借此追问:经济分析方法究竟在哪方面能够有助于我们认识法律的真相?

演绎法和归纳法是人们通常运用的两种用来认识事物的方法。④

---

① Heico Kerkmeester, *Methodology: General*, p. 391. http://encyclo.findlaw.com/0400book.pdf.

② 这是 Couwenberg 和 Geest 的主张,前者认为经济分析其实就是规范分析,这种观点显然是十分激进的。Heico Kerkmeester, *Methodology: General*, p. 390. http://encyclo.findlaw.com/0400book.pdf.

③ 休谟关于事实与价值两分的著名论断,哲学史上又称"休谟悖论"、"休谟问题"或"归纳问题"。"休谟问题"是休谟首先发现并提出的归纳法之不可能问题,休谟发现在有限的经验观察(事实判断)和普遍的逻辑结论(价值判断)之间存在人类知识体系无法逾越的鸿沟,人们无法简单地从前者推出后者。休谟的怀疑论几乎摧毁了人类此前所有的确定知识的基础,罗素认为若休谟的归纳问题不能被解决,"那么神志正常和精神错乱之间就没有理智上的差别了"。见《西方哲学史》(下卷),马元德译,商务印书馆 1997 年版,第 211 页。关于"休谟问题"的一个详细介绍参见孙伟平《事实与价值》,中国社会科学出版社 2000 年版。

④ 在哲学史上,培根曾对归纳法做过十分系统的表述,参见《新工具》,许宝骙译,商务印书馆 1984 年版。笛卡尔则介绍了演绎法的重要性,参见《谈谈方法》,王太庆译,商务印书馆 2000 年版。他们二人的论述都被视为经典性的陈述,在方法论上均影响深远。

演绎的方法是一种从理论到现实的思考方法,它首先从假定前提出发推导出结论,这些结论往往表现为一些定理或规律,然后,根据经验观察确证其结论。归纳法则是一个相反的认识事物的方法,它采取的是从现实到理论的策略,即在经验观察的基础上概括、发展出普遍理论的方法。

法律经济学中采用的理性选择方法是一个典型的演绎式研究方法。[①] 经济人或理性人是其演绎的前提,它包括了人的欲望、理性、最大化以及人们会对不同的外部刺激做出不同的对策等内涵,而边际效用递减、供求规律、市场均衡等就是基于这个前提而推出的经济学定理或规律。法律经济学中的方法论个人主义和主观主义基本上都体现了这种演绎方法的特征。

不过,法律经济学在方法论的发展中也并非铁板一块,比如,科斯就更欣赏归纳法而不是演绎法。在对社会成本问题的研究中,科斯指出"经济学家未能对解决有害效果问题得出正确结论,这并不简单地是由于分析方法上的欠缺,而是根源于目前福利经济学的方法中存在的基本缺陷。所需要的是方法上的改变"。[②] 科斯对新古典经济学的抽象演绎方法提出了严厉的批评,他指责那些沉醉于模型分析的经济学家倡导的是一种不切实际的"黑板经济学"——在这些经济学家看来,那些画在黑板上的经济学模型似乎就是现实经济的完美再现。科斯认

[①] 更确切地说,抽象演绎的方法是新古典经济学的特征,法律经济学中的这种演绎方法是它对新古典分析方法的继承。波斯纳说"经济学家对他们正在进行的科学努力感到自豪。人是理性的自身满足度的最大化者,从这个基本前提出发,经济学家演绎出了各种理论假说,其中最为人所知的就是'需求规律',……",又说"从这一前提出发,经济学分析家可以用逻辑(或者你愿意,以形式主义的)方式(如今经济学理论大都以数学的方式)演绎出一套能清楚表现和完善普通法内在本质的法律原则,并且可以把这些原则同实际的普通法原则进行比较"。参见[美]波斯纳:《法理学问题》,苏力译,法律出版社 2002 年版第 451、453 页。

[②] [美]科斯:《论生产的制度结构》,盛洪、陈郁等译,第 189 页,三联书店上海分店 1994 年版。

为,经验的世界远比理论的世界更加丰富多彩,多关注现实,人们将获得更多的知识。在对"经济学中的灯塔"的研究中,科斯展示了他所主张的经验研究的力量。①

3. 工具主义及证伪主义的批判

对法律经济学中占统治地位的抽象演绎法的一个重要质疑,是其演绎前提的真实性问题——"人类行为的经济学模式错了,经济科学是虚假的"。② 对此,波斯纳和弗里德曼的辩解立场是一致的。弗里德曼对经济学方法论的辩护力图超越归纳与演绎的二元对立,而采取一种"约定主义"和"工具主义"的态度。③ 弗里德曼认为,经济分析假设前提的虚假性(或真实性)是个无关紧要的话题,经济学的价值在于其对现实的解释和预测的有效性,如果这种有效性是肯定的,即可以被视为是对理论假说的一种"证实"。④ 波斯纳也提供了类似的标准。他认为,对一项科学理论的检验,取决于其解释能力、预测能力和有效地干预现实的能力,而法律经济学的分析在这三个方面都经得起考验的、都是成功的。⑤

对这种工具主义的方法论主张,人们从两个方面提出了进一步的反批评。其一,批评者指出,即使有很好预测能力的理论也许是虚假

---

① 《经济学中的灯塔》是科斯发表于1974年的一篇论文。设在港口的用于过往船只导航的灯塔在经济学中被视为是一种公共产品,经济学家历来把它作为必须由政府提供而不是由私人提供的物品的一个例子。但科斯的经验研究表明,在英格兰,由私人提供灯塔的公共服务在几个世纪以来一直是一项有利可图的事业。参见[美]科斯:《论生产的制度结构》,盛洪、陈郁等译,第215—239页,三联书店上海分店1994年版。

② [美]波斯纳:《法理学问题》,苏力译,第452页,法律出版社2002年版。

③ "约定主义"认为"真理"是个约定俗成的问题,判断理论的真与伪是没有意义的;"工具主义"又称"操作主义",它只关心理论所推导出的结论的有效性,至于其推导前提则无关紧要。

④ 对弗里德曼方法论的论述,参见[美]劳伦斯·A.博兰:《批判的经济学方法论》,王铁生等译,第18—35页,经济科学出版社2000年版。

⑤ [美]波斯纳:《法律的经济分析》,蒋兆康译,第20—21页,中国大百科全书出版社1997年版。

的，比如，托勒密的天文学就是虚假的，尽管它精确地预测了星辰的位置，并因此可以用来指导航海。① 其二，波普尔的批判理性主义②指出，经济学家和大多数理论家一样——喜欢"证实"，但是，理论真的能够被"证实"吗？

演绎法往往从一个不变的公理或原理（演绎的前提）出发推导出结论，经验观察只是用来验证推论的一个参考，有时，相反的观察并不足以推翻理论假说。比如，在高原上水在低于100摄氏度时就能达到沸点。要使理论在任何情况下都能得到证实，人们就必须设置更多、更复杂的限定性条件。但现实情况总有人们无法预料的因素存在，一旦这种复杂性（假设人们真的可以把握它）达到一定程度，理论就变成了（对现实的）描述而不再是理论了。因此，演绎的理论要么是不可能被证实的，要么是毫无意义的。归纳法则存在更大的问题。③ 具体地说，归真逻辑并不能保证把一定数量的真实的单称命题结合在一起就能有效推导出明确无误的真实的普遍命题。据此，波普尔指出，演绎法和归纳法在逻辑上都是无法证成的。

波普尔综合演绎法和归纳法提出了他的被称为"证伪主义"的新方法。方法论证伪主义认为，我们也许永远不能证明任何事情实质上是真的，但是我们能够证明某些事情实质上是假的，比如，不管你看到的白天鹅有多少都不能从中推断说所有的天鹅都是白的，但是只要看到

---

① [美]波斯纳：《法律的经济分析》，蒋兆康译，第454页，注8，中国大百科全书出版社1997年版。
② 波普尔的评判理性主义或证伪主义方法论，参见[英]波普尔：《客观知识》，舒炜光等译，上海译文出版社2001年版。休谟对理性的态度是悲观的，充满了怀疑，波普尔则是乐观的，虽然他和休谟一样否认理性能够得出普遍真理，但他认为通过理性的反驳和批判能力，人们能够增加对真理的确信，故波普尔的主张被人们称为"批判理性主义"。
③ 休谟指出，从特定的事例归纳到普遍的规律在思想上需要一种非逻辑的跳跃，单个的论断不管有多少，我们都不能通过逻辑从中导出普遍的论断，或者建立起结论性的论断。波普尔喜欢声称他解决了"归纳问题"，但马克·布劳格指出，波普尔不是解决了归纳问题，他更多的是取消了归纳问题。

有一只天鹅是黑的就足以拒绝所有的天鹅是白的这个结论。由此,证伪主义指出,关于现实世界的综合命题,至少在原理上(逻辑上)可以用经验来证伪。在波普尔那里,任何自称"科学"的理论都必须是能够被证伪的,不能被证伪的命题都不具备任何科学上的价值,因为,从方法论上讲,"凡我不加论证而断定的,也可不加论证而否定"。①

在波普尔看来,各种理论(它们首先是演绎的)都不过是一种在思想市场上相互竞争的"假说"或"猜想",证伪主义为这些相互竞争的理论提供了一个科学与非科学的评价标准。一旦某个理论为经验观察所证伪,它就会被进一步调整修正,科学理论沿着这条证伪主义的道路不断前进,并不断趋于接近(但永远不可能到达)"终极真理"。人们总是愿意相信那些暂时还没有被证伪的理论,但证伪将会继续,于是,演绎和归纳就在这个"经验循环"的过程中相互交替地被使用。

4. 对证伪主义的修正与改善:范式和科学纲领的理论

虽然波普尔的证伪主义作为对逻辑实证主义(弗里德曼)的替代,曾经成功地支配了经济学的方法论,但是,"由于经济学家在许多研究领域都不可能进行受控实验,因此可证伪性距离经济学家还很遥远"。② 而且,科斯指出,尽管证伪主义在理论上似乎是说得通的,但现实是,经济学家们(包括大多数理论家)对证实的兴趣要远远大于对证伪的兴趣。

作为一种科学理论的评价标准,波普尔的证伪主义本身也很快为人们所证伪。在法律经济学方法论的研究中,首先被人们用来反对波普尔的是托马斯·库恩的理论。③ 库恩在对科学史的研究中发现,经

---

① [德]阿·迈纳:《方法论导论》,王路译,第170页,三联书店1991年版。
② [美]波斯纳:《法律的经济分析》,蒋兆康译,第455页,中国大百科全书出版社1997年版。
③ [美]托马斯·库恩:《科学革命的结构》,李宝恒、纪树立译,上海科学技术出版社1980年版。

验证伪并不像波普尔所说的那样——使人们迅速抛弃旧理论而投入新理论的怀抱。库恩指出,即使那些旧有的、被广泛接受的旧理论已经被证伪,新的理论也未必就能在短期内成功地取代它。① 在他看来,科学革命乃是一种研究"范式"(paradigm)的重大变革,一种新范式是否能取代旧范式并不仅仅取决于其经验性验证的结果,重要的是这种新范式是否具有(像旧范式那样)获得人们广泛认可、接受的能力,换句话说,取决于新范式能否在主要的大学、学术团体、学术期刊获得足够多的支持。经验验证在这个过程中只是扮演了一种展示理论吸引力的角色而已,它本身并不具有波普尔所说的那种判决性意义。

按库恩的观点②,法律经济学是否能被人们接受,将取决于法律经济学家们是否能在法学院占据足够多的岗位,是否能在核心法学期刊上获得足够多的版面支持。我们可以进一步推断,该预言的潜台词是:法律经济学是否能被人们接受将取决于它的规范分析方法的命运——传统法学研究范式对实证研究的兴趣历来低于其对规范争论的兴趣,因为法学家们显然更喜欢思考法官应当如何做出一个具体的判决以及一个具体法律究竟应当如何规定这样的问题。

库恩对波普尔的批判把人们对理论之科学性的关注,转移到了科学心理学和科学社会学上,对此伊·拉卡托斯指出,库恩"认为科学革命是突发的、非理性的视觉变化,这是错误的"。③ 拉卡托斯在波普尔朴素证伪主义的基础上提出了一种新的、被学者们称为"精致的证伪主

---

① 哥白尼的日心说和达尔文的进化论作为一种新理论都曾有过这样的遭遇。
② 波斯纳用一句非常精练的话概括了库恩的全部思想:"科学理论是人类需要和欲望的函数,而并非事物的本来面目"。参见[美]波斯纳:《法理学问题》,苏力译,第579页,中国政法大学出版社2002年版。
③ 伊·拉卡托斯:《科学研究纲领方法论》,兰征译,第8页,上海译文出版社1986年版。

义"方法论。① 拉卡托斯认为,一个科学研究纲领并不只是一个简单的假说(像波普尔认为的那样),而是存在诸多假说的复合体。在这个复合体中,有一个构成该科学纲领基础和支柱的"硬核",它是其核心假说,在硬核之外则存在相当数量的辅助假说"保护带"顽强地保护这一硬核,使之不致遭到反驳。与波普尔不同,拉氏的科学研究纲领方法论并不提供即时的合理性——对保护带中某些假说的单纯经验证伪并不足以推翻一个进步的研究纲领。人们必须宽厚地对待年轻的纲领,因为有的研究纲领可能需要几十年的时间才开始发展并成为经验上进步的纲领。总之,从某种意义上说,旧有的理论的退出并不仅仅是因为它被证伪、抛弃了,毋宁说是被更好的理论取代了,拉卡托斯指出,"重要的批评总是建设性的:没有一个更好的理论,就不构成反驳"。②

学者德·盖斯特(De Geest)提出了另一种评判理论。盖斯特关注的焦点不是一个理论本身的真实性(真理性)而在于它究竟有没有"说理性"(plausibility),这里的"说理性"(plausibility)被定义为该理论对于现实的表述为真的可能性。③ 理论的说理性或说服力不仅与经验证实有关,而且,还与那些对该理论做判断的主体(通常是学者、专家)的

---

① 拉卡托斯同时批判了波普尔和库恩,提出了一个重要的、类似于库恩的"范式"的概念——"研究纲领"。他指出"假设我们有两个竞争的研究纲领,一个是进步的,而另一个是退化的,科学家们倾向于参加进步的纲领,这就是科学革命的基本原理"。对于这两种不同的纲领,他解释为"在一个进步的研究纲领中,理论导致发现迄今不为人所知的新颖事实。相反,在退化的研究纲领中,理论只是为了适应已知的事实才构造出来的"。参见[英]伊·拉卡托斯:《科学研究纲领方法论》,兰征译,上海译文出版社 1986 年版,第 7、8 页。拉卡托斯和波普尔、库恩一样,都对经济学的方法论产生过极其重要的影响。参见[英]罗杰·E. 巴克豪斯编:《经济学方法论的新趋势》,张达宝等译,经济科学出版社 2000 年版。
② [英]伊·拉卡托斯:《科学研究纲领方法论》,兰征译,第 8 页,上海译文出版社 1986 年版。
③ Heico Kerkmeester, *Methodology: General*, p. 394. http://encyclo.findlaw.com/0400book.pdf. 需要指出的是,plausibility 的英文原意可以理解为"似真性"、"善辩性"、"自圆其说"等意。笔者揣摩盖氏似要表达一种和库恩类似的主张,即不管一个理论本身如何至少它有能力使人相信是真的,即强调理论必须具备一种自圆其说能力,足以使人信服。这里把 plausibility 翻译成"说理性"肯定仍未尽遣其义,只能存疑而待方家指正。

个人体验有关。一种理论主张是否与学者们的个人观察和个人生活阅历相吻合通常会对它的价值有着极大的影响，这一点对法律经济学而言显得尤其重要。因为到目前为止，可以用来对经济分析予以经验证实的数据、资料仍然是十分有限的，人们对待法律经济学的态度往往更多地取决于他们各自不同的个人体验。

据此，科斯重申了那种批评性的观点，即，即使一个基于虚假前提的理论有着很好的预测能力，它也可能是虚假的，从而不为人们所接受。这样的理论在洞悉经济或法律系统的内在机制方面必然会招致失败。在此，一个重要的因素是，人们的目标究竟是什么？如果人们的目标仅仅是预测和控制，那么一个基于虚假前提的理论同样可以是值得追求的，只要它事实上是有效的，但是，如果人们的目标是要解释和说明，那它就不再具有免疫力了。经济学或法律经济学实际上无法真正解释，究竟是怎样的动机主导了人们的行为，以及，法律规则究竟是如何发挥其影响的。这可能额外需要一个解释"机制"（mechanism）来表明那些事情究竟是如何发生的。①

对此，波斯纳也许认识得更清楚。这位法律经济学曾经坚定的倡导者和实践者，在1980年代中期以后，就逐渐开始从他最初的立场上向后退却。在《法理学问题》一书中，波斯纳从哲学和方法论的角度对他的财富最大化理论和整个"法律的经济学进路"进行了彻底解构。他承认，作为一种正义观，财富最大化和自然法、校正正义一样，我们都无法为之提供"一个坚实的哲学基础"。② 显然，这里可以借用他的话来为我们所作的方法论反思做个小结：作为一套系统化的理论，法律经济学不可能为它的分析方法找到一个坚实的哲学基础，不管这种分析方

---

① Heico Kerkmeester, *Methodology: General*, p. 394. http://encyclo.findlaw.com/0400book.pdf.
② ［美］波斯纳:《法理学问题》，苏力译，第34、479页，中国政法大学出版社2002年版。

法究竟是被怎样地理解和表述的。

结语:我们拿什么照亮法律

美国法学家博登海默曾经说过,法律是座高楼大厦,里面密布厅室,各种法律理论好比是探照灯,但每一种理论都不足以"同时照亮每一个房间、隐蔽处和角落"。① 法律经济学的出现,可以说是为人们探索法律这座大厦又增添了一盏新的明灯。通过本文对法律经济学及其方法论的批判性回顾,我们发现,这盏灯的光亮也许并没有人们期待中的那么耀眼夺目,甚至有点暗淡无光。作为一种探讨法律的理论,法律经济学无法逻辑地证成其自身,其雄心勃勃的实证分析和实践功效都立基于一片并不那么坚实的哲学土壤。得出这样的结论未免令人沮丧——在走向他所谓的"实用主义法理学"之前,波斯纳应该有过类似的沮丧。的确,在所有那些近代以来的、令人心驰神往的宏大理论被后现代思想家们逐一"去魅"以后,法律大厦中所有灯光一下子都黯淡了,人们陷入了深深的困惑:我们该拿什么照亮法律?

对这样的问题,或许没有人能为我们提供一个令人满意的答案。我们关于方法论的所有探讨最终表明,对于任何理论,人们没有证明的逻辑只有反驳的逻辑。② 一个证明的论证必须是能够使那些最顽固的人信服,但在这方面,所有的方法论都不过是一个神话。任何论断(理论)都是一种非证明的论证,它最大的作用不过是能够劝说一些明白事理的人,比如,"我看见过大量的白天鹅;我从没看见过一只黑天鹅;因

---

① [美]埃德加·博登海默:《法理学——法律哲学和方法》,张智仁译,第189页,上海人民出版社1992年版。

② 这是波普尔思想中最具价值的论断,但他对于反驳逻辑的建构作用却又看得太过乐观了,这实际上是延续了关于方法论的神话。

此所有的天鹅都是白的"，或者，"抽烟是有害健康的，你不应当吸烟"。① 即使我们把理论的价值定位为（退却到）一种非证明的论证或说服，或许亦不能道尽其全部的"悲惨"——著名物理学家马克思·普朗克在回顾他的学术生涯时就曾悲伤地表示："一种新的科学理论并不是靠使他的反对者信服，并且使他们同情而胜利的，不如说是因为他的反对者终于死了，而在成长的新一代是熟悉它的"。②

法律寻求的是一种正当化的逻辑，但没有哪种理论能为它的这种目标提供真正的支持，在法律的世界中，对任何宣称掌握了真理的人，对任何被宣称为真理的理论或主张，人们都必须保持一种永远的警惕。

不过人们也不必为此而感到彷徨，毕竟——"如果世界上没了真理，却还有知识"，③法律是一种实践的活动，更是一项社会的事业，至少，人们还可以去行动，在法律的世界里，人们将用行动创造他们的未来。

---

① 即使抽烟无例外地会损害健康，但你仍然不能证明一个人不能或者不应当抽烟。更何况，抽烟损害健康的事实论断真的就毫无例外吗？确有一些长寿的人是既抽烟又喝酒的，但他（她）是长寿的，他（她）的健康受到损害了吗？社会科学对前者不能提供规范的论证，而自然科学则不能对后者提供有效的归纳。

② 转引自[美]托马斯·库恩：《科学革命的结构》，李宝恒、纪树立译，第125页，上海科学技术出版社1980年版。

③ [美]波斯纳：《法理学问题》，苏力译，第582页，中国政法大学出版社2002年版。

名著精读

合茶林安

从自由主义到集体主义：
宪法平衡的转变
——《法与宪法》札记

陈　颖　　胡建会

《法与宪法》(The Law and the Constitution)是英国著名宪法学家詹宁斯的代表作品，1933年在英国甫一出版，即引起强烈反响，在研究英宪的不可或缺的著作中赢得了一席之地。此后经作者的修订，又分别于1938、1942、1952、1958年出版了该书的第二版至第五版。上世纪九十年代，本书中文本由龚祥瑞以及侯健翻译，经贺卫方点校，并于1997年由三联书店出版。

一、作者简介

艾沃·詹宁斯爵士(Sir W. Ivor Jennings, 1903—1965)是英国当代最有影响的宪法学家之一，也是英国公法学的首创者。他早年就读于剑桥大学，后获得皇家律师资格，终身任教，著作丰硕。1929年，他在里兹大学任法学讲师。后来又到伦敦大学经济与政治学院任教，晚年曾任锡兰(现斯里兰卡)大学副校长，在回到英国后，当选为剑桥大学三一学院院长，同时又成为皇家大学马尔他委员会的主席。1961—1963年，担任了剑桥大学副校长。

詹宁斯的一生，可以说扮演了三种不同的角色，即成就卓著的学者,颇有建树的政治家,忠诚成功的老师。[1] 作为学者,他的最主要的三本著作——《法与宪法》、《内阁政府》(Cabinet Government,1958年第3版)和《议会》(Parliament,1958年第2版),对当时的思想界产生了广泛和深刻的影响,奠定了他继戴雪之后的英国宪法权威学者的地位;作为政治家,在锡兰时期,詹宁斯对锡兰争取独立的斗争作出了重要的贡献,从1943年到1948年,用他自己的话来说,实质上他已成为锡兰大臣们的"宪法顾问"。在锡兰独立后,詹宁斯还为锡兰政府起草了一部新宪法,并促使了巴基斯坦和印度成为英联邦的成员国。此外,在1955—1958年间,詹宁斯还担任了皇家公有土地委员会的主席;而作为一名教师,詹宁斯的学生之一、我国已故著名宪法学家龚祥瑞先生是这样说的:"回忆1936—1938年在伦敦经济与政治学院就读时的情景,就难忘詹宁斯博士(当时我们这样称呼他)在教室里循循诱导、冷静持重的风度。他那种敬业精神,那种一丝不苟的风范,和那种严谨治学的态度,来自世界各地听讲的学生没有一个不肃然起敬的。我们都相信:他之所以能够取得如此的成就,在很大程度上是因为他不让自己享有或很少享有安闲和娱乐。有人说,他唯一的嗜好是'写书'。的确,在伦敦两年,我从未见过詹宁斯老师换过一次领带,他大概是把全部的精力和时间都献给他的学生和读者了。"[2]

二、时代背景

每本书都刻有它所在时代的烙印,折射出当时的社会情况,更重要

---

[1] [英]詹宁斯著:《法与宪法》,龚祥瑞、侯健译,前言第2页,三联书店1997年11月第1版。
[2] [英]詹宁斯著:《法与宪法》,龚祥瑞、侯健译,前言第2页,三联书店1997年11月第1版。

的是后者也在潜移默化地影响着每一个作者观念的形成。本书写成于三十年代初,在二战后又进行了多次修改。而这段时期正是英国最为动荡的时代,是一个转折期。

经济上,英国虽为战胜国,但由于战时国力消耗较大,经济持续低靡,恰逢经济危机和大规模失业,更是雪上加霜。在如何复兴经济的问题上,凯恩斯的干涉主义政策大行其道,英国开始实行一种市场经济与政府干预政策相结合的混合经济体制。但也未能从根本上推进资本主义经济的复兴。

政治上,英国的国际地位大幅度下滑,各殖民地又相继脱离联邦的控制。国内议会的地位逐步下降,政府权力得以扩充增强,政治机构不再仅限于处理对外关系、维持秩序和司法审判,他们严密的管制私人企业并直接为公民提供大量的服务,宪法的平衡发生了转变。同时,政府内部的问题也开始暴露出来,政策的失误,制度的不完善,整个政治秩序陈旧不堪,需要一次大的革新。

思想上,伴随着混合经济的出现,学术界也呈现出一片混乱。早期边沁、密尔的自由主义思想与政府权力的日益增大相冲突,逐步受到批判,尤其是19世纪被奉为正统派代表的戴雪,其观点更是被哈耶克、韦德等人相继推翻。一种新的集体主义思想代替了上一世纪流行的自由主义思潮。但是,它也并非是对自由主义的全盘否定,而是一种补充,与之相结合,在承认公民自由的基础上倡导政府加大干预经济、社会生活的力度,开创出另一种新的改良主义。

所以,本书就是诞生于上述风暴年代,试图从宪法角度寻找到一条出路。同时,字里行间流露出由警察国家向福利国家转变的集体主义观念,也正是此奠定了本书的基调,决定了詹宁斯与戴雪观点的根本差异。

三、内容评析

本书首次出版时曾被普遍认为是异端邪说,因其对19世纪以来的正统观念进行了大胆的批判。但随着时代的发展,正是所谓的异端邪说开创了20世纪的新的正统理论。下面就本书的主要内容做一番介绍。

首先,本书开篇谈到了法与宪法的概念与由来问题。詹宁斯首先从理论和实践上评价了孟德斯鸠、洛克的分权理论。权力分立原则一直被奉为民主国家中抑制权力滥用的有效手段之一,但事实上,这一原则在英国远没有在美国实行得那样彻底。詹宁斯认为:孟德斯鸠所说的三种职权旨在包括哪些具体内容,并不十分明确,他没有对政府权力作出恰当的分析。[①] 而现实中,在三权中也很难划出一条清晰的界限,尤其是行政机构行使的权力中包含了一部分的立法和司法的职能。这种职能的划分不能在根本上解决官僚政治和专制,分权理论之严格适用仅存在于纳粹政体下的德国人所谓的"自由—民主国家",[②]而它的滥用则会导致公民丧失其自由和权利。在英国,"避免官僚政治或专制的保障不在于对职能的严格限制,而在于通过民选的平民院实行的民主控制,该院中的政党制度可以使批评公开、有效"。[③]所以,在詹宁斯看来,三权分立原则不能从根本上解决英国政治上存在的问题。

那究竟什么是法和宪法呢?在给它们下一个确切的定义前,詹宁

[①] [英]詹宁斯著:《法与宪法》,龚祥瑞、侯健译,第17页,三联书店1997年11月第1版。

[②] [英]詹宁斯著:《法与宪法》,龚祥瑞、侯健译,第193页,三联书店1997年11月第1版。

[③] 同上,第210页。

斯批判了戴雪的观点:"法是法院所承认并加以执行的规则。"很明显,戴雪侧重于从司法的角度解释法的概念。而詹宁斯认为:"法是有权的当局制定的。"戴雪的定义仅适用于判例法的英美法系,而对大陆法系各国是不贴切的。相应的,戴雪得出这样的结论:"宪法的一般原则乃是法院在审理一些特定案件中决定私人权利的司法判决的结果",①但是,本书却认为这是对事实的极不完整的表述。普通法中最重要的议会至上原则就并非是通过司法判决确定的,而是通过武装冲突、《权利法案》和《王位继承法》所确立的。许多重要的宪法原则,尤其是调整国王、首相、内阁和议会相互关系的原则,根本没有经过法院的承认,它们仍然是宪法实践或宪法惯例。而很多重大的变化是通过立法实现的。②戴雪的观点始终停留在过去普通法与衡平法占绝对统治地位的年代,而实际上,在詹宁斯看来,整个现代行政系统都是通过立法创设的,大量的工业都被置于公众的控制之下。议会立法的地位在逐步上升,在现代英国与普通法相抗衡。而宪法性法律之所以被人们所遵守也并非像戴雪所说的是依靠强制力,强制力对普通民众固然有效,但是不可能用来对付控制者,政府不可能强制其身,宪法不能用来合法或合宪地反对政府。一国的宪法,是建立在默认的基础上的,民众和国家机构在内心里认为宪法是最权威的、神圣的。同时,研究法律问题的方法也不再是戴雪的以法论法,而是要采取社会学的方法,可见詹宁斯吸取了历史法学派的观点,以历史主义的眼光来论法,比戴雪略胜一筹。

然后,本书又论述了法治的理论。古往今来许多法学家对这个问题各抒己见,争论不休,而詹宁斯在驳斥戴雪观点的基础上提出了自己

---

① Dicey, *Law of constitution* (9th ed., 1938), p. 191.
② [英]詹宁斯著:《法与宪法》,龚祥瑞、侯健译,第 29 页,三联书店 1997 年 11 月第 1 版。

的看法。戴雪在《英宪精义》这本书中发表了其最著名的法治理论。依其所想,构成宪法基本原则的"法治"有三层含义,或者说可以从三个不同的视角来分析,概括说,第一,法治与专横的权力相对,意味着法律的绝对最高性和最大优势,法治原则摒弃了政府部门的专断、特权以至广泛的裁量权。英国人受法律的统治,并且,只受法律的统治。第二,法治意味着法律面前的平等或者所有阶层的人们都平等地服从由通常法院所运用的国内通常法律。戴雪将行政法与行政法院排除在外,认为这从根本上与英国的传统和习惯相违背。第三,英国宪法是国内通常法律发展的结果。[①] 戴雪的法治理论曾经风靡一时,但却遭到了詹宁斯的大力批驳。他认为戴雪的法治学说贯穿了个人主义的原则,所设想的乃是一种受自由放任主义所支配的宪法。[②]

关于法律至上,戴雪的困境在于"正当法律"与"专断权力"的区别。"专断"一词包含有权力滥用的意思,戴雪认为广泛的行政权容易被滥用,所以就不应该授予政府这项权力,他在行政权与专断权之间划上了等号。但詹宁斯的观点是"正当法律"与"行政权力"之间并不存在对立,所有权力都来源于法律。适应社会需求的广泛的自由裁量权与法治并不冲突,任何权力都有被滥用的可能,而要关注的应是法院对之如何审查及限制的问题。戴雪认为法国单列行政法院的做法是赋予了行政官员一种特权,使他们不受普通法律的拘束,英国绝对不能效仿。其理论备受争议之处就在于他将行政法排斥在法律体系之外。相对于私人之间的关系,私人与行政机构之间的关系处于不重要的地位,行政法将使行政官员得以逃避普通法的管辖,而这与法律至上的原则相违背。

---

① [英]戴雪著:《英宪精义》,雷宾南译,第 222 页,中国法制出版社 2001 年 4 月第 1 版。
② [英]詹宁斯著:《法与宪法》,龚祥瑞、侯健译,第 39 页,三联书店 1997 年 11 月第 1 版。

到了詹宁斯的时代,行政法已经得到了充分的肯定,行政裁量权的行使也受到法律的合理限制,戴雪的理论自然而然也就过时了。而且,戴雪所说的"英国只受法律的统治",实际上是指"只受法官的统治",[①]过分强调了法官和法院的作用。而詹宁斯一再强调法治不仅仅意味着权力必须来源于法律,还应注重限制国家权力对公民自由权利的侵犯。很明显,戴雪过多地注重法院的作用以及私人之间的权利义务关系,对现实中出现的新权力故意忽视,显然是落后于时代的脚步,而詹宁斯则认清时代特征,因此得以在很大程度上超越戴雪。

关于法律面前人人平等,戴雪的意思是限于权利与义务在各阶层臣民间的平等。而詹宁斯和众多法学家都认为其表述不符合现状。客观的现实是,当时的英国连在立法和司法形式上的平等都难以做到,如王室免责特权的存在,各色人等之间、民与官之间权利的不平等。但是,戴雪却为人人提供了一种改善自身处境的平等机会和为个人自由提供最为有效的保护的可能性,[②]在这点上,詹宁斯有所忽略。

关于公民权利是实施通常法律的产物,詹宁斯说:"如同大多数人一样,戴雪是戴着自己的眼镜去看待英国宪法的。现代国家职能的新发展已经使他的很多曾经努力的分析与之无关了,他的所见并不确切。而且,我们必须审慎地应用历史上的或者英国宪法中的论断。"[③]英国传统法治观已经有了现代的飞跃,公民像过去只能依靠法院、普通法来保护自己的基本权利,立法文件等也开始宣告公民的自由权利。

在反驳戴雪的观点后,詹宁斯提出了自己的独到见解:"法治就像

---

① [英]詹宁斯著:《法与宪法》,龚祥瑞、侯健译,第215页,三联书店1997年11月第1版。
② 张彩凤著:《英国法治研究》,第151页,中国人民公安大学出版社2001年5月第1版。
③ 同上,第152页。

是一匹桀骜不驯的烈马"①,在本质上依赖民主制度的存在,体现为一种分权、自由和平等。他对戴雪的批判,实际上并没有否定"法的统治"和"正规的法的优越"这两种原理的正确性,只是证明了在现代社会,随着国家对社会生活干预程度的加深,国家权力的迅速膨胀,不仅行政权,而且司法权和立法权也都有滥用的危险,因此,"法的统治"应扩大到权力的各个领域。詹宁斯的观点,事实上补充和完善了戴雪的理论。但是,他的定义也有缺点,似乎太为宽泛,没有明确、清晰的表达出法治的确切含义。

议会主权原则可以说是英国宪法的中心内容。英国人是重实际、轻理论的民族,他们不谈"主权在民"这类空话,强调主权在议会,说得确切一些,即主权在君临的议会,是人民代表而不是人民全体行使国家的最高权力。② 詹宁斯在本书中承认英国法律的基本原则是议会主权,但认为它产生于一个政治运动,是产生后才继而为法院所承认。他的观点否认了戴雪的英国政治和宪法发展的"顺其自然"的结论。主权的概念是在中世纪由法国公法学家博丹提出,而后由霍布斯、边沁和奥斯汀引入了英国。詹宁斯认为,"主权",按照奥斯汀的定义,由于是最高的绝对的权力,所以议会不拥有主权。这是因为,如同戴雪和拉斯基也承认的那样,议会不能做的事情大量存在。简言之,戴雪所讲的"议会主权",应该理解为是指在议会权力和法院的权力相比较时,法院应遵从法律,因而议会的权力优越。因此,"议会主权"应当是"议会的优越",而且这种议会的优越,也受到各种限制,如法的限制、事实的限制等。

---

① [英]詹宁斯著:《法与宪法》,龚祥瑞、侯健译,第42页,三联书店1997年11月第1版。

② 龚祥瑞著:《比较宪法与行政法》,第59页,法律出版社2002年第1版。

因此,这就导致了两位学者在对议会的限制问题上也存在着分歧。戴雪对之的解释是:"在英国范围内,议会可以指定和废除任何法律,没有任何人或任何机关有权践踏和抛弃这种权力。"[1]政治主权与法律主权是不一致的,前者高于后者。所以议会的法律主权受到政治主权的限制,即制定的法律最终要得到选民的最终决定和舆论的通过。而詹宁斯则不同意政治主权和法律主权的划分,主权是最高的,不存在什么法律主权。而且现代的议会与过去相比,受到来自多方的限制,尤其是政府控制着议会,必要时甚至可以行使解散议会的权力。两种学说的差异来自于垄断资本主义时期,政府的权力日益膨胀,议会失去了原先的绝对地位,不再像自由资本主义时期那样毫无限制。

英国是不成文宪法国家,作为宪法渊源之一的宪法惯例发挥着重要作用。用詹宁斯的话来说,法律是干燥无味的骨骼,而宪法惯例则是包含了法律的筋和肉,任何法律要活起来,都离不开惯例的补充作用。那么,在英国,宪法惯例是什么呢?按照戴雪的观点,宪法惯例,严格讲不是法,而是格律或习惯,但如果违反它,最终会导致违反法律,故从另一个侧面上讲,它是决定国王权力行使的方法。[2] 对此,詹宁斯进行了批判,并补充、完善了戴雪的理论。詹宁斯认为,宪法惯例比戴雪论述的要多,他首先将惯例分为关于内阁制度的惯例和关于国王权力的惯例,并指出戴雪虽然对这方面的惯例有所阐述,但是随着时代的变迁,戴雪所讲的惯例现在大部分已经法律化了,今天已经有许多新的惯例产生。其次,他又分别说明了关于议会的惯例和关于英联邦成员国方面的惯例。对于后者,戴雪几乎没有什么论述,都是詹宁斯的研究成

---

[1] [英]戴雪著:《英宪精义》,雷宾南译,第116页,中国法制出版社2001年4月第1版。

[2] [英]詹宁斯著:《法与宪法》,龚祥瑞、侯健译,第86页,三联书店1997年11月第1版。

果。这主要是因为在戴雪生活的年代,这方面的问题还没有充分暴露,未成为严重的宪法问题。

同时,詹宁斯对戴雪关于宪法惯例的性质的认定,也进行了批判。戴雪认为,惯例也是通过法院来强制执行的法源之一,而詹宁斯则认为,未通过法院强制执行的宪法惯例,也可以成为法律规范,他认为,法和惯例的区别,重要之处在于三个方面:第一,在违反法的场合,法院将直接宣布其违法,而违反惯例,法院就不具有此权限;第二,惯例产生于习惯,而习惯何时成为或不再成为惯例,很难把握;第三,这种区别是纯心理上的,即通常来说,民众在心理上会这样认为,法律比惯例具有更大的权威性。

接下来,詹宁斯论述了英国的行政和行政法。在19世纪六七十年代前,政府只处理外交、国防、殖民地、征收赋税等。国内职能大多是事务性的。但从19世纪末到二次大战后现代国家职能发生了变迁,涌现出了一整套公务体系,政府管理的事遍及个人的各个方面。二次大战后英国工党实行的国有化政策,更是促使了"一座庞大复杂的行政建筑物的兴起"。在此基础上,詹宁斯将英国的行政机制划分为三个层次,即中央政府、地方机构和独立法定机构(the independent statutory authorities)[①]。其中,作者还特别强调了英国的文官体系在英国行政中的特殊作用[②]。在论及英国行政法时,詹宁斯首先指出了行政法和私法的区别,以及行政法中法院的职能。接着,詹宁斯阐述了英国以及其他地方的行政法,对戴雪的行政法理论进行了批驳。在戴雪看来,英国民法与行政法之间缺乏明确的区分,并将此上升为一个原则。在戴雪的"法治"理论中,第二点是"每个人无论其身份或地位如何都要遵守国

---

① [英]詹宁斯著:《法与宪法》,龚祥瑞、侯健译,第134页,三联书店1997年11月第1版。

② 同上,第137页。

家的通常法律,并且有义务服从通常法院的管辖",他将这个原则与法国适用的原则进行了对比,并得出了非常偏好英国制度的结论。对此,詹宁斯指出,行政法的目的并非如戴雪所理解的那样,是为了免除行政官员对其错误行为应付的责任,而恰恰相反,是通过确定公共机构的权力和职责,有效地防止他们越权或滥用职权的行为。行政法院和民事法院都是官方的,性质上都应当是通常法院。关键不是要不要行政法院,而是在于所有国家的法院是否具有针对行政的影响和控制的独立性。

公民的基本权利和自由一直是宪法的重要篇幅,无论是美国的《权利法案》还是法国的《人权宣言》都对此有着精辟的阐释。当今世界各国的成文宪法无不例外都有着公民基本权利和自由的规定,并在宪法中占据重要地位。对此,詹宁斯有其独到的见解,他认为:"我们所重视的基本权利与自由应是关于少数人的权利和自由。"[①]在詹宁斯看来,凡是一个以民意为基础的政府是无需宪法保护的,因为他们是多数,并且已经拥有了权力。需要保护的是那些无权的少数。为了保护少数,不仅要限制政府的权力,更重要的是要限制立法机关的权力,因为合法与不合法是由立法机关以法律确定的。立法机关可以通过限制甚至消灭个人权利和自由的任何法律。独裁者也是依法办事的,他所依的便是独裁者的法律。因此人权不能靠法律保护,而是要靠宪法保护。

但同时,詹宁斯又认为,成文宪法对公民基本权利及人权的保护存在着以下几个困难:首先,如果没有一种机制以确定基本权利何时受到侵犯,那么,它们就不可能得到切实有效的保护,即除非有专门解释宪法的机构。其次,对基本权利的概念随着时间的推移会发生转变。一

[①] [英]詹宁斯著:《法与宪法》,龚祥瑞、侯健译,第176页,三联书店1997年11月第1版。

代人认为是基本权利的东西,也许另一代人就认为是对立法权的不适当的限制。再次,权利不是绝对的,在某些特定的情况下,甚至言论自由权、结社权与集会权也不能认为是无限制的。

英国既然没有成文宪法,也就没有这种根本法定义的基本权利。在英国谈论权利,就不像美国那么清楚,是比较含糊的。权利在英国是建立在"传统"——1688年革命者的原理和约翰·洛克的总结基础上面的。① 在英国,所谓的基本权利,它的确定标准是确定非法行为的非法性原则,即一切不违法的都是合法的。这一宪法原理也是戴雪所强调的关于"人身自由"的权利,未被剥夺的自由有多少,"人身自由"也就有多少。如果法律上没有限制,个人也就有了不受限制的自由权。因此,除非违法,人身、言论、结社和集会等自由就是合法的权利。在这里,詹宁斯提醒我们英国制度有以下三个特色:议会可以变更法律,在下院占有多数的政府可以任意限制个人的权利和自由。平时自由传统的势力很强,但到了战时或歇斯底里时,持不同政见者受到来自议会的限制多于来自政府的,在这种时候,议会至上对少数人来说则是非常大的危险。另外,英国与别国特别是独裁国不同的一点,就是对权利的限制必须通过法律而不能通过行政命令。英国法对行政机关的自由裁量权规定的很严,但执行时却并不严,在形势紧张时,行政权力对基本权利和自由限制就非常突出而显著。这一特色可以从言论自由和集会自由中得到验证。

纵观本书,其中出现频率最高的一个词就属戴雪。可以说,本书就是对戴雪观点,尤其是《英宪精义》的全面批驳,实质上也是集体主义和自由主义之间的一次针锋相对。在詹宁斯眼中,戴雪不过是"从革命时

---

① [英]詹宁斯著:《法与宪法》,龚祥瑞、侯健译,第180页,三联书店1997年11月第1版。

代的古典宪法的角度进行思考的法学家",[1]他的观点是上个世纪的流行,但现在已经过时了。本书对戴雪的主要观点进行了一针见血的批判。詹宁斯和戴雪作为两个世纪的代表人物,他们的思想分歧归根到底是一种时代的对立。戴雪所处是自由资本主义时期,资本主义得到空前发展,资产阶级迫切要求掌握国家权力,为了自己的利益,提倡一种个人主义,要求给予个人最大的自由,政府对企业基本上是放任自由的,对公民自由权利的限制也很少,议会是英国的政治生活的中心。因此,戴雪的观点带有强烈的为当时政治服务的色彩,经济上支持自由贸易,政治上认为议会拥有无限制的权力,法律上强调私人与私人之间的关系,注重法院的作用。他的思想代表了自由主义和放任主义。而到詹宁斯的时代,英国已经过渡到垄断资本主义时期,经济上奉行干涉主义,议会的地位下降,政府的权力加大,积极干预经济生活,为民众直接提供公共服务。如詹宁斯所说,宪法的平衡改变了,集体主义开始占上风,政府成为政治生活的核心。所以,本书作者的观念相比戴雪具有相对进步的因素。经济、政治制度的改变最终导致了两者观念的差异。本书和《英宪精义》实质上是集体主义与个人主义的对立体现。

然而,两位法学家尽管有着很大的思想分歧,但在一些宪法的基本问题上仍有一致的地方。他们都对英国的柔性宪法赞誉不止,批评法国的成文宪法。詹宁斯说成文宪法会掩盖正在发生的变化,戴雪更是认为严格的修宪程序将抑制宪法的修改,甚至会使对宪法不满的人民起来暴动,反对议会和政府。另外,他们都肯定了议会至上原则,对宪法惯例的称谓也持相同意见。也就是说,两者之间存在着一种承继的关系。

同时,詹宁斯的学说也无可避免带有时代的局限性。他与戴雪一

---

[1] [英]詹宁斯著:《法与宪法》,龚祥瑞、侯健译,第24页,三联书店1997年11月第1版。

样,对议会主权等问题大多是从道德、伦理学的角度来考察,较少涉及经济方面的因素。而且,对法的定义等也体现出分析实证法学派的影子。同时,他对议会的定位也不太准确,低估了其权力。在英国政治体制中,议会不仅仅是个人或集体不满的发泄地和提醒政府不要失去众望的场所,也是制定法律和作出决策的重要机构。

四、学术贡献

第一,本书是 20 世纪尤其是世界大战后宪法主流思想的代表,詹宁斯从原先遭批判的异端分子一跃成为现代英国法学界的正统派。他的理论体现出集体主义的思想,顺应了福利国家发展的要求。其法治观、对宪法惯例的效力来源的看法以及对政府地位的准确理解,经过这么多年,一直被人们所推崇。他对于戴雪理论进行了大胆批判,发表了新时代的新学说,扭转了传统学说的滞后。他在英国宪法领域的至高地位,无人能及。

第二,詹宁斯是英国公法学的首创者,他弥补了戴雪留下的空白,后者由于时代的局限性没有对行政权和行政法有系统的阐述。而他承认了行政法在英国的地位,将其与私法界定开来,归入公法的领域内,并开创了公法学的先河。因在公法方面的杰出贡献,皇家还授予其爵士头衔。

第三,詹宁斯作为工党人士,在本书中他的理论都是为工党服务,所提出的各种解决问题的方法也都是从集体主义的角度出发,他阐述了过去自由主义的一系列弊端,和拉斯基等人携手为工党社会主义的行动纲领奠定了理论基础。[①] 在英国的宪政体制中,无不见詹宁斯理

---

① 龚祥瑞:《论法与宪法》,载《比较法研究》1995 年第 4 期,第 414 页。

论的影子。

最后还要提一下本书的语言,这本书的字里行间处处体现出一种严谨、朴实的风格。其辩证过程层层相扣,逐步深入,体现出作者极高的文学造诣,值得我们学习和借鉴。

几乎所有批判的声音甫出世时都被认为是异端邪说,人人群起而攻之,但随着时代的变迁,它们往往将取代原来的传统理论,获得新的至尊地位,此书便是例证。所以,作为一个学者,最难能可贵的品质就是敢于大胆地对现实进行批判,而詹宁斯恰做到了这点,他如同高尔基笔下的那只海燕,不畏艰险地站在浪尖上,振翅大叫着"让暴风雨来得更猛烈些吧!"因为他知道,时代终究会检验和确认真理。

附录 法律文化史研究论文索引

1949—1989 年

张晋藩:《中国古代国家与法权历史发展的几个问题》,《政法研究》 1963 年第 2 期

蒋迅:《法律文化的冲突与融合——印度法现代化的实践》,《华东政法学院法学硕士论文集》 上海社会科学院出版社 1988 年版

张晋藩、曾宪义:《人治与法治的历史剖析》,《法学研究》 1979 年第 5 期

张晋藩:《家长式领导的封建余毒》,《北京日报》 1979 年 8 月 31 日

杨国宜:《男尊女卑的历史考察》,《安徽师大学报(哲学社会科学)》 1978 年第 2 期

金景芳:《论法治和礼治》,《理论学习(哲学社会科学)》 1978 年第 2 期

日知:《从重农抑商的传统谈到汉代政权的本质——试答郭沫若先生质问之一》,《人民日报》 1957 年 2 月 25 日

任娟:《孔子"礼运天国"思想》,《光明日报》 1961 年 5 月 12 日

任娟:《老庄的"无为而治"》,《光明日报》 1961 年 7 月 28 日

赵一民:《孔子思想体系的核心——礼》,《山东史学通讯》 1962 年第 1 期

吴泽:《孔子中庸思想初探》,《文汇报》 1962 年 7 月 10 日

陆钦:《庄子"无为"试解》,《光明日报》 1962 年 8 月 10 日

耶冰:《略论周公的天命思想》,《光明日报》 1962 年 9 月 7 日

钟肇鹏:《礼不下庶人,刑不上大夫论》,《学术月刊》 1963 年第 3 期

黎子耀:《阴阳五行思想与〈周易〉》,《杭州大学学报(哲社)》 1979 年第 1—2 期

邹贡俊:《论孟子的"仁政"学说》,《江汉历史学丛刊》 1979 年第 1 期

张有鸾:《"刑不上大夫"解》,《百科知识》 1979 年第 4 期

张晋藩:《"刑不上大夫"解》,《人民日报》 1979 年 11 月 6 日

杜经国:《我国封建社会的"法治"与"人治"》,《兰州大学学报》 1980 年第 1 期

秉江:《我国古代天人关系思想》,《沈阳师院学报》 1980年第2期
马作武:《传统文化与"非讼"意识》,《法学评论》 1989年第6期
何勤华:《日本法律文化研究的历史与现状》,《中外法学》 1989年第6期
熊建飞:《抉择与勃兴:中日法律文化交流的启示》,《中国社会科学院研究生院学报》 1989年第6期
武树臣:《中国法律文化总体精神的变革——从单向本位到双向本位》,《社会科学》 1988年第12期
刘作翔:《法与社会公平的文化透视》,《现代人报》 1989年1月3日
张民生:《评中国古代法律文化研究中的两种偏倚之说》,《江海学刊》 1988年第6期
俞荣根:《对中国古代法文化研究的反思》,《社会学研究》 1989年第2期
何玉琼:《法律文化与法制建设》,《大学文科园地》 1988年第10期
赵震江、武树臣:《关于"法律文化"研究的几个问题》,《中外法学》 1989年第1期
刘作翔:《当代中国法律文化的冲突与选择》,《政治与法律》 1989年第1期
[美]范思深著:《苏联的法律文化观点》,郭宝平译,《中外法学》 1989年第2期
武树臣:《法律文化研究的现状与趋向》,《法律学习与研究》 1989年第1期
郑成良:《论法律文化的要素与结构》,《社会学研究》 1989年第2期
潘大松:《中国近代以来法律文化发展考察》,《社会学研究》 1989年第2期
蒋筹珍:《当代中国法律文化的现状及其对策》,《团的生活》 1989年第9期
乔伟:《传统法文化与法制建设》,《政法论坛》 1987年第6期
刘作翔:《论法律文化》,《法学研究》 1988年第1期
刘学灵:《论法律文化》,《社会学研究》 1988年第1期
刘作翔:《试论法律文化的结构层次》,《西北政法学院学报》 1988年第1期
林扬:《社会主义初级阶段的法律文化特征》,《中国文化报》 1988年3月16日
陈汉生、杨伟方:《中国传统法律文化的反思》,《文汇报》 1988年4月1日
升录编译:《社会主义社会的法文化和科技进步》,《国外社会科学快报》 1988年第4期
张宗厚:《以历史悲剧的血与火锤炼现代法文化》,《蛇口通讯报》 1988年第4期
武树臣:《中国传统法文化总评判》,《学习与探索》 1988年第4期
武树臣:《中国传统法文化与当今法制建设》,《法学丛刊》 1988年第4期
刘胜洪:《试论社会主义初级阶段法律文化的冲突》,《法学天地》 1988年4期
俞荣根:《中国固有法文化及其在今天的位置》,《西南师范大学学报:哲社版》 1986年第4期

[美]L. S. 温伯格、J. W. 温伯格著:《论法律文化和美国人对法律的依赖性》,潘汉典译,《法学译丛》 1987年第1期
武树臣、李贵连:《重视法律文化学的研究》,《法学》 1987年第6期
艾永明:《中国法律文化传统对社会主义法制建设的观念阻力》,《法学与实践》 1987年第2期
刘学灵:《法律文化的概念、结构和研究观念》,《河北法学》 1987年第3期
施滨海:《要加强社会主义新法律文化建设》,《世界经济导报》 1987年6月22日
蒋迅:《中国法律文化的现代化》,《法学》 1987年第7期
舒展:《一个萌芽中的法学分支——法律文化学》,《自修大学:政法专业》 1987年第8期
梁治平:《比较法律文化的名与实》,《中国文化报》 1987年9月23日
范健:《中西法律差异的文化根基》,《江海学刊:经济文化版》 1987年第5期
范健:《论美国的法律文化》,《法学译丛》 1985年第1期
梁治平:《比较法与比较文化》,《读书》 1985年9月
俞荣根:《孔子伦理法律观的再认识》,《法学》 1984年第1期
徐进:《孔子"厌诉"辨正》,《齐鲁学刊》 1984年第4期

1990—1999 年

公丕祥:《中国法律文化现代化的概念分析工具论纲》,《南京社会科学》 1990年第1期
段秋关:《简议法律文化》,《政治与法律》 1990年第1期
张国华:《中国传统法律文化评估》,《中外法学》 1990年第1期
武树臣:《沈家本的得与失:兼论如何对待中外法律成果》,《中外法学》 1990年第1期
张培田:《法律文化传承与现代化的几点思考》,《研究生法学》 1990年第2期
杜万华:《法律文化在立法中的作用》,《学习与探索》 1990年第5期
耘耕:《儒家伦理法批判》,《中国法学》 1990年第5期
童宏玺:《论中国法律文化》,《法学》 1993年第8期
贺晓荣、郝春莉:《论中国传统法文化与中国法制现代化》,《中国人民大学学报》 1993年第5期
法律文化与现代化笔谈:1.范忠信《以法为教:塑造现代化法观念的一条思路》;2.郝铁川:《法律文化现代化三题》;3.刘作翔:《他山之石可以攻玉:关于西方法律文化的借鉴问题》;4.张乃根:《中国法制现代化的新课题:法—经济学研究

简论》;5. 张中秋:《现代化进程中的宪政问题:对宪政与社会关系的一点思考》,《南京社会科学》 1993年第5期

陈鹏生:《市场经济的培育与法律文化的重构》,《学术月刊》 1993年第11期

杜钢建:《价值宽容主义与东亚社会经济改革和法文化发展》,《兰州学刊》 1993年第1期

付子堂:《市场经济和私法文化》,《法学》 1993年第8期

王卫国:《中国传统法文化的结构－功能特性》,《比较法研究》 1993年第2期

武树臣:《循吏、酷吏与汉代法律文化》,《中外法学》 1993年第5期

武树臣:《二十年的评说:"阶级本位·政策法"时代的法律文化》,《法律科学》 1993年第5期

张文显:《法律文化的释义》,《法学研究》 1992年第5期

胡学相:《中西传统法律文化中权利观比较探微》,《广东社会科学》 1992年第6期

陈景良、张中秋:《试论中国传统法文化在现代法制中的意义》,《江苏社会科学》 1992年第4期

张文显:《法律文化的结构与功能分析》,《法律科学》 1992年第5期

郝铁川:《法律观念比法制模式更重要:法律文化现代化探索之一》,《天津社会科学》 1992年第6期

陈景良:《试论中西传统法律文化的内在差异及其历史借鉴》,《法学评论》 1992年第4期

法律文化与现代化笔谈:1. 张中秋:《现代化进程中的法律文化变迁:一个比较的观点》;2. 贺卫方:《会通:法律现代化的一种思想境界》;3. 郭志祥:《冲突和发展:中国法制现代化的文化关照》;4. 何勤华:《日本法律文化现代化的特点及其启示》;5. 范忠信:《一元法之困境与二元体制重建》。《南京社会科学》 1993年第1期

尹伊君:《法系·法文化·法逻辑》,《中外法学》 1992年第6期

陶毅、张铭新:《宗法制度与传统法律文化》,《法学评论》 1993年第1期

郝铁川整理:《〈论语〉思想的现代法文化价值研讨会综述》,《中国法学》 1993年第2期

徐永康:《〈论语〉·法文化·现代化:"〈论语〉思想的现代法文化价值"学术研讨会综述》,《中南政法学院学报》 1993年第2期

公丕祥:《亚细亚生产方式与东方社会法律文化:马克思的思想演进概观》,《法律科学》 1993年第3期

范合朝:《各具特色的世界法律文化》,《百科知识》 1993年第5期
咏康:《〈论语〉思想的现代法文化价值:中国儒学与法律文化第二届学术讨论会综述》,《法律科学》 1993年第3期
钱鸿酋:《"直文化"与"隐文化"——中国传统法律文化》,《法律科学》 1993年第2期
刘进田:《人性预设与法律文化》,《南京社会科学》 1993年第1期
段秋关:《中国传统法律文化的形成与演变》,《法律科学》 1991年第4期
张晋藩、林中:《中国古代法律文化论纲》,《政法论坛》 1991年第5期
公丕祥:《中国传统法律文化与义务本位》,《学习与探索》 1991年第6期
郝铁川:《儒家法文化与西方宪政文化》,《法学》 1991年第10期
徐永康:《中国儒学与法律文化首届学术讨论会综述》,《法律科学》 1991年第6期
何勤华:《弘扬中华法律文化,增进国际学术交流:中国儒学与法律文化首届学术讨论会综述》,《法学》 1991年第9期
何勤华:《大木雅夫与日本比较法律文化研究》,《法律科学》 1992年第1期
徐晓光、黄名述:《我国少数民族法制的发展及其与中原法律文化的融合》,《现代法学》 1991年第6期
王威宣:《儒学文化与中国法制现代化》,《法制文摘》 1992年2月17日
刘学灵:《马克思、恩格斯论法文化》,《当代法学》 1991年3月
马小红、蒋小莹:《中国封建社会法文化论析:从"王子犯法与庶民同罪"说起》,《天津社会科学》 1992年第1期
贺卫方:《比较法律文化的方法论问题》,《中外法学》 1992年第1期
陈鹏生、何勤华:《中国法律文化近代化之若干比较》,《中国法学》 1992年第2期
张文显:《法文化:法学的一块新垦区》,《当代法学》 1991年第3期
梁治平:《法律之文化观》,《读书》 1992年第5期
张文政:《多样化法律文化的影响与东欧近、现代法的形成》,《求是学刊》 1992年第3期
武树臣:《比较法律文化研究的对象和方法》,《中外法学》 1992年第1期
武树臣:《中国传统法律文化的社会成因》,《学习和探索》 1992年第2期
何勤华:《川岛武宜与日本当代法律文化研究》,《中外法学》 1992年第4期
刘作翔:《法律文化冲突的原因和形式》,《法律科学》 1992年第4期
陈景良、张中秋:《试论中国传统法文化在现代法制中的意义》,《江苏社会科学》 1992年第4期

刘进田:《法律文化片论》,《法律科学》 1991年第1期
公丕祥:《冲突与融合:域外法律文化与中国法制现代化》,《法律科学》 1991年第2期
张文彪:《中国传统法律文化的几重透视》,《岭南学刊》 1991年第1期
解建立:《关于法律文化问题的研究综述》,《社会科学述评》 1991年第3期
武树臣:《中国传统法律文化构成及其对实践的影响》,《法学研究》 1991年第2期
赵国斌:《论沈家本涵化西方法文化修律的开拓与局限》,《吉林大学社会科学学报》 1991年第3期
里赞、仲力立:《日本法文化的现代化功能》,《法学评论》 1991年第5期
喻名峰:《略论社会主义法律文化之构建》,《常德师范学院学报(社会科学版)》 1998年第5期
陈洁:《"以礼入法"法律文化探微》,《东南学术》 1998年第2期
刘作翔:《从文化概念到法律文化概念——"法律文化":一个新文化概念的取得及其"合法性"》,《法律科学——西北政法学院学报》 1998年第2期
刘进田、李少伟:《人群共同体与法律文化》,《法律科学——西北政法学院学报》 1998年第4期
刘作翔:《作为对象化的法律文化——法律文化的释义之一》,《法商研究——中南政法学院学报》 1998年第4期
刘作翔:《作为方法论意义的法律文化——关于"法律文化"的一个释义》,《法学》 1998年第6期
刘冰清,夏新华:《论非洲法律文化的第一次变迁》,《怀化师专学报》 1998年第6期
顾俊杰:《犹太教与犹太法律文化》,《同济大学学报(社会科学版)》 1998年第1期
陈鲁宁:《"礼"与"法"之源——试析古代法律文化"义、仁"观及其整合》,《现代法学》 1998年第2期
徐忠明:《中国传统法律文化视野中的清官司法》,《中山大学学报(社会科学版)》 1998年第3期
夏锦文,唐宏强:《儒家法律文化与中日法制现代化》,《法律科学——西北政法学院学报》 1997年第1期
陈世荣:《加强法律文化建设、推进依法治国》,《法学杂志》 1997年第4期
陈景良:《试论宋代士大夫司法活动中的德性原则与审判艺术——中国传统法律

文化研究之二》,《法学》 1997年第6期
侯宇:《论法律文化的继承》,《河南社会科学》 1997年第2期
路有全:《法律文化建设与精神文明》,《理论与改革》 1997年第3期
夏锦文:《中国法律文化的传统及其转型》,《南京社会科学》 1997年第9期
倪正茂:《中西法律文化传统比较与宪政发展之大趋势》,《学术季刊》 1997年第1期
徐忠明:《古希腊法律文化视野中的〈安提戈涅〉》,《中山大学学报(社会科学版)》 1997年第4期
蒲坚:《唐律:中国古代法律文化遗产中的瑰宝》,《中外法学》 1997年第3期
李虹:《先秦时期法律文化形态初探》,《当代法学》 1996年第4期
齐陈骏:《丝路古道上的法律文化资料简介》,《敦煌学辑刊》 1996年第2期
李琦:《太平天国的法思想与西方近代法律文化》,《东南学术》 1996年第2期
汤唯:《当代法律文化发展趋向》,《法律科学——西北政法学院学报》 1996年第3期
何勤华:《布莱克斯通与英美法律文化近代化》,《法律科学——西北政法学院学报》1996年第6期
何勤华:《法律文化史论》,《法学》 1996年第10期
金毅:《论中国法律文化的现代化》,《广东职业技术师范学院学报》 1996年第2期
何宝玉:《浅谈中国传统法律文化与当前法制建设的关系》,《甘肃理论学刊》 1996年第4期
张爱华:《传统法律文化:中国走向法治社会的主要障碍》,《甘肃理论学刊》 1996年第6期
张广昆:《法律文化及其研究的有关思考》,《甘肃政法学院学报》 1996年第2期
胡鸿高:《西方法律文化影响与中国当代经济法制建设》,《甘肃政法学院学报》 1996年第4期
钟尉华:《中华民族住宅建筑法律文化发展探微》,《贵州大学学报(社会科学版)》 1996年第4期
陈信勇:《法律的文化分析》,《杭州大学学报(哲学社会科学版)》 1996年第1期
苏钦:《唐明律"化外人"条辨析——兼论中国古代各民族法律文化的冲突和融合》,《法学研究》 1996年第5期
叶士朋:《中国当代法律文化概要》,《深圳大学学报(人文社会科学版)》 1996年第3期

仲力立:《法律文化的冲突——从日本公法的阻力看日本法的冲突》,《天府新论》 1996年第3期
汤唯、于飞:《中华法律文化与西方法律文化传统比较研究》,《新疆大学学报(哲学社会科学版)》 1996年第3期
费春:《从廉政建设管窥中国传统法律文化的现代羁绊》,《徐州师范大学学报(哲学社会科学版)》 1996年第1期
田小梅:《中国传统法律文化中的妇女法》,《中华女子学院学报》 1996年第3期
(日)植田信广:《日本传统法律文化及其历史背景》,《中外法学》 1996年第4期
高玉今:《论中国法律文化现代化的三个前提》,《北华大学学报(社会科学版)》 1996年第3期
张德强:《泛道德主义、非道德化与法律文化》,《法律科学——西北政法学院学报》 1995年第6期
周挺:《论传统法律文化与社会主义法制建设》,《福州党校学报》 1995年第1期
武树臣:《中国传统法律文化的历史遗产》,《中央政法管理干部学院学报》 1995年第3期
田洪生:《传统法律文化对当今法制建设影响析》,《河北大学学报(哲学社会科学版)》 1995年第3期
李交发:《论中国法律文化的第一次飞跃》,《求索》 1995年第1期
徐忠明:《从比较法律文化看法律移植》,《学术研究》 1995年第6期
李交发:《孔子的法律思想与中国法律文化》,《湘潭大学社会科学学报》 1995年第3期
武树臣:《世纪之交的中国法律文化建设》,《学习与探索》 1995年第5期
项彬:《中西近代法律文化中法本位之比较研究》,《政法论坛》 1995年第6期
李虹:《试论先秦时期法律文化形态及其演变》,《北华大学学报(社会科学版)》 1995年第7期
冯象:《法文化三题——文化解释·兵家传统·法发神经》,《读书》 1995年第9期
毛剑平:《哲学视野中的法律文化建构》,《法学》 1995年第1期
陶广峰:《近代中西法律文化冲突概观》,《法学》 1995年第3期
刘婷婷,段建华:《浅议藏族先民时期的法律文化》,《思想战线》 1995年第5期
萧蔚云:《中国人在21世纪对法律文化的贡献》,《北京大学学报(哲学社会科学版)》 1994年第5期
钟尉华:《中华民族民事实体法律文化发展探微》,《贵州大学学报(社会科学版)》

1994年第3期

龙大轩:《法·权·情——中西传统法律文化比较研究之一》,《宁夏社会科学》1994年第5期

王鲁京、达文:《不同法律文化对英法两国宪政体制的影响》,《洛阳大学学报(社科版)》 1994年第3期

公丕祥、伾怀青:《挑战与转型:马克思的东西方法律文化关系图式》,《南京社会科学》 1994年第8期

张锡盛:《云南民族法律文化学术研究的回顾与展望》,《思想战线》 1994年第4期

田承春:《论中国现代法律文化的构建》,《现代法学》 1994年第4期

俞荣根:《法律文化的冲突与整合——从韦伯到亨廷顿的启示》,《现代法学》1994年第5期

汤唯:《古代东西方法律文化比较研究》,《新疆大学学报(哲学社会科学版)》1994年第4期

汪汉卿:《中国传统法律文化和现代法制建设》,《法学评论》 1994年第1期

吴汉东、王毅:《中国传统文化与著作权制度略论》,《法学研究》 1994年第4期

汤唯:《试论中国法律文化的发展道路》,《新疆社会科学》 1994年第6期

公丕祥:《传统东方社会法律文化的固有逻辑——马克思晚年的理论探索》,《法律科学——西北政法学院学报》 1994年第1期

武树臣:《中国传统法律文化的价值基础》,《法律科学——西北政法学院学报》1994年第2期

徐永康:《〈论语〉中的"先富后教"思想及其法文化价值》,《法律科学——西北政法学院学报》 1994年第2期

夏新华:《非洲法律文化之变迁》,《比较法研究》 1999年第2期

王杨:《梁启超的法律思想与中西法律文化》,《法商研究——中南政法学院学报》1999年第3期

何柏生:《佛教与中国传统法律文化》,《法商研究——中南政法学院学报》 1999年第4期

王肃元、冯玉军:《论西部法律文化与区域法制创建》,《甘肃政法学院学报》 1999年第1期

李蕊:《试论法律文化》,《济南大学学报》 1999年第4期

杨海坤、朱中一:《"民告官"制度推行难的法律文化原因分析——纪念〈行政诉讼法〉颁布十周年》,《南京化工大学学报(哲学社会科学版)》 1999年第1期

夏利民:《传统法律文化与中国法制的现代化》,《首都师范大学学报(社会科学版)》 1999年第6期
眭鸿明:《中国传统法律文化总体精神评析》,《法制与社会发展》 1999年第5期
张冠梓:《现代社会中南方山地民族传统法律文化的命运与重构》,《社会科学战线》 1999年第5期
李光禄:《中国特色法律文化及其构建》,《山东科技大学学报(社会科学版)》 1999年第1期
王明东:《西南少数民族法律文化的特点》,《思想战线》 1999年第2期
刘小兵、金右军:《法律的信仰与信仰的法律:宗教文化与法律文化发展的新视角》,《深圳大学学报(人文社会科学版)》 1999年第3期
冯玉军、赵小宁:《西部法律文化的概念界定和研究方法》,《天水师范学院学报》 1999年第1期
赵钢、刘学在:《从法律文化背景看我国民事诉讼模式的选择》,《武汉大学学报(人文社会科学版)》 1999年第2期
范忠信:《中国传统法律文化的哲学基础》,《现代法学》 1999年第2期
孙光妍:《对中国传统法律文化的几点反思》,《学习与探索》 1999年第1期
杨海坤、朱中一:《我国行政诉讼制度步履维艰的原因探析——从剖析传统法律文化的消极影响入手》,《行政法学研究》 1999年第4期
汤唯:《法律西方化与本土化的理性思考——也论中国法律文化现代化》,《烟台大学学报(哲学社会科学版)》 1999年第4期
李蕊:《论法制的法律文化要素》,《山东省工会管理干部学院学报》 1999年第4期
郭成伟:《中国法律文化研究》,《政法论坛》 1999年第5期
汤唯:《伊斯兰法文化的变革与趋向》,《法律科学——西北政法学院学报》 1998年第2期
丁以升、孙丽娟:《中国五十年代法律思潮研究(上)——法文化视角的剖析与思考》,《法学》 1998年第11期
丁以升、孙丽娟:《中国五十年代法律思潮研究(下)——法文化视角的剖析与思考》,《法学》 1998年第12期
加德·巴尔齐莱:《法治与治者之法之间:以色列法文化中的最高法院》,《国际社会科学杂志》(中文版) 1998年第2期
王佐龙:《民族法文化的本土化、多元化与国际化》,《青海民族学院学报(社会科学版)》 1998年第2期

张晓东:《中国传统法文化对现代法观念的影响》,《思想战线》 1998年第1期
田成有、陈令华:《法治现代化的启动与传统法文化的创造性转化》,《现代法学》 1998年第6期
韩雪风、王利荣:《依法治国与法文化传统》,《探索》 1998年第2期
高积顺:《狱的法文化考察》,《法律科学——西北政法学院学报》 1997年第3期
舒扬:《法律与信仰机制——西方法文化的一种考察》,《法律科学——西北政法学院学报》 1997年第5期
曹诗权:《中国亲属法的法文化源流和形式特点》,《法商研究——中南政法学院学报》 1997年第3期
高绍先:《〈唐律疏议〉与中国古代法文化》,《现代法学》 1997年第2期
龙大轩:《羌族习惯法的神法文化特征》,《现代法学》 1997年第2期
武树臣:《寻找最初的"法"——对古"法"字形成过程的法文化考察》,《学习与探索》 1997年第1期
蒋先福:《法制现代化呼唤民族法文化素质的更新》,《长沙电力学院学报(社会科学版)》 1996年第3期
刘晶军、房守林:《儒家法文化与后现代社会法文化》,《法学》 1996年第10期
蒋先福:《现代化呼唤法文化》,《湖南师范大学社会科学学报》 1996年第4期
俞荣根:《论梁启超的法治思想——兼论梁氏对传统法文化的转化创新》,《孔子研究》 1996年第1期
何勤华:《试论儒学对日本古代法文化的影响》,《齐鲁学刊》 1996年第3期
那力:《国际经济法体系的法文化视角解析》,《法制与社会发展》 1996年第3期
田成有、郭海林:《从地理环境和思维方式的差异看中西法文化的分野》,《社会科学家》 1996年第6期
黎国智、田成有:《中国法文化迈向21世纪的定位选择》,《现代法学》 1996年第2期
赵明:《康有为与中国法文化的近代化》,《现代法学》 1996年第5期
周永坤:《超越自我——法律现代化与法文化转型》,《天津社会科学》 1995年第3期
张晋藩:《论礼——中国法文化的核心》,《政法论坛》 1995年第3期
黄泽斌:《儒家法文化的道统旨归》,《中国文化研究》 1995年第4期
田成有:《中西法文化的较量与出路》,《法学》 1995年第2期
小杉丈夫:《美国法文化对日本法律实务的影响》,《中外法学》 1995年第4期
谢晖:《回族法文化研究概说》,《宁夏社会科学》 1994年第1期

马作武、何邦武:《传统与变革——从日本民法典的修订看日本近代法文化的冲突》,《比较法研究》 1999年第2期

黄玲:《浅议当前中国法文化的现代化》,《成都大学学报(社会科学版)》 1999年第1期

陈林林:《对古代鬼神信仰的一种法文化观察——与郝铁川先生交流》,《法律科学——西北政法学院学报》 1999年第5期

谢邦宇:《传统法文化与法治文明建设》,《福建政法管理干部学院学报》 1999年第2期

王立民:《古代东方法文化的移植问题》,《法学》 1999年第10期

刘培昌:《礼法文化对法律运作的影响及其对策》,《北京第二外国语学院学报》 1999年第6期

李国锋:《中国传统法文化与西方法文化的比较研究》,《河南省政法管理干部学院学报》 1999年第4期

俞荣根:《民权:从民本到民主的接转——兼论儒家法文化的现代化》,《学习与探索》 1999年第1期

陈景良:《论梁漱溟的法文化观》,《河南省政法管理干部学院学报》 1999年第2期

舒国滢:《西方法治的文化——社会学解释框架》,《政法评论2002年卷》,中国政法大学出版社2002年版

陆晰:《浅论传统法律文化》,《优秀论文集》,中国政法大学出版社1995年版

陆晰:《从传统法律文化与民事诉讼谈现行诉讼模式及完善》,《优秀论文集》,中国政法大学出版社1995年版

2000年至今

蒋传光、张建设:《论中国的法律文化传统与当代中国的法治道路》,《安徽大学学报(哲学社会科学版)》 2001年03期

万光侠:《论中国法律文化现代化的建设》,《长白学刊》 2001年第1期

黄谷秀:《论君臣关系中的纳谏行为——中国古代法律文化初探》,《船山学刊》 2001年第3期

李静:《法律移植中法律制度与法律文化的互动——辛亥革命时期法制建设的启示》,《当代法学》 2001年第9期

郭树理:《德国法律文化散论》,《德国研究》 2001年第3期

于语和、施晓薇:《中国传统法律文化释义及其与西方的比较》,《山西大学师范学

院学报》 2001年第2期

李绍章:《"德治"与共产党人的法律文化》,《党政论坛》 2001年第12期

尹萍:《从法律文化的视野看我国沉默权制度的建立》,《福建公安高等专科学校学报》 2001年第3期

林蔚文:《论中国传统法律文化与现代法治建设》,《福建政法管理干部学院学报》 2001年第3期

李绍章:《德治与法治:中国先进法律文化的前进方向》,《广西政法管理干部学院学报》 2001年第2期

汤跃:《驰名商标的法律文化与技术创新》,《贵州师范大学学报》(社会科学版) 2001年第4期

罗洪洋:《个人财产权利观——一种法律文化的比较研究》,《贵州社会科学》 2001年第6期

赵绘宇、肖彦山:《法律变革中的法律移植与法文化移植》,《石家庄经济学院学报》 2001年第5期

李福坤、夏永玉:《全球化时代的法律文化冲突》,《河北法学》 2001年第6期

杨成炬:《中国古代人性论及其对传统法律文化刑事性的影响》,《华东政法学院学报》 2001年第5期

王健:《明清时期中西法律文化交流初探》,《华东政法学院学报》 2001年第6期

黄谷秀、刘素芝:《从美国的言论自由看美国法律文化的特点》,《湖南省政法管理干部学院学报》 2001年第3期

黄文艺:《多元法律文化互动的多元透视》,《吉林大学社会科学学报》 2001年第1期

王子清:《避免我国法律文化的"大跃进"》,《福建金融管理干部学院学报》 2001年第6期

王勇:《古代中国法律文化的特点和当代立法思路》,《理论前沿》 2001年第6期

张琼华、徐婷:《试论我国法治现状及法律文化建设》,《理论月刊》 2001年第10期

张德钧:《中国传统法律文化性质辨——兼论西方法治理念对中国法治进程的启迪》,《兰州学刊》 2001年第4期

孙季萍:《梁漱溟的传统法文化观》,《南京社会科学》 2001年第9期

张波:《论当代中国法律文化的多样性及中国特色法治文化的生成》,《南京社会科学》 2001年第11期

季金华、金成富:《美国宪法的成长及其法律文化意义探析》,《南京师大学报》(社

会科学版） 2001年第2期

梁利:《中国传统法律文化对商法发展的影响》,《南宁师范高等专科学校学报》 2001年第4期

吐尔逊·沙吾尔:《试论民族法律文化》,《西北民族研究》 2001年第3期

孙季萍:《中国传统行政法律文化的两大特征及其现代影响》,《山东大学学报》(哲学社会科学版) 2001年第3期

韩柏泉:《正确认识中国的法律文化现代化》,《学术界》 2001年第2期

鄂文东:《西部大开发之中法律文化的交汇融合》,《武警学院学报》 2001年第1期

鄂文东:《以德治国的法律文化索源及对现代法治国家建设的影响》,《武警学院学报》 2001年第3期

何平:《略论法律文化与企业文化的关系》,《温州大学学报》 2001年第4期

王勇、李玉璧:《中国西部法律文化的基本型态与现实表征》,《西北师大学报》(社会科学版) 2001年第6期

石泰峰:《全球化与法律文化冲突》,《新视野》 2001年第2期

张清:《俄国村社传统与法律文化——1917年前列宁法律思想探要》,《扬州大学学报》(人文社会科学版) 2001年第2期

史光灿:《我国法律文化传统观念对当代依法行政的负面影响》,《上海市政法管理干部学院学报》 2001年第1期

萧光辉:《儒家的民本思想及其法律文化价值述评》,《上海市政法管理干部学院学报》 2001年第1期

栾爽:《南京临时政府与南京国民政府法制模式分析论纲——兼谈法律文化的传统与现代性问题》,《政法论丛》 2001年第1期

蔡玉霞:《简论中国传统法律文化》,《政法论丛》 2001年第1期

唐磊、张斌:《侦查制度改革的法律文化思考》,《政法学刊》 2001年第4期

任颖峰、赵成文:《法律文化差异与中美侦查制度》,《政法学刊》 2001年第6期

任志安:《无讼:中国传统法律文化的价值取向》,《政治与法律》 2001年第1期

刘健虎:《中国法律文化现代化进程初探》,《中州大学学报》 2001年第4期

王新:《从以法治国看中国法律文化的重建》,《郑州工业大学学报》(社会科学版) 2001年第3期

肖守库:《"天人合一"思想与中国传统法律文化》,《张家口师专学报》 2001年第1期

李育全、马雁:《论法律文化的创新》,《当代法学》 2000年第4期

章莉:《韩国的法律文化初探》,《东南大学学报》(哲学社会科学版) 2000年第1期

汤维建:《试论美国的民事诉讼法律文化》,《法律科学》西北政法学院学报 2000年第3期

何瑛:《巫术对中国传统法律文化的影响》,《法律科学》西北政法学院学报 2000年第4期

张薇薇:《法袍与法文化》,《法律科学》西北政法学院学报 2000年第5期

何柏生:《数学对法律文化的影响》,《法律科学》西北政法学院学报 2000年第6期

吴海伦:《从中国法律文化的演变刍议当代中国人的法律观》,《辽宁公安司法管理干部学院学报》 2000年第4期

王娆:《儒家人性论与中国传统法律文化的发展》,《甘肃政法成人教育学院学报》 2000年第4期

江合宁:《可持续发展与民族法律文化的继承》,《河北法学》 2000年第3期

夏民、甘德怀:《马克思东方社会法律文化思想的演变》,《淮阴师范学院学报》(哲学社会科学版) 2000年第3期

钟新海:《全球化时代的中西法律文化冲突审视》,《中共济南市委党校济南市行政学院济南市社会主义学院学报》 2000年第4期

赵晓红、洪梅:《中西法律文化片论》,《临沂师范学院学报》 2000年第5期

崔素琴:《试析中国近现代刑事法律文化的发展》,《河北青年管理干部学院学报》 2000年第2期

黄震:《商周之际的社会思潮与法律变革——对〈周易·讼卦〉的一种法律文化读解》,《法制与社会发展》 2000年第2期

夏民、刘同君:《论中国传统诉讼法律文化中的调解制度》,《学海》 2000年第6期

徐晓光、路宝均:《论吐蕃法律的文化特色》,《重庆教育学院学报》 2000年第2期

李交发:《论社会主义法律文化制订战略》,《湘潭大学社会科学学报》 2000年第3期

张坤世:《普法热中的冷思考——以法律文化为视角》,《行政与法》 2000年第2期

郭振兰:《我国现代法治与法律文化的重建》,《湖南省政法管理干部学院学报》 2000年第5期

王国良、彭丁带:《我国现阶段法律文化的结构偏失与补救》,《江西社会科学》 2000年第2期

朱敏:《中国传统法律文化与当代中国法制建设》,《黔东南民族师范高等专科学校学报》 2000年第2期
莫小宇、罗尔男:《当代中国视野下传统法律文化的评析》,《中共四川省委党校学报》 2000年第4期
公丕祥:《"西化"与现代化——20世纪初时中国法律文化思潮概览》,《中外法学》 2000年第3期
王梅红、施汉生:《培育理性法律文化的几点思考》,《中国司法》 2002年第8期
曹也汝:《试论中国传统法律文化的理性观基础》,《东南学术》 2002年第1期
公丕祥:《传统东方法律文化的价值取向——马克思的理论分析》,《法律科学》西北政法学院学报 2002年第1期
胡建华:《论法律文化与法治国家的应对》,《涪陵师范学院学报》 2002年第4期
贺志姣:《论法律文化的内部冲突及其整合》,《佛山科学技术学院学报》(社会科学版) 2002年第2期
张宝成:《论构建当代中国法律文化的目标》,《广播电视大学学报》(哲学社会科学版) 2002年第2期
孔祥林:《论依法治国进程中的法律文化建设》,《桂海论丛》 2002年第2期
程宗璋:《论现代法制与中国传统法律文化》,《甘肃教育学院学报》(社会科学版) 2002年第4期
王东平:《明清时期汉文译著与回族穆斯林宗教法律文化的传布》,《回族研究》 2002年第3期
张中秋:《进路与出路:中西法律文化比较论纲》,《江海学刊》 2002年第3期
席书旗:《东西方法律文化的哲学辨思》,《济宁师范专科学校学报》 2002年第2期
李丽峰:《传统法律文化对依法治国的制约及调整》,《辽宁经济》 2002年第10期
焦利:《行政法律文化在中国的传承与发展》,《国家行政学院学报》 2002年第6期
王继军、何建华:《晋商诚实信用法律文化特点研究》,《理论探索》 2002年第4期
柴荣:《从中国传统法律文化看权力道德的法律化》,《内蒙古大学学报》(人文社会科学版) 2002年第4期
诸江:《从中西法律文化的比较中重构中国法的价值》,《长沙民政职业技术学院学报》 2002年第2期
王继军、赵晓耕、刘涛:《传统法律文化与山西票号的兴衰》,《山西大学学报》(哲学社会科学版) 2002年第3期

王霄燕:《严复资产阶级启蒙法律思想与中西法律文化》,《山西大学学报》(哲学社会科学版) 2002年第3期

靳越:《论西部大开发与西北民族法律文化的现代化》,《兰州商学院学报》 2002年第1期

栗克元:《中国传统法律文化特征初探》,《河南省政法管理干部学院学报》 2002年第3期

张瑞:《中国传统法律文化的精华》,《西安政治学院学报》 2002年第4期

黄文艺:《论法律文化传播》,《现代法学》 2002年第1期

宋杰:《依法治国与国际法律文化》,《孝感学院学报》 2002年第1期

扈海鹂:《全球化与法律文化的再解释》,《学海》 2002年第1期

张波:《论当代中国社会主义法律文化结构的分离与统一》,《学海》 2002年第4期

熊淑媛:《试论无讼传统法律文化根源影响及其启示》,《西南民族学院学报》(哲学社会科学版) 2002年第5期

李欣:《关于中国法律文化传统及其发展的思考》,《西南民族学院学报》(哲学社会科学版) 2002年第6期

徐晓光:《辽西夏金元北方少数民族政权法制对中国法律文化的贡献》,《西南民族学院学报》(哲学社会科学版) 2002年第7期

姚艳:《中西传统法律文化特征比较——试论中国传统法律的伦理化与西方法律的宗教性》,《西南民族学院学报》(哲学社会科学版) 2002年第7期

张涵:《二十世纪初叶中国法律文化思潮评析》,《理论学习》 2002年第9期

高立忠:《传承与超越:全球化背景下中国传统法律文化的走向》,《学习与探索》 2002年第4期

张艳玲、徐新颖:《中国传统法律文化与法制现代化》,《徐州师范大学学报》(哲学社会科学版) 2002年第1期

史彤彪:《孟德斯鸠对中国法律文化的认识》,《北京行政学院学报》 2002年第4期

王俊:《法治建设中法律文化培植之提醒》,《云南民族学院学报》(哲学社会科学版) 2002年第2期

金亮贤:《改革开放以来法律文化变迁述评》,《政治与法律》 2002年第5期

史彤彪:《欧洲思想家对中国法律文化的认识》,《中国人民大学学报》 2002年第4期

贺志姣:《现代法律文化建设与传统伦理文化》,《中国文化研究》 2002年第2期

张兆凯:《论"入世"对中国法律文化现代化的促进意义》,《株洲工学院学报》
　2002年第3期
张宝成:《影响当代中国法律文化建设的因素》,《内蒙古师范大学学报》(哲学社会
　科学版) 2002年第6期
王旭、郭晓英:《元代二元法律文化对法律形式的影响》,《前沿》 2002年第11期
王东平:《明清时代汉文译著与回族穆斯林宗教法律文化的传布》,《世界宗教研
　究》 2002年第2期
贺志姣、范彦芳:《论当前我国法律文化建设中需要正确处理的几个关系》,《河北
　法学》 2002年第S1期
孙雯:《试析监狱法文化的特征——兼论与创建现代化文明监狱的关系》,《安徽农
　业大学学报》(社会科学版)2001年第1期
王存河:《"天"与宗法道德的关系——从法文化的视角》,《甘肃政法成人教育学院
　学报》 2001年第4期
赵绘宇、肖彦山:《法律变革中的法律移植与法文化移植》,《石家庄经济学院学报》
　2001年第5期
武树臣:《寻找最初的德——对先秦德观念形成过程的法文化考察》,《法学研究》
　2001年第2期
张玲娜:《依法治国的法文化思考》,《理论月刊》 2001年第10期
霍存福:《中国传统法文化的文化性状与文化追寻——情理法的发生、发展及其命
　运》,《法制与社会发展》 2001年第3期
卜安淳:《刑讯逼供犯罪的法文化考察》,《山东公安专科学校学报》 2001年第6
　期
王启梁:《传统法文化的断裂与现代法治的缺失——少数民族农村法治秩序建构
　路径选择的社区个案研究》,《思想战线》 2001年第5期
张俊霞:《中国传统法文化及其对现代法治的影响》,《河南省政法管理干部学院学
　报》 2001年第2期
田成有:《评说儒家法文化中的德治思想与民本主义》,《河南省政法管理干部学院
　学报》 2001年第5期
李丕祺:《回疆法文化与大清法文化的冲突整合》,《西藏大学学报》(汉文版)
　2001年第2期
俞荣根:《民权:从民本到民主的接转——儒家法文化的被现代化之一例》,《船山
　学刊》 2000年第1期
马念珍:《儒家思想影响下的中国封建社会法文化特点之探讨》,《贵州警官职业学

院学报》 2000年第2期

李鸣:《依法治国与传统法文化的几点思考》,《中央政法管理干部学院学报》 2000年第3期

杜文忠:《〈萨利克法典〉的法文化价值分析——兼与先秦法典比较》,《贵州师范大学学报》(社会科学版) 2000年第3期

殷啸虎:《私人财产权宪法保障的法文化思考》,《华东政法学院学报》 2000年第1期

韩雪风:《论法治社会与中国法文化传统》,《国家行政学院学报》 2000年第1期

韩雪风:《论法治社会与法文化传统》,《唯实》 2000年第2期

邓子美:《论中西古代法文化的根本差异》,《无锡轻工大学学报》(社会科学版) 2000年第1期

李小明:《我国法治实现的传统法文化阻力》,《现代法学》 2000年第3期

周星:《将少数民族法文化研究与民族法制研究结合起来》,《贵州民族学院学报》(哲学社会科学版) 2000年第S2期

王学辉:《理想与现实的冲突与对接——有关本土法文化与法学现代化的思考》,《贵州民族学院学报》(哲学社会科学版) 2000年第S2期

邓勇:《中国古代永佃制度及其法文化分析》,《长白学刊》 2002年第3期

徐晓光:《中国多元法文化的历史与现实》,《贵州民族学院学报》(哲学社会科学版) 2002年第1期

陈景良:《从人生智慧的角度重新认识中国法文化的价值》,《江海学刊》 2002年第3期

何勤华:《鸦片战争前中国法文化对外国的影响》,《江海学刊》 2002年第3期

康耀坤:《我国西部少数民族环境习惯法文化与西部环境资源保护》,《兰州学刊》 2002年第1期

宋超:《中西法文化的比较研究》,《南通师范学院学报》(哲学社会科学版) 2002年第2期

张学亮:《权利意识淡薄的法文化视野》,《石油大学学报》(社会科学版) 2002年第5期

陆敏菊:《"王子犯法与庶民同罪"的法文化探析》,《苏州铁道师范学院学报》(社会科学版) 2002年第2期

唐世中:《试论我国传统民族法文化的道德取向》,《西南民族学院学报》(哲学社会科学版) 2002年第7期

陈剩勇:《中国法治建设的法文化障碍》,《浙江学刊》 2002年第1期

孙莉:《德治与法治正当性分析——兼及中国与东亚法文化传统之检省》,《中国社会科学》 2002年第6期

林淳:《多元法文化与法制现代化——〈中国少数民族法制史〉读后》,《贵州民族学院学报》(哲学社会科学版) 2002年第6期

郭志祥:《法官的文化注释——中西诉讼法文化比较研究之一》,《河南大学学报》(社会科学版) 2002年第6期

高聆:《从中法法律的比较看中法文化》,《社科纵横》 2002年第5期

董进:《论我国法制现代化进程中传统法文化与现代法文化的整合》,《柳州职业技术学院学报》 2002年第4期

方潇:《自然缠绵的姻缘:神观念、礼文化和法文化——从中国原始社会及奴隶社会的视角考察》,《政法论坛》 2002年第6期

(任超收集整理)